国家清史编纂委员会·文献丛刊

义和团运动文献资料汇编

中文卷（上）

路遥　主编

山东大学出版社

审　者　邱远猷　王道成

本卷编者　吴松龄　彭淑庆

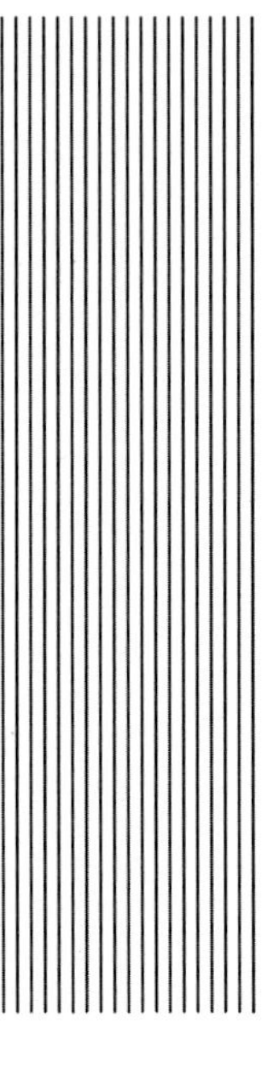

国家清史编纂委员会出版委员会

总 序

戴 逸

二〇〇二年八月，国家批准建议纂修清史之报告，十一月成立由十四部委组成之领导小组，十二月十二日成立国家清史编纂委员会，清史编纂工程于焉肇始。

清史之编纂酝酿已久，清亡以后，北洋政府曾聘专家编写《清史稿》，历时十四年成书。识者议其评判不公，记载多误，难成信史，久欲重撰新史，以世事多乱不果。中华人民共和国成立后，中央领导亦多次推动修清史之事，皆因故中辍。新世纪之始，国家安定，经济发展，建设成绩辉煌，而清史研究亦有重大进步，学界又倡修史之议，国家采纳众见，决定启动此新世纪标志性文化工程。

清代为我国最后之封建王朝，统治中国二百六十八年之久，距今未远。清代众多之历史和社会问题与今日息息相关。欲知今日中国国情，必当追溯清代之历史，故而编纂一部详细、可信、公允之清代历史实属切要之举。

编史要务，首在采集史料，广搜确证，以为依据。必藉此史料，乃能窥见历史陈迹。故史料为历史研究之基础，研究者必须积累大量史料，勤于梳理，善于分析，去粗取精，去伪存真，由此及彼，由表及里，进行科学之抽象，上升为理性之认识，才能洞察过去，认识历史规律。史料之于历史研究，犹如水之于鱼，空气之于鸟，水涸则鱼逝，气盈则鸟飞。历史科学之辉煌殿堂必须岿然耸立于丰富、确凿、可靠之史料基础上，不能构建于虚无飘渺之中。吾侪于编史之始，即整理、出版《文献丛刊》、《档案丛刊》，二者广收各种史料，均为清史编纂工程之重要组成部分，一以供修撰清史之用，提高著作质量；二为抢救、保护、开发清代之文化资源，继承和弘扬历史文化遗产。

清代之史料，具有自身之特点，可以概括为多、乱、散、新四字。

一曰多。我国素称诗书礼义之邦，存世典籍汗牛充栋，尤以清代为盛。盖清代统治较久，文化发达，学士才人，比肩相望，传世之经籍史乘、诸子百家、文字声韵、目录金石、书画艺术、诗文小说，远轶前朝，积贮文献之多，如恒河沙数,不可胜计。昔梁元帝聚书十四万卷于江陵,西魏军攻掠,悉燔于火,人谓丧失天下典籍之半数,是五世纪时中国书籍总数尚不甚多。宋代印刷术推广,载籍日众,至清代而浩如烟海,难窥其涯涘矣。《清史稿·艺文志》著录清代书籍九千六百三十三种,人议其疏漏太多。武作成作《清史稿艺文志补编》,增补书一万零四百三十八种,超过原志著录之数。彭国栋亦重修《清史稿艺文志》,著录书一万八千零五十九种。近年王绍曾更求详备,致力十余年,遍览群籍,手抄目验,成《清史稿艺文志拾遗》,增补书至五万四千八百八十种,超过原志五倍半,此尚非清代存留书之全豹。王绍曾先生言:“余等未见书目尚多,即已见之目,因工作粗疏,未尽钩稽而失之眉睫者,所在多有。”清代书籍总数若干,至今尚未能确知。

清代不仅书籍浩繁,尚有大量政府档案留存于世。中国历朝历代档案已丧失殆尽(除近代考古发掘所得甲骨、简牍外),而清朝中枢机关(内阁、军机处)档案,秘藏内廷,尚称完整。加上地方存留之档案,多达二千万件。档案为历史事件发生过程中形成之文件,出之于当事人亲身经历和直接记录,具有较高之真实性、可靠性。大量档案之留存极大地改善了研究条件,俾历史学家得以运用第一手资料追踪往事,了解历史真相。

二曰乱。清代以前之典籍,经历代学者整理、研究,对其数量、类别、版本、流传、收藏、真伪及价值已有大致了解。清代编纂《四库全书》,大规模清理、甄别存世之古籍。因政治原因,查禁、篡改、销毁所谓“悖逆”、“违碍”书籍,造成文化之浩劫。但此时经师大儒,联袂入馆,勤力校理,尽瘁编务。政府亦投入巨资以修明文治,故所获成果甚丰。对收录之三千多种书籍和未收之六千多种存目书撰写详明精切之提要,撮其内容要旨,述其体例篇章,论其学术是非,叙其版本源流,编成二百卷《四库全书总目》,洵为读书之典要、后学之津梁。乾隆以后,至于清末,文字之狱渐戢,印刷之术益精,故而人竞著述,家娴诗文,各握灵蛇之珠,众怀昆冈之璧,千舸齐发,万木争荣,学风大盛,典籍之积累远迈从前。惟晚清以来,外强侵凌,干戈四起,国家多难,人民离散,未能投入力量对大量新出之典籍再作整理,而政府档案,深藏中秘,更无由一见。故不仅不知存世清代文献档案之总数,即书籍分类如何变通、版本庋藏应否标明,加以部居舛误,界划难清,亥豕鲁鱼,订正未遑。大量稿本、抄本、孤本、珍本,土埋尘封,行将澌灭。殿刻本、局刊本、精校本与坊间劣本混淆杂陈。我国自有典籍以来,其繁杂混乱未有甚于清代典籍者矣!

三曰散。清代文献、档案,非常分散,分别庋藏于中央与地方各个图书馆、档案馆、博物馆、教学研究机构与私人手中。即以清代中央一级之档案言,除北京第一历史档案馆所藏一千万件以外,尚有一大部分档案在战争时期流离播迁，现存于台湾故宫博物院。此外，尚有藏于沈阳辽宁省档案馆之圣训、玉牒、满文老档、黑图档等，藏于大连市档案馆之内务府档案，藏于江苏泰州市博物馆之题本、奏折、录副奏折。至于清代各地方政府之档案文书，损毁极大，但尚有劫后残余，璞玉浑金，含章蕴秀，数量颇丰，价值亦高。如河北获鹿县档案、吉林省边务档案、黑龙江将军衙门档案、河南巡抚藩司衙门档案、湖南安化县永历帝与吴三桂档案、四川巴县与南部县档案、浙江安徽江西等省之鱼鳞册、徽州契约文书、内蒙古各盟旗蒙文档案、广东粤海关档案、云南省彝文傣文档案、西藏噶厦政府藏文档案等等分别藏于全国各省市自治区，甚至清代两广总督衙门档案（亦称《叶名琛档案》），英法联军时遭抢掠西运，今藏于英国伦敦。

清代流传下之稿本、抄本，数量丰富，因其从未刻印，弥足珍贵，如曾国藩、李鸿章、翁同龢、盛宣怀、张謇、赵凤昌之家藏资料。至于清代之诗文集、尺牍、家谱、日记、笔记、方志、碑刻等品类繁多，数量浩瀚，北京、上海、南京、广州、天津、武汉及各大学图书馆中，均有不少贮存。丰城之剑气腾霄，合浦之珠光射日，寻访必有所获。最近，余有江南之行，在苏州、常熟两地图书馆、博物馆中，得见所存稿本、抄本之目录，即有数百种之多。

某些书籍，在中国大陆已甚稀少，在海外反能见到，如太平天国之文书。当年在太平军区域内，为通行之书籍，太平天国失败后，悉遭清政府查禁焚毁，现在已难见到，而在海外，由于各国外交官、传教士、商人竞相搜求，携赴海外，故今日在世界各地图书馆中保存之太平天国文书较多。二十世纪，向达、萧一山、王重民、王庆成诸先生曾在世界各地寻觅太平天国文献，收获甚丰。

四曰新。清代为传统社会向近代社会之过渡阶段，处于中西文化冲突与交融之中，产生一大批内容新颖、形式多样之文化典籍。清朝初年，西方耶稣会传教士来华，携来自然科学、艺术和西方宗教知识。乾隆时编《四库全书》，曾收录欧几里得《几何原本》，利玛窦《乾坤体仪》，熊三拔《泰西水法》、《简平仪说》等书。迄至晚清，中国力图自强，学习西方，翻译各类西方著作，如上海墨海书馆、江南制造局译书馆所译声光化电之书，后严复所译《天演论》、《原富》、《法意》等名著，林纾所译《茶花女遗事》、《黑奴吁天录》等文艺小说。中学西学，摩荡激励，旧学新学，斗妍争胜，知识剧增，推陈出新，晚清典籍多别开生面、石破天惊之论，数千年来所未见，饱学宿儒所不知。突破中国传统之知识框架，书籍之内容、形式，超经史子集之范围，越子曰诗云之牢笼，发生前所未有之革命性变化，出现众多新类目、新体例、新内容。

清朝实现国家之大统一，组成中国之多民族大家庭，出现以满文、蒙古文、藏文、维吾尔文、傣文、彝文书写之文书，构成为清代文献之组成部分，使得清代文献、档案更加丰富,更加充实,更加绚丽多彩。

清代之文献、档案为我国珍贵之历史文化遗产,其数量之庞大、品类之多样、涵盖之宽广、内容之丰富在全世界之文献、档案宝库中实属罕见。正因其具有多、乱、散、新之特点,故必须投入巨大之人力、财力进行搜集、整理、出版。吾侪因编纂清史之需,贾其余力,整理出版其中一小部分;且欲安装网络,设数据库,运用现代科技手段,进行贮存、检索,以利研究工作。惟清代典籍浩瀚,吾侪汲深绠短,蚁衔蚊负,力薄难任,望洋兴叹,未能做更大规模之工作。观历代文献档案,频遭浩劫,水火兵虫,纷至沓来,古代典籍,百不存五,可为浩叹。切望后来之政府学人重视保护文献档案之工程,投入力量,持续努力,再接再厉,使卷帙长存,瑰宝永驻,中华民族数千年之文献档案得以流传永远,沾溉将来,是所愿也。

《义和团运动文献资料汇编》序言

路　遥

我国史学界系统编辑《中国近代史资料丛刊》，始于一九四九年新中国成立之后。所谓“中国近代史”，其概念最初系指一八四〇年鸦片战争至一九一九年五四运动前这一属于旧民主主义革命阶段的历史。后来史学界将其下限延至一九四九年中华人民共和国成立之前，即将新民主主义革命阶段的历史也纳入“近代史”范畴之内。“中国近代史”被作为一个重点学科来研究，是从新中国成立之后才正式兴起。它以民族解放斗争结合社会阶级斗争作为主流，义和团运动即其中重大事件之一。

一九五〇年为义和团运动五十周年，著名历史学家翦伯赞主持编辑了《义和团》资料四册，是《中国近代史资料丛刊》最早出版的一种。翦老在该资料集“序言”中说：“清算帝国主义血账，是纪念义和团的最好方法，也是我们编辑这部书的动机。”这就是当时编辑这部资料集之指导思想，对义和团研究起了重要推动作用。六十年代，中国大陆经历了一场“文化大革命”，史学研究领域（也包括义和团研究）陷入了非正常状态。迨至七十年代“四人帮”被粉碎，学术界开始拨乱反正，义和团研究又步入正轨。从八十年代开始，由于中外学术交流沟通，义和团研究才开始面向世界。一九八〇年十月，山东大学等五个单位联合发起在济南举办了“义和团运动学术讨论会”，共一百二十多人出席，其中有美、日、加、澳等国十位学者参加，这是义和团研究第一次具有国际性的学术研讨会。在这次大会上成立了“中国义和团研究会”，常务机构设在山东大学。隔了十年，至一九九〇年，山东大学又联合中国史学会、中国义和团研究会等六个单位，再次在济南举办了“义和团运动与近代中国社会国际学术讨论会”，共一百三十多人出席，其中有日、美、法、德、匈、波等国二十五位学者。再隔十年，二〇〇〇年十一月，又一次由山东大学联合中国史学会、中国义和团研究会等八个单位，仍在济南举办了“义和团运动一百周年国际学术讨论会”，代表近一百五十人出席，其中来自日、美、英、法、德、澳、韩、以色列等国及中国香港、台湾地区等二十八位学者。通过前后三次义和团国际学术研讨会的召开与讨论,对义和团研究有重大的推动。在这二十年内,无论中、日或美、欧,都相继有一些代表性的论著和资料出现,其成绩毋庸置疑。尽管如此,但由于义和团运动具有浓厚神秘性及其现象之复杂性,又由于文献资料之严重阙失,致使义和团研究中有不少重要问题难以突破,甚至停滞不前。其主要难题,有以下几点:

一、以往研究习惯于阶级斗争(包括民族斗争)的考察,着重于性质的论述,并满足于研究方法上的线性分析。从八十年代开始,研究者已不满足于纯以阶级斗争理论为指导,要求扩大视野,进一步从剖析社会结构着手。一九八六年在天津由南开大学等单位举办的"义和团学术讨论会"(国内),就已有这方面的一些研究成果出现,但那时还是着重于对社会经济基础的探索。从社会结构或经济基础层面去探讨这场运动的成因,是研究发展的必然趋势。因为人类历史是具有社会的历史,有社会存在是人类的特征,而人类社会又是以众多群体及其组织为主干,并以民族、国家、政治、经济、宗教、文化、地理等各种要素为其有机构成。所以从社会结构入手乃是深入研究义和团的有效方法,它实是采取历史学同社会人类学相结合,而被称为历史社会学或历史人类学的研究方法。

二、利用"矛盾论"——近代中国社会的基本矛盾和主要矛盾的理论,以考察这场运动中所体现出来之义和团、清政府与外来势力之间的复杂关系,当是可以继续遵循的研究方法。但其不足之处,在于更多研究者仍习惯于从矛盾各方之对抗、斗争,而不从或少从各方之相互制约的发展过程中去作具体而深入分析,把一场极其复杂的历史运动直线化、单一化了,因而也就很难有什么规律性的探索。即以近代中国社会的两个基本矛盾而言,民族矛盾当然是最主要的,而它怎样同社会矛盾相交织而促进了义和团运动的发生、发展;义和团运动同时期,国内曾爆发过几次规模较大的下层群众反抗斗争,它对义和团运动究竟产生什么样的影响等等,至今还未见有分量的论著出现。

三、义和团运动的产生从其历史条件看,主要是因德国侵占胶州湾出现民族危机而激发,同时也是反洋教、反教会斗争之延续与发展;而义和团之反教会斗争,又是同长期之民教矛盾密切关联。民教矛盾从西方宗教一方说,起主导作用的是教会及其传教士。义和团爆发于山东、直隶地区,在这些地区传教的天主教组织,有方济各会、圣言会、遣使会、直隶东南耶稣会与江南耶稣会等。这些修会在义和团运动地区原设有众多堂口,均受总铎区或主教代牧区领导。不同修会所采取的传教方针有什么异同?它吸收教民的手段有哪些特征?各修会同其所在国家的政治关系如何?这些方面的研究几乎是个空白。

尤其当民教矛盾尖锐爆发后，传教士同主教之间、主教同驻华公使、领事之间都有许多公文往来，教会内部更有大量通讯报道。台湾“中央研究院”近代史研究所曾于二十世纪六十年代整理过《教案教务档》，从中已不难看到大量民教矛盾都因民事、刑事纠纷而涉及司法权以及其他的相关资源问题。在各教会内部对此更有不少档案记录，却至今未有任何披露，这是导致“教案”研究难于推进的主要原因。

四、从思想意识方面看，围绕义和团运动暴露了中西方之间在思想文化与宗教信仰之间的重大差异。但不少研究者多习惯于从中西文化差异、冲突去论述义和团与教会之间的矛盾，而很少从基督教会将上帝信仰移植异境时应怎样同乡土文化、民间习俗相调适以化解矛盾这个视角入手，对此西方教会根本不予考虑。义和团运动的主体是中国下层民众的运动，应该考虑到这场运动的中国下层民众意识与民间信仰。所谓“民众意识”，是指特定时期在下层民众中间流行的日常各种意识；所谓“民间信仰”，是指其与日常生活紧密联系而刻印于民众心理结构中的信仰与仪式。就教会一方说，无论其在民间传播或使教民皈依，都莫不以精神征服为指引，其遭到乡土文化抵制与民间信仰对抗乃势所必然。一九六二年至一九六五年梵蒂冈曾召开了第二届大公会议，制定、发表了许多文献，对以往传教也有过若干反思与检讨。以之联系义和团运动时期，应如何评价教会的对华传教方针及其所形成的民教矛盾，却是亟待研究的问题。

以上仅就我们思虑所及，提出几个问题，并非全面。现所汇编的这套中外文献资料，也可以说是应对于上述研究困境而编辑的。

编辑这套资料也是我多年所愿望，记得一九九〇年十月在济南举行“义和团运动与近代中国社会国际学术讨论会”之际，中华书局总编辑李侃同志曾约我商谈，建议由我主持编辑一套大型的《义和团运动资料汇编》。其途径可从两方面着手：一是集中已出版的零散资料，二是搜索在各地的文献。基于当时条件，我心有余而力不足，难于负起此重担，但我对此事一直萦回脑际。二〇〇二年国家成立清史编纂委员会，二〇〇四年编委会抛出基础工程项目，本课题《义和团运动文献资料汇编》承国家清史编纂委员会戴逸主任大力支持而获得批准，终于实现了我的夙愿。现在这套资料同以往相比较，它涉及面广，有些从海外搜求来，因受经济条件限制，还不能达到我们预期的要求，但它会给研究者以有益的借鉴和启示。拿义和团运动同中国近代历史上许多重大事件相比，它的神秘性与复杂性远超过其他。义和团运动发生在十九世纪末，在中国社会危机之外又多出了民族危机，世界历史上西方资本主义对亚非地区的征服也已开始转向帝国主义扩张阶段；在中国是两个危机交织在一起，而义和团运动又是中国具有乡土文化、信仰的下层群众所自发的一场反抗斗争运动,其所映现出神秘而诡异的特征乃不可避免。仅从现象上看,义和团运动恰似一面多棱镜,从不同侧面观察,各有其不同特征,但这不等于它没有正面的形象和本质的构成,研究者可以从《汇编》中作各自探析。我们除大量摘录当时中文报刊外,还选译了日、英、法、德等不同语种的文献资料。本《汇编》共分五卷八册,其中:中文资料一卷二册,英、日译文各一卷二册,法、德译文各一卷一册,约计五百四十七万字。其来源主要如下:

一、外国的官方文档,如日本外务省和参谋本部文件,涉及日本对华政策以及出兵参与联军共同侵华过程的相当详细记录。

二、西方的天主教内部文献,主要有德国圣言会和法国耶稣会对华传教活动与民教矛盾频发的记载。

三、侵略方的国内舆论,选德、法两国国内有关报刊的评述。

四、选自基督教传教士和西方学者的最早或较早撰述义和团的论著。

以上大部分记述来自与义和团不同的立场,有许多诬蔑义和团为"匪"、"拳匪"、"团匪"等词句,均非我们所认可,为要保持资料之原始性,一概不予改动,它涉及义和团运动诸多方面问题,仍有重要参考价值。限于我们水平,所选译内容与编辑方法当有许多不足之处,尚望研究者、专家批评指正!

二〇一〇年五月

中文卷选编说明

本卷收录的资料选自义和团运动前后的海内外中文报刊。一百多年来，从中文报刊角度辑录义和团运动资料者只有两次。一次是1951年出版的中国新史学研究会主编的《中国近代史资料丛刊·义和团》（由翦伯赞等编辑，以下简称“翦编”）第4册“有关义和团舆论”栏目，选择了5种报纸的35篇评论，约5万字；另一次是1990年出版的徐绪典主编的《义和团运动时期报刊资料选编》（以下简称“徐编”），选自3种报刊，收录26.5万字。该编之辑录除了选自《中国旬报》外，其他均从山东大学历史文化学院中国近现代史资料室积抄的30余本资料中选出，以《万国公报》和《汇报》为主。以上两次选录均有自己的特色和意义，但从全面、客观的要求来审视，还是远远不足的。

现在本书选辑报刊17种，收录出版133万字，内容涉及史实和评论两大部分。选编的有关情况说明如下：

一、入选报刊的标准和种类

1. 对入选报刊收录内容之时限，以义和团运动高潮期为主，其上限起自1897年（光绪二十三年），其下限至1901年9月（光绪二十七年七月）《辛丑条约》签订前后。评论内容超越义和团运动全过程，其下限延至20世纪20年代。

2. 对入选的地方报刊，以上海地区出版的为主，兼及北方天津、南方广州，以及中国香港、澳门地区和海外的日本、新加坡等地。不同地域的报刊对报道本埠及周边地区的内容，具有明显的倾向和区别。

3. 对入选报刊的主办者及其背景，包括外国传教士、中外商人、资产阶级维新派、资产阶级革命派、留日进步学生以及无产阶级革命派等多种阶层团体和政治派别，以期从不同视角进行客观考察。

4. 依据上述原则，本书入选报刊大致确定为以下三大部分：

第一部分，是自1900年至20世纪20年代，由资产阶级革命派、留日学生及无产阶级革命派经办的报刊，具体涉及《开智录》（1900～1901年，东京）、《中国旬报》（1900～1901年，香港）、《向导》（1922～1927年，上海、武汉）、《湖北学生界》（1903年，东京）、《中兴日报》（1907～1910年，新加坡）和《新青年》（1915～1925年，上海、广州）等。

《开智录》虽只存在了几个月，但其刊载的《义和团有功于中国说》等几篇文章，是现已发现的最早赞扬、肯定义和团的中文报刊。

《中国旬报》经历了义和团运动的高潮时期,是当时极少对义和团称"拳民"而不称"拳匪"的期刊。该刊对义和团运动的报道既有史实又有评论,对义和团斗争予以同情、支持的同时,也抨击了帝国主义列强的对华军事侵略和清政府的政治腐朽。

除以上两种外,其他报刊均是评论,可以从中考察资产阶级革命派、留日学生以至无产阶级革命派,对义和团运动认识、态度之发展、变化的轨迹,也可发现义和团运动对中国近代思想启蒙作用的印记。

第二部分,自 1897 年至 1908 年期间,由资产阶级维新派经办的报刊,如《国闻报》(1897～1899 年,天津)、《知新报》(1897～1901 年,澳门)、《清议报》(1898～1901 年,横滨)和《中外日报》(1898～1908 年,上海)等。

第三部分,是由中外商人和教会经办的,集中在上海。对有关义和团运动报道并具有重要影响的有 4 种报刊:《万国公报》(1868～1907 年,上海),《申报》(1872～1949 年,上海),《汇报》(含《益闻录》、《格致益闻汇报》,1878～1911 年,上海)和《新闻报》(1893～1949 年,上海)。

以上第二、三两个部分的报刊,除个别外都经历了义和团运动的全过程,而且前跨后续的时间长,其对义和团运动时期相关内容的报道比较丰富,史实和评论也较为详细。尽管这些报刊从总体看是否定义和团和为列强侵略辩护的,但信息量大且保留了许多可与其他史料相印证的资料;其评论亦有不少发人深思之处,特别是述及列强之间的相互利害关系还是比较客观的。

二、收录内容的说明

1. 本书所收录的文献资料,原文中有不少对义和团充满诬蔑性的词句,这并不代表我们的观点,为保持资料之原始性,亦不予删除。

本书所收录的主要内容有:

(1)对义和团运动的起因,当时中外各方都有一些客观公正的评述,多指出列强侵略是义和团起事的最根本原因,教会干涉诉讼激起民教矛盾是导火线。教会自身对义和团运动后传教策略的调整,亦足以说明其在此之前的宗教扩张性。

(2)对当时全国各地的教案(与南方会党活动有关的不收入)有较全面的反映。除对山东、直隶、京津、乌里雅苏台等地区重点报道(常见材料不收)外,对其他省份也尽量予以反映,诸如盛京、吉林、黑龙江、内蒙古、山西、陕西、甘肃、四川、云南、贵州、广西、广东、湖南、湖北、河南、安徽、江西、福建、浙江、江苏等省区教案资料也有选录。

(3)对各地义和团在不同发展阶段的活动有所反映,以不常见资料为主。如对直隶白沟河、板家窝以及山西的义和团情况,京中派人赴山东招老团进京情况,真假拳团、"拳匪"、"会匪"共存情况,以及此后"扫清灭洋"口号的出现,"联庄会"的组织形式并非 1902 年景廷宾起义所首创等。

(4)关于清政府对义和团的态度、对策也多有披露,如清政府的"剿抚兼施"政策,对义和团的"赏赐"措施,以及荣禄主谋结拳民以攻西人等。

(5)对义和团的评价。不仅资产阶级革命派和无产阶级革命派有公正的评述,即使资产阶级维新派乃至外国人也深受此事件的影响,而且这种影响随着时间的推移而日益显现、增强。

2. 收录内容放宽视野，包括政治、经济、军事、思想、文化、社会、中外关系诸方面。

(1)不仅注重义和团运动本身，还辑录与其相关的基督宗教在华传播、社会与民族危机、国际关系、列强对华政策与侵略战争等。

(2)对基督宗教的在华传播以及义和团运动后传教策略的改变，充分说明当时民教相仇之根本原因并非中西文化之冲突。

(3)对于列强对华政策及其远东国际关系，也有比较充分的反映，其焦点在于列强对华政策由“瓜分”到“保全”的演化。

(4)对义和团战争有非常丰富的反映。以往的研究多从“运动”角度去考察，而忽视了从“战争”角度进行探讨。义和团战争是中国近代史上除抗日战争之外，运用兵力最多、耗费时间较长的一次中外战争。伟大的中国民主革命先行者孙中山先生很早就提出了“义和团战争”的概念。综观义和团战争全局，无论是华北战场还是东北战场，当时报刊均有报道和评述。这些资料不仅可与档案史料互为印证，而且还有不少重要补充。

(5)此外还有不少未为研究者所关注的问题，现举一例，如对当时中国各海关的税项纪数，清政府密议加税以及谈判和约所涉及的财政问题等，均有报道和专题评论。

3. 选录内容力求真实，避免已被公认的讹传再现。

谣言和讹传即是一例，本书在处理这个问题时把握三点：一是客观反映当时谣言众多的实况；二是对后来已确认的讹传材料，不予选录；三是为保存整篇材料之原貌，而对夹杂其中的零散讹传亦予保留，以反映当时消息真假难辨的实况。

三、编辑凡例

1. 对“徐编”一书已收的《万国公报》和《汇报》资料，除极重要的外，一般不再收录。

2. 已被当时报刊译成汉文的外文记载，其内容重要者作重点选录，不合乎此要求者一律不收。

3. 本卷所选资料的编排方法，以发表时间为序；同一时间内发表在不同报刊者，其顺序则不分先后。

4. 选录的刊载时间以农历为主，西历在括号中写明。凡月中之日发表时间不可考者，排在每月之后；若年中之月不可考者，则放在每年之最后。

5. 本卷所选资料绝大多数都没有标点和分段，我们都一一予以标点和必要的分段。保留原有篇目的标题。即使极少部分原报刊有粗略标点，但多不符合要求，亦予以重新整理、校正。

6. 同篇资料分期连载者，仍分散于各期，不予集中排列。

7. 对本卷所辑资料，错讹或应删除之字加“()”表示，正字或增补之字加“[]”表示；至于一般笔画讹舛、字形混同的明显误刻，则径予改正；原文残缺及脱漏之字用“□”表示；由于多种原因而无法辨识之处用“■”表示。

8. 资料原有夹注、旁注及眉批等，均置于“()”内；遇有错句或文理不通之处，保留原状，不加改削。

9. 为忠实于原稿并保持当时的行文特点及语言风格，地名、人名及一些固定词语用法皆未按照现代汉语标准统一改动。国名如“义大利”、“星加坡”、“土尔其”、“非律宾”、“和兰”等;地名如“伦顿”、“斐州”、“海参威”、“墨斯科”、“阿剌伯”、“九洲”及“爱珲”、“吐鲁蕃”、“芦沟桥”、“燕台”等;人名如“李连英”等;词语如“鼓惑”、“要胁”、“平空”、“占踞”、“公同”、“气慨”、“省分”、“缗译”、“豫备(防)”、“妥贴”、“纷烦”、“计(筹)画”、“磁器”、“照像”、“仓猝(卒)”、“了望”、“侵掠”、“记念”、“浅鲜”、“蕴酿”、“无庸”、“澈底”、“宫庭”、“察阅”、“附合”、“连络(袂)”、“情素”、“担误”、“家俱”、“反覆”、“两傍”、“人材”、“显着”、“印像”、“枪枝”、“岂只”、“格杀无论”、“执迷不误”、“养痈贻患”、“惟所欲为”、“返朴归真”、“一面之辞”、“暴虎凭河”、“伏伏贴贴”等。因报刊及作者不同而对一事物有多种写法者,均不作统一处理,如“俾士(斯)麦”、“泰(太)晤士”、“拿破仑(伦)”等。

以上的选录,绝大部分都是从缩微胶卷中查阅的。有些报刊因年代久远,字迹多模糊不清,既无标点,而语法又不规范,甚至还有不少内容脱漏;又由于各报刊之库藏有严格不借阅的规定,致使我们无法做到全面无遗漏的核查,敬请读者见谅。本卷资料汇编从选录、翻拍、打印到简繁体转换,均经多次反复、修改、定稿。华东师范大学刘学照教授曾予指点,山东大学路广正、姜可瑜、刘聿鑫、赵镇平等教授协助阅读,黄晓静副研究馆员、李劲军馆员、李建博士等参与校对,特此致谢!

2010 年 8 月

目　录

光绪廿三年

光绪廿四年

光绪廿五年

光绪廿六年

光绪廿三年

正月十三日（1897 年 2 月 14 日）

《申报》

爱国说

今试观于一人之身，有耳目焉，有口鼻焉，有手足脏腑焉。偶一失养则身死矣，故无不爱之。爱耳目口鼻手足脏腑者，非爱耳目口鼻手足脏腑也，爱其身也。耳目口鼻手足脏腑皆寄之于身，而身则非耳目口鼻手足脏腑亦不能存。爱其身，所以爱耳目口鼻与夫手足脏腑。又使观于一家之中，有父子焉，有兄弟焉，有夫妇焉。出入必相问，疾病必相扶，事事关心，互为保卫。苟或勃豀相向，诟谇相闻，则家毁矣，故人人各有以爱之。夫有父子兄弟夫妇，而后有家，则欲成家者，安可使父子兄弟夫妇不相协哉！是知父子兄弟夫妇之相爱，非徒父子兄弟夫妇之相爱，乃爱其家也。惟国亦然，君者所以治民者也，民者所以受治于君者也。语曰国非君不立，民非君不治。又曰君以民为体，民以君为心。是君与民势位虽分，而实有相维相系，连为一体之势。未有民皆漠视其君，君亦漠视其民，而可以立国于天下者。且不特君与民必相爱已也，民与民亦必相爱。夫天下大矣，民生众矣。所谓相爱者，非徒承问之虚文、拜献之浮貌也，而惟欲人人各爱其事。即如士农工商四民并立，士人以读书讲学为事，苟知相爱，则不至以一得自封，必能各出其才力心思，以商订业之得失，考究事之是非，而学乃可以日见其精进。农夫以播种耕田为事，苟知相爱，则必能通力合作，均田而治，不至以一农夫之家有田而不治，有余夫之家甚或无田之可治，如是则天下之田无芜秽废弃，而农乃无不足之虞。至于百工，创一器造一物有独得之秘、不传之妙，似无所谓相爱之道也；不知能相爱，则制造新器有一人之心不能感之者，合众人之心而可以成之矣，有一人之法未觉其善者，合众人之法而始觉其善矣。商贾操奇计赢以争利为事，似亦无所谓相爱之道也；不知能相爱，则开设一银行、创立一公司，一人之资本不足以举之者，集万人之资本则业易成、谋易就，而商务乃可以兴。然此特民与民相爱之大略也，试更推而言之。则朝廷之上，内而部臣、外而疆吏亦必有相爱之道，而后见一利也，必互相告、互相兴，见一弊也，亦必互相告、互相革。有善则劝，有过则规，畛域无分，彼此相应。如是则一部不至专问一部之事，一省不至专顾一省之事，百职虽繁，可知脉络贯通流行无滞矣。他若将帅士卒，本以相爱为心。商以离心离德而亡，周以同心同德而兴，同心同德即相爱之谓。盖以将卒必知相爱,然后为战为守始有策应,而不致为敌人所乘也。今中国之官,所谓相爱之道者,惟知官官相护保其禄位而已。至问其事,则一人一法一官一令各营其私,各植其党,事之有济与否则不问也。士人惟守旧习,倾轧成风,偶有一留心经世之学、时务之书者,或且交口诋之以为异学。农夫不能让畔而耕,分田而艺,宁使家有余夫而不令闲田之无有不治,宁使费其人力而不讲新法之工省事多。工与商,则以为我苟有独创之新器,可以获利之生业,不可遽以示人。而不知集思广益,器乃日见其精。欲兴大利,一人断难成事。若徒沾沾焉秘为自得,而不肯公之于人,以穷其妙而大其业;则彼知同心合力者,制造愈精,资本日大,而我终必为其所制。在上者,乃又设卡抽税以困苦其生。至于利源,夺于外洋懋迁,若何通滞则转无以挽回之、保护之。而况墨吏酷恃■■侵扰士卒,则刑赏不当,克减口粮,是不爱之甚也。民与民不相爱,上与下又不相爱。譬之有身者,任耳目口鼻之废弃、手足脏腑之残溃;有家者,父子兄弟夫妇之不相顾,而犹曰爱其身焉、爱其家焉,谁则信之?

正月廿一日(2 月 22 日)

《知新报》

德国:谬议瓜分

柏灵都中论中俄盟约之事,以报馆为尤多。当道中人纷纷争传,皆谓俄国得一异宝。当某大臣游我欧洲之日,各国皆致恭致敬,而我德国惟尤甚。我极意以媚之,彼假意以承之,而俄国竟秘有所得。何异列国种一美果,而俄独食之也。德人遂相语曰:俄权日增于中华之北,我德将何为哉?必也设法在中国割得一海岸,以立开疆辟土之基,此事不可缓也。在巴黎,人以为俄之权自北而南,今已远及黄河,英之权应得沿海一带与扬子江之南。若德国能得扬子江及黄河中间之地而展其商务,我欧洲诸大通商之国,或早或迟以势吓之,自然垂手而得也。黄河可为德、俄二国之界,扬子江又可为德、英二国之界矣。法国亦必欣然任俄权远及黄河,必不许中国有余地留为通商之区。并议准法国据云南全省,以至巴麻东北之边界,并巴喇马砵打之山泽云。注:相臣出游至启列国生心,可忧可惧。然德之妄想若是,我正可借为儆矣。

四月十一日(5 月 12 日)

《知新报》

论德人寻衅于中国

今之忧中国者曰:为中国患者,其惟俄乎?法乎?日本乎?辽东索还,密约既立,铁路通至内地,兵船任意停泊,扼吭拊背,剔及肠胃,此俄之可患固也。朝鲜既撤,台湾逼近,东南海疆,门户尽失,枭獍桀黠,鼾睡卧侧,此日之可患固也。穷而好武,贼而好胜,龙州铁路,福州船政,握我利权,伺隙以动,此法之可患固也。然而吾以为此皆犹后之患,而非目前之急也。目前之急者,其惟德乎?中日之役,英人袖手,德与俄、法攘臂引项,仗义执言。树恩于中国,中国不得不有以报之,此中俄之约、龙州之路所由来也。夫三人盗劫,胠攫所得,二人饱翔而去,一人徒手,争之不及,置之不甘,其必取偿于主人也宜矣。今德之于中国,固自以为有恩者也。而独令其向隅,则乌能禁其不狡焉思启哉?虽然德之与中国,固所称交谊最密者也。通商以来,诸国构衅,战祸相寻,惟德始终未尝失和。故贷款则筹之彼,枪炮则购之彼,教习则延之彼,中国之人,靡不谓德之爱我也,德与我无他也。坐是之故,德亦不易遽发难于我,此中德之所以二十年无间言也。岂知投骨于地,众狗争之,英、俄、法坐享利益垂数十年,区区日本且出其上,人孰无情,其能不起而染指乎?观于去岁金陵自强军之事,其萌芽矣。自是之后,各省报馆纷传其有测量厦门金星岛之事,去冬复有拒使索地之举。一再以逞,积不得间,于是其心之愤懑急切,始莫能耐矣。及今春觐见之事,实彼使之失礼,而总署延宴,强不赴,是岂独挟恨于敬中堂已耶。湖北武备延设教习,比雇佣工稍过耳,而斤斤争统领全权,且移文总署以争之,何也?德人某游历长沙,长沙人拒不纳。一旅客耳,能电召汉口香港战舰七艘以俟,此又何也?呜呼!此数事者,使非其政府主谋,所遣心腹之人敢若是之明目张胆哉?幸吾政府疆臣慑于敌势,委曲以就,否则其不至决裂者几希矣。抑闻之公法家之言也,曰:地球之为国者非藩属于人,无论小大即无不有自主之权。今中国御一教习,遣一使臣,不能任自进退,坐令彼族之要挟,乌睹所谓自主乎?又闻公理家之言曰:地球之国号称文明者,必遵理而行,不妄举动,否则谓之无教化,谓之土番。今德之率意欺侮,横逆无道若此,宁真甘于为土番耶?语曰:"物必先腐而后虫生之,人必自侮而后人侮之。"中国而能自强,无公法公理,可无恐也;中国而不自强,虽日挟公法公理而与彼相持,亦多见其不自量而已。不宁惟是,中国之于外交,忍辱含垢,遇事迁就,诚以为优容而免事也。然我以为优容,彼以为尊奉。我以为免事,彼以为畏缩。得寸进尺,彼缩此伸,不至于决裂而不已。今日之德国已大异往昔,彼其多方横逆,虽暂亦饵而弭之,然宁能禁其不再横逆乎?夫俟其再举,则彼已操心审虑,决于一逞。此时虽欲饵以弭之,恐无及矣。故德之构衅终必不免,与其仓皇于事后,孰若振作于未然?吾料执政诸公洞悉敌情,顾全大局,未必不有见于是。然而因循姑待祸接踵,割地偿款,咎将谁属?传曰:"嫠妇不恤其纬,而忧宗周之陨。"呜呼!其无使鲰生之言不幸而中也!

四月廿七日(5 月 28 日)

《申报》

论裁撤兵勇事

昔者阳湖赵瓯北先生之言曰:“古来用兵往往多者败,盖兵过多则号令不齐,气势不贯,必不能有指臂相使之用;且为将者有恃众之意而谋多疏,为兵者亦有恃众之心而战不力。”并援引历代战争之事,以兵多致败、兵少取胜者数十条。余谓先生之论允矣。然必谓兵以多而致败,以少而取胜,则亦未为持平之论也。夫治兵之法,大约在汰之使少,而练之极精。以数十万乌合之众,固不足以杀敌致果,若以数千未练之师,则虽计画周详、谨慎持重,恐亦未能定制胜之策。是故兵不论多少,要以练为第一义。其所以必汰之使少者,则以粮饷浩大,士恒苦饥,恐一旦度支或有不继,则虽百万之师亦归无用耳。泰西兵制不贵多而贵精,故其食饷也甚厚,而其定赏罚也亦极严明。务使养一兵得收一兵之用,无老弱游惰之士杂于行间。各国虽互有不同,而大略不外如是。此武备之强,所以能称雄海上,而为中国所望尘弗及也。夫我中国,自三代以迄唐宋元明之军制,远而不必论矣。即如我朝定鼎燕京,以八旗子弟取天下,绿营军士未尝不威震一时。迨后歌咏升平,百余年间无烽烟刁斗之警,将士不知战斗,军务日以废弛,发捻之乱遂至蹂躏天下,不能敉平。于是湘淮各军蹶然以起,扫平祸乱,克成中兴大勋。迄今又承平三十余年,老成宿将大半云殂,帐下健儿类多新募,曾经当年战事出万死而一生者已不多见,即偶有之,亦已老迈龙钟不堪再用。谁复有如廉将军之健饭、马伏波之矍铄精神哉?前年日东事起,仓卒成军。防边军士不可谓不多,究以召募而成,未经熟练,故兵虽多而卒受丧师之耻。今者朝廷知湘淮各军已成暮气,而新集之勇未经习练,又不可应变于临时,乃遂定撤勇之议。十成之中去其四、存其六,盖所以省度支、节民力也。而又知西人用兵之善不仅在枪炮器械之精,其营阵行列步伐整齐,断非中国旧法所能望其项背。乃别拟成军,召年富力强之子以充其选。一切均照西法,延聘洋员教之,日后著有成效,渐事扩充,不难将旧时兵制尽行改变,从前军士一概汰除。训练有方,缓以时日,即使与泰西诸国角胜于疆场之上,似可与之抗衡,正如逢蒙学射,即以羿之道杀羿也。国势之强,军威之振,或即权舆于此乎?今此之湘淮各军裁撤四成,犹其嚆矢,未足为事之至也。所不能无虑者,各省盗贼横行,杀掠劫夺之事几乎无日不有。乡僻荒野之处,固不必论,其萑苻充斥,居者、行者皆有畏心。即在繁市之间,白昼以内,而绿林豪客亦复毫无忌惮,肆其带铃负眊之能。原寇贼何以如是之多,大都裁汰之勇无可为生,啸聚山林,为患行旅。若辈生性凶顽,杀人如草,既入戎行,余事皆废。一旦遽令其弃掷剑戟,而草菅人命,故智未除,无非聚不逞之徒以作此不轨犯法之事。今各省裁撤四成之勇,统计之当不下数万人,虽给以恩饷,送之回籍,而各撤勇无所生业,必至为匪徒,句合有散而复聚之虞。如是恐匪盗愈多,外患不足虑者,内忧将从此而起。虽幺么小丑,万不至如发捻之乱,贻朝廷之忧,惟当此敌国外伺,时事多艰,国帑甚虚,诸事棘手，何堪更有此内地匪盗骚扰横行哉？日前两江总督刘岘庄制军，恐各撤勇到处逗留滋生事故，颁给谕示谆谆劝诫，令其早日归农。本馆曾取而录诸廿四日报章，读其文，语挚情真，恩威并至。然大宪虽劝谕多方，俾之豁然觉悟，特恐若辈不能恪遵，依旧逗留犯法，甚至与匪盗联为一气，潜谋悖逆之为。是则生民之患，而当轴莫可不预防之也。

齐民闹教

西字报言：山东某县有天主教会中人，购地一区建设教堂。村民毁之改建庙宇，此数年前事也。迩者，教民拟重建教堂，备办物料值银万余两。白莲教匪侦知，纠合数百人分布四方，约期与斗。教民探悉，邀教中少年堵御教匪，于前月二十六日聚党至千余人，各持军械往攻，两相战斗。杀毙教民三名，伤者七八名，教匪犹声言必将教民村落荡平而后已。恐此事将又生一波矣。

五月廿四日(6 月 23 日)

《申报》

不类教匪

天津访事友人云：迩日津郡谣传白莲教匪暗滋萌(孽)[蘖]，是以文武员弁相约严密侦查。本月十三日，南门外人某甲赴十九段保甲局禀报，有一匪类匿迹其家。局员立饬勇丁拿获其人，年约三十左右，讯之坚不承招。迨棍责一百二十下，始供称："起获之纸人实系小人妻子所制，并不知妻子所习何教。"爰押候拘伊妻到案再讯，传闻伊妻在家油绘纸人，经甲觑破，叩以何用，则称用以演影戏。甲疑之，因即赴官出首云。既而，局员禀陈天津府沈太守，并移知天津县陈大令会同提讯。其人供称："小人姓杨，青县人，家有母兄，寄住城内白家胡同。"因饬差前往查抄，将门封闭，逮母兄及同居人陆姓归县审讯。始知甲所指纸人实系旧账簿掐有指甲痕，搜其箱中有碎烂纸并女舄数双，实无邪教证据。或者甲与伊素有猜嫌，乘机诬陷，未可知也。

七月廿一日(8 月 18 日)

《知新报》

复友人论保教书

新会梁启超撰

得复书，慨然于中国之微、大教之衰，于其所以然之故，言之洞若观火。久矣，夫天下之不闻此言也。既承不弃，今悉贡所闻，敢就来书复道一二。所论西教之强，凭藉国力，是固然矣,然亦有其本也。耶氏之起,犹太人疾之滋甚,其大弟子十二人,死于法者十一,其一人犹窜逐搜捕,濒死数四,幸而免焉而已。而其精悍锐很之气不衰,保罗以私淑之徒,纵横排荡,以昌其教。其继起者皆以死自任,历三百年而后有甘站丁沙厘曼之徒,以国王而信其教者。自后教皇之权日益尊重,至于各国君主咸受加冕,于是国力之盛极矣。而不知其初之累受逼迫,皆一二匹夫之贱,百折不回,以成之者也。且宁独彼教为然哉?孔子既创教立法以治万世,而百家之言纷然淆乱。自魏文侯师子夏,而魏有六艺之博士,是为孔教得国力第一关键,则子夏之为之也。以秦皇之无道,而博士具员以七十人,大儒伏生、叔孙通皆官其职。太史公推原其故,以为李斯知六艺之归。斯为丞相,故能如是,为孔教得国力第二关键,则荀卿之徒李斯之为之也。汉初多用武力有功之臣,文景窦后皆好黄老术,是时国力在于黄老,不在六经。及武帝用董子之言,表章六艺,罢黜百家。其不在六艺之科者,绝勿进,于是天下之士靡然向风。班孟坚以为禄利之路,然禄利者国力之谓也,于是而孔教之根址乃定,此为孔教得国力(弟)[第]三关键,则董子之为之也。由此观之,虽肉食者与有力,未有不由匹夫之贱,以强毅坚忍而成之者也。夫天下无不教而治之民,故天下无无教而立之国。国受范于教,肉食听命于匹夫。是以彼教之挟国力以相陵,非所畏也,在吾之能自立而已。西人论列国教分为三等:一有教,二无教,三半教。中国为半教之国焉。盖其声明文物、典章制度,先圣所留贻,历代所增益,实繁且备。若侪之于非洲之黑人,墨洲之红番,固有不类。然其风俗之败坏,士夫之隘陋,小民之蠢愚,物产不兴,智学不开,耳目充闭,若坐智井,耻尚失所,若病中风,则直谓之无教可耳。孟子曰:“上无道揆,下无法守,国之所存者幸也。”又曰:“上无礼,下无学,丧无日矣。”斯则执事所尊之则兴,不尊则亡,衰弱非所云也。今空言忧愤,无救危亡。思与海内有志之士,大明教之日,即于亡之势,而共求其可以不亡之道。语其条理,殆必自讲学始。孔子聚徒至以三千,轻翟言学,强聒不舍。西人一切政艺皆有学会,合众人之聪明以讲求一义则易明,联众人之声气以主持一事则易举。故有天文会、地学会、化学会、算学会、农学会、商学会、兵学会,其最小至于照像、浴堂,莫不有会。其入会者,上自后妃王公大臣,下及佣保奴隶。是以会中人与国为体,而有国者以会为命。日本向主守旧,薾疲一类中土。近者翻然变易,维新以后,国势蒸蒸日上者,虽其君相之雄才大略,实则其党人之力量有以成就之也。此其已然之效可见者也。今拟仿彼中保国公会之例,为保教公会。凡入会者,人设日课,日有劄记,以发明经义、切实有用为主。五日或十日一会,相与反复诘难,讲求实学,及推行扩充条理,其一切天算、地矿、声光、化电颛门之学,各专其一。求以能著书为主,其劄记每月一汇,公定去取,刻之以布示天下,以转移旧习。其大会,一在京师,一在上海。其会中人所至,必分立小会。见人必发明保教之义,由斯渐推渐广,愈讲愈明,则此道不绝于大地当有望也。今中国士夫习气,平居不读书,相见不言学,日以饮食游戏相趋相竞而已。其碌碌竖子固不足言,即一二有志,亦为风气所束缚而不能自拔。其最高流者,则徒私忧窃叹,而莫肯自任,以为万无可为,乃自放于声色词章,度数十寒暑以去。噫嘻!安得不胥而为彝哉。夫国计民命,即不盾意,试问栋折榱崩,孰免倾压?彼薤露之富贵,固为埃尘,即醇酒妇人、名山文字,亦岂能晏然哉。故窃以为居今日而不以保国保教为事者,必其人于危亡之故,讲之未莹,念之未熟者也。夫春秋三世之义,乱世内其国而外诸夏,升平世内诸夏而外彝狄,太平世天下远近大小若一,彝狄进至于爵。窃尝论之,孔子之道,秦以前所传闻世也,齐鲁儒者讲诵六艺成为风气，外此则寥寥数子而已，所谓内其国也。自汉至今所闻世也，中国一统，同种族者皆宗法焉，所谓内诸夏也。若夫所见世之治，施及蛮貊，用夏变彝，则过此以往所有事也。夫以事势言之，则今日存亡绝续之交，间不容发。以常理言之，则岂惟不亡，直将胥天下而易之，此事亦视我辈为之而已。故知孟子“舍我其谁”之言，非夸而无当也。执事以为何如？环顾天涯，同志能几共此忧愤，天下之福也。若不河汉，请从隗始，何如？

十月初六日(10 月 31 日)

《国闻报》第六号

山东新闻:西教东行

欧美教士游历东省日盛一日，入其教者，以济南府东关乡与红家园、登州府西南乡七里塘及张家埠等处为最多。青州府设有博古堂一所，凡受教之人，平日于讲肄经书外，兼习工艺之事，于是乡曲细民以为得未曾有，趋之若骛。兖州、东昌二府入教殊形寥寥，曹州一府则依旧守邹鲁之诵弦，几无一人过问。惟福山县属烟台地方，遇有西士孤身出游，土棍辄任意陵辱，叠经县示严禁，其风少息。

十月廿一日(11 月 15 日)

《知新报》

忧教说

南海陈继俨撰

举中国二十行省之辽廓，四万万人之繁夥，如斐洲之黑种，如澳岛之■奴，如墨洲之红番，如俄国之特狄，如琉球之毛人，如南洋诸岛之野番，如苗猺狪獞之土著，如北冰洋、南冰地之冰人。国无教、朝无政、士无学，饱食以嬉，强人以力，浑浑噩噩，不知不识，吾又奚诛焉？素王改制，匪以开化，如马哈默于土耳其，如婆罗门于五印度，如神教于日本。其道犷悍，其行惨虐，其民糜烂，吾且哀之怜之之不暇，而又奚诛焉？开二十朝王者礼乐制度之明备，道百千万亿元夫巨子之问学，统二千年圆颅方趾之觉识。安焉息焉，驯焉扰焉，宁非天纵之圣人哉？庄子称为“神明圣王”，又曰：“配神明，醇天地，育万物，和天下，泽及百姓，明[于]本数，系[于]末度。”又曰：“《春秋》经世，先王之志。”孟子曰：“仲尼贤于尧舜，自有生民以来，未有盛于夫子。”子思述圣祖之德曰：“祖述尧舜，宪章文武，如天地之无不持载，无不覆帱。”荀子谓：“后王成名，不可不法。”(诸子多以孔子为王者，孟子称先王，荀子称后王，即汉人以孔子为素王也)董子言上通五帝，下极三王，以通百王之道。王充《论衡》谓

《春秋》所以经世也。《春秋》何人作也?洪笔之人也。洪笔者,孔子也。盖孔子为中国之教祖,制作六经,振我种类,托先王以明权,发大心以度众,民到于今,并受其赐,凡有血气,莫不尊亲,昭昭然其义若揭矣。陈继俨曰:“吾尝讲明于素王立教之故,与今日宗教之衰,未尝不悁悁然忧也。夫世变之急,日新月异,而挽变之道曰政、曰教。论政则主维新,言教则主守旧。是故农事不兴,工学不昌,商务不振,官制不善,科举不变,肉食者之忧也。孔子改制之义不明,七十子口说之传中绝。一顷之塚夷为邱墟,手定之经摧于薪火,吾党之忧也。(予别有《保教末议》一书)。今略综厥弊著之于篇,若志士仁人因而存之,则中国四万万人之幸也。”

痛矣哉,子舆氏之言也。孟子曰:“佚居而无教则近于禽兽。”群中国四百兆之人,其芒然而未与于教化,人视之为骨董,彼自视为婢仆者,盖二百兆。夫此二百兆之人,心智之睿哲,耳目之聪敏,条理之缜密,彼犷莽粗悍之男子,吾知其必不相若也。且西国女士,昌言以彼保自待,守安息,说福音,偈偈然以明其道,若击鼓而求亡者,宁非荏苒柔弱之妇人哉?而我则从而禽兽之,教之所传者幸也。虽然,不读一书,不识一字,其由是而近于禽兽者,吾无责焉。彼夫鼓箧而入塾,胜衣而就傅,若农、若工、若商皆吾教中人也。父子之孝慈,兄弟之友恭,朋辈之信睦,亦非夫人自为也。夫固有所授之也。然自弱冠以后,足离庠塾,目逃师保,终身遂与书绝。推其意,则以为吾从学数年,粗识数字,异日衣食之所从出,家室之所由立。寒,孔子不能衣我衣;饥,孔子不能食我食。吾何求哉!夫易其田畴,薄其税敛,明农之说,宁有过焉?方规圆矩,审曲面势,考工之学,宁有过焉?关以御暴,市以纳贾(《王制》“命市纳贾”,“市”当是今日之商部大臣),经商之义,宁有过焉?且巢穴之居,则栋之宇之;皮革之饰,则冠之裳之;污坏之食,则烹之饪之。凡百善制,罔不从出,具有肢体,具有血气,具有室家,具有伦纪。恩而怨焉,德而仇焉,此又愈于禽兽者几何矣?呜呼,不其恫欤?

不宁为是,今之学子,诵法孔子者也,然试其所业,曰八股,曰八韵。其录一第、青一衿者,诵法孔子者也,然问其所长,曰大卷,曰折字。尤其上者,讲声音,穷训诂,拾香草,绣鞶帨,衍贾、马、许、郑之陈言,味韩、欧、李、杜之残沫;等而上之,则束身自好,慎默寡言,以不忤一物为第一义,以不救一人为第一流。夫帖括之业,科举之制,隳人聪明,老人岁月,明祖愚黔之弊政耳。康成之通学,叔重之说文,破碎支离,穿凿附会,新歆伪经之谬说耳。穷居则独善其身,惧祸则谨守其口,如木偶、如病人,生无益于时,死无损于数,薛文清、李文贞之末学耳。劳而无功,博而寡要,于孔子之学无与也。夫两汉之世,经明行修,以《禹贡》行河,以三百五篇当谏书,以《洪范》说灾异,以《春秋》治狱。士通一经,皆可致用,故汉治之隆,卓绝千古。其以气节自奋者,如党锢之儒、独行之士,罔不深自淬厉,以讲明圣学。论者谓佛氏楞伽,收效于宋明,戴记儒行,奏功于东京,教之所以昌也。今庠序如林,缝掖如鲫,而丧服大传,乃以节读。《仪礼》一书,终老未见,即三传四书,舍考试题目之用,制义取材之资,行将束之高阁,毁之积薪,无复有过而问之者。嗟乎!群盲满室,藉以窥天;病夫在床,使之扛鼎。责审音于聋子,恃跛者为健足。不知门庭,而任于秦越之远;不辨曲直,而求以倕输之巧。虽骇稚之竖,负床之孙,然且知其不可也。西人有言,中国半教之国也。由斯以谭,光方乌之学,精于格致,而实以牿才,钧渡挽之说,严于律法。而习非其用,效忠毛郑,匪先王之雅言;栖心屈宋,乃学子之末技。凡百学人,罔出此途。彼其靦然自命为仲尼之徒者，又何如矣？号称半教，何可得也？

彼教何以强，定于一，故强也。人之生也，与忧俱来，除病瘈死丧忧患，其中开口而笑者，一月之中不过四五日耳。习于筐箧米盐之琐屑，交于兄弟妻孥之亲尼，怵于生老病死之艰瘁，于是鬼神祸福之说，遂得而乘之。故夫作虚器，纵淫祀，乞木居士之灵，赝杜十姨之说，习非成是，悍然而不忌者，职有由也。欧人之奉教也，禁偶像，绝非鬼，惧其杂也。饮食细故，工作余暇，号耶和华而祝之。贡祷善颂，若婴儿之尼其慈母，去非种也。歧途之行不至，两君之事不容，卧榻之侧而鼾他人之睡者，于国必弱，于教必殃，谓其夺我也。古者国有大事，儒生掌之。记称子路与祭，室事堂事，交阶交户。史称孔子之宋，习礼树下。《墨子》曰："大丧是随，子姓皆从，得厌饮食，毕治数丧。"又曰："富人有丧，乃大喜说，转相告语，以为衣食之端。"（见《非儒》篇）盖三千之徒，其侣六万，讲习于孔子之礼，以友教天下，故绵蕞之事属焉。犹僧徒之营奠，彼教之跪庙也（西国婚礼皆诣庙，以教士赞之，俗谓之"跪庙"）。今淫昏之鬼，遍于里闬；巫祝之权，柄我教宗。其尤甚者，以张亚子之幻妄，而享用大成之乐矣。进司命之斗魁，而攘窃尼山之席矣。上下同揆，伪乱即真，习焉安焉，恬不为怪，宁不异哉！传曰："见无礼于君者，去之如鹰鹯之逐鸟雀也。"嗟乎！不为逐之，且以福之。

西人之保教也，有教会，有教堂，有教报。教会立，则同舟共艰，相观而善，而独立无助者，不至见异而迁矣。教堂设，则讲习有麇萃之地，岁时期会，振刷整顿，不致伥伥乎无所之矣。教报行，则欧亚道里之辽远，斐澳山川之阻深，皆与闻其道，不至老死而不相往来矣。积渐以暖合，多方以诱迪。妇孺之无知者，浅说而导之。捍格而不入者，身受以感之。故彼教之行，周于大地也。今齐州之地，甲于西欧，非谓不广矣。而文庙之立，一省之大，郡其一焉。一郡之大，县其一焉。若夫会以萃人才，报以光道真，则举天下之大，而未之见也。况乎外寇深入，夺我主权，挟以国力，事危志悍。以彼之理，遇我之纷。以彼之强，遇我之弱。以彼之众，遇我之寡。有不服左袵而言侏离者哉？及今不图，悔何及矣！此有志之士所为长太息也。

辩者曰：孔子之道高矣、美矣，蔑以加矣。然桓灵以降，大道遂隐。魏武以狙诈之雄，用跅弛之士。凡九能之人，一曲之子，其不齿于乡、大戾于族者，皆擢而庸之，利禄使然。流风遂邈，两汉节气扫地尽矣。逮及晋宋，崇尚清虚，不沮于老，则劬于佛，清谈滚滚，因以亡国，而博士之传，立学之经，亦摧烧而靡遗矣。李唐之世，人无廉耻，请谒当道，营营禄仕，即以昌黎之宏毅，青莲之高旷，尚复为之，士气之靡，极于时矣。有宋继轨，学术一昌，伯长仲涂，实为滥觞。孙胡在前，程朱在后，窥尼山之正法，寻坠绪之茫茫。然而集宋人之大成者，新安也。考朱子之学，《大学》、《中庸》为最深，即《论语》、《孟子》，亦杂而注之。自余若《诗》、若《书》、若《礼》、若《易》、若《春秋》，或笺注而授之门人，或宿素而仍多失误。盖六经之学无所得焉，其他愈可知矣。前明士气，窥复东京，然姚江为心学之昌，实归宗于葱岭；白沙创自然之说，作向道于阳明。问学不道德性，徒尊经学之儒，绝于时矣。经数千年之出入，阅千百辈之波靡，孔子之道，罕有传者，子何忧思之深也？应之曰：伪经流行，尊周抑孔，术诚狡矣。然《仪》、《礼》之完好，《公》、《穀》之美备，尚安然无恙也。证之以诸子，订之以秘纬，改制之素王，如日之中天也。语之而弗闻，闻之而弗真，狃其数十年媕陋塞钝之学，而夜郎自大，斯末可如何耳。倘广集教款，遍设讲人，倡我宗风，御彼外侮，直以周全球、一五洲可也,奚罕传之是云。嗟乎!彝狄进爵,治著太平,蛮貊可行,匈奴入学,孔教之遍于大地,圣人其知之矣。奈何以黄帝之种族,禹迹之神州,时接今日,而儒术亦既黜也。夫澎、台已去,而教旨斯沦,明治维新,而毁其俎豆,维彼前车,鉴于后轸,不有所振,其奚以兴?吾直惧夫国势既衰,而教且随以澌灭也,悲夫!

十月廿四日(11 月 18 日)

《国闻报》第廿四号

山东教案详志

山东曹州巨野县土匪滋事,伤害德国教士二人,东抚李中丞未即奏报。德国公使在湖北接该国领事电信,因即据情电询总署,并报该国政府,而我国驻德公使许竹筼侍郎,亦即由德发电回华,以此颠末详询总署。朝廷以事关重大,严旨责问东抚从速秉公查办,并饬令俟此案办结之后,再行交卸。乃廷寄甫下,而德国已派兵船三艘驶行来华,于本月十九日抵胶州海湾下碇,有兵官登岸,逼令该处防营限四十八点钟内将防兵离营,让予德兵驻扎。该营总兵官章鼎臣、总戎高元惧开边衅,不得已将全营暂退数十里驻扎,而德兵即入而踞焉。按戕害教民系曹州地界之事,而德兵所据乃在胶澳,其将有挟而求耶?抑将借此发端以偿其大欲耶?俟有访闻,再行登录。

十月廿五日(11 月 19 日)

《国闻报》第廿五号

论山东曹州教案事

自泰西通道以来,耶稣新旧之教参错乎儒释,神甫牧师之迹遍履乎周原。其间民教支吾,酿成事变,不可殚述。往者不具论,论其近者。中日启衅而后,一则有长江之案,再则有古田之案,三则有四川之案。一事之起,朝廷严旨申问。于教士教民则力加保护,于戕害教徒之匪则严为惩究,于办理教案不善之官则量予屏黜。其怀柔远人、大公无我之心,中外臣民,度亦可以仰体而默喻矣。乃观于此次山东曹州巨野县土匪杀死德国教士之役,而东抚李中丞之所以办理此事者,窃不能无惑焉。夫人与人相杀之事,何国无有?民与教相仇之事,亦何国无有?而况曹州为土匪出没之地,犯事者本非守法之民,即外人亦何独不见谅焉?假使为地方官者,于其事之初起,死者怜悯而矜恤之,生者慰劳而存问之,犯事之人迅速访拿而惩治之,承办不力文武员弁勒限而严参之、申斥之,则外人虽复悍鸷,亦当鉴其一片之血诚;纵犯者一时未获,而其实心实力,旁观者相谅无他。何至片言未毕,一矢遽加,如今日德船即踞胶澳,德兵即登胶岸之甚哉?乃李鉴帅之于此事也,当其犯事之初举,土匪杀害教士之情形与地方查拿土匪之情形,既未电闻,又未专奏。至于朝廷知之严旨诘问,并谕以俟办理此案完结之后再行交卸,而后始据实奏报。彼其心固于此案不甚措意,而以为与寻常命盗之案无异。不然,则何以德之公使在湖北接其领事电信,贻书总署,以相责问,而东抚独不先令朝廷知之乎?不然,则何以驻德之许星使,接其外部移文,电询总署,而东抚独不先令朝廷知之乎?夫李鉴帅固今世所称督抚中之不谈洋务者也。不谈洋务亦何尝不可意必其入林之深、入山之密,理乱不知、黜陟不闻、老死不相往来。奈何拥堂皇之位,任封疆之责,而又处洋务交错之地,心与事违,名与实乖,犹斤斤焉以不谈洋务为高哉?疆臣者,国家所与共安危者也。必挟其一人守旧之私见,不顾利害,不分轻重,而欲我行我法以为快。彼其所谓我法者,是非姑不暇论,而揆之今日地球之大运,与吾华积弱之情形,其果能行乎?其果不能行乎?虽三尺之童,亦不烦再计而知矣。今德之兵船已入胶州海湾,且逼令驻防该处章总戎之军,于四十八点钟之内移驻别地,而德之军士遂携其兵械陆续登岸,岌岌乎有决裂之势。试问不谈洋务之东抚于此时也,将掉三寸之舌以相见于坛坫乎?抑征十府二州之兵以从事于疆场乎?是二者,吾知其皆必不能行者也。所幸朝廷慎固邦交,已严谕东抚速将此案秉公办结,犯事之匪务获正法,其慰生哀死之情,亦已为中外所共谅。而德意志在欧洲诸国武功文治,素称开化之邦。与中国交涉数十年,从未一开衅端,中日战后偕俄、法仗义执言,索还辽东,交谊之厚有加无已。但求中国严惩匪徒,保全教民,则此外亦未无嫌之可指。度断不为此区区者,而与中国顿弃旧好,显有违言,幸一隙之可乘,伏戎机于俄顷,致以为德不卒,为天下万国所议也。

东省教案三志

德兵已登胶岸,并斫断胶澳电线,章总戎防军退扎劳山各节,本馆已详纪其事于二十四号报首。本日接山东访事友人来函,据云巨野县地方德国教士被害,乃系本月初七夜间之事。教士正在行路,突遇土匪多人,疑西士带有辎重行李,乃聚众行劫,并非与教士有所嫌恨也。并闻初五日他处亦有教堂被焚之事,俟探访明确,再行续布。

东省教案四志

本日又接都中访事友人飞函相告,据云昨日东抚李鉴堂中丞电致总署,恳乞转奏,自请议处,并揭参章鼎臣军门、高元将驻防各营擅离胶澳之罪。尚未奉旨,又云东抚拟请添募曹州土勇五营,益以夏辛酉所统五营,前往胶州防剿云云。想朝廷体念时艰,顾全大局,决不徇一人之请,轻启衅端。倾耳胶东,殊不禁杞忧耿耿矣!

《申报》

德兵据胶

有德国教士在山东传教,本月初二日突遇强人,刃毙二命。德人飞遣兵舰三艘,于十九日驶赴胶州湾。其地本有炮台三座,德提督勒令守台武弁尽将军士撤去,否则即当开炮轰击。军士闻之惊惶失措,携取兵械逃窜一空。德提督遂驱兵登岸据而守之,向地方官诘责是事。答以须由总署作主,爰即电达京师,不知将如何处置也。噫!时事艰难,海疆多故,消弭外衅,是所望于衮衮诸公。

十月廿六日(11 月 20 日)

《申报》

详述德兵据胶事

有德教士二人为德国恩皇主教所辖,向在山东行教,本月初七日忽被匪人戕害。其时驻京之德国使臣方南下游历,由扬子江以达湘鄂诸处。及回至上海,一闻此信立即返京,而德廷已接到电音,即电饬德使办理此事。德使因电致德水师提督著立调兵船三号,鼓浪赴胶州湾,将三炮台占据。查中日交战之后,俄人为中国索返辽东,传闻中朝与俄廷订约将胶州湾让与俄人。今者忽被德人所占,恐俄人闻之必不甘服,将来俄、德或枝节丛生也。至上海西字捷报则谓,刻得确信,知德水师提督未占胶州湾之前,已与英、俄、法诸国水师提督言明此事。深恐欧洲之内德、俄二国外部大臣亦已商定,不知将来德人欲永占山东省内一隅之地乎?抑各国分裂中国土宇之时已不远乎?又闻前山东巡抚李中丞秉衡,素不喜与外人通,往往待之不以礼貌。意者,此次戕害教士有所指授,亦未可知。德人其殆此因欲倾陷中丞欤?捷报之言如此,本馆意德人久与中国和好,决不致于决裂如此。且戕害平人之事,不但中国有之,即泰西各日报所纪亦往往有之。凡有文教之国,断不因一二人之命,以致大动干戈。他日者,一经两国理明,谅仍必言归于好也。至昨报所译教士于初二日被害,实系一时笔误,合并声明。

《国闻报》第廿六号

山东教案事五志

东抚李中丞奏请招募曹勇五营,并夏辛酉所带五营,前往胶州防堵,以备不测,并自请议处各情。本馆昨据京友传言,已纪其事。兹悉二十二日已有廷旨电谕东抚,大致示以不可轻举妄动,致开边衅,并速将此案秉公办结云云。闻廷旨甚为严厉,想东抚必当仰体圣意,将此案速了也。

十月廿七日(11 月 21 日)

《国闻报》第廿七号

论德人举动大碍耶稣教流行

呜呼！吾每读有明徐文定保留西教之章，未尝不废卷而叹也。当是时，日斯巴尼亚人如利玛窦、庞迪我等皆附舶来华，信天孤往，未闻有一兵一卒之护也，亦未闻当日日王若察理若斐立白与以国书勒之条约也。而庞、利诸公在华二十余年，上为朝廷所保护，下为士君子所亲崇。及其为不见知者所参劾，逐客之令殆将下矣，乃徐光启以宰相之尊为之力保，且有愿以百口为质之言。嗟夫！其感人之深乃至此乎！夷考疏中所陈：一则曰，远人学术最正，愚臣知见甚真。再则曰，不惟踪迹心事，一无可疑，实皆圣贤之徒。三则曰，其教中训戒规条，悉皆天理人情之至法，能使人为善必真，去恶必尽云云。直至身死之日，舍其田宅，以畀耶稣会人，为永远斋戒事天、讲道修学之所，今上海之徐家汇即其地也。嗟乎！其感人之深乃至此乎。顾徐文定非狂痴之人也，事业、著作粲然具在，可以覆案。而当时西洋势力之在中土未甚大也，则如今世士夫所斥为艳夷、媚夷之说者亦无取焉。夫当日一二人自西徂东，羌无所恃，恃者独其教道与学术而已。乃能为名公卿所诚信悦服如此，为朝廷所优容保庇又如此。乃今者自道咸以降，神甫牧师之迹交乎周原，礼拜说书之所遍乎都鄙。此上下数十百年之间，前者化去，后者继来，西士之勤，亦云至矣。然究之所感动者几何人，所湔涤者若何辈，西士当自知而自课之矣。刳胎取目之事，则屡形于谣诼之书。细作奸人之疑，尚深伏于绅衿之隐。夫岂中土之古今人不相及欤，抑岂今之教士修己诲人之诚，远在庞利诸公下耶？设谓中土之人今薄古厚，则禔躬事天之意，人有是心。虽极晦盲不亡种子，歧涂遄返，弱丧知归，一念之诚即蒙救济，人种未灭，此道难诬矣。若谓今之教士不及前人，则吾尝亲见其人捐弃名利，志存福音，道真守穷，识精学博，坚苦卓绝，笃爱耶稣，舍教人认主救灵之外，无他求亦无他意。虽其中来者既多，难保不无伪劣，或口谈天道心羡纷华，或持说僻坚坠入文障。然什八为律，固皆畏天命而悯人穷，笃信死守之士。其自治如此，其爱人如此，宜为上帝所福佑，而去徐文定所称诸人固不远矣。然而其教卒不能大行者，又何故耶？又若谓中土二千年余，自有儒教，崇信孔孟，难杂异端。此说固吾党所未闻，而无如其非挚论也。盖仲尼虽有生德之言，然命所罕言，神所不语，观于季路鬼神与死之问答，与夫或问禘说之言，则固自处于不知为不知矣。然而天人之际，民不能忘，所以郊祀起于隆古，谶纬盛于西京，直至汉明金身肇梦、佛法西来。自兹洎唐，日盛月炽，豪杰之士攀牖同归。法显有佛国之记，玄奘有西游之文，其访道忘身、寻真度世之为心，较今之为教东来诸公，固有过之无不及者。金元以来又有回教，满蒙所信又有喇嘛。诸如此伦，杂处间出，圣朝宽大咸所优容，亦未闻民间有为阻力禁其流行也者。中国横纵九万里，亘古如兹。黄巾、白莲之外，尚未闻为教流血如欧洲者也。然则谓支那为守旧之邦，难语西来福音新道者，其说又坠地矣。教之不行又何故耶？西人久以道心、人心分属全能上帝与夫魔鬼沙殚,故尝谓真教不行,皆此沙殚坚持阻力。今吾观人心之日下,世道之愈非,则沙殚之说容或有之。然西人亦思能使沙殚有如是大权,而令中土亿万灵魂如亡子不归,其父绝永生之福、受地火之殃者。此之为权,华人固使之乎,抑尔西人实畀之也。吾今将呼圣父、圣子、圣灵三位一体之神,以为吾证曰:尔西人实畀之。畀之云何?曰行圣父普爱世人之教、圣子普救世人之教,而常以兵力凶道取之而已矣。

山东教案六志

德踞胶澳防营暂退、章鼎臣军门仍在青岛候旨各节,本报已详纪其事。兹接东友来电云:章鼎臣军门已奉廷寄,亦退至离青岛四十里地方,与该营一处驻扎。德兵在该处亦尚安静,无所动作。惟各炮台均派兵看守,日夜轮流梭巡云。

山东教案七志

德国驻京参赞男爵拔利退佛取由京南下,已纪昨报。兹接北京访事友人来函,该参赞实系奉其国家之命,前往胶州察看情形,至到胶之后或再往曹州查办教士被戕之案,亦未可知云云。合亟登录,以供众览。

《申报》

论胶州兵事

嗟乎哉!时事艰难,国家多故,至今日而竟如是之岌岌哉!自甲午岁,我中国与日本失和,军士不力,将帅无才,偿款失地,贻笑万国。战舰亦既尽毁矣,资财亦既告匮矣,海外各国亦皆知我中国之无能为矣。藏之外府,取若探囊,虎视眈眈,莫不有蚕食鲸吞之意。而卒无一国敢猝然发难者,非有爱于中国,特以恐犯众忌而不欲为罪魁祸首也。德本欧洲强国,昔年战胜法人,放其君,索其款,令法为城下之盟而还,陆军之名遂播天下。而德之君若臣犹能安不忘危,不自意得志满。军政日益修,武备日益讲,鹰瞬鹗视,称雄欧西,诸大国无不严惮之。初未敢以土地之不甚广、属国之不甚多而小之。故虽以法人之强与有世仇,而不敢即谋报复,德之强大亦于此可见矣。顾与我中国邦交素为辑睦,未尝有衅隙之生。我之军械多购之于德,我之武备皆取法乎德,而德又派其知兵之弁教诲我军,是德与我之情谊固较他国为厚。乃一旦以歹人无礼刃毙德国传教士,而猝以兵临之,大驱战舰占据胶州口炮台,是诚何心哉?夫民教龃龉亦数见不鲜之事,即使教士被戕,在华民罪固不赦。然此系中国不率教之民,我国家方以其凌侮远人开罪邻国,赫然怒之。为封疆大吏者,自必严密查拿予以重典,必不令其逍遥法外,致远人咸有戒心也。德人不妨稍待须臾以观其后,何遽以干戈相见,而竟弃昔日交谊于不顾哉?如谓德恐我之设备,而为是先发制人,则今之中国既无战守之具,又无战守之人,德固不患不敌,何庸作此疾雷不及掩耳之为乎?西人每谓中国行事迟缓,以致处处落人之后,是诚切中中国之敝矣。然似此迅速,毋亦嫌其太骤否耶?尤不可解者,日前德廷明降谕旨,令德国战船之在东方海道者,当以日本为荟萃之区。德国驻扎东方水师都督,爰命各战舰皆至横滨聚会。德廷此举殊不可测,乃不数日而即有占据胶州口一事,岂德人豫知山东之有教案而将兴军事耶?且以大队战舰聚会于横滨，日本必生疑虑，乃德若不患其有此，而日本又视之若无睹焉，抑何故欤？夫胶州湾一口，为俄人所欲之地。前者俄人曾言，欲借是口以屯军舰。盖俄与日必生间隙，不待智者而已知。俄之陆军虽可由珲春以达于高丽，而其海军则必出黑海绕英属地，然后能至东海，征调殊为不便。俄之欲借是口以为屯兵之所，此固有深意存乎其间。乃今者，是口忽为德人所占据，并装运军火、粮食、木板及造屋面所用之阿司发脱材料，驶赴是处。窥其意似有久占之意，而英报又论德人此举以为爽利。盖英不愿俄之强，出而阻挠东方之事，故此举深有合于英人之意。惟是俄、法、德三国昔日曾共联盟，虽当日德人之意不过因德、法世仇，恐俄法联盟一旦与德为难，德不足以敌两大国，故愿随其后，未必果出于诚心。然俄、日方以在高丽阻止参赞更调税司诸事，将启衅端，而德即取俄人所欲借为屯兵之地，夺而占据之。德纵蔑视我中国，德独不畏为俄人所怨乎？虽然欧洲各国皆惴惴焉，惟恐俄之强大，干预东方诸利权，此不独英为然，即德亦未尝不存是意。今者，俄、日方将启衅，俄人得志则东方之利尽为所收。德因借词于刃毙教士而即占据俄人欲借之口，使彼无屯泊兵舰之所，调遣不灵，不得逞其志以为欧洲各国患。是说也理或然欤？■之欧洲各国互相猜嫌，而皆不利于俄之得志。盟会之事，西人固亦未尝信守，倘谓德人因戕杀教士一事而即加兵于中国，夺取口岸而有之，恐数十年和好之邦，其处心尚不至于如是。然而中国将愈见其弱，时事将益不可为，祸虽未必在眉睫之间，而瓜分中土之谰语，其将兆基于此乎？嗟乎，嗟乎！此有识者所为不胜郗歔太息者也。

十月廿八日（11 月 22 日）

《国闻报》第廿八号

论德人举动大碍耶稣教流行　续前稿

夫泰西主政与主教者常分为二，往往绝不相谋，吾非不知之；而无如往者教士之来，常在兵争甫定和约勒成之后。华民攘攘，与西人亘古不相往来，彼但见此种高眶深目之人，向也焚杀虔刘，其不爱我如彼；今也教诲祷祈，谓为爱我又如此。夫其不爱我，见之实事者也，其曰爱我，徒闻空言者也，是并其所谓爱我者相率而不信之矣。此刳胎取目之说、奸人细作收拾人心之疑所由昉也。曩吾垂髫时，闻父老言鸦片流害天下之烈，叩所由来，则曰：此红毛人强吾销售者也。闻■文宗扈跸热河，寻而大渐之事，则曰此英、法诸邦焚掠圆明园，逼吾通商之所致也。呜呼！敷天下之愤未忘，薄海之耻谁雪，饥妻寒子之所饮泣，忠臣烈士之所痛心，耶稣真教之不行复谁罪耶？果曰沙殚，尔西人有真沙殚之子者矣。祷如有灵，诅亦不能无验，尔西人其亦知之否耶？虽然有谓吾今此文为毁訾西教与其教士者，则又非也。行教之士固无可议，虽公教神甫有时侵官擅权，且不分良莠，左袒教民，致起争端而为地方之害。而英、美、德诸国修教之教士则咸知理道，佥谓吾来此土，职在传福音以救世人。至于中国政理是非、宰官清浊，人虽奉教，犹是华民，即有不平，吾惟有默祷勤祈，冀上苍之早与转移而已，为汝护符非吾任也。果其如是，夫何间然？且西教流行要为中国之福。先民有言:佛氏因果之言,足辅周孔之所不及;今西教之胜佛与否姑勿置论,然足辅周孔则固无疑。须知此教之在欧洲实是斯民之母,御豪暴、护寡弱而开其所以富强之基,盖信教则不相侵欺、不相侮夺,公平为交,必忠必信,此其所以富也。信教则民得自由,各奋财力,以死节保群,为登天捷径。当其效命疆场,人人怀死敌之心,此其所以强也。且民德将兴,先必知凡属方趾负颅,皆为天之爱子。夫如是,则知爱天,知爱天则知相爱,民知相爱,而后太平之治可以兴也。夫不欺谨独、不愧屋漏之修,吾党纳手扪心,自问几人如此?而西人虽佣夫、走卒、匹妇、孤嫠,一念归真即能企及。何则?亦以在在有帝天之临故也,则其教力可想见矣。吾故曰:西教与其教士均之无可议也。然则今吾之所议者谁欤?曰议者欧洲不信教之政治家。本无保教之心,徒借教案之兴,因为侮夺之利,如今者德人之占踞胶州澳者是已。夫教士东来,果其笃信真神,必耻为其国之政治家之所保护。盖自基督践言于十字,保罗宣教于锋端,其宗风固如此矣。所以冥征孤往,谈笑危途,即或遇难亡躯,便算登天血印,此即耶稣所云:与我同受苦难者,即与我同享尊荣者也。故若以基督之道论,曹州被戕之二教士,使其果系教中真实使徒,吾知必不恨戕杀之人,意且怜其作孽,自罹无穷之天罚。此非吾之过言,有主祷文。我免人负之言,可以证也。

山东教案八志

昨日有自申来西友传言,此次山东教事初起之时,德人已在上海雇备商船一艘,装载粮食、淡水等物,由申运至胶州湾。盖因胶地苦瘠无可采买,深恐兵食缺乏,故于兵船未赴胶澳之初,业已预备一切。现在此船来往江苏、山东一带地方,专司转运采办之事云。

《申报》

述西友论德兵据胶事

有西友问于执笔人曰:本月二十五日报纪有德国教士在山东传教,于本月初七日突遇强人,刃毙二命。德人飞遣兵舰三艘,于十九日驶赴胶州湾。其地本有炮台三座,德提督勒令守台武弁尽将军士撤去,否则即当开炮轰击。军士闻之惊惶失措,携取兵械逃窜一空。德提督遂驱兵登岸据而守之,向地方官诘责是事。答以须由总署作主,爰即电达京师,不知如何处置云云。何中国奸民不知轻重,肆意妄为,下致人心之惶乱,上贻君父之忧勤,竟若是哉!仆来华久,中国闹教之事叠见迭出,其故皆由奸民煽惑人心,凭虚谣诼,无端焚毁教堂,戕杀教士,以致两国龃龉,其不至失和者亦几希矣。然文牍之往来,口舌之烦琐,不知费几许周折始得弥缝无事。而偿款屡屡,已觉不支。自中日辽东一役赔偿巨款,中国度支日形不足,而又事端屡出。现虽不闻议有端倪,而窥德人之举动,恐未必即肯含糊了事。中国当多事之秋,不知将何以应之哉?以仆持平论之,欧洲传教之士洁身修行,皆有与人为善之心,是以不避险阻周游历国。其来华也,亦欲华人之为善耳,未尝有害人之心,而华人乃仇视之,岂华人风气尚未开耶?西人视教为重,教士无端而被戕,岂有不忿然于心?其向华官诘责,理固宜然。矧自通商以来,无论何国约章,无不有保护教士之条。如中国自度不能约束人民,当时应去此条。乃既订约,自当保护,勿使远人疑惧,方为正理。而乃不能约束人民,以致一波未平一波又起。祸端既起,不特势力不敌,每为邻邦所胁制，且贻邻邦以耻笑。说者每谓华人皆不信西人之教，轻视教士，故到处阻碍，未始不纵民而为之。为此说者，亦未免偏执一见。西人之传教于华也，原欲化导夫华人，并非勉强华人之入教也。华之士夫虽未必笃信西教，而于教士之无害于华，固皆无不知之，断无纵民闹教之理。所不善者，官长之不能治民耳。仆观中国之官，不俟闹教之时而始知其不能治民，此中国之所以弱而致为邻邦所轻视也。然以闹教而论，戕毙教士曲固在华，而论民之良莠不齐，固非中国所仅见。各国行刺之事亦所时有，即如中国黄星使之使俄半途遭人枪击，李傅相之使日面受弹伤。虽黄星使幸未中伤，并不知谁人所击，无可查究。所伤李傅相之小山，为日人监禁，以谢傅相，就此了事。此亦犹闹教之奸民耳，如谓为俄人、日人所使，俄、日两国其肯受此言乎？好在中国不欲多事，亦不敢多事耳。此次德国教士为华人所毙，自宜向中国责问，惟尚未知如何起衅。仅据报中所纪，则德兵举动亦未免太骤。教士被戕之后，自宜先向中国诘问，中国官员或不受诘责，或置之不理，夫然后调将遣兵与之干戈相见亦未为迟。况闹教之案已不止一端，中国未尝偏护华人，亦未尝置之不理，各国亦未闻调兵据地致失和好，此固办事之可师者也。而乃未及诘责，先调兵舰驱逐华军，据炮台而守之，岂非发之太骤乎？幸华人现在适兵力未足之时，且经惩创之后，故一经德军登岸驱逐，皆惊惶携械而逸。设使不肯退让，举兵相向，吾知闹教之案未了而两国之和已失。干戈一动，万难解纷，不特中国人民遭锋镝之虞，而德国三兵舰亦未必济事，势必劳师动众、糜费饷项，亦非善全之计，故曰曲固在华而德未必直也。刻已电达京师，不知总署如何措置？能否照从前教案了结，抑另议新章？虽公论在人，要亦在中国内外各员之善于调停耳。西友之论可谓持平，因笔而弁之报端，以观其后。

十月廿九日（11 月 23 日）

《国闻报》第廿九号

论德人举动大碍耶稣教流行　续前稿

夫真教士之用心固如此矣，然而为其土之民上者，则断断乎不可以如是论也。夫国家设为守土之臣，畀以尊官厚禄者，非以保民性命财产而后有事耶？夫使杀人越货可以逃辜，则此群应散、此国应灭，天理昭察，无可疑者。彼山东巡抚李秉衡，固吾中土之以关学传衣自命者也。家居十年为天下所扼腕，朝廷采纳清议起而用之。居东五年未闻有一事焉，足以利民生、固疆圉者也。徒闻恶食敝衣，标己厉属。旅顺之失守，严参丁汝昌、龚照玙诸人，谓其宜饮欧刀以正国法。夫丁、龚诸人固有罪矣，而试问荣城落风港之地属谁守耶？夫使落风港之敌人不登，则南北岸之炮台不失。迨夫敌登台失，戴宗骞因蚀粮不发而营散，李秉衡之劲旅自卫而西行，乃责威海残破之海军当腹背之勍敌，操戈同室，视国事如弁髦，徒知责人，偏工自恕。呜乎！使颜习斋、李刚主诸人所以教后人者仅仅如是，则杀以喂狗可耳。然此犹得曰：事近洋务，非吾中丞之所屑也。则试观吾中丞之吏治为何如，今者萑苻之患山东为尤，曹郓德濮之间，自吾中丞居东以还，盗风滋炽，人人皆视东省为畏途。试问中丞所以为国家安辑地方、嘉惠民旅者,政安在也?本馆前日谓中丞于前案不甚措意,视与寻常命盗同科者,此为中丞言不得不如是耳。若以周程张朱之道而言,则命盗岂有寻异之别耶,一夫不获时予之辜,不然则亿兆穷黎乌所托命乎?虽然,吾思中丞之学守必有极其高深,非吾辈后学所得窥者。故知吾之所论,必无当于中丞,则请无言学术,姑为中丞言时势利害可乎?自甲午以还,德人之欲逞志于中国久矣。其愤勃之气一发于黄道宪之放差,再发于天津之租界。瓜分中国之说日闻于欧洲,而法有越南、英有香港、俄有海参威,德独无一澳一湾以为海陆军起点之地,故南则垂涎于南北关,北则甘心于胶州澳,二者皆沿海之名港要害也。口狭而腹宽,水深而势固,有事可以聚二三十舰而恢恢然,且略与添设炮台,则有万众莫开之势。今者乘此戕杀教士之案,奉词伐罪,其志非爱教士也。盖德人自威廉、俾斯马克并兼得志以来,其不信教固已久矣,其矢集胶州者,爱胶州也。爱胶州云何?置北路海陆根本,以为瓜分中国无落人后计也。故今日德国永踞胶州,则明日俄国必规旅大。俄规旅大,则俄、日之战成。俄、日战成,则无论孰为雌雄,而吾之东三省又去,金瓯既玷,瓦釜难全。试问中丞于此之时,独持讲关学、不谈洋务之盛节,将向何地而税驾乎?噫!中丞休矣!章高元固可参,曹州五营之勇无所用也。知朝廷之立意保邦而持和节,故为凛凛向敌之象,以涂饰天下耳目取清名者。往者甲申法事,张佩纶尝用之而败矣;甲午东事,刘坤一亦用之而幸济矣。至今天下如见其心,中丞素讲不欺之学者,又安用踵此故智,以疑误天下后世为耶?虽然,彼德人之所为亦已甚矣。夫十月初七夜两教士被戕,而东抚延十许日未尝一告朝廷,若无事者,则谓之山东无巡抚可也。然而山东虽无巡抚,中国尚有共主也。一闻德公使之来书与夫许星使之电奏,即严谕抚臣迅速将此案办结,期于必获真犯,以伸国法而后已。则其所以待远人者,虽哀死者不可复生,然而法亦如是,足矣。夫民人相杀之事,何国蔑有?今使他国有人游于德国之境,而为无君均富之党之所戕,德人待之,吾知如是之外,必不能有以加也。夫苟如是,则何独于吾国而求有以加焉?故德人于法外而求有以加者,其意非爱教士、保其民也,志在乘机侮夺而已。然则是德人前者纵数百千人之教士于中国,幸其轻身犯难,借以奉词用武,售其侮夺之谋也。夫教之不行久矣,德人果为是举,无乃甚之,使西教而无足信则亦已矣。使其尚有可信者存,则此后泰东兵战之端,与夫中国豪杰起而逐教之事,生民涂炭,真道不行,将如西人言,尸横德人之门、血溅德人之首矣。《诗》曰:“上帝临汝,毋贰尔心。”吾试为德人■称天而诵之,然亦知德人之不闻也。

山东教案九志

本馆顷接山东访事友人来电,云戕害教士之匪徒,前后业经拿获九人,并有赃证云云。电音甚为简略,嗣询之官场人,始悉其详,合亟登录,以供中外公览。据云东抚李大中丞于教士被戕,得该处地方官禀报后,已饬所属严密访拿,前后共获盗匪四人。嗣奉廷谕严催,又委臬司星夜前往曹州一带,督饬各属文武官弁,勒限搜捕。一时捕快防兵四出侦探,并购募线民以为乡道。日来又擒获凶犯五名,并起获德国教士被劫之行李衣服多件。业由初七夜同时被劫未经遇害在逃教士一人,将所获行李衣服等件,面同认取,的系原物。李大中丞已据呈电咨总署转奏,想此案已经人证并获,似无难从速议结矣。日前西人传言,东抚于此案不甚措意,自系揣度之词或出传闻之讹。但不悉德人之意,或更别有要求否耶？昨又有京友至津传言，云德公使海靖到京之后，总署约其于二十五日至署开议。各堂官候至天色将晚，而德公使尚未至署。直至是夜九点钟，始行到署开谈。翁中堂与语移时，迨德使去而夜已深。翁中堂因不复回寓，即由署入朝奏事云。

《申报》

申论德兵占据胶州湾炮台事

德兵占据山东省胶州湾炮台一事，本馆已译登报牍，且一再著为论说，不厌加详矣。本月二十六日又载，所戕之德教士二人为德国派赴山东行教之恩圣主教所辖。本月初七日行至某处，忽被歹人戕害。其时驻京之德国使臣方南下游历，由扬子江以达湘鄂诸处。及回上海，即闻信入京，而德廷已电饬查办此案。德使乃电致水师提督，立调三兵船赴胶州湾将三炮台占据。至沪上西字捷报无端牵涉升任四川总督李鉴堂制军，谓制军任山东巡抚时，素不喜与外人通，此次或有所指使云云。此则无稽之言，不特华人不信，即识解明通之西人亦必一笑置之，目为谰语。何则？制军位高望重，既荷朝廷之简畀，岂有平白地指使歹人肇祸，以贻君父之忧者？即使不顾君父之忧，而他日查明肇事之由，制军安得而免于罪戾？故我知其决不出此，惟是制军平日确守旧法，前曾出示劝人不必习泰西文字语言，西人惎之。故当有事之秋，即乘间而作此言阴思中伤之，以免日后办事诸多棘手也。特是各省闹教之案，通商历五十余载，久已数见不鲜。我朝廷一视同仁，未有不速缉凶人从严惩办者。同治庚午年天津一案为最巨。经曾文正维持调护，卒能以玉帛易干戈，诛凶犯二十余人，罔有肆赦。此外如同治八年扬州府甘泉县民人殴伤教士，是年四川酉阳州团丁杀毙教士、焚毁教堂，同治十二年四川黔川县殴毙教士。凡有凶犯，无不立正典刑。至前年夏间，福州匪人杀毙入山避暑之女教士数人，办理尤为迅速。彼时各国从未有劳师动众之事，而中朝法律具在，断不容凶恶匪棍为漏网之鱼。盖以各国所立约章，皆有保护教士、教民之语。至德国和约第十款，则谓凡在中国者或崇奉或信习天主教暨耶稣圣教之人，皆全获保佑身家。其会同礼拜诵经等事，概听其便，故朝廷怀柔备至，决不任其无辜被害，必从速为伤者、死者伸冤也。且今之加害于德教士者，歹人也，或为强盗，或为棍徒。一经拘获刑求，自必水落石出，于地方何与，而突将炮台据而有之乎？犹忆辛卯春，今俄皇倪格尔第二为太子时，游历至日本大津，有自称壮士者突击手枪行刺，幸得甲、乙二车夫擒获，免于受伤。日廷亦惟将行刺者惩之，一面俯首谢过，从未闻俄人因此而兴师问罪，据其严疆。前年李傅相与日本伊藤氏会于马关，议定战后和好之据。日本凶徒小山丰太郎即小山六之介猝然行刺，致受重伤。日廷亦惟慰问再三，将小山科以无期徒刑，此外不闻有所措置。然犹曰交战之际事起仓皇耳。乃光绪甲午闰五月初八日，我出使俄国大臣今湖北藩司王芍棠方伯之春回至法属西贡埠，黑暗中突被前与同舟之甲、乙二人开枪轰击，伤及左腕。西贡法员不闻有慰问之语，不见有缉捕之文。至翌日启行，船主及西友问视塌前，方伯犹以遇物碰伤等词相掩饰。若某年，华佣之居美国洛士丙冷埠者，被土人群起杀毙，复纵火焚其庐，业产荡然，尸骸载道。美廷惟是给银抚恤，并未获凶徒而惩之。已革北洋水师提督丁汝昌，初次带兵舰游历日本长崎，被日兵杀害水师数名。虽经我国延担文状师滔滔辩论，亦惟以抚恤了厥事。日本人福原、尾本二氏，在上海城内刃毙华人沈关福，陆春江观察坚持不下,日廷只定二凶手以有期徒刑。以我华之歹人戕西人则从重惩治如此,以东西人伤我华之星使,或杀害我军士民人,或以东人而伤及西国贵人,则仅重惩之而已。抑抚恤之而已,甚且有置之不论、不议者,天下不公之事孰有甚于此者乎?德人苟一自反焉,当亦心平气和,不特不必占据我炮台,且亦无须龂龂与争,惟一任中国之惩凶谢罪而已矣。更无必慑以师船、守其要隘,以致小题大做,遽失数十载之邦交耶!抑又闻之,去年西人喧传中国已与俄人立有密约,中有一条谓,议定将山东省之胶州海湾为俄国驻兵泊船之所,将来俄国建站设营,及在岸上盖造兵房建厂储煤,悉从其便。今一旦此湾为德人所占,俄何为而竟袖旁观之手,绝不出一言以沮其谋,岂真如西报所云,德人先与英、法、俄声明此事欤?诚非局外人所能揣测者已。

十一月初一日(11月24日)

《国闻报》第三十号

驳英《太晤士报》论德据胶澳事

呜呼!吾今而知英人开化之说为不可信也。夫所谓开化之民、开化之国,必其有权而不以侮人,有力而不以夺人。一事之至,准乎人情,揆乎天理,审量而后出。凡横逆之事,不欲人之加诸我也,吾亦毋以施于人,此道也。何道也?人与人以此相待,谓之公理,国与国以此相交,谓之公法。其议论人国之事,持此以判曲直、别是非,谓之公论。凡地球进化之国、之民,其自待、待人,大率由此道也。乃本馆读西历十一月十八号路透电音谓:《泰晤士报》深许德与中国交涉所用之权力,并愿英之举动与此相类。虽电音简略,该报所论其详不可得闻,然其宗旨大要不外乎武断灭裂,窃为英人不取也。夫德人借端教案突踞胶澳,此不特以野蛮生番之道待吾中国,直以野蛮生番之举动自待而已矣。吾之与德有和约之国也,山东有官治之地也,假使为德人者当教士遇害之后控之府县,府县不理,告之督抚,督抚不理,达之总署,总署又不理,则作一书以相告曰:所贵乎官司者,谓其能保民之身家财产也,今不理是不有其民也,而吾不得不挟兵力以自保其民矣,则虽踞吾山东之全地可也。今官吏方在缉捕,朝廷甫及闻知,谈笑未毕,鞭楚相随,夺我要隘,毁我电线,逼我守土之官,逐我驻防之兵,俨然以敌国相待,此不过恃其一时兵力,乘我不备掩而袭之,其与海盗行劫、清昼攫金之子,又何以异哉?虽然德人之背公理、蔑公法,忍而为此也,其亦有故矣。乙未辽东之役,步俄、法之后尘而得吾之利益未足,旁观者又从而讪笑之。于是因贪成羞,因羞成愤,其阴鸷横决之思若矢在弦,待激而发。幸有教士被害之事,度其君臣必欣欣然作色相告曰:此吾索酬中国之机会至矣。时哉,时哉,不可复失,遂置一切公道于不顾,忽发野蛮之心思,露生番之面目。利之所在,虽大不义而亦蹈之。昔吾中国常以夷目外人,而外人不受。今若此,则又何以自解于恶名耶?夫德之捐弃公道,惟利是视,犹曰吾虽贻笑天下,而其所得者尚足以自娱也,吾亦无恤焉。彼英人则固局外闲评,主持公论者也,乃亦从而附和称许,抑若以德之所为,为可取法。嗟乎!向从欧美两洲人士游,莫不言地球开化之国，英为首称，而《太晤士报》馆又为其一时名士大夫所会合。今此论也出，则英之国民，其亦犹有野蛮生番之性也欤？吾闻往者，有英人商于希腊者，为钱财小数与希人争殴，坏其房舍。英人控之英廷，英政府即派兵船数艘守希口岸，索偿二十万磅。期年未了，各国报馆群起而议英廷之失，英乃前后命使臣四人往希查考后，始得直赔英金一百二十磅，事遂结。夫各报馆之讥英，公论也。英廷之不自护其短，公道也。往者英人之以兵逼希，与今日德人以兵要我，其情事无以异也。乃昔之英人犹不自护其短，而今之英人反护他人之短，则是英之民智转卑、民德转坏，其国家之治化，且视昔为退矣！由此术也，公理何在？公道何在？其犹能执牛耳而为西方之盟主乎？吾窃为英人不取也，彼德人则更无责焉耳！

山东教案十志

德兵船到胶湾后，逼令该处防军章鼎臣军门退扎，章营嗣退至沧口地方，约离原扎之青岛十余里，已叠纪前报。兹接山东访事人来电：本月二十五日，德人又逼令章军门再行远退，军门不允，德人即将军门办事所住之屋封锁禁锢，勒令章军门同至兵船往见该国水师提督。如此举动真可谓狂妄之尤者矣。来电又云，德人现在于青岛地方大兴土木、建造兵房，看其情形大约有屯兵过冬之意云。

山东新闻：制钱短绌

东省银价未涨，已纪前报。兹接访事友手毕云，入冬以来，每济银一两，只换京钱二千四百零，较之九月间银价又短京钱一百余文矣。惟河工上游，每银一两尚可换钱二千六百文，下游银价照旧未涨。有某甲携银一百两兑换，现钱一时不能如数凑集。制钱如此短绌，若不设法接济，彼营生者真不堪度日矣。

十一月初二日（11月25日）

《国闻报》第三十一号

论胶州章镇高元让地事

吾尝闻英人之言曰，世之公例有三焉：一曰民未成丁，功食为反比例；二曰民已成丁，功食为正比例；而其三曰群己并称，己轻群重。用是三者，群立种强；反是三者，群散种灭。今者吾论胶州之事而独引此何？吾欲用其第三例故也。印度之野有象焉，百千为群，居山林中，将出就水为饮与浴，必先有逻象焉，出而为逻，审无害者而后群行，如逢敌仇则逻象先死。美洲之野有犎焉，当其群居，牝犊内聚，牡者环之，外向敌来，且斗且警。禽鸟之中则有雁奴，猎者非先杀雁奴，则其群不可掩也。是知舍一己以为其群，虽在飞走之伦，有如是者矣。至于人，当何如？始吾闻德人船入胶州，勒限四十八点钟令章营退扎，而章果与退扎劳山之事。始而讶，继而悲。讶者何？讶德人久称开化之国，而行事类盗贼野蛮也。

悲者何？悲章之葸懦畏死，而致外人视之如犬彘也。当德人与之勒限时，章当应之曰："吾与若皆行伍人，义得相喻以理，四十八点钟无所用也。吾为总兵，奉命守此，进止非所自由，上有皇上，下有抚军，皆吾所听命者也。汝力能得之于朝廷，抑能得之于巡抚，则令子下而吾且退，不待两日之久也。如汝不能得此，而于我乎求之，我武人知有战而已，尺寸之地不能让也。今试问若汝为将在非洲，奉大帅提督令守一港汊，英舰忽入，勒汝让之，则汝固当让之耶？抑俟朝廷大帅有令而后进止耶？假汝不得自由，何为以是而求于我？汝以兵力相逼耶？则我带兵数十年，所求者正是一死所耳。今明告汝：章某未死，此军未破，胶州尺寸之地，非汝所得觊觎也"云云。果令如是，则吾意德人虽甚蛮暴，然彼以武功立国，虽在敌仇之间，见义烈敢战男子，尚知敬爱。且行太无道，亦虑各国之议其后，其竟不敢相逼者十有八九。又近来西人其欲逞志于中国也，往往先用试探之术，造端宏大，出语狂肆，一则以视中国受之之何如，二亦以观他国之动静。果其所求辄获，则在在皆彼利益，何乐不然？假其阻力尚多，彼亦退而变计。今德国去华数万里，千兵运费至为不赀，且西法、东俄、非洲、南美，在在须无空隙，未见其能以不在理事，动辄干戈相见也。即使不然，德人不顾公法、不顾令名，而务欲逞志于我，我以主待客、以众待寡，未必其果不胜。且胜焉，而彼亦不能遽以开衅在我相责也。万一战而至于败，败之极而至于死，夫既为兵官而死于战，上既不负国家付托之意，下可以见重于敌人，而壮国家之气。人谁不死，死而如此，又何不可？乃计不出此，依违之间，进退失据，事机之来，间不容发，及其既逝，挽之不留，惜哉！虽然，吾有以知章镇之不能也。盖若能如此，必其人有学问、有性情，又能得士卒之心。平居之时，训练已久，夫而后能应机而起，不失尺寸也。中国兵官，大都纷华靡丽，日事酣嬉，以幸国家之无事；一旦有事，其不败者谁哉？吾故以知其不能也。近又闻章镇往见德兵官，侃侃不挠，德人亦为之语塞，则后效之图，又吾人所属望矣。

山东教案十一志

德兵在胶澳逼令章军门再行远退，章坚拒不允。德人遂将章军门邀至营中，各情已纪昨报。兹悉章军门至德营之后，与德兵官侃侃而谈，义正词严。大意以为贵国系欧洲大国，向来声名甚好，况中国与贵国睦谊素敦，并无嫌怨。此次借曹州教案为名，出我不备，掩袭胶澳，又逼令防军远离。本军门以未奉朝廷宣战之文，是以将防营暂移十余里驻扎，一面请旨遵行。今贵提督又逼令敝军再行远徙，似此强暴无礼，公是公非，自在天下。窃恐贵国声名从此败坏，甚为贵国不取云云。德兵官俯首无词，抑若自知理曲，无可申辩者。但言邀贵军门来此并无他意，不过外面传言贵国调遣队伍，似有与敝国准备开战之意，故约贵军门一证之耳，请少安勿躁，即当送贵军门回营也。又闻德人在胶州宣帖安民告示，似此无知妄作，行同狂瞽，是真野蛮之不若也。而章军门之临难不屈，正色抗谈，虽未战亦可谓义形于色矣。

山东教案十二志

本日据西友传言，德公使海靖已在总署开议。曾备文告知总署，欲索中国允办六条，而不提及胶州湾之事。总署答以必须贵国将踞占胶湾之兵退出，方可开议云云。至所索六条系何款、何事，俟有续闻再行登告。

十一月初三日(11 月 26 日)

《国闻报》第三十二号

山东教案十三志

德公使海靖至总理衙门开议,昨据西友传说,索中国允其六条,已纪前报。兹有西友告知,言之颇详,据云:第一条,欲中国将办理此案不善之地方官,从严议处革职。第二条,将戕害教士之匪徒,从重治罪,并恤教士银若干万两。第三条,山东济宁教堂之款,应中国赔偿,并给予该处教堂匾额。第四条,中国国家应担保从此以后,永不许民间有此等之事。第五条,德国办理此案所用一切经费,均须中国听偿。第六条,山东所有应造铁路,应开采矿务,中国应允归德国商人承办。据西友云:总署答以必须德国将踞胶澳之兵退出,方可开议。传闻如是,未知确否,姑照登之,以供众览。

十一月初四日(11 月 27 日)

《国闻报》第三十三号

山东教案十四志

本馆昨接东友来电,据云德兵官之在青岛者,行文至胶州地方官,索取骡车二三十辆候用,并有德兵数十人至胶州城中云。按泰西各国战例,凡两国遇有兵争之事,其兵队所到、所占之地,实系战胜而得者,则军中一切需用之物,可令该处地方为之预备,此例为万国公法所许。今中德并未开战,其所踞胶澳及青岛地方,不过乘我不备,暂时掩袭,不得视为两国战胜后所得之地,乃欲令该处地方官为其供给车辆,是真无理之尤。吾知胶州文武官有守土之责者,必有词以拒绝之也。

《申报》

译西报纪胶州事

西字捷报云:本埠禅臣洋行龙门轮船,于昨日由胶州湾回沪。船中人述及日内胶州甚为安谧,镇守胶州之华勇方襄助德军修治炮台及一切工作。统带章镇戎无端将发辫剪去,仍住炮台并未他往。德人既得炮台后,即四面设防,务极巩固。湾内泊有德兵舰四号,各将炮门对岸上,盖恐华军由陆路来此夺还炮台也。某日德统领率领兵士数人往内地游览,行至离湾岸二十里之遥,土人皆以礼相待,毫不为难,德统领乃安慰数言而返。至电线并未截断,北至京邸、南达上海,仍有电报往来。以上皆捷报之言,真耶假耶,明眼人自能辨之,固不烦执笔者为之解说也。

译东报论德人据胶州事

日本东京《日日新闻》云:顷得中国京师电信言,德国军舰占据胶州湾炮台之后,总理各国事务衙门诸大臣于西历十一月十七日即华历十月二十三日集议此事,意甚仓皇,尽一日之长始议毕而散。按德人自与俄、法联合向日本索返辽东,满拟中朝必有以酬报,遂频欲于南省得一可驻海军之地。今者驻军之地既得矣,电信达乎柏林,柏林各日报皆宣传其事,极意铺章,即伦敦诸报亦然。回忆前者德国驻京使臣,刻意在中国南部求开租界,以便积储煤火货物,且每以索返辽东后独无酬报为恨。当二年前,有德军舰驶赴厦门左近,测量海道,旋复至香港左近测量。今岁又有德军舰六艘,赴福州迤北相距三十英里之东树山冲沿海测量,并将舆图修改。兹者忽有是举,岂非欲于中国求一立足之区乎?

十一月初六日(11 月 29 日)

《申报》

论德人要挟事

德人占据胶州湾炮台之后,泰西各日报议论纷纷,每谓德廷以中国不能约束人民□■■□■衅隙。此次大张旗鼓,决意将炮台久占,不复归还。日本日日新闻更大放厥辞,谓德人自与俄、法联盟向日本索返辽东三岛,满望中朝必有以酬报盛情,遂欲于南省得一驻兵之地。今者地已得矣,柏林各日报皆喧传其事,扬厉铺张。回忆前年,德国使臣刻意在中国南部求开租界,以便储煤屯货,遂遣海军驶兵舰■厦门及香港左近,测量海道描绘成图。今岁又有德国军舰六艘,赴福州迤北相距三十里之东树山冲沿海测量,并将舆图修改,计不得遂,始在胶州求立足之区。以意度之,德人其真欲久假不归,不复思以偿银了事乎?乃观昨报所登德人要挟一事,则可异矣。昨报之言曰:德人既占胶州湾,其[使]臣致词我中朝所设总理各国事务衙门,以六事相要挟。一、责令抚恤被戕之二教士,共银六十万两。二、所[毁]德国教堂房屋,从速赔修。三、肇事地方之官吏,恐有干涉情事,须立加惩儆。四、凶手须即行缉获明正典刑。五、德兵舰占据胶州湾炮台时,一切开销归中朝付给。六、华人因此事而辱及德国徽章,须照章认过。噫!由是以观,德人实欲藉此以勒索中国多金,岂真有占夺岩疆之志哉?我乃谓此事,德人实大失恕道焉。夫匪人肇事,何国蔑有?执而惩之,以谢己过,守土者之责也。即给银以恤其家属,亦题中应有之义也。然中国二十一行省中,因匪人闹教驯致戕害教士之案,历来已书不胜书。无一案不尽法以诛凶徒,即无一案不给银以恤苦主。我中朝系堂堂大国,岂有不曲示柔怀者?更无必动众劳师,先以势力相压迫。且以德人而戕毙华人之案亦有之矣,前数年德兵舰水军在上海虹口酒醉而归,将车夫任情刃毙,屡经大吏派令熟谙德文、德语之张筱轩大令,与德领事官会讯，登诸日报，供词多至数千言。德人惟是将凶手解回本国惩治，略给苦主恤银若干了事。我中朝事事退让，不复有所深求。彼教士虽上等之人，不可与食力之车夫相提并论，然戕教士者为断路劫财之盗匪，刃车夫者乃素知法纪之水军，其情节之孰重孰轻，当亦不烦言而自见。而乃贸贸然索银至六十万两，我中国若举前案以相抵制，德人其何说之辞？至于责偿占据胶州湾炮台之一切开销，尤为于理不合。胶州湾为中国之海疆重镇，炮台为中国所建以设防御侮者，固各国所共见共闻者也。若教士之被戕，在巨野县境。虽同属山东省内，实与胶州若风马牛之不相及。德人苟欲向华官饶舌，自应于巨野兴问罪之师，而乃舍巨野而占胶州，为此节外生枝之事，岂由胶州官吏召之使来欤？而胡为竟横索兵费也？其谓肇事地方之官吏恐有干涉事情，须立加惩儆。夫官吏之于教案，诸多棘手，人所皆知。但使教士安稳而宣福音，地方官已求之不得，岂有指使剪径匪类平白地肇此衅端，以致有碍考成，自取咎戾者？无中生有，德人其亦反己思之耶？所最可笑者，谓为辱及国徽，责令中朝谢过。夫胶州湾炮台之上，中国既有重兵屯驻，岂有不高揭旗章者？德兵一拥而前将旗拔去，其辱中国也甚矣。中国自安孱弱，不复能辞严义正责备德人，此其畏葸情形已不免贻强邻之笑。而乃反谓德旗被辱，尚须中国向之负荆，试问德旗固建于何处乎？辱之者固何人乎？总之，以上六事中，缉获凶徒而诛之，固属理所当然，中国毫无推诿。赔修所毁教堂一节，虽为中德和约所不载，然历来既有成案可援引，中朝亦断不靳此区区。此外，则以盗匪戕及旅人，而即若是之不发一言遽兴师旅，恐按之万国交涉公法，未必曲在我华。今者，总署既告以先撤占据炮台之兵，并将兵舰退去，然后从长计议，睦议重敦。似此侃侃而谈，不卑不亢，德为欧洲素著文明之国，当亦不始终固执，以致大局攸关也。跂予望之。

详述德教士被戕事

天津访事友人云：德人之占据胶州湾，实由教士两人被戕而起。按此事肇于曹州巨野县境。十月初七夜两教士携手宵行，断路强人疑其带有金银财物，因之肆行截劫，操刃毙之。时德使方游历鄂中，闻警遄返。十月二十三日附乘头次火车抵天津，暂驻德领事署。北洋大臣王夔帅知有变故，先行往拜，相与互商。然即舌妙粲花，恐亦未易化干戈为玉帛也。

胶事续述

天津采访友人云：德人既据胶州湾炮台之后，山东巡抚李鉴堂中丞由电陈奏，请募曹州土勇五营以资防御。皇上著不准行，此已纪诸前报矣。事后中丞复电达总署，乞奏请交部议处，并劾胶州镇章镇军高元擅自退兵之罪。日内北洋大臣王夔帅再三筹度，电致各营有“无理可讲，无法可挡”八字。噫！老臣谋国，其尚能别出良图否耶？

东抚出都

新任山东巡抚张中丞汝梅奉旨速赴任所，与升任四川总督李鉴堂制军会办德人占据胶州湾炮台一事。昨已纪诸报章，兹得京师采访友人来信云：中丞邸第本在宣武门外嵩云草堂，陛见后行色匆匆，未及向各处辞行，即于十月二十四日请训出都，荣履新任。

十一月初八日(12 月 1 日)

《国闻报》第三十七号

山东教案十五志

本馆昨接东省来电,据云:初四日有德兵三四百人,由青岛先往仓口,后向东北而行,大约系前赴即墨县城者。似此情形,德人直欲与中国以干戈相见矣!合亟登录,以供众览。本津西人日前传言,有俄国兵船数艘及日本兵船数艘,先后在胶州海面游弋。传闻如是,未知确否,姑援有闻必录之例,以观其后。

山东教案十六志

德人在上海雇备运船及德兵在胶拟建兵房各节,均已登纪前报。兹接申友来函云:德人所雇商船,船名龙门,系禅臣洋行之船。其由申开赴胶州时,载有机器油二百箱,系磨擦兵船机器及枪炮之用;并于粮食之外装有木板、木条、铁杆、洋灰以及盖屋用之铅瓦等件,为物甚多。是德人于未赴胶澳之先,已作久居之计。刻下此船仍来往申胶一带,专供转运之差云。

十一月初九日(12 月 2 日)

《国闻报》第三十八号

山东教案十七志

德兵前赴即墨县,大略情形已纪昨报。兹悉德人于初四日调兵四百人前往仓口,其初意原欲逼令驻扎仓口章军门所统各营,再令退让数十里。乃章军门虽被德兵官拘留,不在营中,而各营之官弁士卒早有准备。有探马报德兵大队将至,各营营官亦即传令出队,备足子药、粮食,依山为营准备抵敌,决不令德兵再越雷池一步。德兵将至仓口,遥望旌旗,亦即发号止步,不复前进。两下相持至数点钟之久,德兵官知众寡不敌,遂改由别道往东北进发至即墨县城,而仓口各营亦遂收队。未知至即墨后情形如何,俟有访闻再行登布。

十一月十一日(12 月 4 日)

《国闻报》第四十号

山东教案十八志

德兵四百人于初四日开赴即墨,已纪前报。兹接东友来电,初五日复有德兵三百余人相继而往,至各处张贴告示,务欲章军门防营于一点钟内退出女姑口北七十里外,若再延迟即行用兵云云。东友来电如此,顷有西友自京至津者告知:章鼎臣一军已于初七日奉廷旨,令其移驻燕台,是朝廷立定主见,不与德人为难。然而德人之得步进步,方且有加无已也,不知将何以应之耶?

山东教案十九志

德兵官向胶州知州索取车辆一节,本报已纪其事。顷接东友自燕来函,胶州知州接德兵官来文后,即为预备骡轿车十六乘,派人送至德人营中。东抚知其事,急电止之,而车已在途,不复能追回矣。东友又言:女姑口税则向由东海关道所辖,现在德人已将女姑一口据为己有,派人在该处收税,并给发进出船只货物各项执照。合以上各情观之,是德人之意,凡其踪迹所到之地,即视为兵力所取之地,俨然据为己有,而不以为怪。中日战后而瓜分中国之说充塞乎欧人之口,意者德人其发难之始,胶州其起点之始乎?

十一月十二日(12 月 5 日)

《国闻报》第四十一号

山东教案二十志

德公使为东省教案在总署索允六条,而总署答以须贵国先将胶湾之兵退出,方能开议云云,已纪前报。嗣闻彼比相持,迄未开议。后中国驻德许竹筼星使来电,大意谓退兵后再行开议,固为词严义正,但相持不下,转恐别生枝节,不如先行会议,择其可许者许之,其必不能许者则驳之。总署接电后,始约会德公使海靖,而海靖迁延不至。函订再三,始允于前昨至署开议。并闻廷旨已特派会议王大臣三人:一为庆邸,一为李中堂,一为张樵野侍郎。据西友由京至津者所述如此,合亟登录,以供众览。至会议后如何情形,容再探录。

十一月十三日(12月6日)

《国闻报》第四十二号

山东教案二十一志

日昨友人传抄德人在胶所出告示一纸,此示是否真确,容俟续探。今先将原文照录如左:

管驾东方海面德国兵船水师提督棣为出示晓谕事。照得本大臣钦遵本国大皇帝谕旨,领兵上岸,将胶州湾一地并海岸左近群岛等处全行驻守,钦遵照办。所应驻守界址,开列于后:计开西边直线自海岸起,由东山至离胶州湾水涨时水面西十八里之处,从此往北至大坡屯儿税卡纬线,后至胶河、大沽河二河汇流之处,往东至海岸及劳山湾中央之处。东边一线,自北边由劳山湾中央,往南至加帝庙岛岸以及炸连岛。南边一线,自炸连,自笛罗山岛之南首,从此自海岸二处相连之处,以上等处该归德国驻守。兹因山东省有德国教士被杀之事,应向中国昭雪。按本国所欲昭雪,当将该地为质,合行出示晓谕。为此示仰青岛口等处各色商民人等知悉:尔等仍照常安分营生,不得轻听匪徒煽惑谣言。查德国与中国睦谊素敦,前日中失和之时,德国曾极力救援,以示邻好之心;现兵上岸,并非与中国为仇,尔等不必猜疑,且德国官员自应保护良民,但得船平无事。所有滋事匪徒,必照中国律例从严惩办。倘有凶徒敢将该处德人谋害者,即归德国军法严切审办。是以本大臣再三劝勉尔等,须知凡乐法国保护不得抗拒,倘不自量力故意抗违,致不但无益,徒自招祸。但德国驻守之处,凡中国一切官员,仍宜循分供职,认真办理。向后如有禀报等事及不便自定之案,该员等应呈德国巡抚住军门衙门总兵蔡阅核办理,至买地卖地等,非德巡抚允准不行。凡此务各凛遵,切切特示。大德国一千八百九十七年十一月十四日实贴青岛。

十一月十四日(12月7日)

《国闻报》第四十三号

山东教案二十二志

德人向胶州知州索车,胶牧备车二十乘送与德营,已纪前报。兹接燕台西友来函云,胶牧送车至德营时,经过章军门营盘。营中官弁出来拦阻,胶牧长跪叩头哀求,乞命各官弁,始放其前行,并绘有胶州沿海地图数幅呈送德官。德官至胶城时,胶牧即将州署让与德官居住,并为供张一切,极其周至。西友函中所述,其谬妄情形,几乎笔不能述,特择其大略如此。谨按此事当系传闻之过，谁无人心，何至昏天黑地至于此极？果系实情，是真狗彘之不若矣！

十一月十五日（12 月 8 日）

《国闻报》第四十四号

山东教案二十三志

本馆顷接山东访事友人来函，据云章鼎臣军门防营之在仓口者，于本月某日，德兵勒令再退，相逼过甚，各营官弁士卒均愤愤不平，准备抵敌。德兵先向章营开炮二响，章军大哗，亦彼此开枪回击，两下均微有损伤。德兵回营后，即将章鼎臣军门拘至棣提督坐船上严加防范，令与外人声息不通，竟以俘虏相待云云。按廷旨令章军改扎燕台，系本月初七日电寄，今据来信所述，是两下已经开仗，想系初六七以前尚未奉到电旨之时，故多此一番波浪也。

十一月十六日（12 月 9 日）

《国闻报》第四十五号

山东教案二十四志

德国驻津领事艾思文于前晚由京回津，传闻有其本国某商人往谒，问及胶澳之事公使与总理衙门如何商议，艾领事云，此案大约一礼拜内当即可议有眉目，因我国本无与中国开衅之意。不过胶州一口，前闻中国已答允俄国作为水师停泊之地，我国不能不捷足争先，以平彼此在东方之权势。如中国政府能将胶州海湾永远借与我国，则其余诸条即皆容易议结云云。传闻如是，未知确否，照登之以告世之谈外交者。

德人拟索南北关

日来有西友传说，德人之意，拟再索中国福宁、温州交界之南关、北关口岸，以为驻扎水师之地云云。西友所言如此，其详不可得闻。查南关、北关地方，本年八九月间，常有德国兵船在该处测量沙线，时或登岸查考地势，并欲令该口所设厘局退至离海岸五十里地方设立，不得逼近海口，以碍商务等词。此山东教案未起以前事也。今西人忽有此说，是其事不为无因。本馆姑援有闻必录之例，以观其后。

十一月十九日(12 月 12 日)

《申报》

德事述闻

天津访事友来函云:德人占据胶州青岛后要求六款,总署答以无论如何办法,需俟贵国兵退胶州方能开议。德人遂于初四五日,陆续向胶州知州索办驴骡车辆,装载帐篷器械,发兵六七百名向即墨进发,并张贴告示,勒令防营退驻女姑口北七十里外,如违即以兵戎相见。东抚李中丞电达总署,旋即具奏。初七日皇上电谕,章鼎臣军门将防军退扎烟台以听后命。现在德人又据女姑口,颁发进出船只货物各项执照,收取税款,为久远之计。初德人要求六款,总署约以兵退胶州后奏请施行。讵德人不特并未退出胶州,而且大有得尺则尺、得寸则寸情形,殊非可以理喻。驻德许竹筼星使电达总署,请勿相持,先行会议,以免别生枝节。皇上遂派庆邸、李中堂、张樵野侍郎,约会德国驻京公使海靖君议于译署。讵德公使初则迟迟吾行,继则日相促迫,大有刻不容缓之势。闻所议俱以笔谈,故外人无从探悉也。

十一月廿一日(12 月 14 日)

《国闻报》第五十号

论胶州知州某君

本报第三十一号曾登一论,论胶州章镇让地之事。大旨言其不能力拒德人四十八点钟退出胶州炮台之约,无以张国威、遏敌萌、慰民望,而完其一身进退之大义。此论云云,不过平心而论,言丈夫既出而为官,即属以身许国,倘遇艰危,亦当统筹全局,不能专为一己计。官即甚卑,地即闲散,亦各有不可避之责。而况章镇在武员不可谓不贵,驻守胶澳地不可谓不重,而乃慑于一吓之威,而即置君国于不问乎?故本馆不能不发此公论也。乃今观于胶牧某君之所以自处,不禁叹昔之责章镇者为辞费而且过苛也。夫某君之所为,既已历登前报矣。虽其事之虚实不可知,而山东友人之来函则如是,京师友人之来函则如是,天津官场之传说则又如是也。今姑从所传闻之情状,而推原作此情状者之用心,真有令人不可解者。中国法制,地方官有守土之职,即不主兵,亦必以城池之存亡,为其一身之存亡。若城亡而身存者,则名教中人将待之以不齿。此尽人所咸知者,宁某君而不知之?今德国虽系与我有和约之国,其来也亦未尝下旗宣战,彼此明示以敌人相待,然既未与我政府相商贸然而来,且毅然示章镇以几点钟退出,不退则以敌人相待。既已登陆,又复出告示收关税、盖兵房，其欲居之不疑据为已有者，已形乎词色之间。某君既膺民社为国家守土之一吏，一旦见所守之土骎骎乎属于他人，某君即官卑无权，万万不足以有为，然亦可知所自处矣。不自审度而乃出此，将以此为报国耶？保民耶？其不然也明矣。以此为巴结德人耶？夫度德人之意，即州官不如此之恭顺，亦断不取而杀之；州官即如此之致敬尽礼，德人亦未必大喜，而予以升官发财也。则此举可谓大愚。抑以此为周旋德人，使之无事，而州官之位可以安稳耶？夫置名义于不顾，而但求一身之安稳，其心已可诛，况丑态远传，闻者作呕，其位亦断不能安稳也。则此举又不得不谓之背谬，而某君之用心于是，真不可解矣！虽然，吾知某君者盖出其长技以应敌人，而并未尝有所作意于其间耳。何以言之？中国之州县官非人所为，夫人而知之矣。上司重叠皆得制吾之死命，同寮比肩互相抟噬以争腐鼠，其下则门丁、胥役、幕友、官亲相为环伺，咸以本官为其发财之机器，而又不顾其机器之损坏。盖州县者无人不可责备，即无日不有处分者也。彼其人者，观此地狱而顾若有所恋而不能去者何也？将有所求耳。慈祥恺悌，恩如父母，非爱民也，为其所求耳。严刑峻法，恶过焰摩，亦非有仇于民也，亦为其所求耳。苞苴所及，上穷碧落，下入黄泉，非好施也，为其所求耳。胁肩耸体、媚于优倡，拼挤夤缘、幽于鬼蜮，非不惮劳也，俱为其所求耳。而其所以致此之由，远自入塾读书，父兄师长之期之者，不曰做官，即曰能干，盖以此期之也。及其入世既久，则见天下之穷通，竟以能如此与不能如此为比例，观之既熟，思之既深。始为之犹有所苦，继则忘疲，终则与之为化而若有味存焉。若此之人，其形体虽存，其人心已死，其不知人间有羞耻事久矣。一■而有非常之变，彼之心目安能辨来者为敌人，而我当为国而拒之哉？但觉临我而有威者，我即以上官之例待之耳。盖其请安磕头办差乞怜之技，已与魂梦相连，随触而发，欲不如是而不能也。夫以数千年之教化以成今日之风俗，而遂有如此之人材。观人材之皆若此，可知不若此之人，其挫折困死于此世者，不知其几矣！故某君者，亦太平之能吏，特不幸遇德人而败露耳，吾于某君乎何尤？

《申报》

荩臣谋国

鄂中自闻胶州被占之信，人心颇为惶惑。闻张香涛制军曾发密电五百余字递京，未知所议何事。曾向督署友人详细探听，据云：因德人所索六款，谓李鉴帅保护不力，致令教士被戕。除赔款外，并勒令中朝将鉴帅革职永不叙用。张制军闻之愤懑异常，是以电致总署，洋洋数百言。大致谓督抚为朝廷柱石，若用舍听之外人，尚复成何国体？如竟允其所请，恐此后疆臣解体，人心涣散，时局愈不可问。况李鉴帅为国家倚任重臣，办理教案并无不合，更与四川成案不同，务请总署严词峻拒，勿稍迁就。并谓鄂省所练护军各营及武备学堂，均已卓著成效。如德人因此启衅，制军受恩深重，情愿率领新军赴沿海要隘，与之决一死战云云。香帅谠论，诚不愧为国家心膂之臣，特未知衮衮诸公作何核议也。

保护教堂

自西人通商以后，各省州县均有西国教士建堂传教，广设各项学塾。虽亦有人信从，而顽徒煽惑愚民，致有滋闹之事，甚有害及性命者，中外失睦，往往因此。此次德人占据胶州之变,亦因杀毙教士而起,此其明证也。常镇通海道长久山观察以所属各府州县教堂甚夥,深恐匪人乘机煽乱,自宜加意保卫,作有备无患之举。因于前日札饬各属,按照约款保护传教诸人及教中人之产业,并派营勇在教堂附近分别驻扎,以资弹压。镇江租界教堂尤多,因会同府县在教堂左右派勇巡防,昼夜无间。惟念雨夜霜天,勇丁露处,实堪怜悯,爰制造木棚十余座,分置租界及近教堂处。其制较更棚略大,可容十余人,上覆以板如屋脊,然四旁均设小玻璃窗,以便望远。其思虑诚可谓周密,不特教堂洋房藉资保卫,即匪徒宵小之辈亦各潜踪矣。

十一月廿二日(12月15日)

《国闻报》第五十一号

山东教案二十五志

德人拟索福宁、温州交界之南北关一节,本报已纪其事。兹接西友自京来函,据云自总署与德公使开议后,往复数四,始则主意颇为坚定,云必须胶澳之兵先退乃可开议;继如气球之忽缩,德旗尚高张于胶岸,而总署已将所索六款彼此函商矣。近已十得八九,惟山东开矿、造路仍须自保利权,不许外人侵占也者。至胶州海澳,则情愿以南北关奉送德廷,为其水师东来屯煤之地,而将胶澳仍归还中国云。

十一月廿三日(12月16日)

《申报》

书报纪族禁条约后

窃惟敬宗所以收族,立教不外明伦,盖自来风俗之淳良,必先由宗党之辑睦。《书》称"以亲九族"。《周礼·小宗伯》有"不睦"之刑。《礼记》曰:"庶子之正于公者,教之以孝弟睦友。"盖古之圣士,其意皆欲统一族之人。涣者使之聚,疏者使之亲,俾其相赒相恤,如心腹手足之互为护卫,而后仁让可兴,刁顽可革。自后世衰道微,宗法不讲,名分既无一定,休戚自不相关。甚至属在一姓而各自为计,有若越人视秦人之肥瘠,俗尚之衰孰甚于此。兹阅本月二十日报纪族禁条约一则,有可述焉。略谓江西各属多聚族而居,族各有祠。祠各有族房长,其举族房长或尚年齿辈行,或尚功名正直。祠各不同,素多妥善。近年风气日坏,讼事日多,南昌府江讱吾太守督同南昌县孟子卿明府、新建县文芝坞明府,颁发族禁勒石,永远遵守。并定条约数则:一禁忤逆父母,一禁兄弟争斗,一禁同族淫乱,一禁恃尊欺卑,一禁逞刁健讼,一禁作盗为匪,一禁聚众械斗,一禁窝匪赌博,一禁游手好闲,一禁演唱淫戏，一禁私宰耕牛，一禁开设烟馆，一禁寻衅报复。纲举目张，厘然毕具。所以联络族谊，约束后人，其计固至深且远。尝考各省之强宗大族聚居一处者，北至燕秦，南至瓯闽，所在多有。而江西最为著名，凡族皆有祠，宗必有谱。合爱同敬之谊，分忧惜患之风，实为海内称首。其有一家之中累世同爨者，若江洲陈氏、青田陆氏，尤载在史册，班班可考，盖其风俗使然也。雍正年间，广西陈文恭公宏谋宦江省时，曾有檄各属选举族正族约之文，令将境内祠堂及族长姓名造册具报，由官给牌照，假以事权，专司化导约束之事。盖以族房之长奉有官法以纠察族内之子弟，比之异姓之乡约、保甲，自然便于觉察、易于检束。其法至良，其意至美，使后人果能敬谨遵守，则士食旧德，农服先畴，匪类可以除，狱讼可以息。由一族而一县而一府而一省而天下，风气整齐，纪纲严肃，王者可不劳而理。无如天下事有利必有弊，宗祠之事固为美举，而相沿既久，户多人杂，贤愚混淆。甚有不肖者，借建祠之名，多方耸动，百计劝捐，希图经手侵渔。出钱者并秦、越为一家，不出钱者置亲支于局外。源流支派，曾未稽查。迨至广厦既成，置之空闲，歇讼聚赌，窝匪藏奸，莫可究诘。查乾隆年间，江西巡抚辅德，曾有请禁祠宇流弊疏。略谓江西讼案繁多之故，缘该省民人有合族建祠之习。本籍城乡暨其郡郭并省会地方，但系同府同省之同姓，即纠敛金钱修建祠堂，率皆栋宇辉煌，规模宏敞。其用余银两，置产收租，因而不肖之徒从中觊觎。每以风影之事妄启讼端，藉称合族公事开销祠费。县讼不胜，即赴府翻，府审批结，又赴省控。何处控诉，即住何处祠堂，即用何处祠费。用竣，复按户派出私财，任意侵用。是祠堂有费，实为健讼之资；同姓立祠，竟为聚讼之地。欲弭讼端，不得不清其源，而塞其流。因通饬各属查明，果系该县土著实有近祖可考、岁行祭祀者，仍准其存留外，其余荒远不经之始祖，应将牌位销毁，谱亦削正。至外府州县奉附之支祖，亦将牌位撤回，其废祠房屋应令改作平房铺面，不准本姓棍徒阻挠。一时雷厉风行，讼端稍息。夫以尊祖睦族之事，而竟为纳污藏垢之区，致令地方大吏视为■俗，悬诸科条。流弊至此，良可浩叹！然天下事，苟损少而益多者，仍须设法补救，断不可因噎而废食。今太守既洞烛其■原，复徐示以条教，非胸有成竹，曷克臻此？他日者仁俗溢于闾阎，和气流于寰宇，则太守此举其视寻常俗吏以折狱催科为能事者，岂不有霄壤之隔哉！

西报译登

德兵占据胶州炮台，[我]中国政府如何处置，迄今未有所闻。某西字报论及此事，谓李傅相前由欧洲回华，以中国所急于图维者当以整顿水师为第一要务。曾经具折入告，以期见诸施行。其奏疏中略谓中国需用船械，■宜购之外洋。南北洋及中要，各宜择一扼要之区，建船坞，派重兵以资固守。北路以山东胶州为要，中路以台闽交界之南湾为要，南路以香港相距数西里之美士岛为要。盖以此三地，均为外人所垂涎而中国所恃为屏蔽者也。不意德人乘此机会，先行夺据胶州。观德人之用心，断不肯取而复弃，亦不必添调兵士，与中国戎衣相见。盖调兵则需饷甚巨。就目前而论，德人既视胶州为己有，中国惟有敛手坐视，断不敢加以师旅，遽下逐客之书。风闻中国各省均已严备边防，深恐德兵之猝至，此亦过为之虑耳。至于美士一岛，久为英国所注意，盖以其密迩香港，将来德、俄、法等国或由此侵入粤地，则香港必受池鱼之殃，故不若据而有之，庶得晏然无虑。美士岛之属于英国，想亦为期不远云云。西报之言如此，亟照译之，为关心时局者告。说见《广州中西报》。

十一月廿四日(12 月 17 日)

《国闻报》第五十三号

山东教案二十七志

总署与德公使彼此会商,将前次德廷所索六事业将议结,并闻以南北关易胶州澳各节,已纪前报。兹有西友自京来津者,据云德廷所索六款,中国均已照允。末乃谈及胶澳退还一事,德使怫然变色,谓前所索六条系专为教案起见,与胶澳之事全不相涉。若中国以为允此六款即须将胶澳收回,则当日早可以不必开议,词甚决绝,一似无可转圜也者。西友又云:此案自始至今,李中堂毫不与闻。主其议者一为常熟翁中堂,一为南海张侍郎。其李中堂不与闻之故,云系有某尚书同在总署者,阻挠之也。传闻如是,姑录之以供众览。

十一月廿五日(12 月 18 日)

《国闻报》第五十四号

讹言四起

日昨有友人自京至津传言,自山东教案事起,都中人士议论纷纷,近来德廷意欲久占胶澳,不允退还中国,因而谣言更多。有谓英国近来虽缄默不言,一词莫赞,然中国若于德占胶澳一节,一经允许,则我英亦不得不急谋片壤,以为将来水师东向之基业,其意中似欲索取浙江之定海者。若英人既占定海,则俄国亦必将振振有词,借大连湾或旅顺以为水师停泊之地矣。尔时政府不知将何以对付耶?以上京友所述系得之传闻,不必果有其事。然观西历十二月某号路透电音,英《泰晤士报》有劝英廷申西历一千八百四十三年扬子江群岛之约,并谓德踞胶州而我英权利自在,时会已至云云。是其张弓欲发之势已可显见,且所称群岛之约,亦实即指舟山群岛而言也。讹言之起或非无因,窃不解四万万黄人将听其国之日蹙而坐以待毙乎?抑将有执干戈而卫社稷者乎?杞人之忧,曷其有极?

十一月廿六日(12 月 19 日)

《国闻报》第五十五号

山东新闻:罪人斯得

山东臬台毓佐臣廉访十月十八日赴曹州一带访获戕杀教士要犯,已纪本报。兹接山东访事友来书云,廉访于月之初八日由该处回省,获到教案盗犯九人,现经鞫审数次,从严拘禁。想一经审实,即当弃市矣。噫!愚民无知妄为,其舍身罹祸固不足惜,惟及此国事艰难之日,使外侮频仍,割地议和视为常事,此则可为痛哭流涕长叹息者也!

东南各省新闻:徐、淮两属绅耆告灾启

昨得申江友人寄来江北告灾启,亟照录之:"盛杏翁、严筱翁、施子翁、席子翁、杨子翁诸位大善长、大人钧鉴:敬肃者,江苏徐州府宿迁、邳州、睢宁、海州、述阳、赣榆等处,去冬霪雨水灾,今年五月初四日酉刻风雷暴雨,麦粒无收。沂泗、洳沭、睢运、六塘、黄龙、骆马、微山诸湖同时并涨,为数十年所罕觏,淹毙人口牲畜惨不可言,庐舍、坟墓、溜沟、驿路平坍莫辨。秋成既无,又值天寒,粮价翔贵,干面每斤五十余文,杂粮每斗五百余文,柴火每担六百余文,民不聊生。老弱死亡无算,其余流离求乞、散在淮江南北者不可胜数。蒙徐州詹刺史、宿迁左明府设法筹借款项,购备白米五百担、麦种五百担,先后分给。又经江淮地方绅士截留难民,每名给钱二十文,然杯水车薪无济于事,死亡日众,欲求树皮草根充饥而不可得,甚至无男可卖、无女可鬻,哀号之声耳不忍闻。不得已,仰求大善长慨助义赈,刊诸上海各报,有一两银即救一命,多多益善。明知各处告灾,求赈颇多,诸君亦已舌敝唇焦,然川广灾情,业经赈抚之后已可全活。而徐州宿迁以及海属一带奇荒情形,尚未周知,用特肃函待灾民呼吁。倘蒙上宪奏请蠲免钱粮、宽免米粮税捐,则更幸甚。谨肃,虔请德安。"

《申报》

阅本报登词严义正一则感而书此

昨日本报登烟台来信,谓青岛向有防勇三营,自经德人逐去,暂屯相距四十里之某小村落。某日德员督带枪队六百名、携车炮四尊往攻。两军相见,枪炮齐施,我军伤亡不少,其存者无可支(拄)[柱],只得再退数里。德人乃乘势袭即墨县城,县主以事起仓猝,急令闭门。德人扬言此城已由中国畀我,尔等慎毋坚拒,有不遵者当发炮轰之。城上守者答以城之畀尔,既无上宪明文,县主又未出令,我等惟有"城存与存"、"城亡与亡"而已。德人称若是,则当与县主面谈。县主闻之欣然缒城而下,向德人致词曰:"今者两国虽已失和,尚未宣战,尔等来袭我城,按诸公法,曲直攸分。本县惟有守备加严,聊固我圉,即力屈城陷,

亦惟以死继之。尔等亦有不利焉。"德人见其义正词严,无词而退,折而至胶州。胶州守者语亦如之,德人乃仍回青岛。执笔人阅至此,不禁慨焉以叹曰:呜呼,噫嘻!即墨、胶州仅蕞尔微区耳,何官斯土者竟丰骨棱棱,大类古之强项令哉!历观近十余年,中外交争事亦不一而足。马江一役舰坏师奔,已革侍读学士张佩纶身为元戎,■巍显奕,平日封章屡上,大言炎炎。一旦手握兵符,既不能先事预防,又不克临机决胜。直至法人红旗高揭,巨炮叠轰,辄复苟且偷生,狼狈而遁,一任三军喋血,士化虫沙,误国殃民,夫亦莫此为甚矣。而张诚、唐炯、徐延旭之辈,亦复丧师失律,待罪秋曹。虽幸免于斧钺之加,而迄今野老闲谈,犹深惜其只欠一死焉。洎乎中东衅启,大肆干戈,革员叶志超身统六军,惟以饮酒看花为事。平壤既失,犹且冒叙战功,致劳皇上发内帑数千金以为之犒。而龚照玙之守旅顺口,黄仕林之守威海卫,蒋希夷之带勇出关,类皆未遇敌人,则以克扣军粮为先务。及至两军相见,则旗靡辙乱,弃甲抛戈,财帛金银委诸不顾。致善谑者谓为文官要钱不要命,武官要命不要钱。呜呼,噫嘻!时事如斯,真可痛哭流涕长太息者矣!而我所尤为甚惑不解者,则为镇守刘公岛之已革北洋水师提督丁汝昌。夫战不能胜,死之可也。身既惜死,降之可也。乃于既降之后,复存必死之心。平日地将巨舰岩疆,一一付之敌人之手,然后从容引决,以一死谢天下苍生。嘻!其真所谓两截人欤?予昔年曾赋一诗云:"已判一死殉岩城,又建降幡赴敌营。到底论功还论罪,盖棺犹未定生平。"地下有知,当亦无以自解。今者即墨及胶州二宰,虽不知其意中究竟若何,第观其侃侃陈词,誓死无二,我知忠勇之气既已裕之于平居。设或强敌凭陵,必能决策运筹与敌人争胜。争之不胜,则忍死固守,决不临难以逃生。盖言为心之声,其言既慷慨而激昂,其心自不至委靡而苟且也。彼张、徐、唐诸大帅与夫叶、龚、黄、蒋众逃官得聆此言,有不惭愧悚惶置身无地者耶?抑又闻之,人谁无死,众志成城。彼西人之所向无前者,惟恃此众心之坚忍。华兵之辄形退缩者,实由于统兵者之畏死苟安耳。但得如即墨、胶州二宰者数十百人,激厉我师,勗以有勇知方之义,有进无退,奋不顾身,虽有强敌环攻,我何惧哉?然而宰即墨者仅百里侯矣,宰胶州者仅直刺史矣。而彼张、徐诸人,后虽徽缧加身,当日固手握牙璋,腰悬金印者。名臣屈于下僚,懦将居然显赫,更何怪师日以败,敌日以张,而天下事驯至不可复问哉?呜呼,噫嘻!

译东报纪胶州事

日本某日报云:山东胶州湾六年尚一片荒芜,人民寥落。北洋大臣李傅相察得此处为北洋要隘形胜之地,宜屯重兵,遂奏请建筑炮台、开辟铁路。皇上允之,爰令登州镇总兵章镇军高元所统广武、嵩武各军,从事工作。迨光绪二十年傅相亲临阅视,更拟就沿海创一船坞,以便修治战船。不料是年中日衅生,镇军奉檄出关,工作遂辍。洎乎和议既成,镇军仍率所部回胶,而败衄之余无暇振兴工务。及今春,俄人意欲代为布置。北洋大臣闻之,亟派天津道王观察宝仁、烟海关道锡观察桐,赴胶州及青岛两处悉心勘验,熟筹建筑之法。二观察意见各异,几如筑室道谋。至九月方渐渐议定,由山东候补道蒋观察兆督工,定于明春重兴畚锸,不虞迩者竟被德人所占云。

十一月廿八日(12 月 21 日)

《国闻报》第五十七号

详论英、俄、法三国东方水师力量

当此风云万变之时,欲实知泰西各国在东方所有水师力量,非捕风捉影之谈所可轻议矣。本馆现有实在信息自香港传来者,系英历十一月二十七号之信。据云英国在东方水师,有头等铁甲一号、头等巡船四只、二等巡船三号、三等炮船一号、又炮船四号,此外尚有送信船、守口船、灭鱼雷船多艘,并鱼雷船九艘。俄国在东方水师有钢甲快船七号、巡船及炮船十四号。法国在东方水师有大快船四号、巡船及炮船十号。计英国船共载重六万六千一百五十八墩,俄国船共载重六万五千一百六十六墩,法国船共载重二万七千七百四十八墩。英船共马力十一万一千三百八十三匹,俄船共马力八万零一百匹,法船共马力三万六千二百七十八匹。英船共炮一百九十尊,俄船共炮四百二十一尊,法船共炮■百三十二尊。以上船之重积及马力、炮位,均指铁甲船、快船、巡船、炮船而言,尚未及鱼雷船也。合以上各数观之,是英、俄、法三■兵船之在东方者,马力以英为最多,而墩位、炮位以俄、法为较胜。英之兵船,每只炮位至多不过十四尊,而俄、法之船,其炮位则由十四尊至三十六尊。吾人第就今日各国所有东方水师力量,考求其实在之数而比较之,至于将来一有警变从事于惊涛骇浪之中,其成败利钝之故,亦难悬断。或■英之炮位虽不及俄、法,而以英炮六尊抵挡俄、法之三十六尊,亦属不可知之事。今为此言,初非有所不足于俄、法二国也。顾其得失之数,亦必须俟交战后方能一[决]雌雄耳。本馆既详考三国之水师,而独不及德国者,因德国在东方水师之力现尚未定,有自欧洲甫经开行者,有尚未至中国者,难以预考而知。至俄国义船,亦足自张旗鼓别树一帜,本馆亦未计算在内。即我英国亦尚有公司船及坎拿大太平洋一常商船,临时可以调用者,亦未曾计及也。

十一月廿九日(12 月 22 日)

《申报》

英京电语

本月二十七日伦敦来电云:德皇幸坚尔地方,送其弟启行时,告以尔今前赴中华,须将本国人民全行保护。倘有出为阻挠者,不妨以铁拳击之。其弟奏称,臣赴中华当谨遵我皇上之谕,实力施行。于是英国各日报嘲之,曰德皇此言无异梨园中之科诨。德字日报则谓德皇之弟覆奏数言,岂非获罪于天乎?古今惟独无一无二之直宰得称上帝,安有国君而可与比肩者？及皇弟督率师船行经英境，入觐其外祖母即英后维多利亚，然后就道至派赴中华之德兵，则另用打姆司打忒轮船载之。

十二月初三日(12 月 26 日)

《国闻报》第六十一号

胶州湾议作通商口岸

德兵船既占胶澳之后，总署与德公使叠次晤商，已将其所索六条大概答允。而胶澳退还中国一节，德公使始终不作一词，云此事本公使不能作主。嗣后总署接南洋大臣刘岘帅及湖广总督张香帅先后电称，均以中国此刻应与各国熟商，将胶州作为通商口岸，以冀各国利益均沾，庶得藉词公保。出使德国钦差吕镜宇京卿，亦以此为请。总署接电之后，有否与各国驻京公使商及此事，无从悬揣。乃本馆昨接京中西友来函，谓胶州通商与各国无甚利益，盖北既有(燕)[烟]台一口，南则有长江各岸，胶州地势稍僻，于商务不见有益；且即使有益，各国亦决不为此些小之利，以致开罪于德人。况德人亦必将明告各国，曰今日之胶州非复中国所管治，如诸国有事见商，可向敝国政府商议，不必与中国开谈也，各国亦无词可答耳。西友之言如此，合亟录之，以供众览。

《申报》

再书英、俄警电后

上月二十九日本报纪英、俄警电一则云：中国旅顺口已为俄人所据，舟山口已为英人所据。此信得自西国商家，访之我国士庶则皆漠然无所闻。因念旅顺在山东登州对岸，属盛京省，道路遥隔，或无确音。至于舟山则属浙省之宁波府，去沪地甚近，轮舟一夜可达。宁之人贸易于沪者，十得四五，桑梓之乡岂不系念，何亦竟无消息耶？疑信参半，翌日即著一说列于报端。客有见之者，造执笔人之庐而问曰：旅顺、舟山之事出自传闻，果否确实，贵馆亦未敢臆断。惟以旅顺为道路远隔，或无确音；舟山则系属邻境，而亦无风鹤之警，因疑传者之非真，是诚然矣。而余尤有疑者，旅顺、舟山道路虽分远近，而自设立电报以后，不特数千里之事顷刻可知，即极之数万里之事亦可须臾而悉。旅顺虽远，似此紧急军事，本埠官场宁无电报耶？执笔人曰：中国之事讳莫如深，国政朝纲则尤秘密，况此丧地之辱，官场即有所知，亦谁肯为多鱼之漏。独是官场既不肯以此明语，而中国商家何亦一无信息。虽旅顺未必有富商大贾，而对岸烟台亦系通商口岸，岂无中国巨商在彼贸易者？沪地为商贾荟萃之所，果有军事当必先知。故英、俄警电，本馆未敢信以为真，亦犹上月初八日，本埠中西人士忽纷纷传说，谓粤省虎门炮台已被英人占据。[后]知是说出于子虚，虎门炮台安然无恙，究其讹传之由，因香港电报言，两广总督及广州将军互商防守事宜，将虎门炮台逐一修整。而数日前，适英国各兵船多望南方行驶，遂致有此谣传。所望旅顺舟山之事与虎门炮台，一律同出传闻之讹，则普天率土之人所额手以庆者也。乃隔昨阅各日报，亦皆言旅顺口已树俄国旗帜，舟山已驻英国水师，是则本报前纪之英、俄警电殆非虚语矣。纵有谓俄人之占据旅顺，以前者中俄密约有将来东西亚洲如遇兵革事，中国即以是口借给与俄。故此次遵照办理，藉以防德，日后事平即当退还。然如此说，俄之占旅顺洵有由矣，英之据舟山果何说耶？嗟乎！中国壤地之膏腴，物产之美富，久为西人所垂涎，是故德欲得之、英欲得之、俄欲得之、法亦欲得之，虽美人相去较远，有鞭长莫及之虞，然亦未尝无意。盖自日人割我台湾后，英、法、俄、德、美诸国皆视中国如砧上之肉，稍有迟回，必为捷足者之先得，故皆跃跃然动其割据之心。今者德人藉词教案，已先发难于胶州，则英、法、俄、美诸邦有不思各占一地乎？历观近日西报所载，言英人以中朝变故迭乘，宜相彼地方，以便日后收取而扩利权。又言李傅相游历回华，疏称中国于南北洋及中路，各宜择一扼要之区，建船坞、派重兵以资固守。北路以山东胶州为要，中路以台闽交界之南湾为要，南路以香港相距数西里之美士岛为要。今德人先已夺取胶州，未必肯弃。至美士一岛久为英国所注意，盖以密迩香港，将来俄、法等国或由此侵入粤地，则香港必受池鱼之殃，故不若据而有之，庶得晏然无虑。又言法人以西江既经开埠，于法国利权不无损碍，应向中朝索地赔补。就目前而论，当在东京北界，割取中国一地，建筑铁路以达云南、四川。又言俄、德、法三国欲将中国土地瓜分，德人占山东省，俄人占高丽、满洲、直隶省，法人占台湾、福建省。凡此西报之言，本馆皆已登诸前报。虽在西人，亦不过逞其一时之议论，未必坐而言者果起而行，然其志之所存，亦已昭然若揭矣。（此稿未完）

不肯退兵

德人据我胶州要求六款，皇上不欲轻开兵衅，一一俯从。其给予南北关一节，尤为万不得已之举，想德人既偿大款，当不复肇鸮张，胶州之兵可以克期退出。讵我国于六款允从后，问及该国兵退胶澳之期，德国公使海靖君勃然变色，谓索偿六款系为教案而然，与胶澳驻兵毫不干涉，如欲收回胶澳，则当日开议之时转属多此一举。词色甚厉，一似胶澳为伊之固有者矣。为此区区教案，仓猝占我胶州，皇上宽大为怀，不欲多事，重以英、俄、(德)[法]三国从中调停，给以南北关，俾为屯兵置戍之所，以易回胶澳。在我朝已属万分迁就，何该国竟任意反覆，玩我臣民于股掌之上■。杞人之忧，曷其有极？

西报译要

德人占据胶州海湾已将匝月，毕竟如何结束，迄无确耗。兹香港■西字报接访事人递来消息，有令人可惊可骇者。据云：德、法、俄三国现议合力瓜分中国疆土，其于中国、日本固大■元气，而英国在东方之利益亦难保全。传闻德人决意据有胶州并割据山东全省，法国则割取福建，又以势力强压日本，令其让出台湾，俄国则割取高丽、满洲及中国北边一带，至山东而止。据该报言：德、法、俄之立此意见，久为英国所虑，及今则端倪已露，想非子虚乌有之词。若然，则东方之大局固从此变迁，而日本之国势更虞其日蹙，斯诚战胜中国时所料不到此者也。又据英京劳打局发来电报言：德国海部定议添造铁甲战船七艘、巡河快船九艘，限至一千九百零五年一律竣工，并添拨金钱四百万为水师经费云。

易地述闻

德人据我胶州青岛要求六款，已见前报。在德人欲在中国口岸得一屯兵之地，其处心积虑已非一日。而中国皇上以建复教堂、抚恤教士、酌偿兵费、办理地方官数款，皆可俯从；惟胶州必不可得用，是会议兼旬尚无就绪。现由英、法、俄三国出为调停，请以福宁、温州交界之南北关为德国屯兵之所，以易回胶州，德人已经应允。按山东胶州，自中东和议成后，曾有东方如有事借与俄人屯兵之说。虽未明降谕旨，然已欧亚两洲人所共知。此次德人借端发难，骤开兵舰占据。夫我国之不能与德争衡，俄亦知之甚悉，乃袖旁观之手，不发一言，仅随英、法两国调停其间，而我之南北关从此又为德人所有。回忆中东一役，俄、德、法三国仗义执言，为我索还辽东，其用意已可概见。嗟乎！前车屡覆。■轸方过，今日之力任调停者，不知异日又何以索偿于我。说者谓天下事不畏瓦解，而畏土崩，然国弱民穷不知振作，瓦解其即士崩之渐乎？穷则变，变则通，通则久，是所望于庙朝之上者。

公论在人

《广州中西报》云：德人占据胶州，迩日各西报著为论说，皆谓德人此举强横无理，殊出意料之外。各西人之自抒胸臆附登各报者，亦侃侃而谈，无所顾忌，可知是非难逃众论，而公道自在人心。顷阅某西报所登英人来札，尤为淋漓畅快，兹特译其大略云：德之占据胶州，系缘山东所属，[出]有戕害教士之案，得所藉口。然德之显违公法，实难逃傍观之訾议。传闻欧洲各国久有谋分中土之意，倘使果有其事，意必由英、俄、法三国先启其端。乃德人藉一教之微而甘为戎首，此真公论所不许，而逆亿所不及者矣。况德人与各国通商并无在别处得有属土，只欲占此一隅，似亦无甚作用。吾意德国惟安分守己，遇有机会从中图取利益，自可躇踌满志。乃竟计不出此，不诚大可异乎？况德人素以文明自待，遇事必讲情理，今忽有此举动，岂非不情之甚者乎？彼以教士被杀为藉口，其任情要挟不患无辞。然因土匪戕杀其一二国民，即欲借端构怨。曩者，旧金山等处戕害华人不少，未闻中国多置一词。我不解德人若何居心，竟因是而狡然思逞也。况德国之富强不过二十年耳，若英、若法、若俄其鼎峙而称雄于欧洲者，吾知德国亦不能驾乎其上。前者中国各省岂无杀毙英、法教士之案？要不过追凶抵命、赔补资财而止。今藉此以据疆土，中国纵极积弱，实属令人难堪，倘使清夜自思，果能坦然无愧乎？其所言如此，是亦局外之有心人也。日本现任外部大臣西氏因病请假，部务权以小村侍郎处置。兹因胶州一事关乎亚洲大局，日本不能(膜)[漠]视，遂电饬驻(劄)[扎]各国公使，著将各国意见实际情形电告本国，以便秉公判断曲直，(豫)[预]先戒备。而各国公使电覆皆多臆度之辞，无一定实际，故不能仗义执言。有谓德人自行起意者，有谓实与俄人同谋者，则排■禁阻之法又自不同。如果与俄同谋，则须照会俄同盟亲睦之国，令其从中公断，消祸无形。然我日本惟有执公法与之周旋，断不使其无理取闹也。又日本前外务大臣大隈伯爵谓：德人贸然窃据胶州湾一事，关系五洲各国平和大局，断不能默[尔]而息，坐观成败。而德国此番举动，[直]不啻盗贼之所为，实滋人疑惑。或者德人蓄有他志，不独以中国杀害其教士遽而发难，全置公法于不问，则将来各国条约(分)[亦]不足凭矣。德人藐视亚洲太甚，受害者不独中国，然而信义不讲，专以弱肉强食，岂欧、美二洲无弱国乎？群起而争，欧洲太平之局亦不能保。我日本密迩中国，尤宜注意，电致中、德两国政府根询情由，以使设法调护。我想他国应必出首，执公法与之诘难，断不容德之狡焉思逞也。译日本《朝日报》、《镇西报》中语。

东报论事

香港《循环日报》译日本神户某西报云：迩日上海来电谓俄、法、德三国联谋瓜分中国一事。日本各报一闻是耗，多有肆月旦之公评，并筹防台之要策者。惟《日日新闻》之意则与众不同，谓电音一到东京外务省即有查究，知瓜分一说实起自香港，非由欧洲而来，故不足取信也。又言台湾之西人，前曾将台地政治之事细心查究，而德、法两国之人查访尤为详尽。初时，日官以西人此举，或者欲访悉台政大要，以便将新订条约展期妥议，然后颁行。惟以今观之，西人探访并非因此，或者欲寻日官治理台湾之不善，借题发挥驱逐日人而夺其土地也。

论德人索款

《广州中西报》译香港《孖喇西报》曰本馆所刊路透电音，于德国向中朝索行事款尤为详明。德之所索，系要中国赔偿巨款，建造教堂，惩治杀戮教士之该管地方官，及畀以在山东承办火车铁路利权，兼割胶州为贮煤之区数款，此德人之奢望也。窃思中朝钱粮当下虽极支绌，然德人既索巨款，亦不得不为妥议以偿所愿；即起造教堂、处治官员两事，亦须遵从。然此犹其小焉者。至于割让胶州一款，则有如病者之于丸药，明知其味之苦，亦终须吞服也。据电报所言，中国令德人先由胶州撤退，然后商议，此不过借端掩饰之词，实则无可为计，将惟德国之命是听。脱使德之所陈，中朝或抗拒不允，恐徒触德人之怒，索款更有所增，仍须唯唯遵行也。至款内所索，有承办山左建造车路利权一语，闻者不察。是以日前北方来信谓，德国将据山东全省，或因此一事以致讹传，亦未可知。虽然，德人若有意割取东省，此次机会足可乘之以偿大欲。然尚有一策，比诸现行割取尤为善著。其策为何？莫若自立为本省保护主，仍任中国自行治理，则本省之利源可以逐渐开辟，而洋人生意亦可大加拓广，待中国疆土分裂，则山东全省自然尽归德人掌握矣。此不过代德国借著而筹，至于我英国向来立心要维持中国大局。诚是之故，因欲取地一小幅，以便清理香港界限。英人初时本有是谋，惟恐别国不从，起而抗拒，则我英国定不能始终维持，又须别行计较也。虽然当今中朝虽未至倾覆，我英国亦应相彼地方何处合用，以便将来收取为保护英国商务利权。倘各大国取地通商，我英国亦得照章同沾利益，则俄人虽据满洲、德人虽割山东，亦大有裨于商务，而于英之贸易实无所损。惟尚有一事，我英所当亟行者，则建造火车铁轨之利是。车路之利各国既争相谋夺，我英亦不当袖手旁观，理合出而争取，以利本国之人。盖俄国由钦差势力，已干得满洲车道承办利权，法国亦代法人某公司揽得合约在广西兴筑铁路。迨今德人又向中朝索款，要求山东建造车路之权，而我英国独无所得。此由我英人谋取车路合同，向由中国自行发放，绝不以势力相逼，故致向隅。别国则不然，专用使臣之力相压，以求偿大欲，中国故畏而与之。是则英国之待中朝，大公至正，不倚不偏，固属甚为体面。所差者，如此办理不得大益耳。由是观之，倘别国定争求车路之利，我英国亦不当再作壁上观，理应起而干营，希取中国中部或广东建筑轨道承办之权，方不致落他人之后也。以上乃西报之言，虽各为本国之利，而其藐视中国亦已甚矣。岂知我中国子民莫不忠君爱国，涵濡圣泽，日久而弥新，见有异言异服者，莫不惊而讶之。假令外人恃强侵占内地，出政临民，将众志成城，必不能一朝居吾愿有教化之邦，信讲睦修，遵守公法，何容窥伺于其间哉？

十二月初四日(12 月 27 日)

《申报》

论自强军营辞退德人事

自德人占据胶州湾■，西报有谓南洋大臣刘岘帅已奏请将吴淞自强军统带及营哨诸德员辞退者。本馆以事无佐证，未及译登。至上月之杪，忽有德人自吴淞来沪，假寓密采里客馆，详加访问，始知此说果信而有征。或曰：德与我中国和好有年，故张香帅之创设是军，即延德人以为之统帅，原欲收楚材晋用之效，使之桓桓赳赳以次改观。一旦两国失和侵我疆土，是不啻可舟而为敌国矣。留之不特不足收指臂之用，且恐若多鱼之■帅期他■者，祸起萧墙，直意中事。辞而去之，我中国诚不可须臾缓也。或曰：西人性最侃直，既为我用，未有不尽心力以图维[者]。我中国之兵孱弱甚矣，得德人以为之训练，始得如荼如火，严肃整齐。今忽将统带及营哨诸德员悉行辞去，我恐军士必散漫而无归束。几如谚所谓“蛇无头而不行”，不将使香帅所孤诣苦心经营尽善者，平白地付之东流乎？执笔人曰：之二说也，乍聆之似皆有理，实则按之时势，正可无虞。何则？香帅之创自强军也，事在中日有事之秋。当是时也，敌氛大张，我军尒甚，于是招集凤、颍、淮、泗子弟，择其力强年富者编排成营。又以陆军惟德国最著名，因延德人以悉心训迪。迨因争占操场事与湘军稍有违言，遂由金陵移镇吴淞，而檄令四明沈仲■观察综理营务。观察固熟于天下■势，素有志于转弱为强者。爰厘定营规，分为步队八营，营各二百八十人；炮队两营，营各二百人；马队一营，八十人。其饷需每人月给洋银八圆，都计二千五百八十人，月需银三万两。本延德人四十员教练，后有经香帅调赴鄂中者，遂实存统领德游击子爵来春石泰一员。营官德弁：齐百凯氏、喀索维基氏、德特勒夫斯氏、柏登高升氏、伏德利西氏、马斯凯氏、南非多福氏、那汉司氏八员。犹恐诸人所订约据满期即舍而之他，不复能留营效用，于是每一德弁必以华弁之朴实耐劳者副之。有事则互商，临操则并出，俾德弁既期满，诸华弁已练习有成，不必借助于外人，而统率三军亦可指挥若定。彼香帅之图维国计，观察之驾驭人材，不亦可谓美善兼臻，毫发不留遗憾哉！今者德人突起而与我为难，借巨野土匪戕害教士为名，占据东省之险要。在南洋一带，虽如风马牛之无相关，然亦安知德人之不自北而南觊觎长江口岸？设使德舰竟驶至吴淞口外，欲以德之员弁帅所以御德人，不特德员弁未必遵依，即遵依焉，亦不免启旁观之疑虑，故不若事前撤退，免致临事而多所踌躇也。若谓德弁辞，自强军即无人管领，此则正不必忧。溯自成军以来，即华弁为德弁之副，凡德弁之坐作进退，诸华弁早已习熟，而知令其号■指挥，正可与德弁在营时一律。犹忆今春观察招鄙人观全军演阵，貔貅千百辈，以一华营主传口号，而盛旋起伏惟意所如，斯时德弁只作壁上观，而军士无一毫紊乱。然则有德弁固可以日加简练，精益求精。无德弁，岂遂不足以临阵折冲杀敌致果乎？鄙人乃益望此军之逐渐推广焉。闻之西友之喜谈兵者谓：中国每省如得此军二万人，虽有强敌当前，亦不敢越雷池一步。此说也即或誉之过当，然亦足见其远胜于湘淮诸勇及旗绿各兵。好在此军今已练成，但得逐渐扩充，不必再求将帅于泰西。即以已练者取新招者而训之，亦不难收其成效。如薪传火，愈传愈多。初只练之于江南，以次而推诸二十一行省，行见不数十载而军容已一洗委靡因循，岂非我国家振兴之机会耶？然而区区二千数百人，守旧者尚窃窃然议减月饷，更欲求其推广，诚不知事在何时。此鄙人所以不忧此军之辞退德人，而忧此军之终于孤立也。

译论瓜分

《循环报》云：迩日喧传俄、德、法三国合谋有欲分取中国疆土之说。本港《孖喇西报》骤闻其事，因论及之曰：东方大局行将丕变，俄、德、法三国合谋行事，议各割据中国疆土一幅，原属意中事，本无足怪。所可异者，事出突然耳。夫中国分裂之几，其兆早见于往岁，固非自今伊始。中华本堂堂大邦，乃观其数年来所行事故，竟无可令人坚信者。即此已见一斑，然断不图大势之变乃有今日之速也。观昨接之消息，其中详细或者尚有参差，而核其大要则断非子虚之谈。现德国已占取胶州湾，观其举动大有久据不还之势。至谓其欲吞并山东全省，恐不免言过其实，然要不可谓其并无是意也。在德人立志，或者得俄、法两国为将伯之助，则将在山东施展。权衡统属，其地一切事款仍由华人治理，惟须听命于德人。仿政由宁氏祭则寡人之意，亦未可知。至于俄国，业已得势于满洲，复渐肆权于高丽，故两地之将归俄国，不啻如操左券，只不过待时而动耳。至谓俄人即欲割取两境，则事无确据，恐俄人亦不若是之躁率也。惊耗所传，又谓法人议取福建、台湾两省，此说甚为可疑。何则？凡欲取人土地，必先计及如何治理、如何固守，然后从而举之。法人若取福建，不知其果能措置裕如否？又不知其兵力所至足以压服土人否？至台湾一岛久属于日本，在华人之意固欲让于欧西诸国，实不欲日人抚有其地，自不待言。但日人重兵握守边防，图占正非易易，且非万不得已亦必不肯拱手而让之他人。是则法欲取台，须得俄、德之助，协力战斗方能克奏肤功。然师出最忌无名，法须俟衅而动。现观俄、日两国龃龉之势已成，开衅之期当在指顾间。俄、日交哄，德、法必起而相助之。日人挠败，法始可乘隙而得台湾。其事虽未然，其理固可预决也。统而论之，俄、德、法三国既谋分中国之地，我英国又岂肯袖手旁观而不同沾利益？为英国计，宜乘时割取广东及洋子江诸地。因此数处，三国所谋欲取者并不在此，显系有意留存以畀英国，且不欲直伤我英国之利益也。法人取福建一省之信若确，是法人欲分英人南北之权，此事诚为不利。然事未至前，静以待之可矣。俄、德、法三国合谋之事，本港虽未有官场确信，惟东方大局不久行将变迁，早为旁观所料及。况且英国战船早已戒严，预防意外，此更可为据也。然英战船之所以整饬者，第为保护英国利权起见，并非有爱于中国而为之护卫，亦非怜悯夫日本而代为兴戎也。俄、德、法三国若据所传信息，果决意举行，其能否损伤我英国商务，无事介怀，只须计及国家利权自行拓取地方，行所应行可矣，无庸阻挠邻国之大计也。至于中国，或因■人瓜分起而理论，此实无关紧要，只当置之弗恤。盖中国颓弱之状至今已极，见此时局无可为计，不得已欲调刘渊亭军门永福复行出仕，以资捍卫。盖以刘军门曩在东京边境，曾抗扰法人使之不安,遂以为当今之最能员。曾不思刘军门前在台湾握守,负固自雄。讵日军一到,即行逃遁,其所谓才能勇略即此已见大概。况闻刘公老迈颓唐,近复染病缠绵床笫,举动需人,已成废物,欲用以驱逐胶州之德人,不亦难乎?现闻粤宪已派炮舶两艘,前往广西接护军门赴羊城矣。谓予不信,请观其后效可矣。以上系西报之言,颇关时局,故节其梗概而译之如此。

十二月初五日(12 月 28 日)

《申报》

书报纪德人不肯退兵及易地述闻后

德人因教案而骤然据我胶州,中国人民无不发指眦裂。惟中东一役之后,朝廷思休养生息,不欲轻启兵端,且海军未复,各处裁兵节饷,一时无可措手,故为此缓兵之计。而德人以中国如此可欺,更形猖獗。昨接天津采访友人来信云:德人要求六款,闻皇上一一俯从。其给予南北关一节,尤为万不得已之举。想德人既偿大欲,不复鸮张,胶州之兵可以克期退出。讵我于六款允从后,问及该国兵退胶澳之期,德国公使海靖君勃然变色,谓索偿六款系为教案而然,与胶澳驻兵毫不干涉。如欲收回胶澳,则当日开议之时转多此一举,词色甚厉。夫德人之所以据胶州者,以戕杀教士耳。皇上既系允其建复教堂、抚恤教士、酌偿兵费、办理地方官等款,于教案已可了结。教案可了,则德人当亦无可伸说,胶州之兵不待中朝诘问自当退去。在中国已自认孱弱不与再争,而德人已大得便宜而乃有久假不归之意。中国虽往复商议,究以兵备未足,不欲轻启衅端。中国诚无如德人何?然无论中外,总不外情理二字,岂无别国起而公论?德人虽强词以要中国,恐无词以谢各国,各国虽■袖手,其不直德人之心如匣剑帷灯,尚未明露耳。当日日人据我辽东,彼此已开兵衅,俄、德、法且仗义执言,日人知无可理争,帖耳而服。当时皆以日人为无理之甚,故俄、德、法张胆明目而为之。乃事不旋踵,而德独藉口教案据我胶州,蹈日人之辙,而且日人之不如。试问德人非但无以谢各国,亦何以谢日人乎?说者谓俄、德、法三国联盟并非有助于中国,本有凌视中国之意,故事端一出,当事者一味无赖,旁观者幸灾乐祸。此仍就大局逆亿之言,而究未窥俄、法之用心也。果如所言,则俄、法亦仅计目前以强弱为成败,不顾他日之利害,而于五洲大局未尝一变。夫今日之时势,一大战国也。利在各安疆土,以义理自足,庶可慑服天下。若以德人如此要挟,而不以公论折服之,则将来中国容或有转弱为强之日,而各国之中亦未始无转强为弱之时。以富欺贫,以强凌弱,恐海内无兵戈安靖之日矣。世岂无有识之士虑及于此者?日本《朝日报》及《镇西报》中云:日本现任外部大臣西氏因病请假,部务权以小村侍郎。兹因胶州一事关乎亚洲大局,日本不能膜[漠]视,遂电饬驻[扎]各国公使,将各国意见情形电告,以便秉公判断曲直,(豫)[预]先戒备。而各国公使电复,皆多臆度之辞,无一定实际,故不能仗义执言。然我日本惟有执公法与之周旋,不使其无理取闹。又日本前外部大臣大限伯爵谓:德人窃据胶州关系五洲和平大局，断不能默尔而息，坐观成败。德国此番举动，直不啻盗贼之所为，全置公法于不问，则将来各国条约亦不足凭矣。德人藐视亚洲太甚，受害者不独中国，然而信义不讲，专以弱肉强食，岂欧、美二洲无弱国乎？群起而争，欧洲太平之局亦不能保，我日本密迩中国，尤宜注意，电致中、德两国政府根询情由，以便设法调护，想他国必出首，执公法与之贻难，断不容德之狡焉思逞也。虽议论如此，未足为凭，可知公道自在人心，非日本之故厚于中国，亦日本之公道未没耳。乃昨又接天津访事人函云：德人据胶之事，会议兼旬尚无就绪，现由英、俄、法三国公使出为调停，请以福宁、温州之南北关为德国屯兵之所，以易还胶州。德人已经应允，果如斯言，胶州虽还，仍失别地。俗谚所谓"换汤不换药"，亦何取此调停乎？设德人而据福宁、温州，恐亦可以胶州易还矣。将来欧洲各国群起而争，此取一地，彼亦取一地，今日夺一口，明日又夺一口，中土虽大，将有无可换易之地。统筹大局者，不可不早计及之也。

德人未撤

上月三十日，本报曾登吴淞自强军营所延德人逐一辞退，多有由淞至申，假寓密采里客馆者。昨日又著为论说，详哉言之。兹悉德人之所以寓密采里者，实缘耶稣诞节，营中例得休沐，故相约来此小作盘桓。至德与我虽已失和，尚未宣战，是以营中诸德弁依旧遵章训练士卒，并不舍而之他。至日来外间谣传军营改换德旗，尤为谰语无稽，不值识者一笑也。

德人索款

金陵采访友人云：省垣自闻胶州被德人占据之信，深恐乘势窥伺南洋，以致风鹤惊心，咸惴惴然杞忧不释。十一月初旬某日，有日本兵舰鼓浪前来商议开设轮船码头之事。省中人初疑为德人寻衅，既乃知为张冠李戴，意始释然。至中浣某日，果有德人来谒刘制军，于是省中人群疑其有所要求，不料越日竟去。迨冬至前一日，又有德人来省。细加察访，知为前度之刘郎，其来而竟去、去而复来者，实向南洋索还旧款也。缘张香帅权任两江时，以南洋水师未能成军，爰向德商某人贷银八百万，为添购兵船枪炮之用。约定由南洋分年偿还，至光绪四十年■数还讫。兹届第一次还款之期，德商乃执约索款。初次制军告以款由何人承借，宜归何人清偿。德商无可如何，只得往鄂中见香帅，香帅给以咨文，令仍向南洋索取。咨中略谓前借该款系南洋修整武备之用，约定还款在南洋公款内动支，且当日交替南洋篆务之时，早经请查照，令该德商照约来索。第一期偿还，未便■鄂省公帑代偿，应请筹洋银二百万圆交给该德商具领。此后凡届还款之期，均请照此办理等因，是以又向制军索取。制军无可推诿，乃谕以小住为■，俟即筹款付给。省中人闻此消息，始知德人非为索地而来，惊骇遂为之遽息。

十二月初九日(1898 年 1 月 1 日)

《国闻报》第六十八号

德皇与其驻华公使训辞

本馆昨日接京中西友来函,云山东教案开议之后,德皇既授其驻华公使海靖以办理此事之全权,德公使因请训示于其皇。中历十一月下旬,德皇之电音训辞早已传到该公使之耳。德使海靖接电之后甚为秘密,不肯将其所授训辞宣示于人,以故外人无知之者。至近日始稍有所闻,大意谓我国所索中国六款,无论如何必令中国允许。且不但此六款应令中国照认,凡旅华之德国商人,其与中国官场民间有银钱债项未经清结之款,一切均应责成中国国家清偿结案。此外凡我国与中国交涉未结案件亦须一并归结,勿令中国再有拖延。庶我国国民之在远东方者,咸蒙国家保护之益矣。其大略如此,闻其训辞有七八百字之长,其原文,虽我西人之在京者亦多未之见也。至有无示及胶州澳一节,不得而知。

《申报》

关心胶事

《叻报》译西字报载云:此次德人占据胶州湾,日本某男爵移书德、中、英、法四国使臣,询问一切。一谓德人此次占据该地,是否会与俄、法同谋;二谓德人欲久占中国何地,究竟有无蓄此意见;三谓德人是否即将退出该地,此事中国将如何办理;四谓德人为何作此举动,其真正命意所在可得而闻否;五谓英人于此事将作何处置。于此可见日人于德占胶州一事颇为关心,是以亟亟致书询问也。

日报节译

日本某报纪载德国占据胶州一事内有云:本月初二日驻俄日本公使行文回国,言曾奉命细查此事,又曾询之驻俄德国公使。据德使谓未占胶州之前,早已由德廷知照俄国,然后占据此地。其始欲向中国情商,不欲更费兵力,后有杀毙教士一案,遂得可乘之机。而其中如何设施,在德、俄两国亦未预为熟商。据外人言中国因胶州被占,与俄国订立私约,而德廷并未获闻消息,所以德廷亦不愿与俄国相商也。此乃日使文内所述德使之言。日使又云:德国忽有此举,殊碍东方太平之局,日本与中国实逼处此,断难袖手旁观,亟当联络邻封,或自行出首,务使德国人不能偿其所欲。现闻德国水师[提]督已将此事知照英、法、俄三国之驻扎亚洲水师提督,而日本海军省大臣及管兵船大臣并未接德国照会,更不知其如何居心也。又言日廷接本国公使回文后,始有力拒德国之意,但如何争论尚未有闻。据京师电报谓德国占据胶州,犹未满其所欲,拟向中国揽建山东铁路及在山东开办矿务。其所拟建路一节,系得之路透电报局。然只言德国欲揽建铁路,未说及开矿一层。而日本东京又接到京师电音言，中国政府曾请英国出为调处，英国并不答应，将来如何结束，实非此时所能逆料云。说见南洋新加坡《叻报》。

十二月十一日（1月3日）

《知新报》

论德国举动（译十一月二十四号《时事新报》） 原生学舍来稿

德之占胶州，以中民杀害教师，借此索偿，现闻两国已开议云。惟德之占胶州，其名虽借杀害教师以起，其意早有藉端启衅之心。本报前曾论及之，谓德之窥伺中国之地，在福建厦门一带沿海，特苦无机会可乘，今之胶州是德可乘之机也。又闻一说，胶州本借与俄国，今德占领之，实俄让与之，盖两国早有密议矣。然俄国之让，亦非无故，其意欲进图旅顺、大连湾两地耳。据此则德之占胶州，必非一时占领已也。兹不具论，第即此以言，德于交际上则大非和平矣。当是时若为杀害教师而起，宜直向中国政府追偿，自有公理。若追问弗恤，从而下手焉，方不致贻讥。今遽占之，公理何在？德之为，真不避嫌也！又德当占领之前，驻京德使竟奔走上海，而不办交涉事，此意颇难索解，岂德使早知之而计及耶？从来中国于闹教一事，历有成案可循，只赔偿耳，未闻有占地。当时又幸胶州驻防兵识有退路，隐隐避去，故相安无事。倘有错误，而与德兵遇，则必致争战。争战一起，而是非曲直自有公评。嗟乎！今之世界武力尚矣。然武力虽重，至于万国交际之礼，当宜稍存一二。德本文明国，而甘出此，此一大缺憾。倘长据而不归，其横行更不可思议也。想当年中日交战时，俄、德、法三国同盟干涉，力求日本交还辽东。三国为此计者，实乱我东洋永远太平之局，我国民所当体会斯义也。不谓辽东我已还之，胶州德又别取之，言犹在耳，何前后之不相若乎？德利己之手段颇似法、俄，其视中国之地，直以为无民无主之地，不识有守古大帝国在也。如取如携，吾亦不知伊于胡底。推斯事也，英之待中国，其中利害不少，若仿而行之，则中国之地不知割据多少。国已屈矣，苦无生机，若一任人瓜分之，则各国利害相争，宁有了期？东洋太平之局，恐难如愿。胶州若据，大乱迭兴，地球各国宁忍坐视？然世局至此，我日本遇有利益之事，固不宜错过，宜大加注意静观焉。

胶事余谈

西十二月二号，香港《士蔑报》云：瓜分中国之说，前十数日各埠人士狂噪不已，今则寂然无声，与德人未占胶州时同耳。然观中华危局，无须后时。俄国则谋得大利，辽东一角如在其掌握中。据今所传，中国允偿德人要索六事，德人方退胶州兵。然此亦就事论事，饱食一餐，未可云永远辟谷。吾谅德国后亦当图割一大分也。夫曰德人果肯退守胶州兵，自吾人意料所及，初不至此，尚俟见有实事，方能信之。盖观德人之在胶州，陆续筑炮台，建营垒，运送伙食及一切应需之物至彼。又添调战船来东方，明言大增水师经费，可知德廷已显定永远插足于中土；或独倚胶州为煤屯之所，仍图进取，此事之理。若舍去胶州，恐未必然。且吾人料德人之据胶州,其所欲之奢,必不与葡萄牙之据澳门、英国之据香港同。今虽或未明言胶州为德国之境土,只云租界,如俄前约之所议;或云暂借屯煤,然既付与之,任其为所欲为,是不啻有之矣。况后此交涉日多,稍有不平之事,德国与中国又不能无龃龉也。至若香港为德国所得之境土,广东将为德人所据久矣。惟英国能量容邻国小侮,亦有应索赔款之件,英廷常置不顾,此则英国受亏之事也。

十二月十二日(1月4日)

《国闻报》第七十一号

山东教案二十八志

本馆昨接旅京西友来函,据云曹州教案,德人索中国六款,业已大概应允。德使海靖本定于本月初九日至总理衙门将此案议结,乃于初七日德使忽有紧要公文递至总署称:“本大臣接山东曹州来电,谓某日该处地方,因教民与民间滋事,曹州镇总兵万本华扬言于众谓:‘教民如此猖狂,无非倚恃洋人,今本军门已将洋人二人杀死,如有教民再敢滋事者,定当大加惩治’云云。似此情形,中国仍不能将教民妥为保护,本大臣即无从将此案议结矣。”总署得信之后,立即电知东抚张大中丞,请将此事彻底查究,曹州总兵万本华是否果有此言,抑或传闻之误,曹州杀害洋人之事究否确实,一面将曹州总兵万本华先行撤任。嗣总署接东抚覆电谓:“戕害洋人之事并无所闻,惟百姓激于公愤,理谕势禁均有为难之处”云云。据西友来函所述如此。果尔,则一波未平一波又起,朝廷东顾之忧,其将何时纾耶?

《申报》

日使调停

日本东京《日日新闻》云:德国占据胶州后,俄、英、法诸国皆有运动之势。东历去岁腊月中旬,日本驻京使臣矢野氏文雄电达外务省,历禀各国情形并请准向中德两国调停其事。外务大臣西氏允之,矢野氏遂周旋于德国使馆及中国总理衙门,不知果有成议否?闻一二日前,外务省接得电报,其文甚长;并闻内阁开议之际,有人求准派军舰赴中国海面,大约海军省已准某某诸舰,先驶澎湖边。或曰实赴威海卫也。

尚非占据

日前中外官场皆谓俄人已将旅顺口占据,或谓中国恐为捷足者先得,故按照去年密约暂时借付俄人。传说纷纷,莫衷一是。兹闻日本某日报,略谓俄人虽有借旅顺口设戍之约,但未准备收领。一旦胶州湾被德人所占,俄船顿失冬天驻泊之所,故不得不于旅顺泊船云。

虎视眈眈

香港《循环日报》译■西报云：某日有德兵舰两艘驻泊闽省三沙口。德统领派德弁四员，乘三板船带水师数十名，往海口测量；并有俄国兵舰两艘亦在此驻泊，不知有何意见也。

十二月十三日(1月5日)

《申报》

祸机早伏

香港西字报云：数月前人言藉藉，谓德国水师员弁在中国南方沿海各处探察地势，但官场中屡次力白其无。然德国年来常以战船两号泊近胶州，密探水道，并派一弁督理其事，又垂涎于中国南方附近厦门等处，曾有战舰多号，密为勘察。是德人经营福建沿海地方亦已不遗余力，华人曾窥其动静，录于报章。其事之确凿与否，虽不能逆料而知，然亦非凭空■撰也。闻之华人云：前数月有一德国水师人员谒见闽浙总督，语次谓中国朝廷已许借用福建沿海某处屯驻德军，倘他日台湾有事，留此以保护德人之商于亚东者。制军意尚犹豫，即遣李君往勘德人所择之地。李君行抵此地，即晓谕土人谓因查探植茶地税而来。盖恐将事明告土人，或致鼓噪，故饰词以安其心也。数月后，禀覆制军称，有德国战船一号驶入福宁府港口，未悬旗帜。及往询之，船中人答云：不日台湾有事，故德廷欲借用未经通商之口岸四处，以屯军火及驻扎水师。后制军再派候补县陈大令赴福宁查察。因大令于去年偕德员数人，曾到此处调停闹教事，熟悉其风土人情，故有是命也。未几，制军白于总理衙门，求朝廷处置。当时咸谓台湾所肇何事，旁观者不能(豫)[预]料。及今之思，殆德人欲蚕食中土，故假一词以愚弄之欤？

元戎复出

广州采访友人云：德人占据胶州，粤防不能少懈。传闻大宪邀请前南澳镇总兵刘渊亭镇军总理防务，而以郑润材镇戎副之。日前已派图南轮船开往钦州迎迓矣。

严防要隘

金陵采访友人飞函相告云：南洋大臣刘岘帅自闻胶州告警，深虑他族乘隙侵我南洋，爰未雨绸缪，一一妥为布置。近又查得吴淞口为南洋门户，非有重将镇守不足以防外患之来。遂檄饬统领亲军七旗正任山西大同镇总兵刘华轩镇军，督率所部雄师前往防守。镇军捧檄后，即传令各营检点糗粮器械，候令启行。或谓尚须再招三旗，俟足成十旗，然后前往云。

十二月十四日(1月6日)

《国闻报》第七十三号

义公使与总署照会

本馆顷接旅京西友抄录义大利公使为山东曹州镇总兵万本华事致总署公文,(援)[爰]照录之,有保民爱国之思者,幸勿以私忿误国事也。

大义署理钦差入华便宜行事大臣世袭侯爵萨为照会事。照得本署大臣确悉前任山东曹州镇总兵万本华,在大廷广众之中疯言妄语,云伊深恨外国传教之人,惟望仍照上月情形,将其余传教者再行杀害。大官出如此言语,必(至)[致]煽诱愚民陷害内地教士。山东亦有义国传教者,按照贵署与本署所定章程,自悉本国政府保护。因此本署大臣速速达知贵国,早知贵王大臣除将该总兵照律拿问外,将必明饬山东大宪地方官等,俾得设法绝灭民中所酿深恨洋人之乱。按贵国与本国所立条约,贵国之责任系保护在华传教之人,因而本署大臣应先达知贵署。倘或现不妥为设法,以致义国传教者有人命产业受害被冤等情,其责惟在贵国政府也。务望贵王大臣将如何妥为设法之处,希即示复可也。为此照会。须至照会者,一千八百九十八年正月初一日。

十二月十五日(1月7日)

《国闻报》第七十四号

山东教案二十九志

本馆顷接旅京西友来函,据云山东教案之事,总署王大臣与德公使已于十二日三点钟在署议结,签立草约。德公使所索六条大概允许,惟赔偿恤款系银二十万两,前山东巡抚李秉衡改为降调处分,山东铁路、矿务准归德商承办,大致如是。至胶州湾一节,德公使前一日来文云,俟到署见面时再说。嗣十二日,恭邸、庆邸均至总署。海靖君于教案议定之后,起而致辞曰:本大臣敢奉恳王爷,以贵国胶澳一地租与敝国作为水师屯煤之所,以五十年为期,务祈王爷允许。恭邸、庆邸相顾微笑,以德使措词甚为谦恭,亦遂许之。据西友函述如此,合急登录,以告慰中外人之关心时事者。然则前日曹州又闹教案之说,德使、义使皆以为言其为子虚乌有无疑也。

十二月十七日(1月9日)

《国闻报》第七十六号

论中德时事(译北京、天津时报西十二月十一号)　　新宁温宗尧译

德人之欺凌中国,实中国之积弱有以招之也,实泰西诸大国私许之也。不然,其敢如此虐待中国者,吾不信也。夫中国,古来之大国也。人民之众不下四万万,而德人竟敢以六百人,强取驻防险要之区,得之如反掌,此岂非梦想不及之事乎?中国之元气已尽矣,华人爱国之心久灭矣。不然区区数德兵虽能进胶州,而未必能守胶州;虽能守胶州,而未必能保始终不困于胶州也。惟中国既乏内助又无外援,而邻国又毫无怜恤之意,遂至于此。乌呼!中国处此艰难之境,不啻身在泥泞也。斯时欲图一良策以出此泥泞,实属不能。况中国弊政一日不革,即财源一日不充,后日德人必苛索重偿,而筹款之难,又更不堪设想矣。德国一旦永占胶州,则泰西各国亦将接踵而起,夺中国之土地,以平其在东方之权力。当此之时,中国即欲借款于外邦,谁其信之?所以日本之偿期将至,而借款仍未就绪也。若中国政府睹此情景苍黄失措,无足怪也。所可怪者,当此存亡呼吸之际,中国政治仍毫无维新之意耳。想政府诸公私议盈庭,力谋所以补救之计,将赔偿乎?将割地乎?现值府库空虚,若欲以赔偿了事,则实难乎其难;所可行者,惟有割地之一策而已。外邦欺凌中国日甚一日,当欺凌之际,中国如梦半觉,略一呻吟,无如横逆暂时不至,即又酣寝如故矣。传言德人欲弃胶州而赴福建海滨,占一立足之地。然此言不足信也,或因外人有疑中朝以胶州地近京师,欲换一地离京师稍远者,以图一时之苟安,故造此谣言耳。俄员士皮尔君出使高丽,曾坚劝韩人用俄人司府库、司税务。今闻士君调任北京,或以为非吉兆。然未始非吉兆也,查士君为人朴忠素著,而又熟悉泰东政治,今奉俄廷派驻泰东,岂非泰东之幸乎?今日之时势,自浅见者视之,以为雷电交击、决裂可待。然或者,其发泄不速不狂,亦未可知。盖凡事未至,其兆先显,惟明者能见之,不能人人皆知也。今为中国计,莫若速与德国议和,免开兵端,然后力图维新,庶几能动泰西诸国之爱心,庶几能保亘古自主之宗社。夫如是,则国威之恢复,可不拭目以俟哉?吾愿中国之人,毋自恃其国大而生其骄心,亦毋自以为必亡,而隳其志气,斯可矣。

《申报》

胶民仇德

香港《循环日报》云:胶州华人中之强有力者密约二百余人,于某日之夜身穿短[袄],手执长枪,乘德人不备因风纵火,焚去德国营房两所,击伤德弁一员、兵三名,迨天明始一哄而散。

西报译登

上海某西字报云:迩来英国军舰行踪,各国人颇为注意,盖逆料其必有所图也。然俄已扼旅顺矣,德已踞胶州矣。倘俄由北而南、德由南而北,则直隶海湾势必为所封禁,而英之商务将有不堪闻问者。英京《太晤士报》之意,欲令袭取舟山群岛,而水师提督布剌则留意北方。故香港士庶咸疑英人将据大连湾,惟前当英、俄龃龉之时,英人袭高丽巨文岛,俄人曾与之立约,自愿必不占高丽片壤,英人始退师。今兹时异势殊,不识俄能不背前约否?观目下大局,俨如作叶子戏,德先下手,俄继之,日本必接踵而起,久踞威海。以理度之,则下手最后者,其惟英乎?以英人而谈英事,毋怪其然,然而中国时事益亟矣。

十二月十八日(1月10日)

《申报》

论胶人仇德事

执笔人喟然而叹曰:嗟乎哉!我中国民心真如是之固结不解哉?向尝谓中国兵力孱弱远逊欧西,自与日本交攻,而畏葸恇怯之情形不觉和盘托出,致欧西各国渐渐群起狎侮,无不欲鲸吞我疆土,瓜分我版图。今而知众志成城,人心固依然未涣也。不观昨报所载胶人仇德一事乎?昨报转录香港《循环日报》之言曰:自德人强占胶州而后,胶人之强有力者密约同志二百余人,于某日之夜短衣执械,乘德人不备因风纵火,焚去德国营房两所,击伤德弁一员、德兵三名,迨天明始一哄而散。夫胶州一役,非中国执政诸臣及专阃大帅之甘心退让也,亦非德人之逞其兵力攻而取之也。不过藉口于匪徒戕害教中人,遂顺水推舟,突以二三兵船袭取。在胶之人既未尝惨罹锋镝,又未经苦受疮痍,耕凿相安,亦无足责。乃逞其激昂之气誓不两立,起而为仇。明知荆棘耰耡不足以敌彼中之枪炮,乃乘夜攻击纵火以焚彼。德人每自诩其所练陆军可以无敌于天下,乃未经对垒而已伤毙武弁一人、兵士三人,亦可知曲直攸分。曲者虽自恃气矜,直者固有进无退,匹夫之勇诚足以气夺三军。在德人返己自思,其亦知徒逞雄强终难使人之帖然心服乎?且德人之踞胶州,与日人之割台湾,其情形亦大异也。台湾当合肥李傅相秉节赴马关,与日相伊藤氏议订和约,自愿将全台土壤割畀日人。归而奏达朝廷,皇上不得已而允准。旋简傅相之公子李伯行观察为让地使者,将约赍送日官伊藤美久治收存,然后晓谕台民一律遵照。犹且台民揭竿而起抗拒日兵,迄今事隔二年,而山深林密之间犹时有尚义之民,纠众将日人攻击。彼胶州白白被德人所据耳,既未奉皇上之纶音,又未见疆臣之文告,小民食毛践土,久戴声灵,又乌肯忝颜而事敌人,而不为之称戈以抗哉?我恐目前但乘夜纵火,他日者德人若竟久踞其地,不必兵连祸结,靡有已时,即此数十万义民,时时出而袭击,德虽有精兵利器,恐亦日久告疲也。我乃知中朝之国祚正未有艾焉。年来革命之党愈聚愈多,其渠魁孙文于前年阴蓄异谋,暗购军火。幸事机败露,不致一发难收。今者孙逆虽海外潜踪,不复敢重归故土,而党中人迄未散去，依旧昌言惑众。阳虽欲仿行西政，实则其谋诡秘异常，甚且著成悖逆之书，令羽党四出散布。讥切朝政，狂吠狺狺，说者每谓中国虽患外侮之频仍，实则民心渐离，深恐萧墙变起。今观胶人之好勇尚义，一往无前，明知力不足以御德人，亦必伺隙而攻，以杀敌致果为念，可见普天率土共戴皇灵。我中国祖宗遗泽孔长，断不虞小民之涣散。彼革命党之类，虽有阴谋秘计，亦徒自取覆亡耳，何益之有哉？抑又闻之，德人据胶州仅一月余，而兵士已疾病颠连，死亡相继。观昨报所载，自西历上月五号以迄于今，已毙武弁二员、水师十余名，其余亦多疾痛呻吟，舁入病房医疗，亦足见无理取闹，自取天灾。我圣清开基二百数十年，天命固犹未改，彼外人豆剖瓜分之说，适足贻笑于强邻。我惟是万众一心，外族自无能窥伺也。于是作此论，以告天下之敌忾同仇者。

十二月十九日（1 月 11 日）

《申报》

答客问德人占胶州事

自德人占据胶州湾至今，迄无定议，朝野人民无不咨嗟太息于疆土之日削。惜乎海军未复，而惊涛骇浪中既不能与之争衡，陆师又为德之所擅长。中国不但陆兵之无用，且无用之兵裁汰以来已十去其五，心虽病德而力实不足扼之，亦无可如何之事，而人心之固结则犹昔也。客有谓执笔人曰：德人占据胶州湾无礼已极，我之兵气虽弱，然苟檄调各兵与之见仗，未必遽败于德人之手。况德之兵舰来华，现不过三四艘，统计兵数不到四五千人。以逸待劳，以众击寡，若果大兴挞伐，吾知德人亦必退让。惟中朝愈懦，斯德势愈强耳。若虑各国有瓜分之心，一旦与德人交手之时，皆思乘间蠢动，使我左右不能支持，首尾不能相顾，甘为戎首一败涂地，后悔莫追。此固老成持重之见，然犹未窥今日之大势也。各国惟恨中国之不能自强，断无有以中国用兵为非者。阅各西报虽互有是非，然无一助中以诘德，则可知中若与德战，亦断无助德者也。西人创为瓜分之说，非有憾于中国也。各国无不以中国为商务最盛之地，咸思共保太平均沾利益。非但各国欲沾中国之利，苟中国而能振兴商务，亦无不可以沾各国之利，各国亦断不能使中国之不沾利益也。其所以欲据中国之土地者，诚以中国因循莫振，任人之欺(陵)[凌]，于是皆思为捷足之得。俄忌英，英亦忌俄，法忌德，德亦忌法。此中国之弱有以召外侮，非各国之定欲与中国为难，故中国而苟与德人以理力争，争之不已即继之以兵，吾知各国非但不以中国为非，而且以为是也。十五日贵报纪快心之言一节，谓迩者湖北街市遥传咸谓湖广总督张香帅，以德国无(礼)[理]取闹，事事挟制中朝，爰奏请亲统大军，誓与德人背城借一。其充先锋者，为黄冈刘干臣军门维桢。军饷则由毗陵盛杏荪京卿筹办。阅之令人心胆俱壮，现虽迄无定议，想和战之局尚未可必。十六日贵报又登让地与德一节，谓本月十四日伦敦来电云：德京柏灵官场，言及胶州一地，已由中朝租与德人，计周围若干里，以后归德人管辖。建屋筑台等事，皆准德人自主，与中朝不复相干。倘日后此地并不合宜，则尚可择别地调换。此柏灵官场之言，恐系自大其词，未足据以为信。中国虽弱，亦安能听他人之予取予求若此也？子居报馆，必定信息较灵，识见较远，盍为我言之以释杞人之忧乎？执笔人曰：此国家大事，报中不过据事直书，何敢妄参末议？且事无眉目，更何敢以逆亿为是非？惟观目前之大势，则固甚难于收拾者。若欲与德人以兵戈相见，议非不正，心非不忠，而其如力终不逮何？当日人之启衅于辽东，中国之海军未失也，战舰未亡也，将士如云，饷糈未竭，而日人未费分毫之力，势如破竹，莫之能御。子今欲言战，子知德人之强于日人乎，抑日人之强于德人乎？中国之兵力较前为强乎，抑较前为弱乎？中国之饷糈较前为盈乎，抑较前为绌乎，而竟贸然言战乎？兵法云：知彼知己，百战百胜。德人之据我胶州，彼若一无所恃，未必敢卤莽若此。自据胶州以来，虽要挟多端，而观报章历载，德人尚无十分决裂之语。其不欲即决裂者，兵力未厚也。德人之狡也，闻续来之舰已从彼国开行。若兵舰一多、兵力一厚，我若仍视为不急之务而不与议定，彼必迫不及待以兵胁我矣。不待我之言战，而兵戎之祸当不远矣！惟廷臣疆吏，事至棘手，当无不德人之言是从，德人之命是听。开衅之事，可断其必无。子之言战，诚足张我国之威，而其如空言之无补乎？

德皇誓师

香港《循环日报》云：西去年十一月十八日，德国新募防军将进营时，咸在德皇之前矢誓。此军在德都柏林近处驻扎，以资护卫者。德皇乃集众军而申诰诫曰：“嗟尔众庶，悉听朕言：尔等身入戎行，充当防军，是为立功之始，殊足庆贺。尔等既在上帝坛前忠义自誓，朕心滋慰。朕念凡兹民庶，倘非素奉耶稣教者，必非善类，难尽军中之职守。今尔等当兵，原非易事，固须修职安分，以守教民之德行。尤须听统领之命令，此是军中一定规条。凡隶名军籍者，无不恪遵。职是之故，德国由此强大，众军兵亦与有荣焉。尔等进营后，或有被人煽惑违背道德，或有忝厥职，定加重责。倘能遵守誓约，不特人皆敬重，即朕之先人及诸王神像，亦必由天堂注视尔等。当尔众尽职之时，合念我德国昔日立国之艰难。应坚守信义，以事上帝，因上帝永不弃舍吾人也。再谕尔众军，无论太平或有事，悉当尽尔等之道。无论敌人在外方而起，或在本国而起，悉当听朕命以拒之，毋离朕之左右。”

德皇结好

《叻报》载西字报言：德国不止汲汲求俄之欢也。今春欲亲近法国，不为法国所信，然犹且欲解其意。法总统将到俄京，德皇先入俄京，藉名于排斥英国，欲以联合俄、德、法三国订新盟约，而事不遂。既而，俄皇与法总统会见，公然宣言俄、法同盟。于是法国与德益有疾视之色，德皇稍自不安。西历五月、九月大阅陆军，招意皇观焉。其意似暗示尚未三国同盟，现仍不致也。及莅奥国，观其陆军操练，遂与奥皇会见。宣言云予欲见英皇之念本来极切。《纽克三新报》在英京访事人云：德皇尝于操演之时，优待英国亲王很伯立知公爵，谓敬信英皇家及英国之念甚厚，其意盖谓英国如有意焉，则德国不辞与之结互相提携之约也。

十二月二十日(1月12日)

《国闻报》第七十九号

论中国山东胶州湾形势利益(译西十一月二十六号德《东亚新报》)

本报前次载有德国水师驻胶州湾事一节(在《汇编》第三册),内言有久占胶澳不愿退出之意。于是猜度之言四起,即有本月二十号路透电音载云:有某著名邮报谓德国水师占踞胶澳一事,无论中国政府听从与否,必须在彼盖造守冬兵房。又有续电云:奥古司塔皇后及隔封两巡洋舰,取道苏彝斯新开河驶赴中国矣。再观龙门轮船于上礼拜装载建造房屋之材料,由上海出口前往胶澳,此时更令人实信无疑矣。又有德国巡洋舰名匕威者(案意系海鸥)昨忽驶抵香港,后查悉系由新几内亚(即巴布亚岛)奉电调来此也。同日路透局复报云:德国亲王亨礼已授水师统领之职,将率领舰队驶赴中国。德国政府今此之举,意欲将在东方政策声势扬大,并竭力整顿东亚之水师,以求至其极精处,此乃德廷之所深愿也。德廷派兵占踞胶州之事,今访悉其实在情形,即详之于下:本月十四日,系星期晨八点钟时,遂派登岸兵一队上岸,将胶澳东面周围一带较高之处占据。彼时适克摩槛巡洋舰停泊澳内,炮火能及该处火药库与要卡道口,故派该舰兵弁等,将火药库一并占据。钟鸣九点,一切均已占踞妥当。遂遣武弁一名,知照中国统领,随带乌入退吗土木之书,内载决战或和之语,限该统领于三点钟内,将兵房全行退出,准各兵丁于所给限期之内,各携枪械及随身应用之物退出兵房云云。在澳外停泊德国兵舰两艘:一名楷杂,一名威廉亲王。两舰所泊地位,适能轰击岸上炮台。故下令曰:“如闻号令,即向该台攻击,勿得有误。”中国统领接信之后,因枪无子药,无可如何,不得已命兵丁全数离台,于是防兵各携已物,竭力奔命。时至午后两点,东炮台上业已高悬德国旗帜矣。水师提督吩咐兵丁,大声连呼三次,以为德皇致贺之意。东炮台改悬旗时,在彼战舰连鸣巨炮二十一响,以表助贺之词也。近处土民因得免中国防兵之挟制,今可相安自保,心颇平静。防兵退至山后,约距台七八启罗迈当之遥,在彼暂造兵房以资落足。德人斯时将炮台全行占妥,并预为设防,四路留心保护,以防华兵有再行来攻之虞。中国胶州湾一口,今被我德人占踞,其利益实难料及;然无论从前或日后,必有深意存乎其间,谅所获利益亦必甚厚也。本期报末并载有论说一篇,专详山东全省形势,其目曰《论山东省》。(篇幅过长,内多闲杂事件,未能尽译,阅者谅之)

十二月廿一日(1月13日)

《国闻报》第八十号

论中国山东胶州湾形势利益　续前稿(译西十一月二十六号德《东亚新报》)

胶州湾海口实乃天然要隘,无论山东全省之各海口,即中国沿海各省之海口,亦无有如是之好埠也。考近今世纪之中年,该处有一城池,其名与澳同(即胶州城),系为商务最大、最盛聚会之区。澳内地势颇广,能容无数船只,且岸边之水皆可足深,无论中国南方何等大船均可靠岸。以势度之,实乃中国北方最大、极佳之海口。以舆地方位论之,更他口所不能及,不但山东一省所无,即中国全土通商之区亦无有过之者。再如自朝鲜开埠通商以后,其货物亦大半由此运往也。其犹可取者,所居方位适属中央且在浪地(地有高低起落之式,形同海浪,故西人谓之浪地或曰浪田)较低之道内(热温寒等道也)。山东省内东西各山,均在彼互相切断。查山东半岛除金家口(在胶澳之东北,相距约十德里,亦系伸入陆地之海湾)一澳外,其余各海口非系偏地小山,陆运甚艰,即属距省中他处平坦之地过远,无道路可寻,难以跋涉。由胶州北去,道路多平坦,毫无阻碍,可一往直前。莱阳(在芝罘岛之西南,相距约十德里)系属东山半岭之中点,车辆往还甚属便捷;向西南而去即属兖州府(距胶澳约二十德里),途中虽有平山浪地,尚无碍商旅也。胶州湾之利益除以上详论外,内地尚宜行船,亦其便中之便也。该处河道通海,由分水岭发源二水,彼此分脉流入大洋。乘船能由此海驶入内地,复出彼边入海,沿途无需登陆,其便极矣。该处有河一道,名曰胶莱河(又分胶莱南河,系在分水岭之南;分胶莱北河,系在分水岭之北),因该河水通连胶州与莱州,故名。查此河系支河合并而成者,一水流入内地,一水径胶州湾海入黄海。中朝康熙时,因该河水道窄小,只能行驶小艇,尚觉不便,欲将河道加深、加广,以便南方通粮之船由此取道北上,俾免圜绕山东半岛外面而行,有多需时日也。嗣后遂兴大工,办法亦当,不知因何中途停止,竟未办成,殊属令人叹息无已。考胶州城(居北纬线三十六度十六分、东经线百二十度零十分)尚有古迹,地颇丰厚,今观尚有古风,人民有足食之象。周围城垣约高三十尺,尚觉合宜,各城门外面均有扩场,以便商务聚会之所,如各国通商口岸然。此处并建有外城以资防堵,城内房屋工程较为精细,屋宇每高过三十尺,城垣内外均有碑记,极其大方。所有官房更属可观,四外均刊绘昔日各种故事,无不灵巧如生,令人一阅不忘也。该城适居澳内中央之平原,距口门约十八海里。胶州所属地面由北而南约计十五德里,由西而东适十一德里。该州属内人民之数,前时估计约有二十万之谱。近来该处土船之海口下有泥沙,水口稍浅,距城约尚有六海里,凡海船至此,在海口外面十二海里,距城种十八海里之遥,即须卸载。岸边既积有烂泥,该处气候即因之亦变,湿气过重,与人身体有碍,故每多患疟疾等症者。在前次世纪之时,运粮河未开通之先,所有北往货物均取道于此,折而北上,彼时尚觉兴旺。在第九世纪时,有天方国文士数人,由福州北来驶抵胶州,即未再行北上,故伊等足迹所到北方最北之区,实即胶州一口也。

《申报》

答客问德人占胶州事　接前稿

客又谓：诚如子言，则中国诚不能与德战，亦不欲与德战，而且不必与德战。然观德人之举动，以兵要求，似非言战不可。且德人若无妄动兵戈之意，则与中国以口舌争足矣，何必派兵舰来华哉？使所论不合，而德人竟以兵戈从事，中国其束手让之乎，抑严阵以待之乎？趁此举手，似尚不难与之抗衡，若待其调集兵船，则和之不能，战之不可，不亦悔之已晚乎？曰：此事断无言战之理，中国处此孱弱之时，只能以理争，不能以力敌。德之取我胶州，势固盛而理实曲也。彼恃势之盛而不顾理之曲，则我惟守理之正直而不与争势之盛衰。不但德人有自反之时，而邻国亦必有公论之出。斯时德人虽能欺凌夫中国，其能取信于天下乎？至不能取信于天下，即逞一时之强暴，所谓燕雀在前，黄鹄在后，而张弓挟矢者又在其后矣。不观昨报所纪美人之公论乎？据香港《循环日报》译西历十一月十九号及二十二号美京华盛顿来信云：德人占据胶州湾并不先行照会中国政府警备，骤然夺中国要港，与劫取何异？实背万国公法。夫文明之国而袭劫取之行，乃欧洲之所耻也。揆德人之意，在东方一带经商均不甚得意，拟藉此耸人听闻，虚张声势恐吓中国，予以利权则恣其所欲已耳，岂真有囊括四海、并吞八荒之雄略耶！按商务一道，德人所营运者不过军火而已。而欧洲之考究船炮坚利者，首推英、法、美。德人虽善仿效，未必尽善尽美，如中国辽东之战，因军火远逊日人，遂致一蹶不振。其军火岂非购自德国乎？惟日本洞悉其中利弊，不以德国军火为重，故购之者亦少也。中国现略警悟，与德人交易者日形寥落。德人此举，或因商困而发难耳。美人之论可谓洞见德人之肺腑，而不直德人之言已张胆明目。如俄如法如英如日，亦未始不存此心。惟静观中国之动静耳。故为中国计，断断不可以兵戈从事，亦断断不可慨然以地予之。就事论事，闹教之案则赔费耳、偿命耳，有例可循也。如不满德人之意，必欲据地以要挟，重兵以压境。即不能以理争，不能以情喻，而胶州终为德人所据，必使天下之人咸知德人以强凌弱，窃据我土地，非我予之。则德人虽有据地之实，而我终不任予地之名。我知各大国必有起而与争者，恐德人现虽暂据而终不能常据也。若贸然以兵戈从事，一旦为德所败，又蹈日人之前辙，偿费割地，欲壑难盈。即各国欲为中国转圜，而亦无可转圜矣。夫中国为商务极盛之区，各国决不肯坏此太平之局。现在任其窃据，但与之议办教案。教案为奸民而起，两国本无伤和好，安有偿地之理？诚如美人之言，实背万国公法，为欧洲各国之所耻。夫所以立万国公法者，原欲使万国皆就此范围也。而乃听德人独背之，吾知不必动干戈而各国必不肯默尔而息也。使各国皆以德人之据中国土地为非，亦必有出而解围者，德人之强词夺理无益也。若各国皆无远识而以德国为是，则中国非但不必以兵戈争，并不必以口舌争。吾知各国兵戎之祸亦不远，尚不知鹿死谁手，岂独今日中国之受制于人哉？且有不如今日之中国者矣，美人之言其有见于此者乎？总之，现在中国之势，兵饷不足，民心未散。兵饷不足，不可与战，战之必败，败则民心亦散矣，此即金、复、海、盖之前事也。民心未散，不可公然而予以土地，公然予之，民心不散而亦散矣，此即台湾之诏令内渡，义民之欲守而不能久守之前事也。客唯唯而退，乃诠次问答之语，以弁诸报首。

俄人之论

香港《士蔑西字报》载俄人之论云:将来必有一国发难于中国而吞噬之,此无可疑之事。但所奇者,各国之中德国首先发难。若此事出于英、法等国,吾人不须惊讶,出于德国则大可讶耳。何也?德人于中国,未尝争尺地,是冠军之国变为殿军。今忽有此雄举,又是殿军变为冠军也。鄙人初闻亦颇疑惑,盖谓德国欲取属地,似乎狂妄中之尤狂妄事。试问德人取属地何用?香港、粤省及别处口岸,亦何啻德之属地。德人商于是、游于是者,人数几与英人相(将)[埒]。今试执德人问之,若有一德人宁喜居于德国管辖属地,不喜居于香港及闽粤各口岸者,吾知其必无也。然则德谋属地,尽可置为后图。为德人计,寂然不动,让别人为戎首,然后厕足其间,分其利益,岂不更妙乎?至于论其占夺境土之故,未免太强横,如人失礼于尔,尔入人室问之,其人恐惧(陪)[赔]礼,苦求赦宥,便可了事。杀毙教士两名,事诚不幸。惟细思传教要旨,亦教人不可以恶报恶,今报之如此其酷,此岂教士之心?且在澳洲及美洲,不知几许华人为人所杀,中国曾无一官过问,尸亲并无一言追究,此外国妇孺皆知之者。余辩论如此,未知当否,但有别人推论此事,则吾所深喜者也。

十二月廿二日(1月14日)

《国闻报》第八十一号

论中国山东胶州湾形势利益　续前稿(译西十一月二十六号德《东亚新报》)

今因二事,故胶州较之昔日稍有减色之处。一因口岸为沙淤浅,其淤浅之由,系因山中沙漠落水,日积月累,致将河底加高,河中泥滓于是被水冲出河口,故全澳存积沙土烂泥日渐增多,澳底亦随之加高,为日稍久将成新岸矣。似此情形,不过澳内未能停泊船只,不致作为废而无用之海口也。芝罘一口若不开作各国通商码头(系在千八百六十一年),胶州之于今日,亦不致如此冷淡,山东之商情亦不同今日。洋商运货到口卸载以后,复装运中国土货出洋,于是内地商人日渐知便,趋之若鹜,故芝罘有今日之兴旺也。如是以观胶州,若早日开作通商口岸,较之芝罘必犹畅旺可无疑矣。德国今既踞胶澳,若不轻视之,加力整顿,将来必制芝罘于死地。吾辈今以两口地位之形势比较如下:芝罘距海稍近出入较易,胶州出口似有数难,虽有此难,尚可以善策化之。无奈芝罘地位系居东北,四去道路不便,商旅途费犹多,惟由此径达莱岭北面及莱阳县东面各处,较之胶州途费稍省。但此微利亦不足取,因各处均与他岸小埠交通往来。至于行船河路,通于芝罘者无不亦通胶澳,且莱州府、平度州、莱阳县、海阳县以南各地,尽属熟田,出产亦旺,往返运载前赴胶州,亦较赴芝罘价廉而便捷也。镇江一口系属内江,埠头在运粮河之岸,与上两口异省而居,人民贫富、地土肥瘦皆有不同,最宜取之与以比较,自有实据在焉。查该埠系居长江下游,实乃要隘,在开埠商通之第一年(千八百四十二年即开此埠)内,因运粮河于黄河老道淤塞后尚未修理完竣,又因税务加增,货物昂贵,故不免稍形冷落。嗣后联络芝罘渐有成效,进口货即由此径达济南(山东省城)。由济南复向西去,该土风气亦渐开化,后于千八百六十八年起,镇江渐渐步入佳境,终将芝罘商务夺去,永未衰败,因得他处河道交通之益也。山东东境本属困苦,尚觉无伤,然西境较富,自今以后衰败不少。省之内地有县城曰潍者,系内地通商最要之所。该城居有著名巨商,前系在胶州办理进口货物,今则改归芝罘,俾得将商务之运道转通西北方、西方及西南三向也。芝罘至潍县(相距约四十德里)系属要道,无奈至莱州之一段,道路崎岖,多方不便,行程运物所用者,全赖骡马负载,其价亦不廉。有若许货物,即自黄县上车,惟因道路不便车行,故用者亦少。货物来至潍县须由运河,但未能通行,故脚价亦贵。今德人既占胶州,宜将经过潍县之各商复使西行,■后除与兖州府(在澳之西南相距三十德里)顺便交通外,即芝罘境外之各地亦可联络矣。胶州地方形势最宜通达铁路,如现在业经建妥,或日后遇机能成此举。芝罘之不利当在目前。然以势揆之,北支那沿海口埠,将来必由某一口修筑铁路,四达内地各要隘,华人视之颇重,将来必次第兴办也。查镇江一口形势不利,恐难在彼兴办。但临近尚有一他口,地近煤苗,通北境平原之道路亦(亟)[极]便捷,此口者即胶州耳。如由芝罘建造铁路通达济南,实多未便,因首段地势异常崎岖,轨道须过山越谷,两首方位之高低约有数百尺之差。今如自胶州建道达潍县(不及二十德里),然后再将芝罘筑道至潍县之款,移作潍县至济南(相距三十德里),修道之费已足敷用。其省款之由,缘地势有天然之利也,并所有山地北界各大煤苗矿产皆在道旁,易于转运,然后胶州可与他处联络一气矣。凡欲建修铁路之所,必须人民财足、土产丰厚,犹宜多产煤炭以便轮舟来此取需。其价总宜从廉以广招来,日久必有大益存乎其间,不待智者而知也。今既建道以联济南,创办之初宜多设支路,以便四通八达。最要者宜引长,西至河南,北及京师,因直隶海口隆冬封冻,轮船不通,一切只能由陆地转运。再,中国所有铁路总须与山东铁路相通,一因内地通商非此不致,亦因山东有无数煤矿取之无尽也。再如北地各处所产棉花、铁质及一切应用之物,由此进出觉便既多,犹省途费。前此三十年即有某君至此,其注意于此者略载于后。谓胶州开作通商埠口,并筑铁路以达内地各要隘,将来山东全省煤矿必由此以兴,芝罘■时所有之利益必大为其所占。胶州如能开作外洋租界,其益更鄙人笔所难尽述。凡眼前所见之不便、不利处,亦白化为无何有之乡矣。中国若再能上下一心力求整作,留心欧洲工艺,从此发奋图谋以求自立,实不可限量,其能化险为夷也必矣。果尔,凡西人所有之权势利益,支那亦可保同享受矣。

光绪廿四年

正月初五日（1898 年 1 月 26 日）

《申报》

侦探军情

本馆派驻武昌访事友于去腊■书云：胶州事起，沿海戒严，鄂省居长江上游，防守尤关紧要。张香帅以军情瞬变，诚恐消息不尽灵通，爰檄委蓝大令汝济赴江阴，徐二尹吴龄赴镇江侦探军情，随时电禀，亦未雨绸缪之至计也。

预为保护

常镇通海道长久山观察以德人占据胶州因教案而起，查镇属教堂林立，恐有匪徒捏造谣言，爰即出示晓谕，略云倘有匪徒在各教堂左近以及冲僻之处，张贴揭帖，捏造无稽之词，藉图惑众滋事。一经将张贴之人并揭帖获送到官，无论军民人等，给予重赏，决不食言。如有揭帖而无张贴之人，或有人无帖，均不得挟嫌妄指。

正月初六日（1 月 27 日）

《国闻报》第八十五号

外国新闻：胶事杂志

德国公使男爵海靖君与中国王公大臣在总理衙门开议数次，现已议妥六款，录之于下：第一款，中国出银二十万两以恤被戕两教士之家属。第二款，中国应赔修山东之教堂。第三款，德国因办理案件占据胶州，在彼一切费用中国须如数偿之。第四款，山东巡抚李秉衡从速革职。第五款，戕害教士之土匪及办理此案不善之地方官，均宜从严议处。第六款，山东全省之矿务及将来修建铁路，均归德人承办以享此利权。胶州湾拟租与德国以作屯煤之所，其实在之意明言之曰：胶州宜为德国舰队停泊之处耳。前日外间谣传，俄、法、德三国并权颇有欲动之势:闻俄国意欲踞朝鲜、满洲、直隶等三土,法国注意于台湾及福建,山东一省德人欲取焉。虽系道路传词,恐非无因。闻中国政府将会议此节,并辩其虚实与否。■日本政府既闻以上之传言,不免怦怦心动,近日于德人踞胶州事亦颇著意。故驻北京日本公使知照总理衙门大臣,其意谓甲午之役,中国拟付日本之款至今未能偿清。除此之外,尚有防兵一队(住)[驻]扎山东省内(在威海卫)。他国若欲联络该省土地,我日本政府实不愿有此之举也。译德国《东亚新报》西十二月三号。

正月初七日(1月28日)

《申报》

论胶州事已成和议

去年十月,山东巨野县歹人戕害德国教士二名,德廷闻之,即遣战舰三艘驶赴胶州,占踞口岸,夺取炮台,并装载军火、粮食、木板及造屋所用之各材料至是处。其阴欲久占之心,固早为明眼人所觑■,本馆亦尝以德人有久占胶州之意,著为论说,弁之报端。盖综论五洲大势,泰西各国东方商务以中国为盛,惟德之地远于中国,故其商务不如[英]、法。近来德势日益强,而中国之势日益弱,德恐中国利权尽为他国所揽,故欲于中国谋自利也。其处心积虑已非一日矣。忆前年德国使臣即在中国南部求开租界,以便储煤屯货。旋遣海军驶兵舰赴厦门、香港等处测量海道,描绘成图。去年复有德国军舰在福州一带沿海测量,并将舆图修改。德人欲在中国求逞之意,固已彰明较著。及山东[有]戕毙教士事,德遂有所藉口,夺取胶州湾而有之。虽其使臣与我总理各国事务衙门王大臣会商,以六事相要挟,然其所注意者则惟在借胶州湾一事耳。中国既贫且弱,揆时度势,难与争衡,乃不得不与之言和。客腊,德公使致词于总署王大臣曰:敝国与贵国素敦和好,断无已甚之事。或谓敝国有心蚕食者,非也。惟是敝国僻在欧西,近五十年来始得通道贵国,教务、商务均须求贵国政府保全。敢乞转奏朝廷,赏租胶澳五十年为屯船之所。想大皇帝或可俯允也。王大臣自审国势不能与争,允为代奏。旨意若何,刻虽未见,然伏思我皇上轸恤下民,顾全睦谊,断不欲因此一事而遽启兵端。又况日东一役未及三年,民力未苏,何可又与邻邦开衅?默揣圣明之意,固不得不曲为允从。日前本馆得武昌访事友手简,略谓两湖总督张香涛制军于去腊二十六日得京师总署电信,内开胶事业已议成,以胶州周围百里借[与]德人为屯煤之所,另偿兵费及抚恤被戕教士共银二十四万两。济南等处准设立教堂,由地方官认真保护。是以德国某亲王拟不日来沪。已电饬江苏藩司聂仲芳方伯恭迎,以昭睦谊。而■来本埠访事人亦探悉聂方伯果欲于日内莅甲,观此则知和议已成,我皇上亦经允准矣。薄海庶民又得优游化日,在廷卿尹又将粉饰承平,此固社稷之福,而亦四百兆人民之幸也。惟是德之大欲偿矣。不特胶澳许借五十年,即所索其余五事亦几尽如其意,在德尚有何求?玩德公使与总署王大臣商议之语,固甚和平。所云僻在欧西,亦系实语。盖惟其僻在欧西,所以欲于中国求立足之地,不在于此即在于彼。德之蓄意已久,特事起于东省,故适借租乎胶澳耳。前者德提督于占踞胶州后,布置方略,谓德得胶州则中国全权在握,可以惟我欲为。此固一时自快之语,未可信以为真,然我中国则不可不防。今海外各大国之环而相伺者,若英、若法、若俄、若美、若日本,皆德类也。倘以德租一地,而英、法、俄、美、日本诸国各援其例,向中国求租一地,则中国二十一行省土地虽大,恐亦不能尽给其求。德公使谓并非有心蚕食,然德苟无蚕食之心,何以欲租胶澳?我中国不可因其言之甘而忽之,且不可因其言之甘而以忽德者忽各国。人才当思所以兴,军政当思所以修,国用当思所以节。皇上亦既明降谕旨,令在廷诸臣敷奏矣。诸臣其何以尽忠补过,一洗从前之颓靡而振作奋发,以应圣主之咨询哉?夫居安不可忘危,能战始可言和,衮衮群公能体此意,而勿仅贪目前之无事,则国家庶有豸乎!

正月初八日(1月29日)

《国闻报》第八十七号

外国新闻:论德人驻胶州湾事

昨接胶州来函云:本月三号,有德国水师兵丁一队约二百人,将胶州城占据,并由大队中拨出登岸炮两尊以资守卫。查该城距口门约合十八海里,德国兵丁临近该城时,在彼统带驻扎防兵之兵官■先尚不愿开门迎接。俟德兵向空中鸣排炮一次,始惊慌无措。踌躇稍顷,无策为计,不得已乃将城门大开。德兵遂即鱼贯而入,暂在城垣之更楼内分住,再作[道]理,并未有不法之事。

本月一号,我队兵弁意欲进攻,[整]肃前去。闻该处驻防之统领,已将其统带之兵丁遣散一多半,因其不能得用,人数较多反不易约束,不如减之为妙也。遣散之兵丁心均不平,意欲报复,遂在临近某村庄内抢掠,势如贼寇,居民苦之。我德水师提督因游勇闹事之所,系在我德所占之地段之上,故不得不派队前去弹压,并将贼寇追之出境,以免滋生他事。无奈贼寇势甚凶恶,竟抗不尊,回击我国军队,幸未有一人受伤耳。我队遂发排炮一次,贼党知惧,始退,逃往他处,后查点共杀贼三名,伤贼四名云。

胶州所用之运船,前系商轮名龙门者,今又更换汕头轮舶。昨又由上海装载胶州兵士应用食物等件,鼓轮来胶矣。译德国《东亚新报》西十二月十号。

正月十一日(2月1日)

《申报》

答客问胶州议和事

有客问于执笔人曰:自德人占据胶州后,朝野惶惶,人民痛恨,血气之士莫不欲奋袂而起,与之一决雌雄。虽草野之人,不知进退,然亦足见民心之坚固。而各省大员亦各处添防,以备不测。以此观之,想和议之未必能速成也。乃阅贵报和议已成一节,及初七日胶州事和议已成一论,虽未见有明文,而大局谅无变动。从此可不动干戈,重敦雍睦。在朝廷可免劳师縻饷,而人民亦免锋镝之虞、流离之苦,固为幸事。然中国未免示人以太弱矣。人皆以为日本之役未及三年,海军已失,兵饷多縻,府库支绌,各处绿营练勇迭次裁汰,而又偿款未清,尚需罗掘。即欲与之对垒,从何下手?然当时日兵之势数倍于此,且事起于高丽,中国不过因保护屏藩而起。日人气势甚壮,乃不与之和而与之敌。兼以兵将不职,致败于日人之手。而此次德人占据胶州,藉端发难。在中国理直气壮,何妨与之争论?何以商议数月,而仍尽如其所请?如此示人以弱,恐天下从此多事矣!使各国尤而效之,中国将有应接不暇之势。土地则日削,偿款则日多,其何以善其后?故曰:和议一成固为中国之幸,而究非中国之幸也。曰:然则不和,势必与之争执;争执不已,必至开衅。当时陆军未裁,海军未失,尚败于日人之手。今若与之开衅,不啻徒手而争;幸而胜之,恐德人一时亦不肯降心相从,兵连祸结,终无底止。设再不敌,则偿费之大,即十倍、百倍于此,并胶澳之地而割畀之,尚不足以餍其欲也。现虽以胶澳之地借之,究非台湾可比,五十年后仍为中土,且现在亦未始非中土,亦如各口之租界耳。至于虑及各国之效尤,固不可不先事预防。然因此而欲先示武于德人,则未有不溃败决裂者。现值空虚之际,诸事未备,仅可守以待时,惟不能再事因循。如日本一役之后,西人以为中国如梦初醒,恐又复睡。言虽近谑,而实有至理存乎其中。仆所虑者,不在此次和议之吃亏,而在议和之后恐仍如浮云之过眼,则各国效尤之举亦意中事。默揣西人之心,并非真有蚕食中国之志。大抵西人以商务为重,其兵备之精大半为保护商人起见。中国不自整顿,则利权为他人所夺。利去而势亦去,此必然之势。使中[国]及早图维,陆军不可不多募也,然必须训练精良,一兵得一兵之用。若仍为迎送铺张之举,则无事时视之,固皆如火如荼,一旦变起仓卒,依然束手如今日耳。海军不可不复设也,然亦须一变从前之积习,风涛沙线务使人人通晓,周游各国,所谓练胆练识,平时若临大敌,临事自不退避。若仅多购战船机械以为自雄,亦适足以资敌耳。此皆中日一役之前,中国所蹈之弊,致连遭外侮,莫能抵御。于此而幡然一变,有陆军之责者,整顿陆军;有水师之责者,整顿水师;有筹饷之责者,筹办饷糈;且宜统筹商务,恤商卫商,俾商务日有起色,则饷自易筹。饷糈一足,则兵自易集。再加培养人才,西人之所能者,分门别户而专精之。以一推十,以十推百,自在官以及草野皆为有用之才。吾知不二十年,无虑各国之窥伺,即德人亦当退让之不遑矣!若以此次议和为耻,而思妄动干戈,则小不忍必乱大谋,逞血气之勇无益也。方今圣天子聪明天亶,宸虑周详。议和之举,非但以民命为重,亦暂屈于目前,冀伸于日后耳。惟愿衮衮诸公,体宵旰之忧勤,念民心之坚固,振作有为,一洗外侮之辱,则今日议和之事,可不以为辱而以为幸矣。客唯唯而退。乃诠次问答之语,而弁之报端。

正月十三日(2月3日)

《国闻报》第九十二号

胶事续闻

新正之初,津埠纷纷传言,德国和议又欲毁约,盖因胶民有杀死德弁之事,德公使又借此向中国诘问,本馆曾纪其事。兹接旅京西友来函,据云总署接德使照会后,即电询东抚张中丞确查电覆。张中丞接电后,当饬属严密访拿。旋据即墨县禀(请)[称],缘某夜即墨地方某农民家突有德弁兵一人,寅夜闯入其家,意图奸盗,势甚汹汹。该农民见事不佳,若我不杀彼,彼即将杀我,气忿不平,因立时将德弁杀死。现在杀德弁之凶手业已拿获,叠次讯供不讳,自系情实。东抚据禀电覆总署,总署将德弁咎由自取各情,文覆德使。德使亦知理短,但云既已杀人自须抵命,如果中国不能治以抵命之罪,则被杀之德弁必须偿以恤银一万两云。据西友函述如此。夫按中国律例,凡深夜无故闯入人家,面不相识,杀死不论。德弁孽由自作,按之中律万无抵命之理。今德使乃以恤银万两转(圆)[圜]其词,亦可谓视钱如命者矣!

在华德舰详考

德国派赴山东之兵船共八艘,有已抵胶州者,有奉调启行将到中国者。国船一名启沙,可容七千五百三十一墩,每点钟行十四西里六,安置巨炮廿四门,兵士水手六百六十八人。一名启沙连恶加士打,可容六千三百三十一墩,每点钟行廿二西里半,安置巨炮二十八门,兵士水手六百廿七人。一名芝非安,可容四千二百零七墩,每点钟行二十西里,安置巨炮二十四门,兵士水手三百一十二人。一名伊连,可容四千四百墩,每点钟行十九西里八,安置巨炮十八门,兵士水手三百五十八人。一名卑连士威轩,可容四千四百墩,每点钟行十八西里七,安置巨炮十八门,兵士水手三百五十八人。一名亚千拿,可容二千七百七十三墩,每点钟行十三西里,安置巨炮十四门,兵士水手三百六十八人。一名歌摩伦,可容一千六百四十墩,每点钟行十六西里半,安置巨炮八门,兵士水手一百十五人。一名美地柯,可容九百四十墩,每点钟行二十一西里,安置巨炮二门,兵士水手九十人。已上船八艘共有二万九千八百廿八墩,巨炮一百廿八门,兵士水手二千五百九十五人,另有机器快炮,可运岸上为捍卫之用。

正月十五日(2 月 5 日)

《国闻报》第九十四号

胶事余闻

德国所请修造山东铁路,本拟由胶州造至济南府为止。今因德弁寅夜强奸民间妇女,为即墨县人民所杀一案,德使意欲借此展拓利源,所有山东铁路拟请再自济南府起修至沂州为止。又胶州租界原定周遍百里,今德使又请加广数十里云云。据本津西友所述如此,未知确否?

正月十六日(2 月 6 日)

《国闻报》第九十五号

总理衙门奏定山东教案要犯罪名折

奏为山东教案拿获要犯,分别拟定罪名,恭折仰祈圣鉴事。光绪二十三年十月十六日奉旨,曹州杀毙洋人一案,著李秉衡速派司道大员驰往该处根究起衅情形,务将凶盗拿获惩办等因,钦此。当由臣衙门电咨前山东抚臣李秉衡钦遵办理。旋据该前抚电称,派委臬司毓贤、兖沂曹济道锡良驰往巨野县(澈)[彻]底根究。嗣由该臬司等督饬该县会同防营先后拿获惠二哑吧等九名并起获赃物等情,迭经照录恭呈御览。兹据李秉衡咨称:缘惠二哑吧即惠潮现,雷协身即雷继参,张高妮即张沁椿,王大脚即王莽,又名王衍溃,贾东洋、高大青、萧盛业、姜三绿、张允,分隶巨野、嘉祥等县,平素游荡度日,均先未为匪犯案。雷协身探知巨野县张家庄洋教堂存有钱物,起意行窃,说允高大青及惠二哑吧、张高妮、王大脚、贾木、萧盛业、姜三绿、张允并不识姓名二人,于光绪二十三年十月初七日傍晚时分,在巨野县杨家楼村外空地会齐。即于是夜二更时分,惠二哑吧、张高妮、王大脚、贾东洋各携带尖刀,高大青持棍鞭,雷协身、萧盛业、姜三绿、张允及不识姓名二人分携刀棍。至中途,萧盛业、姜三绿、张允三人畏惧同逃,惠二哑吧等偕抵张家庄教堂门外。惠二哑吧、雷协身爬墙进院开启大门,放张高妮等进院。惠二哑吧用刀撬拨屋门未开,教士能方济、韩理惊觉,由窗孔开放枪,轰伤不识姓名两人,随各逃逸。惠二哑吧因伙被伤,气忿莫遏,起意行强,雷协身允从。惠二哑吧即与雷协身砸开窗户,进屋开门放进张高妮等。惠二哑巴用刀(札)[扎]伤教士肚腹,雷协身亦用木棍抵格,随即搜劫赃物分携逃逸,亦有将赃物、刀棍撩弃路上。讵教士能方济、韩理伤重,旋各殒命。经教士薛田资报验棺殓,获犯详讯审供不讳。诘无另犯别案,将惠二哑吧、雷协身均依例拟办。各等因。臣等查惠二哑吧等伙窃德国教堂,因教士能方济等惊觉开枪轰伤伙犯,该犯辄敢起意行强,与雷协身首先拒伤教士,实属罪无可逭,应如该抚所拟:惠二哑吧即惠潮现,雷协身即雷继参,均依强盗杀人奏请审决枭示例,拟斩立决;至张高妮、王大脚、贾木、高大青四犯,供词尚有出入,应监候侍质;其萧盛业、姜三绿、张允三犯应从重加监禁五年;其在逃之马东武、朱得法两犯,应悬赏勒缉,务获归案惩办。臣等查此案惠二哑吧、雷协身两犯首先发难,因偷窃教堂、惨杀教士二命,以致酿成巨案,实堪痛恨。若由该抚照案奏交刑部核议再会同臣衙门具奏,辗转需时,致令该犯幸稽显戮,殊非止辟明刑之道。应由臣衙门请旨,即行正法以昭炯戒。至该抚咨称不能禁约为匪之犯父兄等照例提责,并已获之赃经主认领,尸棺亦经教堂领葬,起获之凶刀存库,均应如该抚所咨办理。被枪轰伤之不识姓名二名尚未弋获,应与在逃之马东武、朱得法两犯,责令现任抚臣张汝梅一并缉拿,无稍宽纵。所有臣等拟定曹州教案要犯罪名缘由,理合恭折具陈,伏乞皇上圣鉴,训示遵行。谨奏。

正月十七日(2月7日)

《国闻报》第九十六号

总理衙门奏教案办结胶澳议租折

奏为曹州教案办结,胶澳划界议租,谨将与德国使臣商定情形,恭折仰祈圣鉴事。本年十月间,山东曹州地方杀毙德国教士二名,德国兵船遽袭胶州。该使臣海靖致臣衙门照会,要求六款,势将决裂,业经具折奏闻。并将续来照会及臣等照复并问答节略,随时呈览在案。臣等仰禀宸谟,与该使臣往复商论,分别准驳。该使臣照会以山东巡抚李秉衡屡违朝旨,不受中国政府之命,酿成巨案,请将李秉衡革职,永不叙用。臣等坚持不允,议令删去“永不叙用”四字,但将不可再任大官之意奏请准行。德主教安治泰本在济宁倡建教堂,适有曹州教案,该使欲隆保护之名,请赐匾额,请给工料银两。臣等议令酌照成案用“敕建天主堂”五字,酌给工料银六万六千两。至惩办盗犯、偿恤教士,原系教案应办之事。该使臣以被杀两教士无家属领赏,只可建造教堂作为偿恤,议定曹州城内及巨野县属张家庄,各建教堂一所,由官拨给地段,不逾十亩,照济宁办法,每处各给银六万六千两,匾额仍用“敕建天主堂”五字,统于教堂门■勒碑,以为保护之据。被盗失去之款,另给银三千两了案。该使复以现在教士租赁房舍甚难,拟请于巨野、(荷)[菏]泽、郓城、单县、武陟、曹县、(鲁)[鱼]台七处为教士各建住房一所,共给工料银二万四千两,均作为已杀教士偿恤之用。现获盗犯照例惩办,失察之地方官从重参处。该使又索中国应保以后永无此等事件,臣等驳以保护教堂条约所准,惟盗贼卒发,岂能永保其必无?该使语塞,因与议定,请皇上明发谕旨,饬地方官照约尽力保护。特该国教堂究有几处,臣衙门无案,并令将各府州县凡有教堂处所开送臣衙门查核。该使亦经答允,庶于保护之中稍寓稽察之意。此案失事之地方官,或调他省,或从重参惩,均由中国自行酌办。该使借教案旁索商务,拟请嗣后山东一省如开办铁路旁近矿务,先尽德商估办。旋又请设立德华公司,造通山东省铁路,并通省及铁路旁近之矿,意在仿照俄华公司利益。臣等力与磋磨,允由胶澳至济南省城造铁路一段。俟此段造成后,再商造后段,与中国自办干路相接。均由德商、华商集股领办,声明不占山东地土,并另立合同,无庸比照他国章程,以为中德自商之证。该使又以德国办理此案所费之银,请中国赔偿,索数百万两,尤为无理取闹。臣等告以此案中国无赔偿之理,惟顾念数十年邦交及前此相助之谊,另筹办法,与教案绝不相涉。须截分两事,期杜他国藉口,断不能认赔一钱。该使以候其国命为辞,延宕经旬。臣等迭次催问,渐次就绪,已允敛兵下船,退出所踞之地,赔费作罢。

正月十八日(2 月 8 日)

《国闻报》第九十七号

总理衙门奏教案办结胶澳议租折　续前稿

初订明在臣衙门互换照会,适曹州地方复有驱逐教民、杀害洋人之说。该使臣顿翻前议,又照会臣衙门仍请将李秉衡革职,永不叙用。复经臣等力与驳论,并钦奉谕旨,将曹州镇总兵万本华撤省讯问。该使臣始无可置办,于本月十二日来臣衙门会晤,臣等即将缮定教案六条,照复一件,当面交讫,以符先结教案之议。臣等窃维中德两国向无嫌隙,只以助归辽东,索报未遂。该国注意所在,则英、法、俄等国均占有东方海口,而该国独无停轮屯煤之所,不足与各大国均势。叠准出使大臣许景澄函电相闻,而胶澳又为该国所垂涎。故本年正月臣等有请在胶州创修船坞之奏,即已筹虑及此。十月教案初起,奉旨令李秉衡查拿凶盗,有德方图借海口之谕,敌谋之狡早在圣明洞鉴之中。此次借杀毙教士起衅,遽派兵船袭据胶澳,分兵略地,直窥即墨县城。德君又派其弟率领师船来华,用心实为叵测。该使所开教案六条,坚请照办,并无一语退还胶澳。臣等仅恃笔舌与争,苦无却敌之策。再三(辨)[辩]论,该使始允就该国提督画占之地分别退还,胶州亦在所退之内,余则作为租用,略如各口租界办法。周遍以一百里为限,按岁输纳租钱,该地自主之权仍归中国。送来租地照会五款,大致以保全两国睦谊为词。臣等逐款覆核,租以九十九年为限,所定租界,将来两国派员立界时,认定周遍一百里之限。胶澳海面中国兵商各船任便出入,胶澳外各岛险滩,准德国设立浮椿,惟中国兵商各船往来出进,概免纳费。至德国嗣后自愿将胶澳归还中国,所有德国在澳费项,中国应许赔还。另择相宜之处让与德国一款,此指租期未满让还租地而言,亦可照允;惟须订明租期未满以前,德国不得驱迫中国原有税卡照旧设立;租地之外,德兵应即全行撤回;应交租项若干,再与该使臣面商,均无异词。翌日,备文声叙作为完案。其一切应办事宜恭候命下,臣等再当咨行山东巡抚妥为筹办。此案德国发难,各国多欲干预,中外新闻电报络绎,殊骇观听。臣等握定中德自商,不愿他国调停。固知他国无实意相助,即貌为居间而潜相要结,则中国受害益重。万一各国互争,竟以中国为战地,尤难收束,只可速结此案,徐图自强。计非腾出的饷训练精兵,不足以御外侮,容臣等随时奏办。所有商结德案情形,理合恭折具陈,并将臣衙门与德国使臣海靖结案照会问答，恭录呈览，伏乞皇上圣鉴，训示遵行。谨奏。

正月廿一日(2 月 11 日)

《知新报》

保教末议自叙 南海陈继俨撰

孟子曰:“逸居而无教，则近于禽兽。”悲哉言乎！吾中国之在今日，其不免近于禽兽者，抑何多也！夫人之有教也，犹鱼之有水，鸟之有林，兽之有圹也，犹农之有田，贾之有肆也;鱼无水则死，鸟无林则弋，兽无圹则猎，农夫无田则饥，商贾无肆则号，人无教则顽顿闭塞，如土番，如野人。执一人而名之曰禽兽，未有不色然惊、愤然怒者;然既曰土番矣、野人矣，其有以异于禽兽者几何哉？今中国之奉教者，人则四万万也，身三纲，口六艺，自以为诵法孔子，群焉称之为仲尼之徒者，举国无以异也。然妇女不读书，不识字，不明理，惑于祸福之说，怵于鬼神之故，而归命于土木偶人，盖去其半矣。曰农、曰工、曰商、曰兵，甫离庠塾，遂与书绝，其终身而未尝读书者，且不知凡几，又去其半之八九矣。自余王公贵人，以逮祈祈学子，舍考据辞章之事，剽窃甲第之用，则虽四书六经为大道所在，绝无有过而问之者，盖于教仍无与也。举国之人，而无与于教，于此而自谓非禽兽也，其可得耶？不宁惟是，彼五胡之乱晋，金人之入宋也，固已毁其宗庙，奴其老弱，黄帝神明之胄几于绝灭矣，然犷悍之俗未解人理，除争夺相杀蹂躏名城巨都之外，一无所知，一无所能，彼固无所挟持而来也。无所挟持则既无化我之具，终必为我所化，故非黄帝神明之胄，而晌然而君吾国、子吾民者，则中国为亡国之余，而孔子收辟土之功，彼五胡金人之受成于我教是也。今也不然，谭道之士纵横于口岸，言教之书充斥于市肆，挟以国力，事危志悍，于此而欲以不可终日之孱国，陈孤军以叠御之，缮守不完，环攻益力，彼二千年之教宗，其不至于沦陷澌灭也难矣！昔晋宋之间，老学大盛;隋唐以降，佛教斯昌。惟彼二氏，事至微浅，然此既不竞，即立见侵夺，况于汲汲乎欲祧而尸之者，其强聒不舍，奇悍无伦，又有以异于向之所云也？传曰:“《小雅》尽废则四彝交侵，而中国微。”顾亭林曰:“有亡国，有亡天下，今何时耶？今何世耶？其殆亡国而因以亡天下者欤?”继俨学于南海，备闻孔子立教之义，获睹南海之《孔子改制考》，惧天下未闻南海之说，因以不知孔子之道，驯至乎大道之隐也。继俨又惧天下之言政者，眩于西人之富强而忘吾教之美备，率天下之人而近于禽兽也，于是作为此篇，以告天下，思补救于万一，其于孔子之大道、南海之绪论，或有当也。抑又闻之，国与国相处则君统尊，民与民相处则师道立，今大地万国气运日新，大易乾元，行将用九，庶几广鲁于天下，以入缵君政之统者欤？此则继俨所愿鼓歌而进之，发奋而道之，忻然勃然而不能自已者矣。

英国:谋分中国

西十二月四号香港《士蔑报》云:近日本港同行两家报纸，见俄、德、法三国在东方有蚕食土地之势；又见欧洲轮抵上洋，来客中有俄人。因而杯弓蛇影，演陈纸上，令读之者惊惧。两家主笔可谓忠于谋国，无如讹误何耳！来客确有俄人数名，且又将充税关人员者，报馆因此惊疑，遂画蛇添足，论出以下数款令人惊恐之大题目：一曰俄人税关，一曰高丽覆辙复见，一曰赫德之权复归原主，一曰俄世爵普李摩付将继赫德之任，一曰瓜分中国，一曰英国再蹂躏。试观所画之蛇足，何其众多而精妙也！若果大势变至如此，可谓黑暗世界，但其所述类皆无稽。纪路拔有言曰：世上最聪明智慧人，偏难免子虚之谈。可谓切中今日事情矣！其实中国洋关常用俄员数名，此次来津数人，无非补离任俄员之缺。洋关人员应该不分何国人氏，皆可充当，若以俄人为总税务司，则不免洋关全为俄人所有，或易以法人、德人为总税务司，亦恐不留余地处人，至英人掌之，则洋关人员公诸天下，能者居之。本报最喜其公当如此。俄人充当中国税吏者，向来无几，此因中俄商务交易有限，只在茶务兴盛之埠而已。或谓洋关所用各国人税吏，视其国在本关出入商务之多少而分别之。洋关向用俄员六七名，今皆离去，一往中俄银行，一归欧洲，余亦他适。今新到俄人，不过补司其职，别无他意。此消息由诚实人访闻。某日报谓此诸人由军营出身，才兼文武者，皆属讹说。中国用俄人管教陆军，容或有之，观其水陆各师，均参用各国人，是可知矣。但此数人并非武员，而又非中朝所任用，只是赫德总税务司所用而已。又闻讹传赫德将辞职者始于上海，故上海各报见之，遂以讹传讹云。

又迩者许多辩驳德人之政，更有谓德人不善治属地，不若将开辟属地之事，全让英人为愈。此说甚是。但英廷不复受诱惑，以割中国地极难明其故，若中国能变归英人治理，则人人均沾利益，各国人往来利便，税项既轻，又不分别何国人，均一体治理。惟此愿难偿，则莫若德国出来远东，举一手于中国，山东甚贫，德人得之，或与得纽毡尼（在南美洲委奈瑞辣国之邻）、或与得东非洲相同，自无实益。然德人此举，能使中国增一场警诫，又使华民敛其狂悖，盖德人不若英人之易于解散琐事，此埠之开，自添些少商务；但德人亦须多耗国饷，养兵船以保护其地，其兵船自必泊于香港，即此可证本港某报之论言也。德国官员钳制商务，非若华官之甚，而香港仍为东方海道接济之区，山东归德人手，香港商务必比今时更盛，日后自见德人所能为者何事。德皇不惜军饷经营胶州，或欲趁此机会一试其手段，能养熟黄种人，使其驯伏，亦未可知，然亦须大费经营也。

德人操政权于远东，为我所嘉许，但我须牢记勿令自落于人后。彼远东有许多地方可公于天下，但切勿任其全归他人之手，而我只限于一隅不毛之地，如香港之硗者，我英人曾费了许多脑力将中国修整，使其合宜，以接受欧洲文教，因此我愈望其留余一片土地，以俟英人管治。若别国能将其属地公于天下，任各国人来往，无分畛域，如我英人之治属地者，我亦愿彼得之，免我兼顾不暇，但人未必肯如是也。我之所为，第一事在通商，次则略遣数口炮以保护商务，而炮数亦甚寡。彼别国所为者，第一事在用炮，其用意如此，我必须预便自卫。德人多来兵舰器械于此方者，果何故哉？并非以此恐吓华人。若恐吓华人，只用一小兵轮，内容十余人已足矣。观德人举动，似欧洲将有战局，战局一成，无论大小，皆关乎英国命脉，故我英人虽不妒德人水师强盛于此方，亦不宜疏略。幸水师会先事预防，昨日集议，禀英廷将此方兵船布置更改，以适于用，惟所议更有当行者。舟师夏士丁君所言论，鼓励奋激，最宜信从。所谓信从者，非徒聚集于公事厅，必须切实执笔写明其拟定之条，凡诸条款又志在必行。目前虽不危险，然大船上之逃生小艇，非待大船搁破而始装造，凡事有备乃能无患,使中国永远得为中国,则香港亦可无虞。今日闻中国摇动,俄、法、德定睛于其地,亚东有大变,香港势不能无忧,我当防广东为三国所分。又在孖士湾立炮台,成不可攻之固,而后以大炮由九龙临击香港船澳,虽现未至此,而不可不先料及也。当局诸君,或有无数良法,俟事出而后解救,然事未发而先防之,不更愈乎?

论德据胶

西十二月十四号《时事新报》载路透电音报云:德国前据胶州湾欲作屯煤之地,今闻愿交还,易取福建省三沙澳。如中国允让其地,德国始将胶州全军撤退。又云,德国浡兴,争取东方权利,计其奢想,得与英国均平,始自为快。如扬子江、舟山列岛各地,于一千八百四十六年中英立约时,英国已欲取之,而不能如愿。今德则求其所大欲,而思取之。又云,中国政府回答德公使,允将山东铁路权利俱归德国敷设,但或别国人有取价更廉者,尚可移归别国人承办。至胶州现驻德兵,尚准其留驻,惟是处境土仍称还中国地,中国权治可及,庶免外人耻笑可耳。

正月廿四日(2月14日)

《国闻报》第一百零三号

论瓜分支那(译西十二月二十五号英《旁观报》)

此次德皇在支那已算成一大业,渠竟能紾得俄罗斯之臂,此事不必问俄相罗马能务与德相荷泠祚龙有否定过密约,抑俄外部之亚洲司有入告俄皇,谓德人如此举动,东事方殷,须行准备大战,以阻德人倡狂。为此为彼,效验正同。俄国政府或为德皇所怂恿,或为德皇所(摄)[慑]伏,或怂恿、伏慑兼而有之,乃将前此静俟悉比利亚铁路告成之政策忽然弃置,而即勒抑支那政府,许以无论何时,可将前项铁路迤南而行,以夺东三省地主之权,而从此雄长北支那也。此之事势,不必待谙习时变者而后明其故矣。盖此事只在面前不假深索,但使俄皇有东通太平洋之铁路,而于辽海一带又有险要易守之澳坞,则要如何便如何,支那秉钧操轴诸人,岂敢不惟命是听乎?此事不徒在意想间,彼俄皇已试之而验矣。夫谓支那秉钧操轴诸君,乐将最重海口让与他人,并与亚洲之北立一白种之宝座,巍巍直当北阙,此何异谓其为风狂呆子,而与寻常有国有家者用心大异乎?必无是理也!故此番之事,即使支那当国者等于塔希提野蛮之酋长,亦无不含恨之理。顾虽含恨而不敢不然者,无他,力不足故也。闻支那今又论迁都西南之事,此事于九十五年已将举办,实因彼时皇太后不愿有此举动,而中国孝治为隆,故其皇帝不敢坚执此议也。前者我们戈登在华时亦尝发过此议,恐后到无可如何时,虽太后亦不能坚执此。其迁地不在南京,乃择在华岳之下也。北京定鼎经二百余年,此时不得已舍去,中朝大官之愤怨殆难名言,然而亦人情耳。今者占踞旅口一事,其所谓保护暨暂借等语,不过掩饰外人耳目,此虽至愚无不知者。然则瓜分支那一事,此时实已动手兴工矣。如俄、德两国人虽自解说百般,而实则心欲何地即得何地。法人国论亦言我法乃东方大权，此时须证其如是，不可再落人后云云，大抵其所分者在滇粤琼雷间也。独有我英在太平洋北有莫大海军，而所行事宜复如何？须早决耳。虽然，此不难决也。夫瓜分人国之事，本是我英所不为。独至相逼而来，则亦只能如此，设至彼时大家都已如此，则天与者，我英岂能不取耶？但使中国尚能自立，我英犹得行其初意，则中国一省一州之地，我英必不肯取；岂惟不取，即以相送亦不肯收。我们所欲得者，是一海军立足之地，以与全球争衡。此亦不必定指舟山，须由提督及海军行家断决耳。此则不但我英所必请，且是我英所必争也。至如割取内地，代人管辖亿兆民人，则我英所不来耳。

正月廿五日(2月15日)

《国闻报》第一百零四号

论德国藉案占夺胶澳事

连江孙筠译

呜乎！支那人之常称欧洲为夷狄，而争言驱夷之策者，岂足怪哉！吾人居平持议，佥曰：广新化、行真教，务使(晻)[暗]昧之壤，放大光明，移其积习沈痼之风而大振作。美哉斯言！而平日所遣之教士，所通之商业，所讲之邦交，皆若与斯言相应者。然试令吾曹处今日中国之地而观之，则其事将何如？彼中国之人，尝呼西人为鬼子矣。彼但见鬼子之来，无论其自呼何名、自行何业，来者皆于其国有所攘窃焉。且由是而言，欧洲各国无一焉可自解免者也。天下惟无瑕者可戮人，夫既自为盗矣，固不可呼他人为盗也。英国之于中国，其得土地、争利权，非后人也。顾议者曰英此之为，为有益中国之事，浸假而法与他国步其后尘矣。朝割一藩，暮开一口，或缘教士之被戕，或以通商之权利，率皆振振有词。然前者之所为，较之俄人所唾手而得黑龙江之数千万里者，则九牛一毛而已耳。天之北斗西称大熊，俄亦著号熊国。今者熊之光影已布濩支那之北部，他日支那之朝权将为俄所执持。逞其交涉之长技，或以重币甘言，或以危词恫愒，又要必得其所大欲而后止，凡此，特在旦夕事耳。然此犹未见事也，乃不谓今日德国师其故智，取非其有，有如是之甚者。遣百十教士不待请而至人国，传者号福音而以强人之不求福者。夫西人谓华人为媚鬼、为褊心，是固然矣。既媚鬼、既褊心，更遇前者之相强，则必出于用暴戕杀，自然之数也。而德皇以并兼为志，视此机缘深合其策，遂矍然而起以为质名，而踞中国所万不可与人之海口。夫如是，则耶稣教本为盗媒，彼中国人深恶而痛绝之，夫何足怪？且得所占之海口非他，乃中国所前择以为船澳、坞厂。虽迟迟之，然必将惨(澹)[淡]经营以固疆圉之要隘也，而德人则公然夺而踞之。今试我曹更为易地而观之，设彼中国诎然西来，不待请许而取欧洲无论何国，若法、若英、若德、若俄之海口，则我曹谓为何如？则将曰叵耐此贼，是固必不可忍者也。然则何为论西事然，而论东事则独否乎？仁义公平者，非以地而异也，况乎其国自命为奉耶稣真教，而勖他国以遵耶稣之训者乎？我曹若去其涂垩粉饰之词而观其质，则试问耶稣真教与西国文明之化何由而得行？十诫有曰：勿觊他人之产业土地矣。此诫似非为欧人而设者,故无论在非洲、在泰东皆奋然以侮夺人为事,不以为非,且常以分赃不平以起战争,至于地主,则若例不应得者。往者沙侯于于南非洲事讫,嘻笑曰:欧洲各权穷年矻矻而所争者皆非己地。呜呼！此可谓吐实之论矣。然此犹得曰:非洲固草昧之区,吾人为开通更治也。至于中国则何道以处之?无所开罪、素敦相好,乃夺其海口,且夺其所择以绸缪牖户之海口。然而德人则公然夺之矣,夺而谋久踞之矣。俄固不心喜,顾俄于中国亦有所欲,图沮德所为则适以自沮;而法于中国亦无爱也,且将■他所自求分愿焉;至于英,则本他权所不算者也。夫如是,故中国虽大声疾呼,尽偿其所应偿之事,为之杀凶手、恤死家,而欧洲无一国焉出而执言仗义者。夫杀凶手、恤死家,非德意之所足也。德之意,欲利市三倍焉。图敦之种牟利最工。彼见此杀教士为莫利之机,故用以取最要之海口,用以开采他人之矿工,用以开通不已属之铁路。凡如是之属,无论用何公法,奋仪秦之舌,皆不能援与杀案相合而论者,而德则靦然皆为之。吾闻中国将有聘请欧洲各国公断之举。使其为然,则是欧人所素斥为无教者,反彬彬■礼让,而素所自命文明者,反为盗贼,夺人之所有,而更为断此物应谁属也。使中国他日而取德国之海口,吾知德国固不请他人,而请冷钢君、克虏伯为公正人矣。欧人闻支那长者、小儿呼之以恶名曰“夷”、曰“鬼子”,则笑其大愚。我曹试平心而计,其所受侮于欧人者积共几何?则知“夷”与“鬼子”二名,真非妄加徽号也。

译者曰,谚有之曰:“路见不平,气死旁人。”此言虽小,可以喻大。仆阅洋报见此则最有公道,故急缮之,以供众览。一从其朔,无半词增减,原报具在,可以覆查。公等皆中国人,顶天履地男子读此报而不知悲愤泣下者,则尔父尔母虚生汝曹！愤之奈何?同力合志,教汝子孙,知何国之为汝仇而已。天地之道,无平不陂,无往不复,日月悠悠,未见侮夺者之永永得志也,切记切记！

正月廿六日(2 月 16 日)

《国闻报》第一百零五号

论瓜分支那　续前稿(译西十二月二十五号英《旁观报》)

大抵取乱侮亡、举废继绝,皆非吾英所有事。以在中国,非有大支陆军、马队不可得志。支那之民能助吾英与否,亦所不知,如其不能,转伤吾英之全力矣。我之快船虽多,不能在大陆行驶也。即我英能治五六十兆难治之华民,而更资我以兵众,然英之外民已多,国事已冗,不犯著为此冒险轻举之事也。固知英虽陆军不足,尚可行调发之令。如往者之拿破仑但为此远略,使吾民不得享自由安(间)[闲]之福,不亦慎乎?我英之旅已得奈禄之河,假使天从人愿,在彼可立一极壮观而有厚实之新国美政,亦使欧洲人得知英之所以不在东方为彼阻力者,不以彼易此故也。使英果有意于泰东,则以我英之力,辅之以五万人之日本、五万人之辛头,必有以使各国之阴谋秘计不得行也。故吾在支那一无所欲,欲者得一起点处,以保商利、禁无道,直至后日,将使人在亚不得为拿破仑在欧之所为。至我们国事之烦、国力之耗，不仅于陆兵增募一事见之，亦苦于办事之乏才。今公党中已无人杰，且继今以往，印度一属，更有何人主持，以固其圉，亦未知也。印度十年之内，将非高枕无忧之日，埃及纷纭二十五载，至今尚难底定。于非洲所食大块之肉，至今尚未消化。今如在东亚忽然又涎新餐，则亦智者所不为矣。且须知东亚并非佳肴软饭，盖我们耶稣教人治隔教者，终难相安无事，往往互相决裂。即论者不以此为然，其工程究是太大，冒昧行之，则累吾民以加赋、增兵，而后来，或在南非洲、或在扬子江头、或在亚比沁尼山下，终有筋疲力尽之时。不知我国本无一事，何苦为此！有目有耳人，日读日闻印度来英之电报，察界外之事势，当知所以为国谋矣。然论者将谓目下全欧之人，皆注力于东亚，如使欧洲各国心力协同，则以底定全亚有余，此诚确论。顾吾终心疑其说，此无论前史所载从未有然，即令刻下教化大进，人心不同，而七百兆之白种人，持李默特福枪一杆，可以无功不就；然此所云心力协同者，其兆端果安在耶？革雷特一小岛，何故至今尚无定议？岂非妒媢者深而贪心重故耶？今谓亚东有如此锦标，人所争夺，而能公道和衷、均平宰肉，不致忿争者，此无论何等公法交涉家，皆不能然此说也。一胔在野，群狗狺狺，而支那人方且如小儿然，婴婗而笑谓，吾以夷狄攻夷狄足矣。日者有满得林（西人谓中国官曰“满得林”）云，英人保护长江以拒俄、德、日本，吾所甚愿也。此说自出至诚，苟英人能保其疆土，使若曹长得饮税衣租，岂有不乐之理？但我曹何图利而为此耶，岂我曹更要于亚东求一突厥，为人保住金瓯，使其守旧不进，而欧洲余国，则各怀愤愤于吾英，每有秘密约章商定瓜分之事，则中间常有一条，云英是公仇，必使不得有为耶？诸公休矣！连和必无此事，观于君士但丁之事而可知。若更谓欧权约纵，必主仁义而行大度之事者，尤可笑也。亚们尼亚之教民为回民所残虐者几何时矣？彼民皆能道欧权连和之济否也？质而言之，则欧洲治化，尚未足以为连和不争之局；若使彼诚兄弟，则皆迦因与亚伯勒之兄弟也（出《旧约》，盖兄弟而相恶者）。支那不幸果分，则今日约章定而分土壤，明日又因分赃不平而大战矣。右为余论。本报所欲言者，是本国今日既已饱食作胀，如要再食，须待明朝；如其不然，则须请医扎针泻血。此之泻血云何？于额设外更要行调发之令，而后兵力可足也。

二月初一日（2 月 21 日）

《知新报》

论德人据胶州湾

南海陈继俨撰

有亡人之国之政，无亡人之国之教。为政而无亡人之国之具者，则必抵制不谙，交涉不讲，其政府无政才，其报章无政论，其学校无政士，其议院无政具，日朘月削，如汤沃雪，终必见亡于人。土耳其、印度、波兰、马达加斯加是也，是乌可以为政也？言教而以亡人之国为事者，则必野蛮其俗，犷悍其行，阳托于大道之名，而阴以行其取天下之术，率土地而食人肉，马哈麦德是也，是恶可以为教也。继俨居常想念，谓中国之糜烂极矣，养民善政，百不举一，立国命脉，弃而莫道。譬诸病夫，僵卧床蓐，呻吟期年，日与死迫，加以强邻环睒，万矢斯集，磨牙吮血，伺隙吾旁。吾以为此数十年来，吾二十行省之大、四万万人之众，不尽隶于英、俄、德、法、意、奥诸大国之版图民籍者，固由彼中之强国，属地遍天下，顾惜商务，力持太平之局，未遽发难。然迟之又久，而仍得以孱然鼾睡，顽钝如故者，未始非彼中仁人，痛兵祸之烈，杀人之惨，而有以存之也。夫教士者，非所谓先知觉后知，先觉觉后觉，推其道以仁天下之人者乎？是故未兵以前，则联万国息兵会以调息之，而杀人之徒不能逞也，既兵以后，则立红十字会以补救之，而杀人之事犹少戢也。国平其界，种平其族，强聒而不能舍，枯槁而不为悔，凡可以造福于生民，保邦于勿替者，罔不竭其力以从事焉。自非有爱于吾国，谁复勤劬劳勩，不避艰险，一至于斯极哉！以视吾之服方领、习矩步，以独善其身为得计者，盖有间矣。德人以教案之故，藉保护以为名，使其弟轩利视师，夺我胶州湾，凡吾兵之戍于青岛者，悉被逐去。陈继俨因而论之曰：吾中之亡，与教祸之烈，其起点于此乎？夫吾国无知小民，其刳心怵目仇视洋人之心，日出而未有已也。西人之旅于中国，若官若商若客卿，其深入内地，遍及行省，又不如言教者之多也。中国既经此大创，彼之位方面掌外部者，未尝不皇然震慑，痛于既往，而慎于将来。然坐是之故，而归罪于彼保之徒，讲报复之道，日求一逞以为快者，盖亦所在多有。匪因教而寻仇，教藉匪为口实，吾恐自今以往，沿边之地教案愈多，则要挟愈甚，要挟愈甚，而教案亦愈多也。匪直此也，中国会匪之多，莫甚于今日，而有司之累，亦倍于昔时，设一不当意，小民思动，乘机以闹教，滔天之流，起于涓滴，事机一发，不可收拾，虽有善者亦无如之何矣。嗟乎！亡命之徒，辱国丧地，虽置之死地，其又奚惜焉？即德人之因利乘便，借端而开罪于我，失小偿大，亦彼之愿也。顾独以不可终日之中国，而陷于棘淖；号称救世之教士，而罹此惨毒。连鸡互伤，两受其祸，为可痛已！此有识之士不得不思善其后而早为之所也。

夫胶州之事，始于教案，而终于失地，固环球诸国所冷齿，仇我之所快，而亦仁人志士之所羞也。吾闻明治之初年也，法人之旅于日者，蹇悍特甚，睥睨日人，白昼大都非理凌折。藩士恶法人之恣睢也，感慨羞愤，誓报无道，联死士数十人，刺血载书，蹈隙寻衅，要法人而击之，毙者数人。居无何，法以兵舰至，扼口岸，索仇家，事连日廷，势将宣战，且藉此以蹂日本，盖与吾今日胶州之事无小异也。乃诸藩烈士痛法人之要挟，知杀人之无赦，同诣东市，藁索待罪，上书自首，凡二十一人，争先就刑，越次而进。死至七人，而法之督杀者亦愍然为之改容，乃得并解桎梏，就和议而去。今中国之始事也，与日人同，然来如风雨，浡然而兴，去如鸟兽，哄然而散。榜之国门，大索不得，徒辱国体，无救危亡。其已事抑何与日人大相反也？孟子曰："国必自伐，然后人伐之。"孔子曰："一朝之忿，亡其身，以及其亲。"上连国家，牵全身于一发；下逮宗族，等厝火于积薪；死重泰山，而安于鸿毛之轻；气夺仇方，而同于无赖之行。呜呼！是直乱民之尤耳，此所谓大惑不解者也。夫彼之甘心与教民为难，埋念积虑，以冀得一当者，岂不以教统之将亡，中国之就绝乎哉！（今之闹教者本不知此，然欲为守旧者说法，故不得不推广言之，切勿以辞害意）将为教也，则中西异宜，沟地而治，各出其故，无所用之，勿须言矣。即不然，而倡我教旨，宏我大道，发孔子改制之微言，彰太平大同之奥理，养讲生之才，醵远游之费，千人一心，万人一力，彼善环攻，我勤缮守，彼务东顾，我肆西封，一彼一此，其势略当。进则为劳师袭远之谋，退则为自固吾圉之计，务其近功，勤其远略，即遍吾地而彼教焉，可无惧也。吾道不光，吾才不立，吾党不群，吾气不振，吾力不张，吾耻不励，吾战则必败而不胜，吾守则必堕而不完，司命之鬼，攘食于文庙；淫昏之祀，柄我之教宗，即聚天下之教士而歼焉，犹之亡也，将为国乎？则縻禄之官制冗杂于当途，愚人之科目驰逐于庠序，一国之权上下互让，一家之事堂户隔绝，文纲繁密，举天下之贤愚不肖，皆羁縻出入于其中，横舍荒芜，驱一世之聪明材力，尽咿唔呫哔于其下，以愚自智，以危自安，以弱自强，驯焉扰焉，以自为计。若此者，即尧国其东封，舜邻于西鄙，拱手相让，无戮尔邦，而坐而待亡，虽五尺之童、竢稚之竖，然且知其必不免矣！若夫发愤而为天下之雄，积弱而思善其后，又不必斤斤然殄戮一二敌人以为计也。且今之攘臂奋腕，嚣然自大，疾欧西之人，如复九世之仇者，试叩其故，则罔不曰吾将以尊中国而攘彝狄也。夫攘彝之说起于宋世，而托始于春秋。顾吾尝闻之《春秋》矣，《春秋》立三世之义，以治万国而范万世。其言曰：据乱之世，内其国而外诸夏；升平之世，内诸夏而外彝狄；太平之世，远近大小若一。其内外之者，盖将以先后之也，非直有所好恶于其间也，又乌得而攘之？且其所谓彝狄也，以其有彝狄之行，不以其有彝狄之名。晋伐鲜虞，晋也而狄之矣。（昭十二年《春秋繁露·楚庄王篇》：晋伐鲜虞，实恶于晋而同彝狄也）郑伐许，郑也而狄之矣。（成三年，《繁露·竹林篇》：郑伐许，何恶于郑而彝狄之也）戎伐凡伯于楚丘以归，卫也而狄之矣。（隐七年，《穀梁传》：戎者卫也，伐天子之使，贬而戎之也）使藉曰攘彝也，则国于太原之晋，居天下之中之郑卫，且将日攘之不暇，而奚暇及于欧、美之远，英、俄、德、法之大哉？（周之陆浑之戎披发伊川者皆狄也，今其类并入于中国矣，彼言攘人者当先自攘也）不宁惟是，鲁秉礼之国，周天子之所称叔父、伯父，而同姓诸国群然奉以为宗邦者也。哀公六年，城邾娄葭，且以鲁而彝狄之矣。（何注：城者取之也，邾娄未尝加非于鲁，鲁数围取邾娄邑，不知足有彝狄之行）善哉董生之言也！董子曰：春秋之常辞也，不予彝狄而予中国为礼，至邲之战偏然反之何也？曰《春秋》无通辞，从变而移，今晋变而为彝狄，楚变而为君子，故移其辞以从其事。（《繁露·竹林篇》）又曰：吴、鲁同姓，钟离之会，不得序而称君，殊鲁而会之，谓其有彝狄之行也。鸡父之战，吴不得与中国为礼，至于伯莒黄池之行，变而反道，乃爵而不殊。（《观德篇》）由斯以谭，其彝之也无定，即其攘之也亦无定，彼日日以攘人为事者，又何以称焉？（吾友徐勤所著《春秋中国彝狄辨》，最详此义，今择录之）嗟乎！中国之鄙塞极矣！其种文秀，而等于闭化；其地丰实，而曾不措意。猫猺狪獞之种，农工妇女之愚，其所以异于禽兽者几希，其可免于彝狄者盖寡，夫孰为可攘而孰为不可攘矣乎！顾亭林曰："天下兴亡，匹夫之贱，与有责焉。"独奈何小不忍而乱大谋，大而亡国，小而亡家，不为兴之，反以亡之也。是则可为痛心疾首者也！

若夫彼教者，固所自谓天国之民，不计生死，不顾利害，日以其道畛合于天下，虽九死而不悔者也。吾闻耶氏之立教也，以救人为宗旨。一夫不获，时予之辜，其传教也以杀身为究竟，多于为人，少于为己。故当其始也，弟子十二，死于道者十一人，惟约翰仅以身免，盖亦危矣。及其后也，路德明新约之义，鼓天下之人，以攻教皇，争教者数十年，死教者千百万，伤亡之惨为古今所仅见，而天下之以道自任者，亦赴义如流水，骈诛瘐死，人无悔心，从未闻有托于民贼以为呵护者。是故亡人之国，割人之地，奴人之众，兼天下之弱，取天下之乱，彼谋国之士则有之，而言教者无是也。（李提摩太所著《西铎》发挥此义最详）今德人之于胶州也，固自以为处置得当，小惩之、大戒之，实为中国之福也。然推耶氏爱人如己之意，以论德人据有胶州之事，是直教皇之助飞蝶南耳，其居耶氏于何等耶？持耶氏杀身救人之义，以论挟国保护之意，是直马哈麦之虐阿剌伯耳，其置耶氏于何地耶？且吾闻之，西国讼狱之事属于律，昏好之事属于教，政与教两不相蒙者也。今德人以为政之心行其传教之事，借传教之事逞其为政之心，寻声而至，如矢在弦，盖不独以马哈马教皇视耶氏，且等之于秦政、亚力山大、成吉思汗也。夫德人之据胶州，非真有护法善神之心也，彼以为中国之教案日益多，则其国之交涉日益繁，而其地之展拓日益广，弃区区一二教士之命，而偿以胶州之大，枉尺直寻，宜若可为，其又奚爱矣？虽然德人之乘人斗捷，趋利若鹜，借耶氏之法力，为寇兵、为盗粮，盖亦狡矣。独不为寡其妻、孤其子、独其父母，以为人之驱策，损于中国而无益于教宗者计耶？吾谓诸教士而不以传道救人为事则已，如以传道救人为事也，固当联合众志，力阻德人，以救中国为树恩之道，以传其道为究竟之方，则中国之苟有人心者，宜如何戴其大度，感激而不能尽也！难者曰：孔子之道，以魏文侯立博士而始昌，秦皇之诸生诵法孔子，汉武之罢黜百家，非孔子之道、不在六艺之科者绝勿进，而后孔子之道始行也。今孔教之不能遍于大地者，未始不由中国之弱，无国力以维持之也。佛氏以皇子出家演说大道，而其道之披猖，实以阿育天王之故。今西方之教士也，远涉重洋，深入内地，其言语不相通，其衣服不相习，乌可以无保护？释之曰：回氏非中国之教也，而遍于齐州，释氏非孔子之道也，而及于行省。试问苏哈巴之东来，清真寺之遍设，果藉天方土耳其之力耶？佛图澄之说法，达摩之一苇渡江，果藉天竺印度之力耶？且教主之尊，与民贼之贱，固不可以道里计也，区区铁舰枪炮之具，是辱之也。难者曰：斯固然矣。然以吾所见吾中国者，倘隐忍安之，微独不能相谅，直恐虚与之委蛇，则反以为弱，而凌虐更甚于今日也。吾尝见西人之办教案矣，今日之事酷于昔日，昔日之事更酷于昔日，而中国之教案如故，其仇视外人之心亦如故也。释之曰：耶氏之教入我中国不自今日始也，以彼教考之，谓景教之碑，则行道之所自。吾意唐宋之世，彼国虽强，其力必不能及远。即有明之时，徐光启以名臣信道，毁其居室，以为教堂，供养之盛，后世莫及，而当时绝无有非议之者，盖亦非区区国力保护之功也。吾直以为今日之教案，实保护为之耳。不然，唐宋明数百年之久而相安无事，近数十年之速而争杀之事奚数数耶？夫以耶氏之爱人，教士传道之毅力，而受辱于民贼之德人，见杀于无理之尤之中国人，吾未尝不为之惜也。然日救中国，而日为借端寻衅之德人败之，吾更不能不为之恨也。其他吾靡惧焉，吾直惧夫中国之亡且不旋踵，而百世以后，不谅其事而坐罪于彼保之徒也。总而论之，德人之取胶州也，非有爱于彼教也，将以自利也；华人之杀教民也，非有爱于其国也，实以自亡也。今者胶州其已事矣，后此之祸正未有已。保护之权，当授诸中国，而不假于德人，杀人者死，伤人及盗抵罪，其有不畏法宪，悍然以行其无道之事者，务得其人而后已，此理之不可易者也。国与国相虐则用兵，民与民相虐则用刑，其有藉口于教案，而割人之尺土寸地者，当合教会之权、民党之力，群起而沮之，务平其情而后已，此又理之不可易者也。墨翟之道，自苦而爱人；宋钘之说，禁攻而寝兵；春秋之义，疾始灭、疾取邑、疾火攻。彼得保罗相传之教、耶和华之道，宁有异焉？呜呼，其无使狡焉思启者，愚人以行其术，日堕其术中而不之悟也！

英国：议梗瓜分

西正月十二号香港《士蔑报》云：喜罗报论及瓜分中国，言中外通商以来，外人日望中国变法，今仍守旧如此，华民实是苦痛不堪，马贼海盗白昼啸聚，无处无之，此种干禁之事，中国习以为常，华官瞠乎无睹，其肩挑背负穷民无算，肩肉坟起，红腐寸余，道路粪土狼藉，秽气蒸染，居民暴死，似此安有生人之乐？若非外人分取中国，则不能救之。但分之于英实无大益，不如任其受无边苦楚，而我英但保持商务之为得。且更有宜知者，如瓜分中国俄得其一，则必令改从希腊教；法得其一，则必令改从克滔力教；而我英教门反为各国所逼而窄，甚望耶稣有灵，不主瓜分之说，得以多接华人上登天堂，则虽华人生前如居希卢（华言"地狱"），死后犹得拯救之也。喜罗报之言如此。自吾论之，德占胶州以来，各报纷言瓜分中国，其实分后各国俱无大益。一、耶稣教从此不能多布于亚洲。二、华民分隶各国，各国必别有安置，不能如前之可任人驱使。三、互争地界，必无已时，不至血流成河不止。我英政府须参透此意，联合美、日二邦，出而梗俄、德、法之议，着力胁中国变法为上策。彼俄人言不欲瓜分者，其用意与英不同，彼实愚弄华人，欲坐得辽东一带之地，我英则欲保全中土，大开口岸，任五洲各商往来贸易而已。英之权力雄视五洲，若仗义执言，说有瓜分中国者英必不许，且将利害明告欧洲大国，大国知其无益，不助俄谋，俄人将知难而退矣。中国问英贷银一千六百万镑，英廷初不之许，见地殊未广大。盖英不贷之，俄必贷之，华权将尽归俄人掌握。今政府幡然变计，议贷款于中国，可云有识，虽子金不如从前之丰，然夺俄人之权，即以保全英人之商务，利孰有大于此者乎？

二月初六日（2 月 26 日）

《申报》

拟办团练

金陵采访友人来函云：省垣五方杂处良莠不齐，如安清道友与哥老、小刀等会匪，名目不一，溷迹其间。平时赖标防各营星罗棋布，镇抚其间，俾不敢妄动，然乘间伺隙谋为不轨之心，固未尝尽泯也。自胶澳被德人占据，海外各雄国皆（耽耽）[眈眈]虎视，有起而图我之思。省中大宪郑重边防，夙将重兵皆先奉严令，遇有边■即须拔队赴防。恐届时省垣空虚，不逞之徒保毋乘机窃发，爰为未雨绸缪之计，特饬江宁府刘嘉树太守，遴请绅士举办民团。太守拟请江宁邑绅翰林院编修陈御三太史总理其事。太史以行将入京供职为辞，嗣经元、宁二邑宰谆谆劝勉，太史始答以容俟熟商，再为报命。故刻下团练一事，尚不即举行也。

二月初九日（3 月 1 日）

《申报》

报纪民教失和因推论之

昨日报纪绍兴采访友人飞函相告云：诸暨县境忽然民教失和，以致教堂被乡民拆毁。

省宪知已酿成大事，立即调兵保护。并闻当扰攘时，曾伤及人命，恐西人又不免啧有烦言矣。执笔人阅之不禁喟然长叹，何乡民之不知轻重，动辄与西国教士为难？上贻宵旰之忧勤，下累人民之惊恐。且一经肇事之后，西人必不肯含糊了事，官长亦不肯■涉偏护，致失两国之和。无论为首为从，终有水落石出之一日。乡民逞一时之忿，难逃显戮之条，抑何不智如此！虽愚民自取之咎诚不足惜，而官场文牍口舌之烦，又不知费几许周折。官则须撤任也，费则须酌偿也，人则须严办也，此已为成例之可循■。然能从速办结，以免小题大做，已为幸事。否则，胶州之覆辙未远，岂不可虑乎哉？现胶州巨野之案，尚非民教失和，专与教士为难也。前报纪总署奏定要犯罪名折中，谓该匪惠二等本为窃物起见，教士觉察开放洋枪，轰伤不知姓名之二人。惠二因伙被伤，气忿莫遏，于是进内将教士扎伤，此即盗匪拒伤事主之案，为中国时有之事，非专与教士为难可比。而德人犹藉端要挟，几动干戈，若再拆毁教堂事经动众办理，不更棘手耶？访事友来函尚未详尽，不知伤及人命，为西人乎？抑华人乎？然大宪既已调兵保护，恐非寻常龃龉之事矣。现在交涉愈繁，办理愈难。朝廷以繁而且难，故迭降谕旨责成疆吏通饬地方官严加保护。怀柔远人之意，可谓无微不至。疆吏亦仰体宸衷，严饬各属格外防维。无如愚民无知，视示谕为具文。一波未平一波又起，地方官其何所措手耶？窃意地方官既不能处处亲自查察，耳目不及，容有疏虞；而一纸谕言，又不能尽启愚民之聋聩，惟有与该管地方之教士日相接洽，声气一通，则诸事易于办理。大抵民教之案，其肇衅之初，仍华人与华人龃龉耳。地方官苟与教士接洽，人或受教民之欺，官可与教士熟商；教民或受人之侮，教士亦可与官酌议。况教士与人为善，事必出于公平，如此办理，彼此一秉至公，各无偏袒。上既无偏袒之见，下自免雀鼠之争，而大事可化为小事，小事可化为无事矣。至于盗贼意外之事，沿途抢劫之案，亦必须官与教士接洽之后，始得尽言相告。荒僻之处，劝其不可孤行；寥寂之乡，劝其不可居处。虽有护照而盗贼不知也，虽欲保护而鞭长莫及也。然必须接洽之至，教士始深信不疑。否则，必疑为阻其行教之心，遏其行教之路，不俟乡人肇事，而官与教士先格不相入，而尚望其能办民教之事乎？前日西报载有某西人曾论及巨野之事，以教士为自蹈危地，不知进退。以此观之，西人亦非不知中国之地不尽皆安乐也，非不知中国之人之众不能处处约束也。况现在风气虽开，言语未通，交接不易。不特荒僻之处盗贼堪虞，而或事起细微，致有意外之变。如上月廿六日报纪温州教妇被击，肇事人幸经地方官拿获。管■讯明确患失心疯，教妇知系疯人，故置不论。又本月初五日报纪，上月廿七夜耶稣教士步莲■道经娄、青接壤之处，月黑风高，突遇匪徒四人驾舟拦截，劫去金约指、小洋银报时钟等，遂赴娄县声控。本月初三日，由差役拿获数人，知会教士来县指认。幸只劫物而未伤人，即不缉获，地方官亦易于弥补，否则又非银钱唇舌可了。此种意外之事，在华人亦所不免，而况于西人乎？故曰须地方官与之接洽，可尽情相告，非但劝其荒僻之处不可居住孤行，即寻常舟车行路亦宜明白指示，使乱民无藉手之处，教士免危机之蹈，则庶可相安于无事乎！

二月十一日(3月3日)

《知新报》

英国:究论胶事

西十二月三十号伦顿《颇路么路官报》云:德国为胶州闹教事,列款要挟中朝赔偿,未免太横,即以二十万两银而论,已属过重,二十万两值英金约三万五千镑,天主教士二命价值可谓昂极矣!况此巨款外,复索一大礼拜堂,并索兵费,又专利山东铁路,更取胶州为屯煤。如此要挟,其视中朝为何如耶?中朝遇事先刚后柔,外人所素悉,故终必允许德人各款而后已。至德人居心,大不如从前,柏灵皇家报曾录其水师拟增船炮章程,阅者无敢谓其章程为浪费。盖兵衅已开,不知冤海之深,将何所止!惟确能行此章程否,尚属难决:一、德国养陆军饷项已重,再添炮舰,力恐不胜。二、德人多不愿添置战船归议院管理。三、若依此而行,恐添置不已,流而忘反。闻德皇拟设法筹饷,依此章程兴办,其筹款之法,闻欲向天主教堂各处抽捐。德皇自有妙词,可以说教堂从命,被难二教士乃天主教友,想教士为报前仇而杜后患计,亦乐于捐赀以振水师也。德廷索握山东铁路事权,由是则购办路料,皆用德货,其利一。所用工师皆延德人,其利二。来往德国之货物经山东铁路者脚价必最廉,其利三。有此三利,糜些兵饷,何损之有?况有胶州屯煤,可以接济兵商火轮,利亦不少。总之,踞地索偿皆为雄长水师、振兴商利起见,非果痛切教士之命也。惟是凡有权于中国之国,又将作何举动?德人谓我英最憎此举,又谓俄已被德先胜一步,又谓日本佯为不知,此亦德人臆度而已。实则我英既有香港独立无偶,今得德踞胶为邻亦何不愿,俄国宜不甚愿,而日本宜最恼怒。然俄虽不愿,亦必阴助德人,盖互相迁就,乃能各饱所欲,惟是俄人必先受一惊,惊定而后能决进止。至于日本,则勿谓其缄默不言,即为阴许也。然德廷向列国布告,谓德国此举乃以显威,非利中华土地,然则中朝若能坚持到底,或者赔款而不致失地也。

西十二月十四号伦顿《朝邮报》云:接稽亚路来信,知德国又令战船一名吊治连,一名劫汾,动轮往亚东。同日又接俄《京那委士地报》论胶州之事,谓德人踞有胶州,无人斥论其非,瓜分中国之局可谓成矣。昔日传论中国将有瓜分之势,人多哂之,乃至今日,前言果验。又谓中国瓜分比土耳其之削弱更为快易,土国尚有陆军之强可恃,而华兵虽多如蚁,其智勇亦不过如蚁耳,天下人民之和顺未有如华兵者也。又《米立衣恶哥路士其报》云:瓜分中国虽以德国为戎首,而涉手分润者则另有多国,美国亦不肯放过此机会;但德国之势方雄,而蚕食邻国,未知英国何能容之,以至两虎并立,俄民见德人得胶州,甚所不愿,惟俄廷则任德人有之,全不以为意焉。

西十二月二十七号,伦顿《日日电音报》云:德占胶州,柏灵议院亦会议数日,意料日本必执言究问,盖中东之役,德、法、俄三国只许日本取台湾,不许其占中国大地寸土,今德人踞胶,是授日人以口实也。据路电言,则德未尝不虑日人之梗其事,特不解日本何以缄口无言耳。英驻柏灵领事曾亲晤驻德华使叩其事,彼答以德人此举诚出人意外,又说总理衙门一闻闹教之耗,即电着其请罪于德廷,正在听候德国要如何赔偿,不意胶州已失,然则华人办事较醒悟于前日矣。

日本:法国照会瓜分中国事(西正月十二号译《时事新报》)　　原生学舍主人译

"瓜分支那(日本语中国为'支那')帝国"之说,有见识人数十年前经已臆及,如我辈同志谈及东洋形势者,常(箸)[著]为论说,计此事亦无可疑。前明治十七年十月间,中国甲申法国福州之役,本报经有东洋之波澜一论,已及瓜分支那之事。在前十数年已有如此议论,其中情节一毫不差。地球大势竟以我辈居然料及,使我辈(箸)[著]论殊有乐味。试将如何瓜分支那帝国之说,详登报左,俾阅者览焉:

日前有友由别处付来一书,中有《支那帝国未来记》一篇。睹其大意即以法共和国为经略支那先鞭者,其所欲得之地皆悬揣草定,盖其宰相某所区画,而欧洲诸强国及我日本均有回附。兹将其照会案文列左:

为照会瓜分支那大帝国事:照得我法国从事经略支那国事,非一朝一夕。前古之事可置不问,一千八百八十三年我兵在东京曾与满清政府龃龉,次年夏间议和,复因郎松事,因而中止。故我兵又炮击(鸡笼)[基隆]、福州,接据台湾。其中支那与我国及欧洲诸强国所关系事端,极为烦杂,今不复论。但使支那为东方独立帝国,实在不堪。即以直隶为帝国之都,亦不能久。或使退至满洲吉林等处内地方,则外治之地,鞭长莫及,将必荒废不治。而又顽梗不逞之徒乘时僭窃,割据四川、贵州、甘肃三省,余盗匪所在扰乱,政纲纷然瓦解。满清政府惟缩头束手,计无所出,逾长城内四百余州,威令似足自由,实则无政治之一乡已耳。唯近日欧洲诸强国经将其沿海沿河口岸占领,其中不无略有涂炭,实则为保护此中亿万生灵起见,其功德亦不可泯也。既能抚御此中之地,经理规划以迄于今,则曷不各瓜分其所有,厘订彼疆此界,此事不可不亟图之也。今试详列各国瓜分界限域图如左:(图略)

右图乃各国瓜分域限,为我法国草定之私见。在欧洲诸强国一体经略支那之地,惟我法国全力注于两广、云南、湖南、福建五省,英国势力则在于两江、浙江、安徽、湖北五省,德国之势力则在于山东、河南两省,俄之势力主于朝鲜,余力及于山西、陕西。现虽未尝公然分开域限,但各国经略之迹已可概见,不可更有争端也。又如四川、贵州、甘肃三省,前割据僭王之地,其三省风气未开,且人未蕃息,物未丰饶,待其时候久之,亦自与各地不异。至北京,满清退归长白山下,而直隶省为首都。古帝国之地,则以为各国公地,各国议定之后公设一总督,任其施政。惟日本之地,逼迩支那,值今日欧洲诸强国幸运,十数年来相助为理,功亦甚巨,应拟公举日本为东道主人。今拟分与日本之方便利益,当以台湾全岛及福建半省之地,此诚当然之论也。且支那当大明时,福建、浙江之沿海,日本兵曾侵掠其地,此事历史亦见事实。此次将其旧地再悬日章之旗,日本君民当亦心满意足矣。

又澳门乃葡萄牙管辖多年之地,今亦不复更改,仍归葡辖。琼州系属广东悬岛,仍归法国。我国系如此所见,英、俄、法、日本诸政府公认后,将此照会大布于天下。明年春季桃李花烂漫时为期,各国政府特命全权使节大臣,合聚于扬子江,会于南京,评议决定本案，为此希望各国迅即照覆。一千八百九十七年十二月法国宰相兼外务卿某照会。

右列照会瓜分意旨，本于公论，爰发为论说。首创此意以肩重任者，法国也。忆从前法清争战时，瓜分意旨早具于胸中，惜外交各务未臻善美，故婉曲容之，未行遽发，然此意思索已十余年矣。虽外间豪杰谈世事者，亦多及此，但未经细绎，人多以轻心忽之耳。不料十余年之空论，今始得见事实。抚今思昔，若合符节焉。瓜分区域，此事当无舛错也。且瓜分事端兹已开列，至于各国大势，其进步亦当倍速，爰再记之以志慨焉。（瓜分之说，倡自德人已十余年，中国每一创败，辄复起议。今祸机益■，势将下手。日本竟公然刊图登报，且闻其作讨清国檄，译英、俄、德、法文布告海内，以图我事。成否未敢决，然火及衽席，主者犹鼾睡未觉，其谓之何？爰亟译刊报内，以当当头之棒，凡我同类，其能无恫欤？本馆谨注）

二月十六日（3 月 8 日）

《申报》

答客问民教失和事

有客问于执笔人曰：读贵报论民教失和之事，可谓详哉。言之而尚有未释于心者，敢再质之子焉。近年以来，各处闹教之事几于无岁无之，大抵皆乱民之目无法纪，蔑视西人耳。然西人初来之时，即有天主耶稣传教之人，而未闻即有闹教之事，岂从前乱民之少而今日乱民之多乎？当日风气未开，一见异服异言者，反不与之为难，而今日交涉渐熟，偏若有不能两立之势。当日官长并未如此严切办理，而民偏与之相安；今日朝廷之谕旨、官长之示谕到处通行，而小民竟若不闻不睹。绍兴之教案未了，而贵报十四日又纪江西访事人云：豫章各属近来教堂渐多，不逞之徒往往与教中人为难，以致时启衅端。日前天主教神甫李君函告各宪，■丰城县境有乡人因迎神启衅，殴伤教士三名，恐有性命之虞，祈速保护。各宪即委员驰往尽心弹压，设法保护教堂。且无论将来如何了结，以此观之，恐中国从此多事。前论谓须地方官与教士交接为第一义，然当日之地方官惟知命案、盗案之是虑，于此事未免漠不关心。而今日之地方官无不以教事为重，不啻风声鹤唳、草木皆兵，谓其不尽心不可矣。且安知其不与教士交接，而乱民肇事起衅仍不少减，当日之地方官未必能尽心，而事较少；今日之地方官如此尽心，而事转多，真令人不可解者矣！曰：当日西人初来之时，华人初见西人，咸惊避之不遑，莫敢与西人为难者也。现在华人之于西人，虽言语不通，性情各异，而习见已惯，渐无惊惧之意。无惊惧之意，有近而亲之者，即有起而侮之者矣。现在西人之势虽如火热，而中国几一事不能与较。不知弱在官，不弱在民。官弱则民更强，故西人不欲与民争，而独与官较。然官果尽心而为之，当无不可以化大事为小事，化小事为无事者也。子之所谓尽心者，在事后之惊皇，非事前之谋画也。特子之所谓交接者，在往来之酬酢，非推诚而布公也。大抵中西人士终有彼此之见，苟能相感以诚，则彼此虽分而情理则一也。至于治民在肇事之后,即殛之、流之,亦已无及。且闹教之事,非一二人所能济事。一人唱而众人和,遂至势莫能遏。■意宜仿连坐之条,如有一家与教士为难者,连坐邻里,则庶几有人起而肇事者,众人非但不敢从之、和之,且欲劝之、阻之,而肇事之人亦必独力难支,而不能起衅矣。教中之华人与不入教者,有交涉之事,不可各逞私忿,无论大小,须禀官办理。官断而教中之人服焉,姑不具论;苟不服官之断,知会教士秉公酌议。如官非与教士洽接,不知者必以为教士偏袒教民而怨咨作矣。官果与教士声气一通,即不啻为教士之耳目。前有教民犯赌,为教士所知,函请地方官管押惩办。即此一端,教士之约束教民亦可见一斑矣。约束能如此之严,则与之秉公办理,似不至于偏执一见,则接洽之谊岂能少乎?现在交涉之事日增一日,各国虽有鱼肉中国之心,亦断不能无端起衅。惟闹教一事最为可虑,将来若有衅端,吾知无不由教事而起。朝廷知之,故责之疆吏,疆吏亦无不知之,故责之州县。有地方之责者,可不慎之又慎哉?然苟能治民以严而相接以诚,则非但教案之易平,而且可相安于无事。客去,而以问答语诠次之,以应手民之请焉。

二月廿九日(3 月 21 日)

《申报》

德崇儒教

香港《循环日报》译德报云:自我据胶州湾以来,民心总觉未服。考其故,因耶稣教与孔子教迥不相同所致。然我思孔子立教,必有实在用处,决不为后人骗功名计也。今中国以文字取人,固已计之左矣。加以历代误传,不思改正,反作典型,所以一误再误,愈降而愈失真传。我今思得一策,当延请高士,务将孔教源流一一讲求实在,然后以之教民,民心自无不服。万不可如中国之虚无缥渺,毫不讲求实用。信如我言,则凡中国读书者已失■尼山面目,而犹诩诩然自许为圣门后学,恐春秋之世所必诛者耳。今我此举既可复孔教源流,又可收中国民心,一举两得,实为我图治中国之本也。

三月初一日(3 月 22 日)

《知新报》

英人(箸)[著]书详中国事

西十一月二十七号伦顿《颇路么路官报》云:设有一国被敌人挫败其陆师,劫掠其水师,凭凌其城池,割据其土地,要城下之盟,索京兆之款,未有不因此一惊而大损其元气者。

又凡脑筋灵活之国，若有内乱，鲜不全国危惧者。惟国大如中华，竟能任内乱、外侮二者交迫而不痛痒，人虽针刺之、刀伤之，割断其肢体，亦不过略缩避而已。顾中华虽拘守成法，于近代各国政教未尝过问，然自一千八百九十四年大败而后，即有变法种核萌芽其间，但恐不能滋长条达耳。自马关立约，准日人通商于重庆府并扬子江之上游，故天下各约国执同享利益之条款，均能在此各埠通商。此途能达四川、贵州及云南各省，较诸省富庶，特甚喜消洋货，所产又有五金盐煤诸矿、莺粟蚕丝各物，若欲货物流通，利及乡僻，多造浅水船通行于其间可矣。为此故，豪司君将其游历中土所采取近年之事，(箸)[著]成一书，并将紧要消息附后，共寄回国问世。此君为第一等游历人，惟英国有之。此等人之志，外人不知，惟官长知之，而读蓝皮书之人，亦有知之者。凡往东方之英领事官，久居其地，熟识其方言，故其将风土人情举以告人，见到之处远胜乎凡百传闻与游历等人之所臆度。此书所载精详，凡中国政治商情无所不备，而于西方诸省道路若何险要，农夫若何辛勤，亦一一志载其中。(箸)[著]有此书，豪司君可谓不负此行矣。

三月初三日(3月24日)

《国闻报》第一百四十一号

论各国占据中华要区(译英比利士杜《太晤士报》一千八百九十七年十二月二十九号)

副将士地氏来函云：欧洲诸国及中日两国，将来有无战事，姑置勿论。今就中国险要之区为诸国所据者观之，则有谋动干戈之势矣。然果与中国为难，抑互相妒忌，以致欧洲诸邦自相争夺，目下尚难悬揣。唯今诸国所占之土如胶州、旅顺等实属险要。兵法云：未战之先须择地利，盖地利得，然后可以接济军需，增屯兵士。今俄据旅顺，日据威海，德据胶州，不可谓不明兵法。盖旅顺、威海俱中国咽喉之地，欲从大沽以犯北京，非由此不可。(旅顺距威海百有一十英里，距大沽一百八十五英里；威海距胶州二百一十英里，距大沽二百五十五英里)顾旅顺虽为最要之地，而威海为强邦攘夺，旅顺亦难保无虞。何则？中后受敌故也。设此二区，一国兼而有之，则大事可成，因欲进渤海，非先据此不可也。至胶州港口亦复形势利便，守之甚易，然欲于渤海图谋大事，非预得旅顺、威海不可。日人坚据威海，声言俟中国交清赔款然后退兵。以目下而论，日人在彼亦甚威强，缘该处与彼邦之船澳相去只七百英里，距长崎不过六百五十英里而已。俄人之所以据旅顺，乃为商务起见，因西比利亚之铁路虽成，倘遇严冬仍难免阻滞之虞。兹中国政府准其筑路直经满洲而抵旅顺，则货物可常流通矣。此条铁路自阿斯丹直达海参威，八千余英里行程不过十三日；若至旅顺，尤为便捷，自旅顺附轮至长崎只须两日，故由我国至日本不过半月。此事今姑勿论，尝观史记，凡各国欲争商务利权，必生战端，由今察之，其势诚有若是者。盖东方战务定必难免，所未决者迟早耳。就诸国之地势而言，美之属地俱近美洲，法之在华属地与威海相去二千四百余英里，我英之香港距威海约一千三百八十英里。幸而吾国兵舰在中国海中者甚众，且在太平洋与东印度洋者随时亦可调用，故他国即欲猝然而起，亦无奈我英何。至于我英前所占之舟山,在杭州湾口,与威海相隔不过五百五十英里。该岛长二十五英里,广处少则六英里,多则十二英里,其至大之城名曰定海。此岛不独我英居中之地,且可以镇守甬江之口,因其地相去只二十英里也。再上十二英里便是宁波城,斯城乃著名扼要之通商埠。至若济州岛,我英亦当占据,是岛与高丽西南隅相隔六十英里,与威海相隔三百七十五英里,其地广十英里,长四十英里。究而论之,往者欧洲诸国开衅于中国皆非正道,而中国以富庶之邦竟莫能拒,果何故耶?盖未得统领之人耳。使中国兵加训练,带兵得人如英将然,吾恐诸国欲与之比权量力,势亦难矣。且中国之人,苟如怀爱国之心,自然勇敢异常,蹈死不顾,兼之仓廪常充,可备不虞。接济军需有运粮河之便,敌即围之日久,亦不能绝其食。兹传闻俄人已占金州,此州在金州澳即辽东之西北隅,俯旅顺之背,故于旅顺极有关系。若失此不图,则旅顺难以保存,得此则可以不虑大连湾之受攻。然则据此要区者,其意不从可知哉?倘有不测之事,我英须加增兵舰,预备军需,驻军于印度、星加波等处,以为后应。更与日本联盟相与拒敌,缘日本所据之威海,亦不亚于旅顺,而且去烟台甚近,亦堪为用。若中国不以我英为友邦,我英即当视之如仇敌;若以诡计而论,我英诚不如他国之人也。

英人议论俄人近来举动

近来从太东俄京等处接有确闻,评论俄舰停泊旅顺过冬据为屯扎水师重地一事。俄国注意旅顺省非止一日,自中俄在先立约后,俄国即假道中国建筑铁路,从满洲直达辽海,其存心早为识者所窥破。然观俄国近日举动,是否有径割边省之心,不能显见焉。俄兵舰停泊旅顺,欲言其无意久据,不过暂屯水师,本无不可,犹之我英停舰威的域士海湾,人亦不能疑我英有谋占之心也。但我英兵舰之集,乃游探各地,访诸国交接情形,乘便抵彼,实无他意。若英舰无故驶往,我英亦将蒙不韪之名矣。今俄国假守护之名突然而至,其心尚可共谅乎?的域士海值冬季必封冻,而俄国如是渴想者无他,欲彼国之兵舰纵横于中国海面耳。惟此意虽为我英所觉,亦必细察俄人之议论,待严冬已过,方能知其确否。设使英人之言不幸而中,俄兵舰竟将常占旅顺,夺此要地,亦无足为患于我英。俄国此举,无论其与英有无成约,若有约而行,我英使沙黎士巴厘必已设策保护我英之利权;若本无约,我英亦当揆度情势预谋自护,令他日不致受害。去年我英政府人员聚议诸事,未尝不斤斤于此事。政府已立公议三条:一、俄国在太平洋设立港埠,英国不必抗拒。二、其埠不得设在高丽。三、此埠不能取为属土,使东海商务独利于一国,以致诸国在太东利权不匀。以上三款,因俄国欲谋占旅顺而立,所以声明俄国可设埠于亚东近旅顺之地,惟不得设在高丽也。至执利权相称一说,我英见俄欲得旅顺,自当注意舟山。但此事一举,法■■国必仿此而行。观我国近来治国之政极其精细,谅此危险之事必不肯首发其端,且俟满洲铁路告竣,俄直至辽东,静观其所欲之必逐可尔。

三月初四日(3 月 25 日)

《国闻报》第一百四十二号

外国新闻:论远东方各国水师

近日法人在远东方极力增其在华之海军,吾侪见之殊不足骇,缘其在华之舰有名伯亚者,系一木身包甲旧而不堪战之快船。名地斯加斯者,系一二等快船,新而有力,较我英之阿斯垂亚稍小而捷,堪载重炮。及名义克鹿者,系一差船。美特者,系一炮船。其所增之舰,有名晋■者,系一二等快船,有六汽锅,一点钟能驶十八海里,诚佳制也。又名拜斯古者,形似地斯加斯,惟稍大,盖皆铁甲船也。在西贡,则有一炮船及一无用包甲木船。由是观之,法舰之堪战者,计伯亚在内仅有四艘,其不足骇也明矣。所可骇者,惟俄之威地谋、罗叟二铁甲快船,于数礼拜前已由考郎斯开往中国,现已过苏彝士河矣。威地谋原系旧舰,近日始修葺一新,载军装颇重;罗叟行驶甚捷,能容煤至二千五百墩之多,随带水炮台一座。不日二舰抵华,是俄在中国海面将有快船六艘矣。风闻此外仍添极速快船一艘、带甲炮船二艘、鱼雷炮船二艘、蚊船六艘。俄于东方注意甚矣,然除差船、炮船不计外,东方所有俄舰之重约于我英舰不相上下。观下表所载,各国驻华及往华舰数,则东方时局了若指掌。惟表内仅计堪战之舰,缘无人以行驶迟缓之木船上(陈)[阵]耳。

	日本	英国	俄国	德国	法国
大战舰	三艘	一艘	〇	二艘	〇
包甲快船	一艘	三艘	六艘	〇	一艘
头等快船	〇	三艘	〇	〇	〇
二等快船	七艘	三艘	一艘	三艘	三艘
三等快船	二艘	一艘	〇	二艘	〇
包甲快船	〇	〇	二艘	〇	〇
鱼雷炮船	一艘	〇	二艘	〇	〇
蚊船猎船	四十艘	四艘	六艘	〇	〇

右表(整理者按:即上表)所载舰数,推日本为巨擘。我英舰数较俄所差有限,其实我舰共重六万八千七百墩,俄舰只重五万六千四百墩,是我舰重于彼也,况我舰较彼犹新且坚乎?虽德舰甚旧,不足与我抗衡,然不论俄、法或俄、德二国相合,与我共较雌雄于海上,恐我军亦将有不利焉。余深望我政府速送特瑞布舰往远东方,如再增一快船如华斯拜新金山之类与之俱往,俾得与驻华诸舰相联络,则更为得力矣。信如余言,则何惴二敌相合哉?然俄、法、德三国连横犹可畏也,若得日本一臂之力,则我英东方时局自安如磐石,而

增兵之议,殊不关紧要矣。(译《大日报》)

三月初五日(3 月 26 日)

《国闻报》第一百四十三号

论英国在东方商务情形(林添祥译《西林报》十二月二十九号)

欧洲驻东方各使臣传说,西人将发难于东方。然我英须将不经之谈置若罔闻,而惟以推广我在中国及日本之商务为要。盖我英商业有恒,又藉国家条约兵力,故能兴其在中国与日本之商务。我商在中土均沾美利,故人多接踵来华。然德人我之大仇也,盖德国理财之法与其民多觅利于城市,皆与我国同。惟其城民数易增,则非吾英所能及也,是以其出口货物亦多焉。德人贾来曰:我民之所以各勤其业者,因饥饿之故,且有巡捕督之也云云。何则?凡饥则求食,而有巡捕督之,则不能任其妄为,而遂各务正业焉。德人既多,且务正业,则制造日广,而其国家又设法,务使其民货物流通各国,此所以德国新税易立焉。除我国外,德人所嫉视者,即中国及日本商务也。德行其妒,不遗余力,如欲鉴赏其货物者,各铺户喜遣其店友领至商务院,广其眼界,告白行情,通达其国,故凡购物者独向其民采办焉。至德商能否逞其诡计姑不具论,然我国往购货物之人,常见其厚礼奉承,盖欲夺吾货客故也。德人须大奋其步趋,方能广其在中国、日本商务,惟吾民乃泰东商民之首,欲常存我权固易易也。德人尚以其通商之法为不美,故欲步趋我民而效法之。香港者,天下最盛港口之一也,我商借此为屯货之地,然后发往中国沿岸各城,其有益于我英者非浅,此人所共知者也。彼德人亦岂不欲在中国海面别立一等于香港之埠乎?然是否果存此意因而与俄人涉理中国事务,是否与欧洲各强国心怀瓜分,尚难预料。虽然,事之将至,兆已呈焉。其兆维何?时至则自知耳。中土当为争地者标,一如欧洲强国之夺非洲而虏其民焉,以非人懦弱能忍故也。虽华人能合力抗拒,然如昔日之非洲土人,亦未始不能焉。然则中国将变,我英当如何行事耶?此层最有关于我,故俄不能置若罔闻,致碍我浩大商务也。中国进口货物百分中八十分由我英所出,回忆数年前更多至八十五分,然此八十分之数已可证在中国商人以我为首焉。一千八百九十六年,我货之售诸中国者价三百万镑,由其国所购之货共值一千镑;同年售诸日本者计一百念五镑,由其国所购之货共计六百念五镑,此见我商务之盛于东方也。然我执政人之所以防泰东占据之危者,非无故也。澳大利亚并印度在中国商务亦甚兴盛,倘一旦有事,则我之受亏非浅也。至俄、德二国虎视黄海岸畔,已详言之矣,然其今时作为,似无可惊惧者。至其始则虎视、终则肆扰者,其一定之势也。然则德、俄心怀瓜分乎?此难逆料也。夫我商之与各船并厘金争衡势已不暇,况有嫉视之德人占我通商之国土乎?我商民暨诸良工有守有为,当与之争利而不可畏敌也。倘敌逞其奸,我商受亏,当求在上者救之。故今日之重任责于我外务大臣焉,以我商之兴衰系乎其身也。所望者,其肯尽力办理焉而已。

三月初六日（3 月 27 日）

《国闻报》第一百四十四号

英国政府拟处中国时局定策（南海陈锦涛译英九十八年正月二十二《保富报》）

察舆情、集群论，知我英国外内人民皆以政府拟处中国时局之定策为是。定策维何？中国商埠皆当开通以公诸天下。无一国能独占其海疆一埠以独擅其利，无一国能擅持权于北京，以禁别国之染指商埠是也。今夫中国海疆之埠，如经营几年，一埠之商务可胜非洲全境。英国昔日拟借之款、作质之法虽曰稳固，然以微息而毅然请十二兆者，良以此故也。且美国、日本皆喜助之，故此政策有必行之兆矣。现观舆情大抵同心，财政大臣演说，谓此政策经熟商而定，决意推行，虽惹战祸亦所不惜。此说也，政府许之，议绅然之，独人民闻有惹战之语，心或稍移耳，然亦无碍也。英人知战虽耗财伤民，然四处受欺，不得不出此。况乎霸非洲以拓商务，商务未必拓；而开中国为市场，市场必可开。今日各国当无权以相阻，有此权者惟中国而已。乃以中国向所立之条约，而论开通之大意亦不相■，且世变方殷，中国亦自知非开通一法难保无瓜剖豆分之祸也。波路花君与宝星吃士卑治所宣言，国家定行之政策，众人之所迟疑者，以艰险之多寡未决耳。然而艰险亦正不尠，何以言之？天下人所喜闻者，惟英国之不染指耳。岂知英国一动，便触三大国之怒哉？其一俄国是也。俄之恨有三：亚洲北部久为石田，农人南迁聚成隘巷，故决意东徙，久碍未成，此其所恨者一也。因徙民而建铁路，工费亿兆人之力，长跨一大洲之遥。艰苦备尝，尚乏不冰之港，因利乘便，始得满洲块土，以筑铁路，以通渤海。惟美国之财力乃俄所妒，日国之保韩为俄所仇。若英代筹款以还赔偿，举所获以结美、日，北京政府将赖英援，不仗俄势，则开通之利他人染之，所许之酬，俄未易受，此其所恨者二也。中国商利实万国之所垂涎，俄国尤极注意。惟专值铁路运脚太奢，必资海轮获利方厚。乃海轮之利英久操之，计■所成不愿争夺，故不若域分南北，专我于北洋，地别英、俄，让人于香港也。英之台阁有扰俄保护东亚之政者，俄则诋之。俄欲将渤海所得之埠，有权锁港，波路花君亦驳之，盖俄欲于南铁轨之邻获一专地者也。若中国开通以公诸万国，则俄何由得此陇断哉？此策也，美虽欲■欧实思之必矣。且夫英之商务冠乎五洲，使中国一旦开通，英人所获之利亦驾乎万国，则开通以公天下，实即开通以私英人。彼其欲逐逐之，俄何能坦视？此其所恨者三也。故若英行此定策，俄必出以争之。苟目下未足抗衡，亦必复争于异日也。其二，法国是也。法与俄略有不同。法意之在中华北方者，乃商利，非土地也。若从英开通之策，法亦获利，惟法之商民欲于安南达中华西省之处，得一专利。乃英自缅甸达云南铁路一成，法之专利遂败。如是五年之后，印度京城路接中国，转运灵便，骤成富区。法败英成，法焉得无愠？或曰，独缘此区区南方之事，法或不阻英之大谋。然观其密订俄交，居心叵测，则法亦必出而与英争也。其三，德国是也。德奥之民勤忍灵便，敏于经商，苟权利均沾，获益可与英媲美，故皆谓开通商利，于愿亦足。无奈德皇欲结俄好，何？俄、德二国土壤相连，俄作恫威制德之西略,德斯市好助俄之东封,故当利否未知。已助之以拒日,况友谊渐密,何难助之以拒英?此助也,处欧洲之政姑勿纵谈,而涉太东之情业已下手。故于北京政府,德使已用其猛力以败英利、以拒英谋。且也其国内日报经已宣言,谓德割之地,不与英通商者,非只胶州一隅;即因胶而致之地,亦屏绝英商焉。是知德与英争又必矣。由此观之,英处东方之定策,俄、德、法必合而阻之。故事至势迫时,惟有冒险舍身或委弃此策二法而已。虽然此策曾布四方,尚何畏退?故当在议院慎其所议、谨其所行,以布此新猷已耳。

三月初七日(3 月 28 日)

《国闻报》第一百四十五号

论英国东方权利(连江孙筠译英十二月三号《纽克苏日报》)

观东方变动情形,我国应办事宜何者最为扼要,久为关心时务、保护太平洋权利者所推许也。其事维何?即我国与中国所议,请划香港沿海近界,为我国水师守御之地是也。须知此意非缘德国据胶而起,无论彼权永踞胶澳与否,我英东方海军根本之地,为保彼方利益者,早有必不可缓之势。本月黑版报端所论远东一编,言之已详。夫使先五十年,我英已据有中国扼要海口屯驻水师,则前此中国非礼之加,戕我民人、害我商业、伤我国体诸事,彼时与其官吏理论,令其赔偿,辄受其侮辱戏骂、任意迁延,至于冤抑莫伸、国威莫展者,皆可以免矣。彼德人者,于东方素无海军凭藉之方,率其远逊我国之水师,訑然东来,即得其所大欲。我英水师权力倘不足与之比量,而为其所为,则当及时扩充,力求精锐。尝闻海军提督与度支大臣曾商及此,议提百万之四分一二,规扩外洋水师屯驻之地。此事数年前,葛纳风已发其端,迄今竟成要务,盖增修屯煤厂坞之地,比添置战舰为尤急也。夫英属之香港,天下第二大海口也。其守御之炮台兵数均未足敷用,不能听其孤悬海表,岌岌然如今日者,水陆师行家意见相同也。十月初旬,高龙税务司驻华陆军提督赴北京,与驻华钦使麦当尼、总税务司赫德商办此节,已有成议,条约亦将画诺,悉依我■所请也。无论德人此时如何施设,抑他时如何布置,据此立脚之地,以有为于太平洋。我国欲保平等之权,以敌俄人兼并侵吞之志,方欲从黑龙江而渐肆东封也,此已有迫不及待之势。况其事非仅有益于均权之道,是明示他权,使知支那海禁之开,英为首事,所得土地产业利益,非他人所得垂涎染指者。前项之事,不容缓图,固矣。然更有进者。果德人永踞胶洲,我国持平之道,则当移太平洋驻守之师袭扬子江头舟山一岛,与前此俄欲攫取高句丽,我先扼守巨文岛之意正同,其事亦复相类。其后中东战起,始知退出此岛之失机,至今留为憾事。此前车也,我国惩前毖后,亦将有鉴于兹,勿教他人先著,使俄、德两权误我机谋,致水陆两军无所用武,黄海商业莫保利权,则幸甚焉。统筹全局,我英已是失机,观德人之成事可见矣。彼德人公然效法俄人,实乃授我以意,谓此时中国贼害吾民人也。抑吾欲隐保完全商利也,或吾为预防其横逆之来,其事为中国官所不愿留心保护、严行惩办者。因是之故,我欲克期而求所大欲于中国,只此一法而已。今支那割胶澳而媾解于德人矣,可知凡遇此等事，不论是非，先踞其行暴所属之省要害一埠为讲和之资，胜于用全力争辩于总理衙门多矣。将来香港设备巩固，商舶有澳，制造有厂，屯煤有区，修理战船有坞，既可作德国非常之举而办以咄嗟，亦可备俄人侵犯之时而灵于呼应，更可屯太平洋保商之快船而便于遣调，是一举而数利备焉。其所议划新界，则自岖湾中心缘丝蒙山穷河源，东向抵美湾之上面，围天星屿、土萎澳于界内，即从此迤逦循美湾西面，南向回抱香港南近岛屿，周转而至岖湾之东为止。其间岛屿森列，海水潆洄，诚守御之天堑，为黄海水师万全之埠，可以匹他权异日之所更得于中国者矣。

译者曰：英人所侧目垂涎于东海者，香港而外，则舟山、巨文岛耳。尝考香港，海中一岛耳。峰峦环绕，海水潆洄，八面飓风不能为害，其中宽广可泊多船，诚东南之巨镇也。而舟山直当扬子江入海之门，为商舶往来所必由之路，乃江海之绾毂，亦南北之纽枢。若夫朝鲜之巨文岛，其间广袤数十里，民庶千余家，三山鼎峙，"品"字成形，万峰环抱，飑飓无惊，一鉴渊澄，港汊窈曲，固东海之形胜，关时局之安危。畀日则俄之吭搤，畀俄则日之齿寒。故前此英人据之，朝鲜索之。俄则恫喝于前，日亦怂恿于后。英人势不得已，公立约章让与中国，亦冀中国自固藩篱，卧榻之侧不容人鼾睡也。不料中国以海中拳石弃之，遂酿莫大之衅，良可痛也！今英人欲充拓香港、取舟山、据巨文岛，营三窟于东方，争衡黄海，且曰凡此之为非我英之所欲，乃所以持均权之势也。呜呼！持均权之说者，其天下之大盗乎？以不均之故，而攘人土地以自益，此也权轻而朝取一口，彼也权重而暮割一藩，月削日朘无有纪极。不至于分崩离析底人国于灭亡者不止也。悲夫！

《申报》

瓜分中国辨

呜呼！我中国堂堂大一统，何竟被人轻藐若斯哉！向者外人惟是薄中国为孱弱，鄙中国为困穷，陋中国为教化未全开而已。兹更逞其私智，妄造谰言，竟诩诩然创为瓜分中国之议。如《知新报》所登法人照会于此，而不伸我义愤，揭彼阴谋，正襟危坐而辨之，恐横议丛兴，匹夫亦得而问鼎之轻重，不将使滔滔斯世等于日下之江河乎？《知新报》之言曰：此纸照会见于西历正月十二号日本《时事新报》，为原生学舍主人所译，署名者为法国宰相兼外务卿。细玩其文，狂悖荒诞，直使笔不忍录，口不忍言，且谓欧洲诸强国及日本皆有一纸附回，中更绘画成图，注明何省分归何国。原原本本，如数家珍。噫，吁嚱！无论法人无此狡谋，借曰有之，亦为何等秘密郑重之事，而谓肯贸贸然形诸楮墨宣播四邻乎？报中又谓，法国全注力于两广、云南、湖南、福建五省，英国势力则在两江、浙江、安徽、湖北五省，德之势力则在山东、河南二省，俄之势力注于朝鲜，余力及于山西、陕西。至四川、贵州、甘肃三省，前为割据僭王之地，风气未开，人未蕃息，物未丰饶，待其时候久之，亦自与各省不异。直隶则为各国公地，公设一总督，任其施令。若分与日本之利益，当以台湾全岛及福建半省。嘻！四川、贵州、甘肃奉我朝正朔将三百年，何尝有僭王割据？诚不知其何处得聆齐东野语，而觍然笔而述之！台湾既已归之日人，更何待法人之分派？朝鲜近亦妄自称为独立之国，不复列中国屏藩，与中国有何相关，而更搀入瓜分之内？为此说者，盖于时势皆茫乎未悉，遽尔大言惑众，逞其狂瞽之谈。我知法人素擅文名，决不出此。殆日本之少年谬妄者假名于法,伪造此以列报章欤?且此事《益闻录》已先我而辨之矣,大旨谓法国宰臣从无有兼外务卿者,其照会首句曰"为照会瓜分支那大帝国事",下即接以"照得"二字,明系摹仿中国文牍体裁,不合法人口吻。且英与法素未敦睦谊,何以法肯以两江、浙江、安徽、湖北膏腴之地与之?矧自来与国相仇,必先因事支吾,而后发难。苟无事故,虽野蛮亦可相安。法人夙与中国玉帛往来,安有遽尔夺其土地者?设法人而果存此意,必先谋之议院,上诸朝廷,然后电报纷驰互相邀约。乃此等事皆绝无闻见,而日人独先探得其阴谋。人虽至愚,亦难深信。意者必有跋扈不臣之辈,欲谋不轨,故为此骇人听闻之说,藉以淆乱人心耳。况乎日前本报所登巴黎斯吕尼卫报章言:某日法国外务大臣雅诺多君曾在议院宣明■无图谋中国之心,并望中国永久自存,政教日新,革其旧习。安有言犹在耳,而遽等诸市井奸猾之辈,不以食言而肥为羞者?其中真伪之分,不待明者而始能洞瞩矣。顾我以为日人类多浮躁喜事,其伪缮照会轻薄我华,原在不足深责之列。至于《知新报》,固华人所创设者也。报中既用华文,则执笔者必系华人,即购阅者亦必以华人为多。如见日本报中有此谣言,驳之、斥之,危词庄论以正之,方不失尊君亲上之义,奈何亦随波逐浪,阿附雷同,顿忘我祖我宗历受圣朝之豢养,而乃采此谬论,公然显列诸报章?试问戴高履厚,其义何居?岂非顿昧天良,自外于践土食毛之辈耶?抑仆更有虑者,方今革命之党秘谋渐露,势日鸱张,虽逆酋孙逸仙窜之远方,无计得归故国,而党中人安见无阴相煽诱、潜蓄异谋者?一闻此种言狂,恐必谓他族既生分剖之心,我党安在不可先行发难?是萧墙之祸实自此。《知新报》所译之一纸伪照会,基之而谓可不防之于豫哉?寄语《知新报》执笔者,此后尚其立言得体,勿再贻人以口实,庶风行寰海,不致人以魏收秽史目之欤!

三月初八日(3月29日)

《国闻报》第一百四十六号

山东新闻:教堂兴工

冠县霍家庄设立教堂,经洪太守派兵弹压一节,已纪前报。兹悉该教士招雇工匠大兴土木,其墙垣阶砌已将告成,大约夏五月后可以完工云。

三月初九日(3月30日)

《国闻报》第一百四十七号

外国新闻:论不宜瓜分中国

欧西各国报馆皆注意于中国近事,然其所录大率诞妄不实,如有实音,议院人员必详告于议院。今议院并未议及,则可知日报之谬矣。今中国人皆以为将来必分于欧西各大国,然以我英人之意而论则不然。我英人之意以为将来中国必不瓜分,即分亦必不从事战斗,而分必以和好而平分。何则?欧西各大国如有挺起而争中国之土者,则必糜百千万金、戕亿兆人命,乃可以得中国尺寸之土。孰若彼此和悦相议数国平分,无(縻)[糜]财损命之为利也?且中国贷资于欧洲各大国亦已多矣、重矣,设一旦失足而为他国所分,则欧所贷之资不将入乌有之乡哉?故不分中国乃可以保各国贷资之利,欧西各大国曷不思及此乎?此乃我英人献刍之言,是否有当,祈其洲各大国察之。译《诺丁亨报》西一千八百九十七年十二月二十七号。

论侵占中国情形

近日俄踞旅顺,德占胶州,皆有平吞中国之意。兹阅士丹达报章,谓中国果瓜分,我大不列颠必乘机从事,未必独立于冷淡之场,坐视各国之聚而相庆也。该报此言实为传讹,欲陷我英于不仁。我国虽褊小,略知持盈保泰、修好邻邦。虽上古未入教化之时,抢掠之事常有,然行其事于今日,则去理太远矣。苟中国一旦有事,至蹈亚非利加之前辙,我大不列颠亦不至落于人后。我外务府大臣、军机大臣、水师大臣决不肯袖手旁观;且吾侪素所钦佩之侯爵沙黎士巴厘,其才智谋勇堪当德伯爵靴容布鲁。然非谓沙黎士巴厘具此非常之略,遂乐强占他人土地也。彼之不乐为此者,有故焉。我英土地既多,权势既重,方受用不尽。倘更贪得无厌,犹人之既醉既饱,复欲使之强食肥肉,能乎不馆?由此可见士丹达报言之讹矣。译西历十二月二十一号《星报》。

三月十一日(4月1日)

《知新报》

《泰晤士报》论德据胶州事书后

归善欧榘甲撰

丁酉冬十月,德教士之旅山东者,不戒于盗,彼海军闻之,据我胶州。我已不能战,又恐蹈辽东之辙,于是所求六款皆许。列国乃大集其战舰于东方,将乘我之危而深为利。我内外上下皇皇有惧心,而罔知所从也。有识者乃商外交之策。欧榘甲闻之,曰:外交其宜哉。家与家交,国与国交,无交不可以成国也。然而,我之轺车游于欧美者,未尝绝也。购军械于德,请教习于德,称与我未尝有遗言者惟德。若英者与我通商之利尤为诸国冠,我之用赫德为我成一事,即为彼兴一利,是以我为外府者也。乃仅二教士为盗所戕,遂遽胁割我地。《泰晤士》且从而扬之曰:虐杀教士,诸国当以此处置中国。颜面倏更,若逢魍魉,狂嗥之犬,迎人狺狺,竟悍然不顾公法为何若者。何哉?欧榘甲曰:今岂太平世哉?彼独夫民贼,旦旦费无量数之金钱,以制造杀人之器,旦旦竭无量数之魂灵营血,以精求杀人之术,横噬之虎岂有顾哉?以平等仁爱之说律之,乃皆彼教之大罪人也。呜呼,耶氏其无知则已,若有知也,其哀恫哉!然而瓜分之图悬于议院者数年,股份之票售于伦顿者逾岁,刀俎环伺而饮啄如故,不必有事焉,已逐逐于杯羹之分,况与以可乘之隙?彼之来,我自取也。自取如何?曰无教也。何谓无教?我有教不能自明其教也。且彼焉知教哉?知可以取人国之具而已矣。(德俾斯麦倡瓜分中国之语,五年以来,各国报馆皆直言不讳,近更日日言之矣)故尝论之曰:今之灭国,不以兵,其以商以教矣。何也?其于商也,可以把持人国之利权者无不至,扼虐人国之生命者无不为,稍有不得,辄肆恫胁,彼国不堪,激动大变,遂藉口保护商务,因大举而墟之矣。(考《万国公报》百八册,近德国诸报以据胶为欲扩充商务,并不言因教事,而诸国皆谓宜整顿商务,盖以瓜分中国为整顿也)彼其国之于教也,欲据人之土地,觊人之虚实,必深入其阻,遍设学堂,强聒不舍,众流不择,广收遂淆。于是污秽不齿于乡里者,盗贼之逃于法外者,豪恶游惰无所容其身者,归之如下流,萃之为渊薮,而教士顾不知,从而招之。其民之欲剚刃于污秽豪恶游惰之身者,积不可忍,一旦燎原焚石,无端而及之矣。(见《时务报》五十期译《国民新报》云:今中国有德教士杀死之事,虽为盗杀,实亦由于教士自履危地之故。素来奉基督教者辄为世之异教所嫌忌,盖因此教每欲强行挟制,未免稍用权力,彼身为教士者岂可漫不加省云云)彼非欲害教士也,恶其庇我仇耳。然而欲据之土地,觊人之虚实者,据是以为辞,则大呼之曰:杀我教士,杀我教士。遂乃要挟巨款,横戮无辜,犹未已也,则因而剖之封之,彼岂有爱于教士哉?不过以为无端而据之土地,必为万国所诟谇,亦为彼国所不服。知彼国之民,自有所奉之教,必不与吾教相附也(西人李佳白有《民教相安论》)。使吾教士庇其从我者,则从我者或藉端生事,其民不能支,其教祸乃起,而杀教士之名,又为九州万国所深恶痛绝,于是不汝瑕疵,遂其大欲矣。夫耶氏以死救人,十三传弟子皆死于教,彼固以教为主,死固非所恶也。(《吕氏春秋》:牛缺者上地之大儒也,为盗所杀。传教而遇祸者吾儒有之,周秦时尤多)红十字军争战数百年,彝戮数百万,彼教追思之,犹以为大恫。况夫戕于盗,于人无与哉?且彼所据为辞者,虐害彼民耳。夫吾华人之客于欧米诸国之属土者,或受土人之苛虐以死也,无量数矣;受有司之苛禁窜逐也,无量数矣。彼自以为文明之国而犹若是,顾责我中国哉?且其来中国者,则优游以嬉,吾至彼都者,则苛例万端。比例观之,孰宽孰虐哉?夫二三教士,刑数十无辜之人以偿之,罗数万之款以恤之,斯已过矣!而必据人之土地而后快心哉?且得人之土地,于教士何益焉?不得人之土地,于教士何损焉?乃以荡人之疆土,奴人之人民,尽尸诸教士之身,且曰诸国当以此处置中国。吾恐彼教士不任受也。吾不意彼教士以劝善敬天之躯,竟为彼独夫民贼借为鲸吞蚕食之具。吾哀夫教士为彼独夫民贼所愚而不悟也,恶夫独夫民贼之用教士计之狡也。尝愤言曰:昔恶兵者,率土地而食人肉,今诸国之托教者,率人肉而食土地。嗟乎,彼教士倡太平之会,倡弭兵之会,其心天下共见之,岂辟土地、充库府之良臣所能诬之哉?而其敢于诬之以为利者,岂不以不自为政之中国有以致之哉?夫中国之教案也,通商以来,无岁无之矣。大者革州县命官,羁封疆大吏以媚之,小者馘亡命,建教堂,张严旨以安之。当其时也,天子宵旰,寝不安席,朝贵大吏惴惴忧开衅。彼公使则拍案掷杯,或哂笑不答,或径去不辞,或往见不纳,此痛伈伣,彼痛骄悻,末如之何也!未几彼之要挟已足,留琐琐者不坚执,以示转圜,而事乃稍稍定,大吏于是乎乃面有人色,盖束手无策者久之,苟幸而至于一旦也。夫以国辱种种,臣辱种种,民辱种种,幸而事定,正宜亟筹良法,止后车于将覆,彻桑土于未阴矣,乃酣嬉笑傲,庆幸无事,起则复伈伣,定则复庆幸。而国家每一事起,或费一巨帑,或开一租界以为常,遂乃至于今日矣。谓之自取，谁曰不然，谁曰不然？

或者曰，我弱彼强，彼且日修其可以取人国之具。吾虽备焉，不能御也，且煌煌天语，有复如此者，以光绪十七年之案办理，亦可谓庙算无遗矣。曰：庙虑诚深远也，然十七年之覆辙不远，而去冬之后轨仍遒，毋亦时局变易，而未有据以上闻者耶？且如此守旧而不变，民无不善恶，即不能无藉端生事者。苟或因之起大衅，召焚毁，固非中国之福，恐非教士之所乐闻也。尝昧昧思之，有二策焉：

一曰祸乱之兴，由于人心之不明。今大明吾孔子之经义，准各省各州县各市镇各村落遍立孔子教堂，遍立孔子教会（或疑立教堂教会今无款不能办，不知中国淫寺淫祠遍地皆是，易其大者为大教会，其小者为小教会，不烦而事举矣。且寺祠之租业有至数万者，各省淫寺淫祠至少之数必有数十，过于书院远矣。若皆改为学堂，铺修薪水皆不须别筹而自足，何善如之），悬孔子及诸贤之像。于庚子拜经之日，衣冠瞻拜，行孔子之礼，歌孔子之乐，发扬孔子之大道，各以传孔子圣教自誓。其有善堂、医院、囚狱，皆令讲生入其中，日诵圣经以教之，以生其善心。使知天下之大，万民之众，无一不受孔子之泽，无教不受孔子之范围。不传孔教即自绝于天，不知圣泽即自忘其本。其有高深义理，则作为浅近俗话之书以明之，遍送山农野老、妇人孺子，则人人知饮食衣服、宫室伦理、知觉运动，莫不出于生民未有之孔子。（《说苑·建本》："今夫辟地植谷，以养生死，锐金石，杂草药以攻疾，各知构室屋以避暑雨，累台榭以避润湿。入知亲其亲，出知尊其君，内有男女之别，外有朋友之际。此圣人德教，儒者受之传之，以教诲于后世。今夫晚世之恶人，反非儒者曰：何以儒为？如此人者，是非本也。"可见凡百制度皆出孔子。又《盐铁论》："儒礼义自孔氏出更可征二代，无征《周礼》，亡于幽、厉。"今之礼义，皆孔子所立也）吾之孔子治天下万世，仁政大法不可自我而坠地，则皆以传教自任。且孔子之大也，有教无类，四海皆兄弟，虽日与彼中人士往来，其无诟忌相疾可信也，何至有焚毁之事乎？今夫日扬张其说，以为吾教所不及者，吾且举一二以明之（吾有《昌教保国议》，然亦道其略，其详别为专书矣）。以教言之，大易以元统天。春秋以元之气，正天之端。元者造起天地，天地之始也。（见《春秋纬·元命苞》）吾之所谓天地之始何如也？魂气无不之，游魂为变，原始反终，魂为物本。（《诗纬·推度灾》）吾之所谓魂学何如也？在帝左右，知气在上。吾之所谓永生何如也？方明六宗，神灵变化。吾之所谓阴阳终始何如也？三合后生，天之子也可。吾之所谓人类之祖何如也？至如六经之微言大义，非深通大道者不能明，其罔或闻知，岂足叹怪？而独乎言上帝、言天、言天道、言诚实，多至不可偻指，彼反以此谓吾教为未备，真不知其何心也。以政言之，议院则吾辟四门，谋及庶人之义也；学校则吾学塾庠序，国之大事皆出于学之义也。官制则吾尊贤尚功之义，俸制则吾君十卿禄之义，预算则吾终岁会计之义，游历则吾巡狩游方之义（别有巡历说），兵制则吾兵出于农之义。凡百制度莫能出吾孔子春秋经世之外者，且犹粗觕未能尽用之以至太平焉。以学言之，则大学新民，盛德日新，新学之祖也。风霆流形，万物怒生，电学之祖也。刚柔摩荡，动静翕辟，力学之祖也。大明终始，万物化光，光学之祖也。大德曰生，往哉生生，素成胎教，生理学之祖也。尽己性、人性、物性，仁民爱物，人类学、物类学之祖也。（泰西诸学中人，皆有考其与中国诸子相合者，故不详）然则吾教王制法义理，以俟万世者，无不重规叠矩。（《时务报》五十一册译英国《亚细亚洲四季报》，中国居恒推崇孔教，鄙西学为不足道，又墨守孔学，士子凡西国技艺必力争为大书所无。

夫吾孔学为显儒割弃已尽,何怪于彼云云乎?)子思子所谓天覆地载,凡有血气莫不尊亲者欤?庄子所谓配神明,醇天地,育万物,和天下,六通四辟,无乎不在者欤?然自伪学训诂,宋儒寡过,经籍道息,大义不明,其国已即于弱,不免割地弃民之事,教亦日即于削,并为割地刭义之谋。因佛氏之言心性,则攻心性矣;因佛氏之言灵魂,则攻灵魂矣;因诸子之言天,则攻天矣;因泰西之政治工艺有合于吾经义,则攻工艺政治为西法矣。如世家祖父广置良田美产,子孙愚昧,失其券,没其界。邻人哀而告之,子孙且哗然吾祖父无是也。夫吾孔子为后世之立良法美义也,乃为拘儒尽割弃焉,不亦可哀也哉?诚设教会教堂遍于天下,则吾君民莫不尊奉孔子之制。上则推孔子经世之义以行仁政,下则推孔子义理之学以作新民,天下已晓然于至教之所归,岂有鄙毁彼教而致生大衅者乎?此上策也。

二曰明吾宪法,修吾律例,不分何教,皆一体治法。吾谋国之最谬者,莫如以从耶氏者为教,以不从者为民,于是有民教相安之说。夫吾民不从耶教,不有所已从之儒教乎?虽或皈依于佛,浸淫于老,或溺于回,亦不可谓非教也。从儒者为民,从佛从道回者亦为民,何独于从耶氏者谓之教民乎?已皆有所从之教,皆为吾民。自彼论之,儒教也,佛教也,耶教也,道教也,回教也,自有国者视之,则皆吾民也;皆吾民则皆用吾治民之法而已矣。日本之维新也,听民任从诸教,其所以治之则一,未闻有从谁氏之教而不受治者,有因从谁氏之教而庇之异治者。盖不分教、不分民,已泯其畛域之分,自去乎同异之迹,吾乃法行于民矣。中国虽尊崇儒术,而实则诸教杂蹂。然自六朝以至今日,所以治之,未尝因民之从谁氏之教而用其伸屈也,诸民亦相安,而未闻教祸也。乃至于今,而教案乃如猬起,不可遏抑。其入彼教堂,乃如一小国,其涉于教民,乃如治乱丝。其故何哉?一在宪法之未明。宪法不明则政治不修,政治不修则民多夭枉,吾有司不能理,则借彼教而理之矣。一在律例之不平。律例不平,则刑罚不当。刑罚不当,则民多怨慝。彼教士不听,我则不能治之矣。缘此二端,遂生三患:一则庇党之患,一则挟势之患,一则民教歧视之患。其庇其党也,不论是非曲直,皆惟其党是听,甚至哃喝于有司之庭,则官忿矣。其挟势也,横行于乡曲之间,则民忿矣。民教之歧视也,侧目于肘腋之际,则不可终日而变生矣。夫使其从彼教者,如僧徒道徒各相安焉,民之视从彼教者,亦如僧徒道徒,不生外视焉;教士视从其教者,亦如僧徒道徒,苟犯刑辟,付与官论焉,则祸岂有如是之烈哉?而必不能也,何也?吾今之律例,非吾经义与吾祖宗之法,乃承历代独夫民贼之私意、巧吏奸胥之舞文,严酷苛密不当其平,非有外人之交涉,早宜厘而正之矣。况重以中西律例,轻重之殊悬哉?彼教士不能舍彼而从我,宜也。然我能取经义之精与夫西律之善者,酌而成书,改其不当,讼狱持平,则用我之律,即彼之律,彼虽欲庇焉,亦不可得也。一切交涉之事可以调剂矣,仅教事哉?然而宪法者,春秋所谓正名分也。明其名分,则人人知权限,尽其所当为,不敢陷于不可为。孟子曰:明其政刑,虽大国必畏。政者,宪法也;刑者,律例也。上修其政,上安其职,则民气渟然而静,浏然而清,肫肫而相亲爱,虽有干馔,其无硕鼠。苟或不平则鸣,而吾有律例以听之,其犹有相异相欺相难相仇,而衅端叠起者鲜矣。盖吾以从诸教之民,皆一例视之,皆有宪法以安之;而所以待诸教之民,皆一体治之,皆有律例以定之,彼已无所异于吾民,亦不得挟其势而从诸教者,视入彼教与入我教同也,则骇视不生,怨毒不作矣。故曰:修宪法律例,泯民教之名,而祸不起也。此二策也。

夫广立教会,大明吾教,使我生民未有之孔子之仁治大法,施于中国,达于天下,上也。

明宪法律例之学，宏一世同仁之志量，我已无隙以示彼，彼亦不得乘间以挠吾自主之权，然后次第举新政，如日本焉，次也。以此言外交，有道哉，有道哉！若此之不图，而徒欲托强大宇下以自庇焉。饿虎与游，盗跖守宅，豆剖无时，楚汉无虞于鹿逐，鸿飞言志而胜广，或起于狐鸣，钟鼎金张，弦歌许史。人间何世，举首怆然，宁独教祸也欤，宁独教祸也欤？

三月十二日(4月2日)

《益闻录》

保教安民

钦加四品衔、赏戴花翎、补用府本任怀宁县调署六安直隶州正堂吴，为出示严禁事。照得西士建堂设教，无非劝人为善，别无他意。久奉上谕准行，载入条约保护，以期民教相安。诚恐教堂之中有西士常川往来，无知之徒藉为游观，混行闯入堂内窥探滋事，亟应出示严禁。为此示，仰该保董地并诸色人等一体知悉。尔等保内现有教堂一处，该董地等务须妥为保护，随时劝令乡民循规蹈矩，各安恒业，毋得闯入教堂窥探滋扰。自示之后，倘有前项情弊，准该董地等指名具禀，以凭提案究办。其各凛遵毋违，切切特示，右谕通知。光绪二十四年二月初八日。

三月十三日(4月3日)

《国闻报》第一百五十一号

顺德麦孺博孝廉上都察院呈稿

具呈举人麦孟华等，为俄欲无厌、掣动全局、乞力拒俄，请众公保以保存大局，呈请代奏事。窃俄人胁割我旅顺、大连湾，薄海人民咸为痛愤。举人等来自田间，侧闻朝议曲从其请，咸虑旅大既割，诸国接踵，立即危亡，不胜忧愤惶惶。不揣疏贱，敢冒斧质，以自贡其罜罜之愚。西人之觑我中国久矣，瓜分之图，腾布宇内。特今俄割旅大，英、法必不肯独让，法割滇粤，英割长江，日割福建，眈眈逐逐，纷至叠来。二万万里之幅员，一旦可以立尽。皇上岂忍以祖宗二百余年之天下，一朝瓦解而亡哉？又岂忍率土四万万之臣民，一朝而尽为奴隶哉？今日救亡之术，惟曰力拒俄请而已。然俄人横暴，要求不得，必继以兵。中国甲午以后，兵事废坠，以敌强俄，举人等固知其必不能战也。虽俄人铁路未成，运兵艰阻，中国之赢尚可一战。然慑于屡败，兵气不振，举人等又知诸臣之必不敢言战也。然犹敢谓力拒俄请者，何也？各国公法：授受土地，各国皆有自主之权。若他国强索，则有不允一例。泰西此例，名为普鲁打土，俄人横肆妄求，我可援据公法，峻却勿许。俄铁路方为乌苏理江水涨冲断不能运兵,海参威之兵不过数万,彼自度力薄,未必遽敢用兵也。彼即用兵,我闭门自守,绝不与战。布告天下,请局外之国公断,度英与日本必将出而助我。顷路透电报谓英与日本保中、高自主之权,又闻英人已驰电俄廷,阻其割地之议,征兵调舰,即出而干预其事。彼岂必有爱于我哉,又岂必能仗公义以责俄人哉?俄夺还日人之东三省也,日人衔之刺骨,但迫于大义无可如何。今俄义■利终,日人固有辞矣。且日与中国辅车相依、唇亡齿寒,日本必先受其害。故甲午以后,得我偿款,尽以购械练兵,必思得当于俄,乃可自固。英之与俄更不两立,俄之出欧洲也,英既扼之黑海矣。西不得志,折而之东。英惧其出不可复制也,思联与国扼其海口,且欲及其铁路未成,一战以挫其凶焰。中国诚坚持不许,以俟英、日之居间,彼既执公义,复便私图。二国并力,既足制乎俄人返复侵地,更有德于中国,此举人等所以敢决英、日之助我而请之可以坚拒也。若谓俄人强悍,英、日未必力持,英、日助我,他日又求酬报,如此则有公保之法,足以应之。西人最讲平权之法,若强大兼并弱小,或一国独据险要,势力不均,大局有害,则各国可出而阻之。俄之强盛,诸国之所素畏也,更得出口之海,则诸国皆非其敌,故旅大之事咸跂踵以俟其变。若昌告万国,捐旅大为公地,而使诸国通商。在彼既可平权又能获利,自必乐为听从;在我虽失二地,可缓分裂,亦属有裨大局。俄人虽悍,度未必敢犯万国之怒也。若患俄舍而他顾,更肆要求,则合众公保可绝其望。夫瑞(土)[士]弹丸之国也,立为公地,遂晏然于欧西诸大之间,百年来不被兵祸。土耳其危亡之国也,见败于俄,都城垂破,六大国公保其地,遂以复存。我虽削弱,固未如土之危敝也,[地]大物博殆百倍于瑞士也。诸国涎我商务,日求口岸,诚布告各国许其遍地通商,订立约章,合众公保。诸国畏俄之强,无利尚能保土,岂获此通商大利,独不助我以制俄哉?俄虽悍暴,安能万里以与诸国抗哉?与其割要地于强俄,以致瓜分之立见;孰若求公保于各国,然后变法以图存?天下存亡,在此一举。伏望皇上远虑事变,坚(忽)[忍]力持,勿图旦夕之苟安,勿畏虚言之恫喝。上焉拒俄请以联英、日,次焉求公保以绝俄交,然后发愤变法,力求自强,则国家将有所赖。若犹委曲顺就、苟且求安,则亲俄而求其庇,已误于前;畏俄而(狥)[徇]其求,复误于后。祸变之来,必有不忍言者。事几得失间不容发,乞皇上慎审先事之几,无贻噬脐之悔。不胜惶迫屏■之至,伏乞皇上圣鉴,谨呈。

具呈举人列名。案列名尚未齐备,容后补录:

梁启超	梁朝杰	陈荣衮	潘焱熊	左公海	麦劭祥	张祖诒	林缵统	尤俊才
张寿波	赖际熙	黎冠芳	周植槐	张云翼	张曰燿	廖云藻	何燿燊	陈祥和
刘藻芬	刘燿棠	洗瑞祺	连廷钰	梁鸿灏	何耀垣	杨寿年	黄培芳	黄玉■
张思泽	吴龙光	龙焕纶	程式谷	况仕任	赵福保	黎士玙	岑春荫	张桂栋
张乃森	秦钟毓	阳裕达	施献璜	姚继宗	吕端燕	钟荣辉	陈宝篇	钟朝纲
杨挺森	吴绥官	吴云鹏	韦举科	李炳杰	全秉忠	李繁滋	刘　珽	王希贤
侯思�липс	李冠藻	王政修	蓝绍荟	刘永年	刘　濬	黎兆榕	李遇元	龙翼舜
龙致泽	刘应昌	英以莹	潘文藻	卢启颐	韦朝冕	梁润堂	黄道煌	陶天德
陈德英	陈祖襄	文德伟	梁福堃	蒋武瑾	袁　枋	李桂荣	张鸿倓	李海恩
李树滋	龚仁寿	赖汝松	黄祥光	高嘉仁	蔡桐昌	周　钺	周纪凤	胡世名
胡世济	张泳霖	文　萃	文　拯	苏肇文	邓如芳	廖鸿年	石徵璋	袁维瀚

李鼎星　王　震　白振筠　王国梁　吴兆梅　李益源　林世■　黄得琮　黄维垣
岑简光　蒙　亨　苏　鋆　萧韶美　万祥燊　黄榜标　卢中权　邱建中　姚展基
李润培　王秉礼　廖振桀　谢显球　蒋勋周　贾酉山　盖仰惠　宁绳武　牛鉴三
杨祓田　葛尔寿　张仲孝　薛士选　邵允恭　乔联昌　吴象恒　王芝兆　张学钦
牛照荃　张　漾　梁造舟　张于汉　张长福　张知非　张长祥　韩　埛　常佩纶
张　官　栗国聘　田应璜　孟继武　曾纪纲　韩　谦　王运昌　樊遇丁　薛笃棐
马献瑞　李继韩　王汝镛　张斯钰　郑彦钊　吴　庚　刘廷钧　李梦庚　高笃牖
郭席珍　李存仁　崔养锋　崔养锐　姚克成　许上林　王内炎　杨得春　梁志仁
王殿元　张洪造　冯文瑞　潘培兰　潘亲礼　卫万篇　陆化鹏　元习庚　李希愿
王建官　景友莲　黄玉瓒　王绍珪　仝良弼　靳绍祖　周泉清　梁克绥　巨作成
梁汉源　张步星　张思卿　阮汝濬　姚桂茗　李鉴堂　乔德灿　陈斐然　杨　蕙
陈　涛　侯树屏　范克立　孙炳麟　李效功　邢廷筴　张鹏一　魏日成　毛昌杰
赵先甲　刘书森　樊清心　孙征海　钱用中　袁嘉谷　宋嘉俊　孙文达　宋嘉彦
秦光玉　张学智　吴　暹　赵泽溥　黄明经　陈　度　李尊先　高　仰　熊廷权
周廷华　包延青　许文濬　丁树藩　王树荣　徐　棠　余宗濂　朱兴汾　钮泽晟
施绍常　施冕英　吴昌绶　龙应中　黎兆瀛　伍义章　李芳春　陈善谋　郑廷征
赛宗瑛　刘绵祚　赵鹍业　尹沛霖　廖松年　王子俊　罗朝纶　阳善祥　陈赓昌
陈　煜　王嵩年　秦　杰　黄绳宪　陈铭新　唐咨夔　伍连城　司炳煃　王惟恪
刘宗淇　丁汝巂　萧子鉴　白赞元　魏祚臣　魏祚藩　周　锦　杨颂夔　孙家璠
赵永霖　严荣森　翁寿增　张寿籛　张和秋　李学泮　张必达　路朝绂　陈煓厚
李　芳　王济辉　舒鸿翩　杨德懋　刘培良　李　彬　李其芳　杨世勋　杨世燕
金世祥　姚　华　申德渠　杨　烇　陈国祥　刘式谷　冯元亮　曾寿祺　桂菁华

三月十九日(4 月 9 日)

《国闻报》第一百五十七号

论中国财赋情形(译蒲明恩《驿报》)

吾人于中国借债所当格外留神者,以其最关各邦交涉。凡各国不惮远来,无非思揽其国权,或欲沾其利益。当中国头次赔偿日本兵费时,法、比、俄、德诸国慨然群起,愿代筹措以显其交谊之睦,即我英亦不谓无友爱之诚。呼利借款一节,时有所闻,忽而中止,然其议尚未寝也。刻下中国诸形支绌,众所周知,设非借贷洋债,势必设法增税。增税则有碍商市,故各国之留心商务者皆为预防。日本索追赔费如此其勤,因欲有所措办,故此事于还款及受款之家,均有绝大关系。查中国所赔兵费并辽东赎款,计共英金三十七兆三十七万五千镑,彼时中国无项可措,只得贷诸外邦。适承法国立允惠假,并蒙俄廷代为担保。法既能获利于前,俄复得居功于后,正合两国联盟之局。厥后德国继起,又贷中国一款。按以上二款,均以海关税项作抵。由是而观,中国最大利源已入他人手矣。中国虽经承借,两次赔费仍未清偿,尚欠十六兆镑,约以明年五月内清款,否则须加重息。此事在欧洲各国应何办理,自知权其损益;但中国习性疲懦,往往不顾拖延受亏耳。今我英如欲借与中国,自须先计其财力如何,勿得轻遽。《泰晤士报》曾论及此一节云:中国理财不知与外邦如何交涉,如欲假与巨款,非要其割地典质,则必责其税赋抵押。中国海关一项利厚而可靠,是以德、法两国取以为质。但此外中国财力尚自优裕,其所以弗克取信外邦,由其理财不善。理财不善由其专责无人,只听各地方官任意擅报,遂致征收溢额、输库无几,此与泰西财政大不相侔。泰西理财之法,通一国之财力,专责成而严核实,故不论何时何地,如欲计其所征,明如指掌。此是西法,欲求中国如是,难矣。中国权无专责,征收官吏各恤其私,财货不通。其在内地各省于理财赋民之政,不但不依泰西善法,即有人告以此法,彼且嫉恶而唾弃之也。总之,中国厘税征求无艺,漫无可稽,故于通商实多窒碍。按照通商条约,海关征税各有定章,本云进口税后,许其通行内省,而何以关税已征,各省内地又创厘金一名;甚至约章所载,洋货应运界内,亦要税上加厘?此不特有害通商外邦,即中国亦何曾得其利益耶?中国忌恶外人干预,并不愿借外人相助之力者,指不胜屈,而最者莫如两端,类如开采矿产、扩充铁路是也。前中国议造铁路,某员曾向法商借款,由洋人胡罗斯经手。后又有某员向比商告贷,将已成议,于此中国之权无专责亦可概见。中国近时颇知铁路之利,然难冀其蒸蒸日盛者,良由把持其事者实繁有徒,动辄掣肘,致碍大局。南方各省展布既难,北方一带独揽亦匪易。满洲铁路不自建造,俄人即要代庖。彼俄欲侵其东方之权,昭然已著。我英断不效其故步,但不解中国奚不自造?吾尝揣之,中国习故已久,一旦政府议兴铁路,地方官必与为难,此辈壅塞国家利源,岂为浅鲜?中国国家岁入大者尚有三项:地丁、盐课、药税。如归其国家妥善经营,皆可扩充利益,即以之典质洋债,外邦亦视为稳质。唯查中国所征三项寥寥无几,殊属不解。以中国之北京与印度之羯罗屈阇较之,北京固丰饶于羯者也,而其地盐课不及羯四分之一者,何与?至于土产鸦片,较印度运来洋药计有六倍之多,然其所征土税有名无实,尤可怪也。今中国如欲振兴恢复,第一事自是开拓利源。然开利源,又必须先借洋债为毋。借洋债为毋,必先筹稳质,质稳则各国无不踊跃愿借。后此或冀财力日盛,可期一日自立;果能日有进步,谁敢凌侮之哉?彼踞莫大国土,民勤物博,然束手相顾,徒兴仰屋之嗟,可谓无具甚矣!

东南各省新闻:海防述要

《字林西报》载,军机大臣议奏筹备海防调派各营一折,业奉特旨允准。日后如遇海氛不靖,以两江总督刘岘帅为长江一带各营总统,驻节清江浦,俾与山东巡抚所统各营联络一气。黄河以北吃紧时,可以就近调兵赴援,并可扼长江之口。湖广总督张香帅,则专守长江中路,其洞庭湖以西归湘鄂两抚分任其责,长江水师提督黄芍岩宫保驻扎江阴,防守长江水路。以皖南镇李寿廷军门,总统南洋水师,并统率所辖各军扼守镇江以东崇明、吴淞等处各要隘。各军须相度地势驻扎,以期可以直趋山东。设(过)[遇]京师有警,南方各军会同东省之兵北上入卫。其总统山西、陕西、河南三省各军之董军门福祥,则由西路进遇京城。至江苏、江西、安徽、浙江四巡抚,专筹粮饷接济各军门,并防守所辖地方。又两江总督刘岘帅奏定各员统兵数目,亦奉(俞)[谕]允。计岘帅六万三千五百人,张香帅统四万八千人，鄂抚统一万八千人，湘抚统三万人，苏抚统二万四千人，皖抚统二万一千五百人，江抚统二万六千人，浙抚统二万八千人，黄宫保统四万人，李军门统一万四千人。吴淞自强军亦归军门调遣，各营兵丁所用洋枪后膛者三分之一，其余均系前膛云。

三月二十日（4 月 10 日）

《申报》

纠众闹教

京师采访友人云：自胶州肇衅后，闹教之案时有所闻。如广东之南雄州、浙江之诸暨县、江西之南昌府、山东之曹州府，纷纷扰扰，几于书不胜书矣。顷有友人自冀州来京，言及迤南广平府属威县，向设乡团为保卫闾阎起见，举乡中名望素著者为团长，粮饷则集自乡间诸富绅。迩者，团丁不知如何与教中人为难，居然约集数万人，分为十八团，纠约本县民人，斩木揭竿，择期起事。不知官斯士者，将何术以敉平之？

三月廿七日（4 月 17 日）

《国闻报》第一百六十五号

论一国两政

英相沙侯暨军机大臣成柏令议论东方时事，各抒所见，大有径庭，令人倾耳之余，不免谓我英政府弗克和衷共济也。沙侯昨在上议院倡发一论，想已遍传欧、亚两洲矣。其言曰：“数十年前，佥谓我英应宜鲸吞四海、蚕食全球为是。”呜乎！至危之策，莫斯为甚！何者？盖器满则伤天之道也，况争雄称霸人皆侧目，天怒人怨非危而何？故无论一人一国，纵使强大无敌，首先知足。人不知足则身亡，国不知足则国丧。首相沙侯洞鉴于兹，故于上次会议时，正色厉言以动众听。细思其言，诚有卓识。夫我英今日可谓冠绝诸雄矣。为今之计，莫若内守社稷，外固封疆，保全商务为要。昔拿破仑有言：食求过饱，每缘不消化而死，(辟)[譬]犹贪惏之国，多因垂涎土地，卒至灭亡，为天下笑。旨哉言乎！昔我英之弃爱阿尼亚诸岛，罗马皇之班师干登纽者，良有以也。况今者我国土地统而计之，不下十一兆万里，且天下管辖之权四分已得其一。夫如是，我英固当知足也明矣，而沙侯斯论诚为千古不易之论也亦明矣。惟是成柏令日前之在军机处所议一节迥不相同者，何哉？成君曰：充拓土地得尺则尺、得寸则寸，何国不然？况我英一岛孤悬，社稷之存亡，系乎商权之得失；商权之得失，系乎海军之强弱。海军欲强，势必于东洲一带，扩充屯煤聚粮之地。不然，一旦东方有事，首尾不能相顾，虽至愚亦知其危矣，何我英计不及此耶？按成君所言，诚以广辟土地、保全商利为当今之急务也。无如外议沸腾，咸谓我英首相与军机大臣意见不同也如此。不知沙侯之论公论也，是犹拿破仑所言食饱即止者也。夫治国之策莫善于此，而成君之论则处今日时势而论也。不然成君岂欲行险(徼)[侥]幸，兵连祸结，而驱英民于死地乎？即沙侯亦岂畏葸不前，束手无策，坐为他国所困乎？盖两大臣各具所见、各陈所长，而孰是孰非，非草野愚民所能逆料也。译英二月十二号《理财报》。

三月廿八日(4 月 18 日)

《申报》

救教祸策

西教之来中国也，信者崇而奉之，不信者嫉而恶之。门户各分，党同立异，闹教之案因之层出不穷。自道光季年互订和好之约，朝廷准传教士入内地宣播铎音。诏下地方官一律妥为保护，于是遍二十一行省教堂林列。教士之往来传教者日益多，而好事之流依然视若仇雠，时时纵火杀人，酿成巨患。地方官办理此种案牍，务必从严。行凶之徒，则诛殛之。被毁之屋，则赔偿之。惨死之人，则抚恤之。甚有因办理未洽，而镌级去官永不叙用者。盖约章虽仅有保护之语，并未述及肇事后若何惩犯、若何偿金，而朝廷曲示怀柔，有不得不加意体恤者。彼教士深蒙厦庇，亦未尝不感戴皇仁。乃不谓巨野之教祸突兴，德人竟藉口而据胶州湾，致皇上几费宵旰之忧劳，始得言归于好。而胶州湾既失者，已不可复得。北方锁钥无端授与外人，于是有心人之蒿目时艰者，无不辗转踟蹰，思欲得一策焉，以善持其后。或曰昔年贵池刘芝田中丞出使外洋时，曾入觐教皇，请派教使来华专理教中之事。倘教皇果肯允诺，则此后邦交中之关涉教案者，皆可与教使和衷商榷，不致德、法诸国藉护教为名，以致平地生波，时或借端饶舌。是说也，固为近似。顾自普鲁士人路德创兴耶稣教后，虽与天主教同一昭事上帝，而教中规则迥乎不同。天主教迄今辖自教皇，若耶稣教中之阐讲福音者，并不归教皇所统率。如遇愚民扰及天主教，教使固可以调停万一。与耶稣教为难，彼教使乌能越俎代庖弥缝■隙哉。或曰今当与教士约，此后凡赴内地传教者，皆用入教之华人。至西教士则仅在通商各口岸设堂，不得冒险入内地，庶得免异服异言之辈时被乡愚所侮辱，以致关涉乎邦交。曰是更不能不观各国所立约章乎？明明许教士宣教于中华，安得阻之使不往。彼西[人]不曰显违夫和约，即曰有心与彼教为难？我恐愚民即不致开罪于教堂，而西人已将兴师而问罪，岂计之得者耶？然则将何以处之？曰处之亦自有其道。今当开诚布公播告于各国，曰中国之地广矣，中国之民亦众矣。各州县有司虽有保护教堂之责，安能日巡行于乡僻，为教中人司扞掫？不幸而祸患猝生，政府实中心抱歉。今宜互订一持平之专约，此后如■闹教案起，凡拘犯赔银诸事，一一预先核定，缮在约中，永远遵行，免致临时会议。至教士，亦宜防身远害，切勿故蹈危机。当赭寇未平时，中英订立约章第十款云，现在长江上下游均有贼匪，除镇江一年后立口[通]商外，余俟地方平靖云云。今虽寰宇升平，无复萑苻之患。■举凡民风强悍之处，依然疾视外人，加以游勇遣兵成群结党，哥老会匪遍布江湖。彼传教与通商，西国视为并重，曷勿援照此例声明，凡有民心不靖之处，教士暂勿往来，或得免意外之虞，而不致与国有违睦谊欤？否则，天津王三之案牵涉教务，以致掳物杀人。当时亦惟是惩犯、恤银，即已安然无事。今则变本加厉，巨野祸起，甚至割地行成。他日者祸患之来，安保其不有甚于巨野者？寄语我华诸执政，慎毋但救目前急，而不思未雨之绸缪哉！

闰三月初一日(4 月 21 日)

《申报》

阅本报纪教案难平无赖宜惩二则因综论之

自五大洲通商以来，交涉之事日繁一日。其最难办者，莫教案若矣。说者谓西人之有天主、耶稣二教，亦犹之中国之有释、道教也。西人虽奉二教，而亦未必人人皆奉，亦犹之中国之有释教道教，未必人人皆奉也。中国人民与释教道教不能无龃龉之事，即教中与教中亦不能无龃龉之事。在教中教外之自视以为各别，而[经]官断则一例视之，论法不能论教也。想西人之教中与教外、教中与教中，亦不能无龃龉之事，而以西法断之，亦必论法不论教也。推之中西交涉，无论教外教中一有龃龉之事，若以中法办理有中例[可]稽焉，以西法办理亦必有西例可稽焉。即■以中西之法办理，亦无不可昭平允。何以办理教案日难一日，致办理愈难而教案愈出，岂真华人之不善办理乎，抑西人之过于吹求乎？曰华人之办理不善，诚不善也，然非今日始办理不善也。且办理不善，并不在教案也。别事之办理不能美善，致教案亦难办理矣。当初西人亦未必过于吹求，乃见华人办理不能美善，于是渐■而吹求矣。至今而即使有办理之■，而一若有例之可循，无法之可制，欲使西人之听华人办理，而亦不可得矣。所谓失之毫厘者，咎在当日；而差以千里者，即应之在今日也。即如胶州之事，要挟者虽出自德廷，非关教士，然事由教案而起，则此后不能不于教案详慎矣。不观昨报纪教案难平及无赖宜惩二则乎？一则四川重庆府江北厅匪徒，毁坏美国■医生所租房屋，殴毙学徒唐希夷一案。事后■驻重庆美领事官石君电禀美国驻华大臣田君照会中国总署，要索四端：一曰驱散团练，二曰拿办匪首，三曰抚恤人命，四曰修复医馆。事经一月尚未办有端倪，而匪徒反又煽惑乡团齐赴郡城，为挟制官长之计。旋经地方官再三开导，始得安谧。以四端而论，医馆毁坏理宜修复，既伤人命自宜抚恤，拿办匪首更不必言。虽未详其若何抚恤，若何修复。法之所在，不得谓西人之过于吹求，而办理亦尚不致十分棘手。而其第一曰驱散团练，毁坏教堂既非团练，何以必欲驱散？夫团练即兵也，以匪人肇衅，而即欲解与国之兵威，岂非大过乎？说者谓：不观胶州之事乎，李中丞以封疆寄命之臣，尚因此而降职。区区团练，亦何必与之争衡？散之尚可复聚，暂解目前之事，日后西人未必置喙也。曰凡事有似重而实轻，有似轻而实重，不可不明辨之也。以位而论，则官为重，兵为轻。以势而论，则兵为重，官反轻。■犹不过为团练耳，倘后再有事端，而必欲去精练之兵，亦将听而去之乎？西人思虑过深，非但为目前之计，即为日后交涉地步,岂不可防之又防哉?至■肇事之时,则固奸民之可恨。苏州访事人来函云:谢衙前耶稣教堂之西教士,于某日乘脚踏车至娄门北寺过■,扶车步行。有水烟袋作林某及甲乙丙三人饮醉而来,三人以言激林,林即上前将教士拉住。教士见林孟浪,脱帽示敬。林反将教士一掌击倒,甲乙丙遂一拥而上,攫取其帽而逸。教士受此窘辱,即向近处店家根问,备知四人姓氏居址,唤地甲将林获解吴县署请办。在西人来华已久,非不以礼让为先,无如逼人太甚,不能不请官长严办。幸当时人少,[作]啰唣耳。使一倡百和,不又将酿成事变乎?余前曾谕十家连坐之法,则人民咸畏。即有一二匪徒■知禁令亦不致酿成大祸。弭祸之道似无过于此,然难保日后无龃龉之事。能许者自当尽许,不能许者宜与之争执。若不能绸缪未事[之]先,而又轻许于既事之后,不特交涉之事日难一日,驯且将事事听命于西人,不亦大可虑哉?

闰三月初十日(4 月 30 日)

《益闻录》

保教示谕

钦加四品衔升用直隶州特授江苏太仓州崇明县正堂田,为出示劝谕事。照得各国在中国设堂传教,原属劝人为善起见,是以迭奉谕旨,着地方官妥为保护,奉经各前县晓谕在案。兹本县莅任,查得境内教堂林立,入教之民实繁有徒。历年以来,各教士大公无私,我民尚无欺诈情事,深堪嘉悦;惟恐日久玩生,或有外来匪徒造谣生事,除随时密查保护外,合再切实示谕。为此示仰合邑军民保甲人等一体知悉。尔等须知民教相安,为中外辑睦之本,务须益加审慎,勿得歧视,稍与龃龉,以仰副国家和睦邦交之至意。自示之后,倘有不法之徒造言惑众,或任意欺凌,一经访拿到案,定即从严惩办,决不姑宽。地保甲长应随时劝导,不得玩忽,宜各凛遵毋违,切切特示。

特授安徽广德直隶州正堂加五级纪录五次王,为出示严禁事。照得现准天主堂司铎来函,以小东乡车里保有吴万和与地保刘复公等,于去冬演戏勒派教民出资,请提究追到州。除提究外,合行出示晓谕,为此示仰州属诸色人等一体知悉。以后凡遇地方筹捐、祈神赛会等费,均应遵照定章,免其摊派教民;倘有违禁勒捐,一经查出,定提重办不贷。其各懔遵毋违,切切特示。右仰知悉。光绪二十四年三月十三日。

闰三月十一日(5 月 1 日)

《知新报》

公车呈都察院请拒俄割旅大稿

具呈举人麦孟华等，为俄欲无厌，掣动全局，乞力拒俄，请众公保，以保存大局，呈请代奏事。窃俄人胁割我旅顺、大连湾，薄海人民咸为痛愤。举人等来自田间，侧闻朝议曲从其请，咸虑旅大既割，诸国接踵，立即危亡，不胜忧愤惶惶。不揣疏贱，敢冒斧质，以自贡其罣罣之愚。西人之觑我中国久矣，瓜分之图，腾布宇内。特今俄割旅大，英、法必不独让，法割滇粤，英割长江，日割福建，(眈眈)[眈眈]逐逐，纷至叠来，二万万里之幅员，一旦可以立尽。皇上岂忍以祖宗二百余年之天下，一朝瓦解而亡哉？又岂忍率土四万万之臣民，一朝而尽为奴隶哉？今日救亡之术，惟曰力拒俄请而已。然俄人横暴，要求不得，必继以兵。中国甲午以后，兵事废坠，以敌强俄，举人等固知其必不能战也。虽俄人铁路未成，运兵艰阻，中国之赢尚可一战。然慑于屡败，兵气不振，举人等又知诸臣之必不敢言战也。然犹敢谓力拒俄请者，何也？各国公法：授受土地，各国皆有自主之权。若他国强索，则有不允一例。欧西此例，名为普鲁打土。俄人横肆妄求，我可援拒公法，峻却勿许。俄铁路方为乌苏理江水涨冲断，不能运兵。海参威之兵不过数万，彼自度力薄，未必遽敢用兵也。彼即用兵，我闭门自守，绝不与战，布告天下，请局外之国公断，度英与日本必将出而助我。顷路透电报为英与日本保中高自主之权，又闻英人已驰电俄廷，阻其割地之议，征兵调舰，即出而干预其事。彼岂必有爱于我哉，又岂必能仗公义以责俄人哉？俄夺还日人之东三省也，日人衔之刺骨，但迫于大义，无可如何。今俄义始利终，日人固有辞矣。且日人与中国辅车相依、唇亡齿寒，日人必先受其害。故甲午以后，得我偿款，尽以购械练兵，必思得当于俄乃可自固。英之与俄更不两立，俄之出欧洲也，英既扼之黑海矣。西不得志，折而之东。英惧其出不可复制也，思联与国扼其海口，且欲及其铁路未成，一战以挫其凶焰。中国诚坚持不许，以俟英、日之居间，彼既执公义，复便私图。二国并力，既足制乎俄人返我侵地，更有德于中国，此举人等所以敢决英、日助我而请之可以坚拒也。若谓俄人强悍，英、日未必力持，英、日助我，他日又求酬报，如此则有公保之法，足以应之。西人最讲平权之法，若强大兼并弱小，或一国独据险要，势力不均，大局有害，则各国可出而阻之。俄之强盛，诸国之所素畏也，更得出口之海，则诸国皆非其敌，故旅大之事咸跂踵以俟其变。若倡告万国，捐旅大为公地，而使诸国通商，在彼既可平权，又能获利，自必乐为听从。在我虽失二地，可缓分裂，亦属有裨大局。俄人虽悍，度未必敢犯万国之怒也。若患俄舍而他顾，更肆要求，则合众公保可绝其望。夫瑞士弹丸之国也，立为公地，遂晏然于欧西诸大之间，百年来不被兵祸。土耳其危亡之国也，见败于俄，都城垂破，六大国公保其地，遂以复存。我虽削弱，固未如土之危敝也。地大物博，殆百倍于瑞士也。诸国涎我商务，日求口岸，诚布告各国许其遍地通商，订立约章，合众公保。诸国畏俄之强，无利尚能保土，岂获此通商大利独不助我以制俄哉?俄虽悍暴,安能万里以与诸国抗哉?与其割要地于强俄,以致瓜分之立见;孰若求公保于各国,然后变法以图存?天下存亡,在此一举。伏望皇上远虑事变,坚忍力持,勿图旦夕之苟安,勿畏虚言之恫喝。上焉拒俄请以联英、日,次焉求公保以绝俄交,然后发愤变法,力求自强,则国家将有所赖。若犹委曲顺就、苟且求安,则亲俄而求其庇,已误于前;畏俄而(狥)[徇]其求,复误于后。祸变之来,必有不忍言者。事几得失,间不容发,乞皇上慎审先事之几,无贻噬脐之悔。不胜遑迫屏营之至,伏乞皇上圣鉴,谨呈。

俄人要求旅大,限日决答。麦君孺博在都,慨然联合各省有志公车,于礼闱前二日呈书都察院,冀悟朝廷峻拒俄请。不意是日该衙门堂官无一赴事者,怅然而返。迨闱后而事亦去矣,故其书始终不得达。嗟乎!国之与立,立于人心,人心苟不振,而国事尚可问哉?昔日本之被迫于俄、美诸国也,扼港要,截商船,东京百万之人不月而饿死殆半。然而尊攘之义一倡,而争相授首之义士出焉。外人知不可侮,遂草定商约以去。夫我国人心之思振,不可谓无其机也。乙未公车既有抗倭之议,今麦君等复有拒俄之请,惜皆不得上达圣听,徒日见国事之挫辱焉,此有志之士所为长太息也。

闰三月十三日(5月3日)

《申报》

教案从严

两江督宪刘岘帅通饬各州县,嗣后遇有匪徒滋扰教堂案出,援照美国某钦使议定新章,无分首从按名全获,地方官始免责成。不能如本国盗劫等案,获犯及半即可免参。近日上海县黄大令已奉到札文矣。

密拿匪目

山东省大刀会匪头目某甲,曾犯戳伤德国教士之案。地方官严密查拿,甲即窜至江苏徐州一带。由徐州道会同镇军一再缉拿未获。兹由南洋大臣刘制军访闻此匪遁迹江苏省,因通饬江苏各州县一体密拿。近由抚宪奎乐峰中丞转行到沪饬缉。县主黄大令立谕差捕,四处密拿,想此犯恶贯满盈,难逃法网也。

闰三月十四日(5 月 4 日)

《国闻报》第一百八十二号

四川哥老会情形

蜀中吏治废弛，小民铤而走险，相率以哥老会为逋逃薮。其会中之头目名曰“玉皇帽顶儿”，群称之曰“大爷”。大爷之下有二爷、三爷降至于十爷而止，皆视进会之能否、才干之短长以为等差。大爷之从者曰“小哇哇”，皆市井之无赖也。惟素无所谓四爷，以四与事字音相近，讳言四者以不欲会中有犯事之意。其中人物不等，无论士林、方技、羽士、缁流、鸡鸣狗盗之辈，无所不有。谓有功名者为“脚生”，其余统谓之“光棍”。其党相呼曰“兄弟”，十爷而下又有所谓一心堂、五福堂、四喜堂者，皆若辈之服役者也。其中人物愈为下贱，有为龙阳以供大爷之取乐者焉，有为偷儿以供大爷之奔走者焉。岁时相与聚会于隐僻之所，名曰“开堂”，亦曰“开山”。由“玉皇帽顶儿”遍召各处大爷麇至于一室，室中列筵十数，设爵于各光棍之前，斟酒满之，各光棍鱼贯而入、雁行而立。大爷者端然上坐，以六爷为黑旗，使之巡逻警备，以防掩捕；以五爷为红旗，使之宣传号令。会中人众既齐，则红旗捧令而出，高声朗诵会中之规矩，大旨谓宜同心戮力、勿疑勿贰，以期互相连结之意。诵毕，三爷磨刀霍霍执一鸡杀之，以鸡血遍滴于各光棍酒中，各光棍皆捧爵鹄立，举酒引尽。同词而称曰：“吾侪赖大爷之福当兴矣。”大爷则答之曰：“赖众兄弟扶持，有愿入会者宜得会中人担保。”于是日引至各大爷前，指而言曰：“是人无他，可收为光棍，某敢为之担保。”大爷许可，令向神前焚香设誓，其所奉神即关圣。神案前之梁上以单缕细绠密悬利刃，使是人匍匐其下，矢愿甘心入会永不退悔，有渝此誓，神殛天诛，凭各大爷处治云云。各大爷乃语以会中约法三章。语竟，以食米一撮力掷所悬刀间，刀铮锹相击，摇摇欲堕，所以试入会者之胆气也。掷毕令起，去与大众相见，即为刊名刺遍分会中人，名曰“飞叶子”。其上坐之大爷曰“盟证大爷”，其担保者曰“承行大爷”。以是党羽浸众，凡稍称小康之家无不被其劫掠。有时掠取人家幼年子女，勒令以若干钱赎取，名为“接童子”、“扛观音”。其会中之为首者，有“三江”、“六码头”诸名目。天下无事则已，一旦有事则若辈振臂一呼揭竿而起，则夔府以西、汉中以北无一块干净土也。(摘录《新闻报》)

《益闻录》

保教新章

天主教教士传教中国，无论何国之人，向章归法人保护，因法于天津之役与中国立约，特有保教一款，迄今谨守不违。前年山东安主教系德国人，奏请教皇转请德国保护。当蒙教皇、德皇俞允，中朝亦以此举为善，盖不欲法国独树一帜也。不谓去年巨野县突出巨案，致有胶州之事。虽德人借端于教案，其别具深心早经显露。然为中朝所不及料，亦教中人所不敢与闻。兹阅罗马来报,知德廷之意,凡租得中国之地,所有教士教堂应归德廷保护,而法廷不以为然。现在驻罗马法公使与教皇宰臣郎宝■一再商量,尚未定夺。论者谓保教一款,实以华民无理闹教,华官又办理不力,每以袒护愚民为事而设。果能仰体朝廷柔远至意,不分畛域一视同仁,似德人踞胶后,各官善为护教,教士固何取于他山,西国亦何由借口哉!

闰三月十六日(5月6日)

《国闻报》第一百八十四号

拟上请办德人拆毁山东孔庙呈稿

呈为圣像被毁、圣教可忧,乞饬驻使责问德廷严办以保圣教而安人心,伏乞代奏事。窃闻山东即墨县文庙孔子像被德人毁拆,断圣像手臂并抉先贤子路眼。蔑我圣教,视我无人,天下士类咸为震动,凡有血气,怒发咸指。伏惟孔子道参天地,德在生民,列代奉之以为教,我朝列圣尤加尊崇。令天下人知君臣父子之纲,家知孝弟忠信之义,庙祀皇皇至巨典也。四国之来,虽微有讥词,而尚不敢明相攻毁。自胶旅之事,习知吾国势极弱,尚未敢遽加分灭者,盖犹畏吾人心也。顷乃公毁先圣先贤之像,是明则蔑吾圣教,■隐以尝我人心。若士气不扬,人心已死,彼即遍毁吾郡邑文庙,即焚毁吾四书六经,即昌言攻吾先师,即到处迫人入教。若人咸畏势,大教沦亡,皇上孤立于上,谁与共此国者?夫皇上以冲龄践祚,二三大臣辅助于下,而天下晏然、四海靖谧者,非以其威力为之,实以君臣之义深入人心,相与扶植而立此国者也。夫君臣之义、父子之纲,乃孔子所立。若大教既亡,纲常绝纽,则教既亡,而国亦随之。举人等私忧窃痛,实有难言。彼越数万里而传彼教,稍不得当,则索地杀人。我在内地而不能自保其庙像,夫复何言?《中庸》称:"事死如事生,事亡如事存。"古者用尸,后世用像,皆在主外。明世张孚敬不知此义,妄改用主,而即墨犹存古义。德人敢行狂妄,实蔑视我全国之人。朝廷若不知保护,人心从此尽失。割胶不过失一方之土地,毁像则失天下之人心。失天下之圣教,事之重大,未有过此。查两国和约,既保彼教,亦当保吾教,乃合公平均沾之道。伏乞皇上深察人心,恤念圣教,饬下驻德国使臣吕海寰,责问德廷,责令查办毁坏圣像之人,勒令赔偿,庶可绝祸萌而保大教,存国体而系人心。伏乞代奏皇上圣鉴,谨呈。

公启附后

"公启者:山东即墨县文庙孔子像被德人毁去,并将先贤子路像抉其双睛。我中国四万万人敷天痛愤,况在士人同为发指。彼知我国势弱而畏我人心未去,乃欲灭我圣教,先觇我士气如何。若坐听其毁,则各郡县文庙必继踵凌灭,四书六经必公然焚烧,圣教必昌言攻击。吾教之盛衰、国之存亡,咸在此举。顷者公车咸集,宜伸公愤,具呈都察院代奏,请与德国理论,查办毁像之人,以伸士气而保圣教。凡我同人,读孔子之书,受孔子之教,苟忍坐视圣教之沦亡,则是自外衣冠之种族。单到请书姓名并注科分、省分,以便汇列附上，呈稿传览。”此事经都察院堂官领衔，全台列名，已于初八日上折，山东京官、公车亦于初六递呈。事关公愤，非一二人之私也。

梁启超　麦孟华　林　旭　张　铣　陈荣衮　陈　涛　程式谷　张鹏一　龙焕纶　钱用中　况仕任　邢廷荚同启

闰三月十七日(5月7日)

《益闻录》

山西教务

近接太原府友人来函云，光绪十七年劳乃宣等编辑《各国约章纂要》，误列文庙捐款民教一律摊派一条，以北洋大臣李函稿并巨鹿县禀件为成案。是书先刻于吴桥，后刻于南宫县，上海图书集成局继之，遂广行传布，遗累实深。光绪十九年，清源乡修文庙，欲派教民出钱，当经教士函辨俞道宪，以巨鹿成案经北洋大臣批准为词，未肯允从。教士覆以北洋大臣札件未经奏准，难为定例。且巨鹿一案究竟如何办结，容俟函询确实。旋接京电云，公使未准教民捐文庙修费。正定府教堂复函亦云，历办文庙多案，教民皆未捐钱，俞道宪准驳，未强清源教民出钱。去年永宁州牧据司颁《纂要》一书，谓教民既修文庙，亦该出祭丁费，随即一律摊派。教士致函陈道宪一再申辩，亦属徒然。教士晋京具禀，法国施大臣于十月二十七日由京复函云，法公使、李中堂皆以《纂要》为私书不足尽信，倘有职官误会，勒索教民文庙修祭等费，准教士来函，候总署妥办云云。时值丁道宪署印，教堂即将京信呈览，蒙准派委前往办结。现将丁道宪复函抄递贵馆，烦即登报以释群疑。径复者，案接管卷内前任接贵主教函开，以永宁州属开设饭铺之刘清年，系属教民，应免丁祭冗费一案；又社首陈应宏等不应强拆教堂石窑一案，屡经饬州核办，日久未结；复于上年十二月间详明抚宪，由道委员前往会讯，迅将函指两案按照约章持平讯断，以安民教。所有迭次饬办委审缘由，均经前任随时函达贵主教，俱已深悉。现经委员前往永宁州，将以上二案会同讯明，断令刘清年所开源盛长并德义成两铺，既未与德顺园等帮摊钱，所有祭费应照迎神赛会之例，免其摊出。至郭永富之案所控石窑，当日郭永富家修盖曾花费钱四十余千，已由该州捐廉付给，郭永富与刘清年等均各允服遵断，具结完案，永息争端。取具各结，禀请销案前来，除详请抚宪查核，并批饬该州以后遇有交涉案件，务须照章持平讯断，以期民教永远相安。所有以上二案，已经讯结缘由，耑此布达，即颂近祉！二十四年正月二十五日到。

教中轶事

明季西教士利玛窦航海来华传行天主教时，士大夫忻然乐从者不可擢发数。内有上海徐文定光启尤当首屈一指，其著《农政全书》、《几何原本》等书早已脍炙人口，亦坊间所习见；惟《赞天主》一则未必人人尽睹，因抄录于左，以示世之好古志道者。“维皇大哉！万汇原本。巍巍尊高,造厥胚浑。搏捥众有,以资人灵,无然方命,忝尔所生。蠢蠢黔首,云何不淑,曾是群譽,上墋下黩。帝目闵斯,降于人间,津梁耳目,卅有三年。普拯横流,诞降神奇,舍尔灵躯,请命作仪。粤有圣宗,十有二子,逮宣弘化,以迢亿祀。如日之升,愈远而光,千六百载,达于兹方。兹方云何,膺受多祐,正教西来,大眷东顾。凡我人斯,仰瞻辽廓,敢曰无主,敢曰不若。大文无雕,经途无诡,秉心三德,守诫二五。药罔不升,远国不堕,勗矣前修,无作后悔。后悔期那,亟其改旃,鉴搠一息,贯尔百年。如山匪嵬,如海匪渊,矢志崇闳,以隆德馨。"又世祖章皇帝御制《天主堂碑铭》云:"大圜在上,周回不已,七精之勤,经纬有理。庶绩百工,于焉终始,有器有法,爰观爰纪。惟此远臣,西国之良,测天治历,克殚其长。敬业奉神,笃守弗忘,乃陈仪像,乃构堂皇。事臣尽虔,事君尽职,凡尔畴人,永斯矜式。"(见康熙《苏州府志》卷三十九末)

闰三月廿一日(5 月 11 日)

《申报》

会匪难抚

广东《博闻报》云:自德人占据胶州湾后,即有小刀会匪借御侮为名,揭竿起事。一月之间号召游■响马约万余人,共推李姓为首,占据某山,劫夺抢掠。继又下书德人,约期交战。德人立即电致总署转电东抚,饬速相机剿办,免为外人借口。东抚得电集众会商,皆以贼势倡狂,难与交锋,且反形未露,不宜激之使来。旋有候补府镇太守偕某守戎,自愿轻骑入巢,晓谕祸福,竭力解散。抚军壮之,遣往招抚。刘等仅带亲随五六人,连骑同行,入见李匪,极言德人开衅,据我胶州,皇上恐兵连祸结,涂炭生灵,故已经画诺,许其驻兵。尔等皆系世代良民,食毛践土,切勿轻举妄动,上违谕旨,下祸梓乡。李匪谓德人驻兵不退,吾等难以出洋,无从谋食,断难束手待毙。刘等正在再三劝谕,忽有无数散匪一声呐喊,各执刀械蜂拥入内。李匪见而喝止,刘等遂狼狈逃归。事后传闻李匪约同丑类,暗袭德人。德人以未及提防,致小有挫衄,现在添兵驻守,加意防维,然总不敢越胶州湾一步云。

闰三月廿七日(5 月 17 日)

《国闻报》第一百九十五号

东南各省新闻:安徽保护教士章程

安徽臬宪赵次珊廉访议定保护洋人教士章程十四条,禀详抚宪批准照办后,当即刊刻传单,颁发各属,转给各乡董存留填用,另行刊刷章程,札属晓谕俾众周知。兹特抄得原稿，照录于左。晓谕事：案奉各大宪札饬，令切实保护各国洋人，屡经晓谕在案。除刊刻保护传单发给各乡董保存留备用外，合将所定章程另行刊刷，俾众周知。为此示仰所属军民诸色人等，一体遵照后开章程办理，切勿违误干咎，特示。计开保护章程十四条：一、奉札预刊保护传单并回条款式，发给所属四乡，凡有集镇及人户稍多之处，宜存多张备用，其分驻文武大小衙门地方，亦一律存备。一、凡城乡教堂俱专派差役二名，发给长工食，轮流在堂外伺护。如遇洋人外出，该差立即问明，报知本官派人护送；在乡下者，立刻报知董保，填发所存传单，拣派壮丁沿途护送，由此保送至彼保，(眼)[跟]同注明传单，交换递护，必须取有彼保收条，方准回销。一、教堂太多之处，势难分派多差，然教堂虽多，(报)[教]士究只一二人，至多数人。现在所派差役，系照教士人数及居住之处分派，教士行至某堂，该差即随至某处，不必占定一处，庶易周转。一、凡有防练驻扎之处，即将传单交营，派人接护。若下站系走僻路并无营驻，或值营勇出差不敷分派，应由董保派丁慎护，不得因上站是营勇送来，下站董保不接；亦不得因上站是乡民护来，下站营勇不接，各宜不分畛域。一、凡有分驻，同通丞簿巡检各衙门，遇有洋人过境，该董保一体禀知，饬令董保照章办理。如董保不遵，立即分别惩戒，送地方官究办。一、凡遇各国洋人经过，不论由何省何处来，亦不论有照无照，即无传单，该董保亦一体照章护送，即向无教堂之处，如有洋人经过，亦应护送。一、各董保派乡民护送，如遇路途稍远者，特为定准每里准给口粮钱文，届时该董保先行垫给，按字凭■条赴署请领，立即发还，断不任胥役片刻留难。一、无论兵役、乡民护送，俱不准向洋人索谢分文，违者查出重究。一、洋人最喜爽利，若接护之董保，借词推诿耽延，致洋人不肯守候径去者，查出重究；即或洋人辞谢不要护送，尔等也要派人在后随护。一、所派堂外差役，如遇教士外出，漏未查知禀报，即将该差枷号三个月，满责示惩。若保护无误，每次给赏一年，从优给赏。一、各董保护送洋人，每一次一年分别外奖及详情奖励。一、凡洋人在乡留住之处，即由该董保昼夜轮流派人保证，并不准围闹聚观，尤不准出言伤人，即妇女小儿亦应禁止。一、若遇洋人到处，偶有无知之人口角争闹，该董保即应立时理劝解散。若能化大为小、化小为无，事后必当从优奖赏，决不虚言。一、此事虽不免琐碎，但值此时艰，游勇匪徒到处皆有，最要防抢劫等事难分皂白，必须格外小心以安远人，即以自安吾民，所谓利人即是利己。况费由官发，尔等不过劳力，并不要尔费钱，各保平安，莫善于此。各处教堂虽多，教士不过数人，且每月未必常有洋人往来；即偶尔护送，月不过数次，远不过数十里、十数里，并非难事，切勿推诿。倘或因小失大，贻祸虽在匪徒，受害仍在百姓。恐尔等吃亏不起，彼时难系代人受过，官亦不能护尔。各宜听信吾言。

四月十一日(5 月 30 日)

《知新报》

公车上书请办德人拆毁山东孔庙折　　同人公拟，顺德麦孟华属稿

具呈举人麦孟华等为圣像被毁圣教可忧，乞饬驻使责问德廷严办以保圣教而安人心，

伏乞代奏事。窃闻山东即墨县文庙孔子像被德人毁拆,断圣像手臂并抉先贤子路眼,蔑我圣教,视我无人,天下士类,咸为震动,凡有血气,怒发咸指。伏惟孔子道参天地,德在生民,列代奉之以为教,我朝列圣尤加尊崇。令天下人知君臣父子之纲,家知孝弟忠信之义,庙祀皇皇,至巨典也。四国之来,虽微有讥词,而尚不敢明相攻毁。自胶旅之事,习知吾国势极弱,尚未敢遽加分灭者,盖犹畏吾人心也。顷乃公毁先圣先贤之像,是明则蔑吾圣教,实隐以尝我人心。若士气不扬,人心已死,彼即遍毁吾郡邑文庙,即焚毁吾四书六经,即昌言攻吾先师,即到处迫人入教。若人咸畏势,大教沦亡,皇上孤立于上,谁与共此国者?夫皇上以冲龄践祚,二三大臣辅助于下,而天下晏然,四海靖谧者,非以其威力为之,实以君臣之义深入人心,相与扶植而立此国者也。夫君臣之义、父子之纲,乃孔子所立,若大教既亡,纲常绝纽,则教既亡而国亦随之。举人等私忧窃痛,实有难言。彼越数万里而传彼教,稍不得当,则索地杀人。我在内地而不能自保其庙像,夫复何言?《中庸》称:"事死如事生,事亡如事存。"古者用尸,后世用像,皆在主外。明世张孚敬不知此义,妄改用主,而即墨犹存古义。德人敢行狂妄,实蔑视我全国之人。朝廷若不加保护,人心从此尽失。割胶不过失一方之土地,毁像则失天下之人心,失天下之圣教。事之重大,未有过此。查两国和约,既保彼教,亦当保吾教,乃合公平均沾之道。伏乞皇上深察人心,恤念圣教,饬下驻德国使臣吕海寰责问德廷,责令查办毁坏圣像之人,勒令赔偿,庶可绝祸萌而保大教,存国体而系人心。伏乞奏皇上圣鉴,谨呈。

四月二十日(6 月 8 日)

《益闻录》

中国之福在崇正教以革弊俗说

五洲之大,得十三万三千七百八十三万方里。方里者,六百四亩二分余地也。中国居亚洲中央,东邻朝鲜,西回部,南交趾缅甸,北以俄为界,幅员之广凡三千万余方里。较之天下诸国:英以属地多而胜我,俄以荒漠多而胜我,其他强盛之邦,如合众、巴西、英、法、意、德等皆出我下也。今天下生齿之繁约十五万万,中国独得四万万,俄一万万余,他若澳与法与德皆不过四五千万,英与印度并计亦不满三万万。由是观之,华人之众甲于万邦,中土之广序列第三。中国而果振兴也,天下孰能御之!无如民贫国弱,远不逮欧。昔于咸同之世,初与外国通商,犹能跋扈豪强牵制仇敌。此何以故?西人知我国之庶,不敢轻启衅端,犹之病痼者流,虽元气衰微而躯体巍峨,非亲炙者不知其敝惫无力也。迨光绪乙酉大败于法,甲午又败于日,失藩服、丧陆师、亡海军、赔重款、贷■债,创巨痛深,举国惊惶,于是中邦之柔弱如露肺肝,向之服我者今且背我矣,向之友我者今且制我矣。德国强租胶澳犹借口于教案,若法之租广州湾、英之租威海卫、俄之租旅顺大连湾,竟借端无自,拱手授之。我知朝廷此举自有不得已之苦衷。彼不知者纷纷私议,此则曰仗义以争,彼则曰联英以拒,要皆徒托空言,何济实事。所可喜者,比年人心丕变,步武泰西,设报章、行矿务、建铁路、增商埠，立兴亚、天足、知耻、实学、蒙学、女学、商务等会，名目纷繁不胜屈指，原其心皆所以致富强也。惜措施未必尽善，难保无虎头蛇尾之讥，况报馆林总，良莠不齐，甚有以淫词艳曲日书一纸传布城厢者，其为害可胜言哉！是报章之设，不特无益，而且有害矣。尝谓治国如治病然，凡人筋骨沉滞，血脉壅塞，疕疡生于外，遘疠积于中。苟非药用清源、剂求固本，徒亟亟以末药敷痛处，我知其膏肓之祸可立而待也。彼西学、西法皆末药耳，固本之道犹不在是。顾欲知整顿之方，试先言中国之病。揭其要，厥有四端：一曰多灾。传云：天灾流行，国家代有。斯言出列国，至今应验。故旱魃也、水涝也、疫疠也、蝻蝗也、凶荒也，历考古今，何地蔑有？香港染黑痧之疫，死亡几于枕藉；印度被荒歉之灾，民食艰于曩昔，此皆近年之事，亦尽人所晓者。然予谓中国之灾甚于他国者，何也？黄河决口，岁有所闻。多则陷数十州县，毙民百千万家；少则延溺千村，禾麦俱为损败。朝廷蒿目时艰，未尝不为惋惜。然而设官縻费，忽忽因循，迄今无善治之方，冀一劳以永逸，借令河在欧洲，断不至遗殃如是，此中国之灾逾于他国者一也。粤稽数十年间，全灾犹罕，偏祸频仍。前者晋省大祲，民之饥死者以数百万计，甚至分葬无人，多掘大窟，将数百尸身坌埋一穴，敢问西土有是事乎？即以近岁言之，山东、湖北春水横流，伤稼灌城，视为常事。去岁则湘南、淮北、西蜀、娄东俱未成熟，贫民饿火中烧，痛不能忍，扶老携幼，千百成群，啼哭离乡，宵旰踯躅，一遇有食之家，辄哓哓乞济。然而人心不古，泛爱无情，视饥民如盗贼，等同类于鸿毛，此驱彼逐，安插无方。苟饥民恃众夺食，则乡人鸣金唤众，群起以攻，某地杀百余人，某地杀数十人，综计各方，为数甚巨；加以风餐露宿，染病死者不可枚举，遂致道殣相望，体骨无归，其能生全回里者，十惟四五而止，敢问他国有是事乎？我知其年虽饥而君民合力，百计施赈，按户救饥，给粮平粜，亡者必无如许之众，此中国之灾逾于他国者，又其一也。

四月廿一日(6月9日)

《知新报》

京外近事：请联名上书查办圣像被毁公启

公启者："山东即墨县文庙孔子像被德人毁去，并将先贤子路像抉其双睛。我中国四万万人敷天痛愤，况在士人同为发指。彼知我国势弱而畏我人心未去，乃欲灭我圣教，先觇我士气如何。若坐听其毁，则各郡县文庙必继踵凌灭，四书六经必公然焚毁，于圣教必昌言攻击。吾教之盛衰、国之存亡，咸在此举。顷者公车咸集，宜伸公愤，具呈都察院代奏，请与德国理论，查办毁像之人，以伸士气而保圣教。凡我同人，读孔子之书，受孔子之教，苟忍坐视圣教之沦亡，则是自外衣冠之种族。单到请书姓名并注科分、省分，以便汇列附上，呈稿备览。"此事经都察院堂官领衔全台列名，已于初八日上折，山东京官公车亦于初六日递呈。事关公愤，非一二人之私也。

麦孟华　林旭　张铣　陈荣衮　梁启超　陈涛　程式谷　张鹏一　龙焕纶　钱用中

况仕任　邢廷荚同启

四月廿三日(6 月 11 日)

《益闻录》

泰州教案

泰州缪荣光者,系教中之新保守也。今春设馆沈渡兼行医道后,三月间有董氏者,年近花甲,患目多年,近来云翳遮睛不能视物,闻缪名而求治焉。以其目无半点光,辞而不治。氏再三恳求,谓请先生尽力,果不能瘳,不怪焉。缪始勉允,遂以磨翳药水点之,数日后而目翳稍退。不意氏听信浮言,谓缪与教堂往还,得洋人买嘱取人眼珠。氏被吓不敢复来,爰求仙方自行医治。不料时将夏令,服暖药而目生别症,起泡流血。氏子见母如此,复触动前疑,遂于十六日领母打到缪之书馆,令其还母之目,并将药箱、药瓶翻倒。缪见此情形难以理说,前赴本城教堂,将前情禀知明司铎。当派司事下乡复查,果然属实。本处乡约知此事经官未便,从中请人转环,情愿赔补药本,并到教堂认错服礼。讵氏子是日外出,晚方回,闻知此事,更肆凶泼,复带人打至缪处,不但不肯服礼,尚要还母之目,始肯甘休。缪无奈将复闹情形禀知明司铎,司铎见其始终不悟,若不稍示惩创,诚恐愚民无知、浮言日起,星星之火将复燎原。遂申情节,请陆刺史饬提讯办,当蒙提集到案,分别枷责以儆,并令各取具改过切结,著原差押令到堂服礼,始行完案。陆刺史随出示谕一通,重申禁令,一时好言生事者,方知效法金人。兹录示谕于左:

泰州正堂陆为出示谕禁事:照得天主教堂本为劝人行善而设,并无他意,即如该堂教民亦各遵守教规,诚心学善,从无妄为。本州前在镇江曾办洋务,深悉来由,久堪自信。乃近来访有无知愚民,妄生疑心,造言惑众,或妄称挖眼,或捏说割心,种种浮言,实属荒谬。即如日前本州天主堂教民缪荣光因为董氏医眼被赵洪等造谣滋事一案。当经本州查验,董氏两眼依旧完全,并无他故。可见挖眼割心之说实无其事,尤为信而有征。本州现已将为首滋事之人,严提到案,择尤惩办。诚恐仍有乡曲愚氓无知造谣,仰诸色人等一体知悉:尔等嗣后务须父诰其子、兄诫其弟,勉为善良,毋妄言而坏人教名,勿多事而自贻伊戚。倘有仍蹈故辙,则是冥顽不灵,不足爱惜,一经访闻或被告发本州,惟有严拿到案,尽法处治,决不宽贷。其各谨遵毋违,切切特示!

四月廿七日(6月15日)

《益闻录》

接中国之福在崇正教以革弊俗说

二曰贫乏。尝闻之西人曰:华人之性,勤操作而省食用。其执艺也,工于仿效;其为贾也,精于谋利。若是乎生财多而用财寡,中国之福似宜胜于他邦;而孰意不然,大城小邑乞丐纷如,鸠形鹄面动辄千人。自城厢以视乡里,又复十室九空,人之不执业而得食者百无一二,借劳力以糊口者十六七,无生计而炊烟频断者十二三,其乘肥衣轻家拥巨赀者惟万中一人耳!或问中国之所以贫,其故安在?曰漏卮大也,生齿繁也,商务滞也。光绪二十二年,洋烟入华值银二千八百六十五万两,一年如许,十载几何?中国自种鸦片于十六年前,岁收二十二万担,迄今愈种愈多,占良田千百万顷,民食因以日窘,是以有用之财消耗于烟霞之癖,奚啻搬移金库投掷汪洋,漏卮之大莫此若矣!计中国户口之稠逾于他国,江苏约三千九百万人,直隶、安徽、江西皆三千六百万人,四川、福建各三千五百万人,山东、河南二千九百万人,陕、甘、山西均一千数百万人,广西、浙江、云、贵皆数百万人。食口既众,田亩不敷,宜其儋石无储,艰于度活。然满蒙之地荒芜甚广,脱秉钧者善为设法,如曾文正之招徕客民,迁居宁广,俾之辟荒地、布百谷,不数年而践土食毛,人人鼓腹,则中国之患不在生齿多而在调度无方也。计欧洲之富,以英、法为巨擘,然英国地隘人稠,其民四千余万,其田只能养二千万口。问其所以致富,则散处五洲,殷勤贸易,国家又善助之,随所至,设官租埠,立约通商,卫以兵威,护以战舰,是故无往不利,几至天下财源半入英人囊橐,而土地之窄无复虑也。中国人众当亦谋食于他洲,然佣于美而美廷逐之,佣于古巴而古巴制之,商于檀香、吕宋而见恶于檀吕,遂致捆载无由,编户之穷如故,所谓商务滞者此也。

三曰无学术。泰西文字各国不同,要皆以字[拼]音,以音成语,字母不过二十有奇,成语至数十万言,以撮字甚易而出于口者,与笔于书者同也。故无论男妇,就傅数月,辄能知文。凡创一法、行一艺、设一学、为一说,录之卷牒,立布遐方,事出一隅,遍传通国,西人多智,从可想见。然此犹其小焉耳。西国立法最重学问,虽杂艺小技均有专科,于是一人创之,万人踵之,精益求精,探微入妙。其医学之所以灵,机器之所以巧,历数之所以明,制作之所以工,物性之所以详,皆由是来也。以言华甸,迥不逮西。凡在巾帼不识一丁,男子稍认之,无者亦惟十中一二,其能捉笔缮书者百中一人耳。彼身列儒林自高声价之流,除词章帖括、经义史事,茫然无所晓。尝读某君洪论,谓有一代名臣而不知范仲淹为何人,曾入翰林而问司马迁为何科前辈者?夫迁与仲淹皆见于史者也,史且不读,何问其他?予尝见高年秀士素著文名而问西洋诸国果与宁波为邻乎?予闻之,不禁绝倒。文人乃尔,何况村夫?总之,中国技艺工程均不及西土,无学术故也。

五月十一日(6 月 29 日)

《益闻录》

接中国之福在崇正教以革弊俗说

四曰人心浇漓。窃为华人之病在于利己，利己之心胜，而凡可以益己者，不问理之曲直皆欲为矣。利己之心胜，而凡可以损己者，不问事之善恶皆不行矣。官场谋职先计出资，任事逡巡期免去位，即有名臣硕吏志切经纶，然一柱一石曷抵狂澜之倒！何者？名缰利锁久已笼络仕途也。姑不论他举，而以一事言之。中国关卡棋布星罗，其为西人所司者，累铢积两日上蒸蒸；其为中员所司者，经费浩繁，于国课军需俱无实济。此无他，为己之念深也。每见城市失火，聚观者千万人，欲其举一指、行一步汲水河渠以资灌救，则非许以钱不可。一若万金之屋不足惜，而片刻之劳不忍分者。西人睹此忿忿不平，谓华民只知有己而不知有人。前年某局轮舟行经京口，偶不加意火起炉舱，顷刻烈焰飞腾，船身被灼，客人二百余哀呼援救，声彻云霄。时立岸者数千人，近泊者数十艘，举皆袖手旁观，未尝设一计、移一舟以救其命。迨火息人亡，尸浮水面，众始争赴江心，剥死者之衣，探死者之囊，忍心叛理一至于斯，此贪利之尤者也。同治年，德、法交兵，法人大败，偿德五千万兆佛郎。法廷下令京师劝民息借，不二日而其数已盈，外省踵至者犹绎络于道，比知赔款已足，乃负银以归。昔年中日议和，偿费无出，亦尝告贷于民，其能踊跃捐输乎？未能也。不特以贫乏故，又以无公心也。不然，贫民虽困，富户尚多，何至舍息借而别欠洋债，竟以盐税抵押乎？即此数端，可以见中国之病。而他如盗贼之多、游民之众、胥役之舞弊、成法之难移，皆不必论矣。呜呼！为今之人亦甚苦矣，溯厥由来根于弊俗。《书》云：古有夏先，后方懋厥德，罔有天灾，是灾由人兴，人不积恶，灾自泯也。商时大旱七年，雒川竭煎，沙烂石成。汤乘素车白马著布衣，身婴为牲祷于桑林之野，卒能感格神灵，丕降时雨，据此一事，余可推已。若夫人事之转移，尤捷于影响。盖弊俗革而漏卮绝也，忠勇生也，仁恕发也，百业兴也。弱者渐转为强，贫者渐转为富也。若是乎，欲振中国当以革俗为先。而革之也实难，将齐以刑法乎？然刀锯桁杨施于显，不施于微；加于已然，不加于未然。故宣尼论治曰："道之以德，齐之以礼，有耻且格。"古今来虐(干)[于]酷吏，徒尚刑章，未能化民于善，反若驱民于恶，是刑法非革俗之具明也。

五月十四日(7 月 2 日)

《益闻录》

中国之福在崇正教以革弊俗说三续

夫人含生负气为万物之灵，辨是非、知礼义，向善憎恶，趋利避祸，不可以牛马使，不可以奴隶驱必也。顺厥性，天遂其希冀，晓之以大中至正之道，勖之以万世无疆之福，然后恍然醒曰：恶不可作也，欲不可徇也。归原报本，脩己淑人，皆不可一日忘也。人果知所悔悟，则风俗自移，氛灾自息。其勤正业而生财多，节冗费而足食易，卒致君圣、臣良、民康、物阜，国祚安于泰山，强邻不敢阴觊，此皆理所必然，可拭目而待者。夫然，则致福由于革俗，革俗于崇正教，彰彰明也。夫教之义亦甚广矣！《中庸》率性为道，脩道谓教，此言性中之理，人人同具，不待学而知者。苟恪遵而谨守之，言行藉以端，心志藉以诚，崇德修慝有自来矣。无如智识初开，物欲斯萌。虚灵之体每为掩障，渐至荡检逾闲，举止卑鄙，纵振作有心，觉挽回无力，是率性之教不足以警俗，而所谓正教不在此也。《书》声教讫于四海，《周礼・大司徒》施十有二教，此言王化及人仍不外典章法律，只可以制外，不可以治内，所谓正教亦不在此也。正教者所奉系正神，故不流于左道；所信系至理，故不惑于谬论；所守系善法，故能成圣成贤；所讲系最大福祸，故能劝人于善，戒人于恶。加以掌教有主而道统不坠，布教有人而圣化远逮，行教有礼而祈禳必恭，守教有法而风俗渐易，似此之教必有于天下。盖人情易恶而难善，物诱动于衷，世俗牵于外，偶不防闲，问心已愧。顾大造生人，责之以善。责以善而不立训善之教，是犹为君者不教而责民忠，为父者不教而责子孝。有是理哉，有是事哉！特是教门林立、泾渭难分，天下无无教之国，即天下无无教之民。斐澳两洲人情蛮野、分部析居，其为教大都奉鬼崇妖，妄言休咎，未经驳诘，陋迹毕陈，若此者固不必论。而中外通行者凡八教：曰儒、曰释、曰道、曰天主、曰耶稣、曰希腊、曰犹太、曰回回。试略举教纲以资分辨。从来紫衣羽士，启齿必言远古隔世，遥引拉杂殊工，以为黄帝老子实创道教，矜奇夸大之谈，乐道津津未可终日。尽不知黄帝生三代以上，宣尼删书以罕知黄帝事，故断自唐虞；乃道士生百世之后，反能得黄帝真传，其可信耶？元始祖诏张易校道书，易上言惟《道德经》为老子所著，余皆后人伪撰。老子果创道教，其旨必见此经；然道士尚炼养而此经未及也，道士珍丹药而此经未言也，道士信尸解、道场、剑印、符箓而此经俱未载也。炎汉时，张道陵生迹遍名山，广求道术，与弟子赵升等卖药西蜀，向病者索米五斗，致时人詈为“米贼”，品行之陋从可知已。然而陵心未悔，设为荒诞之说，自称途遇老子，授以都功印、雌雄剑，歼六大魔王，杀小鬼无算。愚民无识，附和同声，道教之行由是肇端。迨元魏寇谦之脩道陵之术，自言遇老子降命，继道陵为天师，授以辟谷、轻身之术，令清整道教；又遇神人李谱文授以图箓真经，令佐太平真君。此皆凭空穿凿，无一据可依者。不谓魏帝信之，诏谦之起天师道场，广坛高架，又设千人厨会，于是教益炽而垂为定典，至今仍之。然问道教中果有一辟谷者乎？无有也。果有一轻身者乎？无有也。果有一登仙者乎?无有也。果有一尸解者乎?无有也。果有一鬼为符箓所歼者乎?无有也。有之,在于道书,不在于实迹。道家神仙传《汉武内传》定真玉箓、三五顺行、升元消冰等经,所纪怪诞之举缕指不胜。言之凿凿,事则茫茫,要皆羽士伪撰,所以欺愚民而眩世俗。用以行其教、敛其财,诡计百出,常若无穷。且道陵子孙世袭真人居江西龙虎山,间岁一出,遍游吴楚,售符箓,卖职衔。凡为紫流,例有供呈,及真人囊橐略盈,仍返故巢栖止。其舍正务而为道(土)[士]者,率系窭人子弟。读书无力,学圃畏劳,遂肄业道科,读玉枢之经,习丝竹之技,三年竣业,糊口无虞。其间吸烟赌博、日坐茶肆、游手好闲者,往往而是。其他劣迹姑不指陈,所谓道术惟此而已。欲以之化陋俗,我知其不可,则道教非革俗之正教也。

五月廿一日(7月9日)

《知新报》

江苏举人呈请查办孔庙被毁折

具呈江苏举人等,为圣像被毁圣教可忧,乞饬总理衙门责问德藩及德驻京公使严行查办事。国之有教也,所以保其人民种类也。互市以来,西人为保彼教,累有责言矣。一教堂之毁,一教士之戕,而要我金币,夷我人民,操舍我官吏,割据我疆土。此固权力之不侔,抑彼人士所为持此硁硁者,所见固深且远也。孔子之教其式微矣,承学之士帖括是务,即无他族之凌侮,亦几几乎不绝如线矣。然天地之经,君臣父子之义,其名一日存,则人心一日不死也。传闻德国兵船占据青岛,本年正月初一日,突入即墨县城,驻兵文庙,竟将圣像支体残毁,并将先贤仲子双目挖去。大夫君子众口一词,涂炭衣冠,祸方未已。是可以忍,孰不可忍?天地之经将由此绝,君臣父子之义将由此废。此非薄海内外凡有血气所当攘臂奋袖、同心御侮者耶?西人事事辄言公法,及其举动何独不然?亟宜责问德藩、德驻京公使,悚以微言,申以大义,务令罪人斯得,庙貌如故。然后布告天下人民,善守其教,善保其种类,以维天地之经,君臣父子之义。不然,彼人将奴隶我之不若,而犬羊之也。德人信之,幸也;其不信之,彼无谓我无人。十八行省之大,四万万之众,动其公愤,挟其私力,一夫夜呼,挺刃交集。将有劫彼亲藩,贼彼公使,其祸不胜言者。苟以其道还治其人,在我既上劳宵旰之忧,在彼已先受芟彝之害,兴言及此,可为寒心,此不可不使之闻之也。举人等为大局起见,以保我教,即以保彼教,迫切上陈,伏乞据情,上奏皇上圣鉴。谨呈。

淮安举人呈请查办孔庙被毁折

呈为圣像被毁,薄海同愤,请责问德人严加查办,伏祈代奏事。窃闻山东即墨县文庙孔子像,于本年正月被德人率众前往折断手臂,并抉去先贤仲氏像目睛。此其侮圣慢贤,实欲借欺蔑圣教之端,为挫折中国人心之计,非寻常欺侮可比。凡我士庶,莫不同声共愤。念自外洋与我互市,我民与彼教启衅,教堂之毁必厚偿以金币,教士之戕必严办其匪徒。虽我所以固邦交,亦因各国所崇奉者在此。若我中国自三代迄今二千余载,所以维持世道人心，而三纲五常未尽沦斁，乱臣贼子不至接踵而起者，以有孔子之教。自朝廷至士庶，莫不知尊孔子之教也。况孔子之道参天地而昭日月，凡有血气之伦悉在范围之中。故近来外洋人士亦颇繙译经书，称述圣教。今德人乃肆行无忌，固中国所必诛，亦彼法所不宥。且闻该德人拟于曲阜孔林旁建筑教堂，则是显加欺蔑，谓中邦圣教为可除，大肆猖狂，疑天下人心为已死。不知我士民尊奉圣教，四海一心，目睹欺凌，万难忍受。前者英、法、日、德诸国迭开兵衅，我中人已久深义愤，同怀敌忾之心。徒以敬畏天威，仰体皇上柔远慎畏之心，姑从隐忍。今彼既凌侮我教，窃恐吾民将泄愤于彼教，势必普天率土同伸公愤，不可御遏。此固皇上所洞鉴，而亦德人所当虑及者也。伏乞皇上饬下驻德使臣吕海寰，宣告德廷，并就近责问德藩及驻京德使，务获毁像之人，严加惩办。且孔林之侧，亦不得任其建置教堂，横行无忌，以卫圣教，以崇国体，以伸士气，以固人心。举人等迫切上陈，实为大局起见，伏乞代奏皇上圣鉴。谨呈。

山东孔庙被毁事，前据各报纷传，经总署奉旨电咨东抚查询。旋据即墨县详报，谓无其事，遂作罢论。近又纷传有御史奏参谓事本非虚，地方官规避处分，故饰词弥缝，请再查究等语。此事是否果确，本报未敢遥断。然各省公车纷纷递呈，义关公愤，谅非一二人张皇好事之比。故本报前已刊录吾粤梁孝廉等联奏之折，今再汇刊江苏、淮安两处公车所呈察院代奏稿。虽曰明日黄花，然正以见人心之公，士气之强，而为中国今日实不可无之举，亦以存历朝未有之公案也。

五月廿五日（7 月 13 日）

《益闻录》

续中国之福在崇正教以革弊俗说

佛氏之兴昉于释迦。释印度人，父净梵为维卫国王。释长，娶三夫人，年十九，逾城出家，披袈裟，持盂钵，跣足蓬头，沿家乞食。愚民见之，以为太子之尊，自甘淡薄，其必有真道以警世者。以故群然趋附，风动一时，佛教之成，寔由于是。若谓其老子投胎，既弥月出母胁而生，坠于华上，时有二龙神降，一吐冷水，一吐温水，沐浴其身，甫坠地作狮子吼，周行七步，环视四方，皆妄说也。若谓其投身喂虎，舍头施人，挖眼济人，变鱼饲人，剥皮为纸，折骨为笔，皆妄说也。若谓其身长一丈六尺作黄金色，类似狮皮不受尘水，手足钩镶，毛悉向上，顶佩日月之光，牙至半寸之广，皆妄说也。原释氏所以惑人，以佛性为宗旨，以劫数为消长，以轮回为报应，以放生为积善，以参禅为工夫，以诵经为忏悔。凡此礼制，荒谬不经，守之徒劳，曷期革俗？慧会《金刚经解》云："上自诸佛，下至蠢动，佛性正相平等，故有形色、无形色，有情想、无情想，直至不属二境，众生体虽不同，性实无二。"此与李文会上自诸佛、下至蝼蚁皆有佛性之说，若合符节。然《孟子》云："犬之性犹牛之性，牛之性犹人之性欤？"物以类殊，性亦有别，果如释氏之言，贱如蚁蚓，尊如帝王，皆一性之转移；智如尧舜，蠢如鱼鳖，亦一性之变化；薰犹同器，清浊合流。不特智者知其非，即愚者亦知其不可。道既不服人心，谁复因之自振？此佛性之说不足以警世也。按《云笈七签》经：三千六百载为一劫。刘静斋《平心论》言：变劫之时，有须弥山出，峙立大海，高彻九宵，日月环其腰，色欲别其界。地分四大洲，各析三千小洲，中国为南三千洲之一。释迦生天竺，居南洲之中，据是以推四洲之大，逾中国万二千倍，须弥之高尤在太阳之上。古人不知天地之学，或有信其说者。时至今日，仰观邃奥，俯察杳邈，天文地理之学远迈往古，谁不知释氏此言不值达人一笑？此劫数之说不足以警世也。轮回之说昉于西域，创之者名毕达卧辣，释迦宗婆罗门教，从其说参以私见，遂分六道：曰天道、曰人道、曰魔道、曰畜生道、曰饿鬼道、曰地狱道。《涅槃经》云："天上虽无大苦，然时至命终，躯体柔软，为患特甚。"《新婆娑论》云："天上衰相大小各五，大者两腋流汗，全体臭气；小者著水瞬眼，现影失声。"《正法念经》云："天人寿命将终，天女大加侮辱，或夺其宝，或骂其恶。"呜呼！人升上界何如其荣，乃竟群雌粥粥大肆咆哮，使有功而归天者又无端而下堕，揆诸情理，有是事乎？此天道之说不足以警世也。五伦之序自古尊严，位置之分不可相紊。人死果入轮回，曾为我祖者数投之后，未必不为我孙。以祖为孙，人伦乱矣。况天下为恶之人不知凡几，皆释氏不欲其入人道者也。不入人道则投人者日稀，而生齿渐少，必至无噍类而止。乃何以户口殷繁，叔世远超乎上古？此人道之说不足以警世也。魔道一名阿脩罗道，入之者成妖，八臂三头，容貌丑恶，身长数十万里，直立海中，水不及膝，举拳把日，伸手擘云，女魔怀孕动辄千年。凡此狂言，散见佛籍，言意大体如许，当亦掩日月而障风雨，濯足汪洋，洪流翻舶，鼻息一嗅，拔木卷茅，试问释子尝一遇之乎？立窃无方，令人绝倒，此魔道之说不足以警世也。

六月初五日(7 月 23 日)

《益闻录》

续中国之福在崇正教以革弊俗说

大造生物为人驱使，马负牛耕，古今一致。以群灵投畜类，行见牲亦有知趋善避恶。犬不吠君子，牛不蹊人田，乃何以此等事皆未之闻也？况畜为人凭，安知我之豕非即我父投生，而何忍贱之？安知我之羊非即我母投生，而何忍驱之？推此意也，人畜必并尊而后可，天下有是理哉？《书》曰："人为万物之灵。"诚以人灵，而万物不灵也；以人投畜，则人灵而畜亦灵矣。何则？畜之心即人之心，不灵者其貌，必灵者其心矣。以此告人，谁不诽笑？此畜生道之说不足以警世也。佛氏云凡贪嫉邪佞、谄曲欺诳之徒，卒后皆成饿鬼。身寒冽，发篷乱，腹大如山，喉小如针，鼻常流涕，口恒垂涎，不得水浆沾唇，永无粇粮入口。遂致食粪吞毒，艰苦万分，寿届万年，腹未一鼓。予曰：腹果如山，虽有巨桥之粟不足供其一饱；然而死求速朽，骸骨归灰，又安有所谓口腹，安有所谓饥寒哉！昌黎氏曰：鬼无形与声，安有气？气且无有，安有其身？此饿鬼道之说不足以警世也。释氏地狱凡一十有八，入者受烧身挂肋、舂头捣脚、裂胆抽肠等刑，果有是事亦甚苦矣！然而人死为鬼，无百骸四体之躯，所谓头与脚与胆与肠何所依附乎？其记十殿阎王之谱：一曰秦广王蒋，二月初一日诞辰；二曰楚江王历，三月初一日诞辰；三曰宋帝王余，二月初八日诞辰；四曰五官王吕，二月十八日诞辰；其余六王，均有诞日。予曰既有诞日，必系前代之人食毛践土，无异凡众。试问谁使为王职掌地狱，其未生以前地狱已有也乎？有，则谁为主张而递其柄于十王也？无，则谁为作俑而忽建此受苦地也？释子专事穿凿，不求理之贯通，此地狱之说不足以警世也。自古有杀牲之典，三代无放生之文。伏羲氏教民渔猎，燧人氏教民烹饪，老者七十食肉。此皆先王定制，至今奉为矜式，故曰杀牲之典自古行也。高柴启蛰，不杀成汤，去网三面，宣尼钓而不纲，视其貌与放生之举略同，原其心与释氏之意迥异，故曰放生之文三代所无也。今佛家者流，捐巨资建大厦，积谷成仓，多豢牛羊鱼鳖俟其老，而自以为积德冥间定邀后福。各省灾民遍野，待赈孔殷，反不能捐集多金，广行赈济，奚啻率兽以食人，致民生愈苦，谓为善举，岂不谬哉！参禅者何？参佛法之传也。释有初禅、二禅、三禅等名目，要皆闭自绝想，注意空无。嗟夫！道至实也，理必有也，心之用不能无所思也。凝神漂渺，想入非非，欲于至虚中得一实理，犹之无声而欲闻声，无字而欲见字，质诸有识其可得乎？以此说行于天下，将成一浑漠世界，而万事颓败矣！此参禅之说不足以警世也。或曰诵佛经必获大效，信而有证。予曰《癸巳类稿》等书记载颇多，要皆事机巧合，非念佛致然。试观太原王恭临刑犹诵佛经，终不免于杀戮；汝南周嵩临刑诵经于市，仍不免于大典；齐王奂闻贼抵至，还宫礼佛，信口喃喃，卒为军人所杀。印度为崇佛之邦，历千百年无所建树，卒为西人把据，一蹶不能复振，念佛果致福乎哉？由是观之，革俗之教不在空门古刹中也。

保定教案

直隶保定府北关天主堂，于五月十九日有董星五军门所部兵勇十余名到堂游玩，欲进堂中以扩眼界。阍人禁阻，该兵不服，即奋勇漫骂，堂中人出为理论，致相用武，兵不能胜，忿而归营。堂中杜教士、王教士饬人持片至省投递清苑县，请为弹压。大令闻信，带兵二十名，乘轿赴该营哨官处，详讯情由。讵该兵归报哨官，妄述情形。两哨官本一勇之夫，即带两哨兵到堂，破门而入，将阍人及教民某打伤甚重，并砸毁门窗什物，将杜、王二教士掳入本营。清苑县大令见兵势甚大，饬随轿兵回城，禀报大宪。一面即随该哨官至营与之商议，令将两教士送回。说至再三，众兵抗不遵理，杜、王二教士头皆受伤，血溅衣襟。正在危急之候，藩宪委城守营带领兵役驰至弹压。该哨官见宪委带兵方行敛手，大令向杜、王二教士安慰再三，同进城中，入公馆居住，延医调治，并将大概情形电禀荣制军转电总署。当起事时，堂中教民已发电信到京，事后又经杜教士电致北京北堂详述情形。法公使与总署商议并咨商主教及荣制军，闻总督已派随办洋务直隶差遣委用道姚志梁观察前往查办五月十九晚即起程进省矣。

六月十七日(8月4日)

《国闻报》第二百七十四号

保定新闻:姚观察查勘保定教案情形

五月二十三日观察到堂查看,据教士杜保禄面递五条:一、甘军按法治罪;二、城内要一合式公所地基;三、本城官府护送教士入公所地基;四、为被伤人养廉;五、赔补抢去拆建一切物件。观察当即口传议复五条。查第一条虽无教士之请,甘军自有营规;查第二条既准建堂在先,自无不准移堂之理,但不得指定公所,其地基层应候知照本城文武速为代觅;查第三条教堂系奉旨准行,意在劝人为善,除教士不得干预讼事外,原可准其与地方官往来;查第四条、第五条均应照准,烦即估计数目以便即结。是日自午后一点钟谈论至四点钟方毕。杜连称此次系小事,决不能借题讹索,至于地基一层,亦知是为难也。二十四日杜教士来函:"敬启督委姚大人鉴照,昨蒙面晤,不知言谈明备否?敝举五端立具一纸,唯地方一端未蒙允准。敝观城内地方,惟淮军公所合试,若旧道地方还资五六千银修补,始可居住。敝主教樊已请法国钦差容假五日,为在贵省办妥,免滋别窦。现刻已逾二日,务希后二日间颁赐回音,谨此函祈鉴照,即候升安,不了名正肃杜保禄。"二十七日覆杜教士函:"覆者:二十四夕接到津电,得悉此案已经督宪中堂与贵主教樊君在津定议,本委自当无异辞,惟望贵教士遵照与本城官长原议诸公,和衷结案可也。"从行人记录。

《申报》

论中国释、道二教有衰废之机

中国之有释、道二教已越两千余年,始于汉,盛于唐,绵延不绝以至于今。原其立教之始,释则以清净为主,与世无争,独处空山,形同木偶。及其至也,神游于太虚之表。道则以修(鍊)[炼]为工,炼形、炼气、吐纳为宗。及其至也,飞升白日,鸡犬皆仙。总之,二教皆以长生为务,然虽载在典籍,而究荒渺难稽。有时为我,以萧然远引为高;有时兼爱,以普救众生为念。其道在杨、墨之间。当时非无资禀最高之士,源流透彻;然亦无益于苍生,无补于人世。况传之后世,二教之本原渐失,诵经亦不求甚解,符箓惟依样葫芦,几不知何者为清净,何者为伏气?惟存二教之名耳。降至今日,非但昧彼教之本原,抑且恃彼教为生计。至依为生计,而惑世愚民之事因之而起,不但为人世虚生之辈,徒耗天地之资粮,抑且为风俗之扰、人心之害。其得以绵延不绝者,在朝廷以尚无凶悍悖逆之事,民间以尚无攘夺争竞之风。故即有斥之者,亦相安于无事,而不知为其暗耗者实多。西民惟求各食其力,各安其业。合中国四万万人中,尚虑其多游惰,以致贫弱。若僧道,则游惰之甚者也。就中国而论,虽不能细核其数,约计一千人中一人,已有四十万人;以二人而论,则八十万人矣。夫此八十万人,皆不耕而食,不织而衣。其间贫富不同,贫者到处募化,藉人乐助;

富者膏粱文绣，无异富家翁。然无论富者、贫者，皆仰食于人。其所酬于人者，皆无谓之经谶、无益之符咒。受其经谶、受其咒符之愚者，一千人中奚止二三百人。以二三百倍之人之才力，养此数十万游惰之民，虽国家之贫弱不系乎此，而亦未始非漏卮之一端。况二三百人之中，妇女居多，妇女受愚耗钱更易。中国男女之别最重，僧道例不准有妻室，一犯淫，行人皆得而戮辱之。试思男女饮食，人之大欲所存，僧道亦犹是人耳，势不能无阴犯之弊。于是引诱藏匿，种种不法，设立香会，以天堂、地狱愚弄妇女。虽地方官以风俗为重，例不准妇女入寺烧香，杜渐防微亦可谓至矣。然地方官之耳目庸有不周，则查禁亦庸有不及。有可以烧香之处而欲禁绝烧香之人，不揣其本而齐其末，吾不敢必其法令之果行也。如欲节民间之费，挽风俗之衰，非除僧、道二教不可。而欲清僧、道之源，则非裁汰庙宇不可。本报前日谨登上谕，令将不列祀典之庙宇，饬地方官晓谕，一律改为学堂。庙宇既改为学堂，则僧、道穷无所归，吾知不必勒令还俗，而自不能不还俗以谋生。僧、道可由此而少，而弊亦可由渐而清，亦风俗之一大转机也。或者谓僧、道至今日，亦有幸、有不幸。幸，而住列入祀典之庙，依然栖息如常；不幸，而住不列入祀典之庙，则不几如丧家之狗乎？然僧、道虽各有宗派，而究为一教。其无庙可依者，亦何不可择庙而居乎？且可易奉列入祀典之神、并其庙之可保乎？曰庙宇既少，虽可归并，惟实不能容，亦无可如何之事。至欲改头换面，则已昭昭在人耳目，地方官其能蒙蔽乎？地方官即能蒙蔽，而地方绅士之欲设学堂者，其肯不详禀乎？且列入祀典之庙，自不能废，亦圣人神道设教之意。然其中不无附会沿谬者，朝廷既有此谕，将来亦必有删汰者。或一神只许在一郡设立一庙，或一邑只能设立一庙，如此则庙宇当更少矣。况列入祀典之庙，奚必为僧道所居？所谓法制无百年而不变，风俗无百年而不更，惟不能骤然变之、骤然更之耳。二千余年之积弊，行见数年之中可廓然一清。人为僧、道虑，我为僧、道幸。幸其可为有用之民，而不致游惰终身，见恶于世，而受空门之寂寞也。而尚欲思为护法者，则更愚妇之不如矣。

六月十八日(8 月 5 日)

《国闻报》第二百七十五号

保定新闻：姚观察查勘保定教案情形续前

据清苑县勘报，勘得北关迤东有东西车道一条，道南有天主堂一所，大门向北开设。进内前院有北房五间，南房神堂五间；又进内后院有南房三间，西客庭一间，北首耳房一间，北房饭庭三间；从后院迤北有北房三间。讯据堂内宋教士指称：于五月十八日下午七点钟时，有甘军中营兵丁多人突入堂内，将前院■房东首屋内，砸毁大玻璃两块、小玻璃五块，零星家俱不记其数。又神堂五间屋内砸毁烛台三付、花盆一个、玻璃烛台三付、挂灯一个、北墙玻璃八块、门上玻璃■块。又西首三间屋内丢失包袱一个、大褂二件、醒钟一座。中间屋内摘去画像一幅，东西墙桃山各一付。又后院西客庭三间屋内，砸毁桌上大记红瓶一对、日本细磁瓶一个、洋磁花瓶一个、西洋玻璃碗共计二十件、日本磁茶壶两个、记红茶叶碟一个、盛白糖西洋玻璃家伙三件、屋门两扇,丢失阴阳表、寒暑表各一个。将南房三间砸毁西首窗户玻璃一块、中间门槛上玻璃一块、坐钟一个,将西客庭北首耳房一间屋门丢失醒钟一座、夹被一床、洋布大褂两件、夏布大褂一件、白洋布小衣服四件、袜子四双、水烟袋一根、哈呢马褂一件,砸毁窗户一个。将北房饭庭三间屋内砸毁西洋灯一个、窗户玻璃三块,丢失吃饭各项家俱共计七十三件。将后院迤北北房三间屋内砸毁茶壶、茶碟、茶碗各一个,东首窗户玻璃一块,丢失更夫水烟袋一根、大褂一件,余无别物。据清苑县报伤件验得洋教士杜保禄顶心偏右木器伤一处,皮破血出,囟门右耳轮、右腮颊、左肩甲各有木器伤一处,俱微肿、红色,余无别伤。华教士王德芝顶心破伤一处,发际黏连不便揭验,两肩中各有木器伤一处,俱微肿、红色,余无别伤。更夫刘常兴左臂膊木器伤两处,左肐肘近下木器伤一处,左右肩甲各有木器伤一处,俱微肿、红色,余无别伤。厨役籍洛本左肩甲木器伤一处,右肩甲木器伤两处,左后肋木器伤一处,左臁肋木器伤一处,俱微肿、红色,左臁肋近下木器伤一处,皮破血出,余无别伤。从行人记录。

六月十九日(8月6日)

《国闻报》第二百七十六号

保定新闻:姚观察查勘保定教案情形再续

二十三等日观察到营查看,据营官等报称,前哨副哨何文源年四十一岁,右膀棍伤一处,左右两腕绳捆伤,左肩背上铁镢伤一处,右腰窝铁镢伤一处,背上棍伤数处。右哨副哨别万喜,年二十九岁,天门穴石伤一处,枕骨刀伤一处,左膀棍伤一处。两人遍体青紫色不一,但未破伤者不计。据哨官何文源、别万喜供称:光绪二十四年五月十八日未刻,某等因巡查兵勇偶至一处,实不知地属何所,意其是花园。向门前人问云内是花园否?答云是。又问可入内游观否?答云可。将进未进之际,门内院中有人厉声骂曰:"瞎眼畜生,你知此地是何所耶?"某等回言不许即不入,何必开口骂人,即返身回营。路遇卖瓜人,因即买瓜蹲地分食。有多人赶来,只听喊问是哪两个畜生?某等尚不知何事,内有一人在后指某等曰正是这两个,随被拖扯入门口,称见老爷去。某等思想见老爷正好说理,不致受冤,谁知入门后见老爷站立院中喝众捆打,即被背捆在东北角树上,被众攒打一次。何文源暗将麻索扭松,手仍未脱,惟摸着别万喜麻索,暗为解开。别万喜随即纵跳越墙,被乱棍打落墙外,伤重昏晕。何文源已将麻索扭断,纵跳未及越墙,被众将挠钩挽下,铁镢打伤脊根,复拖进楼傍小屋内抽吊再打。正在欲死之际,有勇丁等人来救出。别万喜昏晕墙外,无人知觉,■夜深醒转,不敢回营,藏身客店内听信,后遇勇丁等寻着同归。某等被拖被打时,只闻有一老爷,始终未见洋人,直至后来始知是教堂也。所供是实。据勇丁等供称,五月十八日将晚未晚之际,有卖瓜人来报信云,与营中哨官二人在教堂相遇,约离堂门二十余步之地正在卖瓜,忽见教堂中拥出多人将两哨官拖进大门,随将大门关闭,听闻门内有殴打之声。兵等一闻此信,心知本官有难,急须前往援救。行至其处,果许大门关闭,高声呼唤问哨官老爷在内否，门内有人答云不知道。兵等闻信来救者，约二十余人。又有过路看客，共言撬门入内往救，登时门已撬开，高声呼唤哨官老爷在何处，只听得哨官在屋内梁上答应，随即撬开房门，从梁上救下。此时有人来抢夺，互相争殴，以致教堂中人略受微伤。又找寻别姓哨官不见，恐有不测，共言将其人带至营中为质，意欲俟寻得别哨官后放出调换。后来清苑县陈大老爷来营，将教堂中人要去。别哨官直至明日回营，始悉其扒墙逃走时，被数人持棍打落在墙外僻处，昏晕不醒，故当时找寻不着。兵等因救援本官情急出此，实不敢有心闹事，所供是实。案甘营两哨官过教堂口角时，并无从兵且系徒手，并不携带器械，众口确凿，即教堂亦云然。唯一哨官手上带有一玉镯，指以为行凶闹衅之由。至堂中人关门缚打两哨官一节，华教士王德芝自称实有其事，此举殊与教规不合。但据哨官等供，在堂被缚时并未见有洋人，则非洋教士所指挥可知。此必是随教莠民为洋人所倚任者，狐假虎威，借端生事，以致洋教士反为其所波累也。迨后甘军夺门往救，竟将洋教士扯至营中，亦有不合。互殴之际，洋教士亦已受伤，游手聚观，更不免乘势毁坏教堂中物件，此皆不得谓非甘军之过也。事后甘军各营目睹两哨官伤势甚重，人人有不平之色。在洋人以教堂被打，亦振振有词，颇极两难。所赖督宪荣中堂素为总教士樊国梁所佩仰，又与董宫保契合有素，皆能听候中堂一人秉公调度，暗为排解。一面优待教士，给其所求；一面安抚甘军，恩威并用。不旬日间，化有事为无事，即日结案矣。从行人记录毕。

六月廿三日(8 月 10 日)

《申报》

论报纪饬查揭帖事

秦汉以前君天下者，只有国号，而无年号。天子之有年号，自汉武帝建元元年始。武帝在位五十四年，改元凡九。计建元六年，后为元光六年、元朔六年、元狩六年、元鼎六年、元封六年、[太]初四年、天汉四年、太始四年、征和四年，又二年也。厥后一代之帝易一年号，中间有改元者，有不改元者。明代十六帝，惟正统复辟后改元天顺，余皆无事不改元。我朝太祖高皇帝肇兴东土，纪元天命，是为明神宗万历之四十三年。太宗嗣服，改元天聪，是为明熹宗天启之七年。至十年后，改元崇德。又八年，而世祖章皇帝绍述统绪，式廓宏基，爰为顺治元年。历八传而至今上龙飞，改元光绪。承先启后于万斯年，海内奉为一尊，中外称无二上，所以顺天时、齐民志、一号令、同风气，甚盛事也。乃昨阅本月二十日报纪饬查揭帖一则，可异焉。其略谓：松江府张子虞太守札行上海县内开，奉按察使吴札开案据扬州府知府沈锡■禀称：卑府据江、甘两县抄呈郡城教堂门口所揭匪徒分帖，“伪号大明允治三十五年四月十二日”伪示二纸；又据续揭伪提督嚜伪示一纸，又奉常镇道札开，据美领事抄送伪示二纸，有左丞相噶尔字衔。各伪示均开“大明允治三十五年”。通饬各州县一体认真查拿匿名揭帖首要各犯等因。查《大清律例·刑律·诉讼门》投匿名文书告人罪条例内，有云凡■■之徒不知国家事务，捏造悖谬言词，投帖匿名揭帖者，将投帖之人拟绞立决。又凡拾获匿名揭帖者,即将原帖销毁,不准具奏。惟关系国家重大事务者,密行奏闻,候旨密办。盖以匪徒捏造悖谬,若非即行销毁,恐一经传布,凡属无知转多惶惑。是以虽关重大,犹须密奏密办也。今扬州等处之案,其详禀大宪后,入告与否,尚未可知。惟有明之建国也,自太祖洪武元年戊申至思宗崇祯十七年甲申,计共二百七十七年。而甲申即为顺治元年,是年八月,世祖定■燕京,明社已屋。厥后宏光、隆武、永历诸伪号,史臣载笔仅比殷顽。至康熙中,诏封明代后裔为延恩侯,世世相承,以■三恪。是则明之亡,已二百五十余年于兹矣。我朝之于明也,既代歼大憝于先,又永香馨香于后,规模阔大,震铄古今,厚泽深仁,得民已久。讵有反侧子思复前代故物者,此不过无赖匪徒任意捏造之词,如海市蜃楼,无足深辩。且即其所称三十五年者计之,上溯三十五年之前,止值同治甲子之岁。尔时金陵克复,遗孽■薙无余,中兴功业盛隆。譬如旭日当天,恶有阴霾潜伏。此等梦呓,在有识者原[可]置诸弗论。特患里巷传述,误以传讹,竟若实有其人、实有具事者,是则不无过虑耳。抑又思之,往年凡值秋之交,民多疾病,辄有匪徒造作乩词,或托碑记遗迹,妄谈祸福,煽惑愚民。其要旨,则以上香还愿劝人,殆为僧■辈开利源。而无识之徒传述遍贴,一若真有其事,已同司空见惯。[惟]咸丰庚(甲)[申]、光绪丙子、辛卯等年,江浙各处最盛。乃今岁沪上又有此等谣词,遍贴街衢,甚至有刻版分送者。查律载:“凡造谶纬、妖书、妖言,及传用惑众者,皆斩。”又例云:“凡妄布邪言,书写张贴,煽惑人心,为首者斩立决,为从者斩监候。”法令如此森严,而愚民竟敢习为常事,是可慨也。故因饬查揭帖[一]事,而类论及之。

七月初一日(8 月 17 日)

《知新报》

亚洲近事:德人图清缘起

西六月二号东京《日日新闻》接伦敦通信员报云,德王今日之举动非自今始矣。其兵力之厚,蓄锐之久,尝跃跃欲试之,以观其能否如南非英属民主国胜英之役。德王竟电贺其统领,暴露其野心于世界。英国人心愤怒,此策遂中道挫折,于是舍垂涎南非之念,默俟时机已耳。

初俄清订结密约,英国多疑非是。而德王据外交官所报,自审于英、俄两国之间,别有所存,固信其事之属实。窃冀于亚细亚有所欲为,乃始试于清,果如其愿。衡之一千八百八十四年与一千八百八十六年前,宰相俾斯麦公之于东亚非利加,殆胜之矣。盖当(比)[此]公时,获得东非洲领土,乃英力之助。今在德王时,获得东亚军港,乃独力而得,毫无依赖者。于是德王深喜居独立之地位,决意而前矣。

昔者希土事起,德遣一军舰往临之。当时欧洲诸国多嘲笑之,德帝亦自知海军弱少,同时于亚细亚建大画策,以增黄海舰队之势。事至今日,人始明之。乃对希腊封锁港湾之事,在当时不免严峻刻薄,奥宰尝论之,亦窃为希幸。及此事与亚清事成,德、俄二王皆以为出乎意外云。然俄王及德相始之不动声色，与巴尔干半岛之绝无不安之念，故人鲜疑之。后日俄、英俄日起葛藤之际，奥王始疑之，亲面俄王。而德王急枉驾往会，此时相见奥王，紧联结之，以得两国欢心。当时奥内阁以俄奥协商，于列国关系毫无变动之旨致英政府。英首相沙士勃雷侯答以若事与巴尔干半岛无涉，任由俄奥两国协订新约，实赖以维持欧洲大(云)[局]。俄因以此协商，益启其向东亚伸张自由羽翼。而德依俄之蹶起，因亦相与携行。其久耽渴想，从事企划者虽远，而机会则在奥、俄协商之点起。

夫如此大体，准备不成，德王只翘首愤懑，以俟时机之至。岂意事遇其时，偶逢山东杀其教师二人。德王喜以隙有可寻，前往猛进，无复他顾，遂尔据胶而结此定约。或疑德占俄所先欲之胶州，俄何以不争之。岂知俄、德两国共相提挈，以成亚洲之事乎？但其顺序细目尚未议定，而德遽出此举，俄亦不满乎意而知非争可得，遂接踵据占旅顺。德以俄之勉抛胶州也，因与俄约，他日若俄欲用胶州湾，德甘让与以弥缝此间隙。盖不欲同盟遑戈，以失臂助耳。观胶约中有如德他日舍胶另租他港，清国任其择何港易之，且一切筑造炮台建置之物由清购回之条。盖亦豫备夫俄，故俄亦未遑顾及自家利害，以赞翼德王成此非常要求也。

七月十五日(8 月 31 日)

《中外日报》

［论说］ 论四川教士被掳事

自中外交涉，西士往往好于内地传教，于是教案之起层见叠出。自道光季年以迄今日，无虑百数十起。外人每遇此等事件则格外需索要胁，国家交涉益形棘手，非赔费即割弃口岸。近则封疆大吏进退之权，尤往往为西人所倒持，刘仲良制军、李鉴堂中丞先后以此去位。而内地匪徒尤好与西人为难，动辄毁教堂、杀毙教民，其尤甚者，抢掳教士勒赎巨款。此等案件内地犹少，四川则民情强悍，往往而有。为地方官者保护稍一不力，则酿成巨案。譬之世家巨族，其父兄方以忧患荐至，门第中落，但期力图自振，不敢复与外人争竞。至为子弟者，顽劣性成，不知艰难，方以日行出外肇祸、滋生事端为得意之举。致父兄不得不服礼谢罪，浼人关说，极力周旋，始得寝事。而彼仍顽钝如故，肇祸如故，虽鞭挞不止，此则所深为可慨者也。虽然，我中国与泰西各国既订有和约，各遣使臣驻扎其国，通商往来垂数十年，犹之姻娅故旧。独不可鉴其苦衷，平情商办，而必逞其势力，横加挟制，毋乃非公法所应出者耶。今者大足县余蛮子肇事，聚众数千杀毙教民十余人，复掳法教士福鲁雷，勒赎巨款，至今未释。而法公使即照会总署，谓由地方官不善保护，若不设法办理，至该教士稍有差失，则惟四川总督是问。呜呼！刘仲良制军、李鉴堂中丞之覆辙，又将不远哉！闻余蛮子之于该教士也，优待甚厚，不过借勒巨款，尚无相害之意；然教民即我中国之民，既入其教，犹必引为口实，况更掳其教士哉？特是凡遇此等之案，其公使及领事等照会我中国各官，催其速办可也；而必借此挟制我各省大吏，倒持我中国用人之权，不可也。

虽我中国积弱、畏首畏尾,凡有要胁,无不听命惟谨,必不敢有反言相讥之事。即令中国之人被其枪毙者至数十人之多,我中国各官方且结舌钳口,不敢发一言。然事未可知,设一旦衅起,他国之待之者亦若其待我中国焉,其肯安然受之否耶?呜呼!公法一书盖为强国言之,非为弱国言之也。我中国今日已屏于公法外矣,用人之柄且操之于西人矣。窃谓各省大吏急宜奋发猛省,力求自强,非第报国,且可固位。

七月十九日(9 月 4 日)

《国闻报》第三百零五号

国闻录要:山东大水

昨有山东访事人来函,据云本年伏泛河水盛涨,各处山水又大发,六月底连日风雨交作,河堤两旁几乎不能立足,以致上中游先后开口八九处。其口门最大者为桑家渡,竟至二百数十丈之宽。此外或百余丈、数十丈不等,下游民埝亦均泛滥。近来沿河二十余州县均被水灾,淹毙人口每县皆有,多者千余口,少者或数百口、数十口。大小庄子数千,悉成泽国,百姓流离失所,惨不可言。济南府城门外东南北三面,一望汪洋,无边无际。东抚张中丞派员四处赈抚,然已缓不济急。而东省自李鉴帅莅任后,一切经费裁汰尽净,此次办赈、办工需款甚巨,当局者势难为无米之炊,不悉将何以善其后耳?

八月初六日(9 月 21 日)

《申报》

东灾详述

顷奉烟台电报局谢佩翁刺史函开:东省自入秋以来,黄河水势陡涨数丈。兖、沂、曹、济、泰、武、临七府属濒河三十余州县,先后漫决至二十余处之多。一片汪洋,茫无涯际,为百余年来所未有。田庐房舍荡然无存,屋顶可以行舟,城池变为泽国。居民数万户在洪流巨浸之中,死者不可以数计。尸骸飘流,尽果鱼腹。其幸而未死者,父失其子,妻哭其夫,八口之家仅存一二,现皆栖身树顶,并露宿于残堤之上,存亡在呼吸之间。若无人出为援手,转瞬冬令,势必饥寒交迫而亡。此皆有人自彼处来所传述者,目睹情形历历如绘,真令人耳不忍闻。顷又奉到抚帅函谕,悉已筹款十余万金,查放急赈。无如灾区太广,本年冬赈及来岁春赈,为日方长,杯水车薪,需款尚巨。是以派委同乡秦子丹、司马寅来沪,为民请命。敦请南绅赶速来东,查放义赈,与官赈联为一气,并嘱遍告同人,推己饥己溺之心,广为劝募,以拯此数十万灾黎咸登衽席。生死人而肉白骨,只在善人一念之慈悲,即为灾民无穷之造化。尚求力襄善举，或延请妥友亲赴灾区，核实散放，或广为劝募，源源接济，以救燃眉。倘蒙俯允，敬为百万灾黎九顿等因。查被灾之惨，待赈之殷，前奉张汉帅电示函谕，敦饬迅筹解济，均经钞乞登报，则敬以劝筹不易，曾请善绅富贾及各行栈实号，节省中秋筵席及月饼香斗之资，移助赈需，想蒙慈鉴。因思求人必先求己，谨即勉助英洋一百元，作为则敬奉请至好诸君庆赏中秋之费，伏祈俯鉴微忱，慷慨赐答。约计沪上与则敬素称莫逆者，至少亦有千人，其处境胜于则敬千倍、百倍、十倍者，指不胜屈。倘蒙分别酌助，旬日间即可集成巨款，解救饥黎。此外好善君子，倘蒙推爱，一律赐助，尤深心感。惠关民瘼，幸乞鉴原。上海北市丝业会馆筹赈公所施则敬谨志。

八月十二日（9 月 27 日）

《申报》

东灾详述并节谳移赈三志

启者，则敬恭阅邸杪，伏读东抚宪张汉帅大疏内开：据河防印委禀报，上游南岸黑虎庙寿张县境杨家井，中游南岸历城县境杨史道口、东河县境王家庙，下游北岸济阳县境桑家渡，及上中游东河、肥城、长清等大堤民埝，于六月二十二三四等日先后漫溢，平地水深丈余等因。不禁与东省灾民同深浩叹。查则敬前随严佑之、■振声两先生三次赴东助赈，目击沿河饥黎，被灾奇惨，非优赈不足以资全活。故每次仅放极重数县，已需赈银十余万两。然往时堤埝漫决，或南岸或北岸，不过在中下两游，被灾不过十数州县。今则上、中、下三游南北两岸同时漫口，致受灾至三十余州县之多，实为办赈以来所仅见。且东省民居全用土坯层累而成，计高不足一丈三尺，一经雨水泡浸，已虞坍塌难支。今竟水深丈余，其为一律被冲，可知黄水一泻千里，疾如迅马。附近口门处，所伤人必多。即中下游南北两岸地势平衍，除沿居大堤各村民尚可设法逃命外，此外并无高山大岭，足以奔避。阅本月初三日《申报》所登苏州官场传述，接据东电有淹毙人民数万之多，当亦事非无因。东民何辜？遭此浩劫！引领北望，寝馈难安。则敬遭际圣明，幸生乐土，历年随诸君子后襄筹赈务，深愧人微言轻，不足以动四方观听。值此时势艰难，更不敢再三烦渎。惟遥念中丞期望之殷与东民待救之急，实属问心不忍，坐视为难。谨再钞乞登报，奉求各官绅、四方商富并广东爱育堂、香港东华医院、福建述善社、天津济生社、汉口敦实善堂、杭州传道堂、南京春和庄协赈公所、京都扬州镇江协赈同人诸善长，不吝齿■，随时劝助。各埠招商电报两局并应仰体盛大臣加惠东民至意，分别设法募济，下恤民隐，即所以上答宪恩。则敬言尽于斯，惟君子格外矜全，是所至感。至节谳移助一节，本日续承英美会审署郑拨助洋五十元。曾君少卿移助二十元，并允咨会同人酌助。孙君仪卿募九章绸缎号移助洋二十元，允章号五元。经连珊谱兄募归荥阳始平氏求病愈助洋二百元。计三批，收到二百九十五元，连前共收八百二十元，又承义善源实号募中东剑云生福兴堂助规银五百两。谨一并抄登，虔谢仁施。上海北市丝业会馆筹赈公所施则敬、子英甫顿首谨启。

八月十八日(10 月 3 日)

《申报》

乞助山东急赈文

水旱(偏)[遍]灾,国家代有,然未有若今日之甚者。上年淮徐海一带洪水为灾,小民荡析离居,惨难言状。今年自四月下旬至七月初,淫霖又复成灾,禾已植而尽受飘流,麦虽熟而不及抢割。灾黎遍野,生计毫无,待哺嗷嗷,朝不保暮。筹赈者方急思施济,以救垂毙之民。不意天降鞠凶,山东黄河又遭决口。呜呼!是岂上天之不以好生为念耶,抑吾民之不德宜遭此奇厄耶?夫山东黄河堤卑埝薄,河窄湾多,数为民生之患。本年夏间,甘肃、河南均电致东省谓:黄河来源极旺,山东为全河归宿,急宜先事预防。不图伏汛之际,大雨滂沱,达旦连宵,半月不霁,以致山水、雨水同时并涨,河身不能容纳。于六月杪,上、中、下三游南北两岸大堤民埝,浸决十余口。沿河三十余州县,一片汪洋,尽成泽国。其情形最重处,如上游之东河王家庙,中游之寿张黑虎庙、历城之杨史道口、济阳桑家渡,类皆开阔四百丈。人民被水冲流,不计其数。传闻齐东旧城业已漂尽,新城亦被水围,城不没者数尺,阖境村庄几无完地。又高博乐一带,因南堤一开,水势直下,宽阔数十里,直长数百里,尽成水府。此诚数十年来未有之奇灾也。当水来时适在夜半,居民猝不及防,被淹者何止数十百万。有村庄适当水冲,合庄尽被冲去,房屋人民一无所存者。有阖家老幼见大水骤至,无可为计,用绳互相连系,随波流去尸骸飘没者。有见水至无处立足,攀援上树,无人往救,饿死树头者。更有因四面水围,内不能出,外不能入,坐以待毙者种种情形。观东省灾书,其伤心惨目之处,真有非郑侠《流民图》所能尽绘者。此即铁石人见之,当亦为之下泪也!东抚张汉帅饥溺为怀,力筹款项,遴员施放急赈,约计已数十万金。然此不过略救目前,俾待毙者暂延残喘,若无巨资源源接济,恐哀鸿遍野,他日终不免沟壑之填。虽经奏请截漕,而有漕州县被淹者已十居八九,深恐所请不济所需。爰函致沪上各协赈所,命为设法劝募,以解倒悬。窃维上海诸善士,自设立筹振所以来迄今已历多年,劝者竭力不遑,捐者踊跃从事,虽收数未尝或息,而各省以偏灾告者亦未尝有终止之时。盖天灾流行,以中国二十二行省之大,何岁何地不一偶逢其变?故救援赈恤,终未一日稍息其肩。今者山东突遭黄河漫决之患,灾情之重、灾区之广,有非寻常水旱偏灾所可比例者。即较之昔年,晋豫大无赤地千里,亦有过之无不及也。■一则旱魃为虐,一则阳侯为灾。旱魃为虐,则掘草煮土,犹可以为旦夕之延;阳侯为灾,则城廓人民悉遭昏垫,虽有草而亦无可掘,虽有土而亦无可煮。若非急谋施赈,何以使千百万哀黎得免其鱼之叹哉!惟是筹赈之事行之有年,言者谆谆,听者藐藐。几欲以呼号求救之语,等之老生常谈。况去年南省收成不稔,以故米珠薪桂,市面艰难。富绅大贾或亦有倦于为善之念。然思天道福善祸淫,又曰“作善降之百祥”,又曰“积善之家必有余庆”。报施昭著,不爽毫厘。则南中诸民得以水旱无灾暖衣饱食者,未思不由于善气之所感。则际此告匮乞赈,急若羽书,其可如秦越人之视肥瘠，漠然毫不动念乎？嗟乎！天不能使天下绝其凶荒，则人世间不可一日废筹赈之事。即不可一日无助赈之人，欲求周济灾黎出水火而登之衽席，惟所望于仁人君子，不惜解囊以助而已。谚云“救人一命胜造七级浮屠”，功德之大，孰过助赈？吾是以愿诸君子之家自为喻，户自为劝，各量其力，慨赐救援。俾东省灾民得免流离转徙成为饿殍焉，岂非无穷之惠泽乎？当世乐善之士，流览斯文，慨然各以囊金相助，是则东省诸灾民生死肉骨之福也。跂予望之！

八月廿一日(10月5日)

《知新报》

横滨阖埠华人倡祀孔子公启

同人公拟，徐勤属稿

际强敌交迫，盗贼滋炽，人心涣散，国势危急之秋，而与之言崇先儒之教，尊孔子之道，莫不曰不急之务，迂远于事情哉！然推原夫强敌若是，盗贼若是，人心若是，国势若是之故，岂有他哉？无教使然耳。今环球而国者大小数十余，其所以能自立于天下而不为人弱者，以有公法在也。而其能守公法而行之者，又以有教化之美，文明之国也。中国之大，民数之多，甲于诸国。而西人以半教相诮，等于野蛮。凡诸国国际之公法，皆彼族借之以行其挟制之术，而我无与也。乃者庚申之役，神京沦陷。彼兵之入我城者，皆逾城而行。我国人士习而不察，不知彼实仿罗马灭野番之例，而不以敌国之礼相待矣。称孔子者，一则曰摩西，再则曰政治家。不知彼实以旧教相待，而不以生民未有之教主相尊矣。时至今日，横议益众，彼焰弥张，吾教愈衰，时局尤亟。于是借闹教之名，窃胶州之地，毁先圣之像，抉先贤之目。群起竞逐，大肆咆哮，罢我疆吏，分我铁路，夺我险要，攘我矿产，干我邮政，握我兵权，预我讼狱。呜呼！彼之侮我，何其暴耶？而我之自弱，何其极耶？夫彼既藉教以自强若此，而我反忘教以自弱若此，又何愚耶？吾尝见日本之笃守儒教者，犹日悬圣像于左右，以示尊亲之意。我中国号称儒教之祖，其所谓士人者，除得第之日，始获一游圣殿而瞻拜圣像。其亿兆之学子，百千之学堂，日所尊奉而膜拜者，非文昌则魁星，而孔子无闻焉。呜呼！士夫犹如此，则小民无论矣，海外更无论矣。以此言教，名虽尊之而实则抑之，名虽亲之而实则疏之，乌足以言教哉？今夫佛教，固息微之时也。数年以来，日本和尚犹能传其教于中国，其政府照耶教之例以保护之。夫日本岂徒尚尊教之名，而固与异教相颉颃哉？盖其意欲谋人家国，不能不收其人心；收其人心，不能不借教以诱之耳。此其术比兵战、商战、农战、工战而尤毒也。大地诸国奉此以墟人宗社者，何可胜道乎？吾国士夫不知此义，怯于教案之故，迫为因噎废食之谋，禁言孔教以媚他族。呜呼！何其计之左欤？此言也，实教祸之胎哉。西人之传教也，上则有君相以奖励之，下则有师友以鼓舞之。其有能建立拜堂，导人入教者，则赏以清爵。即或身入异俗，陷于非命，其政府则从而理论之，其报馆则从而播扬之，其教会则从而旌显之。用能养成风俗，人怀自励，遍行五洲，而驾乎诸教。今中国国体之弱，纵踵其法而行之，未必其能至是也。况夫厚于彼教而薄于己教,不为助之,而反以阻之,不为劝之,而反为忌之者乎?且夫屈我而伸人,让敌而责己,使于种有所保,国有所强,身家有所安,则犹可言也。然试问无教之人,本源已失,而责以种国身家之重,能乎?否乎?洪逆之乱,吾几不国,然卒定大乱而致中兴者,皆由胡曾左罗诸公,讲求孔孟程朱之学来也。中国谈洋务三十年矣,以不尊孔教、徒事西学之流,滥竽其间,此所以有甲申、甲午之败也。自兹以后,大势益危,他日能济大艰、持大局,为种国身家所系者,其必在力倡孔教之人乎!(今日中国之祸莫大于教案,盖存亡之所在也。然推原其故,由于各国不认我为教化之国。于是保护者只有耶稣教,而孔子不得与焉。若人人以孔教为心,传其教于五洲,则各国当以公教相待,一律保护,此时自无教祸矣。此保全中国之第一要事,然知斯义者寡矣。夫教犹国也,己能自立则各国以平等相待,认其自主,无复有相欺之事。吾昔欲与日本志士立一孔教会,以为兴亚之法。日人曰:"中国今日人心不一,国势之衰,诚患无教。然孔子出于支那,支那不能行,何望日本?吾等只可作会员耳,不能作会首也。"吾因是而罢议焉。)考儒教之初,魏文、汉武即立博士。洎汉武之世,罢黜百家,独尊孔子。丁斯时也,家奉孔子之教,人守孔子之道,士无异行,乡无异俗,政治之美,人才之盛,为古今冠。晋魏之间,取跅跑之士,尚庄老之谈,儒术衰息,斯文扫地,至五胡之乱,而民无噍类矣。播及隋唐,重词章,佞佛学,以周公集大成,而黜孔子为先师;立太公曰武庙,贬孔子为文庙。吴培、颜真卿之徒尤复无知妄作,大倡瞽言,定妇女不得祀孔子之禁。至宋明诸儒,虽力尊圣学,然言之太高,苦而难行,尊而弗亲。譬之偏安割据,仅足图存,非复大一统之基业矣。我朝开国之始,朱学盛行,乾嘉而后崇尚训诂,大义昧没,丰■天下。于是六经束阁,等于焚书;士智鄙塞,有如聋瞽。盖教之所存者寡矣,况值异类相迫、外教侵轶者乎?夫教既不保,则种何有焉?种既不保,国何有焉?国既不保,家何有焉?家既不保,身何有焉?教之所系,不綦重哉!每念及此,能弗恫耶?昔康熙三十四年,圣祖仁皇帝遣大臣吴涵为民祈福于孔庙。大哉皇猷,盖深知种国身家之甚有赖于教哉。惜薄海士庶,不知斯义,上违圣意,故有今日之祸耳。顷忧危益切,士习顿变,桂之圣学会,湘之南学会,京师之保国会,皆能远法先圣之深意,扫除千年之恶俗,而大倡孔子之教者,海外逖听,欣忭奚极。既倡学校以育人才,设报馆以开民智,立戒烟会、不缠足会以除痼疾。今复崇祀孔子,以定其一尊,端其趋向。庶几推行渐广,风气渐移,收已去之人心,弭未来之隐患,光圣教于异域,作屏藩于汉室,则亦区区之心,所窃自幸矣。

章程附录:

一、崇祀孔子,自今年八月二十七日圣诞始,此后永远垂为定例。

一、现当开办之始,未能建立孔庙,拟先在中华会馆设立圣像,以昭肃敬。

一、圣诞日,阖埠各铺户一律升旗张灯致贺。

一、圣诞日,阖埠不论男女老少,皆当亲到会馆行礼。(上午则男子恭祝,下午则女子恭祝,以示区别)

一、圣诞日,凡致祭者皆守礼经燔柴之义,香烛宝帛之类一切省免。

一、今年开办之初,圣诞日,阖埠公举董事四十五人,嗣后定例,每年公举一次,以十人为额。

一、圣诞日,不论工商,阖埠停工一天,如有要事不停者,听。

一、圣诞日,祀孔子毕,即在会馆宴饮,以隆此举。

一、凡祀孔子者，每人例捐银七毫五仙。与宴饮之事者，例捐银二圆。若能捐多者，听。

一、自今年崇祀圣诞后，阖埠华人咸当尊祀孔子。至于西人礼拜之日，即孔子七日来复之制，亦宜恪守斯义，以示不忘。（海外之人习气甚深，几不知有孔子之教，故复行此义，以昭敬爱而示不忘）

一、开办章程及尊圣歌，将来都辑成书，遍派中外，使人朝夕讽诵，勿背其本。

一、各捐款除圣诞日支销外，即贮会馆中作下年经费。

九月初五日（10 月 19 日）

《中外日报》

［论说］ 论东灾乞赈事

黄河自古为中国患，国家岁费数百万帑金，河臣殚日夜焦思，先事预防而仅仅无事。本朝三百年来河患之巨者无虑数十起，而以道光中年之河决高家堰、近年之河决郑州，称最巨矣。盖当时人民庐墓为河冲没者，不可缕指数，淮安一府、郑州各属竟成巨浸，山阳汪瑟庵相国祖父墓，亦被冲毁。相国愤甚，跪宣宗前求将河臣正法，以谢吴民。河督张莲舫尚书年已六十余，受谴最重。郑州之决其患尤甚，李子和河帅亦负严谴。当时颇有不复能堵筑之虑，而卒以无意合龙，可谓国家之福、小民之幸矣！然高家堰之决事隔百年，其被灾情形无［自］考悉，而郑州河患则不过十年之间耳。吾闻当日漂没之惨、流离之苦，田庐家室尽付泽国，夫妻子母散避异［地］，灾黎遍野，哀鸿满泽，有非郑监之所能绘者，盖其惨也如是。自河徙山东以来，江北各属永无水患，近稍为害者，运河及洪泽之水耳。而山东滨海诸州县若郓城、寿张、东阿、平阴、济阳、济东、青城等邑历年受水害，小民惴惴朝不谋夕。数日大雨，河流陡涨，即不免有其鱼之忧，然犹幸抢筑修护，不至竟受巨患。乃本年伏泛期内，水势盛涨，众流汇注下游不及宣泄，以致寿张、东阿、历城、济阳等县［之］坝及濮州、肥城、平阴等处民坝先后漫决，南北运河亦以洪流横溢，村庄多有沦没，上下游两岸一片汪洋，人民田庐■浸巨泽，其悲惨情状不言可悉。斯固山东自有河患以来称为至巨者矣。今既有巡抚张中丞援案，请截留新漕以资散赈，蒙朝廷渥恩已与俞允矣。特是■漕之截留有限，而灾民之待赈无穷，爰遣委员赴沪劝赈。夫寓沪诸君子之乐善好施，固天下所共悉者也。数十年来捐款数百万，又天下所共仰者也。沪上商务虽较前已甚减色，而凡遇灾祲之区、捐助之事，无不踊跃解囊慨允巨款。盖上海为商务汇集之地，富商巨宦皆于此托足，以为利薮、为菟裘，故虽岁捐数十万而不觉其难，固由于地方富厚乎，而亦人情尚义之使然也。今东省委员之来沪也有日矣，其劝捐启之登报者亦既声泪俱下矣。吾之沪上之好施者，读其启、感于心，破囊慨助，必不吝也。诸君子其有意乎？吾且乐登诸报，以扬其名。

《申报》

川乱述闻

重庆访事友来函云:重庆府属大足县余蛮子劫去法国华司铎后,其党羽蒋灿臣等勾结川中会匪约数千人,在鱼口坳、龙水镇一带盘踞。始则以逐教安民为词,继而肆行抢掠,竟有官逼民叛之旗。成都护督宪以救出华司铎最为要务,派吴观察至大足附近之荣昌地方,督率各员弁绅士,与余匪说和,议给银一万二千两,遣散匪人,余匪赦免不究。余匪允于某日人银两交。川东道派弁勇数十人,巴县亦派干事数十前往接护。不意华司铎行近大足县约数十里之遥,忽被余党蒋灿臣仍行劫去。而余则谓我已将华司铎交出,何以大足县自不小心又被外匪夺去,反纠众向大足县兴问罪师,并杀毙数人,祭旗围城,立意叛乱。大足、永川城门已闭,危在旦夕。荣昌、壁山、铜梁三县一律戒严,附近居民或迁入塞堡,或迁居城中,或雇船趋赴宜昌,纷纷扰扰不绝于道。川东道迭次电请成都调兵防剿,英、法、美、日四国领事官亦电达护督,请派兵勇赴渝,镇守。现闻已有兵八营来渝,前往大足县攻剿。其由合江调来之二三营,约八月十三四日可到。然民间谣传谓余匪议定十五日来渝,府县为临渴掘井之计,传集绅民议兴团练。各国洋人纷纷预备遣送妇孺到宜昌。未行者,虽故作镇静,然已风声鹤唳,草木皆兵。近忽又探闻余匪已到东大路邮亭铺驻劄。又有谓余匪已暗遣人入渝,放火内乱者。谣传纷起,人心惶急异常,沿江各船雇用一空,米价因之昂贵,川东阖属势颇震动。未识当事诸公,将何以为万全之计哉?

九月初七日(10 月 21 日)

《中外日报》

[论说] 论长江会匪

昨有西友造本馆,言及长江一带,其会匪之桀黠者,时有蠢蠢思动之意。设一旦中国多故,则此沿江各省必有揭竿之举,盗弄兵柄于潢池,今不过隐伏于莽,不敢显然与国家为难,谋不轨事耳。若后世少怠,此则其可忧者矣。余曰:“子何以知其然乎?”西友曰:“四川重庆余匪借闹教为名者已历数月,教士福鲁雷被掳,至今未释。川省地方各官受其愚朦,以为此乃闹教,尚未与地方为难也。不知余匪之计至为狡谲,匪类未集,匪力未厚,则且以闹教为名,以愚其地方官,且挟教士为质,俾官兵不敢剿捕。迨一旦事起,则横铁四决,其荼毒可胜言哉?今历时既久,广西之土匪遥为响应矣,湖南永州之土匪潜相勾引矣。国家多事,人心浮动,各直省群不逞之徒,咸翘首企足以为发难之地。况长江上下五千里,裁兵散勇匿迹各州县者,动辄千百成群,游手无事,不能为生,则打降敲诈、行窃劫盗,为地方之害,无所不至。其尤桀黠者,则且捏造谣言,遍张揭帖,预为煽动起事之计。故自近十年来,沿江州县焚烧教堂与教民为难者,无非若辈潜行肆煽。祸事既起,地方官悬赏购缉,则若辈已销声匿迹不知何往，而缉获而正法者，无非一二无知之懦民耳。吾尝于长江各埠通商时，闻有所谓某帮某帮者，而其实结盟拜会，同恶相济，则一类也。盖所称湖南北帮者，湘军之散勇也；安庆帮者，淮军之散勇也；河南帮者，豫军之散勇者。若山东帮者，则又皆东省无业之游民也。其人皆好勇斗狠，愍不畏法，地方官治之不胜治也。则幸其无事而置之，而抑知一旦窃发，祸且不可收拾哉？然及今尚幸得无事者何也？则以湘淮旧将，其曩日之统领之者尚有存焉。而金陵为长江上下重地，国家重臣坐镇其间者，威望素著，震慑中外，故尚有所顾忌而不敢窃发，及今而图之，尚可为也。”余乃退而思之，即其言而反覆之曰：呜呼！此吾中国之隐忧，中国人不言之，而乃出之于西人之口哉！夫西人之治国也，首为小民谋生计，故其民皆有所事，无若我中国之民，大半皆游手好闲，此固小民之无赖，而亦在上者之责也。窃谓欲清其源，欲弭患于无形，当由地方官严查保甲始；欲塞其流，欲归其人于有用，当由官绅集资广开工艺院始。然后广兴商务，广开制造，工用既宏，获利斯溥，人人皆有家室资财之乐，人人自不敢有流入匪类之心。斯乃中国富强之基，亚洲兴起之日也，岂不懿欤！

九月十一日（10 月 25 日）

《国闻报》第三百五十六号

国闻录要：法兵入京

法国派至北京保护使馆兵队，业经由法兵船运至塘沽，曾志前报。兹访得此项兵队共计三十人，已于初八日由塘沽搭水车至津，暂住法国领事署内，探悉定于十一日入京。

甘军在芦桥滋事

董宫保所统之甘军向来自命为不怕外国人，本馆亦闻之熟矣。然当初尚以为不过虚张声势，如其一遇外国人则未有不怕者也。乃昨有友人自北京来者，告知丰台火车站喧传一事，始知甘军不怕外国人，并非徒托空言，乃有实在凭据。来友云：初九日有甘军数人在芦沟桥火车铁桥上游玩，其时监工之某西人亦相与于无相与也。俄而望见前面白烟火车将至，该西人恐甘军不知火车情形，或至逃避不及，以致被车轧伤，因挥之使去。而甘军不服，声言：“你是洋鬼子，我不怕！”西人情迫，挥之愈急，而甘军即俯拾石块随手乱扔，西人见势不佳，手出小枪恐吓之，甘军数人遂逃去，该西人亦旋至丰台。乃不多时，而甘军相率衔尾而来百余人，各持洋枪并装好药弹，仍至卢沟桥，满处找外国人，口中齐声说：“统领调我们到这里来，正是教我们打洋鬼子来。洋鬼子在哪里？请出来，我不怕！”又大家齐声说“杀洋鬼子”，而其时该处却无西人，仅有铁路做工之本地人。甘军又齐声说“你们吃洋鬼子饭，我亦要杀”，遂不问情由纷纷开枪。幸而枪法不甚高明，开至数十枪，仅打死工头一人。嗣后又向前来之火车开一排枪，亦尚未打死一人。然而前后两次受枪伤者已十余人，甘军兴高采烈，大唱得胜歌而去。去时又念念有词曰：“我们不怕洋鬼子！”铁路上在事人员一见来势不佳,即便飞报洋工程司电知总工师金达,金达立即电知卢保全路一律停工、停车。一面禀公司,一面函告北京英国公使窦君。来友所述如此。噫!自清国与外国交通以来,遇有战事,清兵无不先逃,如甘军之不怕外国人,其气概实不可及,但未知真个打仗时亦能如此不怕否耶?

英报论俄使调任事

俄国驻扎北京使臣巴罗甫现奉俄廷之命充驻韩公使,此举俄政府甚为见机。缘巴公使在中国办理各事,动辄擅专,超出权外,因是英、俄交涉殊为棘手。俄政府深恐两国有伤睦谊,故将其降调朝鲜以示薄惩。惟驻扎朝鲜公使与中国同一紧要,故名虽降调,实则升迁较易。从前俄国各武员往往不听训示转膺重赏,此次巴公使事同一律,第阴虽欲予以重赏,而阳不得不为此举,以施其掩盖弥缝之术。不然,俄皇果欲结好于英,则该公使所为之事,俄廷可阻遏不行,该公使亦将知难而止。即如中国筑造铁路并一切事宜,应归总署自有之权办理,俄国倘不干预,乃可证实不与我英国为难之心;惟俄国断断不能,故虽敛迹于此,必将更设法以阻挠之,故英、俄邦交不能以巴公使调去,遂谓可永敦和好也。俄人既心存叵测,则其新任公使必不能回顾我英国,或者一切措置不似巴公使之一味恃强显而易见耳。译英国《地球报》。

利权争揽

近日中、英两国交涉甚为棘手,缘芦汉铁路准归比国承办,故英政府迫请总署从前已准英商承办各事务,须遵照办理。经驻京英公使麦克窦讷照会总署,语甚严切,英水师提督西模君亦督率兵舰从中扶助。至津镇铁路,据容观察现已假有美国款项,行将筑造。德人则谓如铁路在山东经过,亦愿承借巨款。现在法、意、和兰三国均照会总署,欲在京师大学堂推荐教习,缘该学堂总教习丁韪良系美籍,故三国拟各分据一席云。译《泰晤士报》。

旅顺税关要闻

旅顺本系中国地方,虽经租于俄人,并非卖绝与彼,该口海关征税之权自应仍归中国辖理。乃俄人竟视旅顺为己之属土,欲夺中国海关之权,此则殊出情理之外矣。兹闻有俄商从阿迭紫煞载运货物至旅顺,于旅顺海关如何纳税,该商竟禀请圣彼德堡京城财务卿批示。据财务卿答复云:旅顺既归俄人管辖,应照俄国内地一律,本国商人运货来往例不纳税。旅顺一视从同,俄人此举,固大得便宜,然彼通商各国,必有不甘。各国商人既皆抱向隅之憾,各国政府自必连袂诘责,俄人又将何辞以对?译《镇西日报》。

九月十二日（10 月 26 日）

《国闻报》第三百五十七号

国闻录要：查办甘军滋事续闻

昨报登甘军滋事一则，兹探悉津榆及关外铁路总工程司金达亦电令各处一律停工，须俟此案犯事之人如法惩办后方可开工。闻得北洋大臣已派副将杨福同持令箭，并随带马队数十人前赴芦沟桥弹压。并闻此事中西各人互有打伤，已经荣中堂查明出奏。其如何办法，俟有续闻再登。

蛮子受抚

四川余蛮子以劫夺西国教士起事，到处张贴伪示，聚众至四五万人，以仅杀外国人、不杀中国人为名。重庆府所属各教堂之西国传教士女纷纷逃避，请地方官保护。地方官初意以为不过跳梁小丑，官兵一到立即扫除。嗣官兵屡挫于贼，再出不利，而贼党愈聚愈多。川中地方官因易其政策，改剿为抚，央人与余蛮子说和，谓如愿就抚，不但不加以罪，并可赏给官位，余蛮子欣然乐从。前有友人自川中来者所述如此，本馆未敢信以为真，乃昨接湖北来电，云匪首业已受抚，余党将次解散。电音简略，未悉其详细情形，然其就抚于地方官，此信当已确实，急录之以告留心时事者。

俄人经营辽东

前月牛庄有信曰，俄国预备调集水陆兵队计二万五千人布置于牛庄、旅顺之间，并移置新式大炮约有一百尊之数。旅顺、大连湾各处炮台之工程甚为急切，且开办旅顺船坞之工亦觉日昃不遑。清俄两国之人混处于旅大两处共修炮台及码头，而屋少人多，不敷居住，因而幕居而野宿者，工匠常数百人。如有人经过此地街道，无处不有俄国之兵。其在铁路测量工程之人亦十分急迫，似刻不能缓者。以此等局势观之，一俟工竣之后，俄国必将大张羽翼于东太平洋，其事势有必然者。近日俄国军舰警备于旅大间者，已近二十艘矣。译日本九月《时事报》。

九月十九日(11 月 2 日)

《中外日报》

[论说] 论余匪就抚事

四川余匪闹教肇乱,其事已越半年,川省大吏议剿、议抚茫无定见,匪焰猖獗,几有不可遏抑之势。而官兵寂无举动,犹复观望迁延,各国驻渝领事官电询政府者屡矣,官绅之前往议和被其伤害者亦众矣。迹其悖逆之情,几疑终无受抚之一日。乃昨接重庆十五日来电云:余蛮子于前日具禀求抚,释放华铎,由统领周军门函速前来核办。川省大府已明晰批示赏给职衔,即日咨还周军门等,以凭交换华、黄两铎,余众分别编营资遣,各事渐可就绪,地方安静,谣言渐少云云。余读之不禁瞿然起曰:有是哉?川省教匪之祸,其将从此救息哉?夫余匪之宜剿不宜抚,尽人能言,本报前曾著为论说以冀当道之一悟,而不意余匪之终出于抚也。夫官吏之不能不出于招抚者,诚以华、黄两司铎尚在匪巢拘禁,恐一经用兵或致戕害,反酿巨祸,故宁负诟忍辱与之议和。卒以要胁多端,其议不成。自是而后,遂宁、内江各属教堂相继被毁矣。司铎一日不归,教案一日不已,匪党一日不散,官民一日不安。是以虚与委蛇,饵以甘言,饵以重利,历半年之久,不敢轻言一剿字。惟护督文制军招安告示有云,余栋臣未经犯事,本属良民,只因偶逞意见之偏,遂为一误再误之举。若能幡然改过,散党释华,则原议具存,仍可查照办理。意存开脱,已可概见。余匪知地方官一意主抚也,反覆狡诈,挟教士以自卫,而官吏莫敢谁何。彼之悍然不顾者,岂真欲与洋人及教民为难哉?盖明知官之不出于剿,而特借此以逼勒乡民强借钱米,四出扰害而莫之敢止也。且地方官之不敢进剿者,徒以有司铎在耳。设不幸而司铎竟陷不测,则将亦听其所为,付之无可如何乎,抑必待法人兴问罪之师而后为之报怨雪恨也。今余匪已就抚矣,司铎亦释回矣,大府赏给职衔,解散徒党,交换事毕矣,沪汉商务亦可照常营运矣。而杞人之忧,犹有不能已于言者。余匪实大足县一土豪耳,数年前与教民闹事,大府奏请悬赏购缉,乃一误于县令之捏报病故,朦详销案;再误于签差不慎,被匪党由荣昌劫回,致酿成今日之祸。自来招抚之术,必先制以兵力,然后可收服其心。若悬一纸空言,遽信为真心归服,久之未有不复谋叛乱者。今即束手就抚,能保其安然无事乎?即余众分别编营资遣,可以无虑矣,不知匪党乌合,多非安分之徒,聚则为兵,散则为盗。自来散勇之难,难于募勇,何况匪类遣散,难保无勾煽外窜之虞。然则目前之受抚讵足恃哉?或曰余匪已赏给职衔,且司铎既已释还,彼已无所挟持,安能任情反侧。万一有之,聚而歼旃亦易耳。然与其姑息养奸,致悔噬脐于异日,何如为民除害,而弭隐患于将来?吾愿地方大吏严加防范,设法羁縻,勿因一时之招抚,遂以为得计可也。

九月廿二日(11 月 5 日)

《国闻报》第三百六十七号

东南各省新闻:汇录余匪近情

《中外日报》云,铜梁因民教不协,范大令将平民惩处,众情不服,将教堂拆毁。其司铎黄姓本系华人,匿入县署,余匪旋来围城,土人乘之,迫令县官将黄司铎交出,始解围去。八月十四日探报,余匪将铜梁附城教民残毁数家,并未犯扰平民。闻道台亦叠电请兵,大府允拨九营,委周、丁、张三人统带,迅速来渝,分头堵御。十五日阴雨,团丁冒雨巡逻不懈,取节帐者颇为减色。西人驻渝者同深恐惧,皆将眷属移住舟次,候觇动静以定行止。英与日本领事向关道索兵百名守卫,以备意外之虞。余党唐翠屏引匪攻大足山寨,为其御截,颇有伤亡。报知余匪即率大股围寨,被其攻破,将教民在寨者悉行屠戮。十五日至十七日,人心少定。十八日探报,匪迹已到合州对岸之南■街,众情又惊惧。江北距城百余里之华营山,闻有土匪千余人,平日挖煤为生,今乘富户迁徙,皆出抢掠,邻境亦多有打劫之事,惟团练结实者,匪不敢肆。十九日接报,余匪将分股犯安岳■江北城中,某夜有私贴余匪告示,次日始见,巡逻未获。二十日探报,余匪已回龙■镇巢穴,郡城防营亦至,西人多迁回城。合州张贻廷刺史已将某司铎潜送来渝,俾土匪不致借口以作内应。又云大足余匪拘留华司铎一事,经吴吉甫观察办理,令伊将司铎放还,以一万五千金散其党羽。余匪业已应允,约定某日退还司铎,讵期至而银未到,以券易之。厥后余匪心疑,仍复将司铎夺去并杀一教民,外间传言遂谓杀人祭旗。大足县丁师汝大令即草文来渝告急,渝中闻耗甚为惊惶,富室纷纷移徙,当道力为安慰,尚不能靖。大足乱耗迭闻,当道以人心不靖,请上台发兵弹压,现闻护院文廉访派周军门带三营至渝守城。丁军门带三营防堵,合州张少斋直刺带三营至大足酙酌抚剿,于十二日起行,兼程而进。张直刺仕渝近二十年,威望素著,颇得人心,既到大足,或抚或剿,想有把握也。巴县沈幼兰大令以人心骚动,恐匪徒乘势滋扰,特饬募勇七百人巡街守栅,以期保卫地方而靖人心。

十月初三日(11 月 16 日)

《国闻报》第三百七十八号

国闻录要:甘军调开

各公使先后至总理衙门请朝廷将甘军调开一节,业已详志报端。顷得京中访事友人来函,云日前各公使至总理衙门坚请将甘军调出直隶境外,以九月二十八日至十月初三日为期。如期内不能调开甘军,则直隶省内所有铁路、电线,各国当调兵保护,以免将来祸起仓猝,不及备防云云。庆亲王、李中堂等一时未敢允许,往返数次,迄无成议。后见各公使词意甚决,遂议定二十七日将直隶省所驻甘军尽数开往山西省驻扎。

《申报》

严禁匪徒造谣议

每岁七八月间,辄有匪徒妄造谣言,诡称某神降于某处,或托之于乩坛,或传之于梦寐。动云某时至某时人多死亡,夜间神哭鬼叫,居人如闻声息,不可答言。末更附以鄙俚诗词,谓能传一张可免一身之灾,传十张可免一家之灾,不传者吐血而亡。其造谣惑众,胆敢于光天化日之下肆无忌惮,殊属可骇、可诧。今秋更托名张真人府,妄开药味,到处刊送传布。近为真人府查知,移文上海县请出示严禁,并请提刊板之人严行讯究,杜渐防微,固应尔尔。窃谓此种荒谬不经之说,苟稍有知识者,断不至为所摇惑;而蚩蚩者氓,不能辨别是非,一遇谣传,中无所主,辄为浪掷钱财,妄思祈禳。在匪徒造言之意,以为自夏徂秋,居人起居饮食难免失于调护。一至秋凉必须发泄,轻则霍乱吐泻略受虚惊,重者或竟因此溘逝。斯时死生倏忽,人心未免惊惶,祈鬼祷神,事所恒有。若辈遂得以猎取钱文,藉供挥霍,鬼蜮伎俩,固难逃有识者洞鉴之中。所异者,各处地方有司,于若辈妄言无忌、摇惑人心,从不闻严提一人,从重惩办。夫人心者,风俗之所关也。人心浮动,小之为闾里之忧,大之为国家之害。是故欲使民心镇静,必须严禁匪棍谣言。尝见往年彼等所托,或称关帝降坛,或云观音入梦,荒渺无稽,固不足辨。至今秋更俨然托名张天师之谕,遍处分送。若辈之意,以为天师系道教之宗,一经伪托,必可煽惑愚民。不知天师之说本甚不经。按道家言,张陵字甫,留侯八世孙,汉建武十年生天目山,拜江州令,弃官隐北邙。章帝以博士征,不起,上龙虎山司符录。以杀鬼过多,故迟九年乃乘云上升。《一统志》所载略同。然皆彼教中尊崇之说,并未见于正史。《汉书·刘焉传》,顺帝时张陵学道于鹤鸣山,造符惑民,受道者出米五斗,时称“五斗米贼”。陵传子衡,衡传子鲁,自号师君。《三国志》亦云:“张鲁母始学鬼道,又有少容,常往来刘焉家。据汉川为逆,后降操封侯。”此道陵源流之见于正史者。至天师之名,起于元魏太武皇帝为寇谦之作天师道场。唐宋以来,世主尊信道教,崇奉有加。明洪武初,太祖下旨革去天师之号,称为“真人”。隆庆间,主事郭谏臣奏真人荒淫不法,革号夺印。无何,又复。本朝乾隆七年,左都御史梅珏成奏革天师之称,降为五品真人。在■朝廷政崇宽大,既系历代相沿,亦不肯轻为改革。且神道设教之说,肇自圣人,或者亦可借此为(慴)[慑]伏愚民之计,故亦不复究诘。不意匪徒竟敢以此托名惑众,幸真人有人函知,恐累声名,特为移请严究。否则若辈以假托为得计,自今以后恐益无所忌惮矣。然则地方官于此等案件,其办理之法当奈何?曰有战国时魏西门豹投巫之法在,须立提若辈中为首者数人,讯以究竟传过若干张。讯有实数后,凡传一张者笞十,十张者笞百,百张者笞千,千张者笞万。如已乘间猎得钱文者,并须严罚之。必使亿万居民群晓然于神道之不可伪托,而造言生事者真难免一身一家之灾。庶几若辈稍有所畏惧,而不复敢肆行无忌乎?夫福善祸淫之说,本为吾儒所不废。若不问其平日之行事若何,而转以能传谬妄之语即可免灾,是世之愚蠢无知者更得肆无忌惮以冀幸免于一日,势必驱天下之人而尽入于匪僻不止。故必须严惩之，绝天下之匪徒，即以保天下之良民也。世有留心治道者，当不河汉斯言。

十月初六日（11 月 19 日）

《新闻报》

［论说］ 论甘军滋事

甘军滋事，屡纪报章，今已由胡芸楣大京兆奏结，一了百了，从此风波可以不作，岂非一大幸事！但就事论事，则以为曲在甘军毫无疑议，彼诿卸于洋人之首先开枪者，乃抵赖之词，不足据以为信也。查大京兆原奏云，九月初九日，甘军数人在新造铁桥上戏弄扳车，洋工程司哥士訾见拦阻，彼此口角，经英国使署缮译官甘伯乐用华语劝说各散。旋有甘军二三十人复至桥边大声辱骂，哥士往前追拿，该勇丁等即用碎石先击伤哥士，次伤副工程司脑列高并及甘缮译。脑列高即开放手枪二响，击伤勇丁二名。迨酉刻散工之际，勇丁复沿途拦截，枪毙工匠一名隋树魁并捉去一名等语。说者谓洋工程司脑列高首先开放手枪，固属不合，但因勇丁掷石而起，且在与哥士均已受伤之后，是放枪乃保护自己，并出于一时气忿，已可概见。彼勇丁等先在铁桥上横站已属不应，倘遇火车骤至避让不及，即有性命之虞。况又有扳车玩弄之事，洋人见而喝阻，实其分所当为，勇丁不服，正勇丁之无理取闹也。尤可异者，英员甘伯乐用华语劝散之后，倘营官申严纪律，不准勇丁复出营门，何至滋事？乃营官朱万荣纵令出营寻仇，纵令持枪执械击洋员、毙工匠，几至酿成巨祸，不可收拾，不知是何居心？律以约束不严之罪，其又奚辞？乃当胡大京兆钦奉懿旨查办之时，尚敢桀骜不驯，不服查问，诿称荣禄已派人查过。迨奉大京兆正言斥责，则又言勇丁受伤不便抬验；催促再四，则又云不管他死活抬来，并谰言“此地没有康有为”。比及西医验看，则伤痕并不甚重，已渐平复，而擅用洋枪击毙工匠之勇丁，则到底不肯交出。袒庇滋事勇丁一至于此，宜英钦使加以“毫无纪律”之考语也。西兵入京虽以保护使馆为名，但京师重地纵令外兵阑入，究与体面有关。前经总署与各国钦差再三商请撤退，仍由中国派兵保护。闻已渐许转圜，俄使先允退兵。适值芦保铁路甘军滋事之耗，各钦使顿改初议，不允撤兵，并请将甘军调离有洋人之处。于是调驻山海关、北大河甘军已退屯永平府，其派扎南苑甘军，则限于十月初二日退出京城，否则设法管守铁路。电报、警信遥传，杞忧莫释，是甘军之不足以资拱卫而转贻宵旰之忧者。证之近事，确而可信矣。庆亲王奕劻遵旨校阅甘军，极口奖许。奉懿旨赏董福祥白玉翎管一支、班支一个、小刀一把，并以江绸小卷袍褂料各二百件赏其营官，户部给银一万两赏其勇丁。慈恩优渥，莫不誓死图报，而自外人论之，不以为阅操之例赏，而以为奖其勇于滋事也。奉调营勇沿途滋扰，约束不严之咎，主将不得辞其责。今则推过于营官朱某一人，薄加惩治，聊息浮言。谅小卷江绸袍褂料，朱某未必不得一分也。彼主将既拜珍物之赐，且大言不惭，愿以所部与西国开战，皇太后知其不足恃，然不得不曲予优容，以振三军之气。试取泰西各国兵与甘肃回匪较优劣，三尺童子亦知其相悬霄壤矣。昔若敖狃于蒲■之役而败于罗，为千古兵家龟鉴。夫英、法、俄、德在欧亚咸推头等大国，非罗之小可比也。国家今日兵力何若春秋之强楚,而投诚之土匪似不及世将之若敖,诚不知其何所恃而敢于大言欺人也。寇莱公澶渊之役勋望卓然,犹有以举国家万全而孤注一掷为疑堵,而况赳赳武夫目不识丁者耶!迄今铁路工作尚停,不易调处,而甘军仇视洋人之心已晓然于洋人。博流俗之虚誉,招列邦之疑忌,殊令人北望彤云,忧心殷殷也。

十月十三日(11 月 26 日)

《格致益闻汇报》[①]

论余栋臣闹教事

余栋臣蜀人也,性强悍,素行不轨,乡里以"蛮子"称之,而余俨然居焉。去年秋与教堂为患,教士鸣之官,官怒,欲拘余于狱,已就擒矣,为其羽党所解,违法抗官,此其明证。以当轴未之罪也,余益猖狂,纠匪数百人,以驱逐洋人为名,揭竿倡乱,骚扰一方,发伪示惑民志,向殷户勒索资财以济其饷糈。凡遇教堂与教民之家,焚掠一空,不留鸡犬。自合州而大足、而江津、而资州、而泸州、而夔州,直入横行,如入无人之境。西商西妇群徙渝城,黎庶震惊,商贾绝迹。法国华教士为其掳执教民之被杀者二三百,流离失所、饥寒交迫者几千人。农氓新禾,恐匪类之掠也,贱价出售,不顾后乏。总角女子,恐无赖之抢也,未完六礼,草草成婚。其他惨况,屈指不胜。噫!蜀之世界几成发逆之世界矣!然而川中大府袖手旁观,未遣一兵,未发一矢,始焉议剿、议抚,茫无成见,继则决计招抚,用示宽恕,意谓马援有纵囚之政,龚遂有抚盗之仁,以德化恶,古人行之。今余栋臣亦义人也,以受屈莫伸而为此挺险之举,其事可恶,其情可原,与其诛之急而激成大变,孰若诱之以爵、饶之以财、启之以言,而余心帖服,众亦翕然。至于教民被杀,既皆华人,法国必不兴问罪之师。若夫教堂之毁,不过赔以巨款,无不可了事之理。此计一决,迅觅二三绅董诣余劝解。一劝不听则再往,再劝不听则三往、四往,必欲其就抚而后止,不啻班美兴戎,班弱于美而求成者班也。然而余心甚狡,见大吏不敢用兵,更不敢误毙洋人,每出劫掠,必舁教士前行,有此护符,无忧意外。最可笑者,官以二万金馈余,求释一华司铎,而司铎行至半途又为其截去。夫左实左伪,果行军之常,不料匪于官亦行此诈也,又不料匪行此诈而官心犹未醒也。何以知其未醒?盖剿除无一令而仍复招抚也,不惟招抚,且荣之以翎顶也。国家名器,原以报功赏德,乃余以倡乱得之,世之头角峥嵘者,其亦引以自愧耶?况今饥民游勇在在充盈,闻闹教可以致富,行将奋臂一呼,群起与教堂为难。昆岗火起,玉石难分,教民被戕,教士亦将不免。万一西人不忍,取法于胶,大祸之来,谁为之阶?阶之者非他人,抚余者也。尝读八月二十一日懿旨:"大足县教案至今尚未了结,该官吏不能随时开导,先事防维,实亦难辞其咎。"夫不开导已难辞咎,况以顶戴荣贼乎?闻之蜀人曰,川省大府总以惜民为念,故不欲杀人。然而教民亦朝廷赤子,奉公守法无异他人,何大府之厚于余匪者如此,而薄

① 《益闻录》从光绪二十四年七月初一日(1898 年 8 月 17 日)起改名为《格致益闻汇报》。

于教民者如彼也？杀人者抵，例有专条，独杀教民则赏之，事闻各国，其将何以议我？得毋谓文物之邦必不出此，则一余不治通国之羞也。嗟夫！星火可以燎原，涓滴易于成渠。一余逞志，而千万余踵起，是则蒿目时艰者，所深为惕虑者也。质之天下，当亦韪我斯言。

十月十九日（12 月 2 日）

《新闻报》

西报联译

《字林西报》接十七日京师访事来电云：现中国京城及近京一带，于添募兵丁置办军火之事颇为踊跃，蒙古、满洲等处亦复如之。有向之查问者，则答以攻打洋人。而该处有等匪徒，亦俟一朝号令出后，即形动手，闻此等号令，守旧党已允宣布。盖此事自懿旨颁发以来，众心颇与洋人不合，目下已渐显见矣。又前接到京电谓：荣中堂在即赴津，代皇上校(闵)[阅]新建武毅等军及验收天津行宫工程，并顺道巡视大沽、保定、山海关等处炮台。其行宫工程闻共费银四百万两之钜，未知果能实用此数否也。

十一月初七日（12 月 19 日）

《国闻报》第四百十一号

东南各省新闻：湖北教案

湖北施南府利川县属南坪十四保石家坝地方，恶豪石成碧等仇视天主教，屡次扰害，希图剪除，虽迭经被控，大都草率了事。司铎等行善为怀，亦未深究。讵恶豪等视为懦弱可欺，益肆无忌。乘川匪闹教之机，于九月初六日纠党百余人，各执刀枪，拥入教民聂鸿顺家。顺方在外，未遭毒手，惟教堂所遣司事王远仲及顺之工人段光宗等毙于刀下。顺之胞兄见势凶横，奔逃而出，被刃数下昏倒于地。匪以为死，转询顺妻李氏，顺在何处？李氏答在楼上，匪等登楼，李乃乘隙逃避。所有钱物被匪席卷一空，随即举火焚屋，顺之子女至今无踪影，大约葬于火窟矣。匪等涌至老鹰窝教堂所设学堂内，搜抢钱物，拆毁房屋；又拥至教民许世品、石成彦家，抢掠后将房屋拆尽，幸人已先逃，未遭其害。九月初七日，明司铎一面饬聂鸿顺赴县禀报，一面照会蔡大令请勘情形拘凶严究。大令复函云，初九日请乡绅到署商议昭信股票事，准于初十日出衙相验尸身，勘视灾场。匪等知之，立将尸身热毁。迨十三日大令踏勘，各教民畏惧匪势，举皆逃避，惟鸿顺在大令前供明情形，并咬破指头出具血结，云石成碧等杀毙王远仲、段光宗化骨扬灰，倘有不实，自甘坐罪。初十日十一保，陡梯子地方又有恶匪谭雄等纠众抢教民萧南忆家，南忆则被匪捆去。此皆众目昭彰、万口同声者,惟大令委言此事系川匪所为,不关石成丘等事,未谂如何办理。

十一月初八日(12 月 20 日)

《国闻报》第四百十二号

国闻录要:德人论整顿胶州情形

《叻报》云,德人曾至胶州而返者,言德现设之胶州巡抚,现未奉到伯灵训示将胶州开作通商口岸,故尚无动静。屈指此二三月内必有成议,丈量事宜亦可告竣。闻议定各处地基作为德国官地,统由德人购置。近日递函至德员处认购地址以备建屋,开设洋行者纷至沓来。德商亦时往察看,拟大兴商务,惟目下市尘寥落,别无贸易可图耳。各处街衢异常整洁,填砌亦甚平坦,各项杂货罗列市肆,小铺子密若繁星。有医院一所,设如不设,因德所驻军士类皆康健无恙,即或忧抱采薪,百人中亦不过一二,以故医院无人顾问。至筑造铁路,地段未经丈量,亦未踏勘,惟闻有德国某洋行揽造此路并承筑船坞,均经允准。由胶州达烟台有大路一条,驴车往还甚便,惟近日寥落若晨星,间或有数辆来往耳。想此路,德人必大加修砌也。所奇者,南省各处类皆污秽、龌龊不堪,涉足山东省各村房及各寺院,大都扫除整洁、尘垢一空,故西人皆诧为异事。至其商务,土著所设者无非小肆,其大者都系南人之产。德人居此尚称便利,所不便者惟日食之水耳。该处雨水甚少,一年中惟七八两月稍稍沾润,余则晴日较多。清泉亦不多,有小河之一水盈盈者寥寥可数,即凿井而饮,井泉亦不甚佳,故德人亦无法以处此。近日适届多雨之时,尚敷汲饮,此后来源日竭,必须设法掘取,方无病渴之虞。惟其实虽有良法,费亦不赀也。德人所最有把握者,惟煤斤耳。近日日本新金山之煤,照上海时价,每吨值银十八元。将来胶州煤矿既开,价当较廉,煤质亦有过无不及,故德人目为无穷之利。曩时亟欲得此者,盖为是耳。目下胶州甚为安静,商务异常萧索,地图现已呈递伯灵,一俟批准,各处基地即可召买,大约二三日后方有端倪。各处捐项税则并未征收办理,各事一如中国管理之时,惟阻止各国人不得受廛,须俟通商事宜部署定妥,然后任人懋迁。又须筹有巨款,将港口重加展拓,庶轮舟停泊无逼仄之虞;更须开濬各处河道,以便随时汲饮。各处街道一律修筑平坦,再辅以铁路一条。如此布置井井,自然百废具举,而后照香港例,作为各国通商无禁口岸,则商务之盛,有可操券而待者。且此处天气甚好,地道合宜,实与欧洲相仿佛。每年惟十二月、正月,此二月天气较寒,迤北一带水皆冰冻,余则寒暖适宜,入夏尤形凉爽。近有人设一小西客馆于此,闻尚须添设极大西客寓与极大西酒肆各一所。他日规模大定,知各处旅居之西人至烟台避暑者必将移驻胶州。缘胶州一经整缀,较胜于烟台,故烟台商务将来必因之减色,不能如胶州蒸蒸日上也。有此形胜,倘再加以扩充,商务不患不盛。惟德国官场限制不得太严,须持之以宽。从前香港、上海何尝期效旦夕?乃至今日,商舶云集、货物星罗,谈商务者必推为巨擘焉。呜呼!胶州而能以治香港、上海者治之,其比盛于香港、上海也又奚难?

山东新闻:愚民闹教

沂州友人来函,近来沂郡北境无知愚民嫉恨西人,逼迫教士焚烧圣教学堂一处,当经地方官竭力调度,不至酿成大祸。登州府前月初旬府试,各属考童齐集,经府县先期出示剀切晓谕,试毕得以安辑无事。

山东新闻:治河条议

山东筹振委员秦子丹、司马寅以办振捐来沪,与本馆协振所时有咨商,昨日投书云:日前恭读上谕,因山东黄水为灾,蒙圣恩浩大,发给内帑银二十万两,并令中外臣工保举熟悉河务之员,集思广益筹议办法,仰见我皇太后、皇上轸念民生无微不至。敝族世受国恩,鄙人幼学从戎,少壮留心吏治,济南听鼓已历多年,前陈隽师、张勤果公抚东时,屡随办理■振。齐河县高家套漫溢一役,鄙人派赴大溜拯救灾民,风猛浪急,覆舟身陷,冲十有余里之远,遇救得生。然身虽获免,而睹此疮痍,随流漂泊,转恨不以身殉上报国家,嗣思黄河一日不治,即小民一日不安,因上治河条陈,当蒙批准,通饬在工文武员弁遵照施行。兹摘录数条,敢冀匡我不逮云云,爰为之附录报尾,以质当世之留心河务者。“一、治河之道,应先察看水之形势,防患未然,宜不时乘坐小船,上下查看河湾或南或北、离堤远近。远者可听其流行,近者须看河滩。土性胶淤,亦可耐其冲刷;如土性松浮,未雨绸缪,不至临时出险。有分流之处,即思所以合并,则冲沙有力,散漫者设法收束,以防淤垫下湾。形势已将有著堤之势,即于上湾筑厢小[填]一挑,则下湾水势无力,即或塌去,势已变更,免生险工。水势散漫,冬春宽至数百丈,河身已垫必有大变,应由水浅一边叠坝束缚,使之收窄,或于上湾切嘴,或于滩面抽沟。水势一涨,情形更改,必须弭患未然,所省实多。若到临险急忙估计,挑水坝并加坝台,此是已然之事,不过少胜未备,并非治河要务也。”

十一月廿四日(1899 年 1 月 5 日)

《新闻报》

[论说] 中国宜连英以保和局议

昔者俄先皇彼得尝有言(白)[曰]:“亚细亚全洲宜归俄属,世世子孙其善继朕志哉。”今地球上至强、至大之国果以俄为最,乃其朝廷方创为弭兵之会,谓将保当世之和局以掩其囊括席卷之谋,以邀夫休兵息民之誉。中国为其所惑,以为目下可恃以为长城、泰山之固者,盖莫俄若也已。论其兵力足以慑服群雄也,论其国势足以保卫全亚也;而不知以中国而自附于俄,犹南宋之求援于元,韩、魏之自归于秦耳。俄之包藏祸心,所以欲并吞全亚者,彼五尺之童犹知之,夫岂第欲以远交近攻而已哉?中国计目前唇齿犄角之安,而不顾他日覆巢破卵之危,其亦愚之甚者。然而统地球之全局以筹之,则近者法已自合于俄。在俄为导虎之伥、驱鱼之獭,故窥我滇粤,觊我宁琼诸岛,意在俄旅一旦南下,则可以拾其唾余而收其残烬。法与俄实一而二,与法连盟犹之引狼入门,放虎自卫,即下愚之人亦知其不可。至于德,则自干预中东一役以来,每以中国少一可以屯兵之地为憾。往者尝测量厦门之金门岛,并要求福州之附近各岛;近且突据胶州,蚕食无已,显然与中国为难。德亦非我族类,不宜亲近。他如意、比、奥、美诸国,则虽亦有觊觎中国之心,然或国小而远,兵力无多,于东亚鞭长莫及;或向来守局外之例,不肯干涉他邦之事,得之不足为将伯,失之不足为仇雠,余更自桧以下,姑置勿论。今地球上足以与俄抗衡而为中国所宜连络者,意者其惟英乎?英之属地四十余所,有顾此失彼之虑,无得陇望蜀之心。而其商务之在于东亚者,中国实居其十七。彼见俄之铁路将由俄京墨斯科径达旅顺以夺其素有之权利,恐东封之后又将肆其西封,故汲汲焉日以连横拒俄为事。彼其新睦于日本,所以断俄之右臂而掣中国之肘腋也。其心实欲结好于中国,以保全其东方之权利为急务。其经营商务于中国,北至燕[烟]台、威海,南及浙闽、两广与沿江上下,并[窥]及西藏与四川者,正所以自保其权利,且恐俄将来得志于中国,不留余地以相处,故为是先著祖鞭之计也。况日本自甲午一役而后,近亦悔于厥心虽(县)[悬]我琉球、割我台湾、夺我高丽,然观其内修政事、外益海军,固知其亦以防俄为事,特见中国之爱莫能助,故仅能善自为谋耳。曷尝不愿黄种之存,而不忍见诸夏之亡哉?诚使中国乘此两国惧俄之际,连英以为臂助,结日以为辅■,善事意比奥美各国以散俄之羽翼,则俄必戢其狡焉思逞之心,沈几观变而不敢妄动,即使其奋兵而出,而有英与日并力拒之于前,中国蹙之于后,则俄必难以逞志,万不至中国之独承其敝也。中国而恃俄以为固,不啻漏脯救饥、酖酒止渴,暂虽无虞,终必不免。惟连英以保和局,以防俄有意外之图,斯为上策。或曰中国处此积弱之势,各国之耽耽于旁者久,如群虎伺肉。非从此自强,则豆剖瓜分之祸,将来仍在意内。即目下与英为好,亦于事何补?且英之强大亦俨然一俄也,事楚事齐同归于尽,为鱼为肉终底于亡,和局又岂能长保哉?则曰否,否,连英拒俄正所以为自强计耳。俄祸之速不异燃眉,英虽可虞,然履霜坚冰,其来以渐。譬犹水之溃堤,英不过日以浸润,犹可所在防闲随时补救,俄则一决而不可复制也。中国目下第能息肩于英,求得一二十年太平之局,使俄不敢称兵南向,于是亟亟焉上下一德,力图自强,施仁行惠,以收涣散之民心,集饷增兵以张贫弱之国势,然后起而与地球上诸国互相长雄。微特和局可自此长保,即中国亦自此可长保矣,岂不善欤!

十二月初八日(1月19日)

《中外日报》

[论说] 论皖北涡阳土匪围城事

涡阳之地即古称"雉河集",为苗捻老巢。当苗沛霖谋逆时,于是地筑土围以居其妻孥。其地本无县,英西林都统翰抚皖时,于苗捻就诛后,以其地为要区,奏割皖之亳州、蒙城、太和,豫之鹿邑地设为县,因其在涡河之南,名曰"涡阳"。邑颇饶富,皆捻匪掳掠所积蓄,即居此买田宅、长子孙,故虽当[大]难初平,就苗捻所筑之城以置县。而其市集热闹,货物充牣，甲于皖北各州县。然其县民本皆捻后，习捻故智，易于蠢动，民间无隔宿之藏。■岁丰稔，尚不至公然为匪；苟遇荒岁，则相顾无可为计，即蠢蠢不靖。光绪初年，任畹香观察备兵皖北。岁收稍不丰，凤台匪民胡志端者即纠约远怀、宿州两县匪民，同日举城。幸事未成即泄，为任公所收，亲为研讯，直认不讳，可见其地之民风矣。皖北一带，往岁本忧荒旱，民间颇有蠢动之意，闻道台李公极力镇抚，幸得无事。今岁复旱，民心遂益不靖，至涡阳复有土匪围城之事。夫皖北民情夙与山东、河南两省捻匪出没为患。涡阳县界本为皖豫两省隙地，两省均诿不问。豫追急则逃之皖，皖追急则窜之豫，故捻匪据此为老巢，而英中丞特为设县也。今虽偶尔不靖，未必遂贻大患，且有寿州重镇，不难即日蒇事。然吾尝闻诸客言，谓皖北连岁不登，识者已深为忧惧。涡阳土匪滋事，已为意中之举，而其欲动而未动者，尚恐不至一涡阳也。今复乏雪不能种麦，明年荒象已成，偶有灾歉，民已不能谋生计。况两年忧旱，明年复然，则可忧者方大也。窃谓自咸丰、同治年间，捻匪扰乱垂十余年，东西不常，四出摽掠，官兵剿抚不能施。惟雉河集老巢则坚守不能破，苗沛霖就擒，始克复之。故民间所事，稍有偏灾，小则为盗，大则叛逆，此其常也。盖其地去省远，一切庶务皆由道台主政，是宜由道台饬各县办理积谷。豫为荒歉地，并宜于各县豫备防务，毋致遗后患，复成往日捻祸，是在地方官之责矣。

十二月初九日(1月20日)

《新闻报》

［论说］ 论伏莽宜设法解散

天下之大患，莫患于处厝火积薪之势，而文恬武嬉，坦坦然若无事人也者而听之，此则有心人所惄然忧之者也。今中国之所可忧者亦夥矣，强邻之逼也，国是之纷也，财源之匮也，民食之艰也，皆若岌岌焉而不可终日者也。而其尤可虑者，则莫如各省伏莽之多，此其患生于肘腋，祸中于腹心。郁之既久，必且如火之燎原，水之溃堤，将来或一发而不可制。目下两湖之地人心惶惶，闻该处饥民、土匪往往啸聚成群，有蠢然举动之意。川中百姓亦以百货腾贵、银价短绌之故，咸愁苦而思乱。前者闽广之交，揭竿者至万余人，旋扑旋煽，迄今萌(孽)［蘖］虽除，而根株犹在。而重庆、宜昌、黄州、汉口一带，纠众劫掠之事，警报时有所闻。况徐海一隅之饥黎数十万，流离转徙于大江南北之间，赈济无术，遣送无赀，以至沂、密、邳、宿之交亦寇盗充斥，商旅相戒，视为畏途。而江浙之海盗、盐枭更无论矣。究其所以致此之由，则由于奸商之运米出洋者过多，赔款之输于日本者过钜。中国将瓜分豆剖之说，足以摇惑人心；所在之横征暴敛诸政，足以乖离众志故也。夫当凶荒旱潦之频仍，在上者不恤民瘼而加以虐政，未有不激成意外之变者。稽诸历代之史，见有书某处饥人相食者，往往即继之曰某处兵起。始不过创乱于一乡，既而遂蔓延于四海。然则涓涓不塞，将成江河；炎炎不伐，将寻斧柯。伏莽之多，非细故也。古者民食不足则有移民输粟之政，民生不厚则有铸金冶铁之政，尚可以缓急相救、有无相通也。今则朝野之间，银钱皆流入外洋而有往无来矣,米粟皆运之他国而争先恐后矣,虽有生金生粟之书,而出产日见其微,漏卮日见其广,欲闾阎之安居乐业,何可得哉?医者之于病也,急则治其标,缓则治其本。为今之计,非标本并治不为功。何谓治标?曰练民团以资捍御也。何谓治本?曰严米禁以防私贩也。方今各省当裁汰绿营兵士而后,城邑空虚,游惰浸众。所有不逞之徒,知国家兵力微薄不足以资守御,是以敢包藏祸心、谋为不轨。今宜使各省一律开办民团以壮军威,兼用反客为主之法,凡属江湖亡命、市井无赖之子,智自雄者,皆推诚之,用为将弁,藉以招纳夫渠魁。解散其羽党,革其(拔)[跋]扈之心,收为干城之用。而又严禁各华商,毋得运米各洋。设江海各关一经查出,即将所有私贩之米以七成充赈,以三成予查舱之丁役作为酬劳,并将该私贩照违■旨律拟罪。并宜令各省地方官及时劝民播种,且将目下朝廷新颁常平仓之法实力举行。倘有虚行故事、伪造报销者,亦照违■旨律拟罪,以绝弊端。此即所谓消祸于未萌,弭患于无形者也。盖若辈徒以衣食艰难之故,托言中国为外人所欺,当戮力同心以为保全一方之计,执是说以相煽惑,故蚩蚩之氓之信从者众耳。然则彼信从而从之者,皆其天良未泯、具有忠义之忱而深堪嘉尚者也。第能先筹夫所以足食之法,使民困稍苏,然后以毋得误信匪徒致罹族灭之危言,作为文告以剀切晓谕,则伏莽虽多,有不因而解体者耶?当此时局艰难,国家多故,设一旦海水群飞,则噬脐何及!所望于政府诸公,及早图之。

十二月初十日(1月21日)

《中外日报》

[论说] 论涡阳之乱

江苏行省据有江、淮之二渎,江以北为扬州府、为淮安府,淮以北为徐州府。由徐州府而西南为安徽省之凤阳府,由凤阳而西为颍州府,由颍州府而北为河南省之陈州府,而西为汝宁府,而西南为光州。又由徐州府而西为河南省之归德府,而西北为山东省之曹州府,而北为济宁州,是四省十府州者犬牙相错,朝发夕至。其地平衍,无有高山大川为之障塞,其民风之强悍,甲于东南诸行省。自轮船盛行,航路开通,南客北上率已就舟。昔者通衢,今成榛莽。偏重之势,无可挽回。幸值丰岁,天佑斯民,人饱脱粟,家有余积,犹且伺候孤客,掠取轻重,国门御人,南塘劫物,视为固然,莫之能制。若夫水旱失序,饥馑荐臻,千里不毛,户绝炊烟。草根树皮,珍为美膳,芰雚既尽,无可果腹,眷属离散,莫相顾恤,则方且休耡陇上、聚谋大泽,一人发难,万夫响应,与其饿死,孰若为盗?持此谬说,转相钩致,声势既盛,羽翼遂丰。围城攻寨,志图饱掠,辗转剽劫,疾如风雨,一方有事,牵动全局。此固今日必至之势,而非牖下诸生故为危言以惊世也。

今者涡阳县忽有民变围城之事。夫涡阳县,固昔日捻匪之巢穴也。当同治四年,捻匪方炽,僧忠亲王殉难于郓城■朝廷以中原之日即(靡)[糜]烂也,以匪焰之日益狂恣也,乃命湘乡相国率师征剿。次年十一月,湘乡相国以积劳致疾,回两江总督本任,合肥相国承其后。维时两相国惩于僧忠王之败,乃于南则创分设四镇之议,继则创扼守沙河、贾鲁河之议，于北则创防守运河之议。其间而安徽、而河南、而湖北、而山东、而畿辅，将帅劳苦，士卒用命，竭蹶三年，仅乃歼之。夫以是时两相国方肃清江南，率得胜之师与捻匪相追逐，麾下诸将若刘壮肃、若周刚敏、若周武壮、若张勇烈、若鲍忠壮、若吴武壮，皆以勇敢善战著名行阵；而猕薙群丑如膺强敌，则以匪所至之地，平原旷野，无险可扼，贼踪飙忽，剽而不留。虽有良将，穷于追剿故也。

是故今日者鉴于已往之覆辙，惕于将来之大患，则涡阳之乱，未可视为癣疥之疾也。江苏、安徽两巡抚必当统率精兵，亲驻边境，与匪相持，庶威声所至，贼胆自寒，既以遏匪踪之延蔓，亦以杜疆吏之纵寇。昔嘉庆时，王伦谋叛，踞临清州■特旨令那文成督师，卒平其乱。夫以全盛之世，剿一隅之贼，犹用全力若是。况乎今日，大江南北会匪充斥，淮徐一带饥民载道。设被裹胁，何所底止！甲午之役，东南行省诸大吏练兵转饷，日不暇给。今法人方以四明公所之事责言于我，设内乱未平，外忧复起，国家靡敝，府库空虚，财力几何，兵力几何，不且穷于肆应耶？呜呼！苟余言而不中，则国家之福、大局之幸也已。

十二月十三日（1 月 24 日）

《申报》

阅本报纪涡阳乱耗慨而言之

涡阳之乱，本馆已四纪报端。初由安庆访事友人致书云：涡阳县因饥民衣食无资，迫而为乱。抚宪邓大中丞闻警后，即于本月初五日饬韩统领督兵驰往，剿抚兼施。是夕又接寿州警报，谓涡阳县城业已失守。县主欧大令见势甚猖狂，知难理喻，因之带印而逃。典史某少尉与城守某把戎，皆死于难。饥民乘势入城，肆行掳掠，旋又率众将宿州所属之蒙城县围困。寿春镇郭镇军宝昌发兵数百名，就近弹压，不及临阵，先已奔逃，且有反戈相向者。盖此辈大都籍隶皖北，驱使剿贼，反以助贼耳。初六日，中丞又派炮队营携带格林炮趱程前进，相机剿办。又经芜湖访事友人飞书相告云：皖北涡阳县适当江淮要冲，最为兵家扼塞之区，民风犷悍，剽劫成风。近年迭遭凶岁，匪徒益复鸱张。有地名曹市集者，距城九十里，集中土匪牛世修忽揭竿倡乱，啸聚悍党三千余人。于上月下浣拥至石弓山、临涣集一带，烧杀掳掠，直扑涡阳县城。城外龙山向有制兵一营驻扎，甫一交锋，营即陷没，千总某君被戕身死。匪遂直逼县城，内外隔绝。执笔人阅至此，不禁拍案而起曰：有是哉？土匪之猖狂竟如是哉？虽两处来书不无小异，惟城外只有一营，一营又即陷没，则涡阳之为匪据必矣。城既为匪所据，则县官之逃、典史城守之及于难，亦非子虚乌有之言矣。按涡阳为昔日捻匪巢穴，与蒙城最近，去亳州、宿州皆不过百里，去凤阳府属之怀远、寿州、凤台、灵璧，颍州府属之太和、霍邱、颍上，及江苏之铜山、萧县，河南之永城、商邱、柘城、鹿邑，皆不过二百里。犬牙相错，且无山川之阻，四窜最易。数处民风亦皆剽悍，非但虑其滋扰，抑且恐其牵合。虽现仅涡阳遭其蹂躏，然断不能以小丑易除，而以癣疥忽之也。所可异者，国家养兵千日用在一朝，平日縻费钱粮，原为捍卫闾阎、绥靖地方之计，乃事起仓卒，竟若无一兵之可用,则地方亦何贵有防兵哉?说者谓中东一役之后,国家因撙节饷项、裁汰兵勇,以致各处兵力单薄,不能制胜。曰:兵力单薄固也,然若辈究系乌合之众,器械不备,训练未成,而兵则日习于戎事。况现在枪炮无营不利,非从前发逆作乱之时可比。即兵力单薄,似不难制土匪之命,而乃甫一交锋,营即陷没,统兵者即及于难,则其平日之不能训练可知。且非但平日不能训练、临阵不能制胜已也,甚至不及临阵先已奔逃,或更有(返)[反]戈相向者。何兵之无用一至于是耶?向犹谓中国之兵御外侮则不足,靖内乱则有余。由今观之,靖内乱亦尚未易言矣。方今盗贼频仍,土匪蠢动,自春夏以来各处乱耗之登于报牍者,几至书不胜书。广东建平聚事后,而广西郁林州、容县等属相继失陷,福建延平、建平等处又复告变,虽渐次剿除,而广西余孽尚未肃清,四川余蛮子掳掠教士,势等负嵎,虽不夺地据城,而官府不敢谁何。恐声势日大,终成养癣之患。今涡阳又事起,虽各自为乱,势不联络,而已平者余孽未除,未发者蓄谋叵测,已发者恐其蔓延。各省征调之烦,几有席不暇暖之势。即能指日荡平,而地方遭其蹂躏,人民为之残害。民愈瘠苦,盗贼愈多,杞人之忧,殊无已时。为今之计,认真痛剿,不使稍有漏网,固为至要之策;而善后之道,则当示平米价,安抚饥民,不使再有骚动。大抵为匪作歹,皆迫于饥寒,苟地方无冻馁之人,地方自无盗贼之患。添兵募勇,犹其后焉者也,正本清源之治,其在是乎?

十二月十四日(1月25日)

《格致益闻汇报》

恭读外省督抚兼总署差衔谕谨书其后

尝谓治昔日之天下易,平今日之天下难,办外国之交涉易,一中国之民心难。方今中外一家,舟车远达,开数千年未有之局,风趋愈变,政事愈繁。外人心志不齐,好恶不可臆测,喜则结欢坛坫、玉帛雍容,怒则用武疆场、兵戎逼索。自道光季叶以来,失香港瓯脱之地,开五处通商之埠,天津则被攻矣,御园则被毁矣。成盟之后易我者多,法伺滇南,俄窥辽北,英逼西藏,日眴朝鲜。朝廷郑重邦交,念各国拦入中华,不可轻易措置,因特设总理各国事务衙门,以亲藩大臣董之,专理一切交涉。盖不啻地维之总要、天垣之总枢也。自是以来,凡有邦交均责成于此署。王大臣之熟谙西例,娴端木赐之词令、具乐正子之优才者,向不乏人。无如人心不一,议论多阻,凡涉外省案由,往往与督抚之心不相联属,甚或贪功畏罪、避重就轻,以模棱两可之词为诿过自全之地。如两三年来,中西事故虱贯蝉联,如胶州、如江西、如巴东、如利川,一波未平一波又起,往往与教堂为难。而最大者为胶、川两案。胶州巨祸割地通商,川省余匪滋蔓日甚,贻误大局,失好远邻,其过将谁归哉?乃恭读十一月二十七日上谕:各该疆臣于所属地方耳目切近,是以明降谕旨,令各直省将军督抚均兼总理各国事务大臣,以便遇事及早料理。大哉王言!真能防弊于先,几从此疆吏经办邦交,不至有持其吭而掣其肘矣。然而授之以权,不若严之以罚;善之于后,不若虑之于先。今国家保护教堂谕旨颁行,几不可以更仆数,即地方官宰诫谕谆详,示之以大公,惧之以重罚，似已不遗余力。彼不肖之徒闻风逖听，当可革面洗心，乃何以闹教之案依然层出不穷，且或从而益甚。其故何也？可一言以蔽之曰：奉行之不力也。夫谕旨严切，本官见之施行，乃仅以寻常公事目之，仅以一纸之告示悬挂民间，小民多愚，识字者少，即偶有传述，岂有激发大义，启其聪明？故禁者自禁，扰者自扰，虽或派兵保护，仍无济于艰难。及今而商保护之谋，禁民不如教民，了案不如无案，可仿照南皮尚书保护章程，命地方公正绅士、夙有乡望者，为保甲局董。亲赴各乡，开诚布公，剀切劝道。凡有浮言，力为剖洗，俾百姓知教中大旨至正无私，则嚣然不竞之心自然中绝，亦何从与教为难耶？间或有一二顽民蠢然而动，绅士既识其人，弹压较易，则兔起鹘落，伎俩无所施矣。夫清静寂灭之教昧于本原，尚能诱服愚民相安无事，独于纯正真教每有违言，其故安在？要惑于藏婴、剜目等诬妄之谈，深信而不能分辨耳！诚使以至理相质问、大信相感孚，绝乡曲之浮词，安国家之大局，则光天化日降翳胥空，方将信悦之不暇，何至再行发难哉！

十二月十五日(1 月 26 日)

《申报》

匪焰披猖

汉口访事友人云：迩者宜昌府属长乐、巴东等县，民教失和，酿成巨祸。传者皆谓若辈被川匪余蛮子布散羽党，多方煽惑，以致揭竿而起，啸聚抗官。日内又闻匪党扮作商人，四出游弋，行将逼近川沔一带。湖广总督张香帅因委管带田家镇，炮台记名提督邓军门玉峰，率兵前往剿办。至前已正法之红灯会头目易春亭，尚有羽党千余人，未经就戮。近日由新堤等处上窜，拟与余匪联络一气，为易复仇。西望川云，杞忧曷已！

十二月十八日(1 月 29 日)

《申报》

论长乐匪乱事

中国自与泰西各国通商以来，迄今已数十余年矣。西人挟其教以传授华人，曰天主、曰耶稣，辟而为二。窥其宗旨，要不过劝人为善而已。二教虽有区别，然总而之，亦犹释道两家，无非以明心养性为旨，虽殊途而实同归也。华人之信从者，或天主、或耶稣，各随所好。初不相强，惟于各处设立教堂，使教士随时游历，宣讲其书，劝化我民，以入彼教。而我民亦竟有为其所感化，奉天主、耶稣为圣人者，此亦犹愚夫愚妇之深信释、道二流，固无足为怪也。进教者，其始多系乡愚，迫于贫穷谋生计拙，知彼教中有可依托，因而信之、从之。近则渐推渐广，间亦有策名于朝者。然我四万万众，进教者不足十分之一也。在深明大体之人，固皆以中国之子民，一视同仁。初无鄙之、嫉之之意，而无识者往往仇视教民，造言污蔑，肆口讥评，而民教遂多龃龉矣。数十年来教案层出，或毁教堂，或杀教士。若此之案，几于无岁无之。办交涉者，或拘首事之人而罪之，或估教堂之费而赔之，即此亦便了事矣，从未有激成民变如长乐县之事者。长乐为湖北宜昌府属，县府西为巴东，与四川巫山、云阳等县接界。府南为长乐，与湖南石门、慈利等县接界。地多山，峭壁重岩，易于伏莽。其起事也，在十一月上旬，有教民与人斗殴，于是巴东、长乐之民群然揭竿而起。焚毁教堂，并将西教士董君掳去，势甚披猖，负嵎抗敌。盖自川匪余蛮子劫掠教士华司铎后，聚众为乱，要胁多方。在上者剿之不敢，抚之不从。至今已阅多时，而余匪得逍遥法外，任意作奸。乌合之徒愈聚愈众，养癣成患，几有不可收拾之虞。巴东、长乐之间逼近川省，一旦为余匪所煽惑，遂亦效其故智，而以劫夺教士为挟制之方。夫闹教之案，向不过焚教堂、杀教民，甚至教士亦为其所害而已，未有生擒之而以之为质者。自余匪创之于前，而地方官不敢捕治，以致闹教者遂以此为狡计。而巴东、长乐之匪，侈然无忌惮矣。独念西人自至中国传教以来，在各省建立教堂，几于无县不有，甚至有一县而设立数教堂者。既有教堂，必有教士，亦随处有凶顽不法之辈借端闹教，以行其不轨之谋者。使皆尤而效之纷然作乱，则不特教士无安居之日，办理交涉者当愈觉为难。际此天下多故之秋，风亳饥民啸聚为乱，或与连成一气，则海内骚扰，治之愈觉其棘手矣。岂仅川、鄂、皖三省，无一片干净土而已哉？语曰："星星之火，可以燎原。涓涓不塞，将成江河。"当川匪余蛮子起事之日，当事者恐其杀害教士，不敢临之以兵，优游养奸，致复有长乐之事。若再多所顾虑，剿灭迟迟，吾知凤亳饥民闹荒者将转而闹教矣。明季流寇亦系起于四处，朱氏国家元气之伤实因乎此，当国者可为寒心，吾是以于川中诸大员而叹其图之不早也。两湖制军张香帅老谋深识，于长乐事起之后，即饬管带护军营张虎臣游戎，选派弁兵星夜驰往，复委朱惠之太守率领武刚恺字营拔队往剿。今得太守捷电，知恺军已收复县城，连破贼巢二处，杀贼以数百计。贼众见官兵势盛，相率散逃。被掳之长乐县苏大令贻瑛安然无恙，全家眷属亦已救出。捷音传至，无不雀跃欢忻。惟匪首尚未就擒，恐贼氛有再炽之日。所望剿之者严为搜捕，不使死灰复燃，庶川匪闻之而惊心，皖匪知之而敛迹，是则民生之幸，而亦国家之福也，企余望之！

十二月二十日(1 月 31 日)

《申报》

再论涡阳匪乱事

涡阳匪徒牛世修揭竿倡乱，本馆已屡志报端，执笔人亦著为论说。想牛世修不过一乡间无赖尔，其附从之辈亦不过为饥寒所迫耳。虽一时蜂起，掳掠民财，滋闹衙署，甚至戕官拒捕，亦以为官军一至即易解散，不谓数处城池受其围困。火虽一星，而已有燎原之势，抑何如是之猖狂也？历观访事人来函，除寿春镇郭善臣镇军拨单胜营全军往剿外，皖抚邓中丞亦拨抚标马步全军定安左右两营精兵六百名，杂以马队、炮队各数哨，复电檄芜湖精健营统领赵协戎转拨驻扎东西梁山炮台之精健营陆小宾副戎，统率全台雄师取道巢县，火速前进。既而迭接徐州电报，知匪势异常猖獗。因复飞檄咨调皖南镇标中军牛韵斋协戎速带所部练军左营三百名、马队一百名，克日赴涡以资策应。此皖省所报之军情也。十七日，本报又纪金陵采访友人函告云：两江督宪刘岘帅饬衡字三旗及护军、亲军各二旗，于本月初六日拔队会剿。又接皖省电报，知匪势日张。因饬山西大同镇总兵刘华轩镇戎，统所部迅速就道，会同前调各军，相机进剿。嗣以皖省叠次电咨，总不离乎匪势日炽等词。岘帅又调镇江之江胜四营续往会剿。此江省助剿之军情也。区区小丑，致动两省兵符，军士受餐风卧雪之劳，大吏亦有眠食不遑之势，匪徒之罪其堪擢发以数乎？然论其罪，固宜剿洗一空，不留余孽，所谓去恶如去草也。而原其情，则皆率土之民，迫于饥寒，亦殊可悯。考匪党起事之由，传者皆谓县中催科过急，兼之连年旱涝频仍，此辈冤苦难伸，遂藉口横征，一呼百应，酿成大患。倘得改委素孚民望之员，晓以大义，惕以利害，尚不难解散愚民以孤匪势。否则，苗霈霖昔年之祸，殷鉴不远。以此观之，有心为匪[者]百不得一，余皆饥民，随声附和。使地方官恩威并用，早为抚绥，未必酿成此祸。顾地方官往往于无事之时，玩视民瘼，偶有偏灾，必多方隐匿灾区。若小百姓惮于官威，辄忍耐饥寒以填沟壑，若灾区一广，附和一多，势必到处滋闹。及其滋闹而振抚之，犹可化大事为小事，化有事为无事。乃民心初变之时，非但振抚不周，尚欲以官威恫吓，谓民焉得而不变乎？说者谓地方报灾之后，豁免者朝廷之正赋，振抚者朝廷之帑项，于地方官无所损益，何以因循自误？不但使百姓受其困穷，即地方亦因之不靖，身家更因之不保，抑何计之左也？曰：豁免者固朝廷之正赋，正赋之损益在地方官视之。如秦人视越人之肥瘠，原可漠然无所动于心。不知朝廷少一分之正赋，地方官即少一分之羡余，既以羡余为重，即但顾身家，不顾民命，卒至身家亦不可保。在官之一身一家诚无足惜，地方遭灾人民受累，非地方官贻之祸而谁贻之祸耶？至于振抚，虽出自朝廷，而地方官既未奏报，朝廷何由而知其被灾，即何由施以振抚？及至闹事，地方官只能坐视其乱，束手而不可为矣。现虽两江督署已得告捷电音，谓江省诸军刻尚未到，而皖中某某等营整队往攻，大获胜仗，歼匪颇多。若能所向有功，匪徒不难剿除净尽。在匪徒固当剿除净尽，而揆其作乱者未必皆甘心为匪之辈。及至地方已靖，元气已大伤矣，嗟何及哉？今者涡阳已因饥而乱，而此外饥而未乱者，正不独涡阳之民。寄语有地方之责者，万勿勤于催科而怠于抚字，以致蹈涡阳之覆辙也可。

十二月廿二日(2 月 2 日)

《申报》

十一志涡阳乱耗

安庆采访友人云：涡阳饥民揭竿倡乱，蔓延数州县，势甚猖獗。先是，凤颖各属连年荒歉,民不聊生。地方官禀请上宪拨款振抚,上宪以库藏支绌无款可筹,委员分投募捐,借资接济。饥民迫不及待,适官长催征下忙,刻不容缓,遂致激成大变。匪首牛世修等乘机而起,于十一月二十七日纠集数百人,在龙山营附近之曹市集肆行劫掠。二十八日,复号召党羽一千数百名,攻破龙圩驻防。是处之龙山营某游戎,时适公出未回营中。吴千戎与某外委督勇出剿,旋以众寡不敌,致千戎受伤,外委被害,勇丁死伤者十余名。牛匪乘胜劫夺龙山营所储洋枪、子药,搜括无遗,其势益张。二十九日,蜂拥至涡阳城内,大加搜索。首劫韩军门府第,掳其眷属,其所开典铺行号,亦一扫而空。此外,钱庄店铺被劫者,更不可胜计。涡阳典史某君及义门司巡检某君均被害。县主欧阳大令先期下乡勘案得免于难,闻警后连夜至寿州,禀请郭镇军宝昌调兵剿办。不意所调之兵脱巾而哗,未战先溃,匪势因益猖獗,直攻周家圉,又获军械、马匹甚夥。于是分其党类,急围蒙、宿、涡、太。牛匪则盘踞石弓山以为巢穴。旋闻若辈意见不洽,自相攻杀。匪首四人各率部下,一往河南,一往江苏,一往山左,一则直捣合肥。韩军门大武奉命督师往剿,本月初五日清晨即拔队登程。军门乘睡轿,启行时值大雪,泥滑难行。勇丁不堪其苦,而行期仅限五日,星夜奔驰,势恐不及。行至舒城,诸勇卸号衣、弃军火,一呼百应,率相奔溃。若辈以借隶省城及客籍居多,其未散者大都皖北与山东人也。抚宪邓中丞于韩军门去后,深虑兵力尚单,又饬炮队营携带格林炮十余尊速往协助。炮身甚巨,每一尊以十余人运。至中途陷入雪窖,力拽不动,兵士无可如何,遂弃之而去。初,饥民发难时,各执小红旗一面,上书"官逼民变"及"劫富济贫"字样。乌合之众,原无大志。越日,有牛世修为之谋主,始竖立"牛"字大旗,略有纪律。然自知饷械不足,不能待久。闻大军一至,已各胆落心惊。旬日间内乱私杀,人心瓦解。又闻抚宪出示招安,遂回头猛省各顾身家,不似前之狼奔豕突;兼之苏属徐州调来之兵连战皆捷,匪党始知螳臂不可当车,纷纷解散。至欧阳大令办理不善,致激成此变,经新任藩宪汤小秋方伯札调至省,遗缺委补用知县王大令澍鼎前往署理。按此皆数日前事,迨二十日钦奉上谕,知巨憝皆已授首,涡宿一律肃清。牛匪釜底游魂,当不难设法擒获。凯歌之奏,在指顾间。泚笔纪之,不禁欢而雀忭已。

十二月廿五日(2 月 5 日)

《申报》

敬书平定涡阳土匪上谕后

本月二十二日本馆接奉二十日京师电传上谕云:"前因皖北涡阳等处土匪倡乱,窜扰豫境,迭经谕令刘坤一、邓华熙、裕长等会同剿办。兹据该督等电奏,匪首刘疙疸已被官军生擒,讯系总主盟,牛世修等均为所属,实系著名巨憝,当即就地正法。其王家寨匪首刘成及另股匪首邵大发、鲁凤林等亦经先后擒获,分别讯明正法,党羽均已击散,涡阳宿迁一律肃清。牛世修穷蹇逃窜,不难克日弋获等语。涡阳土匪起事,势颇猖獗。经刘坤一等派出各军合力剿办,一律荡平,不致蔓延,办理尚为妥速。除牛世修、刘况善等仍著通饬各营严拿务获、毋任漏[■]外，所有皖豫交界被匪地方，年岁荒歉，民情困苦，加以猝遭蹂躏，亟须认真抚恤。即著该督抚等各饬藩司迅速拨款，懔遵前旨，分派妥员筹办振抚，毋任失所。将此案办理情形，详细具奏，钦此。”执笔人恭译之下，知涡阳土匪已经平定，匪首刘疙疸亦已明正典刑。而又蒙圣恩高大，以皖豫交界被匪之处，年岁凶荒，又遭兵燹之苦，著两江督抚各饬藩司拨款振抚，寰海臣民，无不欢欣雀跃，颂我国家万年有道之基，断不至因小丑跳梁而有所震动。我皇太后、皇上之神明，又能洞■民情，施以膏泽，中国四万万众食毛践土具有天良，皆当勉为良善之民，无或生作奸犯科之念，尚何敢蠢然意动、潜谋不轨之为哉？虽然，我皇太后、皇上皆圣主也，我中国黎庶皆良民也，即间有桀黠不法为戾气所钟者，亦不过聚其二三羽党，横行于穷乡僻壤间，鱼肉善良以逞其恣。唯[暴]戾之志，数十年来如盐枭、如哥老会匪，到处■有其踪。然其聚散无常，为患行旅，从未有揭竿动众、效秦季陈涉之所为者。乃近自蜀匪余蛮子创乱后，湖北则有匪徒李少白等，皖豫之间则有匪徒牛世修等，相率为乱，占据城池。虽此乌合之众近皆渐次敉平，蜀匪余蛮子势穷力蹙，已经遁入深山；长乐匪徒李少白，亦经官军收复县城，攻破贼巢二处。历观本报所纪，皆经本馆派赴彼处访事人，探明实情驰函相告，并非无据之谈。至平定涡阳乱匪，上谕煌煌，臣民共晓，则尤为信而有征。而推其致乱之源，非尽由于民之无良，半因乎地方官之不善抚治。夫皖省凤颍各属，连年荒歉民不聊生，其饔飧不给，饥寒交迫之情，见者为之伤心，闻者无不动念。在上者，方抚字之不暇，尚何忍加以催科？乃不肖长官，竟以征收条银逼迫太甚，以致激成大变，聚众攻城。论其蠢动谋逆之为，彼乡民固罪无可逭，而论其苛敛横征之罪，彼地方官亦百口难辞。嗟乎！守令者，亲民之官也。故天下治乱视百姓之安危，百姓安危系守令之贤否。守令贤则民知感戴，喁喁向风；守令不贤则民受其殃，酿成变乱。今之守令有能招徕流亡者乎？有能开垦荒芜者乎？有能教民树艺者乎？有能均平赋税者乎？有能驱除盗贼者乎？有能禁戢衙蠹者乎？有能振兴学校者乎？有能振恤灾患者乎？皆无有也。而贪酷暴戾，朘膏血以肥己，昏庸罢软，纵虎狼而噬人者，则又比比皆是。而欲百姓之不因忿生乱，亦幸而已耳。彼涡阳之事，仅其见端而已。或曰：涡阳匪乱固因乎守令之催征，若川匪余蛮子及湖北长乐县之事，其故不因乎官，安可亦以为罪？应之曰：此二事虽因闹教而起，然使地方官能先事预防，则亦未必至于劫官夺城成此大祸。故论其咎虽较轻于涡阳，而以为毫无遗议则亦未敢也。今者，朝廷以涡匪肃清，令督抚派员振抚，吾愿身膺其任者，以实惠及民，毋侵渔为己。庶百姓皆知所感，不敢妄起歹心，是则牛世修虽未就擒，安见不即为彼中人所获解乎？

光绪廿五年

正月十三日(1899 年 2 月 22 日)

《申报》

涡乱余谭

芜湖采访友人云:客腊涡阳之变,大宪调皖南练军步队赴剿,行次芜湖,即奉檄凯旋。遂于祀灶前一夕返旆。至十六日过燕。北征之练军马队行近寿州,亦奉饬折回防次。二十七日道出中江,如虎如貔之士,皆以岁余在迩,归心如箭,即日向宁国进发,不稍流连。涡阳匪首牛世修即牛汝秋,窜匿皖南。迭奉督抚宪悬赏购拿,事隔旬余,依然漏网。大宪以牛匪与现任皖南镇标中军牛韵斋协戎同里同宗,且经投效麾下,因有责令协戎设法承缉之说。至皖南二十三州县,现已将督抚宪所颁赏格遍行张挂。虽僻壤穷乡,亦复线人密布。想跳梁小丑,纵能效费长房之缩地,亦终难法外逍遥矣。书至此,又得金陵采访友人手函,略谓两江总督刘岘帅所派助剿之衡字营弁勇经王总戎世雄督带遄征,中途奉接皖省电音,内开刘邵诸酋业已次第擒获,牛匪势穷而窜,援师无庸前进等因,遂即日撤队而回。近日岘帅复得皖电,知涡阳匪穷窜之后,忽又扰害邻近各州县。所到之处,势极披猖,若不悉数剿除,诚恐死灰复燃,致酿燎原之患。爰仍饬总戎带队前进。总戎夙怀忠勇,前番奉调出剿,深以未能杀贼立功为憾。此次一奉羽檄,立刻厉兵秣马,以待启行。所惜诸营分扎各方,相距或数十里或百余里之遥,不能克日调集。大约俟有后命,再当严为征调星夜趱行也。

正月十四日(2 月 23 日)

《申报》

涡事述余

芜湖采访友人云:刻晤皖营派往涡阳侦探之人取道回芜,述及匪党本散伏于涡、蒙、凤、宿各处，迨起事始合而为一。分立黄、蓝、红、白、黑五色旗，伪总盟主刘疙瘩，自统黄旗，僭号大汉，隐然以汉高祖自居，而令牛匪世修统带蓝旗，魏匪昌胜统带红旗，于匪盛武统带白旗，刘匪书远统带黑旗。各率悍党，分投掳掠，并裹协丁壮以助声援。十一月二十八日，攻破石弓山，即踞为巢穴。下令匪党一律将发辫截去半段以为记号，被胁之民亦然。未几，复逼令某故员之公子为酋长，公子辞，不获，已谕令须将截辫之令罢除，改给腰牌，始肯俯就。匪然之。盖公子之意，腰牌可随时掷去，设尽人截辫，则大兵一至，必将玉石不分也。官军除阵前斩馘外，生擒之人，必皆讯有党逆确据，始付市曹，并不专以辫之全否为是非。公子之保全民命亦云多矣。至讯及此次敢与官军接战之由，则供称因见江苏徐州镇所辖士卒驰抵临涣集，有马队百余骑颇神骏可喜，思劫而有之。特冒缮郭镇军手札往投，请先派马队前来，妄冀诱入匪巢，伏兵围劫。幸徐州镇刘镇军临发生疑，亲督步队随后策应。十二月初九日清晨，马队至石弓山左近张家圩，果见伏匪四起。因挥令步队分三路包抄，鏖战数点钟时，匪败。且追且杀，得将逆首刘疙瘩擒获，毙贼四百余名，涡阳城始终并未被匪蹂躏。惟义门司巡检则确曾被害，龙山营主何师程■戕之眷口被祸尤酷，夫人、公子及老幼亲丁尽被屠戮，及笄之女公子被匪掳去，至今尚无下落。城内市肆，至腊月半后即已贸易如常。十九日，有自涡阳回芜者云：临行见四城门雉堞悬挂首级各数十颗，盖即官军阵斩及所戮生擒之首从诸逆也。

正月十五日(2 月 24 日)

《新闻报》

原　乱

乌乎！乱之生也，其所由来者渐矣。国朝定鼎二百五十余年，藩属逆命，姑勿具论。其间若回匪、苗匪、川楚教匪，星火燎原，每至不可向迩。迨及咸同间，发捻二匪为祸尤烈，蹂躏十余省，糜烂十余年，竭国家数千百万之帑饷，涂大地亿兆黎民之肝脑。忠臣良将刳肠绝脰于沙场，烈妇义民碎首剖胸于原野，尸填巨港，血满长川，读杜牧之吊古战场文，盖未有若此之惨者也！如天之福，赖君之灵，湘淮钟毓，叠降伟人，遂平大难，疮痍已起，元气渐充，方期胜残去杀，中原可百年不用兵。不图承平甫三十余稔，中东一役而后，广西容县倡于前，四川大足和于后，宜昌、长乐回应于中，颍州、涡阳告变于北。虽各经大吏剿抚兼施，已肃清其大半；然伏戎于莽，思乱者多譬诸鱼烂鸟乱，咸有岌岌不可终日之势。揆厥由来，究何说以处此？太素生曰：此其故，蒙尝思之矣。夫扬汤止沸，不如釜底抽薪；防堤之决，障壅其缺，非不稍杀其流也，然川壅而溃，伤人必多。怒儿之啼，絮塞其口，非不稍止其哭也，然气闷而绝，其命立毙。天下之民犹水也，天下之愚民犹婴儿也。善治水者，导其源流而疏其堤防；善养儿者，伺其啼笑而时其饥饱。善治天下之民者，察其疾苦而平其教养。我朝仁恩汪濊，超唐迈虞，创制显庸，陵驾三代，尚何教养之有未尽善？不知雨露过多，易生蟊贼；宽大过度，亦戾天和。试以养民而论，权门要津良田万顷、商货百廛、龙[垄]断为利,较及锱铢,则仕宦得养,农工商不得其养。统兵大员缺额蚀饷、广置田产以长子孙,则武员得养,兵弁不得其养。农无新法,器用苦窳,终岁勤动,丰歉因天,则沃土之农得养而瘠土之农不得其养。司市不立,商学不兴,狡桀工商,鬻良杂苦,市价涨落,乘时射利,则奸商得养而良贾不得其养。庠序荆棘,浮华成风,鬼躁鬼幽,木天翔步,则华士得养而正士不得其养。官吏讳盗,营兵养奸,劣幕舞文,书差骩法,鱼肉良善,无异狼狈,则莠民得养而懦民不得其养。淫滥成习,廉耻尽丧,无贵无贱,无男无女,手弦口歌,以身为市,则倡优得养而红女不得其养。再试以教民而论,农工则百人中仅得一识字者,商贾则十人中仅得一知书者,是士得教而农工商不得其教。士惟以八股八韵楷折为事,经史子集多束高阁,后世事迹、昭代宪章禁用其文,弗习其故,是通籍之士万分之一能自得教,而未通籍之士则媕陋拘迂,虽有教与无教等。富绅贵族延聘名师,寒士奔走困于衣食,是阀阅之子得教而韦布之子不得其教。夫失养则穷,失教则愚,既穷且愚,酿成忿争。顽悍之风俗以之处家,骨肉参商;以之处友,肝胆胡越;以之事上,则无忠爱之心;以之交邻,则昧怀柔之道。衅生外敌,忧起内讧,瓦解土崩,危在旦夕。不此之察,而仍惟令行禁止之,是务日复一日,变故相寻。其与壅川之缺以防其溃,塞儿之口以止其哭者,相去几何?诗曰:“群生厉阶,至今为梗。”记曰:“所藏乎身,不恕而能。”喻诸人者,未之有也。老子曰:“圣人执左契而不责于人。”蒙愿司教養斯民之权者,尚其三复斯言也可。

正月十九日(2月28日)

《申报》

报纪各处匪乱已平系之以论

天灾之患莫甚于饥荒,耗国之财莫甚于兵革。目古及今,荒与乱往往相因。饥荒之岁,百姓困穷。穷则思变,[驯懦]者束手待毙,桀黠者即乘机窃发,小则穿窬,大则抢掠,甚至揭竿斩木,胁从良懦,据城攘地,抗拒官军。其势之弱者,虽地方遭其蹂躏,人民遭其残害,而天戈所指,尚不难一鼓成擒。倘稍因循,养痈成患,人则愈集愈多,地则愈推愈广。不轨之徒,闻风而起。初则分扰,继则合从,虽有官军剿抚,而击东则窜西,击西则窜东,以致不可收拾。若再兵力不足,任其滋蔓难图,则当年发捻之祸即不难复见于今日。去岁各处饥荒,米粮昂贵,饥民载道,无处求生,而匪乱即因之而起。湖北则长杨、长乐之间,匪焰甚为猖獗。安徽则涡蒙之民,据城杀官,分窜扰乱。蜀中余蛮子掳劫华教士,以要胁官长。贵州镇远乱民又焚毁教堂,杀毙教士。各省疆吏兵符飞调,糜饷劳师,上贻宵旰之忧,下致人民之困。执笔人蒿目时艰,时有纪闻,无不掷笔而叹。乃自■岁以来,旭日当阳,群阴屏息,各处函报,诸匪次第削平,又不禁喜而不寐。长乐之匪,经张香帅所派凯字营往剿,击毙百余人,余皆逃窜。县宰苏大令业已救出,惟闵少尉尚无踪迹。巴东县已将教士董君及周把戎灵榇护送至宜昌。盖二君皆被戕害者也。本月十二日,凯军全队回鄂,想已不留余孽矣。涡阳匪首牛世修党羽,经各军会剿,追杀殆尽,被胁之饥民亦皆解散。疆吏上体皇仁，概免深究，又遵旨委员散振，先后解去银若干万两。此剿平涡匪后之情形也。昨报又纪重庆访事友人来函云：大足县余蛮子经王芍棠方伯督师合围，余匪震慑先声，将所掳周军门送还。我军用炮轰坏龙水镇木棚，击毙匪徒二百余人。余匪胆寒，向法教士哀恳，遂于去腊中旬命其子送至军前，匪党则退屯别处。唐翠平、蒋灿臣二匪亦向各乡逃窜。余匪又向方伯乞抚，声称此事有人主使，执有信件为凭。方伯即拨其党二三百人，归周军门调遣。唐翠平、蒋灿臣亦经壁山县拿获，解送永川监禁。川乱从此敉平矣。至于贵州教案，现经英国政府派重庆领事烈君赴贵阳，与王中丞商办。旋将凶犯许五斤、田香亭拿获正法。惟主谋之犯，未经缉获。将产业查封，并悬赏银五百两通饬查拿务获讯办。保护不力、办理不善之员，分别惩处，均已奏准在案。赔银二万二千两，于今年分二次交清，中西官皆已画诺矣。历观诸匪肇乱之由，半为饥荒所迫，半借闹教为名。与其戢乱于既发之后，何如弭乱于未发之先？所谓弭乱者，饥荒则先为振抚，教堂则严加保护。饥民得食，则断无为乱之理，即有乱民煽惑，不敢从也；教堂得有护卫，虽有乱民，无敢扰也。要知此种事不出则已，出则必费周章。现经次第平靖，而善后事宜尚需妥办。涡、蒙、颍、亳间待(振)[赈]尚急，抚宪拟(振)[赈]四十万金，陆续汇解。论者犹谓杯水车薪，无济于事，倘不救人救澈，难保不死灰复燃。四川匪乱难平，而法领事索赔五百万金，一时何能筹办？军士虽免枕戈之苦，而大吏仍难辞擘画之劳。故欲弭土匪之乱，须在未发之时，为未雨绸缪之计，毋于既发之后，为临渴掘井之谋。是所望于有地方之责者！

正月二十日(3 月 1 日)

《格致益闻汇报》

来书照登

读贵报余栋臣闹教一论，谓去秋余与教堂为难，教士鸣之官，官怒拘余于狱，已就擒矣，为其羽党所解。又谓大吏决计招抚，用示宽恕，意谓余栋臣义人也，以受屈莫伸，为此挺险之举，其事可诛，其情犹可原焉。具见贵馆于余乱之由来尚未明悉，而误会大吏之意亦复不少。夫余蛮子一会匪耳，家贫无恒产，肩煤炭为业，依蒋赞臣为护符。蒋首倡闹教，余惟助之，则闹教者蒋也，非余也。蒋富且豪，其闹教之缘，为贵馆述之。光绪十二年，离重庆十里许，英、美两国耶稣教教士租房一座，暂行栖止。五月五日，有无赖若干辈前往探观，西妇恶其无理，举枪惊之，反触无赖怒，拳足并举，将窗户捣碎。其为首滋事者，由官究办以负枷示众了事。时英美两教士在乡筑屋，无赖竭力报复，诬言两教士强占要地，并广布揭帖，约期拆屋。至六月初一日，匪类成群将该教士之屋汹汹毁去，既而嫁祸于天主堂及真原堂等，亦毁抢一空。时匪徒愈聚愈多，势焰益烈，延抢殷实教民家以填其欲壑。当是时，在教董事罗元义适居丧，雇何包鱼、吴炳南等壮夫四十人以资保卫。迨匪人拥至，罗命挥刃抵拒，不过微伤三匪，无一因伤毙命者。但人山人海，空巷塞途，一时拥挤不开，竟踏毙十数人，此无妄之灾，亦自取之咎也。此后渝城中连日搜击，法纪全无，并有奉宪灭教之说。斯言一传乡野，电闪风驰，直入贵州境内，于是巴县所属教民数百家咸被地董领抢，白果树地方之教堂亦罹此厄。抢该堂时，有会匪石开阳、石汇父子，由该团董率领抢掠，而巴属教民被杀四名。六月初七日，贵州遵义府匪类效尤，肆行毁杀。傅教士雇人卫堂，格杀数匪，然匪人甚众，教民被杀尤夥。六月中浣，大足龙水镇迎神赛会，极形热闹，匪人恃众生事，将该镇教堂付之一炬。经大吏奏报朝廷，奉旨持平办理。当道以重庆闹教者多系武童，不为深究；其巴属被毁教堂四五座、被劫教民百家并被杀教民四人，大吏皆委罪于罗元义。谓元义杀人激成公愤，致石开阳父子酿成巨案。当将罗元义、何包鱼、吴柄南、石开阳、石汇等一并枭首，以结其案。国大令犹恐为首闹教之绅富畏罪难安，特出示安慰，谓尔等不必过虑，自有本县肩承等语。百姓见之咸谓打教无罪，何妨逞所欲为，遂于光绪十四年又乘赛会之期，将新教堂劫毁，并将附近教民家纷纷抢掠。当道未治一人，只以略赔了事。十六年，民志益狂，重蹈故辙，仍以赛会为良机，三次攻抢教堂。幸有团勇及教民等出为抵拒，将匪类驱散，拾得大锣一面，上贴“蒋赞臣置”字样。事经鸣官，官见“蒋赞臣”三字，差传赞臣到案。赞臣不赴，反集近地绅董、会匪多人及余蛮子兄弟等重行闹教，将大足教堂数座尽行焚毁，并将教民数百家房屋、财物、田禾一概搂割。川东道张观察、重庆府王太守办理此案，置蒋赞臣及各绅董于不问，惟归罪于余蛮子兄弟及唐萃平、李尚儒等六人，有悬赏缉拿之谕。然余蛮子法外逍遥，仍无忌惮，李四蛮子被拿后，永川县赏以顶戴。李尚儒早被私仇拘送到官，亦未惩治，卒死于私仇之手。迨芜湖案起，上谕著各省将未了教案从速办结。张观察促川东主教以大足一案急行议结，许完案后严拿余蛮子、唐萃平治以应得之罪。先后阅数年，余唐二人优游如故。去岁驻渝法领事催办此案，任观察始饬拿甚急，果于四月间就获，不料蒋赞臣邀同绅董强逼狱官放释，此今年大祸之所由来也。自夏迄今，教堂教民如何被害，天下周知。姑不赘及因贵馆误以此案为去秋事，故述其缘起如此。总之，川省教案层出不穷，非蜀民格外刁顽，实因秉钧者袒护奸徒，养痈为患。诚能一视同仁，无分民教，何至上遗君父之忧，下置生民于涂炭欤！十二月初四日渝城某教士启。

正月廿四日(3月5日)

《中外日报》

[论说] 论陈侍讲参奏东抚事

恭读正月十八日上谕，翰林院侍讲学士陈秉和奏劾山东抚臣张汝梅巧于逢迎、任用私人各节，当奉旨查办。惟原折有此言一出，“内而见忌廷臣，外而见憎使臣”二语，上谕令其明白回奏。又恭读正月二十日上谕内有陈侍讲回奏，言张汝梅与侍郎立山、大学士荣禄有密交云云。谕旨斥其诬妄，严加申饬。伏读之，仰见我皇上秉公制治，明烛万几，足下令身居言职者倍加谨慎也。窃思今日中国各省，或饥馑，或兵寇，小民荡析离居十室而九。即如江浙川广素号“奥区”，近亦民艰日甚，虽无饥乱之忧，而游惰失业及贫苦窘迫者，又不知凡几。况山东一省河患频仍，连年饥匮，哀鸿嗷于境内，涡匪煽于邻疆。保封疆者身际此境，宜何如弭防兵乱，安集流亡，以期上对九重、下慰百姓也。而何至任信私人，招权纳贿，浮销觥法，种种弊政，使无告之民既苦天灾，又病冠虎耶？至合肥相国以元老重臣，奉命督勘河工，在朝廷倚任之意，盖欲集流亡而奏安澜，拯斯民而登衽席也。又何至供亿奢侈，动需万金，漠视民艰，土苴[公]帑耶？陈侍讲所奏似难尽信，故谕旨有“不能安然受之”之语。可知大臣具有天良，当不至溺职若是，已早为九重洞鉴也。然而中国营贿、觥法、浮销诸弊，其病原起于信任私人；而私人之见用，实由于逢迎之巧。故其任私中饱多由于供张需索，而供张需索实皆因逢迎而起。不知逢近需索之际，又有从而中饱分利之人，此所以剥生民有用之财，而人已皆无一实用之惠也。兵丁也，不以防盗而以站队矣；兵械船炮也，不以靖匪防患而以接送大员矣；府厅州县官也，不以莅民治事为重，而以接差供应见长矣。呜呼！何省无逢迎之事，何省无官无钱无武备军器不为逢迎之具？吾不敢谓任用爪牙肆其张噬，既剥敛于下民，又漠视其灾状，惟图供应之美取悦大臣者，世竟无其人也。要之，各省皆有逢迎之官，各省皆有借公费苛敛之事，故中国而欲清弊政，非先痛惩逢迎之恶习，则诸弊无自而绝。此次陈学士原折以巧于逢迎与任私觥法诸事并劾者，可谓深明时弊；而上谕不重责其逢迎，而责其任私觥法各事，以为有负委任。盖以身膺疆寄，断不能玩视民瘼，而况身为元臣。查勘灾状，当此流离满目，而犹罔恤民艰、安受供张，亮非与国同休戚之人所忍为也。吾故于此劾举之事，尚有窃窃致疑者焉。夫张抚军之为人平和长厚，平居闻其亦甚自刻苦；惟天性失于过厚，或为奸巧小人所愚，亦未可知。即如崔廷珪之为人，素闻其招权纳贿，抚军或受其朦蔽而不觉；抑其劣迹甚多，怨家甚众，恐大臣莅境致遭劾举，因而交通左右、竭意逢迎，抚军未必亲与其事。若夫合肥相恐身为元宰，必不受人苞苴，或系近侍婪取，则未可知。观其索金赀以作折薪，其情可想，此案不究逢迎则其情不见，可疑者一也。苟如是，则张抚军任信邪佥，以致百政丛脞，则失于察吏。合肥相国身膺重寄，而受近侍之欺，则亦失于御下，事或有之。然陈侍讲不言其应得之咎，而连及二十余年前张公与立侍郎、荣中堂交通之事，以致据实之案转涉虚诬，可疑者二也。既奉谕旨，理应明白回奏，乃恭读上谕，则知折内声叙交通之事毫无实迹，恐前情既虚而近事亦未必实；且陈侍讲于张抚军、李相则明白指参，于立侍郎、荣相则隐约指陈。畏势耶？逞诬耶？皆不可知耶。如畏势，则张抚军既与二人有交，今参张抚军即明明得罪二人；苟不能实指二人袒庇之迹，则其参张抚军与李相也，非挟嫌即受指也，可疑者三也。要之，中国不去逢(近)[迎]之习，则任私舞弊之人必不能除。为言官者不能据事直言、切实指陈，则不能作言路之气而上动天听。敢即以张抚军被参事而推阐之，以告在位。至原案虚实，朝廷明烛万几，无微不显，自非草茅之(土)[士]所敢臆度也。

正月廿六日(3月7日)

《中外日报》

[论说] 论余蛮子就抚复叛

古语曰:大盗不操矛弧,言其盗之勇且智也。今则吾为增一语曰:小匪不能剿抚,言非匪之横而狡,而实兵之孱而汰也。余蛮子小匪而已,任道欲假小匪而邀大功,以致激变而其势横矣。劫取司铎、毁坏洋船,为祸日烈,于是当道又欲假抚降以求了事,而其势更横矣。王方伯力主用剿,匪势渐促,奏报大捷,司铎生还,而匪首乞降,似其势可以少杀也。乃今闻余匪又叛,官军难敌,则其势更横矣。而于是乎余蛮子者以一小匪而俨然得为真匪,称为大憝。呜呼!是谁纵之而至是耶?非剿抚无定以致之耶,抑非邀功虚捷、不实力行事以致是耶?夫据四川绅衿公禀,则余蛮子初不过一拖炭之氓,并无奇才异能也。自任道欲计擒以邀功,而于是有激变之事。及其变也,劫取司铎、扰害地方、得罪外人而残害良民,则余蛮子为真匪矣。既为真匪,地方大吏即应力伸天讨、扫穴犁庭,方足以对外人而弭内患,其于司铎之杀伤与否可不计也。即曰司铎杀伤,理应赔偿,然既将余匪明正典刑,则亦可以谢责外人,即令要索赔偿,亦不至有纵匪之责言也。乃当局不察,恐诛捕稍亟,则匪必杀伤司铎而为祸更烈,故宛转议抚,意欲计诱出司铎,以将就了事。不知余匪之劫司铎,正挟之以■重也。议抚不就,司铎不释,彼即横行百方,而地方兵吏无如之何,是其初议抚失机之一也。王方伯带兵督剿已得手矣,贼势渐蹙,乞降而释司铎,正可乘此痛加洗剿以务绝根株;而乃初主剿者稍为得手即虚报大捷,又兼议抚,彼以为司铎既释,大事已了,余匪苟降则已身入牢笼,顺则生之,逆则诛之,亦易易耳。不知彼前此之叛,本为无辜被擒也。今既称戈犯顺,则是无罪之罪,明明加罪,岂不虑及降后被罪之事,而肯漫然无备耶?况但释司铎即不问余匪之罪,又使外人有词见责,如再穷治,则余匪正可借杀降无信之词重又煽叛,此剿后议抚失机之一也。夫明之亡也,亡于流寇;流寇之炽也,炽于议抚。前车之覆,具有明征,何当局者昧焉忘之耶?况当今中国之势,内匪一起,稍涉外人,即启衅端,其事更较明之流贼难办百倍,而当局者又蹈前明督师者之恶习,几何不贻误大局耶?

正月廿八日(3月9日)

《申报》

莒州闹教

天津《国闻报》云:山东莒州某乡有土匪滋扰教堂,地方官出为弹压。出城未及二十里，土民即成群结队，声言官受教士贿赂，群与为难，逼令降舆立誓。旋赴别村掳掠，距州北二十里有一土堡，土匪千余人四面围攻。盖以堡内有天主教中人藏匿也。城中由沂州派来兵丁三十人防守，距城南十五里之耶稣教民亦被匪徒滋扰，后由邻邑之人再三求免，始得无事。距此处西南七十里及迤北一百里，各有教堂一所。莒州日照等处土匪群起滋扰，教士赴沂州府请兵保护。府尊某太守允之，即赴省谒见抚军，请派兵役十八人前往。行至圣母镇，匪党疑此等官兵由教堂贿之使来，且所荷之枪并无弹药，不足畏惧。内有黠者，欲向之抢取，武弁王千戎斥以正言，被匪所縶。兵役遂放枪，伤一匪。正相持间，千总及二兵皆受伤，余兵见众寡不敌，奔回沂州。

二月十六日(3 月 27 日)

《申报》

论意人占取三门湾事

意大利人调兵占取三门湾一事登诸报牍，盖已夫人而知之矣。而卒未明其事之缘起，迨阅本月初七日本报所纪，始恍然于此事之由中国自误，而不可徒怪外人之肆意要求也。本报之言曰：去年三月，蜀人席雨农向意国使臣贷银一百二十万两，以六十万两开京西西山煤矿，六十万两筑西山至芦沟桥铁路。订定章程，于六月间呈递路矿总局，虽经批准，尚未开办。未几康逆事发，张侍郎荷戈塞外，当轴者遂迁延观望，未经上达九重。嗣局中忽改定章程，使华人独揽利权，并以余利三分之一归国家，致与从前山西、河南路矿事宜未归一律。九月意使屡向局中催问，局中初尚支吾，继竟峻词以拒。至岁杪，意使乃借词欲占三门湾，声称如不允从，即调兵船往取。溯自朝廷新政[颁]行而后，每有似官非官、似商非商之辈，托名开矿筑路，以猎资财。我不知席雨农为何如人？然既有意人许贷钜赀，谅必自称达官，极意铺排场面。在意人未悉中国情事，一见其声势显赫，自必乐于允从，入其彀中，固不足责我。壹不知矿路总局何以贸然批准，何以忽又改换新章？在意人肯以钜赀付中朝，原欲如商贾之将本求利，乃利权既为华人所独揽，意人更何利之可求？当使臣屡向总局催问时，当道苟善于调停，尚不至事机决裂，而竟不自引咎，反拒以峻词，亦何怪意人之忿不能平，遽欲以兵力占取三门湾，以为桑榆之补乎？虽然，意人亦非长于战事者也。间尝考之意国，地狭而长，东西南三面皆海，北连瑞士，东北界奥地利亚，西北枕法兰西。综计南北约二千里，北境广处八百余里，南境狭处只三百五十里，以视中国只一省耳。兵额虽多至五十余万，然连年荒歉，民不聊生，加以前年用兵于亚皮西尼一战而败，自知力竭势绌，甘为城下之盟，将所得之地归之，始得免兵连祸结。国中战舰，其见诸昨日本报者，计驻华提督革雷纳氏所统，只共六艘。其最快者，每一下钟时仅能行十九海里，容积只四千五百余墩。我中国虽甲午之役败于日人，而重振军威，尚不难背城借一，中原逐鹿不知鹿死谁手。何意人甘为戎首，居然亦思虎视鲸吞耶？或曰是有阴助之者。助之者谁？则英人是。英本有舟山之约，是以昔年法越事起，英虽不昌言抵拒，而法终不敢觑覦舟山。

今见俄人势力日强,渐渐有吞噬我华之意。若竟独力,深恐势或有所不支。三门湾地处浙洋,邻于石浦,其与舟山一岛相距非遥。苟意人得其地而驻以重兵,英可与之辅车相依,而俄遂不复敢轻于问鼎。此英人之所以宣言意人占此,我英决不出而阻挠欤?然则中朝将何策以抵御之?曰勿轻与战,亦万不可骤然割地畀之。夫战,危事也,姑无论不能必胜,即胜矣,而后患亦正未有已时。然竟允其所求,则欧美诸大邦无一不鹰瞵鹗视,他日者争相索地,各取一隅,中国非砧上肉、釜中鱼,何堪任其并吞脔割乎?以仆之见,衅既由贷款而起,当先就贷款一事善为措置,毋使意人受意外之亏。如意人仍肆意诛求,则当宣告各友邦评其曲直,然后将三门湾仿照吴淞、金陵、三都口、南宁、秦皇岛之例,开作公共通商口岸。使各国咸得于此设互市场,庶意人存投鼠忌器之心,其谋自然阴戢。迨事定之后,布告天下:以后凡有未经禀准先自向各国贷款以致酿成衅端,如此次席雨农其人者,严以罪之,罔有赦。此和平办理之大端也,愿为当轴者作刍荛之献。

二月十八日(3月29日)

《申报》

再论意人索取三门湾事

意大利国之索取浙江三门湾也,外人揣测情由,咸莫知其所以然,指为无理取闹。迨本报登东师来信,始恍然于此事实由似官非官、似商非商之蜀人席雨农,向贷巨金为筑路开矿之用后,忽将章程大改,顿食前言,以致意人忿不能平,为索地抵偿之举。因即著为论说,布告列国,此后凡有向外人贷款者,必先禀由政府允准,方可成交。有冒昧从事如席雨农其人者,罪之罔有赦。今者外间传闻席雨农已下之于狱,虽其事未尽可信,然观昨日本报纪,意使被谴而去,一切交涉暂由英使代庖,是则意人之所要求当可权时延搁,三门湾一岛依然屹若金城矣。顾或有好为苛论者,谓意人此举实中国有以召之。向使甲午之役,辽阳半壁任日人之占据,日人必将以重兵扼守,阻俄人不得东下。俄人既无所逞,则胶威旅大自不致拱手而让人。是日本苟得辽东,在中国虽有损于目前,未尝不可收效于日后。不意当时误听俄、德、法之语,以三千万购回。卒之各处岩疆乃入他人之手,驯至素无交涉之意大利,亦且欲割据我海埏。嘻!为此说者,其真仅顾一面者乎!语曰:“知之非艰,行之维艰。”试思当日马关议和,日人当屡胜之余,声势汹汹,几难理喻。幸有俄、德、法出而仗义,我中朝苟概行谢绝,甘心将地畀日人,俄、德、法无可收科,势必因羞成怒,群起而向我诘责,我将何以御之?自不如姑听其言,将已失之地收回而偿金,以杜日人之口也。且俄之纠德、法以为我索地,与日人之称兵犯我,其心正自相同,无非欲在亚洲为盟主耳。俄为盟主,中国固受其祸;日为盟主,安见中国之必蒙其福?中国当此之际,遇有辅我者即感激之不遑,安计日后之蚕食鲸吞、渐渐分我疆圉哉?今意使既不遵廷旨,擅下哀的迈敦书。意廷即传审饬回,另简使臣商榷,可见意廷之意并不欲开罪于中朝。我中朝正可乘英使代理时,从速消弭此事,免致他日新使戾止,再起风波。虽然,海外之虎视眈眈者,岂俄、德、法三国及今之意大利哉？使不及早图自强之道，凡诸列国势必皆存轻藐之见，起而鱼肉我中华。然即欲自强，而军舰已沉，军心已懈，度支之绌更不待言。是非朝野上下间图治励精，卧薪尝胆，十年生聚，十年教训，万不能尽涤委靡之习，得以威武奋扬。试问列国之环伺于旁者，能迟至十年、二十年始徐徐发难乎？则为今之计，惟有仍如前说，广开各处公共通商口岸，使互相牵制，不有任一国之独逞雄心，或者祸患之来可以稍弭。及此闲暇经武整军，此即当年美国前总统格兰脱君保全高丽之策也。彼夫日本只海东一弹丸地，昔之政治亦与中国无殊，乃自诸大国迫之以兵，即耻而奋发有为，事事力求整顿，仿行西法，渐致富强。迄今甫及三十年，而已焕然改观，强邻咸俯首慑服。岂以我中国地大物博，人民之繁庶，物产之富饶，且十倍于日本，而不能使一朝发奋，徐图转弱为强乎？屈者伸之机，剥者复之兆，愿与当轴者婉转商之。

二月廿四日（4 月 4 日）

《国闻报》

山东德兵登岸缘由

日来本埠某报自称接得警电，谣传德人占据山东全省，各兵已由日照登陆一节。本报曾于昨日辟其传之非真，继思该耗之来，或亦有因，故特详加探访。乃悉西历三月二十三号《字林西报》曾接友人自山东沂州府寄来一函，内言德人派兵登岸之故。据云：距沂州府西南二十英里地方，前已闹事数次，华官并未拿办。有一天主教人言，伊在某处亦曾遇土棍滋扰，使非马快，几遭不测，故伊于近来三个月来，无日不将马匹配就，以备逃遁。又距府四十英里之费县地面，曾有三教士被土棍殴毙。又距西南二十英里之某山，亦死教士六人，内二人被土棍架火焚烧。又东面，有二教士竟被分尸火化。合之先前函致所言杀毙小孩一人、挖去孩目两人，种种滋闹，华官从未过问，以致匪胆愈大。昨日有三德人，一系都司憨礼门，一系福司畜，一系姆司，由东海滨炮船登岸赴沂州府公干。行经王家庄打尖，因该庄系棍匪逋逃之薮，被棍[匪]遇见。俟其前行约二里许，即有棍匪二百余人或持中国枪、或携抬枪，接踵而行，渐渐逼迫德人。姆司颇通中语，见此情形，知有相害之意，遂向棍匪声明"我等并非教士，幸弗错认"云云。奈匪等置若罔闻，突起放枪，三德人无奈避入坟后，得未击伤。后因愈逼愈近，无可躲藏，与其徒死无益，不如还枪相敌。然三人所带皆系手枪，开放时既无浓烟又无大声。匪等初不在意，旋见同党连连倒地，皆属枪伤，未免稍却。三德人遂乘势追逼，复卧地开枪约二三次，棍匪知势不敌，始一哄而退。先是棍匪围逼之时，三德人所雇行李车六辆及下人等恐遭波累，均各远逸。德人亦无暇兼顾，只得徒步前进。迨抵府城时已薄暮，然尚见匪党远远随行。次日闻城中居民传述，则谓有匪三人受伤颇重，必死无疑，余皆无恙。而所失行李车辆亦有人送还，查检之下所失无几，德人亦不复追至。其送还之故，其果意存畏惧，抑有别故，令人无从猜测。惟德人公毕回船该处，华官恐再有棍匪半途报复，当派马兵一队相护而行。事为炮船中德国青岛总督所闻，以东省棍匪如此滋闹,华官既苦兵力不足难以查办,此次若再任其猖獗不有警戒,恐将来德人一应举动必为掣肘,故特派兵登岸前赴内地弹压,以期安靖地方。闻派兵之时,德人已声明缘由,且言并不占据土地云云。揆厥情形,德兵登陆当因弹压起见,谅无霸占及窥伺之意。可知事关东省大局,合亟详细译登,以慰众望,余俟再有确闻,续行刊录也。

《中外日报》

[论说] 论德兵登岸

呜呼!今之中国,尚可为国哉?西兵聚于都城,托名保护使馆而莫敢遣也;外人强索,虚称备战而莫敢敌也。一波未平一波又起,顷德兵又在山东日照登岸,直至沂州、莒州各地,是固何为乎来哉?西报曰为备御土寇也,为教士复仇也。此二者皆系揣测之词,实则瓜分豆剖之首事,惟任意踞地而已。胶州之事,德首之而后旅大威海之事成。日照之兵登岸,德首之而后各国以兵力占据全省,亦可循例而步其后。呜呼!斯何时耶?朝野上下犹酣然太平而忘警备哉。吾得举中国时弊而为天下告,以醒人心、以作士气也。一曰君权不专而法守莫定也。去年我皇上力主维新,虽东西各国未能力助,然未尝不称其改变之速,相与以俄大彼得、日本睦仁目我皇上。乃未几而中经党祸,新政未行,内祸萧墙,外乘强敌。故今日外患之日亟,实由于内政之不脩;内政之不脩,实由于皇上秉权之不专、立法之不定。处今日而欲为御侮自固计者,首在两宫下罪己之诏,布告天下。君权重振,使天下人士咸如仰斗杓而知方,然后除门户之见,求干济之材。才隽者取而进之、专而任之,庸劣者黜而逐之、屏而远之,而后翳障可除,文明可望,新政可以昭布也。振武备之略,不分京外各处,通立兵省,使声势互连、缓急相助,而后不至封疆自限也。不分士农工商,咸籍为兵,使知国事之棘、国耻之重,而后不至漠视君父也,是拯急之一策也。一曰教宗不尊而莫知系属也。我孔子德配天地,凡有血气莫不尊亲。今天下人士但讽其诗书以弋利禄,其于纲纪伦理之道、教养政法之精,咸昧昧焉而日习不察。往年胶州之役,闻者动魄惊心,诚以山东为圣迹所在,断不可令外人割踞,致启侮辱圣地之渐。顾未闻天下之儒言儒服有一人焉,合众力以与当局争者。浸假而德兵毁圣像矣,朝廷下循例惩办之旨,疆臣施回护调停之奏。天下之儒言儒服宜如何引为深怨,顾未闻有一人焉,揭公愤以与外人仇者。驯至今日,德兵遂借教案径至沂州,思踞山东矣。夫沂州去孔林约二百里,自此孔林直入外人之手,而孔教危矣。孔教危,而天下之人永为无教之人矣。呜呼!斯时也,又未闻天下之儒言儒行有一人焉,激众怒而为保教计者。已矣教主之辱,而奉教者尚漠然罔觉,岂非为灭种之大根源也乎?

二月廿五日(4 月 5 日)

《中外日报》

［论说］ 续论德兵登岸

夫教案之起，仅不过我国失保护之责，为赔偿之举而止，何得用兵踞地？且德兵之来，为彼教士被祸而然也。既重教，则天下之教一也，何得踞我山东，凌蔑圣地？是重彼教而竟欲灭孔教也。以教灭教，同为非法，则不得以保孔教为吾过也。天下之儒言儒行者，何不一思及此，而毅然以身殉道也？处今日而服儒服、言儒言者，能仿十字军之例，请之政府，结为义会，群然以保教为心，则孔教得保。孔教得保，则支那之种智不为外人所灭，是又拯急之一策也。呜呼！有国而不知急其君父之难，是为无主；有教而不知保护其尊亲之教主，是为无教。以二十二省之大、四百余兆之众，群为无主无教之人，化为无主无教之国，几何而不为他人鱼肉之、奴隶之，凌夷澌灭以至于尽哉？故吾为今日中国计者，不外乎尊王、尊教之二策，况以君父之难而与德仇，各国不得而责之也。以德人蔑视国教之耻而与为仇，各国亦不得而訾之也。今之策时务者，辄曰兴财、广智，而后维新之政可行也。吾谓不然，财之殖匪一日事也，智之开亦匪旦夕功也。假令以今日中国沙散之人心，就令商工大盛、学校大启，亦不过增无数洋牌之公司、西国之甲必丹，而于国、于教毫无裨益也。欲殖财先有力，欲益智先有力，然而力之集必有重点焉，而后各种质点皆向重心，而不敢四散。故民以国为界，国以君为主，此当世之重点所在也。国以民与立，民以教为别，此往古来今集群智、群力之重点所在也。既有重点明示所在，而后各质悉集于一点。故不明君权之所在，则法令之下，天下人心不能归一而共向也。不明教宗之宜尊，则种智之保，天下人之志识不能合一而同趋也。政府处今日而不能施回旋之策，是为自弃其人民；天下之人士处今日而不能自谋保聚之方，是为自失其国种。呜呼！狂澜遍地，吾安得以独掌之湮，而为奠山川之大举？散沙一群，吾安得以寸舌之功，而为破群迷之奇策？诗有之曰："心之忧矣，我歌且谣，不知我者，谓我士也骄。"匹夫无罪，吾亦安忍而不一再言哉？

德兵登岸三志

接山东泰安州来电：西历二十二号，沂州府东七十里有德人三名被土匪困辱，经德人放枪自卫，击毙华人数名。二十九号，德国兵登岸占踞日照县，复派兵队前赴沂州府闹事之地，以图报复，并欲将该处二镇悉行焚毁。沂州府城内尚称安靖，惟官吏皆以德人为非，颇有龃龉之意。译《字林西报》。

总理衙门电饬驻扎德京柏灵中国钦使吕海寰，诘问德国政府，山东海滨胶州南面有德兵无端登岸，究因何故？译《字林西报》北京电。

二月廿七日(4月7日)

《中外日报》

德兵登岸四志

德文报纪沂州访事人来函,云迩年山东南境土匪专与外人为难,劫杀龃龉之事无日无之。该处华官既不能保护、弹压,复意存忌讳,雅不乐闻,故匪党愈无忌惮,以故德人在东省兴办工程皆为阻挠,不能速就。是以驻扎胶州德总督特派德兵百人、武员二人、炮兵十人,随带大炮两门,前往日照县驻扎,办理法教士思吞斯被殴之案。另派德兵一队前往三德人被辱地方,相机行事。德国格飞鹰兵舰本拟俟此事办竣后始离青岛,盖欲借兵力遏止土匪凶横之焰,以免德人殴辱之险耳。近日即墨县附近地方,亦有土人与教民龃龉之事,幸匪党登时被获,故目下业已安靖矣。译《字林西报》。

二月廿八日(4月8日)

《中外日报》

德兵登岸五志

上月三十一号由胶州访事来函,现在德兵在胶州左近地方,观其举动大有乘机以待之势。前数日有德兵一队,内有武员二人,在胶州南面日照县地方,忽遇中国兵弁。中国兵弁不知何故放枪,亦无被击情事。而武员等佥回枪轰击,致毙华兵数人,德兵遂回胶州。青岛总督遂派兵队上岸,暂住日照,尚须索偿款项。此事虽无明文,然此处屡致肇祸,如不整顿,恐愈形棘手耳。大半因义大利索租沙湾一事,太后严拒,故中国官场以为此次办理交涉最为坚强不屈,然抑知遗害甚大也。译《字林西报》。

三月初二日(4月11日)

《中外日报》

德兵登岸六志

德兵到沂,已叠志本报。兹闻在北京德人言:山东河灾被难人民大约不下百余万人,均穷极无聊，每多滋生事端。地方官实不能弹压，且因兵经裁撤，不足以资镇慑，故土人时有与德人为难之事。前时驻京德使海大臣靖屡与总署各员声说，谓如果地方官不能保护德人，则德人只得自行保护。中国政府虽允为竭力保护，乃德人在山东仍不时受扰，以致此次德水师派兵三百名，由日照左近登岸，即向沂州府进发，以为自行保护计。俟见中国确能保护，必无他虞，方能撤回此项兵队，此德人之言也。外间则谓德人此举，各国均知之，皆有默许德人之意。政府已电饬山东巡抚，拨兵在各处保护西人，凡有教士之处，须格外竭力保护，以期无事。而外人咸谓德人自行保护虽近有理；然德使臣并未下旗，而以兵队深入中国内地，干犯《万国公法》，与宣战失和无异，且此后他国借此效尤，则中国自主之权从此无有矣。

现内廷已电饬东抚调兵弹压，又电致德国外部与之理论。闻此事系属德使海靖有意挑衅，今径与德外部理论，或能挽回，亦未可知。

闻有德兵二人被土人放枪击毙，而德使署则云并无是事。

索租羊毛岛。顷闻在直隶海湾之羊毛岛，有某国强行索租，虽中国政府不允再将土地让与他国，而某国要之甚力，恐彼此相持，必致兵戎相见也。董星五军门福祥闻有此事，愿请前往管守此岛。太后尚未允许，殆恐中国水师懦弱，虑不足恃耳。按一千八百九十八年前直隶总督荣制军禄，曾密派水师学堂学生前赴直隶海湾各岛察看形势，以便择一屯集海军之岛。故拟将是岛经营部署，业已绘图，设法营建炮台、船坞、厂屋等工作，皆拟次第举办。此次要租，未知确系何国，大约必系俄、日两国之所为也。译《字林西报》。

《新闻报》

［论说］ 忧时说

民心胥渐昏昏棼棼，忧时者鉴于外患之日深，强邻之逼处，瓜分之图既画，英、俄之约将定，索难之事屡投，小国之侮不少，以为中国之忧靡有究竟，而不知中国之忧不在于外侮而在于内讧，不在于瓜分而在于鱼烂。何则？外人之窥伺犹是股肱之疾也，小民之揭竿不啻心腹之灾也。中国自甲午一役以来，帑藏之空虚，疆宇之穷蹙，武备之废弛，政令之烦苛，岌岌乎已有不可终日之势。而又济沂苦水，淮海苦饥，粒米贵于珠玑，而民命贱于草芥，奈之何民不穷且乱哉！历观前代兴亡之故，往往始则政乱于上，俗敝于下，继则饥馑荐臻，寇盗充斥，由是而四海鼎沸。或真人崛起于民间，或强敌骤压于境上，不旋踵间而宗社为墟，若此者固比比矣。即如胜国之末造，庙堂之上政在权阉，忠臣正士放黜殆尽，因而官吏贪残毒痛四海。加以各省旱潦频仍，人民相食，于是所在伏莽先后窃发，掠地攻城，名为流寇。拥众多者或至数十万，日长炎炎势不可遏，将吏之督师与战者辄为所败。迨至甲申三月，李自成逼陷京师，神器倾覆，我世祖章皇帝遂得以长驱入关，扫荡群凶，为中国主。今者中国民穷财匮，小民以生计维艰，相与蠢然思动者，或以不堪夫虐政，或以仇视夫教民，莫不借端发难，为患一方。如广西之梧州、四川之大足、山东之莒州、江苏之涡阳、湖北之长乐，均变起仓猝，呼啸成群，羽党浸众。虽所在有司奏知朝廷，勒兵进剿，然潜扑潜煽，浸以蔓延，徒叹养痈之患，难期授首之勋。今虽次第荡平，无虞滋蔓，而乱根犹未尽净，恐有逢春猝发之势。而淮海饥民之麇集于沿江一带者，殆以数十万计；且东南各省米价之贵,近又异乎寻常。至到处闹教之案,更为指不胜屈。若来春青黄不接之际,贫民抢米之事又复层见叠出。设遇闹教之徒,乘机煽乱以谋不轨,则中国四履之内几无一片干净土。时局之危不啻与明季如出一辙,保能免于海水群飞、神州陆沉之祸耶?而或者更谓迩来东三省地方,俄兵之屯于各要隘者已多至一十二万五千名,其中快炮队及马队均散布两国边陲,所有该处直达京师之要道,一二处均为俄兵扼守,揣其用意,无非欲观衅而动。设一旦畿辅有事,俄旅亦乘势入关,则与明季之情形更无少异。然则留心时局之士,其能不引以为忧哉?夫国家虽处至贫极弱之势,苟能上下一德、戮力同心,亦未始无因祸为福,转败为功之一日。独至天祸于上,民畔于下,虽有饥溺之仁,而无术以谋万姓之生;虽有韬略之智,而无策以平一方之难。则已如人身之病入膏肓,即和缓复生,犹将束手。乃目下中国之大局,固已蕲至于是矣。至于是,而犹恬然、懵然泄沓相安,是明知其病之已入膏肓而坐待其亡也。为今之计,惟有速筹巨款,广开各处铁路,用以工代赈之法,俾大河左右、大江南北之饥黎皆有糊口之地,不至流入江湖与乱党连结。然后朝廷乃特下罪己之诏,以收天下人之心。严禁出洋之米,以裕天下之民食,或者天心悔祸,乱党咸除,俾四百兆之黔首从此安居乐业,仍作太平之氓。即使各处跳梁之众一时未能扫除,而有铁路以通往来,则于征兵转饷一切较为神速,于国家并非小■。呜呼!天下攘攘,乱靡有定。值此土崩瓦解之势,当局者犹弗虑弗图。彼耽耽焉鹰瞵虎视,日伺于吾之侧者,必有欲代吾虑之、代吾图之者矣。夫岂我黄种之众,必待假手于他人而后乃能息肩也耶!

《申报》

沂州警信

天津《国闻报》云:上月某日,德人某甲因事至山东沂州府城,被土人所阻。德人开枪,击毙土人三名。居民闻信,相率环攻。德人见事急,逃入府署,土人围而索之。知府惧祸遁。驻扎胶州湾之德兵,以保护德人为名,直入沂州城,坚不肯退。

三月初三日(4月12日)

《格致益闻汇报》

详述余匪事

蜀匪余蛮子闹教一事,近有友人将招抚该匪情形邮寄本馆。据云余匪将华司铎掳去时,恭将军兼署川督委候补道吴观察前往宣旨招抚。余拒之,观察受惊,星夜回省。将军知事不可为,服毒身故。臬司文镜堂廉访护理院事,劄委安定营统领周寿卿军门及丁艳亭军门往办其事,又委张绍齐明府继率兵前往办理。时周军门遣员往说将有成局,张欲争功作函私告余匪,谓:“周统领之言不可轻信,须来本委员处就抚,方有绝大好处。本委员接奉护院信函,谓汝果欲带兵勇,许统四营并给后膛枪四千枝、饷银七八万两、功名四品。”余匪等得此信息，愈形骄横，会藩宪王方伯抵渝查看前议，大不为然。遂电商省中，由藩署悬牌著张继署理棉州直隶州，并下劄即日来省，所部之兵交唐某接统。张遂匆匆返省，而署缺之事尽属子虚。王方伯于张去后，即委周军门往抚，与余匪晤商。余问原议一切，军门谓："皆可照办。"余曰："洋枪若何？"盖其志在军器，故言及此也。军门谓："方伯曾言汝已愿就抚，即为朝廷之官，枪炮何用？且统带营兵，无非为国家办事，待至需用枪炮时，再行请领可也。"余匪闻言变色，云："汝等官长要约无凭，现说现变，其心尚可问耶？"遂揽袖同进，将周军门管押于冷庙中，大为轻慢。军门穷蹙，觅死数次，皆不得自由。初官场与余匪议定：每日官出银二百两转给匪党，免其出外生事。此银每十日由地方绅董代领，既而四绅董至，方伯传见面，斥云："汝等两处往返，颠倒进词，并为余匪支领银两，非汉奸而何？彼就抚不就抚，由彼自主。今敢将朝廷二品大员扣留，岂非造反乎？银两本藩分厘不给，亦不容汝等回家。本藩已电请皇上旨意，俟回旨到来，先将汝四人正法，随即进兵剿办，看螳臂能否当车也？"四人大惧，叩首求恩，谓某等无论如何总令释回周军门，方伯始许回去。至十二月初四日周军门果被释回营，详告匪中虚实，方伯遂决意进剿。初六日下午亲统大军抵鱼口坳，分三路进击。既至巢穴，官兵放枪示威后用开花炮攻击。方轰两门，匪巢糜烂，哭声震天，众贼瓦解冰消，官兵奋勇追杀，势等摧枯。匪党死四百三十余人，官军只死什长一名、勇丁一名，又复伤勇丁一名。贼巢既破，次日余匪令其子送华司铎至周军门营中。未几余匪亲来投服，军门命护送华司铎至大营，王方伯接见华司铎再三慰藉，华司铎谓大兵攻击贼巢时，余匪将敝司铎及黄司铎深藏别处，是以得免于难。然当官兵燃炮轰攻，匪众即将黄司铎杀害，复欲杀敝司铎，幸余栋臣竭力保护，向众人跪求，谓："君等此番举动为救我而然，若必杀华某，是杀我全家也。君等如有前情，请将华某留下，明日我亲自送归。前事虽不可挽回，后事或可邀求宽典。"于是众怒消释，今日幸获生还，皆余栋臣之力，望大人法外施仁，宽待余党。王方伯立即发兵护送华司铎回渝，各县教民避难在渝者不下万人，又有本地之人皆出城迎接，悲喜交集。王方伯筹银九千两发给余匪，命将党众遣散，一面委周军门及各文员办理善后事宜。宪驾于正月十九日回省，川东各县绅耆以方伯削平大憝，感激殊深，送万民牌伞百余件，一路爆竹声喧。按此番之乱，首恶三人，余蛮子则就抚，唐翠平则伏诛，蒋赞臣则由丁军门押解进省，现犹羁禁监中，自是川东民庶复睹光天化日。幸甚！幸甚！

《中外日报》

德兵登岸七志

德公使海靖君于二月廿五日出京前赴胶州，闻系为设立文员差缺保护德人起见。此役中国政府颇为秘密，似并不拟与德人力争，然虽在当局各大臣，亦无确闻。

起用老臣

李傅相日前迭蒙召见二次，皇太后垂询时无微不至，每次奏对俱逾数刻钟之久。故京师传言有加恩起用，仍入译署，傅相仍坚辞之说。

记比使入觐皇太后事

前月初十日,比国使臣费葛君觐皇太后于仪鸾殿,皇上并未升坐。闻比使先期照会总署,亦以请觐皇太后为词。

长江乱耗

传闻近日长江一带有匪乱争扰之事,未知确否?由长江来沪船只,却尚未知也。译《文汇报》。

三月初四日(4月13日)

《中外日报》

德兵登岸八志

顷探悉德兵共三百六十名,内一百二十名驻安东,一百二十名进沂州。刻总署尚未接山东德人入沂之确电。

闻德兵并无死伤,华人中枪死者十余人,伤者数十人。

传言德使臣阳为因病请假归国出京,实则因德国将宣谕保护山东全省,以德使海靖为第一大员,办理山东各事及设立文武员缺诸事宜。

四月二号,日本《西报》电云,胶州附近有三德兵被华人击毙,德人派兵赴该处,已将凶手致死,为德兵复仇。山东另有闹教之案,德人已派兵前往矣。译《文汇报》、日本《西报》电。

三月初五日(4月14日)

《中外日报》

德兵登岸九志

山东除沂州府闹事外,尚有数处滋扰德教堂之事。

德兵登岸后,有华兵出而阻止德人,以致彼此相击。现闻德兵已抵沂州府,知府潜逃。德钦使海靖函致中国总署云,已派兵赴沂,前往保护德人云。以上译日本《西报》三号电。

德钦使又函致总署云,德已派兵赴日照县驻扎,一俟该处事定后始行撤退。

中国政府以德人无端登岸,电致德京伯灵诘问此案如何办理,并闻德政府不允办理云。以上译日本《西报》四号电。

北京来信云，前月二十二号有德人在胶州南六十里日照县登岸，忽被土人殴击。至三十号有德兵二百名由兵舰上岸，遇华兵，彼此攻击，华兵死数人，于是德兵直入沂州府城。咸谓有数德人在沂州府东面之海岸，由兵舰登岸，行至一处，忽见土人欲与教堂为难，举枪击之，华人与之拒敌，故有率兵登岸至沂之事。译《文汇报》。

德政府决意不允撤退驻京保护使馆之兵，并另饬新兵更换保护也。

前闻德兵与华兵在胶州附近彼此攻击，互有死伤，此信恐未的确。以上译日本《西报》六号电。

德藩游历济沂各属之后，现拟诣长江一带游历。据东省传说，津镇铁道如经山东地面，均须归德商承办，不肯让与中国自造。且现在德提督时派官弁至各州县采风问俗，动辄伤民，不知其意何居？

三月初六日(4 月 15 日)

《中外日报》

德兵登岸十志

德政府更调驻京公使海靖回国，即派新公使前曾充驻美公使之克脱莱君来华，闻先须往胶州商议机密事件。据外面传说则云，拟设行政衙门，未知确否？

传言沂州府兰山县知县陈明府公亮，闻德兵入城当即逃逸，至今未知下落。

南洋大臣刘制军因德兵登岸事，电致鄂张制军，略谓：山东德兵登岸之举，甚属无理，令人发指，我辈身膺疆寄，惟有用一拼字诀而已。

闻已饬夏军门辛酉率兵三四千人驻防沂州，按夏军门从前曾经李鉴堂中丞保举。

三月初八日(4 月 17 日)

《申报》

论总署奏定官场与教中往来仪节

自中外通商之后，泰西各国人员与中国官往来，订有一定仪则。按照道光季年江宁所定中英和约，英国(住)[驻]中国之总管大员，与大清大臣无论京内京外，若有文书往来用照会字样。及在天津修改约章，则又添入数语，大旨谓领事官、署领事官与道台同品，副领事、署副领事官及缮译官与知府同品，会晤文移均用平行礼。领事官既与道台同品，总领事官应与藩臬同品云云。独教中自主教以迄司铎等人与西国人员有异，平日并不干预地方公事，偶然拜会华官，必以客礼行之。无所谓等次之悬殊，即不必订酬酢之仪节也。乃昨报登有总署奏定华官与教中往来仪注,是何以故?曰:"为迩来各直省将军、督抚均兼总理各国事务故也。"去冬十一月二十二日钦奉上谕:"向来沿海沿江通商省分交涉事务本繁,即内地各省亦时有教案应行核办。各直省将军、督抚往往因事隶总理衙门,不免意存卸诿。总理衙门亦以事难悬断,未便径行,以致往还转折,不无贻误。嗣后各直省将军、督抚均兼总理各国事务衙门,仍随时与总理衙门王大臣和衷商办,以期中外一气相生,遇事悉臻妥洽,钦此。"虽旋经内阁学士准良奏请收回成命,而皇上未经俞允,事在必行。在外官,既有与西员和衷商办之权,自应厘定仪(又)[则],以免临时[龃龉]。此总署所以奏定往来之礼,务使不卑不亢,井然秩然欤。或曰教中人惟务修心养性,不慕显荣,是以顺治朝教士汤若望治历有功,仅赐"通微教师"名号。厥后历经宠■,授以崇衔,皆抗疏力辞,坚不肯就。今为之厘订往来仪则,是使教士而亦学官场规制,毋乃非教士之初心乎?曰总署王大臣盖已筹之熟矣。其第一条谓,主教品位既与督抚相同,应准其请见督抚。大司铎准其请见司道,其余司铎准其请见府厅州县各官。明明仅有请见之文,并未拘以官场礼法,诚以近岁各省闹教之案层累如山,偿款惩凶日不暇给。教中人既自居为宾客,不得与官吏互相商办,以期弭患无形,势不得不禀白本国使臣商诸总署。使臣既有保护教士、教民之责,一经有事即多方恫喝,时或调兵舰以示威,甚至迫令开口岸通商,或竟强赁要隘之地。德国占取胶州湾之事,即教案前车。适逢朝廷特沛纶音,由疆臣兼理总理衙门事务,遂订为相见之礼,准教中人与疆臣以礼接见,藉免被彼国公使多所要求。盖教中人惟以行善为心,即遇非礼之加,亦断不致事机决裂。不若使臣之于总署,或致以细故而酿事端,此盖总署王大臣几费苦心始订此规条,俾此后凡事易于商办也。顾我尤望教皇之特遣使臣来驻也。犹忆数年前,外洋各日报皆谓教皇拟遣使至中国,驻节京师,专办教中交涉诸事,免致来华教士转请他国保护,不免枝节丛生。迨薛叔耘京卿出使英、法、义、比四国时,亦曾函致总理衙门,谓近接傅相来函,知有教士在津门递呈,请由教皇派总主教来华专理教务。此事悉心体察,应由南北洋妥商建议,请钧署主持奏请饬下使臣照会外部,则步骤方不凌乱。此间拟定善后章程十条,曾函商南北洋大臣,旋饬参赞庆常与教皇所派驻法使臣一再晤谈,微示此意。使臣深以为然,允报明教皇定夺。盖以各国在华行教之士向由法国保护,一逢闹教案起,法国必自认为保护主,尽力争持。而德、(和)[荷]、奥、葡、义诸邦,亦皆有天主教士。万一事机不顺,各国互相纠约,群起而诘问中朝,我中朝即事事俯从,亦苦应接不暇。若有教皇所派之使,则事归一手经理,不致棼若乱丝。且教皇意主仁慈,决无动辄调兵之举,岂非较之订定教中往来仪注、遇事准由教士商之将军督抚,更为妥洽周详乎?且民心抚之则顺从,激之则变起。彼身任保护者,每以兵舰相挟制,或则坚索赔款,断断力争。小民含忿于心,每致一发难收,酿成大祸。何若教皇所遣之使,事事曲循教中理法,小民自潜移默化,水乳交融。试观京卿出使公牍中,曾言土耳其自与教皇立约通使之后,彼此皆安分守法,一变旧习,岂非明效大著欤?愿与执政者婉转商之。

三月初九日(4 月 18 日)

《中外日报》

德兵登岸十一志

顷得山东访事来电,知此次德人起事之由,因有德水师一人、驻胶德官一人、缗译一人,偕同赴沂。该处乡人施放鸟枪,夺命追击,三人走避不及,遂以六门手枪回击,致伤华民廿余人、死者十余人。三人同至沂州,太守恶其强暴,未加敬礼,经一小官送回海岸,次日即率兵队入沂州城。近闻初次兵队已拔回海岸,二次拨去之队定于二月二十五日拔队,不知已起程否?前传闻沂州太守因德事逃避,顷接山东访事来函,知实系兰山县令陈大令公亮闻风逃窜,大约已将查参矣。

《申报》

戡定涡阳土匪纪略上

纪倡乱之始。涡阳,古雉河集,咸丰时居民张落刑、龚瞎子聚众倡乱,号捻匪,毒痡十余行省,其害亚粤寇。或曰道光时已有之,然莫知所自始。其劫掠以黑夜突入人家,既至乃捻纸而(然)[燃]以脂,故谓之捻乱平。巡抚唐训方因集置县,割阜、太、亳、宿四境地益之,民情故犷悍勇于私斗,而捻匪余党犹有漏[罅]存者。光绪二十三年夏大水,淮南北淹田庐以千计,明年麦熟正收刈,水复溢,半被漂没。秋旱,岁大饥,斗米逾千钱,民间以草木为粮。官绅查(振)[赈],相属于路,所在设厂施粥,犹时有饿莩。其黠者,遂流而为盗,抢掠之案几无日不闻。刘疙瘩者,故巨盗,与牛世修密厚。世修居曹市集,疙瘩往来行劫涡宿亳永间,常(主)[住]世修家。距曹市数里有村曰大魏庄,故捻渠魏坤所居。坤死,其子魏得成拥厚赀,豪于赌,一掷数百金,且吸鸦片荡其产,乃纠结余盛五复习父业。盛五故亡命,倚窃夺为活,皆党于疙瘩。又有邵大法者,亦积年盗魁,颇与疙瘩埒。十一月大法聚党丰家集。方瓜分劫物,涡阳知县率役及团兵往缉,擒其党十余人。大法遁走,■于疙瘩家,时各县盗案叠发,索捕甚急,疙瘩集群盗谋曰:败露而就擒与谋反而罹法,等死耳;幸能逃生,孰若反?群盗皆善之。十一月乙亥,疙瘩以百余人与大法、世修等率之。伪为行旅,分道赴曹市。日中世修突出红旗周麾而走,号于市曰:“岁饥乏食,吾属且饿死,今立刘某为主,共图大事,有不从者破其门。”是日为集期,车驼辐辏,人如蚁。市中哄然,声如雷响,遂蜂拥而起,毁盐栈及各居肆,大掠而行。比出市,众已六七百人,止于大魏庄椎牛聚飨。得成自以家世渠魁,欲为盗主;而盗众夙奉疙瘩,以为汉代苗裔,且习于江湖。江湖者,盗中隐语。凡越境四处,能与同类结识之谓也。丙丁,疙瘩建黄旗,书曰“大汉盟主刘”,与其党盟于庄。疙瘩为首,以次歃血立誓。大法、世修、得成等皆领红旗,洎陷龙山营,遂有众六千余人,马五百余骑。疙瘩令大法回丰家集,集众相应。十二月辛巳,大法建旗曰“仁义王”,一日而至四千余众,其势已不相下。疙瘩方谋围攻涡阳,欲藉为犄角,未暇相图也。观醒道人来稿。

三月初十日(4月19日)

《格致益闻汇报》

奏定地方官接见教士章程

总理各国事务衙门王大臣于光绪二十五年二月初四日具奏商定地方官与教中往来事宜,同日奉旨依议,钦此。兹因天主教现在中国各省地方建立教堂,久奉国家准允奉行,欲使民教相安,便于保护起见,议定地方官接待教士事宜数条如下:一、分别教中品秩,如主教,其品位既与督抚相同,应准其请见总督、巡抚。倘主教有事回国或因病出缺,护理主教印务之司铎亦准其请见督抚。摄位司铎、大司铎准其请见司道。其余司铎准其请见府厅州县各官。自督抚、司道、府厅州县各官亦按照品秩以礼相答。一、主教应将所派专与官长交涉办事之各司铎名姓、教堂、住处,开单报明督抚,以便饬属照章接待。凡请见地方官及专派办事之各司铎,均应泰西人充当;或有时西司铎未能熟悉华语,可暂令华司铎帮同传译。一、主教居住外府,无事自不必远赴省城请见督抚。遇有新督抚莅任,主教更换新到或贺年节,均准其向督抚修书或寄递名刺致礼,督抚亦如礼答复。至各司铎更换新到,应持有主教函据方可照品请见司道府厅州县等官。一、各省出有重要教案所在之主教、司铎等,须请教皇专托保护天主教之国之公使或领事官,同总理各国事务衙门或地方官办理了结,亦可先径向地方官商办了结,以免多费周折。该地方官遇主教、司铎等员来商,应迅速和衷商办拟结。一、地方官应随时晓谕约束所在平民,务与教民一视同心,不得挟嫌构衅。主教、司铎等亦应劝诫教众专心向善,以保教中声名,俾平民悦服。如民教涉讼,地方官务须持平审办,教士亦不干预袒护,以期民教相安。

《中外日报》

德兵登岸十二志

占据山东沂州府之德兵管带某函致东省巡抚,欲令抚军将与德人滋扰之华人速行交出,并拟将闹事地方官吏即行革职,限十日回复。译《字林西报》。

接东省电云,德兵至兰山郭家庄,纵火驱民,烧去房屋数所,幸未伤人。日照县署有德兵百二十名,坐提上年辱骂教士首犯薛田资。又闻德使海靖于二十六日赴青岛,与德提督商办要事,临行照会官场云,沂州兵将次到境,请饬地方官妥为保护。东抚已派夏镇军辛酉带队驰往。又闻德人拟由胶州派陆兵三千,进取山东全省云。

《申报》

戡定涡阳土匪纪略中

纪贼势猖獗。十一月丁丑，贼分道出石弓稽山等集，所过村市，令富家纳钱米枪马以为赎。贫民从行则免其帑，于是附者益众。日暮，抵龙山营。时寿春总兵以生辰设宴于署，龙山游击何师程方往祝，未归。贼攻寨颇急，千总吴有谋外委吴玉阶率兵守御，文生张德心等集民团助之。相持至夜半，贼火其南门，有谋等取水倾灌，妇女皆转桔槔或提瓮助汲，尽灭其火。贼倦，疙瘩欲解去，得成力持不可，手刃退者十余人，奋呼超距而前。忽北风大作，贼阳攻西南而阴分其众，纵火焚东门。火因风势，声如鼎沸，延及寨内民舍。军士惊乱溃走，贼遂入。玉阶中炮死乱军中。有谋持短兵巷战，贼三刃其首不殊(仆)[扑]于地，已而复苏，德心伤剧逾日死。贼追戎衣者尽杀之，营兵[练]勇无一得脱。居民死者百余，尸纵横塞路。师程之母闻寨已破，絜其妇，临井对泣，欲投入以死。其邻魏咀华者素厚师程，方过舍探视，乃劝止。而度以梯逾垣■其家。贼至游击署，索之不获，得成曰必入吾先生居矣。凡士皆呼以先生，淮俗也。遂叩门索，咀华力言其无，且誓死以自明。贼党欲害之，得成曰：吾族望也，乃舍之。贼既踞龙山，纵党四劫，自青塚寺以往，至丹城、双沟、新兴集、耿皇寺皆陷于贼。所至，饥民争附之，众至万余人。十二月庚辰朔，疙瘩悉众攻义集。集当皖豫水陆之冲，富民巨贾萃处，濠寨甚固。贼目燕怀钧、燕超凡、陈今生等率悍党数道并进。巡检宋超，把总孙传曾，团长刘思文、锁开来、刘长山等率弓兵、练卒分段守御。贼肉(薄)[搏]而登，义军燃枪轰击，杂以砖石，贼颠而死者，尸相枕藉。相持逾半日，贼稍引退。宋超等开寨纵击，贼败走，追斩二百余级。刘长山以■兵撄前锋，中矛阵亡，贼奔还丹城。时邵大法已分踞丰家集，众四千有奇，多利器。疙瘩兵械窳脆，仅有土枪炮而无铁弹，以石子莱菔为丸，中人弗死，且不能及远。乃抵书大法，约夹攻义门。辛巳，市人募候探贼中，尽得其谋。归白，转相惊述，皆尽室走避。超■止之不可，亦送孥亳州。及夕，迁徙几空。二鼓，贼衔枚疾进围寨，举火焚棚。超乘高瞭望，贼已蔽地，急呼守阵，无应者。与传曾突围出，乞救南寨团，不许。贼如入无人之境，争取财物。市人存者乘隙逸出，皆与于难。贼以所掠布加制旗■为红巾，众贼咸戴之。所乘马尽去其尾，人则截半发以为别。疙瘩已于曹市集获故总兵牛师韩之黄马褂，于龙山营得游击衣带，至此复得巡检檐伞，于是服黄乘舆，出则骑步导随，刀排旗拥，仪从拟上帅。初，得成以不得盟主，心常怏怏，及陷龙山，诩以为大功，疙瘩甚忌之。义门货贿充斥，贼(澈)[彻]夜举运不尽。疙瘩自谓富盛，颐指气使，骄矜益肆，得成愈不能堪。疙瘩窥知其意，欲除之以免患。壬午，疙瘩伪约得成于丹城，使刘元喜邀于路而杀之，及其弟二人。乙酉，贼分党并出，谋间道袭涡城。遇官军，惊还，复战，败丹城南，语具后篇。大法闻官军由东北进剿，已败疙瘩。欲自阜太南窜，越境走避。丙戌，率党五千人出彪狸铺外村花沟，所至焚掠。张村铺圩长闻贼来，具银二千两、莺粟之液百有三十斤及羊豕等物，贼至以赂而免。及陈家圩，圩长陈庆之欲因而除之。大法至，庆之以羊酒出犒，[伏]谒迎入其居(治)[洽]饮，先伏勇士。筵后酒酣，大法箕踞逼令献款，不应，辄谩骂，勇士突起斫之，大法负创夺门走，其从者扶之马上奔去。庆之率团卒追之，杀贼数百人。大法切齿怒甚，悉众死斗。庆之败退入圩固守。贼围之数重，更番攻■。圩中众寡悬殊,渐不支。贼攻之益力。团卒困乱无次,贼攻圩入,男女少长尽屠之,投尸于河,水为之塞。其夜,贼载所掠稻麦辎重而返。过朱家圩,圩人出御。战败,贼复围而屠之。两圩死者几三千人,庐舍焚毁以数千计,各乡闻者相率迁徙,百里内将墟矣。

三月十一日(4 月 20 日)

《申报》

戡定涡阳土匪纪略下

纪肃清本末。曹市集界乎涡阳、蒙城之间,贼之初起也,涡阳令欧阳霱方在蒙城,闻之以为市井偶然争夺,与蒙城令曾光煦前往弹压。至小涧集得实报,疾走还城。城中额兵十余人,皆疲弱不堪,乃仓卒召募百人,以乡人魏禄、王开朗、■骥才分率之,并集团丁闭城防守。丁丑,统带威靖营张云松遣其哨官将骑兵至,亦以守城为言,屯止城中。十二月甲申,卓胜营官王凤台率■营自寿春至。乙酉,疙瘩率党大出,欲与大法共围涡城。凤台方遣其哨官孟广德以百余人沿城巡缉。至张家老庄突与贼遇,击杀贼数名,获其马四,贼却还归德。总兵武朝■率三营自永城至,方进屯耿皇寺,要贼丹城南大战,破之,斩首数百千级,获生口数十人。丙戌,寿春总兵率部军至蒙城,屯小涧集,督抚以电报催令进战,不应,凤颖道饬小队管带李桂馨将百骑至,自临涣集疾驰至龙山营。时贼众数千人,咸聚寨中。我军突入,贼方炊,皆持械蜂起,桂馨勒骑寨外张左右翼。贼见其寡,冲跃而前,我军燃枪毙悍贼数名,贼惊以为诱骑,辄引退。更出■贼,桂馨以十余骑奔击,殪其前锋三人,夺三骑,还至陈所。贼反走樱寨相持。及暮,贼以为我军有伏于后,欲夜袭之,皆入寨闭棚固守。桂馨乃率骑南行,至城,漏已二下。初各乡治团练者皆阴持两端,贼所至与团丁分道行,或往来杂处,款接若戚朋。迄各军既集,数败贼,团民始与之绝。余思举者,为盛五族长,居小涧集,阴纠聚亡命,欲揭竿于集,以应盛五。寿春总兵郭宝昌既屯小涧,乃诱执思举,因居营,约曰贼至断尔首。思举乃致书戒盛五无相犯。故寿春镇山屯之处,贼不入其境。又有王姓、陆姓两圩皆通于贼,宝昌亦拘其圩长,且张示通衢,谕以擒渠解胁群,不逞之徒颇闻风敛迹。丁亥,大法自丰家集率众扰蔡湖东西村。圩长盛运昌学孝等率团卒拒战,他圩助而环击,败之,杀贼数百人。桂馨、凤台与威靖哨官韩今明略地至张连庄,突遇贼击,杀贼目一人,斩首数十百级,获马八,枪炮各一,旗矛二十余器。贼走入圩,桂馨挥骑驰逐,贼■乘骏马者护其后,部弁李得才欲取其马,徒步奔跃而前,伏贼旁刺之,中胁死。贼以官军渐集,谋越境远窜。道出石弓山东北,小径荒僻,非土人莫能识。戊子,疙瘩尽载其辎重,率众逾山而■。徐州总兵刘青煦方将三营南行,遇贼道竹桥。青煦建大将旗,鼓■陈邀贼,贼队鱼鳞(陈)[阵],前者败,后者继,更番接战。我军发枪轰击,自辰至未,殪其党千余人。贼分众为长蛇,包我军三面。军士已饥疲,枪丸且尽,弁■皆惶惧欲■还。青煦曰:"今贼几十倍,我退,贼追击,我立尽死固不足惜,贼势从此成矣,成败之机决于此际。"乃令曰:"今日之事,有死无退,如敢言退者,立斩。"按剑亲鼓之,士传呼而起,持短兵疾奔陷阵,殊死战，连斩百数十级，贼靡乱。适宿州巡盐■数十骑来自东北，闻杀声[遥]呼相应。贼以为大军继至，大惊，士益乘而奋击，无不一以当百，大破之。贼狂窜而西，自相蹂践死者■纵横遍野。斩馘二千余级，获辎重三十七辆。追及小■庄，疙瘩中矛堕马，其死党挟以走，及夜奔还龙山。所至民团邀击之，贼死者无算。奔至青疃集大刘庄，惟残贼数百人，疙瘩愤甚，创益剧。

三月十二日（4 月 21 日）

《申报》

续录戡定涡阳土匪纪略下

庚寅，圩长武振清、周梦祺、李文德、史继宗等率团卒围之，疙瘩挥党死斗，酣战两时，杀贼数十百人。适官军会至，四面环攻贼，击杀殆尽。疙瘩穷蹙，走入湖洼中，遂获之。悍魁葛怀玉自道竹桥与疙瘩相失，潜还其居，易鹑衣伪为乞，以薄笨车载妻子过蒙城。西风揭其外襟，露锦袄，为村人所见，以告圩长，率众往擒之，缚而送诸县。大法之众，闻疙瘩败走，相率引去，众渐溃。仅余百数十人，民团阻之，困于丰家集不得出。大法创发，愤欲死，其心腹数十人挟之，夜走匿于郜家小庄。郜氏阴告其圩长，导官军往捕得之。世修、盛五乘败乱，潜逃伏匿不敢出，总督以重赏购之。二十五年正月壬戌，世修遁骆驼铺，已数日不得食。饥甚，购食村市，团民问之，世修坐石上，且谈且答话。移时，寿春镇戈什数人迹至，见世修急捕之。将缚以行，团民谓吾属与语已久，若何得擒以为功，与戈什争持。团总李南华闻而至，团丁集者益众，围戈什殴而夺之。戈什舍虏而斗，世修乘间逸走。桂馨将数骑至，邀于路而擒之，解戈什围，与之同送贼蒙城。凡前后擒贼首，皆枭斩传示。又有阎好文者，亦称三齐王，已结党数百人，势将蠢动。其族众惧株及，约集练卒，围而击杀之，并殪其党数人。土匪平，虽稍有余孽，不复能为乱矣。

观醒道人曰：自洪逆倡乱，天下兵力藉营勇招募已众，聚者不能尽散，量而留之，是为防营。然刚挚之风，积久渐替，谝柔迟惰，遂与额兵等。将校日习奢侈，揑虚名靡饷自肥。征调既迫，乃仓卒增募以饰耳目，与贼避道而行，惟恐相遇。屯止之处，惟望贼毋犯。及流入邻境，则庆幸论功，不敢问贼所往。遇惊而纵之，尾行而逐之，已诩既军矣。若拒之不令入，蹙之以必去，军威且莫加，况越境讨贼削平祸乱者耶？援邻封者，或取之于彼，或藉势于人，乃至赴难而裹粮，孤军而深入，非至忠安肯出于此哉？涡阳之乱，未十日而贼众逾万，势汹汹几与捻匪埒。其行也孰缀之，其留也孰止之？辗转一邑中，以待道竹桥之捷一鼓荡平，岂天数耶，抑人力所致耳。不然，贼逾石弓出，得径自北行，其蔓延将不知所极矣。不佞乡野鄙夫，不求闻达，事关桑梓，闻见尤详。倘惟自文弇陋而无所纪述，则转相附会，必至日久而弥失其真。用特笔而书之，俾后有所考证焉。呜呼！涓涓不绝，流为江河。有守土责者，曷可忽乎哉！

三月十四日(4 月 23 日)

《中外日报》

德兵登岸十四志

烟台美领事接沂州来电,谓德兵船载青岛之驻守兵丁到安东卫,使三人赴沂州府城见本地官。距城尚有七十里,约有乡民百余人欲害之,德人行李已被劫一空,德人亦即回船,闻以后将在安东卫上岸。前德外部大臣曾云:中国匪徒若再害德人,德国必不甘休,不知将来如何议结?

三月十五日(4 月 24 日)

《中外日报》

德兵登岸十五志

近探闻德国此举,意在急于开衅。缘德皇之意,欲增造兵舰多艘,为议院所格,卒无成议,故欲借用兵东方为名以冀酬造舰之初志也。

近日沂事愈亟,德兵焚刘村四十家,并有焚毙人口之事。居民恐甚,四村惊惶,备械自保。

三月十六日(4 月 25 日)

《中外日报》

德兵登岸十六志

赣榆访事来函曰,有德兵一队由赣榆县境朱彭口登岸,径赴山东沂州府之兰山县,剿洗村镇两处而去。

山东访事初三日来函云,德敌飞恩兵舰派兵占据日照,即在距沂州府东七十里汉家村纵火焚毁。译《字林西报》。

又闻德兵已离日照,回至青岛,掳去绅民数人,以为地方官获办土匪之质。闻东抚已允速将滋事罪党拿办矣。登州、青州等处均派兵来沂,约有三千人,宣言将往日照剿获匪首。中国官场皆欲德人不占土地，思速将教案议结，现惟兰山、郯城两处可云办了矣。译《字林西报》。

三月十七日(4 月 26 日)

《格致益闻汇报》

论德人占沂莒事

德人占沂莒等州，留兵不退亦有日矣。闻其起事之始，因匪人屡闹教堂殴人毁屋，复窘德弁三人几及于难。德人恶之鸣于官，官循川省抚匪故辙，一再延迟、束手无策，于是匪势益张。德人益忿，以保教为名，发兵登岸，派三百六十人分守安东、日照、沂州三处，声言匪果能平，行将退去。然迄今匪焰已杀，而德人之占地依然也。论者谓西国垂涎中土由来久远，特以无隙可乘，遽难下手。迨前年教士被戕，而德廷先据胶澳，是犹老饕登席，既下(著)[箸]非醉饱不兴矣。夫胶之东有威海卫焉，业为英人所获，是德图全省而英穿其篱，实为憾事。幸沂莒等州地皆滨海，形势甚佳，尚无捷足者先登。得其地始可与胶州为犄角，则德人志在沂莒，亦识者所预料也。特是师出无名，将士之耻，无端拓土，群议难防，故德犹按兵不动，静候良缘耳！不谓嗤嗤匪徒，上不顾君父之忧，下不顾睦邻之谊，一呼百应，风起云从，以为德人匪我族类，必欲与之为难，此闹教之案所由起，亦即窘弁之事所由来也。夫匪徒不法往往而然，若地方官茫无识见，坐误机宜，遂致德兵登岸，夺我城厢，则更不能辞咎，何也？德人盘踞胶州，得陇望蜀，岂地方官未知之耶？既知之而犹与以借口之资，斯真不可解矣！将以为众怒汹汹，难以理喻欤？然营兵在迩，何难稍示严威，匪类必潜踪敛迹也。将以为余匪闹教数月，法人亦莫如之何，今山东之乱，何妨与川事并论欤？然余匪之所以恃蛮，法人之所以坐视，因川省远离江海，法人无用武地也。不然，法国或无暇计及，恐他国亦将举事矣。即或教堂被难，无一国顾两间者，然地方官身受禄位，当以朝廷之心为心。比年以来，皇太后、皇上迭降恩纶，谕地方官保护教士，岂煌煌圣旨可视为具文耶？呜呼！往者莫谏，来者可追。目下传教日广，交涉日烦，愿各省官吏仰体朝廷保教至意，又以德占沂莒为鉴，频颁示谕，痛告兵民。凡事责成绅董，严戒保甲，苟有衅端，惟若辈是问。如是而犹教案叠起，吾不信也。

三月十八日(4 月 27 日)

《中外日报》

［论说］ 论德人焚毙村民之暴

本报纪德人登岸者屡矣。占地不已，继以焚掠，所过村落，或有意纵焚，或无故枪击，或任意掳掠,或肆志勒赎,揣其行径与盗何异?古之黄巾、赤眉焚烧之惨,亦但至此耳。呜呼!斯民何辜,受此荼毒!是尚得谓有文教之国所为耶?初德遣使臣海靖之莅华也,西报早言其尝使非洲,今使中国,为不以平等之国相待,交涉必致受累。果未几而胶州案起,海靖任意恫喝,遂致劫去疆吏、占据胶岛,今又以教士被侮伤为词,纵兵登岸,所至焚掠。土蛮待之,草芥践之,而吾政府犹不能雪耻誓战以敌其暴,天下人士犹复不知痛愤切齿寻仇。观吾族之受人剖击、凌践,如秦越之肥瘠互视。呜呼!其何以为国哉?夫民教不和,理应官治,教士受屈,诉官可也。官不能理,责政府可也,政府不屈,然后以兵相见可也。今既不责之地方官吏,又不责之政府,而遽以兵占地,是为背违公法。德既背法,吾声其罪而拒之,他国不得而阻挠也。彼既占地,吾当背城,况纵暴焚掠,无辜残害,是直寇盗焉耳。德人既为寇盗,则其去吾闹教之乱民,亦殆一孔之气、一邱之貉。苟以公法责吾自治其乱民,吾固无词也。若以盗待吾民,则彼一盗也。吾当后治民而先除盗,今与德战乃去盗,非敌国也。我民见德兵而杀伤之可也,以盗除盗,尚为反正而得宥,况以民去盗,实能为国报耻,方以义民目之,而犹得以乱民罪之乎?虽然,吾不解政府之政策与地方官吏之为也,似此纵暴无忌之盗,强虐吾民,不能拒之而反许之,是何异为盗虐民乎?夫德虽强大,亦不过友邦之谊、敌体之尊而已。平居无事,各戢其民,以保和局,此公理也。苟其失和,则尚封禁海口,严查接济,为公法所应有。诚谓势既相仇,吾不可任民为敌用也。夫民为敌用尚犹不可,况乎为盗罪民耶?为敌驱民,是谓自弃其民。为盗治民,其咎不抵自贼其民、自弃其民者,尚不足以为国。吾不知为盗自贼其民者,其溃败决裂之祸将伊于何底也。或曰政府非不仇德也,特恐匪徒不办,退敌无词,且虑他国从而诘责,不如先清内匪、再诘外戎,则彼曲我直,而敌亦无词自退矣。是又不然。胶州一役,教士之诉冤求治匪徒本极平和,自海靖甘为戎首而后割踞之事成。然其后抚臣革,县官充,匪徒杀,患难平。抑见德人谢过而去,仍退让胶州青岛令吾自治否耶?前之不让,今可知矣。前此吾治吾匪,而不能明责其占地之非,令其退让;则此次吾为治匪,而仍不能逼其让地,尤可知也。故德之无故占地也,非吾敌乃吾仇也。仇不可纵,以救亡也,而今之纵兵登岸,无故而暴行焚掠村民也,则非只吾敌,乃吾寇也。寇则尤不可不大张挞伐,以伸其威。且列国之咎吾匪徒肇祸,不过望其内政克修,使外人得安其所而共保太平耳。不知德之纵其盗行以行恣暴者,苟令吾政府能伸明公法,布告列邦,以德之行同盗贼。彼有文化之国亦必能明公义而阻其横恣,又何虑阻挠之有耶?故前此德之占地乃仇也,必当矢一血战,以雪败亡之耻。今日德之纵焚、掳赎乃寇也,直可令天下士民各出死力,杀贼自效,遑问其他!且假如德盗之无行横恣,而犹自治吾民以不应加之罪,以后民气益激,民怨滋深。小民何知,凡遇外人动加侮伤,恐于各国寄居之民亦大不便,彼国又何乐庇盗而自贻其祸耶?呜呼!今如德之无故占地虐民,行同盗贼;而吾之政府疆臣不能力殄凶丑,则何以整内治而靖民心,戢内匪而安友邦?故亡国于内寇,犹可国也;亡国于外寇,直将灭吾种族,快彼咀噬。吾不知主持国是者,何昧昧忘大患若是也。夫德之盗行今已见矣,而且其盗言见于西报者,中国人犹未得而闻之也。彼曰:"支那之种最为卑陋恶劣,吾国之人将尽举其族投之太平洋,而别布新种于东亚。"呜呼!是言也,真盗言也,宜其有盗行矣。言盗言而行盗行,吾国之人身受微粒子之浸害而不知治,果天恶支那欲殄灭其种耶,抑当国者不知弭患以至此也?呜呼!时事至今,直不可问,吾政府不急备兵战除去巨憝,岂真欲坐待其亡乎?爰更论之,以告天下。

雄军往沂

沂州一案尚未了结，传闻有饬令张捷三军门带队前往相机行事之说。确否，容访明再录。

《新闻报》

西报照译

《字林西报》载访事人来函云：刻下中国大权俱由荣、刚二大臣执掌，皇太后颇为倚任；而二大臣所主持之一切政务，皆由太后出名。荣大臣近有独握兵政之意，刻下所辖直隶各军，不下七八万人，皆系劲旅。惟朝中之事，刚大臣主政居多，故与维新党人颇甚不惬，荣大臣则尚能休休有容云。

《申报》

沂事近闻

香港《循环日报》云：近得济南来函悉，沂州府城既被德兵占据后，德人复添兵一百数十名，辖以千总数员，携带大炮两尊驻守其地。沂州知府诉之道宪，道宪邀员照会德员请即退兵，并另委他员署理沂州事。德人不纳。毓中丞恐德兵乘机占据附近各处，因檄饬各营分投驻扎，并以人心皇皇，复委各员赴莒县、沂水、费县等处大张告示，谕令切勿逃窜。

三月十九日（4 月 28 日）

《中外日报》

德兵登岸十七志

德国登岸兵队现已退出，惟留一百二十名踞守日照云。德人已派一参赞至山东抚■处，即令驻扎济南府。

沂州十号访事来函云，此间华人滋扰一节，业经德政府切实办理。三月三十号，有德兵百余名，由沂府登岸，甫至城外，城忽闭。德人即用枪挖启其门，直入县署。又在沂州南五十里有兵五六十名登岸，至韩家村驻扎。距海一百五十里，距沂州七八十里，即土人与德兵滋事之地。声言欲焚是村，且言且焚，村民尽皆逃逸。次日兵即回至海滨，复缮华字告示。据云德兵踞守日照，当俟是案办竣始撤，又言当焚韩家庄以图报复。有司大惊，问西人如何办理，该处西人即劝令速将是案议结，兵可不日退也。此间武营员弁皆仇视德兵，宣言必当击之，后见德兵撤退，有谓德惧华兵使然云。目下登州、烟台皆派兵来沂矣。译《文汇报》。

此次德兵登岸,华人皆恐德人欲推广管辖之土地,肆其蚕食,将在东省张其权力。况现在又有即墨县教士被拘一案,恐办理更形棘手矣。译北京三十一号致印度《太晤士报》电。

三月二十日(4 月 29 日)

《中外日报》

汇志东省闹教详细情形

《文汇报》载山东教案殊为纠葛,德人思欲整顿,亦颇棘手。本馆该省访事访有新闻多条,已可知教士受累矣。此访事竭力采访,尚有一教士相助。函示该教士系一千八百六十五年在即墨县传教,历有年所,该处入教者有千余人。兹将闹教情形开列于下:一、本年二月即墨县西境忽有土人倡一大刀会。有人报知头目十人之姓氏,每人各有一头目,此会宗旨专与西人教士为难。其门首悬一红旗,书"守望相助"四字,并其头目姓名。匪党不下千人,更日渐增多也。二月十三号为是会滋扰之始,先在严家庄教堂肇事,于是连劫十四村,掳掠教民六十余家,皆系二旬间事也。匪党群入教民之室,肆意抢掠,人畜逃逸,遇有抗拒,辄遭惨毙。然其初但与天主教堂为难,至四月十四号华柳庄地方绅民黄以勋(华柳庄在即墨北五十里)率匪党三四十人至美教堂焚掠,复至万花庄抢夺,衣服米物悉皆搜括,又往万花庄北三里黄花村滋扰,故乡民逃匿殆尽,地方愈形瘠苦矣。

三月廿一日(4 月 30 日)

《中外日报》

续志东省闹教详细情形

四月十五号,将华柳庄教案情形函致即墨县,并述不特于教友性命有关,即本主教亦殊为危险,亟请从严办理。乃县令置之不理,而书吏等反云教士皆属安靖,疑余函为伪言也。故至今匪党并未拿获,惟县令曾赴闹事地方,但云嗣后民教皆当和协,不得滋事云云。有教民被匪击破头额诣官赴诉,乃吏役诡云此人患疮所致;且县差悉与匪通,故遇事朦混,置教民性命于不问。四、即墨县即欲实力保护,然无权力能办理大刀会匪也。盖因即墨兵丁皆系务农之流,会操之期滥竽充数,匪党亦不畏惧,且被侮诸人如遇教友亦不敢言。盖因彼恫吓:如漏泄风声,若致拿办,则匪党必来报复,必置之死地而后已。并闻该党头目皆与县署声气相通,吏役人等皆每日聚首也。五、现在匪党随处贴有匿名揭帖,据云:"德人在青岛伤害百姓且欲推广权力之境,我等何以脱此凶横之苦?且德人欲勒收地租,牛羊鸡犬将当纳税,何以堪此?现在我等必思竭力阻拒西人,凡在青岛南面,百姓皆不得为德人工役,并不得往青岛销卖物件，嗣后诸人必当照行，否则定当谋害也。”六、四月十八号，我在教堂礼拜，即闻有枪声，喧传有华人三名被德人击死。其起衅之由，盖因杨村地方德人建一烽火堡，谕民居不得毁坏；讵意即为匪人拆去，故德人即谕村民将所毁之人送出，否则当罚洋二千元。德兵遍处查问，卒无应者，德人即将驴四只掳以为质，村人即竞投以石，德兵先放空枪以恐之，后即开放枪弹伤毙多人。县令初以该地为德人境内，故不愿相验，后恐村民愈形滋扰，故仍诣该处相验云。惟现在即墨县境西人，非有保护则不能行走耳。译《字林西报》。

驻兵纪数

北京南苑练兵多日，计神机营兵五千名、虎神营兵五千名，新募中军约三千余名，近又新到青州驻防旗兵五百名，闻系荣中堂所调来者。

三月廿二日（5 月 1 日）

《申报》

德藩抵省

金陵访事友人云：南洋大臣刘岘帅前接沪上电音，知德藩亨利将来省游历，因饬所属预备供张。旋探知亨利定于本月十五日可抵省垣，时适岘帅政体违和，不克尽郊迎之礼。乃委属藩司胡云台方伯及办理吴淞租界事宜江苏候补道沈仲体观察代之。是日天方破晓，司道府县文武各官暨各营统带官督率所部营勇，站队恭迎。自下关江口起至水师学堂止，沿途旌旗耀日，刀戟凝霜。至钟鸣八点三刻时，亨利乘兵舰戾止，下碇江中。各兵船及沿江各炮台，均升炮鸣敬，岸上各军亦鸣枪应之。亨利随乘杉板船登岸，方伯以次各官均拱立道左，亨利次第握手为礼。徒步入仪凤门至水师学堂，次及陆师学堂，观各学生之技艺优劣，赏赉有差。时已亭午，方伯即就陆师学堂内恭备午餐。宴毕，亨利欲阅机器、火药两局，顺道游雨花台。先由江宁、上元两县恭备绿呢大轿，请亨利乘之而往。游毕已夕照衔山，乃返兵舰，约定诘朝游览明陵，方伯因命两县饬差前往彼处，安排行馆。

三月廿四日（5 月 3 日）

《中外日报》

德兵登岸十九志

日本东京接北京电云，驻京德使臣要请中国政府云，如准德人在沂州府建立教堂，则驻扎德兵即当撤退。而北京致长崎电较有不同，云：德使臣意欲如中国允德人在胶州之界推广至沂州府,则始将驻扎东省各兵调回云。译《捷报》。

闻新任东抚毓中丞不喜西人。近闻德人在东省南境沂州境内焚毁三村,击毙村民,颇为不靖,故拟速募兵丁设法驱逐德兵云。惟此间居民入教者多,恐华兵往击未能得手耳。译《字林西报》。

意索沙门湾二十四志

宁波访事人函曰:前义大利索租沙门湾时,余即在该地,讵意该处毫无闻见。余询(被)[彼]处武员,聆其语气一若不知此事者,然后始稍稍知觉。似该处土人颇以沙门湾画归外人为是,盖因沙门湾为盗匪出入之区,华官亦无从整顿也。惟义大利索租沙门湾,除舟山列岛外,实圈南田岛在内。南田距石浦不过六里,意人实欲得此耳。现宁波《甬报》馆欲土人周知时事,故将宁郡滨海各处详绘一图,并标明意人所索之地,较为明晰云。译《字林西报》。

俄、日备战

顷接北京信息云,近来日本政府备办战务甚急,海防事务亦陆续备齐,仍照前四年所定战务章程办理,极为细密。闻此次之预战,因知不日必与俄国起衅,俄国亦知日人有在东亚争雄之意,若欲胜日,则断不可俟其战务防务一切齐备。且日本水师不亚俄国,加之在欧美所购铁甲战舰不久将成。势必今年开战,尚可望将日本海军围在该国海口之内,不使放出扰动西比利亚、高丽及东三省沿海一带,又禁止日人运陆师进中国及高丽二国内地相助云。

《新闻报》

[论说] 论德兵登岸事

东省素多伏莽,沂州、济南、曹州、泰安各属为南北往来扼要之区。南接邳宿淮徐、北走幽燕■■,其地千数百里之间,皆盗薮也。当国家承平之日,绿林豪杰咸出没于其所,往往御人于途、越人于货,以为行旅患。故往来官商之挟巨资者,必挈带拳勇技击之士以捍牧圉,庶免于不测之忧。兵燹而后,匪党益多,虐焰益炽,加以黄流屡决,农不耕收,佃田宅宅之众,举为饥寒所迫。老者填沟壑,壮者走萑苻,涂附瓦合,呼啸成群。非特异乡孤客腰缠丰厚者常患寇攘,即生长于是邦者,亦凛凛乎有小人怀璧不可越乡之惧。惟其如是,是以每年被盗戕劫之案不可偻指。商旅既防不胜防,官吏亦办不胜办。倘有贵人冠盖出于其地,则遣派兵士卫之出境,或途中稍有亡失,则略认赔偿,外此者皆付诸不闻不见。纵有人前往赴诉,不过许以代为缉捕,悬为疑案而已。况前者,德人据我胶州,其恃强无理之情形,久为普天率土之所不平。匪类虽横,天良未泯,其皆仇视外人而欲发难以相抗也久矣。彼各邦教士之来于华者,恃其国兵力之强,无所顾忌,到处游历,而又服饰殊科、纵迹诡秘,坦然无一兵一卒之术。殊不知国势虽强,兵威虽盛,只得恫喝中国之朝廷,万不能压服中国之百姓。一旦于穷乡僻壤猝与匪遇,有不丧其赀斧而戕其性命者哉?而彼则曰,该处华官不能弹压保护,复又意存忌讳、雅不乐闻,致匪党愈无忌惮。此言似为近理,抑知华官之权力，仅能鱼肉良善，欺压平民，见匪之跋扈鸱张早已闻而却步，纵肯出力，亦属无用。而彼教士者，以孑然无助之身，履绝险可危之地，当积怨深怒之众，揆其情形，万难自免，而岂华官之所得而防范哉？即幸而匪类不欲加害，然该处士民亦无有不欲得而甘心者也。今德人以法教士思吞斯被殴各情，及德人三名在沂州地方被匪困辱一事，遽派其国兵弁携带炮械掩至日照；又另派兵一队径往沂州地方，欲借其兵力以遏土匪凶横之焰。其言盖谓华官庸懦畏葸、不能制匪，而欲代为搜捕以泄其忿耳。虽然该德人果为民匪所欺，当照会该处华官俾尽力惩办，不宜率尔兴戎；且华官之庸懦畏葸、不能制匪，固外人之所深悉者也。知之而仍不能禁其国之人之涉其地者，则何以故？如曰吾以传教来也，彼以非圣无法之教，传之于仇雠不服之氓，行险侥幸，是诚何心？其为有意挑剔以启兵端，以肆其鲸吞蚕食之谋也，亦彰彰明矣。借曰不然，则教士所至之地漫无限止，又岂能以兵众随行，而在在为之保护哉？然则始而传教，继而加兵，终且据其国之土地、人民以为己有者，乃西人常态耳。中国于其兵士登岸之时，不为阻止、不加诘责，而任其直入内地以与吾民相为报复。中外之界限何在？两国之条约何在？浸假德人竟以保护教士为名，从此到处屯兵，为筑室反耕之计，即谓其无觊觎我中国之意，而已不啻山东之全省尽归其掌握中矣。呜呼！中国政府于此等非常之变，不闻竭力抗拒，而第电知驻德钦使令向德廷诘问缘由，以为掩人耳目之计，则山东全省之版图其不为胶州之续也亦仅仅矣。夫以中国之至贫极弱，诚知覆巢破卵之祸近在咫尺，然东省为孔圣发祥之地，中国教主之所自出。沂州与孔林相去不远，设使德兵径至曲阜，入圣人之居，毁其庙堂，迁其重器，蹂践戏侮靡所不至。是中国虽未见倾覆危亡之祸，而圣教已有陵夷殄灭之虞矣。天下之有保教之责者，能勿引为己忧也哉？

三月廿五日（5 月 4 日）

《新闻报》

观英、俄两国议订在中国权限所至约章感而书此

呜呼！中国瓜分之局至今日而益显然哉。然自中国人视之则固带砺，依然金汤无恙也。其在豪杰有志之士，方且抒其忠爱之忱、用其富强之说，冀朝廷励精图治、发愤自强，用以维持危局、收拾人心，以期保我子孙黎民，使他族皆不敢实逼，处此以觊觎乎东亚之边，而孰知中国之名存实亡也固已久矣。盖自辽东一役而后，外人之易视中国者，若俄、若法、若英莫不环视而起，咸肆然有封豕长蛇之志，狡焉存凭陵蚕食之心。君子观胶州之事，而已叹中国之亡之可翘足而待也。何则？德旅之来，固中国之力之所能抗。力能抗而不与之抗，则知中国非特不能战，而亦不能守矣。而果也未几，而威海、旅顺、大连、广州湾之属均见夺于各国之手，而不克与争。曩者日本之割台湾与中国盟曰，毋以福建一省之权利让与他国。德人之割胶州，亦与中国盟曰，毋以山东一省之权利让与他国。其所以挟制我中国、蔑视我中国者，若预料亚东之全局，终必不能自保而为他人所有。与其取之于群雄叠起之时，何若争之于大局未分之际。于时，中国之人皆忿然曰：日人之欺我已甚，德人之欺我已甚。然以愚意论之,彼两国者虽恃其兵威要我立约,然必我已允许而后彼乃慊然于心,退而擘画经营以为他日占据一隅之计。盖其心固谓我中国犹有自主之权也。若目下英、俄两国议订在中国权限所至条约一事,则诚骇人听闻,而直视我中国已无自主之权矣。初俄人之所以念念不忘者,意在伸其权限至中国黄河以南。英人之所以念念不忘者,意在伸其权限至中国扬子江以北。英、俄两国各不相让,固知其终之不能默尔而息。然在智者阴揣其意,则谓其将来必且要我中国令各如其意,以伸两国权限之所至,而不免中国之左右为难耳。而岂意其不必商请于我中国,而居然自订条约也?则信乎此两国者,真以为中国不啻宗庙已墟、社稷已屋,而无一毫自主之权矣。而且视地球之上,更无其他可畏之国之起而相争者矣。呜呼!中国瓜分之局不由此而益显哉?夫中国平日所自为谋者,不曰连英拒俄,则曰连俄拒英。为此论者,至分为新旧两党,使朝廷之上相为水火。今观于两国所订之条约,略谓英国扬子江一带权力所辖之地,大约直至黄河,即为俄国南界权限所至之地。如将来英国万一与中国龃龉,俄国即置之不问。噫!俄之与英固已亲于兄弟,胁以谋我,一则将据我之南,一则将并我之北。我方茕茕孑立,危于朝露,既无可连,复无可拒,而犹哓哓然为此或连或拒之说,不可为中国两党之人痛哭流涕哉?顷闻两国已订有成说,倘伦敦、彼得堡两处于未换文凭之前别无他故,则此约即作为定议。日后此约一行,英、俄之交阴合,法国即成独立之势。且比国承筑中国芦汉铁路一事,本由俄、法两国相助为理。今俄人因此不复襄助此举,法人亦不愿贷款于比,铁路一事亦必从此作为罢论。然则英、俄两国今此之互订条约,固牵制乎各国之全局,而显定夫中国瓜分之界限者也。以吾中国之带砺,依然金汤无恙,而某地将属某人,某省将归某国,业已畀画枰分,了如指掌;而且朝廷之上断断焉显分意见,或欲为俄,或欲为英,此殆南北剖分之先兆乎?借曰不然,则何以俄索庙岛,意索沙门,奥比、葡比纷然麇至,皆有向中国索地之说,而衮衮诸公不闻出一策、建一谋,以期中国之转弱为强、转祸为福,而惟是醉生梦死,愦愦焉以坐待中国之毙、黄种之灭。此何说耶?岂其气运所至,非人力所能挽回,天将使中国文明之教、黄种神明之胄,皆驱而入于虎狼禽兽之口,而使之靡有孑遗耶?呜呼!噫嘻!

三月廿六日(5月5日)

《中外日报》

德兵登岸二十志

日本报纪北京电云,德人欲中国允其在沂州府建筑教堂,并索偿银八万两,始将驻扎日照等处德兵撤退。传闻前数日,有德兵欺辱华妇,致与华人争扰,有数华人即被德兵击毙。此间亦闻有德兵欺辱华妇、击毙华人之事,并照会中国政府欲在沂州府设立教堂云云。另有电音云,日前日照德兵与华人相持,德人欲政府准其添建教堂并赔偿银八万两,如中国政府允照办理,则驻扎德兵即当退出。译《捷报》。

三月廿九日(5 月 8 日)

《中外日报》

德兵登岸二十一志

闻德国主教向山东当道声称,须在兰山、郯城、莒州、费县各给地一区建立教堂,又偿银数万两,方允将日照兵队撤退。

又闻德主教向人言,胶州提督虽握兵权,而兵之进止一听主教指挥。

日本《西报》二十八号电云:政府迭接德人在日照滋事,电称中国向来消息不灵,遇事谣言四起,以致传闻失实,大约如下。近闻有二三德兵在日照城外滋事,被华人聚众围绕,几遭不测。次日即有德兵多名再往该处寻仇,意图报复,彼此互斗多时,即有数华人被德兵击死。北京华官皆以为,此事实由德兵逼辱华妇不遂所致。又有云德兵据守日照之后,强加重税,华民不服,衅由此肇云。总之,起衅之先,德兵必有欺侮华人之事,可无疑矣!

德使回京

德驻京公使海靖君出京前往胶州,已志本报。兹悉海靖君已于本月初四言旋,其驻日照之德兵尚未撤队,因恐撤之太骤转致政府误会云。

铁路续闻

英、德两国业与中国将津镇铁路办法商妥订明。由天津至济南,由济南至沂州,此两段路归德人承办;由沂州至镇江一段,专归英人承办,将来设立公司仍须用中国名目,所需股本拟集五兆磅,每股五厘起息。又闻有一英、意合股之大公司,已经获有承筑由湖北枣阳至山西代州铁路利益。又有怡和洋行亦得有筑造由河南信阳州经安徽庐州至南京铁路利益。译《文汇报》日本《西报》电。

《申报》

沂事原始

广州《博闻报》云:此次德兵之入沂州,因沂州有(闻)[闹]教之案,事甚琐屑。府尊业经讯结,教士谓不应不先知照教会中人,殊为藐视。因即电达驻京德使,德使转达总署,总署王大臣电饬府尊,从速会同教士妥议。府尊即遵电,偿以二万余金。德使知无可乘隙,乃请总署查拿闹教之人,按律惩办。总署告以事已了结,无人可拿。德使复照会总署云:若是,则本国当派兵前往弹压。总署力阻之。德使曰:兵已动,不复可止矣。于是有占据沂州之事。

德藩留别

武昌访事友人云：德国亲王亨利由上海乘兵船泝江而上，赴鄂中游历。经督宪张香帅邀请，阅视护军营洋操及枪炮铁政各局厂。亨利初意欲赴衡湘一游，嗣闻洞庭湖水势过浅，兵船不能上驶，遂于本月二十二日鼓轮东下。此次香帅款待殷勤，情意优渥。亨利感之，临别时谈及沂州之事。香帅谓贵国素重信义，今忽强据沂州，未免有伤睦谊。亨利云："敝国派兵驻沂，实为保护教堂起见，并无占取土地之心。俟教案办竣，地方安谧，定即将兵撤退，断不轻开衅端，贵部堂尽可放心。惟望中朝力图自强，使强邻各泯觊觎，敝国亦与有荣施焉。"香帅韪之，遂握手而别。

三月三十日(5月9日)

《申报》

沂州近信

天津《国闻报》云：刻闻德人向中国总署索沂州教案赔款银六万两，并修理被毁之教堂。至济南府则须聘一德员为外交顾问官，未知总署允从与否。又闻沂州所驻德兵现已撤去，惟日照依然占据。前数日德兵曾与土人攻击，土人受伤二名。至焚毁刘村四十家一事，虽不知其确否，然东抚则已电达总理衙门矣。

四月初一日(5月10日)

《中外日报》

德兵登岸二十二志

德文《西报》接青岛友人来函云，中国政府此次格外着力办理，已派夏统领统率多军驰赴沂州，然恐驻日照德兵尚不能遽然撤退。现在日照一切安靖如常，所有前次教民避乱逃亡者，均已陆续归回，各安旧业。至德人占据日照，言因斯吞斯教案之故。此案至今尚未办妥，凶犯亦并未拿获，现在别无办法，惟有将纵放凶犯之乡绅从重严惩。夏统领欲令德兵退出日照，此事更难照允。前德人欲令夏统领协拿凶手，该统领不允，声言"此非我应办之事，乃县官专责"。德管带浮肯埃因即日下令不许华兵阑入日照城内，所以日照之事至今尚无定局。然若欲德国不用兵力要胁，早将此事完结，端在新抚毓中丞办法如何耳。现在毓中丞不准德国铁路工程师在济南一带勘验铁路，并与胶州德总督往来档亦多所不合。除不准勘筑铁路外，并云察勘矿务不合中例，且曰：若德工程师偕人游历，便可照例保护；

若系勘验路矿，欲求保护，则万万不能。驻京德钦使及青岛德总督佥云，此次办理与一千八百九十八年三月六号所订条约违悖不合，因即命该工程师将应行开办各工速即办理，倘或再滋事端，惟该抚是问。该抚若仍坚执前说，恐亦不能常居此任耳。译《字林西报》。

四月初二日(5月11日)

《中外日报》

德兵登岸二十三志

沂州府四月二十五号访事来函云，前此所称日照德兵退回青岛，现在访悉德管带佛尔克忒并未退回。十号至十三号，夏统领率兵一万五千名由青州、登州府抵沂。入城之时，角声呜呜，旗帜飘扬，颇有威武气象，轰传官兵此来必将洋人驱逐净尽。至十五号，该军由沂至日照并未伤害西国一人，土人始知谣传不足凭信。又该军声称，将前赴日照攻击德人。又闻在日照城外布置营垒，语多夸张，其实并无其事。日照城西北山上近有逃匪聚众，意在与德人为难。此地即前教士斯忒斯被害之所，传闻该土匪从潍县得有炮火，并于各处粘贴匿名揭帖，云将往攻德人，因此德兵将大炮安放城上正对该处，并命兵丁在城上昼夜巡逻。现在华官允许将教案作速妥办，此处迤南之郯城地方土匪又复从新滋扰，郯城知县俞某前在美国数年，因设计拿获六匪。该匪聚有千人，将行枪劫，适因迷途相左，恰值官兵二百从沂地他往，路经此处，即将该匪首拿获，并告之曰：官军此来非因尔等之事，官军不知也。言毕，即将该匪释放。闻郯城已将门关闭，因该匪意欲入城行劫故也。此时德人应仍占据沂州府城，惟如此举动，将来住东之西人情形尚难预定耳。现在东省地方雨泽稀少，田禾不免受伤，若再不雨，恐成饥馑，近来饥毙者已不一而足。吾等此数年来，每月两次赈恤此处饥黎，几成定例。刻下饥黎渐渐加增，已至一千五百人之多。译《字林西报》。

雄军东指

传闻袁侍郎所练之新建陆军，有奉命调驻山东之说。

四月初四日(5月13日)

《申报》

沂事续闻

香港《循环日报》云：近得济南府来函悉，抚辕接兖州道电禀，略称胶州湾德总督于日内载兵数百名，统以总两员，携有大炮数尊，至日照登岸，开赴沂州。凡在中国北方之各兵轮船,亦均聚集胶州湾一带。兖州、曹州两镇标兵士,则驻扎沂州府境,与德兵所驻处相离约四十里。下令不得妄动,以致滋生事端,故德兵亦尚相安无事。然地方百姓已畏之如虎,加以搜捕土匪,未免妄杀无辜,以致哭诉营门者,日不知其凡几。现在德兵尚无再占他邑之事,惟两下相持终非了局,恐将来必出于一战耳。又闻之西人云:此次德兵之占沂州府,实有不得不然者。缘英、俄密约以黄河为界,黄河之南为英人权力所至,黄河之北为俄人权力所至。此事德国政府已微问之,故亟思占据山东以掣其肘。否则铁路既成,山东即在俄人许可权之内,至此而始与俄争,则德国兵士虽精,必不能如俄人征调之便。故目下乘俄人无暇兼顾,乃借口于土人闹事,猝然入占其地,俾如迅雷之不及掩耳,德之智虑可谓深远矣。或谓德人以数百之兵,遽尔登岸占日照;复添数百兵占安东卫及沂州。统计兵数不及一千,设中国遽与开仗,则东省之兵数以万计,设或德兵败没,岂非悔之无及?曰是不然,当日德之据胶州湾,亦不过数百兵耳。中国防兵约有三四千,而竟不敢开仗,岂今日而独能背城借一哉?

四月初六日(5 月 15 日)

《申报》

山东教案

天津《国闻报》云:本年西历二月,山东即墨县西境忽有匪人倡立大刀会,门揭红旗,大书“守望相助”四字,旁列头目姓名。其时匪党已不下千百辈,且日有加增。是月十二号,先向严家庄天主教堂肇事,旋又连劫十四村,掳掠教民六十余家。教中人偶与之抗,辄遭惨毙。迨四月十四号,华柳庄绅民黄以动复率同匪党三四十人,将美国耶稣教堂焚掠,随群赴万花庄抢夺民间衣物。万花庄迤北三里之黄花村亦被滋扰,乡民逃匿一空,地方愈形瘠苦。十五号教主将华柳庄被扰情形,函致即墨县,并言如不剿平,恐教民性命攸关,即本教主亦殊危险。然至今并未拿获匪党,惟县令曾赴闹事处,谕以嗣后民教皆当和协,不得滋生事端。有教民被匪击破其额,诣官署声诉,吏役诡云此人头上患疮所致。窥县主之意,非不欲实力保护,然苦无权力能歼此匪人。缘即墨兵丁平日皆务农,惟会操之期滥竽充数,是以匪党并不畏惧,迄今仍恣意嚣张。某日粘贴匿名揭帖云:德人在青岛伤害百姓,且欲推广权力,我等何以脱此凶横之苦?且德人欲勒收地租,牛羊鸡犬亦当纳税,何以堪此?现在我等必思竭力阻拒西人,凡在青岛南面百姓,皆不得为德人工役,并不得往青岛卖物。嗣后诸人必当照行,否则定当谋害。十八号,教堂正行弥撒礼,突闻枪声大作,喧传有华人三名被德人击死。其起衅之由,盖因德人在杨村建一烽火堡,谕令民居不得毁坏,乃不久已被匪人拆去。德人怒,勒令村民将匪人送出,否则当罚洋银二十圆。久之寂无应者,德人乃将驴三头掳以为质。村人大为鼓噪,竞投以石。德兵放空枪恐之,后又实以弹丸,致伤毙多人。县令初以地在德租界内,不往验尸。后见村民滋扰愈甚,不得已鸣驺诣验。月来侨居[即]墨县境之西人,非有人保护则不敢独行也。

四月初八日(5 月 17 日)

《申报》

论山东教案

自中外通商以来,交涉日繁,办理不易。其交涉中之最难办者,则教案是。大抵教案一出,两国和好之情纵不致于决裂,而滋事者须查拿惩办,被毁者须酌议赔偿,设竟伤毙人口,则又须从重抚恤。倘或外人借端要胁,借保护之名,称兵入内地,索取岩疆,夺我权利。朝廷以安民息兵为念,不肯妄开衅端,如胶州湾之举,诚非得已也。自来因教案轇轕而致所失之大,莫过于胶州湾一事。朝廷有鉴于此,故严饬疆吏保护周至。地方官亦惟恐有闹教之事,故多方劝导,不惮舌敝唇焦。乃不谓各省闹教之事仍有所闻,惟事属细微,弥缝较易,不至酿成巨案耳。说者谓教案之起,皆由于民教之不和。民教不和之故,皆由风气尚未大开,华人皆有歧视彼教之意。谣言一起,附和者众,遂至激成祸端。倘日后习惯,自可彼此相安无事矣。曰中国风气虽未大开,而西人传教之堂几至无地蔑有。历办教案,华人岂无闻见,岂尚有不知利害而甘为戎首者哉?大抵闹教之事皆由乱民为之,其意本思作乱,不过借攻击教堂为名,以冀煽惑乡愚,得以肆其抢掠,岂真与教中有嫌隙而欲得甘心也?不观昨报纪山东之教案乎?昨报转录天津《国闻报》云:本年西历二月,山东即墨县西境,忽有匪人倡立大刀会,门揭红旗,大书"守望相助",旁列头目姓名。其时匪党已不下千百辈,且日有加增。是月十二号,先向严家庄肇事,旋又连劫十四村,掳掠教民六十余家。教中人偶与之抗,辄遭惨毙。迨四月十四号,华柳庄绅民黄以动复率同匪党三四十人,将美国耶稣教堂焚掠,又赴万花庄、黄花村等处滋扰,乡民逃匿一空。教主函致即墨县主,略言如不剿平,不特教民性命攸关,即本教主亦殊危险。无奈即墨兵丁平日皆务农,惟会操之期滥竽充数,致县主束手无策。按乱民起事在西历二月,即中历去年十二月、今年正月之间。劫抢教堂在西历四月十四号,即中历三月初五日起事。迄今已有三四月之久,县中即乏兵丁,县主岂不禀报上峰请兵剿抚?倘省中接有禀报,断无不即拨兵前往之理。即墨隶莱州府,距府治二百五十里,府治距省六百八十里,地非辽远,军符飞调亦尚易易,何以至今尚无拨兵往剿之信?殊为不解。又云匪人粘贴匿名揭帖,欲与德人为难。十八号,教堂正行弥撒礼,忽闻枪声大作,喧传有华人三名被德人击死。盖因德人在杨村建一烽火堡,被匪人拆去。德人令居民将匪人交出,久无应者,德人遂以驴三头为质,居民群起鼓噪,德人因开枪致毙多人。以此观之,山东之祸正未有艾。现在德人进占沂州,殊有汹汹之势,即使一无轇轕,窥其意亦尚思得步进步。加以即墨之事,德人更有所借口,从此办理不更为难耶?山东盗风本炽,濒海居民夙称强悍,平时即无闹教之事,亦宜分驻重兵以资坐镇。至德人占据胶州湾之后,乱匪时思窃发,更宜驻兵防守,何至一邑之中竟无一兵之可用,致外人借口保护占据土地?恐即墨之事又蹈日照之辙,不特办理棘手,即民人受害亦无已时。为今之计,欲平教案,当先惩办乱民,山东匪焰如此猖狂,急宜调兵前往痛剿。

苟将乱民肃清,教案自易办理,若再因循坐误,不特易招外侮,恐又酿成内乱矣。北望胶莱,杞忧曷极?

四月初九日(5 月 18 日)

《申报》

东事详纪

香港《循环日报》馆得济南官场来函云:德兵占据沂州府,日搜杀土匪,威胁百姓。百姓无辜被害者不可胜计,其中孱弱者纷纷逃避,凶悍之徒则日持枪隐伏谿谷树林间,伺德兵至则开枪轰击。德兵往往有伤毙者,用是憾百姓愈甚,尽情残害以泄其愤。沂州府属绅士具禀毓中丞,历诉悲惨情形。中丞决意主战,密奏皇太后,请速调兵开仗,以救东省迤南一带民命。皇太后谓事势至此,若再隐忍,恐愈启各国觊觎之心,因之召询总署王大臣。王大臣奏称德占沂州不过与百姓为难,尚未明白与我国家启衅,若鲁莽开战则衅由我启,反为德人借口之资。今宜一面电饬驻德使臣,令向德政府诘问,并请电致胶州总督及驻京使臣,从速将兵撤退;一面由总署照会驻京德使,并请严谕东抚,不得轻启祸端。皇太后深以为然,因即电谕中丞,先将东省防兵调赴沂州驻扎,以防他患,惟不得遽与德兵开战。中丞得电后,立调即兵防护,严饬各将领相机用事,毋孟浪,毋畏缩。迩来官兵之屯扎沂州、日照一带者,约共七八千名。德兵见华兵渐集,百姓亦无不怀恨于心,因即拔队而去。

四月十二日(5 月 21 日)

《中外日报》

再论办理教案之法

予前者论办理教案之法,以为欲地方无教案,当以保护教堂为第一义,以怀柔远人为第二义,为封疆大吏言之也。而地方官吏亦何独不然?试以近事证之。三月十五日,浦东高家行萧皇庙将有演戏酬神之举,是处流氓遂纠约党羽二千余人并私盐船三十余只,期于是日举事以与教民为难,此固若辈闹教之故智,而亦猝不可遏之祸源也。在为主教者,为保全教堂计,岂不愿官为弹压,弭患无形?然或官吏平日与主教素无往还,因而主教不以告,临事任其蹂躏,事后借以索偿,无不可者。即告矣,而官吏狃于积习,先则延搁,继则推诿禀知上司,移会同官。文书方出署门,而乡约、保正已汗流浃背、喘息奔至,飞报难作,官府徬徨,束手无策,自知酿祸,坐待参处。历来教案,孰不由于此乎?而幸也,姚主教得信后即函告法谳员朱森廷明府,朱明府即禀告关道并函告上海县王大令。大令一得此信,即一面移知川沙厅请为协同弹压；一面即轻车减从，督带差捕亲往巡察。于是以人心惶惶，若旦夕可酿祸之地，不二日即已烟销火灭、杳如无事，此其办理之神速，不足为州县官之圭臬矣乎？大抵近年以来教案日出，伤国体，耗官帑，长奸徒之焰，贻外人之笑。为州县者鉴于前车，惧蹈覆辙，往时酿祸之积习已稍尽矣。是故朱明府之不分畛域，王大令之捷于应变，皆非曩者虚憍恃气、昏愦误事之州县官所可几及。不然，以上海之地，万国官商所聚，四方观听所集，无端而有教案，无端因教案而有割地赔款之事，岂不重为中国辱乎？事有弭患于不觉，成功于无形，上官所不知，众誉所不加，而国家元气、中朝大体实有阴受其益者，此类是矣。吾因叹自同治以来以至今日，其间教案迭起，坐误于不解事之官吏者不知凡几，是可叹也。吾尤愿为州县者，平时勿自大，临事勿畏难，勿以教士为外人而歧视之，勿以闹教为意外而漠视之，则教案其庶有止乎否？以中国之艰危，强邻之逼处，重庆闹教而法人即索重庆沿江之地，沂州闹教而德人即占沂州，何堪再酿教案以烦疆吏之周章、朝廷之焦劳也耶？

《申报》

译台报论德事

台湾《日日新闻》云：德兵占据沂州，外间多谓中国百姓不自量力，遇有小忿辄启衅端，以致酿成巨祸，贻累国家。前者德人之假胶州湾，为戕杀教士而起。此次沂州之事，得毋又蹈覆辙？窃以为其说虽近似，而未深合今日情形也。往者中国之人多疾视洋人，喜开嫌隙，近则于中西情势略有所知，主客周旋，不似往时之夜郎自大矣。然国势过弱，则外人往往因以生心，虽事事曲尽东道之情，亦难保窥伺者之不借端起衅。德人于中国既借胶州湾为立足地，得陇望蜀亦所宜。然其驻兵沂州也，安知非乘机激变，使中国人堕其术中，而后挟以借口？不然，何以土人方闹事，而沂州旋为所据，策应竟如是之速哉？夫沂州为南北要冲、四战之地也，今已被其所占，而中国欲以空言折之，求其反我侵地，此固不可得之事。然竟出于一战，亦非中国之福。当此之时，苟非有仗义友邦出为排解，则天下将益多事矣。中国自失胶州湾后，沿海要地相继沦亡。今德国若将沂州久假不归，将来各国接踵效尤，不将成瓦解之势乎？所宜各国同心保护，俾中国所有之利，各国皆可分沾。否则，亚细亚洲中战祸方由此而起，不尤可危耶？

四月十四日（5 月 23 日）

《申报》

沂事述新

德文报云：中国政府于沂州之事办理甚为出力，月前已派夏统领率勇驰赴沂州。然恐日照德兵尚不能遽尔撤退，现在日照安靖如常。前者教民之避乱逃亡者，已陆续迁回，各安旧业。至德人之所以占据日照者，实由施吞斯教案而起。此案至今尚未办妥，凶犯亦未拿获。目下德人别无办法,惟有将纵容凶犯之乡绅重惩而已。前者德人曾请夏统领协拿凶犯,夏统领言此乃县官专责,非我应办之事。德管带官因之下令,不许华兵阑入日照城。缘是,日照事宜今尚未定局。窃意若欲德人不用兵力,早将此事完结,端在东抚毓中丞办法如何耳。

四月十五日(5月24日)

《中外日报》

[论说] 论山东急宜用兵

事莫大乎审机,谋莫贵于善断,凡事皆然,用兵尤甚。故需者事之贼也,时者用之的也。今德人经营胶澳,期年而空虚如故,数万里劳师转饷。主客之势既殊,劳佚之形已见。兵法曰国之勤于师者远输,远输则百姓贫;又曰轻入重地者败;又曰百里而争利,则擒三将军。今德行其所忌,此诚天赞我之时矣。且德兵所过焚掠,神人共愤,彼曲我直,士气百倍,此其可战一也。袁侍郎一军操练西法,精锐冠于当时,此其可战二也。不越国袭远,用逸待劳,以主制客,其可战三也。彼犯三忌,我得三利,不待交绥而胜负之数已判矣。兵法曰先入有夺人之心,宜及此时蹈厉风发,趋其不意,不难草薙禽狝一鼓而歼之。德败则列强震动,中兴盛业,孰过于此?失此不图,顾听其深入腹地,逼处我圣域,虔刘我生民,使数千年礼教之邦、先圣发祥之地,无端而沦于他族,岂不痛哉!昔宋襄公及楚人战于泓,宋人既成列,楚人未既济;司马子反曰楚众我寡,鼓险而击之,胜无幸焉。襄公曰:君子不推人危,不攻人厄,须其出。既出旌于上,陈乱于下,子反曰击之胜无幸焉。襄公曰:不鼓不成列,须其成列而后击之,则众败而身伤。今德人之于中国,亦何异楚之加宋哉?德人之劳师疲远、布置未定,亦何异乎未既济不成列哉?而吾国之将兵者乃亦襄公之覆辙是蹈,莫肯出于一战,是何异授人以兵柄而使之杀己也?难者曰:方今民穷财殚,众疆环伺,若骤加矢于德,假而英、法卷甲而北趋,俄人捣虚而南指,意扼其前,日掎其后,将奈何?虽败德,庸有补于覆亡乎?应之曰无惧也,英人日以开埠头、兴商务为事,无利中国土地之心;法之赫濯渐不逮昔,朝廷又起用宿将刘永福,若南徼有警,则固俨然一长城也。意外强而中干,日本唇齿相依,必不再求逞于我。所虑者独有俄耳,然西伯利亚铁路未成,转输不灵,而东三省皆屯有重兵,尚可恃以无恐。夫英狃于商,法怵于武,意窘于力,俄限于势,皆不能牵制我。不能牵制我,则德人孤立矣。夫不及其孤立之时并力而击之,而曰吾将有待也。吾将有待也,畏首畏尾,身其余几?一旦西伯利亚铁路告成,俄拊其背,德扼其吭;前者唱喁,后者唱于,我为槛内熊,而能禁人之不侮乎?我为弗上肉,而能禁人之不食乎?是故勇贵于明势,机贵于神速。时乎时乎不再来,惟在决之而已。否则浸淫横决,山东非我有也。山东非我有则两河危,两河危则南北绝,南北绝则瓜分之势成,而国非其国矣!

四月廿七日(6 月 5 日)

《中外日报》

[论说] 余蛮子先后滋事纪略

余蛮子名栋臣,大足县龙水镇攻煤硐工也。生有勇力,事亲孝,为人所重,长入哥老会。龙水镇有法国教堂,值春社,镇上放灯,有幼童数人因观灯入教堂,被堂中人辱骂。镇人不服,聚数十人恣闹教堂,教民以洋枪击众,死者数人。内有蒋姓一童,两世孀居,仅有此子,亦死于枪。万民公忿,诉官不理,余蛮子因民之忿率硐中亡命数百人,攻教堂、杀人火屋,遂成巨案,叠经数任不了。张蔼青观察备兵东川,许献余二蛮结案,达部之文曰:教案赔偿款,斩首逆,完结;而道署之卷则有以后无论何州县,容隐余蛮子而不获办者罪之。本年荣昌有土豪王恒山殴华司铎一案,江北有追毙马医士、拆毁医馆一案,闻者皆曰余蛮子党羽为之,因余漏网匪胆愈张耳。权巴县王大令炽昌潜禀任观察,悬赏千金,有能弋获者,并许以官爵。卫勇罗国藩,余戚也,奋勇率众往,乘其不备而获之,寄荣昌监。邑令杨幼甫又有事他出,为余党破狱劫去。不月余,华司铎被擒矣,大足丁大令师汝往说。尔时若许以不死,以千余金散其党,给虚衔、董团练,亦可了息。乃省谓事起在渝,渝当自了;渝谓省乃有权,渝何能专。互相推诿,迁延时日。其间有人献策,请胁以兵威,然后许抚,弗听。省中屡得渝电谓华即出矣,又加增千余金矣,又许以实官矣。议论间而恭问帅作古,文镜帅护理总督,请旨不剿而抚。余党渐渐蠢动,川东忽电请派大员前往受抚,断无更张。遂特派吴喆甫观察率伍西昆别驾、刘幼芬大令至荣大之间驻扎。仍不外绅士数十往来其间,未成议而余党树旗出巢,烧教堂,杀教民,吴观察等弃行李而逃,到省禀当道,不过曰决裂而已。其如何决裂,弗问也。而人言则曰,说事者无不欲染指,给赏要八扣,是以不行也。前涪州牧张少斋自陈于文镜帅曰:"余必应抚,我往余必受抚。"于是授以兵柄,假以事权。一出省门,沿途索供应,日行三二十里,十余日达永川,乃禀督院求加赏银、增勇粮、给枪炮、免调遣。种种要挟,督院亦允之,而仍无了期。

四月廿八日(6 月 6 日)

《中外日报》

[论说] 续余蛮子先后滋事纪略

幸川督奎帅来,钦派王芍堂方伯总办川东教案。方伯在鄂已与奎帅熟筹,又督辕营务黄海楼观察与方伯均久于行间,留驻渝城。遣管带安定营周军门偕甘肃候补直隶州张炳华往说，被余扣留，要挟尤甚。余遣其心腹到永川，亦为方伯扣留，而准其与周张互易。十二月朔，周军门甫出，而雕剿之大军亦出矣。连日军威所到，无坚不破，无阵不捷，村民久为勾结，示谕不悟，亦不能不玉石俱焚。初六日，破鱼口垭，毁其木城三，匪退保龙水镇，方伯仍示谕投诚免死。弗听。初七日，大军进扎龙水镇，突有悍贼数千力扑王营，伤勇百余，幸黄营务处统队救援，匪始退。次日，方伯慷慨誓师，身先士卒，大败悍贼，立破龙水镇木城，进逼余家坝。余匪计穷力竭，死党伤亡略尽，方献出华司铎，诣周军门投诚，乞不死。周军门亦为力求，方伯仍申前议而减其所索之款。许余带土勇二百，保护川东一带教堂，给赏需银七千两，散其党千余。周率余见方伯，涕泣叩头求免死，方伯[许]之，遂于十二月十三日由龙水镇凯旋，仍驻永川县城。然此半年来，其党羽乘间四出蹂躏，东至安岳、遂宁、铜梁、壁山、永川、江北巴县、江津、定远、永宁、合江、洪县、长宁等处，焚毁各教堂、教民家房屋不下数千，资财不下百万。以坐罪论之，余能辞咎乎？余既就抚，指日议偿款、和人命、究罪魁，尚不知伊于胡底？现代任川东道者为夏菽轩观察，代任巴县者为沈幼岚大令，皆一时之俊杰，现与各国领事酌定命价偿款，闻可就绪云。

论曰：余蛮子一硐工耳，激于民忿，慑于国法，铤而走险，势不获已。其罪固当诛，其情尚可宥也。方事之殷，能获即诛之，否则抚之、剿之，散其党，安其心，特一手足之劳耳。乃初误于怠忽，继误于躁率，终误于因循。语曰：当断不断，反受其乱。星火燎原不可扑灭，卒之酿巨乱，动大军，许索款，仅仅了之，犹谓收焦头烂额之功。噫！以余蛮子一细民，坐怠忽因循之失，猝然衅起，几无措手。议款议剿如临大敌，从可知外交覆辙往往类是，夫亦可悟受侮之端矣。

五月初一日(6月8日)

《申报》

禁巫说

孔子曰：“人而无恒，不可以作巫医。”巫医并称，自昔已然。岂不以巫之为人祈祝、利人之生，与医之为人诊治、救人之死，其意既同，其术亦不相悬绝，二者固不可偏废乎？后世巫风日甚，更从而别之，曰男为巫、女为觋。以为鬼神无形与声，赖巫觋以通之。致其祝辞，申其诚意，无赖于人，有益于世。不若医者之有效、有不效，得失尚参其半也。江浙风俗人多信巫，凡有疾病之家，不先求医觅药，必延巫者视之，沪俗谓之“看香头”。其为人也或男或女，装神捣鬼，大言不惭，谓能视香烟所起，知某人为某鬼所祟，如何解禳，如何超度，种种荒谬之说，能令病家深信不疑。不知病势轻微，原可不医而愈，若在重症，则贻误非轻矣。或谓近来医生稍习汤头歌诀，便诩诩然悬壶市上。药不识君臣，(证)[症]不分寒热，未必果有起死回生之术，与巫之胡言乱语，其弊正复相同。与其死于医，不若死于巫，犹合乎古人不服药为中医之说。乃若辈除解禳诸法之外，又或托诸神道，妄开药方。彼既不识脉理，又不辨药性，不顾利害，为此行险(徼)[侥]幸之计，其蔑视人命为何如乎？夫时下医生，虽非悉具回春妙手，然究竟幼而学之，略习方书，方敢出而问世。今看香头者，行医本非所习，又何得以茫然无知者以肆其害人之毒耶？在信之者，误以为方由神授，当高出于时医万万，乃服之而愈者竟百不及一，而因此增剧或且丧生者所在多有，则又何也？夫神道设教，大易以之垂训，特宜敬而远之，不可狎而近之。传曰："国将兴听于人，将亡听于神。"若人皆听命于鬼神，则不祥孰大焉？顾何以晚近之世，不特妇女多以烧香念佛为事，即以衣冠中人亦有喜扶乩求仙者。其于巫觋也，竟奉之如神明，敬之如师保。一任其附会造作，以致此辈肆无忌惮，煽惑闾阎。呜呼！其为害讵有已时哉？尚书《伊训》一篇巫风有禁，圣人之用意甚深，盖有预知后世遗祸之烈者。西门豹治邺，(沈)[沉]巫于河，至今传为佳话。愚以为方士羽流，其患不过矫诬，尚不至有伤民命。若今之看香头者，则视人命为儿戏，以巫而强兼医术，明明鬼蜮伎俩，而偏自托于神灵。愚民无知，甘为所惑，卒至自促其生，不知悔悟，不亦大可哀哉？上海此风素盛，前年英界公廨谳员屠兴之别驾，深悉其弊，特颁禁令严密查拿，雷厉风行。此辈闻而股栗，莫不偃旗息鼓，远引高飞，毒焰为之稍息。今者日久玩生，变而加厉，每于里巷间偏贴招纸，自称为看香头、走阴差者，不一而足。若再不加严禁，日甚一日，举国若狂，害将伊于何底？窃谓地方官于此既不能家喻户晓之，又不能以一纸空文使人自省。则惟有严查密访，遇有此等狂妄之辈，立即提案，科以妖言惑众之罪，尽法严惩。其有以药杀人者，拟抵弗赦。庶人人知惧改而之他，则天下虽有疑神说鬼之流，无人焉以鼓其焰，邪说自不致横行，而人命之保全者非鲜。质诸明理之君子，当不河汉斯言。

五月初二日(6 月 9 日)

《申报》

弭教案浅说

我中国圣人之教人也，五伦而已矣，五常而已矣。其理至平至正，其事至中至庸。盖人自有生以后，未有能外乎君臣、父子、夫妇、昆弟、朋友，而可以为人者；亦未有能外乎仁义礼智信而始不愧为人者。圣人知五伦五常为人生同具之性，以之教人，正以还人之所固有，故不必专立一教之名，而实无一人不在教之内。此中国圣人之教之所以为大也。老庄杨墨之徒，其言理也驳而不纯，偏而不正，于是别立一宗旨，与我圣人包涵无外之教歧异其趋。而其支派所分，遂历千载而愈繁，亦历千载而不息，承讹袭谬，辗转相沿。如今之道教、佛教、回教、天主教、耶稣教等，皆老庄杨墨之支流也。道教系出老氏，行于中国最古。佛教出自墨氏，行于印度，至汉时而入于中国。谬妄无知之士，或以中国释道二教之盛而遂与儒并称三教。其实儒之教，固为人人同具之教，故不可以教名，而亦不可与释道同年而语。至回教则盛于天方，天主耶稣则被于西洋各国。考天方回教，其始一而后分为三：一曰由斯教，即婆罗门旧教也；一曰默罕默教，即穆罕默德所创行于阿丹者也；一曰北阿厘教，则其兄子所传行于巴社者也。天主耶稣教，其始一而后亦分之为三：一曰加特力教，即天主旧教也;一曰波罗特士敦教,即耶稣新教也;一曰额利教,即希腊古教也。回教、天主、耶稣教之始合而后分,亦犹佛教之分而为墨那敏教、喇嘛教、墨鲁赫教。墨那敏教即印度国旧教,喇嘛教即西藏之黄教,墨鲁赫教即西藏之红教。大抵传之既久,从之者多,偶有异同,遂致别分宗派,亦古今事理使然也。顾愚以为佛教不特分而为三,即回教、天主、耶稣教,其始皆根于印度,由渐而西,亦佛教之枝叶也。故观各教所行之地,自中南东三印度而缅甸、而暹罗、而西藏、而青海、而南北蒙古,皆佛教也。自西印度之巴社、阿丹,而西之阿非力加洲,而东之葱岭左右哈萨克、布鲁特诸游牧,而天山南路诸城郭,以及欧罗巴洲之土耳其国,皆回教也。其大西洋之欧罗巴各国,外大西洋之美利坚各国,皆天主耶稣教也。回教先入中国,天主耶稣教继之,到处设堂劝人进教。近年以来华人信从之者日甚一日,然尚不及回教之众,而其势焰则较回教为张。盖欧西之国强,故教亦因之而盛。其始华人之进教者不过一二愚夫愚妇,近则士大夫家亦有托庇其宇下者。此不过如佞佛之流,无足为异。而教外者,每屏教民于不齿,时有忿嫉之情。教内者,又恃教士为护符,常有欺人之意,民教之间于是衅端不绝矣。乡间不逞之民,往往以"符咒蛊惑,诱污妇女,迷拐幼孩,挖眼剖心"等无稽之语,散布流言,耸人闻听。良民惑于中国昔时白莲、无为等邪教有采生折割之术,因而信之。好事者又复随声附和,张惶其词,而各处闹教之案遂至无年蔑有。夫男女之别不严,乃教士自沿其西国之俗,初非有心诱惑也,至符咒迷拐等邪术实为彼教中所无,亦且为彼教中所禁。捕风捉影之语,在稍有知识者固断不之信,而愚民则莫释疑团。呜呼!此固吾民之顽,而实亦彼教中人之未善处置。盖各处设立之教堂,往往重门深闭,不许外人窥探,而其中收育婴孩,杯弓蛇影,足以启人之疑。倘使教中人能将教堂洞启其门,如庵观寺院任人入内游观,则民教之情两相融洽,而浮言蜚语不烦告诫而自消。即西人雅好洁清,恐攘攘熙熙俗人麇集,薰蒸秽气相逼而来,未免有污教堂,殊不足以昭敬礼,然亦只须一洒扫之力,而可以弭祸患于无形,亦何惮而不为耶?至于地方官之善为保护,不嫌禁令之重申;教中人之宜知自爱,毋遽欺凌以肇事。此皆各人分内当循之事,固不烦鲰生之代为顾虑也。

五月初四日(6月11日)

《申报》

藉端理论

香港《循环日报》云:袁慰亭侍郎自到德州即手撰《劝兵歌》,以尊君亲上、同仇敌忾相勉励。德人知之,指为挑衅之据,贸贸然贻书总署理论,不知总署何以答之?

五月初七日(6 月 14 日)

《新闻报》

阅东抚被黜事感而书此

君之用臣者何为哉?以为国也。知国之危而能挽之,名臣也;知国之危而鞠躬尽瘁以补救之,忠臣也。若夫知国之危而仍将就委蛇以冀保其身位,则庸臣矣;乘其危以为利焉,则奸臣矣。凡为国者必乐于得忠臣,且更乐于得名臣;苦于得庸臣,而更苦于得奸臣,此必然之理也。中国时至今日,削地之奇千古所未有,天下无愚无智皆知之。盖以削为亡,甘于瓦裂,有求则与,暂顾目前,历稽古书,未有如此机局者。或失于内戚权重,或失于外藩跋扈,或失于权臣迫禅,或失于群盗纷起,或失于外侮兼并。从古无不散之局,以周德之厚,不过八百年,其他可知矣。然以是而亡其国,犹可诿为天命。若如本朝之瓜分豆剖,则固前之所无、后之难继矣!而仍有幸者,每易一朝,则必兵燹涂炭,今由削而亡,则民不被兵矣,宁非大幸哉?惟此局民或安之,盖以有易代无易民,版图所归何分新旧,听其所止焉已耳。而君何如乎留此祸种,必非[识]者之所愿闻。三恪之封卒以武庚而收成命,六朝之惨杀更无论矣。即就本朝论,福王偏安仅得江南一隅耳,犹灭而后已。甚至朱由榔穷奔缅甸,平西王吴三桂犹追俘之,可以知覆巢之下必无完卵,欲为蜀之安乐公不可得矣,此君之所不愿也。亡国之大夫不可以图存,新朝顾命之隆,必非误国之臣所可希冀,千古以下有几冯道哉?将有如汉高之斩丁公者矣,即不然,放流摈弃、终身不齿,抚此未尽之岁月,其何生为?而史策留传,试问从何位置?此又臣之所不愿者也。君既不愿,臣亦不甚愿,则必有以杜之而后可也。而中国之君臣,明系非其所愿而亦不得不愿者,是真别具肺腑者欤!于何见之?则近来所行之事皆可为证,而于两革东抚之举,则更确证不易焉。夫中国之所以弱,弱在诸臣畏敌而苟安耳。脱有一二铮铮者,不肯屡有所屈,不以祖宗土地作为过付人情,则敌人虽属垂涎,仍可知难而退。乃无论何国,求则得之,一似予取予求绝无瑕疵也者,是直削其国也。以鼎盛之势犹不免于削,以孤立之势宁能免于亡?亳社之屋殆不待蓍龟矣。以如此之臣,当不知置以何法。讵朝廷别有见解,于其立约割地、宛转求容者则重用之。甲午之役,谏臣之据此参劾者不乏其人,而卒难摇动圣眷倍隆,是教其臣以媚敌也。其有不为所屈,深知以苟安非计者则黜之。国家用人之权操于敌人之手,太阿授柄,已属非图治之本。况如此立法,则各臣何乐而不媚敌,以求固其位哉?是教诸臣以误国也。夫前任东抚李中丞之贤,海内皆仰山斗,乃因胶州案■已升任而复罢之。现任东抚毓中丞,固不忍贻国家以削亡之祸者,今亦罢去。此后诸臣以此为例,谁与朝廷守土哉?按中国之自屈,由于[杜]开边衅。凡有交涉事件,务于通融有据理与争,使邦交有碍者,则治以不测之罪,著为成例。诸臣不敢犯,庸臣得以藉口。循至今日,遂以堂堂大国以为■道之顺者,我愈顺则人愈欺,必至诸多要挟。强者创于先,各国继于后,此近日所以日蹙百里,如肥肉之在砧也。呜呼!不辨理之曲直,而惟听外人之所指使而媚之,其何以国为?昔宋人之弱也,贬李纲以媚金人,卒于南迁不振。中国乃欲步其后,何其不思之甚哉?前此因法人欲拓上海租界,而刘岘帅却之,几至成衅,法终以理亏而止。可知有忠臣用命,则敌不敢相逼。战国以降,秦赵之不敌,人所知也,乃恃有蔺、廉两将相,卒不敢犯。贤臣之系国家安危者如此,奈何听人之所以挟制而斥革之?北望故宫,行见黍离麦秀,悲哉痛哉!录《叻报》。

五月初十日(6月17日)

《新闻报》

论中国民心之固急宜加意保恤以维邦本

中国何恃而久乎?恃此民而已。民何恃而存乎?恃此心而已。故得天下有道,得其民斯得天下矣;得其民有道,得其心斯得民矣。《书》曰:"民为邦本。"子舆氏有言曰:"民为贵,社稷次之,君为轻。"可见国之所兴立者惟民。古来有国者,制度纪纲容有不同之处,独此恤民之■、保民之心,则统古今而无或异。历观史册,确有可征。以中国今日之势言之,胶州胁于德,旅顺袭于俄,广州据于法,威海占于英,而且意索沙门湾,英索河南全省之地。政府至今尚无长策,用是平地生波、边疆告急,瓜分之局渐兆。危机所恃以不败者,惟此民心之固结不解而已。尝闻西人有言曰:中国皇帝好、民好,惟官不好。夫中国之官原不能一例而视,贤者自贤,不肖者自不肖,大要虚憍相尚、积弊太深,久为西人所齿冷。西人所不敢遽施于民者,则必假于官以迫胁之。官不敢逞志于民者,则必达于总署,藉天子之威命以挟制之。夫是以民无所冤,则人心尚服;民有所冤,则人心益不服。此其意,大臣知之,往往隐而难发;天子明之,亦付之无可如何。所以然者,由于我示其弱,彼逞其强,事事吃亏,步步退让,坐使二十二行省之地、四百兆域内之民,受制于戎狄之划削消磨,诛夷残杀,几于莫可禁止。夫教堂之立日多一日,租界之辟日繁一日。各省闹教之案,南省尚属寥寥,近北诸省层见叠出,不可枚举。固由北方风气刚劲使然,亦由西人作为不顺因事肇衅所致。即如德兵盘踞沂州,纵意焚掠,肆行杀戮,数十里嚎哭之声震动天地。近者九龙警信略谓:英人赁取九龙,开辟租界,土人不服,群起为难。英人遂调兵前往,开炮轰击,致毙土人。嗟乎!吾民何辜而顿遭蹂躏若此,何不幸而为今之民耶,又何不幸而为租界内之民耶?夫今日之民皆良民也,而非乐于械斗也。泰西各国出入我门户,布伏我肘腋,鹰瞵鹗视,不可殚述。今日辟一租界,明日索一要地,虚疑恫喝,靡有已时。彼黄种之居其间者,谁无基址?谁无产业?顾与犬羊之性共其食息,虎狼之族同其居游。传曰:无滋他族,实逼处此。孰有如今日者哉?窃谓我大清皇帝者,四百洲之大皇帝也。清帝之即位,非天之所以独惠于清也,清有其德故也。今虽时事日非,庙算屡误,而西人犹有所畏忌而不敢猝发者,则以民心未去之故也。何不趁此民心翼戴之时,体恤民隐,保爱民生?苟于租界滋忧之事、教堂纠闹之案,悉心听察,罪疑惟轻。不得以西人要挟之故仇视吾民,庶几民命益全,民情益洽,作其忠义之气,鼓其勇猛之心,民尽乐为我用,不至听外洋诸国之动设禁例以虐我华人,动恃威权以凌我氓庶。抑更有说焉,方今满人忌嫉汉人之心甚深,殊不可解。至有“汉强满亡”、“汉疲满肥”之语。满既得伸，汉必受屈；汉既受屈，必不能平，将不利于我国。伏思我世祖入关定鼎以来，抚[有]汉家之天下，其视满汉均属子民，何尝有畛域之见？[用]能内外相安，固国本于苞桑，奠民心如磐石。即同治中兴，削平大难，亦多出汉人，彼满人无几也。为今之计，欲求所以保国之道，是非上下同心、君民一体不为功。凡遇交涉之事，即不为吾民挟左袒之见，亦当为吾民存直道之公，则有形之险阻固足恃，无形之险阻更足恃。庶几我二万万里沃衍之区、四万万姓神明之胄，不至瓜分豆剖，瓦解土崩。孟子云“地利不如人和”，诚得务本之旨矣。故为邦者能保民以自立，斯真无敌于天下矣！于设学堂、兴矿务、造铁路、练洋操，此保邦之显然者，人人能言之，兹不赘说。偶有所见，爰诠次论说，以弁报端。

五月十九日（6月26日）

《申报》

会匪横行

天津《国闻报》云：山东即墨县人王义训勾通大刀会匪，专与天主耶稣两教为难。迨被执后，其弟信训遍告会中诸匪，约定四月十五日拥进县城闹堂劫狱。届期果有千余人迤逦由西门入，行至十字街，经人婉言劝解。若辈多方要挟，请官将王义训释回。官不许，惟准从轻定罪，直至傍晚尚未议妥。官无奈向众痛哭曰：“宁断吾头，不从其请。”遂率衙役攻之，初获七人，继又获一二十人，余人始散。然各役，皆已头破血流，间有负伤甚重者。

五月廿一日（6月28日）

《清议报》第十九册

西后宠臣刚毅查办江南汇志（西六月一号大阪《每日报》）

两江总督刘坤一为山东巡抚毓贤所弹劾，北京政府因特派军机大臣刚毅稽查江南一带事件。此事不可轻视。刘坤一立功于国家尤多，西太后亦倚重之，虽屡以病辞，犹倚重之。刘氏盖略主开化主义者也。刚毅满洲人，西后宠臣。然则西太后使刚毅稽查刘氏所为诸件，似有深意存焉矣。

西太后宠臣、军机大臣刚毅将查办江南一带情形，且整备军事，为预备不虞之计。故南洋闻之如生一大变，人心大动。外国人与日本人等亦皆有所疑虑。刚毅者，守旧党中之人也，与荣禄不相逊，各极顽愚。去岁政变之时，最极力排斥维新党。刘坤一能通中外事情，颇喜开化事业，且尽忠于今帝。昨岁政变，西太后传密电于坤一，告废皇之事。坤一电覆之曰:君臣之义既定,中外之口难防。后数问皇上起居。刚毅与皇上不相容,昨年政变之时,皇上申饬刚毅尤甚。刚直驰谒西后,百方谗之。二人者关系如此。山东巡抚毓贤作项目二十三条,弹劾刘坤一及其部下道台八人,刚毅乘机将南下处分之,此盖自然之数也,刘坤一不久当自罢职。刚毅自谓:“我若南下,诸外国人必畏惧我。”盖刚毅以为诸外国人敢求分割各地,系维新党人与外国人通谋,故有此事。我若至南,彼外国人必曰:维新党反对强敌来,不便所欲,宜退避三舍矣。或曰:刚毅至江南整顿炮台、兵轮、兵队等,虽为预备不虞之计,岂能行其实乎?若刘坤一罢,刚毅代之,日本不便,实为甚大也。(六月二号《每日报》)

刚毅将来江南,前已纪之。或曰:是与荣禄不和,因出北京也。或曰不然,南京多遗利,刚尝为江苏巡抚,因知此事,故特请抵南京,且统御各军,欲以张其威势也。或又曰:目下南京各文武官吏等闻刚来皆大疑惧。刘坤一乘机罢职,刚必代之为南洋大臣。如前报所述,有上谕曰:刚毅出外,启秀代理兵部尚书之事,敬信代理正红旗蒙古都统之事。二人皆满洲顽固党也。(六月十号《时事新报》)

五月廿二日(6月29日)

《申报》

论中国欲泯外侮宜靖内讧

中国自海禁大开而后,事变纷乘,时局日亟。论者皆归咎于强邻之逼处,外侮之相循,不知其衅皆自内启之。夫惟安内方可攘外,若内匪蜂起,而欲求外■之不生,其可得乎?西人之入中国传教也,意在劝人为善,而各处匪徒往往仇视之,毁教堂、戕教士,纷纷扰扰,时有所闻,而天下遂因以多故。朝廷意主柔远,不忍轻启兵端。一经上闻,无不曲为抚字,赔款则动辄数万,罪魁则立予骈诛。自天津一案,曾文正委曲求全之后,与斯民休养生息者垂二十余年。至今日而教案益多,办理益形棘手,皇太后、皇上深宫廑念,屡颁保教恩纶,以冀地方官实力奉行,杜渐防微,隐除后患。谁非食毛践土,忍使国威日损,贻君父以无穷之忧?乃自德人藉口闹教,强占胶州湾以来,民教龃龉之端,几如铜山西崩,洛钟东应。严刑不能戢其焰,明谕不足动其心,群情汹汹,逞私忿而忘大患。国法有所不顾,凶焰日益鸱张。呜呼!教民果有何仇,而蚩蚩者乃偏借以生事也。本月十九日,本报转录天津《国闻报》云:山东即墨县人王义训,勾通大刀会匪专与天主、耶稣两教为难。迨被执后,其弟信训遍告会中诸匪,约定四月十五日拥进县城,闹堂劫狱。届期果有千余人迤逦由西门入,行至十字街,经人婉言劝解。若辈多方要挟,请官将王义训释回。官不许,惟准从轻定罪,直至傍晚尚未议妥。官无奈向众痛哭曰:“宁断吾头,不从其请。”遂率衙役攻之。初获七人,继又获一二十人,余人始散。然各役皆已头破血流,有负伤甚重者。愚以为此事幸发觉尚早,渠魁就擒,祸机得即消灭。否则,德人方在沂州肆行恫喝,有不引为得计以偿其鲸吞蚕食之谋者哉?夫王义训不知为何如人,大抵无赖不法之徒,既已获案,不难尽法重惩。所异者,大刀会匪早经殄灭,何以(目)[自]今尚有遗孽千余人。且此千余人之外,能保其无蔓延勾煽终为伏莽之忧者？溯夫大刀会之揭竿倡乱也，肇自丁酉之春，迭经官兵加意搜剿不遗余力，当轴者岂不知除恶务尽之义？无如中国官场习气，图救目前，罔恤隐患，能获一二匪目，阵斩数十匪徒，便张伐其功曰“匪首成擒，荡平巢穴”，卒至羽党四散，元恶羁诛，曾不旋踵，死灰复燃。谚曰：“斩草留根，逢春再发，小不忍则乱大谋。”诚哉是言，前车可鉴已。抑又闻之，四川大足县土匪余蛮子，劫法国华司铎，挟制多端，本可克期剿灭，而当事者偷安畏葸，不忍加兵。幸赖王芍棠方伯锐意进剿，始得帖然。近者余匪业已就抚，而法国亦无异言，则川省大宪办理得宜，概可想见。独不解大刀会匪党，何犹蠢然思动，与王义训联络一气，不惜身命欲与教士结不解之仇。夫内乱不平，外忧之所以益甚也。欲消外患，先靖内讧。近年来各国鹰瞵虎视，眈眈逐逐，冀偿索地通商之奢愿者，大都因教案而起。秉国钧者既不能禁民勿再闹教，又不能强教士曲与民和，更安所得内外相安之策？曰是亦惟于民教加之意而已。大抵民教之所以不和者，皆由平民不知教中作为而起。今宜由地方官传谕绅士，随时宣讲乡约，将教士传道劝善之意与国家准予传教之旨，剀切陈说，晓以利害，使愚民各泯猜嫌，自不致无端兴波作浪。其有愍不畏法贸然为难者，密为搜拿，有犯必获，首恶固难逃显戮，从犯亦永禁囹圄，或发新疆、黑龙江等处给官兵为奴。俾人皆惕然畏法，咸知避祸于几先。其有聚众数千人敢与官抗拒者，立调重兵痛加剿洗，勿待养痈成患，悔莫能追。若是则事虽近乎张惶，而行之数年，人咸惴惴于心，不复敢作奸犯科。内变不生，外衅自然悉泯，尚有如大刀会匪之复萌故态者，吾不信也。今天下事势亟矣，变故多矣。处积弱之余，图自强之道，舍此曷由哉？若谓为扬外抑中，则吾岂敢？

六月十七日（7月24日）

《申报》

山左水灾

天津《国闻报》馆得山东来信云：本省自五月二十三日之夜起，狂风大雨，历三昼夜。黄河以南之大清河、孝妇河、淄河及小清河分支之汝河，水势暴涨，一片汪洋。沿河民居十毁其七，平地水深七八尺，亦奇灾也。

六月廿九日（8月5日）

《格致益闻汇报》

书《铸错危言》后

今年二月二日，朝廷从总署奏议定地方官接见教士章程大旨，准天主教主教请见总督、巡抚,准大司铎请见司道,其余司铎请见府厅州县等官,中国地方官亦按照品秩以礼相待。惟专派办事司铎,应泰西人充当,而华司铎只得帮同传译。其末条有地方官晓谕平民不得挟嫌构衅,而主教司铎亦不得干预袒护,以期民教相安等语。蒙考同治间中法立约,凡教士内地往来持有总署护照,内言地方官以礼相见待以体面,则此次定章原非新举。惟数载以来,四川、山东、湖北等省教案丛生,教士求助于地方官,多有拒而不纳,由是两情不达,匪类鸱张。迨教士呈禀法使,法使函告总署,总署转咨督抚,公牍往还,动辄数月。当此之时,教堂糜烂,教众流离,遂致伤重痛深,办理尤形棘手;又甚而外人藉词割地,如胶州一事尽人知之。朝廷欲弭患于无形也,定接见章程。遇有事故,教士径见地方官速为了结,毋任星星之火势成燎原,遗君父之戚。此朝廷柔远之苦衷,亦即免祸之良法也。本馆接有此章,于三月初十日登报。当时《申报》、《新闻报》举皆登列,想亦有目共睹、有耳共闻矣。不谓六月《万国公报》,绝不提总署原稿,惟译《伦敦报》所载北京樊主教一书,大声疾呼,出言多忿,谓朝廷此举犹聚二十三省、一百八十八府、四十三直隶厅、七十二直隶州之铁铸成大错,因颜其论曰《铸错危言》。是犹宣尼所谓肤受之愬,故危其言、故怪其词以怂人闻听者也。蒙与《公报》主素无恩怨,且夙钦林君乐知、蔡君尔康之名,心为企仰。不谓此论之旨实有未尝审择者,为诸君子陈之。十数年前,总署从某公之计,拟请教皇专发使臣,驻节北京办理教案。时教皇颇愿允从,惟法廷之意不然,议遂中止。然从未派定一使前来中国,而《公报》谓法国尼之,中途折回,果何所据而云然?其自错一也。《公报》云:"主教、神甫等亦必剀劝奉教之华民,显善范以葆令名,且使教外华民有所观感。"于"华民"二字下注云:"华民岂未受教之野人哉,乃别民于教,更别民于教外,何自卑至此也?"蒙读二月上谕,无"教外"二字,樊主教一书既系法文,亦必无"教外"二字。乃《公报》自添蛇足,自作讥评,翻弄毫端,妄为指责,不亦可笑也乎!况教外者非不受教也,惟不在教耳;非不在他教也,惟不在某教耳。则果称教外,亦无瑕可摘,乃上谕西函,均无"教外"字样而凭空注之,其自错二也。《公报》云:"中华堂堂大国,自愿设立新例,并驱其践土食毛之善男子、善女人终身谓他人父,万古百思不到之奇事,尚有甚于此者哉?以仆知华之稔、爱华之深,闻华自召之大灾而竟学缄口之摩兜坚也,是忍人也,岂仆之所敢出者哉?"已上皆《公报》语,危言如此,诚可谓义愤填胸、肺腑相示矣。然予细审之,但觉其愤而不知其义。何也?新例之设为弭患计,以接见之仪文杜匪人之选事。至于善男、善女信教与否,仍听其便,何尝驱而强之?如以见官为驱民,则牧师间亦见官,是驱之之罪为两教所公,非天主教所独也。至谓中国自召大灾,更不知灾于何事,以华民入教为大灾耶?果而耶稣教教士当提携梅鹤速返泰西,毋复陷人于巨祸。若别有大灾为《公报》所未言者,则教士不行商、不治民,实不解灾在何方?抑予又有诘者,倘二月之谕为耶稣教出,不为天主教出,《公报》将赞叹之不已,以为中国风气大开,朝廷措置得体,乃不幸而不以耶稣教同归一例,此其忿恨之所由来,而措词不暇审择,其自错三也。中国鸦片之害甚于鸩毒,以千百万资财日运于西国,我华国弱民贫多半出此。《公报》既言鸦片之患,又斥威妥玛请开烟禁之非,具见胞与为怀、大公无我。然试问毒我以鸦片、耗我之资财者,是奉耶稣教之英人乎?抑奉天主教之法人、意人、比人、班人乎?英人售土,天下皆知,英皇总摄教权,未下一禁售之令。伦敦有议员请禁英廷以不售鸦片,印度之度支无出,故宁害华人,不损己利。若天主教不然,教例禁吸鸦片,虽有违者,寥寥无几。前年云贵、徐淮等地乡民广植莺粟,其利倍于五谷,于是心为利役，教中亦有效尤者。事达教皇，立下禁令："凡为善信，无敢或违。"夫《公报》主亦耶稣教教士也，乃不能力禁售烟，惟怪华官之失计，其自错四也。伊古以来大道难容，天主教始行三百年，信人之致命者以千万计。厥后禁日弛而教日行，虽声势远愈于曩昔，然从未敢以势压人显为不义，盖不特畏人心之不服，尤畏冥谴之必来也。孰料《公报》不公，竟谓天主教徒素以专权恃势自豪，见穷鸟之投林而深喜之，阳示其保护之恩，阴遂其牢笼之计。华官又畏首畏尾莫敢谯诃，故不特寔犯罪而未奉教者冀托于教士庑下，更有冒教民以害良民者，华官仍优柔而不断。蒙曰凡此云云，举皆诬妄。昔英国背教以此为词，不谓至今日而藉口依然也。天主教果护匪人，何江西杨恭震谋为不法，告发者即刘在铎司铎也？天主教果护匪人，何浙江赵主教与宁绍台道李观察、前任云南盐法道钟观察会衔出示，严禁冒教之人欺辱良民也？天主教未护匪人，而耶稣教有护之者。何以证之？曰证据颇多，不能殚述，只证以唯亭之事。去岁吴地荒歉，苏绅征租甚急，各佃户无以为应，忽生一计。入耶稣教以教士为护身符，教士喜出首助之，苏绅惧控告于官，元和赖大令亦莫如之何，此非助人抗租乎？《公报》主但知诬人，不知责己，其自错五也。

七月初一日（8 月 6 日）

《中外日报》

［论说］　**论枭匪**

昨日报纪，广东盗风之炽，甲于各省。抢劫杀戮，为祸甚烈，夫固然矣。然吾观于今日江浙之枭匪，其出没无定，猖獗异常，为患亦岂鲜耶？余昔居太湖之滨，往来于江浙间者数年，稔知匪之行径而无善法以策之，盖枭匪之名私贩耳。苟匪固仅止于枭，亦不足为大患。讵知江浙之枭匪，其中有赌匪焉，有光蛋焉，有盗贼焉，有游勇焉，有哥匪焉，群丑并臻，莫可究诘。大率匿迹于江浙瓯脱之地，以太湖为逋薮，以淀泖为巢穴，若南浔、震泽、平望、八赤、黎里、芦墟、乌镇、新市等处，则皆该匪游弋之区。大镇数千，次者数百，匪酋指挥，俨如分地。总其人数奚啻数万。每逢春夏，必广开赌场以愚乡氓，淫杀抢劫，巨案迭出，甚至构煽内应，拒捕劫狱。营兵阴为庇护，居民被其鱼肉，轻者掳赎，重者致毙。而其地港汊纷歧，东西窜伏。官兵捕之，彼得乘间设伏，以拚官军。况夫消息灵通，声势联络，会剿则四窜，偏攻则死拒。且其枪械之精，纪律之严，舟楫之疾，谋画之狡，官军且勿若也。以故匪势愈张，军心愈怯，虽经特设水师捕盗之营，飞划缉私之舰，然皆虚与委蛇，若无所睹。其哨长营官，一奉严扎密拿，则皆旁皇无措，托名会哨，虚张声势，移舟他处，未几而回。不曰一律解散，则曰悉数败窜。于是当道思以敌制敌之法，拔曾由枭匪投顺之员而督其师。以为该匪之举动不难熟察，办理必当得手。然往往不敢取怨于匪，以自危其身。间有志存忠勇者，则咋匪必多方鼓惑其左右，威慑其兵卒，贿赂往返，私与贼通。是以枭匪恣横垂二三十年，而卒不能歇绝者，职是之故。当赵展如尚书来抚三吴时，见枭匪之横不可复制，于是赫然震怒，饬令水师全军协力会拿。匪党闻风同时兽散，其有不及逃窜者，即呈缴破窳船械,伪言投诚,请官收抚,旋图反侧,幸而未能逞其谲诈。然嗣后匪胆愈雄而志愈大,骎骎乎有燎原之势矣。计其魁桀,如胡大辫子、王俊义弟兄、盛长子、白面施老窝子、黑面施老窝子以及董必富、董必贵等,按其逆迹,何可枚举?三吴妇稚,固皆闻名而咋舌者也。今闻有所谓董道发者,纠众大赌,经飞划营统带欧阳子龄参戎督众掩获,不能擒获。旋至黎里搜获余匪,匪等竟敢拒捕。获匪而回,又敢图劫,匪焰之盛盖可知矣。近闻欧阳参戎拟欲与浙省会拿之举,洵要策也。然而不宜先事声张,以致逃窜,否则东出西没,其踪飙忽,不致蹈前次之辙也几希。

七月初四日(8月9日)

《汇报》[①]

续录书《铸错危言》后

观新章之意,不过礼尚往来。初未尝以官职与教士,又未尝以治权授教士。乃《公报》不察,一则曰矫枉过直,甚至尊教士如命官。再则曰予教士以官权,是谓欲免烹鼎之灾而纵体以入火窟。三则曰让外方师长来治我民,而任我民以求救于他人也。从此治权浸削,外人之干预浸多矣。呜呼!《公报》自相矛盾,一至斯耶?其译樊主教书,亦曰民教互控之案,由地方官秉公讯断,教(师)[士]等决不干预,亦决不袒护,以保平安。乃未旋踵而反舌为词,谓以治权予教士,岂非好言、莠言均出一口哉?其自错六也。《公报》云天主教神甫等人固明明士子也,即极之以至主教,亦仍不能舍士而尊以大夫也。予曰神甫固士子也,故称教士,不称以教官也。然士子岂不能见大夫,大夫岂不能见士子哉,问诸公法有是条乎?况教士之见官者,当以西人充当。西人客也,华官主也,主客往还,礼经所重,何《公报》主一旦忘之?若夫华司铎食毛践土与华官有上下之分,故朝廷不与以见官之例,理固然也。至于主教之尊,为教皇之命官。无论何国,苟非蛮野之邦,主教恒与大吏相往返。前年日本皇接见东京主教阿苏咈,暹罗、安南国王接见主教更不待言。今法、班、葡、澳诸京,俱有主教一员,为教皇所遣。凡遇节期、朝会,以主教登首座,各国使臣均列其后。计天下五大洲,朝野奉天主教者大小二十余国,其各城主教都与大府并行。前年俄皇行加冠礼,万国往贺,教皇亦发主教贺之。则主教品位不特在士子上,而又在下大夫上也。《公报》主明知西事,故为贬抑之词,其自错七也。咸同以来,中法立约,有保护传教一条,诚以天主教教士法人居多,而法廷又向在教中,故立有此款。然我中国不以其护教而德之,各教士不以其护教而赂之。《公报》谓中国接见一例予法国意外之利,且系无穷之利,从而叹曰:呜呼!法之利独非华之害乎,而奈何为愦愦乎?蒙再四思维,实不知法之利何在,华之害又何在?《公报》何不明指之?而徒欷歔长叹,佯作秦廷之哭,其自错八也。天主教创自世初,迨耶稣降诞,补整一新,亦已一千八百有余年。希腊教自天主教出,迄今八百余年。

---

① 编者按:《格致益闻汇报》从这一期起改名为《汇报》。

耶稣教亦自天主教出，迄今三百余年。则天主教，源也；希腊、耶稣两教，皆流也。名为流，而实则不通于源，犹淤塞之断河，无新约所谓常生活水者也。《公报》主云，耶稣、天主、希腊分为西教之三派，实则同出于基督救世教之一源。一若天主教外别有基督教也者，立说无基，涂人耳目，其自错九也。中国传教之士大都西产，间有华人而为教士者，虽无奇才异能，然必读书修省十余年，视其诚实可依，始予以司铎之职。今朝廷不准见官，只准帮同传译，是慎之又慎、范之又范，华司铎虽有异志，亦无作奸地矣。《公报》主存心苛刻，过作杞忧，谓华人之为神甫等职者，益复不一而足，新例许其与司道府州县敌体。试问民义何在？万一西人之耳目不周，华司铎倚势弄权亦复何所不至？噫！斯言甚危矣。为中国谋似周矣，其如失实何？盖华司铎不能与府州县敌体也，且中国自明季以来行教三百年，未闻有华司铎致成巨祸，何此后忽变其率？循乎《公报》之言，毋乃太甚，其自错十也。总之，尧子不肖，舜子亦不肖，良莠不齐，中西一辙。我不谓天主教中尽是善人，然以大率而言，教案之成，皆以匪类生心，官民欺教，剖心挖眼之谣又习为故常，于是众怒难防，而教案伊于胡底。借令为官者一秉至公，不以教而抑我，为民者畛域无分，不以教而拒我。行见万姓一心，同归化育，是则弭祸之上乘，而礼文之优绌无甚关系，亦何必多辨哉？

七月初九日（8 月 14 日）

《申报》

关心民瘼

天津《国闻报》登有直隶臬司廷邵民廉访整顿团练保甲告示云：钦命直隶按察使司按察使廷为出示晓谕办理保甲联庄兼办团练以资保卫事。恭查光绪二十四年迭次钦奉谕旨，饬将保甲团练事宜认真整顿等因，当经本司筹议办法四条，严剔积弊，简而易行，详请督宪覆奏，一面通饬各属遵照办理。兹又屡奉谕旨垂询成效，严切告诫，仰见朝廷轸念民■，有加无已。凡属臣民宜如何激发天良，各加奋勉？乃近闻仍有官不认真，民多观望者。本司查保甲所以靖内匪，联庄所以御外侮。保甲户口查清，奸宄无从托足。联庄守望相助，即可为团练之基。无事则各安生业，有警则彼此救援；分之则自卫身家，合之则共维大局。既非抽丁当兵，又非征调远出，不过以本地土著之人，各自保卫桑梓，绝无丝毫扰累。果能认真举办，永远奉行，则匪类自然潜踪，闾阎悉获乂安，共享升平，何等庆幸！特恐乡愚未能领会此意，用特刊发告示，明白宣谕，使共知朝廷怀保小民遐迩无遗之至意。除通饬各府州县钦遵办理外，合行出示晓谕，为此示仰阖省绅民及各项人等知悉。尔等务将保甲、联庄、团练诸事实力奉行，毋稍懈忽。所有去年奏定新章四条，已将相沿保甲各费一概革除，门牌冗文亦已删尽。凡绅董及牌甲、保长等随时严密稽查。如有盗贼、窝匪、娼赌等情，必须报官究治。照章将首告之人奖赏。倘敢（狥）［徇］隐，连坐不贷。各村镇保甲办齐联庄，不难联络。联庄既成，团练即在其中，俾壮声威而寒贼胆，不得仅以门牌旗帜虚应故事。其所需旗帜、牌册、纸张等费，悉由本地方官自行筹款办理，民间不出分文。如有差役以及地甲人等藉此苛派敛钱,或指官亲访仍派预备公馆等费,准该处百姓联名来省据实控告。倘乡愚无知,或有因循不办者,由地方官查拿抗违之人究办。总之,保甲、联庄与团练各事,要知是自保身家,地方即赖以安静,所以安内而攘外,有备斯无患。尔等务须同心协力,众志成城,切勿畏难苟安,观望敷衍。尤当讲求孝弟忠信之大,礼义廉耻之方。父诏其子,兄勉其弟,共襄善举,永沐承平。其各凛遵毋违,切切特示。

七月十一日(8月16日)

《新闻报》

非战无以自强说

天下承平,无敌国外患之虞,则宜销锋镝、戢干戈,使其民得以休养生息,有垂老不见兵革之安。若夫敌国已逼,外患已深,而犹曰吾将以德柔之,以理喻之,而不可以轻举妄动也,有自速其亡而已矣。何则?势之所迫,境之所趋,固知必出于战而后已。吾徒事兢兢自守,而不欲轻启兵端,则人将谓我之怯,料我之穷,轻之、玩之、侮之、辱之。日出其坚甲利兵,以为虚声之恫喝,远势之凭陵,使吾为所鱼肉而靡有底止。其所以轻我、玩我、侮我、辱我者,以为我财力已匮,志气已馁,万不敢更为困兽之斗而侥幸于一战也。且以为吾即不得已而出于战,必至于丧师失地而后已也。夫是以无端而索财,无端而索地,无端而索及矿产及铁路。借薄物细故之嫌,执有利均沾之说,肆贪得无厌之求。一人得志,众人效尤,前者方来,后者继进。其如英、法、俄、德之强者无论已,降而至于若意、若奥、若比、若葡之蕞尔小邦,而亦群起而狡然思逞焉,则何堪如是之鲸吞蚕食也哉!然则为今之计,惟有缮甲兵,厉器械,以与列国相见以兵戎而已矣。非我之首祸也,我不欲战而彼要之,我不愿战而彼激之。彼盖咸知我之伤巨痛深而不能战也,而实则迫我于危,薄我于险,而使我之不能不出于战也。而或者曰:兵,凶器也。战,危事也。螳斧不可以当车,鸡卵不能以礫石。万一更蹈夫甲午之覆辙,则将若之何?而不知以目下之时势而论,未必其一战而败也。即使一战而败,而中国亦不至遂亡。何以言之?各国地丑德齐,有不欲独强独弱之意。有人焉以亡中国为利,即有人焉以存中国为利。弱小如高丽而不至见吞于俄,穷蹙如法而未尝见并于普,是其明证。而况中国土广而民众,郡县以百千计,人民以亿兆计。纵使门户不守,而一隅犹可偏安;纵使精锐不存,而老弱犹足自保。如其畏祸而不战,恐缓则日朘月削,速则豆剖瓜分,中国亦必底于亡。与其坐而待亡,则不必量敌而后进、虑胜而后会矣。夫中国即兵疲将寡,然当两军相见之时,则胜败尚有得半之数焉。幸而赖宗庙之灵、社稷之福,一战而立兵威、张国势,则大国退舍、小国寒心,可以杜蓢食之谋,可以绝觊觎之望,自强之机即于是乎在,不至于岌岌焉有朝不及夕之危也。吾尝远溯夫历朝兴废之故,知明圣贤君之所以保其国家,盖未有不出于战者。晋胜城濮而霸诸侯,秦尚首功而灭六国,汉高以一战而挫西楚之威,光武以一战而兴东汉之业,晋以淝水一战而却(符)[苻]坚,宋以澶渊一战而退辽寇。稽诸史册,若是者更仆难数。即目下泰西各邦之所以自强者，虽曰强在学校、强在工商，而实则学校为战之基，工商为战之器，要其终则必出于战而后已。今者德据沂州，意索沙门，且纷纷调集其兵舰来华，以为力征经营之地，其逼我中国也已深，其侮我中国也已甚，是可忍孰不可忍！乃中国运筹帷幄诸公，徒知以一纸文书传告边吏，令稍为之备，而绝不闻有以一矢相加遗之事。噫！索吾地而不战，入吾境而不战，据吾城而不战，而犹待之以礼貌，与为周旋，与为商榷，吾不知中国平日所以购战舰、造枪炮、习洋操、添营勇者，究为何事也？此岂所谓老成持重，临事而■[惧]者耶，抑果平日之整军经武，无非虚张声势，聊壮观瞻，而所以自强者别有在耶？吾则以为中国而不欲自强也则已，中国而苟欲自强乎？其道必自于战始。

七月十三日(8月17日)

《中外日报》

[论说]　团练说

为团练之说者曰：国家可以不费一钱，而得无数雄兵。余尝续其说曰：办团者，还宜叩天呼吁，求天雨粟以充军饷。地出器车以供军械，而后可以满言团者之大愿，可以偿办团者之奢望。何言之？盖自秦汉以来，兵、民之分途也久矣。民出赋以养兵，兵出力以卫民，其大较然也。湘乡相国于咸丰初年奉命办团时，曾极陈团练之难。大致谓入团之丁与统带之绅董，非亲即故，难用军法部勒；即有违犯，亦无以惩治，故创为团而不练之议，冀收守望之益，而不责以争战之用。夫以彼时粤匪凶焰蔓延大江南北，显庙临朝太息，知湘乡相国才识闳远，遂属以灭贼之任，责以团练之事，此固相国夙昔所自期许，而亦后时言团练者所引以为重者也。且彼时沅湘一带屡被贼扰，人习金革，咸怀忠愤，宜乎闻鼓鼙之声，咸有肃杀之气。而相国所言犹且如此，则近时之团练又可知也。自顷岁以来，朝廷以团练之事督责疆吏，疆吏亦以团练之事督责州县。训谕文告，禀稿章程，灿然成帙，目不暇瞻。颇闻各州县办理此事，有临时雇倩乞丐冒充团丁，操毕即遣去者；有虚报办成若干团练成若干丁，而实则赀雇数十人，随官之所至，听候点验，虚张声势者。夫临时雇倩则非团也，徒供点验则非练也，谓之似团非团、似练非练可矣。于朝廷督责之本意，果何居也乎？惟某太守所陈以十户为一牌、十牌为一甲、十甲为一团，第一年从第一甲中抽练一丁，第二年从第二甲中抽练一丁，以后按甲递抽。果能按照所言切实办理，犹不失团练之本旨，惟练丁之饷未闻议及。夫乡曲细民，一日不得食则饥，必非沪上西商身家殷实、自愿入团不烦饷糈者可比。若令其枵腹从事以云有益，吾未见其然矣。

难者曰："然则团练之策，果不可行乎？"曰是亦有法。一当筹饷。兵非饷不练，故练兵以筹饷为第一义，尽人所知，无烦赘论。二当择人。团练之政，事体烦重，非终日与团丁相见，口讲指画，精神贯注，万不能期其收效。今论者徒以责之州县，州县又以责之绅董。夫州县官自听讼缉盗，征税催科，治文书，接宾客，终日扰扰迄不少休；尚有迎送过客、伺候长官之烦劳，精神几何，光阴几何，尚能措意及此耶？绅董与民最近。然而今之绅董老成者，畏事不足论矣;新进者喜事,非借团以张其威焰,即借团以肆其讹诈。闻诸道路,深堪齿冷。且即令诸绅董办事公正,而练兵武事也,绅董文人也,以不娴韬略之文人,属以讲求武备之责任,非敷衍以塞责,即纵容以滋扰,若之何其可也?至于循名责实,则宜使为团丁者,皆有亲上死长之义,杀敌致果之思,未求有利,先求无害,则为绅董者,宜有约束之律,驾驭之法。他日者当更为说以明之,而兹不暇及也。

七月十四日(8月18日)

《新闻报》

论外患从此益深

呜呼!中国今日之天下,尚可得而治哉?中国固自主之国也,向来交涉之事,或有办理不善之处,则他人胁我以兵,而迫我以战。盖我固有启宠纳侮之端,而后彼诸国者乃乘间抵隙而至,揆诸情理,犹有可说也。今则凡我朝廷偶有可疑之事,彼即命其使臣先向总署诘问,然后调集师船屯泊我各处口岸,相与虎视眈眈相时而动,一若皆得挟我之短长而从中以取利者。然而我之事果于彼何与哉?不过我皇上圣体微有不豫,宫闱之间稍有举动,二三不令臣意在谋危社稷,故欲捕而置之法耳,此亦事之寻常无足异者。其在我国内之人民,犹宜守局外之例而不敢有所干预,而谓彼数万里外之邻国,而乃蜂趋蚁附争伺吾隙而不置耶!夫我亦尝遣一介之使,持节而驻彼之国矣。夫亦惟是申睦谊、固邦交、与盟会、通庆吊而已。彼即有师旅之事哄于境,我第视为乡邻之斗而不与问也。彼即有萧墙之祸起于朝,我第视为蛮触之争而不敢问也。非我之恝也,分宜尔也。而彼之至吾中国也,有利则谋之,有地则据之。(惟)[非]谋之,而又共争之;非惟据之,而又慎守之。甚至我有几微之失、仓猝之祸,彼亦将觊覦伺察,欲思抵吾隙而乘之。推此意也,将来我中国之朝政无论巨细洪纤,彼皆得从而越俎,从而擅权,事事掣吾之肘而后已也,我岂尚得成为自主之国耶?我今日犹得名为自主,而彼尚如是;他日不将任彼之发纵指示,而我反唯命是听耶?呜呼!此诚普天率土所同为不平者矣。虽然子舆氏有言曰:"家必自毁,然后人毁之;国必自伐,然后人伐之。"果使我中国之行政用人一切光明磊落,无君臣不协之忧,无骨肉相疑之事,自不至授邻封以口实,而狡焉思逞之谋亦无自而启。彼之所以敢于挠我之权而持我之短者,盖亦我之所为不善有以致之也。然则中国之时局,至是乃益觉其可危矣。朝廷之上危疑震撼,新政则不果于行也;封疆之臣疲庸暗懦,国事则无望其挽也。加以粤匪跳梁于梧州,川匪蔓延于重庆,腹心之患日甚一日,未易期其扑灭也。而在彼之包藏祸心以图之者,见吾国事之纷更则以为可哂,见吾群臣之泄沓则以为可欺,见吾寇盗之充斥则以为可侮,于是日出其哂我、欺我、侮我之心,而媒蘖我、而料量我,并我之一举一动皆不能听我之自便,而思以其通国之权力钤制束缚乎我。嗟乎!吾恐瓜分豆剖之说,在前日第斥为讹言,在他日或见为实事。言念及此,能无寒心哉?为今之计,我中国仍宜上下一心,力行新政,扫东南伏莽之尘,鼓天下志士之气。如日之当阳,群阴退听。彼虽有不利于中国之心,而于我无隙可乘、无懈可击，则平日鬼蜮之谋，皆将潜消默阻而废于无用。如是，则我中国之宗社臣民，庶几迄可小安乎！然而有心人，汲汲顾景而以为愿不及此矣。

《中外日报》

［论说］ 续团练说

余昨者论团练，以为宜使为团丁者，皆有亲上死长之义、杀敌致果之思；为绅董者，宜有约束之律、驾驭之法。以限于篇幅未及畅陈其谊也，兹请得而详言之。

一义曰凡办事者必有一定之宗旨，故凡办团练之人，宜使知办团练之宗旨。夫朝廷特下严谕，令各行省兴办团练，非以涂饰耳目也，非以虚张声势也。夫固谓近年以来，国事日亟，强邻逼处中国，不绝如线，而各地伏莽，其足以勾引外患、牵动大局者，若海盗、若会匪、若枭匪、若游勇，鼠伏猬集，不可枚举。譬种火蓬中，风至即燃，其象至险。是故朝廷不得已申守望相助之令，为绸缪未雨之思，以备豫不虞之谊，责食毛践土之民。而后异日者，即有外忧而内顾晏然，伏戎不作，得一意攘外，不致腹背受敌，此则办团之宗旨也。明此宗旨，而后知欲办团练必当优其饷糈，精其器械，训以技艺精能之将，统以勇干强有力之官。良以近来盗匪率持利器，且其人率皆亡命不畏死，必非乡里之团丁所能抵御。若予以不足糊口之饷，授以不能杀人之器，训以庸劣不解事之武将，统以缩朒畏死之乡董，是犹驱羊御虎，率不教之民供其啖噬耳，夫岂安内攘外之本意耶？

二义曰天下事有利必有弊，而团练则尤利少而害多也。某报之言曰，甲午之役，常州办团，事平遣去，骚扰城乡，无所不至。呜呼！岂特常州然哉？吾见今之办团练者，约日会哨，官长临视，旌旗蔽天，刀枪塞途，健儿十百，纠纠桓桓，铺张扬厉，咸欣欣有［德］色。主者称诩，若不尽其技。迨事毕后，官既返署，绅亦告退，而此数十百健儿已不知其何往。非横行市尘，即讹诈乡愚，直若豢无数虎狼，傅之羽翼，又若蓄无数鹰鹯，纵其抟噬。嗟尔商民，既苦团费之繁重，复苦团丁之滋扰，宜乎一闻办团之令，举疾首蹙额，不愿与闻也。夫办团不按丁抽练，已非团练之本旨。况更滋扰闾阎，不可收拾，几何不以卫民之政变为厉民之举耶？保卫商民则不足，贻祸商民则有余，幸而太平无事，则亦已耳。否则一有事变，乘机窃发，勾引外患，牵动大局，必较之海盗、会匪、枭匪、游勇为尤甚，又何赖有此团练耶？然则约束之，驾驭之，毋纵诡随，俾知守法固亦不可缓也。

或者曰：信如子言，办团练者不亦难乎？曰：天下事无难亦无易，视以为难，则易者至矣；视以为易，则难者至矣。今朝廷训谕谆谆，贤大吏文檄频烦。州县承望风旨，几于无一县不办团，无一县不练丁，正由不知其难，故文貌相承，颇惑观听耳。若能知办团之难，责効之艰，吾知其将废然返也。

七月廿八日(9月2日)

《申报》

查办会匪

武昌访事友来函云:新堤镇居武汉上游,为沔阳州所辖,与湖南各属犬牙相错,时有游勇会匪出没其间。前经张香帅制军访闻,红灯会匪易春亭聚众结盟,谋为不轨,当即派营缉获,立正典刑,反侧之徒遂各销声匿迹。近闻易匪余党尚多,又思乘机蠢动。制军以除恶务尽,不容姑息养奸,立即檄饬升字营统领周军门,选拨弁兵,星夜驰往查办。想军威所指,自能弭患无形也。

会匪成擒

汉口访事人云:红灯会匪某甲,匿迹汉渚,潜谋不轨。经都阃府陈庆门阃戎所闻,督率勇丁在沙家巷某妓院中拿获,移解汉阳府署,请府尊审讯。想一经讯实,定当立正典刑也。

八月初二日(9月6日)

《中外日报》

[论说] 论民教龃龉之由

说者谓中国衰弱之由,不惫于外侮,不惫于内乱,而惫于教案。是言洵不诬也。夫外侮者,中国肘腋之患也。内乱者,中国癣疥之患也。而闹教,则实为中国心腹之患。夫民教之不能相合,譬诸水火。然民教之间,居相近、习相暱,因其交接愈易,故其轇轕愈多。始而猜疑,继而侮辱,终而滋闹,卒之小民逞一时之忿,毁堂辱教,朝廷受要胁之累,偿款缉匪。于是教案愈繁,民气愈嚣,芥蒂之细,能起轩然之波;毫末之微,猝兆无穷之祸。而于是民教水火之势成,而于是中外嫌疑之祸起。咸同而降,闹教之案层见叠出,载简编而不尽,实更仆而难终。至其尤甚者,偿款、割地、黜官、戮民,如胶州、重庆之案,酿成巨祸。迄今而各省州县滋扰之案,犹日出而未已。其莠民之黠者,遂以闹教为挟制之计,掳教士,攻教民,土匪乱党乘间煽动。朝廷谕之不理,剿之不能。下无以安闾阎,外无以对强国。左支右绌,仓皇竭蹶,既不敢抑教以失外国之欢,复不敢抑民以增百姓之怒。于是闹教为中国心腹之患,而外人有挟而求,遂以肆其要索之计。然则所谓中国惫于教案者非耶?虽然,民教龃龉之事,其初非水火也。西人秉其基督救世之心以劝愚民,其心无他,民之信奉与否不强也。然则民间之于基督氏之徒交接往来,亦何由启衅?盖因入教之华民,大都气质不纯，人类不一。或为地方奸慝，不容乡里，遂以入教为护符；或为市井小民，取怨戚族，遂以教堂为逋薮。于是睚眦跋扈，威福自专，挟其保护之权横行乡里，施其鼓簧之口淆惑西人。西人不察，堕其奸计，为之卵翼，为之协助。以一华教民之权，遂足以上凌有司，挟制大吏，牵制全局而无难。初何有于小民？何有于百姓？于是民教水火之势遂固结而不可解，初不知皆由于似民非教之奸民阶之厉也。迩者江西贵溪、湖北长阳、浙江台州以及四川、云南各处教案之起，皆由于华教民之结怨于民，横施挟制，致启争端。西人不察，而意谓民之仇教也。愚民无知，而意谓教之仇民也。中外人士不究其故，而皆以为中国民教之相仇也。噫！岂其然哉？岂其然哉？吾试得而赅之曰：吾民非仇教也，仇教民之民耳。彼教非仇民也，教民之民仇民耳。西人苟知教民之所以仇民，与民之所以仇教民，则于民教龃龉之端，思过其半，而以之办理教案，无不曲当。如能知其故而设法以防之，尽情以惩之，则教民不致抑民，民亦何致仇教？则中国教案可永息矣，初何庸鳃虑之耶？

八月廿五日（9 月 29 日）

《中外日报》

闹教可虞

山东德州四乡向有各教堂，教民亦实繁有徒。近日不知因何起衅，忽有匪徒多人欲与教堂为难，声言某日纵火烧堂，人心为之惊惶。近来洋人深恐酿成巨祸，当由教士函请山东巡抚严饬该处地方官竭力保护。曹兖等府属天主教民颇多，不知何故，乡中人均与之不协。闻大刀会匪誓与教民为难，颇为可虑。

烟台美领事接济宁州电言：曹州土匪逼迫教民日甚，不知将来如何。领事已电致山东巡抚，请为保护美国教士教堂。

九月初九日（10 月 13 日）

《申报》

息谣言议

谣言者何？凡世间至无情理之事，忽有人焉，轩眉攘臂，言之凿凿。始犹不过屠沽下贱之流互相传述，诧为异闻，浸假而播之士林焉，浸假而达之贵游焉。其来也如风飘雨骤，而莫知其所自来。及其止也，如雾灭烟消，而莫知其所自止。播之史册所载，如大水入城，苍天忽死，种种怪诞不可悉数。在述之者，非动于好异之私，即中于悠谬之见，甚或有心造作耸动愚民，藉以行其诡谋秘计。斯时苟得明智之人斥其谬、辨其诬，剖以数言，亦可稍息其喙。无如末俗好奇,人心思乱,一闻异说,信之极深。在昔各省闹教案起,竞传西人有挖目剖心之事,纷纷传述,几于草木皆兵。匪徒乘之互相煽惑,以至酿成巨案,祸流至今。然犹曰彼教初来情形未悉,故有此讹以传讹之言也。最奇者,癸巳之春各省公车云集都下,忽传城西陶然亭出有水怪,其形似鹅,而其声则(洪)[哄]而甚远,匿于芦苇,隐(见)[现]无常。初时游手好闲之辈,三五成群日往窥伺。询以所见,则言人人殊,不数日而缙绅仕宦亦相约往观,车水马龙,万人空巷。并竞传此怪善于穴地,周围数十里穿[凿]已空,倘遇雷雨飞腾,京城即难免倾陷。蜚语所播,流入宫廷。当事者恐酿巨变,特派禁兵一营前往弹压。一面广贴示谕,申明此怪之不致害人,俾群疑得以稍释,而谣传所及益致惊猜。懦怯之流,甚有谋迁徙以避祸者。正当扰攘纷纭之会,忽而车马渐稀,禁军亦撤。异而问之,咸称不知何故。惟往观者日见寥落,茶坊酒肆亦渐无人谈及。盖此事自始至终,不逾十日而风起云灭,顷刻万变。识微之士方谓辇毂之下,无端起此讹言,断非国家之福。迨至秋间,而果有朝鲜之变。中日交兵,未战而败,丧师失地,贻笑邻邦。盖中国朝野上下识见之卑微,性情之浮动,外人早窥之甚深,故股掌玩之而不复有所顾忌。洎乎和议既成,台湾割让,唐景崧仓卒举事不成而走,义民拥戴刘渊亭军门扼守台南,海外扶余自成世界,声灵遥戴。在台民固出于忠爱之诚,即薄海人心亦未尝不因此自壮。乃好事者,忽捏造种种战守之策,大都附会演义中怪诞不经之说,撰成载记,流为丹青。妇孺老幼赞不绝口,稍与分辨,即怒目相向,以为食毛践土不应出此谬戾之语。嗟乎!辱国深仇不思报复,而徒假荒渺无稽之说,以相炫耀。予一不知滔滔者果具何心,而竟专喜此无根之言哉?至去岁,又传俄人聘请中国文墨之士,赴彼国教习学生,定以三年之期,重以千金之聘。一时举国若狂,颇有思赢粮而往游者。奸民复诳言俄人新开捐例,如入朱提一流,即可给予凭据,作为监生。凡得此护符,官长即不敢笞辱。蚩蚩者信以为真,甘心受骗,不知凡几。可笑可鄙,至于此极!近时又喧传康、梁诸人均得西人保卫,改装来沪,藉窥中国情形,捉影捕风,一若真有其事。愚人之愚一至于此,有心世道者能不慨然?凡若此者,姑勿论其得自传闻与出于诬造,惟使听者果能中有定见,晰理精微,辞而辟之,亦何至辗转讹传至于无可究诘?语曰:“流丸止于区臾,流言止于智者。”吾愿世之君子深惟是言,转相告语,务使人人以信讹言为可耻,以传讹言为可鄙。庶奸民之诡计无所使,而朝野上下亦藉以免外人姗笑乎!

九月十六日(10 月 20 日)

《中外日报》

纪义和拳教

昨日北省友人来函云,直隶河间府地方,教民日多,动辄滋事。七月间,该府所属景州西南乡离城七八十里之处,有义和拳教与教民为难,彼此聚集多人,几至酿成巨祸。幸州官得信尚早,亲赴该处弹压,始各解散。日前闻与景州交界故城县境之大白庄,又被匪人焚去天主堂三间,不知此案将如何了结。查义和拳教即白莲教之支流,其教亦习拳术,有邪法相传能避炮子,或以刀削石即粉碎,再念咒语,石能复合。惟穿红色衣服人,能破其邪。嘉庆年间那文毅公曾奏请禁止,并于十三年曾奉上谕查禁。今则群以义和拳为义民,不肯严加管束。推原其故,实由往年山东冠县十八团滋事后,该拳教中人专与教民为难。教民遇事欺压平民,亦已日深月久,平民积怨既深,遂忘拳教为邪术而群相附和,蔓延滋长日甚一日。官吏因其动辄牵涉外人,每每曲为掩饰,希图化有为无,而不知本在应禁之列。即上台自督抚以下,亦未能洞悉原委,从严惩办,恐羽翼既成,将一发而不可收拾也。

山东:东省虫灾

山东抚军毓贤接到登莱青各府州县详禀二十余起,均称今年黑虫为害,收成无望,禀请赈济。查此虫淡黑色,长约寸余,食苗为害甚巨,此因久旱之故。倘现在时雨沛霖,则此虫当死,而苗可复盛,或不致成灾耳。译《字林西报》。

九月十九日(10 月 23 日)

《中外日报》

论教案迭出之由

夫中国非素所称儒教之邦哉?无端而金人渡海,倡彼宗风,四辨三乘、宝伐金绳之说,蔓衍中土而不可诘。然而二千年来,未闻民间有拆毁寺院、诛杀僧徒者,何也?推原其故,厥有三焉。一曰倡之自上。自汉明帝以后,天子多尊信浮屠,惟魏太武尝诛锄沙门、焚毁经典,然不再传而尊信如故。南朝建刹数百,度僧无数。隋唐以来,造浮屠,函舍利,上崇下信,举国若狂,至于今不衰,则朝廷鼓舞之力为多也。一曰其说易信。佛氏知蚩蚩之氓不可以情理喻,于是倡为轮回因果、天堂地狱、祸福报应之说以诱之,复为之图其种种受苦状,使之动心怵目,由是深入人心而不可夺,虽贤士大夫不敢斥其必无,况其下焉者乎?一曰济儒术之穷。孔子删《诗》、《书》,定礼乐,赞《周易》,修《春秋》,义蕴宏深,一以尽人事为主,而不甚言报应。虽《易》称积善之家必有余庆,积不善之家必有余殃,近于言报应,而其实则欲人防微杜渐,毋自蹈于不可挽回之域,非言报应也。惟其不言报应,故愚蒙之子、顽悍之徒,当圣教凌夷之后,几于无所畏惮。佛氏起而乘之,乃创为因果报应之说,大声疾呼。其言曰:"欲知前生事今生受者,是欲知来生事今生作者是。"又曰:"作善不昌,祖宗有余殃,殃尽则昌;作恶不灭,祖宗有余德,德尽则灭。"使闻是语者,凶暴淫虐之辈改而为善,乡党自好之流不敢为恶。潜移默化,不赏而劝,是感动愚民之术实较儒说为易,故儒者亦不甚薄之。具此三者,故其教易行,而诛杀仇衅之事亦寡焉。今欧人远来传教,既经奉旨允准,又尝敕建教堂,且仇教者杀无赦。然而焚毁残杀之案,层见叠出而卒不可止者,则以君长士夫之尊信者尚少,无所提倡,而教堂演说又皆出以庄论,虽常汲汲引人为善,非如佛氏祸福报应之说易于悚动愚民。愚民无知,以为平平无奇,又惑于邪说,妄生猜忌,故仇之者众耳。然矜其愚可也,怒其忤则不可也。矜其愚,则小民有自新之路;不怒其忤,则教案易于了结,而邦交愈形敦睦。或谓如来、耶稣皆传教于异国,独儒者不闻传教,何也?不知孔子生于鲁,周游列邦,弟子盖三千,非传教而能如是乎?伐檀削迹,绝粮围匡,非犹今日之毁讲堂、驱教民乎?惜当时环球未通,故辙辕所及者未远耳。若在今日必不止此,故曰舟车所至,人力所通,天之所覆,地之所载,日月所顾,霜露所堕,凡有血气,莫不尊亲,岂恃区区中国已哉!今中国之旅居南洋、日本者,皆知崇祀我夫子,然则尊亲之说,其将验诸后日矣!

九月廿一日(10 月 25 日)

《清议报》第三十一册

论刚毅莅粤筹饷事(录《天南新报》)

前者刚毅目击比年库藏支绌,建言筹款于江南一省,每年实筹得一百余万两,成效昭然。嗣又奉命来粤,抵省后接见僚属,常将十六字宗旨明白宣示,谓此行筹款,“上不病国,下不伤民,严绝中饱,裁节浮费”云云。未几谕令,加课盐务六十万两、厘务八十万两。更于广、潮、廉三府及南、番、东、顺、香、会、潮、揭、海九县,每年责令报效各二万金,其余亦量予酌派。旋念朝廷设官分职,文武并重。今既责令文员毁家纾国,武员竟得置身局外,殊不足以昭公允,遂议令武员一体报效。现在广协马副戎仰承宪意,经已函知属下各弁,量其所入,酌输若干,以济公家之急。所有各情均为录报。执笔人再四思维之下,不禁喟然而叹曰:狡矣哉!刚毅之巧为弥缝也。伤矣哉!粤民之惨遭朘削也。自古中外理财之法不外两途,非损上益下,即损下益上,断未有上不病国,下不伤民,而可以筹得如许巨款者。即曰严绝中饱,而所谓中饱者之财,取之上乎,抑取之下乎?今无论所取之财为上为下,但既入职守者之宦囊,自系职守者囊中物。一旦强责其竭诚报效,彼怵于权势之赫奕,虽不敢或与之抗,而其心能无恫乎?况所谓不准加派苛勒者,不过纸上之具文。彼府县将弁等,每年既责令其报效若干,势必百计营谋,别求其所以生财之道。文员则粮赋加征也,词讼受贿也。武弁则克饷缺额也,包赌庇盗也。无一非致富之方,即无一非伤民之处。彼刚毅之十六字云云,将谁欺?欺天乎?殆欺粤民耳。譬诸渔人豢养鸬鹚,日驾竹排,溯洄于江渚之上。遇有游鱼,则鸬鹚入水擒之,维彼渔人,夺鱼于鸬鹚之口。曰吾之所取,不过严绝中饱而已,而于江鱼固无害也。呜呼!刚毅之筹饷,责令文武报效,以为不病国、不伤民云云,夫亦何异于是哉?粤东素称饶富,彼三府九县之地方官,每年虽各报效二万金,究亦何损?然《传》有之,曰:“国家之败,由官邪也;官之失德,宠赂章也。”上既以报效责之官,则官自必以宠赂取诸民。民无所取,势必困苦而迫为盗贼,地方亦因之不靖。如是而犹谓之不病国、不伤民,其谁信之?嗟夫!溯自去年政变以来,彼顽固守旧诸大臣亦知外侮内讧,祸患日亟,咸以强兵富国为要图。乃所谓强兵者,则荣禄但于京城设立武卫五军,一若京畿为首善之区,该处有此练军,即可以摄敌人之心,而寒奸民之胆。讵料五军将弁我行我法,不受范围,而又有管理神机营之庆王,与荣禄时形不睦,是强兵者卑卑不足道,既如彼矣。而所谓富国者,又举凡通商、开矿、创铁路、兴制造及一切天地自然之利绝不讲求,而惟知剜肉医疮，罗雀掘鼠。小民何辜，而堪遭此朘削也耶！虽然，自古亡国败家之祸，必先有大奸大恶、聚敛之臣出而荼毒百姓，夫而后天怒人怨，兆众因而离畔，宗社因而倾危，盖不如是不足以乱天下也。今者西后特将圣主幽囚，忠良杀害，而任此昏庸奸贪之辈肆意横行，几何不更速瓜分之祸哉？所谓自坏尔万里长城者，此也。呜呼！噫嘻！

论筹饷宜先折南漕（录《国闻报》）

清国因库款奇绌，而命刚氏至各省筹饷。筹法若何？曰杜中饱，节糜费。夫清国所糜费者亦多矣。苟思节之，则既节甲，不能不节乙，并不能不节丙丁，所谓一节而无乎不节，方为尽善。当刚氏在江南时，搜款殆尽，而于南漕一事，绝不计及。南漕之有弊无利，固人所共知。自来议折者不一而足，卒梗塞不行，岂刚氏有鉴于前而不言乎，抑当局者昧而旁观者明乎？此四百万石之南漕，胡以一任官旗及诸色之耗食竟如无其事，不大可异哉？请略举南漕之弊。官吏若干，胥役若干，运丁若干，花户若干，有如许官吏、胥役、运丁、花户，则衙署、仓廒、船只、转运局等费用应需若干。宜运米到京，每石升至银几二十两。以此银数购米一石，虽至愚者亦知其计之非，况闻之岁漕江南四百万石，而江南实岁出一千四百万石。一千万石既供中耗，四百万石尚未必尽归国家。于国无益，于民有害。凡中饱也，糜费也，莫此之甚。乃明知中饱而不杜，实为糜费而不节。吾不解刚氏所云杜中饱、节糜费，果何者为中饱，何者为糜费耶？然思其所以不能杜之、节之之故，姑为三说。各省府州县且办积谷，京师何地，岂可去此仓储？旦夕有警，将如之何？此公言也。南漕若折，自漕督、仓督以至粮道、粮运卫官、同通佐杂，闲曹冗职之员，俱无以糊口，此私言也。中国之事，一成不易，骤欲中改，恐必有变，此半公半私之言也。然而储粮京师，仓无不实，遂足以防寇乎？委而去之，亦属无济，即能固守，后无继至。借此数百万石之米，安可久长？如曰此本为饥馑而设，则此刻火船、汽车临时之转运甚捷，何必费此巨款，陈陈相因，以待饥馑之一日耶？况实者少而空者多，仓固徒有其名耳。此亦一说也。为漕督、仓督以及粮道各官之无以糊口，而不折南漕，则今日仕途之挤，国家设官，似宜多于前时千百倍，方见疏通。国家既不为此而掷虚糜之款，则同一虚糜之款亦何乐而不节乎？此又一说也。若凡事恐积重难返，则国之弱听其弱可也，国之亡听其亡可也。苟一息仅存，生机犹望，不能不将所以弱、所以亡之病根，一一剔之除之，庶可强固如昔。于此而虞中变，何其重视若辈至此哉？若辈徒有脑壳，断断无此思路。一旦尽数裁撤，不过有钱者问舍求田，无钱者改弦易辙，如是而已，何虑为？此又一说也。

由前三说，南漕不可折，不折有无穷之弊；由后三说，南漕大可折，折之有无穷之利。且此利也，即刚氏奏陈筹饷折中所云，举国家原有自然之利，仍以还之司农而已。刚氏之筹饷，非以下不病民生，上不失政体，全在杜中饱、节糜费为宗旨乎？则裁此巨数以入公家，谓下不病民生可也，谓上不失政体可也，谓杜中饱、节糜费无不可也。他人犹可委，刚氏既以筹饷自任，似应议及。或曰设身处地，是亦有二难焉。仓场之费，分之者众，又为内监岁入一项。今日内监，其信任如是之专，谁不乐为趋奉？刚氏而言，固以一身招丛怨也，其难一也。况去岁折漕之议业将行矣，而八月十七日忽有毋庸改折之诏。国家明明不欲革此弊端，刚氏而再进言，能听从乎？其难二也。静焉以思，彼所谓难者，实无所谓难也。去岁八月十七日事，太后无非欲反新行之政。有利无利，不暇计也；有弊无弊，不暇顾也。

今国帑艰难,至于此极。练兵固要务,奈饷源欲竭,何如太后之明聪,岂不知较量出入?凡可整理则整理之,多多益善,以济急需。刚氏既奉筹饷之命,握筹饷之权,言之亦其分耳。此时不言,岂复有言折南漕之一日?独不思在宁所筹各项,得银六十一万余两。在苏清赋,约得银米各二十万,合银约六十余万两。两共约银止一百二十万两,需时几何?费力几何?今至粤省又须需时费力,其数尚不可预定。筹饷之难,已可概见,而偏置此数百万现成之款于不顾,筹画亦未可谓精详矣。以云招怨,则既为国家筹饷搜求琐屑,无微不入,势不能两全其美。取诸官吏,则官吏怨;取诸商民,则商民怨。等是怨也,何独于内监而畏之,畏其谮言乎,畏其势力乎?今日之主,我为政,合则留,不合则去。欲言言之,何用嗫嚅?即使谮言人,势力行,谅不至为国家撙节财用而获罪,况折漕不折漕之种种利弊,诸公已议之在先。至今闻又有某御史竭力一言者,惜乎不得其位,不得其势,徒格于部议而止。知者谓皆出某内监之力,某内监之神通诚广大哉!设刚氏能用全力以争之,当不至此,因得其位、得其势耳。然而刚氏固不言也,然而吾日望刚氏之言也。故举一得之见,曰筹饷宜先折南漕。

十月初四日(11月6日)

《申报》

教案议结

徐家汇《汇报》云:四川余蛮子闹教以后如何议结,本馆久无所闻。兹得确信,始知朝廷疾恶如仇,已将闹教匪人诛戮一百五十二名,附和之徒遂皆不寒而栗。余蛮子以华司铎力保其命,定以永远监禁之罪。按余匪之乱,教民共死二十余人。平民之被官兵围剿惨罹锋刃者,多至四百三十余人,近又奉旨正法一百五十二人。创巨痛深,至于此极。问谁为民牧者,而养痈贻患如斯耶?又闻议赔数,府县被毁之教堂约在银百万两之谱。俟驻京法使核准,即当了案矣。

十月初十日(11月12日)

《申报》

论会匪不能为乱

十月初五日,本馆得汉口采访友人函告,曰前者新堤红灯会头目霍春池,以汉口沙家巷某妓院为逋逃薮。既而被都阃府陈庆门都戎拘获,解府严讯,供出湖南星士周敦甫,及在汉口开设某钱庄之某甲,皆曾入会。甲捐有道衔,家资豪富,惟喜邪教,江湖术士时与往还。周敦甫素耳其名,因浼朱有宽介绍,得为入幕之宾。其羽党陈佑伯、程小轩诸人,亦潜与之通声气。于是施其簧鼓之技，谓一入其教，不难传长生之术、致富之方。甲忽起贪心，不觉为其所惑。若辈利其富有，即奉为会主，潜计其私购军械火药，意欲谋为不轨。幸事机漏泄，霍先被擒，周亦在湖南就获，惟陈佑伯、程小轩等早已闻风逃逸。甲知事关重大，亦即徙避无踪。现在上宪方严饬各处通缉，务获到案，以便按律严惩云云。夫自军兴以来，荡平发捻，海宇澄清，迄今垂三十余年，军事渐形废弛。朝廷方忧外侮，尤患内讧。光蛋、盐枭布满江浙，杀人越货，视若寻常，而各处伏莽重重，行旅者皆有棘地荆天之苦，固不仅吴越间萑苻充斥也。而又有一种会匪，拜盟结党，煽惑愚民。窥其阴谋，实为叵测。会匪不一，或为哥老会、或为小刀会、或为大刀会。厥类甚多，不胜枚举。至所谓红灯会者，则其名更为耳所未闻，非若哥老会之脍炙人口，即村夫乡妇而亦能言其害也。但哥老会匪大都系发捻余孽，或游勇散兵，无计谋生，聚徒结党，跳梁为害，滋扰闾阎。非若红灯会中人，以左道惑人，妖术诱众，如昔之白莲、八卦等邪教也。故虽会匪之名同，而其源则不同。哥老会如昔时川省之嘓匪，要结朋党，啸聚为非。迨后陕楚教匪逸至巴蜀，与之联络一气，而其焰遂张，于是酿为川楚之乱，而总名之曰教匪。亦犹今世之所谓哥老会、小刀会、大刀会、红灯会，虽■名之曰会匪，而实则各自有别也。嘓匪与教匪合，而川楚被其祸。恐今之各种会匪合，而天下亦将被其祸。前车之覆，后车之鉴，故大吏惩之必严乎。而吾以为今之会匪，尚不能为乱也。盖教匪起事之始，不过如赤子弄兵潢池耳。论者谓，当时苟得贤良司牧胆略过人者，抚而辑之，若龚遂之治渤海、张纲之定广陵、虞诩之平朝歌，可不烦大兴师旅。及党羽既众，事变已成，巢穴浸多，其祸遂烈。发捻初起，亦以不善绥辑，遂致酿成大乱，蹂躏中原。当事者有鉴于此，爰为惩前毖后之图，于惩办会匪不敢稍事宽容，养痈贻患。因是狂悍不法之哥老会匪，尚戢羽潜鳞，雌伏不动。何红灯会匪竟不知利害，而欲私购军火器械，以谋不轨耶？其头目霍春池及为从之湖南星士周敦甫与陈佑伯、程小轩等，或先后就擒，或在逃未获，要皆不足论。独惜在汉口开设某钱庄之某甲，亦被诱入会，致犯弥天之罪而徙避无踪。夫甲既捐有道衔，而又拥资豪富，自当谨守礼法，安分营生，何至为彼所愚，奉为会主。身为首恶，罪有难宽，今虽远引高飞，暂时漏网，而大宪方严饬缉捕，未必能终免被擒也。呜呼！焚香聚徒，敛米入教，如汉之张鲁、张角，晋之孙恩、卢循，六朝及唐之川蜀米贼，宋之侬智高，明之刘七、赵风子、徐鸿儒、唐赛儿等，皆揭竿拥众。我朝昔日之教匪，今日之会匪，皆滥觞于此。然彼等皆不旋踵而扑灭，今之会匪其果能为乱于天下耶？各省军事虽废弛，以之御外侮固不足，以之治内讧尚有余也。彼会匪欲起事于今日，讵能如当日发捻诸逆足以大乱天下哉？多见其不知量而已。

十月十五日（11 月 17 日）

《申报》

会匪抗剿

天津访事人云：山东大刀会初系少年喜事者，互相纠结，自保身家。既而横行同里，近且公然越货杀人。山东巡抚毓大中丞患之,札饬武弁萧某,带勇两营驰往缉捕。不意兵无纪律,遇敌而奔,致萧死于会匪之手。是跳梁小丑,不难捣穴犁庭。然就目前论之,有心人已不禁慨地方之多事矣。

十月十八日(11 月 20 日)

《申报》

论会匪宜有处置之法

余前有《会匪不能为乱论》一首,登于报端。既而思之,会匪虽不能为乱,然地方之多事,未始不由乎会匪。江浙之间有所谓盐枭、光蛋,杀人越货,视若寻常,棘地荆天,行旅裹足。其在穷乡僻壤,聚赌抽头,虽为患闾阎,或致有劫人勒赎之事。然亦乡人与之赌博,伊戚自贻,犹不足为害之甚也。而其中徒党多系会匪,且皆系哥老会中人,而别项会匪则寡。哥老会党羽最众,各省皆有其踪,滋蔓难图,治之最为不易。非若小刀会、大刀会、红灯会等诸匪党,仅胡行于一乡一邑,剿捕犹易于为力也。而为患之事莫大于煽惑愚民,使民教互相龃龉,彼等得从中生事,以便其劫夺之谋。盖事起则率党横行,事毕则潜踪四散。此时良莠混杂,首从难分,法网易逃,地方官一时无从澈究。故历来闹教之事,大半由会匪散布揭帖,激发众怒所致。设非有善法以处置之,则虽不足以为乱于天下,而闹教之案靡有已时,使国家时时开罪于外人,屡次赔偿巨款,大损元气,不可不设法防维。尝阅薛叔耘侍郎附陈处置哥老会匪片云:查哥老会名目始起于四川,而流衍于湖广。厥后湖南营勇,立功最多,旋募旋撤,不下数十万人,而哥老会之风亦遂于湖南为独炽。其初立会之意,只在互相救援、互济贫乏而已。迨入食者众,不免恃势滋事。今者教堂之衅,则又为从前所未有。匪党逞一时之意,国家受无穷之累,其情甚为可恶,其案较为难办。惟有广购眼线,平心访察,将在场倡率之正凶多获数名,毋稍枉纵,亦足振法纪而全邻好。臣窃谓自今以后,凡各省防营于湖南,不宜轻募亦不宜轻撤。大抵入会之习,在营中者为多,即或散归乡里,往往因挂借会中,不能遽出。然自楚军极盛至今,几二三十年,其风当渐歇矣。乃因邻省添营,或仍在湖南募勇,则旧者已逝而新者复起。似暂宜停募楚勇,俾哥老会之渊源不至循环相嬗,亦中杜邻省各营传染之患。至既有之营果系楚勇,倘察其万难得力,或值经费支绌,亦宜妥慎筹画,分年设法,断不可仓猝撤遣,致彼众为饥寒所迫,骤生事端。其有身经百战保擢提镇撤归田间者,不必问其入会不入会,但查其曾著功绩而处境贫苦者,似应由各省大吏酌量位置,俾借一差以济衣食,需费无几而保全实多,斯皆销患无形之术也。抑臣又闻曾国藩尝筹处置哥老会匪,专主内严外宽之说,但问其有罪无罪,不问其是会非会。禁供攀以孤匪党,免诛累以定人心,告讦之胁从概不批准,以绝仇怨诬陷之风。访获之头目必置重典,以杜煽诱猖獗之渐,俾善类不致自危,恶党不能惑众,洵可谓拔本塞源之论矣。然此系地方有司之事,要在为大吏者督同司道府县从容抚绥,恩威并济。月计不足,岁计有余,殆非急切所能为力也。呜呼!侍朗此奏,洵可谓言之切当矣。故今者时局多故，召募防军。李健斋爵帅、苏子熙宫保虽奉上谕募集新军，而皆不向湘沅间招募勇士，盖有见于此也。惟以国家撙节库款，裁汰旧勇过多，若辈流落无归，难保不生事故。其本系会中人，则必结党为害；其本非会中人，至此亦必入会胡为。而地方不特忧盗贼之繁多，且将忧教案之层出。吾愿各省自大吏以下各官皆体从容抚绥、恩威并济之语，而加之意焉。斯会匪之患得以渐弭乎？

十月廿一日（11 月 23 日）

《申报》

教案又起

天津《国闻报》云：前者山东德州土匪闹教，经山东巡抚派兵弹压，始获敉平。惟近闻土匪又向滋扰，将距德州东南八九十里之教堂焚毁，各教士飞禀驻京美使，转请总理衙门赶紧设法保护。

十月三十日（12 月 2 日）

《新闻报》

论民教龃龉之由

自各口通商以来，内地华洋杂处耦居无猜也，非一日矣。然而争端一起，而即犯众怒，构群怨，室庐并毁，玉石俱焚。干戈之衅于以开，官吏之威不能怵，蕲至于索赔款，求割地。以与朝廷为难者，则以闹教之祸为最烈。夫彼传教之士本具与人为善之心，以遥莅于震旦也。其志甚坚，其行甚卓，其初固无怀忿■祸中国之心；然而教堂所处动辄激变，前车方覆，后车继进，在百姓视之已痛心刻骨，在官吏当之为遗大投艰。政府诸公方冀彼都人士之从此裹足，而无如其犯难而来者仍源源而不绝。其故何哉？盖彼教士之以传教为念，亦如儒者之辙环天下，佛家之普度众生。夫且以为教旨宜然，虽使犯锋镝、糜顶踵而不悔，其有因是而殒其躯者，则个中人皆以忠臣烈士相次比，而相与敬服之。苟能保其躯命而使之毋濒于危，则莫不同心协力，被发缨冠而拯救之，其好名慕义有如此。而其至于内地也，其言语文字与华民不相习，其形状服饰与华民不相同，其起居饮食一切皆与华民相去悬绝。在彼虽安之若素，在人已见而生疑；在彼第不失其常，在人已见为可怪。故教士偶一登临凭眺，以为娱目骋怀之计，华民见之必窃窃焉私议曰："是固欲遍知我山川之要隘，以为他日战胜攻取之地也。"教士偶以薄物细故之嫌，与邻里争论，华民闻之必忿忿相告曰："是固欲挟其国之兵威财力，以欺压我内地之人民而肆其荼毒也。"彼方在在泥其畛域之见，我则刻刻用其机械之心,触处皆然,不一而足。其最为华民所鄙夷而不屑道者,尤莫如随地随处其所译教会中各种书籍。盖书籍所以发明彼教之宗旨,使其词句雅驯、义理深远,上之与中国之六经三史相出入,其次亦与百家诸子相颉颃,又其次亦与佛老二氏之言无分轩轾。能使中国文人学士观之,咸服其教之可与圣贤之道殊途同归,不轨于正;又悦其情文之深厚,足以家弦而户诵,庶辞以立志而寄托自高,文以载道而推行尽利。久之则教士自与华人往来亲暱,非特无我虞尔诈之思,抑且有投桃报李之好。夫何至有斥为异端,疾若雠仇,而群起而攻之者?奈何教会中各书,皆文理鄙俚,辞旨浅陋,较之瞽说盲词,尤为无取。在稍通词翰者既一览弃去,即下之而愚夫愚妇亦觉其说之味同嚼蜡,并无悦心研虑之所在。是以不知其用意之所在者,即以为不过假传教为名,以窥我内地之虚实。一倡百和,深恶痛疾。其信从其说而附和之者,皆乡里之莠民,欲藉教士为护符,以横行于都邑者耳。彼教士既逾越山川、跋履险阻,孑身行数万里以东抵乎中国,不知谁为良民、谁为莠民,猝然引为同类。一有龃龉,群起而攻,其有不为华民所愤恨而发难以相抗哉?然则自今以后,欲使民教相安于无事,计莫如由各教士聘请中国饱学之士,将教会中书重加绷绎。概取六经孔孟之言以为印证,俾读者咸晓然知其用意之无他,而浮言尽息。且从此可以与中国士大夫声气相通,无冰炭水火之弊。又凡流氓地痞之类为正人君子所不齿者,皆不许其入教,以免自贻伊戚。如是则教体愈尊,教泽愈远,即教士亦安于泰山。虽无华官保护,而亦无斗殴仇杀之祸,而华洋中外之交即从此而益形亲睦矣。吾愿有心传教者之深长思也。

十一月初四日(12 月 6 日)

《新闻报》

译西报记东省教案

《文汇报》接十六号东省济南府访事函称,近日该省南首平原等县,大刀会匪充斥,且异常蠢动,闻其巢穴共有九百处,党羽共有三万人。日前德州已有教民十三家被劫去银四千两,又四家被劫一百五十两,并有教民千余家,因此均终日皇皇,深恐被害。又有天主教民约二百余家,均为抢掠。前月十八号平原县官派兵一队,与匪党接战六下钟之久。官兵均用洋枪,匪党只用刀械,故官兵仅死三人、伤三人,惟一人则伤十七处之多,匪等共死百余人。旋由巡抚将该兵调回省垣,并令官吏劝谕匪党散去,致匪人心胆愈大,抢掠之事毫无顾忌。而各教士虽请华官派兵弹压,不过仅有马兵数人,故不得不请领事及钦使办理此事。又闻日前曹州府观城县,有天主教民六人亦被匪人杀害,华官仍迟迟不理。

十一月初十日（12 月 12 日）

《新闻报》

论会匪

日前本报载有琼州三点会匪，党羽甚多，日形猖狂，水陆两途恣行抢掠一事。不竟喟然叹曰：会匪之患非疥癣之疾也。三点会者，洪逆之余蘖，会匪中之一种耳。而其他如哥老会、袍哥会、理教会、大刀会、小刀会、三合会、兴中会、奉天之马贼、河南之散勇、甘陕之回逆、川蜀之余党、涡阳之土匪、江浙之盐枭、温台之亡命，自咸同以来继起代兴，靡有宁岁。或则拆毁教堂，戕杀西士，以启边衅；或则煽惑乡愚，窃陷都邑，以扰良民。执柄者，非不厚集兵力以锄平之，严峻刑法以惩警之也。而五十余年以来，忽聚忽散，忽东忽西，忽平忽起，卒未能斩草除根，使率土有宁居之乐。是则会匪者，岂非中国今日之大患哉？顾论者或谓以中国今日之兵力，御外侮则不足，御内难则有余，既禁军械之私售，无惧乎斩木之兵，既有轮船之转运，无惧乎负隅之势。且也军饷不充可以借洋债，军力未厚可以借洋兵。虽以洪杨之悍、捻匪之扰，名城巨都相继沦陷，而雄师所指，终于荡平。即近年以来，如回逆、如余党、如涡匪，接踵而起，曾不崇朝，烽烟频熄。故中国之盛衰在外患，而不在内忧。呜呼！是亦不思之甚矣。夫外患者，斧斤之加于枝叶，疮毒之溃于手足。而内忧，则根株之腐、腹心之疾也。故远之如英据香港、法扰福州，近之受日东之创，英、德、俄、法之要挟，有识者未尝不痛哭长叹，深切杞忧。而内地之人，农工不辍业，士夫不废读，怡怡然安其所者犹比比也。至发逆之乱，则一二狂妄之徒攘臂一呼，天下回应，扰乱十余年，蹂躏十余省。屠杀之惨，淫暴之施，受其害者罄竹难书。荡平以来亦已数十年矣，而元气未复。迄于今犹留余蘖，如所谓三点会匪者，岂非内忧之甚于外患也哉？且外患之来也必有所乘，故朝鲜以东学党之乱而成危局，西班牙以古巴党之乱而失岩疆。盖当此之时，强邻之环视者，莫不欲俟隙而动也，可不亟思处置会匪之法哉！为今之计，及其势力之未张，羽翼之未广，罗致其巨魁，授以一官，■其党羽练为劲卒，必能感愧自效，尽力疆场。盖必小有智力而后可以雄长于寇盗之中，齐一心志而后可以结成其党会之势。因而用之，闾阎少一肆扰之乱匪，即国家多一敢死之劲卒，计无有善于此者。不然滋蔓已久，欲绝其根株，则诛不胜诛。若仅剪除一二，彼亦罔知警惧，星星之火，后必燎原。盖五十余年各处会匪忽聚忽散、忽东忽西、忽平忽起，靡有宁岁者，职是故也。善夫钟厚堂观察之治海盗也，巨匪包万胜者，悬赏五千金而不能获。钟观察乃招降之，赏以二千金，为改名包效忠，使随营效力。既果因包而擒获著匪黄宗基，则亦勤谕之使自悔悟，彼处盗寇必复有望风改悔者。我知台州之民从此可以安枕而卧矣，吾甚愿粤省大吏亦用此法以处置三点会匪也，吾尤甚愿各省大吏亦用此法以处置各省会匪也。

十一月十一日(12月13日)

《清议报》第三十二册

论刚毅筹款事

哀时客稿

逆贼刚毅南下,从事搜括,既阅数月。直道在人,公论难掩。沪港各报,或声罪致讨,或冷嘲热讽,既已不一而足,而《清议报》犹阙然。阅报诸君子,以大义相责者,盖纷纷焉。曰此而不论,清议之谓何矣?是以哀时客一论之,论曰:刚毅者何如人也?囚我圣主,彼实为狱卒;戮我六贤,彼实为刽手;新政行而复废,彼实为炸弹之药;中国存而遂亡,彼实为催命之符。若而人者,不知其与我四万万同胞有何仇敌?而芟之、刈之、脔之、割之、镙杀之、活埋之,其忍心害理至于如此其极也!举国怀忠抱义之士,皆思得其肉以为食。曾不自戢,犹复悍然狼顾而虎耽,以朘我脂,削我膏,剥我肤,吸我血,以供满洲逆党之骄侈淫泆,用我民力以制我民之死命。此而可忍,孰不可忍?

刚毅之筹款何为乎?曰今年户部开销,出入相抵,尚不足二千二百万有奇,故以西后之命搜取之于民间也。此二千二百万之缺乏何自生乎?曰国债与兵饷二者为其大宗也。哀时客曰:不语及此则已,苟语及此而犹不怒目切齿者,必非人类也。夫中国何以有国债?以败于日本之役也。以中国之大而何以败于日本?岂非西后与满洲逆党实执其咎哉?糜海军巨万之款以筑颐和园,一旦军兴,有国不顾,有民不谋,擅以我同胞公共产业之土地割与他人,擅取我同胞辛勤血汗之资财献与他国,不惜掷四万万人之生命财产以易其颐和咫尺之地。其剥民财之法也,于第一次云息借商款,非惟无息,而本钱亦皆为黄鹤,乃给一臭腐不值一文之虚衔封典以了事。于其第二次也,使各省摊派借款,大省数百万,小者亦数十万,曾不一语言谢。于其第三次也,设昭信股票,婪索横掠。询其所用,则以千万修天津行宫,号为阅兵,以谋废立。今者逆贼刚毅之举,乃其第四次矣。而今次之最大目的,尤在兵饷一事。夫兵者国之大政也,有国不可无兵,有兵不可无饷。夫孰得而非之?虽然,亦视其所以练兵之意何在耳?凡国之有兵也,所以御敌也,非所以制民也。故泰西言政治学者,谓凡属国民,人人皆有当兵之义务,人人皆有出资财为国养兵之义务。凡以兵也者,所以保国民之生命财产者也。人人出其力、出其财以保一国之生命财产,实不啻自出其力、自出其财以自保生命财产也。若今日满洲逆党之意则何如?其练兵也,非以敌外寇也,乃以压内乱也。故彼等常言曰防家贼,又曰吾之兵力拒外国不足,剿土匪有余矣。呜呼!此何等心,此何等言也?侵括吾民之生命财产以为己有,惧民不服,又使民出其力、出其财以助凶焰而自束缚、自压制,其用心亦云险,而用术亦云巧矣。而况荣禄之练兵数万,又实为操莽逆谋之地步也。呜呼!国家岁入所以不足二千二百万者,以此之故。逆贼刚毅所以南下者,以此之故。我同胞之国民,其知之否耶,其知之否耶?

逆毅之在江南也,胠箧得二百余万;其在广东也,初云二百余万,今闻又将倍之,且岁供焉。若此者皆绞我同胞之膏血而得之者也。虽然,其文饰之则有词矣,曰我朝深仁厚泽，自康熙以来，守永不加赋之谕，至今不渝。今所取者，官吏之宦囊也，商贾之赢利也，非取之于民也。哀时客曰：此掩耳盗铃之言也，而我民信之，抑何我民易欺之甚也？夫官吏之视差缺也，以为市道耳。天下岂有自备资斧而来做官之人哉？政府取诸官吏，官吏不取诸民，将何取之？此犹使人为盗，自分其赃，而曰我非盗也。狙公饲狙，朝三暮四，其伎俩何以异是？若夫取诸商者，尤直接而剥小民之血汗者也。泰西资生学家言，于人口税犹不当重抽之，谓其所抽之重税仍由我民之买物者自出之也。如彼逆毅之在广东也，合七十二行会商使之报效，不知者谓其所取仅在各行之富商也，曾不思我全省小民日用饮食起居百物，岂有一件不仰给于七十二行者？彼七十二行每年报效此巨款，不取偿于买物之人，于何取之？是不啻向我全省数千万人，一一纱其臂而夺其食也。不见乎数年以来，百物腾踊，而谋生度日之难，过于前此数倍乎？是皆出彼满洲逆党第一、第二、第三次之搜括使然也。而我民犹梦梦然不知其来由，是可叹也。今者洋银一圆，籴米不满三斗矣。百斤之柴，值银四钱矣。自今以往，我省每年更出四五百万金以供逆党之浪费。吁嗟乎伤哉！其何以聊生？而况彼豁壑之欲永无满期，后此之加索正未有艾也。我同胞之国民，其知之否耶，其知之否耶？

吁嗟乎伤哉！彼逆党者，豺狼之性，狐狸之行，以食肉吸血为本业，吾无责焉。独怪我同胞国民，何故甘心以其自竭才力、自挥血汗千辛万苦所得之资财，必尽献之于豺狼狐狸之手然后为快也？乡间土财主，数十年为守财虏，视一文如命。一旦涉讼，不惜倾家以奉有司焉，代其子弟买案首十名，内买关节，买荐卷，一掷数千，不惜焉。捐官、捐衔、捐翎、捐顶、捐封典，一掷数万，不惜焉。其高者，认地方州县候补官为恩师；其下者，与门上跟班三小子拜爸兄弟。罄己所蓄，任其取携，不惜焉。即游商于海外者，其通达时务、发愤国事之人，虽所在多有，然亦有所谓顽固者流，视公使如天，视领事如神，视翰林、进士、秋风客如菩萨，平日一毛不拔。惟此天也、神也、菩萨也，勒捐之，诓骗之，则摩顶放踵以事天神菩萨，不惜焉。嗟乎！入一名学，中一名举，领一个虚衔，受一轴封诰，得地方官吏之一盼，受秋风客之一联一朱卷，见所谓中堂大人者一面，请一安、唱一喏，究竟于自己有何益处？乃不惜割弃其生平所最疼最爱之心肝儿肉儿以易之，欲不谓其无自立性焉，不可得也。试观外国之民何如？我国之民何如？外国之商何如？我国之商何如？然则逆贼刚毅之流，不过因我民之有此奴隶性而善用之耳，于彼乎何尤？

使以彼辈巴结官场、巴结奴才、孝敬外江佬满洲逆党之资财，而以之译书报，则民智之开指日而待也。以之开学堂，则人才之多不可胜用也。以之兴工艺机器，则商务之盛甲于地球也。以之设警察，则路不拾遗也。以之办民兵，则国势之强，虽合欧洲诸国之力莫敢予侮也。移而用之他事，亦莫不皆然矣。夫所谓政治者，不外以地方人民之财，办地方人民之事而已，是即人民以己之财办己之事也。以己之财办己之事，虽倾家破产而不为过。若以己之财而献诸行路之人、仇敌之人，虽一毫一厘而亦有所不可。夫彼外江佬之偃然称为官者，皆以行路人视我民者也。彼满洲逆党之费尽心力以防家贼者，皆以仇敌视我民者也。我竭吾财以供奉之，而彼豺狼狐狸岂尝有一言之感谢？反以我为亚更，以我为羊羖，谓此蚩蚩者照例应替人作马牛，出其满身臭汗驮此臭铜钱，以供吾辈大人们老爷们之挥霍，乃其天职也云尔。而我民之蚩蚩者，亦果自认此为己之天职，乐献其财于豺狼狐狸以为荣、以为快，是实可谓亚更之魁而羊羖之杰也。人苟甘心为亚更之魁、羊羖之杰，夫复何言？独惜我东南锦绣一奥区，人民土地财产皆可以敌欧洲之一国，而我民涉重洋冒万险一缕、一血、一粒、一汗所得之区区，曾不足以填贼党之豁壑于万一也。我国民而犹不悟也，则吾于豺狼狐狸之逆毅，又何责焉，又何责焉？

十一月廿七日(12月29日)

《新闻报》

景州团匪续闻

景州义和团匪滋事各节，前已略志报端。兹据景州友人述及，近日匪势更形猖獗，在景州已联合十余村。某日有山东界内之某守备，带兵与团匪接仗，官兵开炮攻击，匪党百余人无一伤者，而官兵执纛之人手已飞去，咸谓匪有邪术所致。至此次起事之由，以天久不雨，匪等遂以来岁麦秋难望，必有冻饿之虞，借词纠合。然今岁北直大势尚属中稔，以津埠而论，各粮行堆集如山，谅不至于缺食，其为造言生事可知。现闻东抚已出示，限五日内如投诚归顺各安本业，并不深究已往，而匪等竟置若罔闻云。录《直报》。

十二月初五日(1900年1月5日)

《新闻报》

山东教案感言

呜呼！何中国教案之日多乎？中国之大，损国威其有逾于教案者乎？割岩疆，赔巨帑，争包路矿，黜褫官员，大损国威，无逾于是。而究其肇事之由，由于官吏平时不知开导其士民。使官吏以闹教之如何损威，传教之如何无害，家喻而户晓之，教案必可稍靖。夫匪徒播散谣言，每以不根之说谤毁彼教，鼓惑愚民。不独愚民信之，即乡僻士大夫亦有信之者。盖以其说已久，转相传述，遂有牢不可破之势。然使细究其故，则皆影响模糊，毫无实据。夫欧美各国近皆日进文明，使果彼教有损人之处，彼国必将自禁之，何以信从之人如此其多也？同治九年，曾文正办天津教案，初闻道路之言，颇有究查教士之意。比至津境，拦舆递禀者日以数十起，而询以有无实据，则词多惝恍，严加讯究，则其事益虚，始恍然于谤毁彼教之言，均乌有子虚之说，乃专疏奏明。以文正公之忠直，当不至是附外人以自诬也。且彼教之中，设学堂、设医院、恤寡之会、育婴之堂、议禁鸦片、议禁缠足，果无负于我也。而愚民不察，轻听谣言，亦大可悲矣！然使为首闹教之人，果因事理之未辨，愤怒之勃发，遂致拆毁教堂，戕杀教士，则肇事之后，即宜投首地方官，归罪于己，使有识者虽恶其偾事，当谅其愚戆也。而何以历办教案，类以随同附和之人充作正凶，终未尝缉获真正为首之人？盖匪徒之揭竿而起，必有所挟以收拾人心，于是过张其不根之说，谤毁彼教，鼓惑愚民，而后拆毁教堂、戕杀教士，以自表其义愤。而后人心归附，粮储充足，声势震赫，可以遂其劫掠富户、割据地方之志。不幸事败，则销声匿迹，远走高飞。因此而大损国威，彼固不问。因此而陷害多人，彼亦不顾。岂尝考彼教之有弊无弊哉？而外洋各国可以借辞以责难我者，则亦莫如教案。盖其君民之视其教宗至尊无上，若以办理教案而致启干戈，则虽有妨农业而农民不怨，有碍商务而商民不怨。且因他事而多所要挟，别国或出而阻挠。一有教案，则任意需求，无敢于阻挠之人。近之如德据胶州，远之如俄攻土耳其，法灭越南，其起点皆借辞于教案，可为殷鉴者也。乃官吏不于平时将闹教之如何损威，传教之如何无害，家喻而户晓之，致山东济南府肥城县复有戕杀教士之事。教士之被虏，见于初三日本报，已由东抚设法办理矣。而今译西报，则有英教士布洛士已被杀害之说。匪徒之不顾利害，不顾国威，大可悲也。虽英国现适有事于南非洲，然亦未必默尔而息。匪徒不足责，我责官吏。近来每遇教案，官吏无不革职者，而官吏之中尚有不知传教之如何无害，闹教之如何损威以酿成教案者。我愿各省地方官细心体察，破除成见，日以训导其民、警戒其民，庶于己无褫职之辱，于民无陷累之冤，而国威不至复损欤。

《申报》

定期划界

中英两国缅甸界务，自原任出使英、法、义、比大臣薛叔耘星使与英外部屡经辩论，迄今历七八载，依然未得端倪。兹有《广州中西报》译登西字报云：英廷所派缅甸划界各员，定于西历十二月终齐集河尔。惟河其地方划界大臣斯壳君，先于十一月十五号，由缅甸偕副使斯博令君带同亲兵五十人、武役二百五十人前往。至英领事哲君，前已派为中国商务大臣。承其乏者，即正任思茅领事烈效其君，量地官为铁尔雅君，中国划界大臣则仍系前办界务之刘统领。

请缓入都

江苏巡抚鹿芝圃大中丞传霖奉旨升署两江总署。所遗巡抚篆务，以正任江苏臬司、署理藩司陆春江方伯元鼎暂行护理，此已纪诸前报者也。兹接苏州采访友人手函云：近闻官场传述，日前中丞方伯偕署臬司朱竹石廉访，电请总署入奏略谓：岘帅年已古稀，目下天气严寒，恐跋涉长途风霜难耐，可否迟至来春交卸北上等情，能否仰蒙俞允，现尚不得而知。惟连日各官绅之诣辕道贺者，中丞方伯概令从者婉辞。谓刻下尚未颁到廷寄云。

详述山东刀匪闹教情形

山东会匪闹教，本馆已屡志报端。兹有徐家汇《汇报》登某主教译上法钦使禀牍，言之甚详。因节录其文曰：各处刀匪闹教，因东抚毓中丞仇教心炽，匪人遂有恃无恐，大张红白旗，上书“保清灭洋”及帅字大旗，请为弹压。则覆以教民自惹之祸，理所应尔。在平东北禹城西南乡丁家寺，大刀会首系一僧人。十月初四日，此僧将禹城苗家庄教民十六家并洋式教堂一所放火烧毁，并重伤教民王书修，几至殒命。初六日，在城正东刘家集教民两家，王官屯教民三家,长清郑家营教民七家,朱庄教民两家,均被此僧率领刀匪抢劫。初七日,将长清郑家营教民七家、教堂一所烧毁,又以在平民家藏匿教民,公然纵火。章丘十字口等处,咸阻挠行教。主教致书县署,县主杨大令答以奉有抚宪面谕,不敢办理。各州县所称相同,何怪刀匪日肆横行,各教民纷纷来堂哭诉。十月初七日,茌平梁庄八家、王香炉庄两家均被抢劫。初八日,姚张庄十三家被抢,杀毙教民二名,吴官屯被抢八家,小张庄被抢五家,八里庄被抢四家。初九日,又抢焦庄六家、马家沙窝十四家,杀毙授经人王景墨,张官屯更被抢十六家。计茌平张庄洋式教堂,价逾万金。数日前,教民三百余名口尽数逃出。抚宪早经许派马兵弹压,乃延至十一日始由省开去七十名,以区区营兵欲剿平一千余刀匪,焉能济事?迨总署行文至此,抚宪仍不肯认真拿匪,匪遂心胆愈横。先是九月初五、初六等日,平原冈子李庄等处刀匪啸聚千余名,蒋邑尊亲临查勘,被匪开枪击退,轰毙官役数名,伤多名。至此抚宪始知与大局有碍,委济南府卢太守带兵前往,而匪人愈肆猖獗。十三日又抢四家,十四日匪首朱红灯、王之邦递书请战。旋即倾巢而出,轰毙官兵二十余名,伤三十余名。抚宪欲参卢太守及袁统领,两司代求始免。近日平原总役陈德和拿获匪人四名,抚宪恶其酿祸,将役拘拿。绅士八十余人环求省释,抚宪必欲置之死地,盖谓其受贿银五百两故也。莘县刘曰清、刘玉清、刘义清、刘寅清与子侄思南、维南等,纠集刀匪二百余名,立红白旗四杆大书"保清灭洋",将梨园等庄于贵等教民二十五家抢劫,并用刀背击伤刘怀邻之妻及弟妹,尚未致命,旋又勒令交还平原所获各犯。二十七日堂邑县张殿屯教民王金河,被刀匪杜其宽、杜二红砖、杜其业、张海杨、张长林、王二板筋、吴敌牛等率领多人殴击,复举刀砍伊子王光泰,腹破肠露,必死无疑,所有物件尽行劫去。九月二十八日,禹城、长清县小元庄教民赵蓝田被匪逼勒京钱三十吊。此处教民十一家皆惧而逃出。郝庄教民郝丙义被逼去京钱十吊,禹城苗家林大堂有教民十七家,人丁一百十八名口,所有辎重尽被劫去。丁家寺僧又率领匪徒恣行抢劫,并将一十八岁女儿及某氏妇用刀砍折胫骨,不能行动,有男丁二名亦被击伤,堂中所有或抢或毁。十月初五日,茌平又有刀会树黄旗,行劫李韵、武庄两家,将军庙一家,掳去一人,云欲杀以祭刀,程庄三家亦被剽掠。现在省城以西俱有刀匪啸聚,种种横暴情形,笔舌难罄。各教民无辜被祸,男女老幼日夜哭号,真足令铁人下泪,不知此祸伊于胡底也?

十二月初六日(1月6日)

《申报》

报纪山东教案推而论之

上月二十三日本报录日本新闻云:中国山东省有匪人结红十字会、大刀会、朱红灯会之类,与泰西各国人为难。自去岁胶州湾事起,若辈即乘机作乱,出没靡常,现已啸众至十余万人,以迤西平原县等处为巢窟。上月中旬分出三万余人,劫掠德州之耶稣教士,被其害者十三家,约失去财物四千金左右。近县民人之入教者,无不惴惴。天主教中人,亦有被其滋扰者。目下由济宁迄德州百余里间，狼奔豕突。幸官军节节安营，是以民心尚为安定。乃阅昨报纪《汇报》登某教士上法钦使禀，则知匪类猖獗，尚未有艾。十月初四五日，数日之间大刀会匪首丁家寺僧人，率领刀匪焚毁禹城苗家庄教堂及教民十六家，并抢劫茌城正东之刘家集、王官屯，长清之郑家营、朱庄，茌平之梁庄、王香炉庄、姚家庄、吴屯、小家庄、八里庄、焦庄、马家沙窝等教民数十家，并焚毁张庄洋式教堂，价逾巨万，教民逃百余口。蒋邑尊亲临查勘，被匪开枪，轰毙差役数名。追抚宪派兵弹压，而朱红灯匪首王之邦递书请战，倾巢而出，轰毙官兵二十余名，伤三十余名。现在教民均蹂躏，而匪势尚未见杀。细绎禀中之词，总以抚军未能多发兵勇，认真弹压，致有此祸。执笔人阅之，不禁喟然叹息曰：中国处此孱弱之时，强邻觊觎，皆思蚕食。一无衅端，犹有强索之事，教事一起，则西人必有所借口，现虽尚无眉目，将来办理又必致舌敝唇焦。乱民无知，殊堪痛恨。其残害人民为害犹浅，其贻祸国家为害更大。说者谓遇有闹教之事，西人每以中国官员不善，啧有烦言。现在朝廷已将毓中丞调京，以袁慰帅摄抚篆。慰帅曾统大军，闻已带兵而往，小丑跳梁，不难指日歼灭。而毓中丞因之撤任，西人之意可以平矣。将来事平之后，想不过赔偿焚毁教堂之费，此事似不难了结也。曰：恐未必能如此容易耳。德人占据胶州湾，其心尚未厌足，时有展拓之意，教事一起，能保其别无婪索乎？法人于广州湾界址虽定，而得陇望蜀之心较德为甚。昨报转录中西报云：上月十一日得英京电言：法廷命将东京驻■各营，大加整顿，似有兼并海南之意。观此知法人得尺则尺，已预为要索地步。现虽尚未明言，将来必多轇轕。为中国计，惟有练兵防御，则庶可以靖内扰，庶足以御外侮。星星之火可以燎原，若仅以小丑目之，以为若辈不过与教民不和，决无大志，则养痈成患，即在目前。发逆之乱，前车之鉴也。而况内忧一兴，则外侮因之而至。人谓通商以后，中国之患在外侮不在内忧。不知外侮虽足为患，然断无无端称兵开衅之理。内忧则乌合之众，忽起忽灭。其忽起之时，虽借口与教民为难，而扰乱地方则明明中国之反民。稍一怠忽，则贼势一张，必至不可收拾。以此论之，内忧岂不重乎？且现在内忧之患必由闹教，乱民即借闹教以扰乱内地，外人必借保教以称兵海上，内外相逼其何以堪？即云惩乱民以重典，足以惩一儆百。然所治者数人，断不能尽从乱者而除之者也。若各处兵力一厚，则蠢蠢欲动者自然戢翼潜鳞，不敢有所妄动。不必保护教民，而闹教之事自少矣。若仅责成地方官保护，吾恐一无兵柄，此事终难得手也。

本馆接奉电音

昨日午后一点钟，京师飞电传来上谕一道，敬谨译登：

十二月初四日奉上谕：袁世凯电奏山东平阴、肥城两县匪徒聚众滋事，将教士劫至毛家铺地方。该署抚多方设法救护，并派马队兜拿，卒以防护不及，被匪杀害教士等语。览奏殊深惋惜，各国传教载在约章，迭经谕令各该督抚严饬地方官随时随事认真保护，奚止三令五申？乃山东地方竟有教士被害之事，该地方文武各员，事前疏于防范，已属咎无可辞。若不即将凶犯赶紧缉获，尚复成何事体？著袁世凯迅速将疏防之该管各官，先行参处。一面督饬严缉凶犯，务获惩办，以靖地方而敦邻好。钦此。

十二月初八日(1月8日)

《申报》

刀匪势盛

当署理山东巡抚袁慰廷中丞秉节赴东时,景州一带大刀会匪高建白旗,上书“义和团”字样。姜军门桂题接仗数次,不克奏功。既而新任贵州提督梅军门东益,谒见北洋大臣直隶总督裕寿帅,述及会匪已闯入献县境内,旗上大书“扶清灭洋”四大字。以二十五人为一团,共二十六团,若不早日敉平,恐各国皆将问罪也。事见《汇报》。

十二月初十日(1月10日)

《新闻报》

书昨报纪威海增兵后

英人在威海增招华人充当马队炮队之事,有可为华人喜者,有可为华人忧者。可喜者小,而有未可预必者;可忧者大,而有可以逆料者也。英人之治印度,有英兵七万四千、印度兵十四万五千,而无尾大不掉之虞。盖其钳制印度兵之法,[同]营之兵必有崇信回教者三之一,崇信佛教者三之一,守律法者三之一。其意以为必如是,则各分党羽互为仇雠,历久而不能叛。故现在威海卫添招华兵,亦以湘人、淮人、粤人、川人参错而编置之,使之各不相能。是实以视印度者视我也,是将以治印度者治我也,可忧者一也。华人之养兵每月四两几钱之口粮,除存饷十之一,除军米十之三,复有号衣旗仗之一年一换,棉衣棉裤之一年一发,统领营官之三节两寿,又将去十之一二,其实发者几何?而英人所募华兵,其口粮则每月十元,而无节节之侵蚀、层层之刻扣。幸其现在增募者四百人耳,否则湘、淮、川、粤敢死之士,将悉数入其网罗矣。然第一次已募四百人,今又增募四百人,其陆续之添募未可限止也,则湘、淮、川、粤敢死之士终必转辗而入其网罗也,可忧者二也。中国每遇战事,其兵卒类招集于临时,故兵将不相习,良莠不能分,已足为行军之大病,然犹得曰未必果有汉奸在内也。今则英亦有华兵矣,使一旦有事,彼或以若辈为间谍、为侦探,或泄漏机事,或临阵倒戈,战事尚可问乎?可忧者三也。夫两国相争必致互有死伤,弱国死伤千人,强国必死伤十人,欧人视其同种之生命极重,故不敢轻肇战祸。今有华兵,则有事中国之时,将以华兵当冲,盖视华人自相残杀为不足爱惜,而以后战事将愈多,可忧者四也。向者英或有事于我之北方,其征调陆兵也,最近者为香港、为印度,非朝夕所可至。我虽不善防堵,犹得从容以从事。今既于威海练有华兵,不崇朝而可以抵京津,可忧者五也。五可忧者如是其大，而可逆料其必然者也。至于可喜者，有甚小者矣，有未可预必者矣。外人多有以华人为鄙野不足教、疲弱不可用者。今英人初招之华兵，既以较训练英兵为易，而有增募之信矣，华人得以洗不足教、不可用之耻，可喜者一。此喜之小者也。中国军制之墨守旧法者无论矣，即有聘洋教习、练洋操者，非多方以掣其肘，则朝暮而改其制，练兵之举有难言者矣。今英人所练华兵，其中或有豪杰之士，练成之后率众而归，使中国频增劲旅，虽不能决其事之必有，然不能无此希冀，可喜者二。此喜之未可预必者也。印度国政操之英人，有君如无君，故印度兵不敢叛英者，非特因同营之人各分党羽、互为仇雠，实以既叛之后则不复能容足于印度之地也。今中国俨然有自主之权位，廓然有自治之地方。使英人所募华兵，或因主将苛待，或因同营不和，或念故乡，或思自立，练成之后潜逃归国，而华人用之为管带，用之为教习，较之聘请洋员，既有薪水厚薄之分，复无临战归国之弊，可喜者三。然武员每以朝廷轻视为耻，兵卒久以屡招屡撤为苦，其究能言旋故国与否未可知，则此亦喜之未可预必者也。夫三可喜之内，既有甚小者，复有未可预必者，则我正不能喜，而但觉其忧之深也。

十二月十四日(1月14日)

《申报》

恭读上谕敬注

昨日本报谨登十二月十二日上谕：

近来各省盗风日炽，教案叠出，言者多指为会匪，请严拿惩办等因。惟会亦有别，彼不逞之徒结党联盟，恃众滋事，固属法所难宥。若安分良民，或习技艺以自卫身家，或联村众以互保闾里，是乃守望相助之事。地方官若不加分别，误听谣言，概目为匪，株连滥杀，以致良莠不分，民心惶惑，是真添薪止沸，为渊驱鱼，非民气之不靖，实办理之不善也。我朝深仁厚泽，涵濡二百余年。百姓食毛践土，具有天良，何致甘心盗弄，自取罪戾？全在各省督抚慎择贤吏，整顿地方，与民休息。遇有词讼，持平办理，不稍偏重。平日足以孚民望，遇事自足以服众心。化大为小，化小为无，固根本者在此，联邦交者亦在此。各省督抚受恩深重，共济时艰，必能仰体朝廷子惠元元、一视同仁至意。严饬地方官办理此等案件，只问其为匪与否、肇衅与否，不论其会不会、教不教也。吾民亦当以保卫桑梓身家为务，勿事煽惑以构祸端，勿挟权势以欺乡里。庶闾阎安谧，借纾宵旰忧勤，是所至要。将此通谕知之，钦此。

草莽下士恭读之余，仰见圣虑周详，湛恩汪涉。窃维现在地方官所办之事，以教案为最难。大抵教案一起，人心惶惶，地方官不问事之轻重，必请兵弹压。不特劳师动众，且恐一旦匪人铤而走险，必致案情愈大，即弹压亦愈难。虽历来不无乱民与教士为难，借端起衅，以致蔓延不可收拾，然揆其肇衅之始，则大抵事甚纤微。苟先事预防，平其曲直，则民自无仇视教士之理，教士亦无苛求于民之心。诚如上谕，不难化大为小、化小为无也。乃今一有龃龉,则皆指之为会,目之为匪。人既不能明会之虚实,辨匪之真假,于是煽惑之事起而扰乱之祸成,所谓疾之已甚乱也。自来党祸之兴,必起于过严。禁令苟稍宽也,人视会为无足重轻,而入会者自少,入会者少则祸患亦不戢而自消矣。说者谓现在如山东之大刀会、红灯会以及各处散票之哥老会,固为民害者也。若一概宽宥,则匪类恐更肆无忌惮,闾阎何以得相安?平日会匪固宜严拿惩办,惟断不能因肇事而即指之为会匪。若以为入会即必加重罪,试问有强徒抢劫而并不入会者可以轻恕之乎?有在会而并未犯罪,可无端重治之乎?上谕只问其肇衅与否,为匪与否,不论其教不教、会不会,可谓得治匪之原,而为保民之要策矣。迩者,东南各省盐枭聚赌,劫夺频兴。官吏恶之,有逻获者即罪以兴贩私盐、聚赌行劫。其实盐枭固死有余辜,而良民之被诬者亦或不免。所愿有地方之责者,深体圣意,勿使良莠混淆。则由此推之,将来闹教之事自可以少,而百姓亦不致无辜而蹈典刑也夫!

十二月十七日(1 月 17 日)

《汇报》

义和团闹教纪实

山东义和团之闹教也,一星之火几至燎原。有北通州卫学堂友人曾目击此事,言之较为详确。光绪己亥夏四月,长清匪首朱红灯招众于恩平二县,立会名为义和拳,即向所谓红灯罩、金钟罩、铁布衫、大刀会是也。先起事于冠县,名柳林拳,后因官兵逼剿,遁走恩平,更换名目为义和拳,今则为义和团矣。自称符咒种种灵验,可避刀枪,愈传愈远,愈远愈妄,谓并炮火而不畏矣。愚者信之,知者笑之。其迫害教民也,以逐西教士为第一义。伪称奉太后懿旨,故受其蛊惑者日益众。七八月之间,遂千百成群,依势作威,而天主教民适逢其怒,被抢数十村,耶稣教尚无恙也。至中秋节前数日,匪焰更炽,于是不论天主教、耶稣教,既是教民,不免惨害矣。八月十三日,平原东路口耶稣教民二家被抢,而邻近之李炉庄、刘王庄、看水诸村教民亦岌岌可危。是时恩县李大令维诚、德州宋刺史森荫,遣人至庞庄以保护美国教士,而平原县蒋大令楷尚偃息在床,荧然一灯,吞云吐雾,教士呈稿堆积案架,如无其事也。岂不奇哉,岂不奇哉!迨教士电致驻津美领事转达东抚毓中丞,派百夫长朱镜容带兵百余名前往弹压,蒋大令亦只得勉强从事。匪徒见官兵即匿迹销影,盖有兵退无兵出,亦一绝妙之策也。蒋大令以地方安靖并无匪徒禀报抚宪,朱镜容亦整队而回。九月初七日,匪首又散帖邀请拳匪千余人盘踞于平原之槓子李庄,大书特书曰:“天下义和拳兴清灭洋。”公然具名者曰王子容平原人、孙治泰恩县人、朱逢明或云即朱红灯。欲为则为,王法无有,况官长乎?蒋大令知禄位将不保,亦尝率众捕之,大败而回。从此,旗帜飘扬皆“兴清灭洋”之字矣。九月十二日,匪首朱红灯率党七百余劫李炉庄耶稣教民,计十三家,财物尽失,人则未罹于难。蒋大令睹此形景,欲杀匪之势焰而力不逮,欲陈匪之实迹而言不符,急则智生,遂诬良民抗漕不完,揭牢反狱,一纸公文,求救抚宪。抚宪亦以为民变，急檄济南首府卢太守昌诒、袁统领世敦、副标张振铎、百夫长朱镜容，带马步队七百余至平原相机办理。及至，卢太守等始知所谓抗漕不完、揭牢反狱，实无是事，而匪徒闹教则势固披猖也。九月十三日，匪众欲渡赵王河以西至恩县庞庄，平毁耶稣教堂一座，据守其地，以为巢穴。李大令得信，密遣人扼守渡口要隘不得过，又力请教士暂为避锋以防奇祸。教士闻李大令之言，甚德之。十四日，匪与官兵遇于河东岸之森罗殿，是时官兵约三百余，卢太守遣役持刺劝若辈痛改前非，各安本分，勿信邪说，勿布谣言，免贻后悔。而匪党悍然不顾，反劝卢太守入其伙。太守闻而大骂，匪知徒言之无济，遂鸣其抬枪，燃其笨炮，俨临大敌。官兵本无战心，虽有枪而未备子药，此官兵之积习行之久矣，不独此次然也。于是乎为匪所败，幸朱镜容带领马队五十驰往援救，与匪死战，匪徒力渐不支，急遁走。计是役死于弹下者约二百余人，有谓实系匪党，有谓误杀赶市之良民，因匪亦无枪者多，莫得辨其真伪，据官长言则谓真匪。然蒋大令革职，袁统领获罪，匪徒误会以为是攻匪之过，洋洋自得曰："毓中丞护我，谁奈我何？"从兹闹教滋事为祸更烈，先惟闹于恩平，后则布满茌平、禹城，遍处皆是矣。先惟山东一省，后则蔓延直隶枣强、景州、衡水、武邑、冀州矣。先惟劫掠财物，后则毁教堂、杀教士无不可矣。先惟蒋大令姑息养奸，后则有毓中丞暗唆而明纵之矣。卒至美教士电书交驰，归其过于毓中丞。公使告之，总署诺之，中丞亦由此离任。虽然，山东教案果毓中丞作俑乎？认流溯源，不得不追思李鉴帅。自鉴帅坐镇齐鲁，土匪劫杀德教士，德人借此据青岛、割胶州，其种隐伏数年后而遂有如此之结果。呜呼，噫嘻！已上均录《国闻报》。

十二月廿五日（1月25日）

《申报》

论中国裁兵之失计

中国自甲午高丽之役，将庸卒弱，败于海滨蕞尔之日本，偿巨款，割岩疆，俄、法、德三国乘机而起，各挟其奢愿以相偿。撤我藩篱，入我堂奥，群雄并峙，分据一方。地方权利半为所夺，而各国鹰瞵鹗视，狡焉思逞，犹时有得尺则尺、得寸则寸之谋，腹心之患，靡有已时。有识者感怀时局，方切杞忧。乃我中朝执政诸臣，辄以赔款难筹，饷需无出，不知卧薪尝胆，竟为医疮挖肉之谋。朝议裁兵，暮驰羽檄，计臣持之，朝廷行之。一若从此可以承平共享，不复用兵也。遂使畴昔从戎之士，身经百战，一饱难谋，撤伍归田，才能无用，不得已铤而走险，流为匪徒。于是向所借以防患之人，今皆起而为患。盐枭千百，肆意横行，地棘天荆，到处皆是，而各省闹教之事，近更日甚一日。驻防营勇本虑单弱，一旦事起，遂有鞭长莫及之虞。地方官或畏葸性成，曲为隐讳；或视为无足轻重，养痈成患。迨至酿成巨祸，始飞禀大宪，调兵剿办。又恐顾此失彼，不能大举雄师，而若辈则煽惑多方，势焰日炽，涓涓不塞，将成江河。屈指近数年来，教案之多，较之往年而不啻数十百倍，非尽由于人心之好乱，盖亦兵力不强有以启之。夫裁兵本以节饷也，乃兵既裁而内匪不能制，外患亦因之日深。内匪知我之所虑在外患,则先乘间与外人构衅,使我内外受敌,防不胜防,而后可肆其蹂躏。其他教案,姑弗暇论。即以去年川匪余蛮子一案而言,蔓延数州县,时阅一年余,教士被禽。法人借为口实,大肆要胁,迨经王芍棠方伯锐意进剿,余匪就款,教士释还,始得竭力议结,然而赔至数十万金矣。此外,则毁一教堂,动辄数万金;害一教士,抚恤又数万金。一波未平,一波又起。中国之财力有限,后来之祸患无穷。土匪既不能以国步艰难稍为安辑,而外人之眈眈虎视者皆将借为矢的,微嫌偶启,婪索随之。争之于地方官不得,则争之于疆吏;争之于疆吏不得,则争之于总署。偶有一二兵舰游弋江干,则举国相顾而失色,外人知我之无能为也,有挟而来无不如愿以去。而中国之地愈失,中国之财愈贫,中国之兵愈不能振。夫兵养以财,财出于地。今自裁兵以来,统计所节之费,其果足抵各处教案赔款乎?况我毁彼一堂,戕彼一命,则索费如此之奢。而彼虐我民人,欺我官长,则非惟无罪,且将自罪其民,自褫其官,以悦外人之心而关其口。怨恨之气积于人心,不逞之徒乃益恣其毒焰,此外侮之亟,所以益丛内忧也。近者义和团匪起自山东,扰及直隶。自秋迄冬,羽党日众,焚毁教堂七八处,杀毙教民十余人,劫夺教户数十家,甚至杀害西教士。而官兵剿办,辄苦众寡悬殊,不能得力。虽以袁慰庭中丞之晓畅戎机,而一至祸势已成,犹不能立时扑灭。盖天下事,防之于机先易,防之于事后难;防之于初发易,防之于已炽难。从前中国之兵未必果皆勇猛也,而闹教尚不数见,亦以刁斗森严,若辈有所忌惮耳。呜呼!川匪之患,教士未戕,故事犹易了结。今者义和团为祸益烈,大兵未易剿平,救火抽薪,正不知当轴者如何处置?诗曰:"谁生厉阶,至今为梗。"抚时感事,吾能无太息痛恨于倡议裁兵之失计哉!

光绪廿六年

正月十二日(1900年2月11日)

《申报》

团匪被禽

天津访事友手书云:客腊十二日,紫竹林法国租界某巡捕,在某梨栈内拘获匪徒李富荣,协同通班巡捕解赴津海关道署。闻李系武强县人,当在深州时曾入义和团党,有拆毁天主教堂情事,与是处某镜铺中人吴老学同乡。至此被吴侦悉,密报捕房,遂得拘获云。

正月二十日(2月19日)

《申报》

解散拳匪

署理山东巡抚袁为出示严切谕禁事:照得左道惑人,向干例禁,聚众滋事,显悖王章。我国家厚泽深仁二百余载,海内士庶食毛践土,宜莫不各安本分,共识尊亲。况东省素称礼义之邦,先圣先师教泽涵濡,至深且久。凡属干名犯义之事,岂我良民善类所为?乃近闻有义和拳者,本八卦教之流派,即白莲教之分支。以练习拳棒为由,而招集党类,以附会神灵之说而蛊惑人心,谬为血肉之躯可避枪炮,诡称符咒之术可卫身家。荒诞不经,诬罔实甚。初则尚知敛戢,近则公然横行,党羽日多,胆敢抗拒官长,蔓延滋广,兼且劫掠平民,实王法所不容,亦圣教所必斥。但愚民无识,或一时误为邪说所惑,愚人信其可作护身符,而不知倡首各匪实乃包藏祸心,不过借此行其耸动群愚、啸众俦类之计。苟附和而信从之,一旦身罹法网,骈首受诛,后悔何及!是则无知而被诱者,情殊可悯,为首而煽惑者,罪无可逃。溯查嘉庆年间,奉仁宗睿皇帝圣谕:饬拿义和拳匪,严行惩办,以靖闾阎,不可养痈贻患等因,钦此。原任直隶总督那文毅公,历办青县、故城等处传习义和教门各案,将匪首叶幅明、葛立业等均分别拟以凌迟斩遣等罪。又按律载:妄布邪言、煽惑人心者,为首斩决;又异性歃血订盟,聚众至二十人以上者,绞;又不法匪徒纠劫兴会、抢掠拒捕者,首犯斩决。煌煌圣谕,森森律令,载在简策,具有明征,岂可甘心从邪,以身试法?本署抚院钦承恩命,建节东来,统率军兵弹压镇抚。原不难立加扑灭,究不忍不教而诛。除已严饬查拿首要各犯暨匪首朱红灯、杨和尚、于清水三名均经正任巡抚部院毓讯明正法外,合行出示晓谕。为此示仰军民人等,一体知悉。务宜互相劝诫、守安分常,仰体国家休养生息之仁,毋贻忧于君父。恪遵圣人大中至正之道,毋误堕于迷途。其已入拳教者,痛改前非,立时解散。其未入拳教者,勿复附从。有能激发天良缚献首犯者,定与以自新之路,并奖其除恶之功。如其执迷不悟,怙恶罔悛,是乃甘蹈刑章,当严缉惩治。或敢包庇匪首,隐匿不报,一经发觉,定将窝主按律科罪,并将里保一并究惩。倘再目无法纪,恃众抗官,大军一临,玉石俱碎。本署抚部院谆谆苦口,勿谓言之不预也。示到其各凛遵勿违,切切特示。光绪二十六年正月■日

正月廿二日(2月21日)

《申报》

述拳匪起事缘由

山东义和拳匪徒揭竿倡乱,延及直隶景州一带,一切情形缕纪前报。兹接天津访事友人续函云:日前直隶总督裕寿帅即禀即札委候补道张毓渠观察、莲芬督帅剿办,旋拘获匪徒七十余名。本月十二日,会同州主某刺史研讯,大约即须斩首市曹矣。闻拳匪滋事之初,实由山东某县土人与教民积不相能,颇有蠢蠢欲动之势。绅士惧,相约诣府署禀陈府尊某太守,飞禀山东巡抚毓大中丞,请派兵弹压。中丞立派袁军门带兵而往,及至,即传绅士到营诘问。而人多口杂,不免稍有不逊之言。军门赫然震怒,遽令开枪轰击,以致当场伤毙二百余人。于是绅民穷无复之激而为乱,与大刀会、义和拳匪人合股,欲与官兵为难。事为言官所闻,据情入奏。故皇上特召中丞入都,而令袁慰庭侍郎署理抚篆云。

正月廿五日(2月24日)

《申报》

论遏乱萌宜严查盟会

迩年以来,各处匪类横行不法,忽起忽落,旋灭旋生。岂官兵剿抚之不力欤?抑四方乱民之众而不能一网打尽欤?阅连日本报所纪,江北则无和、含巢等县小刀会匪,异常猖獗,不特富室夜不安枕,即田舍翁多收数石谷亦被搜括无遗。其党类皆本地痞棍,勾结外

来游勇及安清道友等，啸众于滨江之五显殿、雍家镇、连■中路、马家渡、黄家渡、三叉涧、计家坝、新坝、汤家沟、三官殿、俞家坝、何家坝、烟家湾、姚王庙等处，开堂放票，一仿哥老会之所为。乡民购其票布，输以财帛，即可安居。绅衿之家或遇被掠，诉诸头目，亦不难原璧归赵。惟不可禀官请缉，禀则祸无已时。广东潮州则普宁县境郭厝乡，出有械斗之事，合数百村之众，戮力同心，以致居民皆纷纷逃避。地方官正禀请拨兵弹压，而嘉惠各属土匪又复猖獗不靖。山东则义和拳匪揭竿倡乱，延及直隶景州一带。观其为乱之事，虽情形不一，而原起乱之始，则皆不外聚众会盟。初仅愚鲁之民为其所惑，继则懦弱之民被其所胁，随声附和，拥众胡为。小则杀人越货，大则抗官害民。幸而发觉尚早，其势未成，得以立时剿灭，而人民之遭其蹂躏者，已不可胜计。一或因循，则必支蔓难图，蹈昔日粤匪之覆辙。现在江北各属，虽经地方官禀请安徽抚宪邓大中丞，檄令澄清营统领徐副戎，管带勇丁三百名、炮艇十二艘，直抵无为州，并拨任和州、含山、巢县等处分投驻扎，竭力搜捕。匪类知不能敌，皆已逃散。广东亦经督宪李傅相，札委黄和廷镇军，专办潮属九县及惠属海陆二县、嘉应一州四县积匪。一面移咨陆路提督选派得力将弁，将归善县各乡匪首积窝严密搜捕，并饬水师营整饬洋面。山东则经抚宪袁大中丞严行查办，其势已平。要之，之数处者虽暂时安静，而究竟余孽未清，不能不为后虑。且匪类所在，皆有不止一省，亦不止一处。散则为民，聚则为匪。蒙意与其临事而剿、事后而搜，则何如先事预防、遏其乱机之为愈也？夫匪类之起，既由结盟拜会，则惩乱之道，自当以严查盟会为第一要义。虽去岁朝廷有不论其会不会、只论其为匪不为匪之谕，一似盟会等事尽可从宽办理。不知此谕实为各处教案而发，非可一概而论。匪类在盟会之时，固无为匪形迹，一旦起事，则其势已成，办岂易易？律载："妄布邪言，煽惑人心者，为首者斩立决。"又："异性歃血订盟，聚众至二十人以上者，绞。"是盟会等事久干例禁，岂可误会去岁之上谕而宽之耶？或曰：私自结盟立会，若辈必多方隐匿，即欲严查，安得而知？则应之曰：此所以须办保甲也，保甲一兴，则凡一乡一里之事皆有所责成。由官而董，如身使臂，如臂使指。乡里之间苟有所事，无不洞知。况盟会等事必有煽惑之迹，尤可访而可查者乎。若舍此不究，俟其羽翼已成而始兴师动众也，亦已晚矣。

正月廿九日（2 月 28 日）

《申报》

论山东义和拳匪徒肇乱事

山东义和拳匪揭竿倡乱已数月于兹，迩来党羽更多，延至直隶景州一带。日前虽经直隶总督裕寿山制军，札委追补道张毓渠观察督兵剿办，拘获七十余名。然其党散布四方，且又与大刀会联成一气，约计人数必有数千。仅获七十余名，恐尚未能就此解散。闻拳匪起事之初，实由山东某县土人与教民为难。蠢蠢欲动，势颇可虞。绅士惧，相约诣府署，禀陈府尊某太守飞禀山东巡抚毓佐臣中丞，请派兵弹压。中丞立饬袁军门带兵而往。及至，即传绅士到营诘问,而人多口杂,不免稍有不逊之言。军门赫然震怒,遽令开枪轰击,以致当场击毙二百余人。于是绅民穷无复之激而为乱,与大刀会、义和拳匪人合股,欲与官为难。事为言官所闻,据情入奏。皇上特召毓中丞入都,而令袁慰庭侍郎署理山东抚篆。侍郎长于兵事,威望夙隆,区区乌合之众,谅不难一鼓歼旃,俾生灵免遭兵革之苦。且义和拳本即八卦教、白莲教之流派,诡称符咒,谬托神灵,以为血肉之躯可避枪炮之害。种种荒诞,无非蛊惑人心。其托词于练习拳棒者,实不过欲避邪教之名,而借以招集党类也。恭溯嘉庆年间,我仁宗睿皇帝曾降谕旨饬拿义和拳匪,严行惩办以靖闾阎,不可养痈贻患等因,钦此。盖是时陕蜀教匪迭起为乱,故仁庙为惩前毖后之计,不稍姑容。乃不谓迄今已近百年,义和拳余腥复染,死灰又燃,大吏不能先事防维,致使羽翼分张,横行不法。近更勾结大刀会匪众,抗拒官长,益肆其不轨之谋。回忆昔年直隶总督那文毅公,办理青县、故城等处传习义和教门各案,将匪首叶福明、葛立业等分别拟以凌迟、斩遣等罪。使东省各官早能见及于此,解散其众,惩治为首之人,何致诱煽愚民,蔓延滋广?今者虽临以袁慰廷侍郎之素娴韬略,原不难立奏凯歌。然与其动众兴师扑灭于事后,何如防微杜渐剪除于事前?此吾所以不能不为东省大吏责也。且更有不可恕者,此事之始,由土人与教民龃龉。绅士恐酿事故,禀之府尊,转禀中丞,请兵弹压。在绅士,可谓能安缉地方,防患于先事矣。为中丞者,宜如何慎选贤能,畀以兵柄,俾得驰往劝导,民教借以相安。乃漫以刚愎自用之袁军门,掌握兵权统师而往,非但不能使民教相安于无事,反以意气之故,当场击毙平民二百余人,以致绅士义愤难伸,联合大刀会、义和拳匪人,激成变故。衡以知人善任之义,中丞能辞其咎乎?然犹曰此尚可为中丞解也。乃既肇此巨祸矣,则中丞自宜将袁军门檄至抚辕,治以鲁莽从事之罪,甚或奏之皇上,斩首市曹,为已死之二百余人谢。何中丞竟不出此,而坐令善良之民激而生变乎,是则中丞之咎又奚辞耶?夫中丞本为当今守旧之尤,去年在东抚任内,曾以弓矢为我朝法度,令各营军士尽废枪炮,仍习弓矢。执笔人既纪其事于报端,而不禁为之捧腹大笑。然则如中丞者,其才其识,竟妇人、孺子、仆隶、厮养之不如,又何责其事前之不能知人善任乎?更何责其事后之不能弥缝补救、杀一将以安靖闾阎乎?或曰中丞之才识虽不足,而中丞之势力则有余,观其应召入都,而朝廷仍不加以严谴,非依托当今权要重臣,曷克至此?然而东省拳■之祸则固自中丞启之矣,拳匪固足戮,中丞殆亦分一半之咎耶?

二月十七日(3 月 17 日)

《申报》

谕禁习拳

天津访事人来函云:意合拳亦名“义合拳”,起自山左,蔓延于直隶之大名、顺德等府。迩者津郡亦有此风,闾巷顽童,自负男儿好身手,辗转传习,略不避人。督宪裕寿山制军以邪说惑人,特派拨马队一哨,在海道下及营门外三义庄、何家口及东楼、西楼各村,昼夜轮流巡缉，风行雷厉，有犯必惩。某日复出有示谕云：自示之后，如或阳奉阴违，一经拿获，其在场教习此拳者，杖一百、流三千里；习拳者，杖八十、流三千里云云。似此法令严明，彼好事之徒，当不敢以身试法矣。

二月廿五日（3 月 25 日）

《中国旬报》第六期

中外时事：义和拳

山东省内向有义和拳会，乃白莲教之余党也。向为良民害，官绅迭加查禁，会党向来敛迹。迨上年教案频起，会党煽聚愚民，竖旗起事。旗上大书“扶清灭洋”字样，以致无知乡愚附和日众，或则改名义和团，自称有祖传秘术，能避刀枪，免受损伤。所到之处，焚毁教堂，戕杀教士，地方有司置之不理。若辈遂以山东为总会，上月派党八百余人，在某县城外某村筑垒招兵，屯置长枪火炮，县官竟熟视无睹。上台札查，则以地方平静覆禀。匪党既众，蔓延渐广，目下静海县、平度州皆有匪党出没，甚且窜扰至直隶河间、保定等府。即北京之四郊，河南之新城，皆有匪魁煽惑多人，藉口练拳，专与教民为难。闻英、美、法、德四国公使，联衔照会总理衙门，逼请中国政府饬各疆吏派兵剿办。经新城县官亲身临阵，歼杀三匪。各匪大败逃走，为官兵所促，匪党九十余名逃匿一庙宇内。官兵将庙围住，纵火焚烧，各匪多生葬火坑，并有匪党二十七名当场生擒，用绳穿其琵琶骨，押解回城讯明后，即将八匪就地正法。余则详解府衙听候审办，而静海县官亦派兵拿获匪魁三名。无如匪众党盛，仍未稍为敛迹也。

中外时事：大刀会

山东省前年曾有大刀会匪竖旗聚众，专以闹教为事，而良民亦间受殃连，后经官兵剿捕，会党星散。乃近日该省东南一带，又有二百余人，自称为大刀会，到处煽惑，经官发兵剿办，擒获九人，余党复散如鸟兽。

中外时事：阻挠路工

德人既得胶州湾，即擅筑山东车路利权。前月，派委工程师沿途建筑至高密县，土人不服，聚众阻挠，致伤车路工师人等。事闻胶州德总督叶君，派兵一百八十名，携带大炮及连珠炮各二门，沿途设卡保护。正月某日，车路公司派人携带器具，行经潍县，被匪截劫。县主查起原赃，交回公司。嗣公司总办锡君赴济南谒见东抚，商立合同，其弟送至高密县西乡而返，归途亦被濠里乡人追击。虽幸免损伤，然已受惊不少。东省大吏特派洋操营勇八十名驰诣高密弹压。不料被土人所逼，营垒二三座多被毁伤。观此情形，恐难免酿成交涉重案也。

三月初五日(4月4日)

《申报》

示禁拳匪

钦命直隶总督部堂兼北洋通商大臣裕为剀切晓谕事。光绪二十六年正月二十二日本大臣钦奉上谕,总理各国事务衙门奏请饬严禁拳会一折。上年据山东巡抚电称:各属义和拳会以仇教为名,到处滋扰,并及直隶南境一带。叠经谕令直隶、山东巡抚派兵弹压。此种私立会名,聚众生事,若不严行禁止,恐无知愚民被其煽惑,蔓延日广,迨酿成巨案,不得不用兵剿办,所伤实多。朝廷不忍不教而诛,著直隶、山东各督抚剀切出示晓谕,严行禁止。百姓咸知私立会名,皆属违禁犯法,务宜革除恶习,勉为良民。倘有执迷不悟,复蹈故辙,即行从严惩办,勿稍宽纵。至民教同是编氓,凡遇词讼案件,地方官务当秉公审断,但宜曲直显分,民教不得稍有偏倚,用副朝廷一视同仁之至意。将此各谕令知之,钦此。查定例:游手好闲不务本业之流,自号教师,演弄拳棒教人,及投师学习,并抡叉舞棍,遍游街市,射利惑民者,严行禁止。如有不遵,一经拿获,将本犯杖一百、流三千里。随同学习者,杖一百,徒三年,限满递籍,严加管束。如坊店、寺院容留不报,地保人等不行查拿,均照不应重律,杖八十。是教习拳棒,射利惑民,本属大干例禁。况近日无知愚民,惑于外来匪徒持符念咒、降神附体能御枪炮之说,辄私立义和拳会,练习拳棒,蔓延各处。以仇教为名,滋事扰害。迨兵役捕拿,其凶恶之徒犹敢恃众抗拒,更属目无法纪。屡经文武地方官示谕劝导,仍多阳奉阴违、迷而不悟者。试思民教同系国家赤子,即有相处不平之事,亦当告官审理。乃辄敢持械拆毁房屋,抢掠财物,甚至掳人伤人,抗拒官兵,其情与强盗、土匪何异?尔等各有身家性命,何苦被匪煽惑执迷不悟,自蹈刑章?除通饬地方官严行查禁、有犯必惩外,用特剀切晓谕,为此示仰各属绅民诸色人等知悉。尔等须知,招引徒众私立会名,演习拳棒,均属违禁犯法。其聚众滋事,倚强肆掠,尤为法所难容。所有设立拳厂、煽惑滋事首要匪犯,现务严拿惩办,断不能幸逃法网。其无知愚民被诱入会习拳者,亟宜各自悔悟,革除恶习,勉为安分良民。如能迅自改悔,自当宽其既往。倘犹不知悛改,复蹈故辙,再有设厂习练拳棒、射利惑民情事,即由地方官会营捕拿,从严惩办,决不稍从宽贷。至民教同系编氓,朝廷一视同仁,原无歧视。遇有词讼,应听官为审理,该民人等不得妄逞私忿,横肇衅端。教民人等亦不得生事凌人,砌耸教士护庇争胜。该地方官亦当恪守约章,审断案件,不论民教,但分曲直,持平办理,不得有所偏倚。该民教人等务各安分守法,尽释猜嫌,共敦雍睦之风。本部堂有厚望焉。各宜凛遵毋违,特示。

三月初七日（4 月 6 日）

《申报》

详述拳匪闹教事

山东义和拳匪阑入直隶境内为害教民，本馆前已将访所述情形备登报牍。兹阅徐家汇《汇报》似更确切详明，爰节录之。《汇报》之言曰：义和拳匪颇信异术，专与教中人为难，每谓诵咒书符可避枪炮。直隶所辖东明、长垣、开州、威县等处密迩齐东，教堂教民被害尤甚。去秋故城被毁教堂一所，县主某大令拘犯庭讯时，拳匪百余人手执洋枪，前来恐吓。大令恇惧，给钱三百千始散。刘八庄教民闻而恐甚，纷纷迁徙。大令虑被上司记过，勒令迁回。未数日匪人大至，教堂被焚，并杀毙一教民投之于火，被伤者亦有数人。既而匪人转至献县境东大过村及张家庄两处行劫，教士约集教民数百名将教堂保护。东大过村之南乜家庄某姓，家赀甚富，惧匪人之横，佯与交欢，且具鸡黍款之。正在观我朵颐时，各匪忽持械出门，群赴大郭村将教堂攻击，教民均升屋鸣枪以拒。未几官兵大至，匪人遂遁。时正初更，匪人预备大车数辆，意图装运所劫赀财。迨计不能施，遂载枪毙之尸而去。是役也，匪人死伤甚多，去后遗下死尸五具。次日小范地方有匪人约三千名，意将报复。大过村教中人闻而大惊，遍告邻近教民集众援救。越数日，匪人啸聚大过村迤东幸樊屯，营勇二百名驰至，又有马队百名来自天津，拘获匪人六名。先是堂中已由官吏派勇十二名守护，至是声威愈壮，人心遂安。闻当道本派勇丁五百名，后分其半守南关，又分若干往朱家桥。逾二日，续到勇丁一千名，连日与匪人鏖战。统计匪人之死者，朱家河三十名，东大过村三十名，阳东三十名。盖景州之匪聚集朱家河时，官军单弱，只有马队二十名、步队四十名，其后又调来二百五十名。匪人遂拼死相争，为背城之借开仗互斗，得杀毙匪首一名，乃寺僧也。僧颇强项，虽断其手足，犹辱骂不已。未几，又获二僧，亦皆匪中之桀悍者。一则斩首，一则押至朱家河讯鞫，旋解入城中。匪人遂遁至深州境内，各乡风鹤惊传，有挈家远徙者，有出赀贿和者。迨匪人围阳太西河头天主堂，鲍司铎惧而脱逃，匪人乃执司事囚之。适县差至，方得释回。时近处六村庄，悉数被掠。西河头教堂李姓司铎逃至东河头，方行弥撒礼，突有西河头急足至，以教民某姓被擒告。一时堂中助祭者恐其遇害，结伴往援。匪人移怒东河头，恣行要索，直至给以青蚨二百五十千，围始解。李司铎以匪踪飘忽，东河头未便存身，乃易服宵遁至献县暂居。此股匪人旋至景州，举火焚刘八庄教堂，杀一教民。刻下方扰扰纷纷，不知何时始能平定也。

三月初十日(4 月 9 日)

《申报》

山东戕害教士案谳词

香港《循环日报》译登西字报云:英教士勃罗克司君在山东被戕后,驻京英使檄调上海总领事署英员甘勃儿君前往查办。甘君既抵济南,袁慰庭中丞以下均以礼相迎,并派亲兵二十名伺候。甘君即乘轿往被戕处详勘一周。旋于西历二月二十八号即华历正月二十九日会讯。计名单所列犯事者共二十二人,内有十五人已就获;旋又拘获三人,讯得其中大半牵涉大刀会匪,但与勃教士之事无干。甘君共带随员二人,一为麦都斯,一为科灵,均英教士也。当会讯时,设公案三。甘君与臬司坐正中,左为麦、科二君及抚署译员,右为候补知府三人。所问一切,均由臬司代诘。甘君间亦亲讯数言,随讯明戕害勃教士之犯实共七人。内孟光文、何仿臣、何庆明、彭晏谟、李东坤,系大刀会匪之类。李大程在其地开设客栈,刘秀宜充当地保,均承认下手不讳。并称事由孟光文起意,因疑洋人曾药毙其弟,故来此复仇也。至何庆明,当捕获时业已受伤。李东坤、彭晏谟只袖手旁观,并未助之为虐。李大程无辜保释,刘秀宜等人亦均责释,惟三首犯大约须拟抵云。

三月十六日(4 月 15 日)

《申报》

拳匪未靖

天津访事友来函云:津郡城乡各处,幼童之习义和拳者,虽经地方官迭次示禁,终未能尽绝根株。近来并幼女亦习此术,名之曰红灯照。河东小营门内外及津西杨柳青镇,均有匪人暗中传授。红粉娇娃,几变为绿林侠客。日复一日,谣诼纷腾,到处粘贴匿名揭帖,造言生事。各国赴津官商,先事预防,禀请调集兵舰。月初某日,已有英舰两艘来泊大沽口外,工部局现又运到快炮一尊。噫!外患内忧日见侵逼,有地方之责者奈何不早为之防哉?

三月二十日(4 月 19 日)

《新闻报》

团练与团匪不同说

山东义和团匪妄造妖言,煽惑愚民,势焰日炽,蔓延日广。京都、直隶、奉天、吉林,市朝之上、乡曲之间,多有信其邪说,随声附和者。然考其收服人心之宗旨,则首在于为难教民。外人传教者屡受其窘,于是各国使臣责之于总署。有谓中国宜速行剿灭此辈者,有谓华官皆有意怂恿此辈者,有谓各国将自行派兵保护者。责难之言纷至沓来。朝廷恐开罪于邻国,本月十八日特降上谕,其大旨略谓乡民设团自卫,原可听其自便,恐其借端与教民为难,若各省督抚严饬地方官随时剀切晓谕。在朝廷之心既恐失邻国之欢心,复恐挫士民之志气,谆谆诰诫,甚费踌躇。然而义和团者四出劫掠,实为盗匪之一类。凡未入其会者,必肆行[荼]毒。农工不安于耕作,商贾不安于贸迁,大反于古人守望相助之谊。然恐官吏究治,则自名曰义和团,比附于设团自卫之说。恐人心不归,则竖旗曰"扶清灭洋",以为有尊君亲上之诚。假此护符,乃得以掩其剽掠之行,逞其聚众之术。虽然,北方良懦被其欺陵,教民有西人为之伸冤,并未入教而饮恨吞声者,不知凡几。故自卫之说,可以蒙颟顸之官吏,而不可以欺目睹其横、身受其害之人。多一件教案则中国多一件吃亏,多一次教案则中国多一次耻辱,故扶清之说可以愚乡僻之士民,而不惑稍通事理、熟悉洋务之人。秉国钧者,念一方涂炭,何忍于心?则以内政而论,本当将此等匪徒痛行剿灭。听各国之责言不堪入耳,则以外交而论,又当将此等匪徒痛行剿灭。乃仅由各督抚严饬地方官剀切晓谕,吾恐地方官一纸示文敷衍了事,使团匪视之,以为自卫之说降自纶音,势焰愈张,蔓延愈广,在外人视之以为庇匪之说。有此铁证,责辞愈厉,要挟愈多,自此以后,内忧外患交逼而来,将有噬脐莫及之悔矣。至于团练一法,亦强国之要图,与团匪迥不相同,未闻有为难教民之事。方今军饷不充,军容不壮,正望各省士民举行团练,助兵勇之不足。然而统观各省团练,尽多视为故事,毫无振作。方期朝廷鼓动其气、激发其心,以成劲旅。今上谕之中虽有听其自便之说,然各省团练实未尝与教民为难。小民无知,恐误以为团匪、团练,朝廷一律相视,从此不敢举办团练以自居于疑似之间,以自污于匪徒之列。而各省会匪如三点、三合、红灯、哥老、大刀、小刀及盐枭、光蛋、地棍、青皮,反得假此为名聚众肆劫,岂朝廷谆谆诰诫之初意所及料哉?是故义和团匪不加痛剿,则不足以免邻国之借口,安士民之身家。团匪、团练不加分别,则不足以鼓士民之志气,解匪类之胁从。今者诏书一纸,流播五洲,积弱之余,难禁风浪,彼草制之臣岂可误会朝廷之意?夫朝廷之意,岂愿邻国之失欢?士民之挫气,团匪之长焰,内乱之迭兴,外患之交至,故几费踌躇而降兹明谕。自兹以后,其果能副朝廷之意也耶?

三月廿五日(4月24日)

《中国旬报》第九期

中外时事:视听录

直北一带,义和团众几于无处不有。其徒又四散招人入会,从者更多。沿至热河地方,更多有随风回应。满员或袒护之,声势益炽。又天津各行店所用之华人,多有附入义和团,文武兵弁间,亦依援团首以为保家计。天津官府揭有匿名帖,声言三月初一日焚毁洋房,驱逐洋商,当道异常警察。

四月初一日(4月29日)

《清议报》第四十三册

论义和团事中国与列强之关系

先忧子稿

山东义和团起,蔓延直隶,于是德、法诸国大集兵舰于天津,要北京政府以二月平复,否则须以兵自平之。而中外各报亦皆哗然,谓北京政府实阴袒义和团,以与西人为难,此难实未易平也。先忧子曰:有是哉!中国自治之主权,将由是而尽失。外人干预吾内政,将由是而愈甚。中国之亡,其在此乎?夫国土无大小,国势无强弱,既为独立之国,即有自主之权,故吾国有害于他国者,则当竭力以除之,加意以卫之,而不令彼之稍受其祸。若他国有害于吾国者,亦可正言以斥之,严词以拒之,而不容彼之横溢其权。盖卫彼者所以尽外交之道,而拒彼者所以完自治之权也。今以堂堂大国,有盗不能自治。虽无侵治失权,已为大耻奇辱。况乎行诡秘之丑谋,托奸宄以自保,外招强邻之侵侮,内损应享之利权。而主之者方自欣然以为得计,不知彼将有异谋,因而用之以为利耶?抑止求自保其歌舞之湖山、咫尺之园林,而国权之得失、国民之利害,固非所计耶?诚不知其是何居心,而必出此耻辱无聊之下策也!

悍矣哉!西人之侮我中国也。国于大地之上,号称为国。而不畏他人之凌胁者,以其行政施令,一切可以自由也。人失天赋之人权,斯不可以为人;国失自由之国权,斯不可以为国。故公法,国中自主之内政,非他国所得预闻。若可预闻,即非自主之国。西人之不以自主之国待我也久矣。要铁道,索矿产,则侵我财政之权也;租港口,张势力圈,则握我土地之权也;阻我加税,则夺我税则之权也;勒我革官,则干我用人之权也。一切行事,皆已夷我如其藩属。今又涉我内政,其所以凌肆而侵柄之者,方骤进而未有艾也。然彼非理之事,必饰以至美之名。今之此举,彼固谓若之内地有乱,于我商务有碍也,于我教民有损也。若不自平，我不得已代为平之。然我止代平贼，非有他也。然此而可预，孰不可预？贼不能徒平，必将代吾练兵，且必将代吾筹饷、代吾执政，而犹曰实不得已，吾非有他。此犹七十年前土耳其内乱，英、法、俄三国犯公法而预其事，而卒遂分其地而柄其政也。呜呼！行则桀也，而言则尧言；实则蹠也，而名则惠名。此其术固置中国于股掌之上，而任意玩弄之、凌侮之，而吾国民犹多茫然不以为怪者也。

然狡焉思启，何国蔑有？此固有国之恒情，且我有乱而彼受其害。我不护之，而彼乃自求护，此固不能责之外人也。物先自腐，而后虫得而败之；木先自朽，而后蠹得而生之。谁生厉阶？固不能不痛恨于伪政府之至愚极妄也。夫国势之弱，谁不愤之？然必任贤才，行新政，赫然奋发，然后国体可兴，外侮可御。我皇上奋然变法，百日之内未尝一闻外人要挟之事，此其明效大验矣。乃幽废圣主，诛捕忠贤，反弛新法，规复弊政，而徒袒庇于奸宄，倚任其邪术（闻义和团有符咒，能咒枪炮使不然，又能使处子练术，可持灯行空中，伪政府极信之，以为足御西人，至为可笑），是以积弱为不足，而欲速其亡也。自古无此治体，亦自古无此政策，虽昏骏童竖且犹知其不可，而顾安然倚之，此固其愚之不可及者矣。天下无孤立之人，天下亦即无孤立之国，故立于列邦之间，无不有交际交涉之事。欲求自立，亦惟自强，从未有绝人而可以自立者。且海禁之开数十年矣，通聘之使，冠盖相望，已通者不能复塞，已开者不能复闭，天地自然之理也。日本明治之前，大倡尊攘之说，既知王可尊而夷不可攘也，故幕府既倾，即易锁港为开港，而维新之治遂成。今中国止可言尊王，而不可言攘夷明矣。乃以内政不修，致人迫辱，不反修其政治，而忽欲以五十年前闭关之策，施之今日之外人。夫外人之眈眈于中国也，磨牙张爪，环伺其旁，虽无瑕隙，犹且无端而要求，无端而恫喝，无端而割地。今乃横挑其衅，故激其怒，显授以间，是患其要求之少而招之来，虑其割地之缓而道之速也。谚曰"开门揖盗"，此匪直开门揖之，且攬袪以邀，取货以纳也。以此谋国，宁不异哉？此又其愚之不可及者也。

虽然，彼固非不知其害，而全懵于事势者也。窃尝窥其深意，察其用心，其用意盖有二端焉。一曰仇视汉人而遂并及西人也。大清之入主中国，二百余年矣。虽不能尽泯满汉之界，而汉人久已浑然忘之，固未尝外视满人也。乃数年以来，彼忽更自生分别，自划界限，自起疑忌，明目张胆，大号于天下，而斥汉人曰家贼、曰汉奸。而汉人者其种至昌，其数至繁，彼所倚以为国者也，杀之不可胜杀，驱之不可尽逐，乃思绝其生路。近言新法者皆汉人，彼遂以为新法者，汉人之利，满人之害，诚绝新法，即可绝汉人之生路。而汉人之所行新法、所言新学，又皆输自西欧。彼不达外情，遂又以为西人者，固与汉人同其流派种类者也。于是本夷薙汉人之心，并为恶绝西人之事。且皇上幽废，西人每请觐之；新党捕逐，西人每保持之，则更触彼之大忌。故前此之丧师，未或以为痛也；前此之失地，未或以为恨也；前此城下之要盟、治外之法权，未或以为耻辱也。独至此而恶绝之心，无以自已。非不知恶绝之可为害也，然以为其害要求而已，割地而已，吾国甚大，多割数地，何足轻重？但使满人不至震动，园林不至惊扰，则人民之为其牛马、为其奴隶，则亦汉人受其苦辱，满人安然无与也。彼固弃其土地于他人，弃其人民为牛马奴隶，而无所顾惜，又何有于国权之绌、国体之辱哉？又何所爱惜而不与西人为难哉？故曰其原因在仇视汉人也。一曰专倚俄人而遂轻视诸国也。甲午之役，俄人俟日本索取辽东之后，起而取之，举而还之中国。于是中国昧时之士，以为诸国之亲我爱我者，莫俄人若。而俄人复恬以甘言，诱以亲好，而政府遂倚为奥援。旅大之割,忻然授之,无难色。为时未几,而辽东亦入其掌中,彼伪政府亦稍烛其奸矣。然方仇汉人,以满人必不足敌之也,思联强俄以为助。而俄方耽视北方,欲乘机以肆其攫噬,乃亦迎合其意,曲与和亲,而营口至京之铁路,俄人不动声色而得之矣。夫俄人虎狼,何所爱于满洲,彼岂不知之哉?特满汉之界方严,宁利他人不利家贼,宁亡国于俄人之手,必不令汉人之得伸。故前日之联俄,误信之而误受其害也;今日之联俄,明知其害而故倚之也。与俄既合,以为他国皆不足相抗。虽有列强不足复虑,故其行事愈横肆,其外交愈堕败,驯至有今日四国之事。然哀的美敦书虽日驰于朝,而彼且嫚然视之,以为俄人必为我助也。然既有利益均沾之约,诸国岂能坐视俄人之独得其利?譬犹割肉饲虎,而群虎环伺,一虎得肉,群虎必不能帖然,肉之不尽,势必不止,故遂任诸国之侵我政权而莫可如何。夫汉人固犹是其民也,乃以夷压其民之故,甘割土地于人,甘授政权于敌。宁两失之,而决不使其民稍丐恩泽。贼臣卖国,其狠心辣手,乃一至于如是之惨酷耶,乃一至于如是之决绝耶!

夫彼既有此二端之用意,则此事固不能筹办。而他日交涉,纠扰尤多。彼既存轻慢之心,外人将尤为要喝之举,祸患相寻,正未有已。彼之割地弃民漠不关意,诚亦无所顾惜矣。而吾民之受辖外人为牛马、为奴隶,则固身受其菑者也。彼忍弃其民为牛马、奴隶,吾民宁忍身受其菑而瞑目坐受,不思设法以自救耶?且夫国家者国民之积,国权者人权之积也。国家之衰弱,由于国民之无权。吾民前此之蚩蚩,举保卫身家之事权,皆奉而致之于上。今莠民作乱,不能为我弭安;外国侵凌,亦不能为我御侮。既无人以事其事,其权弃而莫举,若不收而复之,权不能虚悬而无薄,其势必归于外人。与其授权于外人,何若收权以自保?人权既保,则国权可因之而张,国家亦因之而盛。上之圣主可以复辟,下之生民可以安业,亦何虑奸贼之仇压与外人之迫胁哉?夫人之惨痛曰轭制,民之穷苦曰无归。外将见轭于人,内则见弃于上。牛马之惨,事在目前。牛马者吾民之痛,奸贼之膜视宜也。而吾四万万人独能听之耶?呜呼!其将何以自择矣?

四月初五日(5 月 3 日)

《中国旬报》第十期

中外时事:视听录

天津函云:某日午后,有兵役联拥大车七辆,每车捆载一人,内一人面貌悍恶,身有挠钩伤痕,闻系团党头目,经勇拿送县署。

保定来书云:东吕村又有团党蠢动,将与教民为难。前次将欲酿祸,近日虽少为敛迹,而不时见有揭帖。种种大言,煽惑人心,故地方颇为不安。

山东义和拳党势日猖獗,蔓延夫[乎]直隶之间,官兵不能制。英、美、法、俄各国舰队集合于大沽,倡议于清廷曰:山东乱党势益猖獗,清廷若于二月以内不能镇抚之,则各国联合以兵力伐之云云。

四月初六日(5 月 4 日)

《新闻报》

拳匪近状

昨接北京访事人来函,载及法教士与拳匪在保定府之北五里靠近张家村地方相敌。据云该匪似有二千人攻击天主教村民,村人亦备有枪炮对敌,自早八点至午三点,该匪不敌逃逸。此次拳匪合计死者六七十人之多,伤者无数,而教士死者不过一人,伤者六人而已。盖教士之敌拳匪,乃在房顶之上,而炮弹又甚充足。由上击下,似不费力,拳匪则以刀棒为器械,以击石为枪弹,况自下而上击,宜其不敌。厥后为中国大员所闻,遂发兵前往弹压,并分兵各道镇守,以防后患。近来北京城内亦有拳匪行迹,每见有十余或二十幼童或年轻人等,于午后齐集皇宫墙外煤山地方练习操演,逐日如是。译《字林西报》。

四月十三日(5 月 11 日)

《中外日报》

十六志义和团匪

近闻山东武城县杨庄之团匪,为官兵紧逼,避入庙内,围而歼之,共计死伤匪徒二十八人。又闻临清地方,日来匪势甚盛,将有发难之势,已由驻扎该处之方统领飞报抚台,闻抚台一意主剿云。

又闻直隶清苑南乡之张天庄、谢庄、蒋庄、张登等村附近一带,近日亦有聚众演拳之事。上月廿二日竟起而与教民为难,教民亦有准备,相持至两刻之久,两下均有受伤。清苑县陈大令闻知,即于下午带练军出城驰往弹压,西关马队营亦整队前往,暂住张登镇相机办理,至今不敢稍离。

四月十四日(5 月 12 日)

《新闻报》

论都人称许团匪之愚

乌合之众,徒以乱世界而不足以成大事,徒以增国耻而不足以慑强邻。且自枪炮日精,非训练有素,何能命中?观此次威海闹事,彼威海土人皆有身家性命之忧,集众数千,起与英人为难。念切肤之痛,逞勇往之气,宜其可以有为,而乃败于数百英兵一鼓之下。况会匪之意,但求饱暖,并无大志,不若威海土人,因切肤之痛作勇往之气也。故今日之匪徒尚不能敌已练之兵勇,岂能慑枪炮新利士马腾饱之强邻?然而吾犹谓其足以乱世界、增国耻者,则以士大夫中有信其为能成大事,能慑强邻,从而称许之者也。如昨日报载会名孝义一则,盖京中近有人结会联盟,自称孝义会。士大夫以其命名孝义,故有称许之者,而不知其为义和团之别名也。虽然义和团匪即不假孝义之名,而仅假义和之名,名目亦甚好听,士大夫惑之者当亦不少。惟义和团已经各国迫令中国政府,限二月剿灭净尽,故不得不改变其名目。试观各国诘责之后,但见北省地方官各出告示,严行禁止习拳结会,而未闻缉获大股团匪、尽法惩治,可见士大夫中固不甚以为非也。大约士大夫所以称许之者,信其为能成大事,能慑强邻。然考历古以来,书符念咒假托鬼神之徒,但能偾事,而终不能成事。稽之史策,昭然可考。《封神》等小说皆若辈所妄造,以煽惑愚夫愚妇,而不足以值识者一笑者也。惟宋时宰执,尝信符咒之说,当金人初侵汴京,久围不下,兵卒多病,资粮不继,不日解围归国。乃当时宰执惑于妖人之言,谓能撒豆成兵、驱风使火,出城一战,金人必歼。而孰知才一交绥,望风而靡,金人乘势入京,酿成后日二圣北狩之祸。今义和团匪自谓持其咒言,可以肉身受炮弹而不伤,可以丝线拖洋楼而即倒,无非妖言,吾知其必不能成大事也。至于西人重格物之学,万物皆推其原故,于鬼神之事、符咒之说已属不信。虽杀人之新器日日讲求、愈进愈酷,而不闻其究心于缥缈之事。以杀人,则此种书符念咒之说必不足以慑强邻也。惟各国日伺中国之隙,今勒限剿灭团匪之哀的美敦书,亦不过借以为要索利权、割租土地之口实。乃中国士大夫犹复如醉如梦,以其为真孝义,为真能成大事,为真能慑强邻,从而称许之。吾悲夫中国之民何辜而将遭世界之乱也。大都妖言之煽惑愚民,亦能暂而不能久,久则其说立破。惟义和团匪既为士大夫所称许,则愚民信之益坚,而其说愈不能破。其说一日不破,则其众愈多,其势愈盛,其劫掠良民愈甚,其扰乱地方愈广,吾故谓其足以乱世界也。假使二月之后,西人执中国无力剿灭之说,调兵自行保护,以冀蚕食土地,必致玉石不分,任意蹂躏。是良懦之民既受团匪之扰乱,又受西人之扰乱也。抑或政府之中亦信团匪之妖言,以之抵敌西人,则益足启各国轻视之心,增中国失地之耻。中国政府苟欲世界之太平、国耻之一雪,盖亦讲求实济之事,勿信此缥缈之说,勿恃此乌合之众乎!

四月十五日(5月13日)

《中国旬报》第十一期

视听录:义和拳事汇志

营埠左近,自正月间起有所谓义和团者,专以传教惑人,浸润至今,党势大张。其法有咒语敷[数]种,或八字,或十二字,或十六字、廿字以及十数句不等,专诱十数龄之童子,教其阖睛念咒，面南三揖。该童子即仰卧地上，移时跃然而起，自报姓名，要皆前朝英杰。报毕即作拳势，往来舞蹈，或持竹竿、木棍等物，长者以当长枪大戟，短者以当双剑单刀，各分门路，支撑冲突，势极凶悍，勇不可当。有精于拳勇者观之，谓其门路皆井井有条，所舞各势亦秩然不紊，诚异事也。每演时，必聚童子数十人合练之。其初学之一二日，由卧跃起，仍闭目跳舞。若置人物于其旁，则决无触碍。舞毕欲退，则向南三揖，口称老师父请回，该童子即复如常。由是练至数日之外，即不仰卧、不阖睛矣。欲演拳势，惟念咒一通，即时勇捷异常，手舞足蹈，颇极超钜之能，退时则一揖而罢。此等邪教，不知由何处传来，名为义和拳。营埠有无数幼童皆往演练，询以练此何意，则众口一词，皆以预备杀逐洋人为言。且云此等拳勇技击不过体操一端，将来尚须练习呼风唤雨、飞云走雾等术。地方官业经出示严禁，并密派干役查拿究办，以防煽惑。识者谓此术乃白莲教中八法之一，其专诱童子者，因童子幼而习之，久必专精。数年之后，势既蔓延，而幼童皆成壮夫，信心又必坚固，一呼百应，揭竿而起，其祸必有不可胜言者。

目下全赖东抚袁世凯竭力派兵，将拳党等剿办，始得稍安。

近日，济南府将一闹事首犯正法。惟所杀者是否真系闹事首犯，外间无从而知。

目下党徒繁多，虽有人向洋务局及抚署控告，乃该党等仍然安居在家，教士因又具禀抚署。旋据覆称：早知某某等两人素不安分，今既据禀，业已饬人提案审讯。

又京友函称：昨得保定府教士信悉，离保定南境约五十英里地方，教民、义和团党大战云云。嗣经总理衙门亦得该处地方官来电略同。是晚复得某教士来函，详示一切。据称是役党徒约有二千余人，幸居民早有所闻，一切火器悉经严备。是日自上午八点钟战至下午三点钟，团党受伤不计外，死者约有六七十人，教民仅一死六伤。党等见势不佳，随亦奔散。当战时，教民高踞屋顶，且悉用枪炮，团党则用竹竿、刀石为军器，以故胜负悬殊乃尔。总理衙门闻信之下，即派马队一营，趁火车往犯事地方弹压，并谕令该处副将迅将其党剿除净尽，以绝乱萌。

北京美国使馆得山东登州府属美教士告以该处日来党焰甚炽，请为设法保护云云。幸总理衙门日昨已派马队驰往弹压。

通州地方之美教士近日函致美使馆，谓该处有无数拳党在彼操演，且声言欲与洋人为难。幸总署早经派有马兵一队前往弹压，而该处道台沈子枚亦与洋人颇形辑睦，该处当可无虞。并闻总署近又派有一队马兵至遵化地方，以防拳党与美教士等为难。

目下北京仍有拳党，每日下午必见有一二十孩童及少年人在宫墙下操演。

北京友人来信云，闻华兵捉获多人。

义和团党潜来京师，凡遇教堂则遍黏招帖，谓当与教堂为难云云。前日为顺治门左近法教士所见，甚为惊骇，遂咨照步军衙门派勇保护。现在五城皆沿街黏贴告示，严拿拳党。其示意谓现在义和团党潜匿京津，肆造谣言，毁教堂，杀教士，大干法律，著五城一律严拿。如有知机或拿获到案者，予以重赏云。

四月十七日(5 月 15 日)

《中外日报》

十七志义和团匪

蠡县地方闻近日亦有义和团匪聚众滋扰,甚不安靖。该县章大令焘恐延蔓难图,急上省禀知藩臬两司请兵镇慑,闻已拨调练军一哨前往该处驻扎。

清苑县属张登镇义和团闹教一案,日前业经陈瑞伯大令将两造十数人带到,详送臬署,彼此均各受伤。所有尸身经各尸属当堂领取殓埋,内有六尸无人承领,当饬地保棺殓浮厝,闻现在两造各有悔志,愿具结永不再寻衅端云。

山东:东事译要

山东临清州访事来信云:团匪乱事现仍未了,距本城东南二十二英里之清平县城,一礼拜前由本处教士派一教友前往该城开设教堂,翌日即经该城县令派兵护送而回。并云离清平城二十英里之地方颇为不靖,恒有争斗之事,恐难保护,是以将渠送回。六礼拜前,亦有某教士前往,亦经该县送回,悉以不能保护为辞。并闻有教民一家现为该县藏诸城中,不肯放出,因恐团匪等与之为难故也。

前月二十七号晚,有强人一伙约一千余人,至距本城西南十二英里之馆陶县境内行劫。闻有绸缎布匹银楼等店铺七家,俱被劫去银数千两,并闻此次劫案实为数年中之最巨者。

迩来本处雨水甚少,如亢旱过久,恐不免有荒歉之虞,地方之不靖,大抵亦因此而起。然华官不能将团匪早为平定,任其蔓延至数月之久,以致难以收拾,亦难辞其咎也。

四月廿二日(5 月 20 日)

《中外日报》

[论说] 靖匪篇

自瓜分中国之议西报倡之,华报译之,于是论时事者辄栗然于外侮之迭乘,中国之不保。然执笔人静观大局,则窃谓中国之可惧不在外侮而在内患。亚圣有言曰:“夫人必自侮,然后人侮之;家必自毁,而后人毁之;国必自伐,而后人伐之。”仲虺之诰曰:“兼弱攻昧,取乱侮亡。”古语曰:“木必自腐也,而后虫生之。”以旧事言之,东晋无八王之迭乱,则五胡无由而乱华;南宋无奸臣之误国,则蒙古无自而灭宋。我朝代明而有天下,得国之正,比隆三代。然使非闯逆乱明,明臣开关求救以迎王师,亦何能应天顺人,入主中土?殷鉴具在,不可不察也。今中国所患,北则有马贼、胡匪,南则有会匪、游勇、土匪。论者或疑癣疥之疾不足为全身之累,然自通商以后,腹地内郡无不有西人足迹。而此等匪徒,或则与西人为难,或则以仇教为名,实恐其开罪邻邦,以酿中国之巨祸。至今岁,则义和拳匪之滋事又屡屡见告。按本馆去秋九月曾接北省友人来函,言义和拳匪之始事极详。其言曰:义和拳教即白莲教之支流,其教亦习拳术,有邪法相传能避炮子。嘉庆年间那文毅公曾奏请禁止,十三年并奉上谕查禁。今则群以义和拳为义民,不肯严加管束。民间既喜其能与教民为难,群相附和,官吏亦因其动辄牵涉外人,往往曲为掩饰,几忘其在应禁之列。按彼时天津及申地各报馆尚无言及拳匪者,而据此函所言,则其源流之远、声势之广,已可概见。嗣是而匪势蔓延不可收拾,约计踪迹所及,其见诸各报者,约以山东为最盛,几于全省皆有之。直隶则顺天、保定、天津、河间、深州各属皆有之,而河南一省亦复不少。前者各国钦使曾照会政府,请于两月内将山东乱匪一律扫除,如于所限期内不能平静,则各国将自行办理。今为日已久,扫除之事,杳乎其未之闻。而昨日《字林西报》忽载有直隶拳匪目下滋扰愈甚,闻已有教民六十余人为其所杀,并有数人为所焚毙之语。此说如确,则吾国之备御为无方,而西邻之责言为有辞。约计北方兵力不为不厚,然区区团匪,尚任其此出彼没,无所为计。设诸强国以保护为词,合以谋我,是将以内患之日深致外侮之交集,将何以御之?此则大可惧者也。又前日《字林西报》言近有拳匪十余名由北省到沪,行将前往内地各城。按此说虽未敢信为必然,然若辈行踪诡秘,亦难保其必无。长江一带为会匪匿迹之区,以仇教为名,乘机滋事,是其长技。若拳匪又煽动其间,则地方官益难为力,而尤虑其阴相纠结,广布徒党。南北两地约期起事,横挑强邻之衅,以贻君国之忧,此则尤可危者也。当轴者幸无惴惴于外侮,而忘内患之在眉睫也!

北京:团匪作乱

日本报云东京接到电音,谓北京附近各处近有团匪作乱,将天主教民杀毙不少。南省如两粤、湖南等处,匪徒亦纷纷作乱。

保定:团匪披猖

距保定府清苑县三十里之某村,近日又有义和团匪将天主教民杀毙六十余人,所有详情尚未知悉。

北京:事势可危

北京访事五月十八号发来专函云,今晨曾电告义和团匪在距保定府七十英里之来顺村内,将一村天主教民杀戮殆尽。所有详情至今未接到,惟知被杀者共七十三人,该村已无余类。京中人闻此资讯均甚惊惧,以团匪如是之多,倘不急为剿办,恐不免亦为蹂躏。盖目下京中团匪已难数计,虽迭次出示严禁,不独置之蔑如,反更彰明较著,在城中各处操演。前日英、法、美三国使臣陆续前往总署责问,不应任该团匪等在京师中如此作为。总署答以容再出示严禁操演。而顺天府尹则以若辈人数甚多,不肯拘捉,但虽应允出示严禁,亦无非纸上空谈,并无用处。如果真欲除灭,极应从严办理,始克有济。现闻美国使臣康格君已调一炮船来津,以备紧要时调兵进京保护使馆。目下北京情形已岌岌可危,是以各国使臣欲将妇女小孩送往妥处安顿,一面调兵进京保卫。

云南:领事私贩军火

北京访事来信云,刻闻云南官吏电致总署,调查得驻滇法领事近有私贩军火至省情事。自经关卡及地方官访悉后,莫不深为惶惧。滇抚惊骇尤甚。盖恐法领事私贩军火,通同康有为作乱也。现已命驻法使臣裕星使庚,向法廷逼请将该领事撤回。

西报闲谈

前任山东巡抚毓中丞贤,其恨洋人之心固已尽人而知。近任山西巡抚,其心似欲与北京有限公司有意作难。日前福公司禀请开办某处矿务,毓中丞批饬不准。该处山路崎岖,诸多不便,故不允准。此种推诿之言,颇与从前长江各官相同。因有某洋人前欲在宜昌上游行走轮船,而长江一带之地方官均谓轮船断难通行,因川湖两旁均系崇山峻岭,其上猿猴甚众,轮船经过,难免不被抛掷石块,或有伤坏船只及损人性命情事。但目下已有轮船上行,却未见为猿猴所伤也。以上译《捷报》。

《新闻报》

论团匪大炽

今日本报载有义和团匪在保定、京师一带与教士为难,伤毙数十人之事。呜呼!匪势之大炽,何以适当其时哉?昔以义和团匪借义和之美名,行叛逆之实迹。中国官吏或默许之而不欲办,或畏惮之而不敢办,于是胆量愈壮,气焰愈张,羽党愈多,扰害愈广。各国使臣乃共责于总署曰:“团匪之猖獗不利于我洋商,不利于我教士,今下哀的美敦书限中国政府于两月内,务将团匪剿灭净尽,否则各国将自行派兵保护。”屈指至今两月之期将届,而乃匪势大炽,致肇伤毙教友之祸。呜呼!何以适当其时哉?正治地方,剿灭匪类,为有地者之责,与寄居者无干。乃有地者置之不问,致取厌于寄居之人,敢于公然共责总署,诚为可耻之至。然使悚然思警,实心搜捕,果于两月之内剿灭团匪,犹可谓能尽有地之责,能受良友之规。而今竟何如也?各国夺地之计,每愿窃治地之权,而不居得地之名。使两月期满,匪势未靖,各国派兵自行保护,无论玉石不分,该处良民必遭殃及。盖西兵保护所及之处,皆为中国已失之地矣。故各国于中国匪类之扰害地方,匪无论大小,事无论巨细,必多方挑剔,以为中国不能自治地方之凭证,而为其代治地方之口实。而况匪势之大、肇事之巨,如义和团匪然。使两个月之内,中国政府虽未实力剿匪,而团匪竟无肇事之实迹,政府届期犹得以团匪业已平靖之说回覆各国。各国虽欲窃夺治地之权,亦只能暂缓时日以待借口之事。而何以此次肇祸之适当其时,虽然有匪而不办。即此次并不肇祸,终难免事权之旁落,土地之损失。盖各国之人求我不能自治之凭证,而遂其窃权代治之夙愿者,日伺其侧。有匪而不办,不能保匪徒终不肇事也。义和团匪聚众劫掠,不受官府约束,符咒惑民,显犯国家律例,为难教民,尤违朝廷意旨,其叛逆之迹已属昭然。政府徒有空言,并不实办,岂以其能与洋人为难,可以雪见凌于各国之耻乎?欲雪见凌之耻,在于改变其旧法。

而能言变法者，政府目之为新党，为逆党，不惜国帑，不顾国威以捕治之。若团匪之足以辱国体、失土地者，则舍而不办，是忠国者则办之，辱国者则不办。自强维新为名目，难听则办之；义和孝义为名目，好听则不办。文弱之士人则办之，强悍之匪徒则不办。为各国所钦敬之人则办之，为各国所厌恶之人则不办。政策之相左，何其若此之盛哉？昔读史至北宋之末，尝叹左道惑人之郭京适当其时，以致汴京失守，二帝北征。及为推究其原，实由于北宋执政不用李纲之忠言，反用郭京之妖孽，所以灭亡，而非郭京之生当其时，天以亡宋。今中国政府办新党而不办团匪，即无此次之肇祸，必有一朝竟肇巨祸，使各国之人得我不能自治之口实，而偿其窃权代治之夙愿。然则何憾乎此次肇祸之适当其时哉？鉴诸往焉，可以警矣！

四月廿三日（5月21日）

《新闻报》

论匪徒起衅之由

祸患之来必有所自，办理不善遂酿大端。团匪之屡与教士为难，论者皆谓士大夫以此辈有神通之术、奇妙之技，足以御洋人而抵外侮，遂以团匪之与教士为难，不啻士大夫驱而为之。不知团匪之为计甚巧，士大夫亦无可如何也。夫其心知中朝不足以御外侮，而可以平内乱，又以华官所畏者洋人，从此下手计良得也。遂乃有意酿成教案，务使洋人激成怨怒，而与华官为难，华官既不敢拿匪徒，又迫于洋人兴问罪之师，势必束手无策，而地方为之不安。彼匪徒遂趁此大肆掳劫，而其实被害之处仍是华民，此匪之诡计一也。明知中国民心怨恨外教、痛恶洋人，又明知中国官员视外教如仇雠，待洋人无亲爱，遂乃无端创一洋人如何挖目、如何剖心、如何淫凶、如何强暴之说，以播四乡。先摇居民之心思，再乱地方官之耳目，民之信者半，官之信者亦半。彼乘此先焚教堂，继杀教士，而口中犹欲言为民报仇，为官出气，逞其凶狠之势，因之劫掠民财，一方遭其荼毒，此匪之诡计二也。肇事之始，彼先匿名揭帖，张挂通衢，或伪告示，或伪歌谣，或指某洋人为奸淫，或指某官员为卖国，务使百姓聚观议。其莠者则摩拳鼓掌，思所以附和之；其愚者则发指目裂，思所以投效之。于是彼之党羽日集日多、日聚日众，而大事可成，此匪之诡计三也。祸乱既成，地方官不分首从、不问良莠，一味蛮拿，正中匪徒之计。匪徒于揭帖之际，必有千万人聚观。彼匪徒从中解释，从中演说，又云某日焚教堂、杀教士必好看，我等可预先作壁上观。届其时愚民不知，聚而来观，而匪徒混迹者并无多，乃借众人之势以纵火杀人。官为捕捉，所捕捉者皆系来观之良民，其实并非匪徒，匪徒盖早已遁迹矣，此匪之诡计四也。夫彼果真欲焚教堂、杀教士，必不肯先揭帖以告人，亦必不肯先使人得知。其先揭帖、先使人知者，可知即是借焚教堂、杀教士之名，以顺便掳掠民财耳。而地方官一面方保护教堂，彼已一面大肆劫掠，斯民均遭涂炭矣，此匪之诡计五也。匪徒之诡计若此，而地方官无神明干练之才，事前既不能实力防闲，事后又胡乱捕人，以此匪徒未获而良民已受害，正凶未缉而洋人亦不休。民与教愈办愈乖,教与民亦愈办愈乱,而终久酿为巨案,既贻深宫宵旰之忧,即开边衅无穷之祸。揆其所由,皆地方官不察匪徒起衅之诡计也。欲去其诡计,有二法:一劝愚民勿信揭帖也。先集绅耆于公堂,责以各训其子弟,各谕其乡人,遇有匪徒揭帖者勿往观,将切实利害之处晓谕在先。至于已经匿名揭帖之处,可预派干弁与公差等,均易民服杂于人丛,细察人丛之中某某昌言、某某附和、某某踪迹诡秘、某某呼噪寻闹,如此则匪徒不难渐次拿获矣。一劝教士勿信谣言也。平日地方官与教士往来,宜将上帝好生之德、杀身成仁之义,与之平心理论,劝其谨出入、慎行止。宣讲之时不妨多与人言常道,使人不致惊疑,又劝其偶遭匪徒凌辱,亦宜凭本官调处办理,不宜动恃国威以兵力加入,反使人愈仇教士,而怨恨愈结愈深。如此,则教士亦可原谅一二,而地方官之于匪徒不难暗密缉拿矣。总之,祸患之来必有所自,观于义和团之与教士为难,苟办理此案者,平时临事能处处用心,何至授匪徒以乱柄而启外人以口实哉?

四月廿五日(5月23日)

《中国旬报》第十二期

视听录:拳党丛谈

蠡县地方闻近日亦有义和团党,聚众滋扰,甚不安靖。该知县章焘恐延蔓难图,急上省禀藩臬两司,请兵镇慑。闻已拨调练军一哨前往该处驻扎。

清苑县属张登镇义和团党闹教一案,日前经陈瑞伯县令将两造带到,详送臬署。彼此均各受伤,所有尸身经各尸属当堂领取殓埋。内有六尸无人承领,当饬地保棺殓浮厝。现在两造各有悔志,愿具结永不再寻衅端。

清苑县陈令于上月二十二日出城,至张登镇一带村庄,密查义和拳与教民格斗情形。税驾村中计八九日,而接收呈词至七十余件,大半系拳党与教民两项。又闻二十八日陈令将起事之拳党、教民拘获二人解送府署。二十九日晨,由府详臬,业经讯问。

京城东安门内沿河各巷,有人自号义和拳教师。每日小儿从之练拳者,实繁有徒。虽经地方官出示禁止,不准民人等授受拳法。然自示之后,非惟不遵,较前反盛。

距山东临清州城东南二十二英里之清平县城,一礼拜前,由本处教士派一教友前往该城开设教堂。翌日,即经该城县令派兵护送而回。又离清平城二十英里之地方,颇为不靖,恒有争斗之事,恐难保护,是以将渠送回。六礼拜前,亦有某教士前往,亦经该县送回,悉以不能保护为辞。并闻有教民一家,现为该县藏诸城内,不肯放出,恐拳党等与之为难也。

有某教士由临清州前往清平县迤东南二十二英里地方,开堂宣道。地方官闻之,立即派勇护送教士仍回临清,且告以会党现在该县东境滋事,应请暂避,盖临时恐难保护云云。

义和团近日布满京内外,惟黄村镇及卢鼓庄、庞谷庄等处尤散聚无常。该匪首忽造谣言云:在温泉山煤洞中掘出前明刘青田所书石碑一方。其文曰:“庚子之年,日照重阴。君非桀纣，奈佐非人。最恨和约，一误殃民。上行下效，民冤不伸。原忍至今，羽翼洋人。趋炎附势，肆虐同群。逢天曹怒，假手良民。红灯下照，民不迷津。义和明教，不约同心。全重漂洋孽，时逢本命宫，待当重九日，剪草自除根。”噫！此等荒谬不经之谈，最易惑动愚民。刻闻，正任霸州知州现署南路厅吕，已经详禀顺天府尹，请示办理矣。

北京专电云：近日北京义和拳党异常猖獗，该党等前为西太后及各大员嘉奖至再，以故蔓延日甚。目下毫无忌惮，清政府亦无能处治之也。驻京美国公使现已饬派兵船一艘前往大沽。清政府虽经出示禁止，究亦不过具文也。

本月十八号夜十一点钟，北京来电又云：中国政府不思剿办义和拳党，以致该党四出抢掠。兹直隶来山乡地方，几被该党剿灭，杀害天主教民七十三人。该处约离北京西南七十余英里云。

本月十九号下午二点钟，北京来电又云：京师拳党无算，畿辅为之震动，驻京美公使已调兵舰一艘泊大沽，以备不虞。清政府现已出示，严禁该拳党。

闻得山东团党潜在京都者不少，近各巡城侍御出示晓谕，略谓：接奉总理衙门咨文，访闻山东义和团党，近复胆敢潜迹京都。除随时访拿外，合即晓谕军民人等知悉，切勿受其欺蒙云云。

直隶拳党目下滋扰益甚，且专与北京、保定中间一带之教民为难。闻已有教民六十余人为拳党所杀，并有数人为所焚毙。

蠡县章令日前赴省请兵弹压团党，已纪昨报。顷接访友来书，知刻下该处有不日将聚众毁堂之谣。故藩臬两司赶派候补州陈以培、李念春于初五日驰往办理，勿使酿成巨祸云。

近日京中小儿学拳法者日益众多，步军营禁止，示谕遍于通衢，而传习者渐满于各巷，其事若两不相涉者。闻广渠门于家卫有小儿闭目习拳时，猛入枳棘丛中，舞跳不止，遍体刺伤。经邻人富姓见而救出，犹气脉贲张，殊骇人听闻也。

闻近日义和团到沪颇多，皆散处于各家客寓。

义和拳近日由北省到沪，不下十余人。该党等拟入江苏内地各处招人入会。目下皆以邪术惑人，妄言枪炮不能伤其命，斧钺不能杀其身，尝有数人亲见之。据云：该党当面用手枪装满弹子，口中喃喃咒语既毕，径向胸部尽放所有铅弹，毫不动容，嗣验其身，并无伤痕，不亦奇乎？

义和拳党近在某处煤矿掘得明代石碑，碑上所言甚属荒谬。其大旨云：现在朝中大臣实均不称其职，与各国所定条约尽系胡言，本拟九月九号将各洋人尽行除灭等语。因此，各党徒即藉此向各处遍贴匿名揭帖，并布散谣言，谓洋人下毒井中。

大刀会就抚

得山东函，大刀会党因屡次受创，已有大半就抚者，势已衰飒，大约不久即可殄灭矣。此言果确，非第东省之幸也。

贵戚入会

孝义会其势日张，闻近有贵戚入会者亦不少。

灯教蠢动

直隶保定府属某乡有名红灯教者,目下大有蠢动之势。

私会何多

相近保定府某村庄内,近又出有私党名曰红灯会,专于夜间出外行事,日间并不见其踪迹。

谣言何多

京中各种无稽谣言,依然日有所闻,且有匿名揭帖到处粘贴,甚且贴至离各国使馆不远之处。至洋人下毒井中之谣言,近时到处传说者甚多。

四月廿六日(5月24日)

《新闻报》

靖团匪宜先禁谣言说

今有人被儒服、坐小窗,读性理之书,披历代之史,卓然以通达事理自命。客或坌息而告之曰:“寇至!寇至!速避!速避!”彼必笑■■而斥其枉也。一日乡镇农民集资演剧,忽而优伶相斗,其势汹湧,妇女幼弱皇急奔逃,若逢大寇。不知者,见妇女之皇急,又见涂脸持械者之汹湧,亦从而皇急奔避。于是一人曰脸分五色手持利械者,迨数十人。十人曰迨数百人,百人曰迨数千人,纷然扰然群惊寇至,啼哭叫喊奔逃入城。及城市所闻,词益张大,扶老携幼奔逃益急。当此之时,虽读书明理之士亦必与之俱逃矣。是故一切怪诞不经之言,其初可以煽惑村夫妇女,而其继则士大夫信之。士大夫信之,而村夫妇女遂愈神之。虽久之自明,而其间所伤实多,此所以妄布邪言、煽惑人心者,律有斩决之条也。近来义和团匪之猖獗,较甚于发逆初起之时。如今报纪保定闹教巨案,盖已屡有所闻,然其声势所以能如此之大者,无非种种谣言有以辅助之也。义和团之造为谣言、煽惑人心者,约有两大端:一乃言其神异,一乃言其忠义。言其神异者,如今日报纪过神其说一则。京津近有女巫自言得传义和团真诀,能为人治病,能知过去未来,人乃争称其神妙。夫女巫之风各处有之,其立说大都妄诞可笑,然除村夫妇女之外,士大夫亦有崇信之者。则以若辈惯于密探口气,惯于卖通婢仆,致能刺知隐事,神而明之。今京津女巫自称得传义和团真诀,其果为义和团之所指使,抑女巫之揣摹风气以义和团自神其说。吾皆不问,吾惟恐自此以后,初则妇女神之,继则男子神之,终则士大夫神之,是为团匪添一大羽翼也。女巫之造言惑众,本干例禁,况敢公然自附于团匪之例。有地方之责者,何竟充耳不闻,视为无足重轻?是真大惑不解者也。言其忠义者,则如今日本报张大其词,一则以为扶清灭洋之大会,京中大员某、京外大员某某,皆会中头目。夫义和团乃八卦教中离卦教之支派,嘉庆十三年明降上谕，从严惩办。当时青县季八等传习义和门教一案，故城葛立业传习义和拳棒一案，青县尤明等传习义和门离卦教一案，均经先后拟以凌迟之罪。岂有堂堂大员而入此逆会之理？此皆若辈造为大言以惑村民，村民信之而士大夫亦渐信之。盖现时所言某某入会尚属虚辞，而日久恐成实事。至于扶清灭洋之说，尤属可笑。无论清，非若辈所能扶；洋，非若辈所能灭。但查乾嘉年间章奏已有义和名目，岂当时洋人已入于山东内地乎？即此可见扶清灭洋之谣言，亦近时所伪造，以鼓动愚民仇教之心，而揣摹大员守旧之志。然而京中大员，以祖宗所严谕申禁之邪术，任听其在京传习，任听其布散某某入会之谣，而不加究办。此亦大惑不解也。呜呼！总署之意以剿捕过于急切为不宜，然纵不能捕匪，曾不能办布散谣言者乎？禁谣言则神异之说、忠义之说，皆不辨而自明。既无人称其神异，称其忠义，则团匪不缉而自败，吾故以先禁谣言为说也。

四月廿八日(5 月 26 日)

《中外日报》

山东:近事纪要

青岛来信云，此间近有人私贩军械，欲售与近向高密铁路上滋扰之华人，现为海关查悉，拘禁在监。近接德国来信谓，寄居山东之天主教士安寿君，近至罗马觐见天主教皇，旋赴德京柏灵，亦蒙德皇召见。当朝见教皇及德皇时，均命该教士将山东义和拳匪滋事始末详细陈奏一番。

山东:匪徒何多

临清州访事来信云，现当三农耕种正在紧要之际，故莫不深望甘霖大沛，藉以灌溉土地，庶布种之后可冀丰收。河南北境暨山东西南等处大雨时行，田畴间皆颇霑足，秋收已可厚望，故该等处人民悉皆安居乐业，地方亦因而平静。较之此间迤北及东西各处一百英里以内之情形，殊属大相反背。盖因雨水缺乏，农人既忧虑异常，而地方上土匪强人亦纷纷作乱。距此处迤西一带，闻夜间每有被盗行劫情事。盖该处即系二年前拳匪起事之所，故马贼及剪径强徒亦不时出没其间，一见行人即上前劫物而遁。地方官闻信之下，深恐教士房屋亦遭不测，故特于前数日晚派兵到来，严加防范。此举并非教士相请，乃华官自愿为之，亦可知华官保护之意，实出于至诚也。

《汇报》

中国北方陆军考略

英爵拔来斯福，昔时游中国遍历各要地，归而记中国水陆兵备。上海《万国公报》译其稿，本报曾照录之。“窃滋疑焉，因即就北方陆军而论，已有数处舛错，其当时得诸传说之犹未确乎？抑身历其境而误于舌人乎？特据所闻，补正如下：一、原记郑才盛所统之淮军，又更正为宋得胜军。按直隶淮军而外，又有练军分布各处，不仅驻扎山海关，原记谓在关内外，误矣。今请言淮军而并练军详述之。此二军自光绪二十三年裁减后，计遗留淮军步队九营一哨、炮队四营一哨、马队十一营五哨四棚、勤勇卫队九棚，共二十四营七哨十三棚。练军步队二十营二哨、马队十营二旗一队、练勇步队四营一哨、马队二营三哨；又大沽炮台原防守兵六营，共四十二营六哨二旗一队。其旧章人数、饷数不等，于二十二三两年裁节兵饷。淮军各营，或每营裁一哨，或每哨裁一棚。练军各营或裁一成，或裁二成，或仍原额。自二十四年十二月间，裁定淮军步队十六营、炮队二营、马队二营，分左右两翼，每翼十营。左翼分扎山海关、北塘口两岸及蛏头沽等处炮台，右翼分扎大沽口两岸及石头缝等处炮台。练军步队十二营、马队二十一营，内以步队十二营、马队二十营，分为左右两翼，每翼十六营，另马队一营为副营。左翼步队中，副中左右营扎天津，步队前后营扎古北口兼顾热河；马队中营扎天津，副中营本扎武清、香河一带，移扎天津府，前营扎永平府属前左，前右营扎古北口兼顾热河；左右、后左、后右营扎宣化兼顾库伦。右翼步队中营扎保定，前营扎大名，左右营扎正定，副中营本扎沧州，今调压团匪；马队中，副中营扎保定，前营、左右营、前左前右营扎大名兼顾顺德、广平，后营本扎交河、阜城一带，今调压团匪；后左右营扎正定兼顾深州、冀州，副营驻热河。一、原记聂军即聂士成军，盖指外之武卫左军也。按此军驻芦台，并非在小站至天津之中途，其营数与原记符合。至论操法步武，则除袁军外，此军亦矫矫者。谓其纪律不明、教练不精，似以他军误指矣。”录《国闻报》。

五月初一日(5月28日)

《知新报》

废立要闻汇志

都下近日传闻，谓太后见国中人民爱戴皇上，各国亦仰慕爱敬颂赞不体，甚悔腊底所为。今拟俟六月三旬万寿时，竟行归政，不为干预云云。本馆按：此信不过京中士大夫冀幸之意，遂尔造出谣言。或系荣禄知天下人心系属于皇上者殊深，若不归政，不久定有乱事，故造作此谣言。以安都中士大夫及天下人之心，以缓其势而便缮治甲兵。俟万寿之时，做出废立大事。盖荣禄诡谲万(瑞)[端]，造谣尤其长技，每与李联英狼狈为奸，煽布谣言。自丁酉戊戌以来，所播皇上疾病，均李凶与内务府所为。及去腊以后，且有荣禄得罪太后，及批李凶颊，谏废立事，几乎权位不保。京中士大夫辄被其欺，即各报馆亦叠登其事。究之荣禄权位愈高，宠眷愈重，竟至掌握二十一省兵柄。观此一节，便知太后悔悟及拟归政，皆荣禄所布谣言，而万无其事也。录《日新报》。

续中国财政之难

中国财政难，已如前陈。然则救之之道将奈何？清廷苦心惨淡，已出二策矣。所谓二策，则昭信股票之募集及药牙铺税之实施是也。公债分其额为百两、五百两及千两之三种，总额一亿两，附年利五分，偿还年限则二十年也。至募集之际，弊害丛生，遂中止之。药牙铺税亦有窒碍。清廷之苦心悉销归乌有矣，于是又为之第三策，曰冗费节减。夫冗费之多，世界万国中，以中国为最，取民十而入官者仅二。清朝自君临于中国既二百五十年，纪纲废弛，积弊实深，上自督抚，下至委吏司巡，吞公肥私，相沿成习，其罢官归家乃拥厚资者比比皆然。今清廷百计皆穷，乃欲出于节冗费之一途。去岁以来，叠下谕旨，然而谕旨愈多，其効愈薄。即派刚毅于江南，严行勒索。且特谕王大臣六部九卿等，关于厘金、关税、盐课等事，会议具奏。于是有去年六月初四日之上谕，乃刚毅于江南踔厉风发，勇断果决，与督抚会同商议，核查各种冗费，一举而得一百二十万两。查办江南之后，乘槎赴粤省，再奋其辣手，又得一百八十万两。加之以通省厘金征收之事，属之于该处七十二行商人，使此等商人年缴额饷四百万两。统计前后赢得者不下六百八十万两，其功亦伟矣。而六月初四日上谕之効，果何如乎？各省督抚虽受三月以内覆奏之命，天子之三令五申，转不如刚毅一喝，通各省仅得百二万八千两耳。然虽有总额八百八万两，犹不足以填补二千五百万两之借款也。

拳匪汇闻四则

营埠左近自正月间起，有所谓义和团者，专以传教惑人，浸润至今，匪势大张。其法有咒语数种，或八字、或十二字、或十六字、二十字以及十数句不等。专诱十数龄之童子，教其阖睛念咒，面南三揖。该童子即仰卧地上，移时跃然而起，自报姓名，要皆前朝英杰也。报毕，即作拳势，往来舞蹈，或持竹竿、秫秸、木梃等物，长者以当长枪大戟，短者以当双剑单刀，各分门路，支撑冲突，势极凶悍，几于勇不可挡。有精技击拳勇者观之，谓其门路皆井井有条，所舞各势亦秩然不紊，诚异事也。每演时，必聚童子数十人合练之。其初学之一二日，由卧跃起，仍闭目跳舞。若置人物于其旁，则决无触碍。舞毕欲退，则向南三揖，口称老师父请回，该童子即复如常。由是练至数日之外，即不仰卧、不阖睛矣。欲演拳势，惟念咒一通，即时勇捷异常，手舞足蹈，颇极超距之能，退时则一揖而罢。此等邪教不知由何处传来，名为义和拳，营埠有无数幼童皆往演练。询以练此何意，则众口一词，皆以预备杀洋人为言。且云此等拳勇技击不过体操一端，将来尚须练习呼风唤雨、飞走云雾等术。现在地方大吏业于日前出示严禁，并密派干役查拿究办，以防煽惑。识者谓此术乃白莲教中八法之一，其专诱童子者，因童子幼而习之，久必专精。数年之后，势既蔓延，而幼童皆成壮夫，信心又必坚固，一呼百应，揭竿而起，其祸必有不可胜言者。

山东临清州访事来信云，义和拳匪迩来略为平静，地方上情形亦大有起色。上月间官兵往剿拳匪，甚为得手，致拳匪大受彝伤，当场击死十余人，余皆四散奔逃。其已就获之各匪，现正严加审讯，并查悉此项拳匪，大半由此间东面四十英里地方到来。初时为数尚不甚多，后因潜滋暗长，致令势焰愈大。

在东昌府天主教士云，有一百二十座教堂因遭拳匪攻打，禀请县官设法保护，而县官置之不理。该教士等遂自购军械，令各教民自行保卫，得力异常。不独拳匪不敢相近，且将拳匪追逐，所得器械不少。现特挑选精悍者一队，操成劲旅，颇为有用云。

近由此间之洪姓知府，捉获拳匪一人讯之曰："汝等刀不能伤，果有此说否？"拳匪曰：

"有之。"该府谓:"果尔,则我此间有刀一口,意欲将汝一试,以验言之真伪可乎?"拳匪应曰:"可。"该府遂命手下用刀向砍其头,即已落下。可知伊等所言,无非骗人伎俩也。自洪知府履任后,办理各事悉皆妥善,前毓中丞为东抚时,洪知府曾出示谕教诫拳匪,虽示上措辞甚正,但未免若有胆怯之状。此时渠见拳匪势焰日盛,知非严办不可,因又撰一七言诗,刊印多纸,分派府属各学堂,使之观看。

此间近日谣传,谓东抚袁世凯现已革职,因其惟洋人言是从故也。参劾者即山东藩臬暨衍圣公以及济南某知县,于日前共上公禀至京,谓袁专为洋人办事,均有不愿在其手下为官等语。故两日以前,城中遍贴匿名揭帖,均谓袁系深信洋人者。其实袁抚台亦并不听人言语,只目下剿除乱匪似颇尽力,并派兵及委员将拳匪痛剿捉获后,即行就地正法,不必解省。人皆遵奉办理,致外间谣传其听洋人语言。译《字林西报》。

五月初二日(5 月 29 日)

《中外日报》

天津:要闻汇纪

天津访事来信云:义和团匪之在内地者,目下其势更炽,颇觉可虞,谣言更不一而作。有谓保定府附近迩来亦有乱事,天主教民业有多人被杀。有谓被杀四十余人,有谓被杀一百五十余人,传说纷纷,莫衷一是。甚有谣传某教堂正在礼拜之时,门为团匪所闭,堂中各人尽遭焚毙者,此未免言过其实,恐不至如是之甚也。驻京各国使臣现亦知匪乱已炽,而法、德两国使臣更不时接有教士信函。近时华人虽均不满于洋人,而憾恨天主教中人之心尤觉更甚。闻法国水师提督现已将次北来,华官亦由大沽口炮台调兵一营前往保定,可知华人亦知事势已急,故特调兵前往也。此礼拜内更谣传团匪等近又在芦汉铁路一带滋闹,势甚披猖,比员及比国工程师均甚可危。并闻山东之德国工程师近亦被匪作难,而高密之耶稣教民亦有被土人殴打情事,高密邑令欲往保护以致被杀等语。此种谣言虽未知其真假,然以意度之,想亦未必确凿也。小站一带去冬为团匪所毁之房屋多处,刻闻业经地方官允以银五千两赔偿矣。迩来雨水甚多,附近各处虽有得雨者,然尚不能沾足。设有灾荒,则地方上恐不免肆乱耳。

威海卫近日之乱,实非意外所及。我英国如早派熟悉华人舆情之领事官先往威海,将英国现所欲办之事详细布告乡人,俾令周知,则自不致启此衅端。盖我英人应须按照往日办理印度边界之成法,以办该处,即可无虞矣。今在威海之领事官为人虽甚干练,惟以年岁过小且又人地生疏,窃恐无甚权力以与英国武营暨海军中人以及办事各华人相助为理。此必驻京英使馆中人材缺乏,并无再胜于领事之人故也。

近闻中国政府拟在秦王岛布置一切,并安设炮台以为水师屯集之所,并须建筑船坞各厂,即派前经营旅顺口及威海卫之德员督理其事,并闻海军提督叶军门现已前赴该岛查阅矣。以上译《字林西报》、《新闻报》。

五月初三日(5 月 30 日)

《中外日报》

常熟:教士劝捐

常熟访事来信云:苏州潘教士于前礼拜内来至常熟,因拟设立书院,故曾向南浔、苏州一带劝募捐项。至常后即与予同赴城中谒见某富翁,与之筹商一切。至午刻,即由该富翁设宴相请,肴馔甚丰。宴毕后,即蒙捐票洋一千元,当时交付余等。复谓目下更须设一戒烟药房,无如尚缺经费。该富翁于是复命司账者,以票洋一百元交付,并于捐册上书明捐助若干,亲自签字并代转劝同座友人亦略捐助。其友初尚不允,后始允捐洋五十元,即向富翁移借以付。于时富翁复坐,余等以四人肩舆两乘并派仆从二人跟随,前往各富户处拜会,以便劝募捐助。当因大半业经他出,故未见面。所见者只有一人,亦蒙捐洋五十元。是日共捐洋一千二百元。至翌日,邀请赴宴者甚多,教士于接见答拜各客时,亦备茗相请,复蒙捐助有差,共捐得学堂经费二千二百五十五元、戒烟药房经费一百元。闻建造学堂之费须款二万五千元,始可从事。目下又有六人允捐洋七千元,此外尚有多人允以改日再捐,想不久当可捐募如数矣。当与各客周旋之际,欲余等前往翁师傅处拜谒。余等因念不便私往,故未前去。师傅近时亦颇安好,来去均可自由,有时居于里第,有时至城北山上某庙小住。先是翁奉有交常熟县看管纶音后,即便服至县,邑令以翁位极人臣,未敢疏忽,立即衣冠接见。嗣后,翁于每晨五点钟时必至县署一次。邑令以此事殊可不必,迭次求免,奈翁坚执不从,仍然逐日至署禀到。甚至邑令哭求,翁乃谓汝极应将我在署情节伸禀上台,以免疑余有脱逃情事,余之日来晤见者,亦可使尔知余并不远离也。邑令复叩头求免,翁怜之,故刻下已不逐日前往矣。

五月初四日(5 月 31 日)

《新闻报》

论义和团聚众入京事

吁!嗟乎!上下蒙蔽之足以坏大事也。中国人君高拱法宫,鲜知外事,遂使一二大臣得以守其偏执之见,而施其蒙蔽之术。历古以来剧盗流寇布满天下,而执政大臣以天下太平蒙蔽人君,致于酿成祸乱眉睫将及梦尚未醒者,稽诸史策覆辙昭然。而不图目前之义和团匪敢于聚众入京,戕杀武员,劫掠市肆,拆毁铁路,砍坏电杆,亦因上下蒙蔽有以酿成之也。义和团匪假托鬼神,妄造符咒,其宗旨、其议论、其事迹皆荒诞陋劣,可以煽惑愚民于一时,而不值识者之一笑。幺麽小丑声势难张,自有一二偏执之徒曲信其说,以民间设团自卫蒙蔽朝廷,遂致听其自便。地方文武希承意旨,益加姑息。已信者因之而笃信益坚,未信者因之而附和日众,致有聚众入京之事。古来寇盗肇乱,其始无不如星星之火,滴水即灭。不灌以水,反助以薪,及其燎原而后叹星星之火之烈,盖已晚矣。虽然发之愈迟则根株愈固,蔓延愈广而灭之愈难,发之既早则根株未固,蔓延未广而灭之尚易。前日既接团匪入京之电,犹幸其发端尚早,朝廷可以早悟其为叛逆,早为剿办,早绝根株。及今为计,盖犹未晚而不图衮衮,诸公仍敢于设辞蒙蔽朝廷也。此次团匪肇事,首拆铁路所以断征兵之路,继砍电杆所以绝调兵之信。其志原为不小,而况戕杀武员,劫掠市肆,逆迹已昭。不起事于山东、天津、保定,而起事于辇毂,尤为叵测。乃蒙蔽朝廷者则曰:练习拳勇者实系乡民,此次肇事不过因良莠错出,有散勇会匪溷迹其间。不知练习拳勇者皆系信奉义和团之会匪,而未散之勇如虎神营勇丁皆团匪也。蒙蔽者又云:似此不法与乱民无异,应请旨严拿首要、解散胁从,惟须俟其公然拒捕而后相机剿办。不知从前虽未似此不法,固已为实在乱民;今之拆断铁路、砍坏电杆,固已为立意拒捕之据。若非迅调大兵痛加剿办,何能拿获真正之首要而解散甘心之附从?今乃守其偏执之见,而蒙蔽朝廷至于如此,是犹堂奥之外火已燎原,而讳为偶遗星火,先取一杯之水相机灌救,窃不知其火势之蔓延无所底止也。然其所以如此,蒙蔽者则以偏执其扶清灭洋之见。今者各国使臣因团匪之肇事,电调洋兵当即陆续进京。进京之后将来能否仍旧退出,事不可知。是团匪足以召洋兵而不足以灭洋人,又使洋兵进京之后,京中团匪尚未平静,中国统兵大员仰承诸公蒙蔽朝廷之意迟回未办。彼洋兵既不受中国政府之节制,燃炮开枪代平祸乱。事定之后,恃功要索,偿还兵费,优给酬劳,需索利权,割占土地,皆意中之事。甚而至于侵夺政柄、挟制多方,种种情形所不忍言。是所谓扶清灭洋者,大利于洋而大不利于清。衮衮诸公及今不悟,犹执其扶清灭洋之偏见,设辞蒙蔽。祸乱之来已近眉睫而如梦未醒,如不欲办,窃不知中国之为中国也。吁!嗟乎!上下蒙蔽之足以坏大事,固若是也。西友来稿。

五月初五日(6 月 1 日)

《新闻报》

详志拳匪闹教戕官延窜入京事

义和团拳匪在保定府涞水县与教民为难,戕杀多人,略志前报。昨接北京访事人函称:当匪众与各教民为难之时,事为直隶总督所闻,飞派副将杨福同带兵弹压。十九日与匪相遇,各匪列阵抗拒。副戎发枪,立毙数人,手下兵亦开枪助之,匪众大溃。翌日,检点遗尸,共得十有八,其内有自称枪炮不入之二教师与焉。二十日,副戎复与匪战,杀十数人。二十三日,忽有大队匪徒出阵,一律身衣紫衣,巾带皆深红色,约有千人之多,且战且退,用诱敌计诱令追袭。副戎不察,深入重地,伏兵齐发。副戎被长枪刺伤,犹持刀与匪力战,直至咽喉又中一枪始毙,并死从弁二员,马队全军覆没,步兵多带伤而逃。各匪遂大肆猖獗，先后杀毙教民约计二百余人，良民亦多波及，惟乘机附入匪党者得免于难。各教中人见势不佳，纷纷迁避，有乘火车入京者，有散往他处者，不一而足。二十七日，保定始有大军到涞，统兵者系张西园协戎、于统领占魁，兵约三千之数。尚未开仗，各匪忽于五月初一日蜂窜入京。此涞水匪徒閙教戕官及流窜至京之实在情形也。至于涞水地方教堂与各团匪结仇之故，则人言该县有武举人某仇视教民已非一日，(会)[曾]因某案与教民讼，某武举不得直，由官判令出钱四百千、酒菜二十席了案。武举引以为耻，遂招团匪入境，传授门徒，酿成巨祸。此则道路传闻，不敢知其果确与否也。

详志京师大员议防拳匪滋蔓事

志义和拳匪閙教戕官延入京师事方竟，又接京友采访人续报京中大员防范各情。据云：方各匪之未窜入京也，近畿一带人民已颇有与教民为难之事。故京师步军统领衙门、顺天府、五城御史亟思消患未萌，于二十二日在宣武门外炸子桥松筠庵会议弹压事宜。是日午后，崇受之大金吾、何润夫大京兆以及五城满汉御史陆续到齐，会议多时。议得所有内城地面专归步军统领衙门派勇巡察，并在东交民巷各等处派勇若干前往保护。南城外则归五城督勇稽查，遇有教堂之处，每处多派勇丁加意巡视。大城以外四乡地面专归顺天府派勇防维，有教堂之处亦然，分外严谨。并议以后如遇练拳之人，立即严密访拿，送各该管衙门从重惩办，免致滋蔓难图。此信一出，顿时京城各街巷间，崇信拳匪各人莫不色为之沮。乃不意二十三日竟有涞水抗毙官军，与五月初一日拆毁铁路、砍坏电线、延窜入京之事。虽曰小丑跳梁，不久即当殄灭；然而北望神京，已令人杞忧殊切矣！

《中外日报》

天津：西人论团匪近情

前三月中，团匪势焰比前更为猖獗，直隶一省几在若辈掌握之中。自前礼拜五起更彰明较著，在城中极大庙宇内操演，地方官出为阻止，反触若辈之怒，势甚汹汹。直藩见该匪等难以弹压，特调集兵士及枪炮等物至衙署保护。目下该匪等虽已迁往某庙，然依然操演不止。天津驻防兵士刻下均已调往内地，故此时只得由北京、盖平等处调到援兵，共有七百余名，无如杯水车薪，实无所济也。至马立地方教士被杀情形，传说纷纷，莫衷一是。惟闻该匪等先将教堂中人一律杀尽，然后再赴村中劫抢物件，故被害各人中能得脱性命者只有一人。当其人逃至半途，又为团匪追及，其时适在井边，即被抛入井中，并向井内开放枪弹、抛掷砖石，误认其人已死，始舍之而去。不知其人命不该绝，一俟若辈去后，即缘井而出，直至礼拜日之晨，始得行抵此间。其余天主教民男女老少一百余人，想已均遭杀害矣。此间闻信后，立即派兵往查，见该处房屋烟焰迷漫，已成焦土，该教民等已被焚毙可知；并闻有团匪四十人为官兵所杀，此恐尚系谣传，未知是否真假。昨日派往定兴之兵士，其统带官业已回转，据称因见团匪众多，是以未敢前往。顷又接到消息，谓在定兴、涿州之中有一唐姓参戎及马兵三十余人为团匪所围，有在涿州东南角之伦敦会教士两人亦遭团匪杀害，堂中阍人及所延西席周某亦经被杀。刻又接到一信，谓距天津一百五十英里之某处有一某教士亦伤于团匪之手，故各处天主教民现俱纷纷弃家逃至此间避难。两礼拜前，并有一美教士名新壳克斯者亦为团匪攻打,受伤甚重。又接到保定府来信,谓派往涞水村之杨参戎正在查办团匪,乃本月二十一号行经山谷中,偶不加意,被埋伏各团匪突然冲出,致官兵竟遭大败。直督闻信后,已派援兵前往矣。目下盐山、南皮、交河等县团匪数目更众,是以各该处教堂均甚可危,各县官现俱申请上台速即派兵前往。而保定府城外团匪更多,均在庙宇内操演,见有教士经过,即行詈骂。北京团匪亦于各处明目彰胆操演,甚至往苏王藩邸外操演者亦不少,该处相距英使馆不远。至端王亦深以洋人为恨,故英、法、美等国使臣兹特严词向总署责问,总署答以团匪人数过多,难以拘捉,且其中良莠不齐,亦不能一律拘办,当为出示严禁可也。译《京津时报》。

《中国旬报》第十三期

视听录:拳党汇报

北京访事五月十八号发来专函云:今晨曾电告,义和团党在距保定七十英里之来顺村内,将一村天主教民杀戮殆尽。所有详情至今尚未接到。惟知被杀者共七十三人,该村已无余类。京中闻此消息,均甚惊惧。以团党如是之多,倘不急为剿办,恐不免为蹂躏。盖目下英、法、美三国使臣陆续前往总署责问,不应任该团党等在京师中如此作为。总署答以容再出示严禁操演。而顺天府府尹以若辈人数甚多,不肯拘捉。但虽应允出示严禁,亦无非纸上空谈,并无用处。如果真欲除灭,亟应从严办理,始克有济。现闻美国使臣康格君已调一炮船来津,以备紧要,特调兵进京保护使馆。目下北京情形,业已岌岌可危。是以各国使臣欲将妇女、小儿送往妥处安顿,一面调兵进京保护。

北京确信云:近日京城满洲贵族入义和拳者甚多,盖因各亲王等允准也。

接北京确信云:满洲贵家世族入义和拳党者甚众,王公贝勒等并亦允为保护。而北京城墙上又遍贴告示,严禁拳党,谓入会之人均系干犯法纪者,照例获案后即须正法等语。

京中顺直门外南下洼地方,时有团党教童子习拳,日凡数起。或向诘问,则自称为“扶清灭洋”之大会,并云京中大员某某、京外大员某某皆入会为头目,吾辈奉命教练童子若干万人云。是真可谓弁髦禁令者矣。

京津一带自义和团党蔓延以后,凡好事之徒及不肖幼童,均辗转相传,各夸神异。虽稍有知识者皆斥为八卦、白莲邪教之支派,而无知妇孺则无不神奇其说。近日,复有一种女工自称传得义和团真诀,能为人家疗病;且云能知过去、未来事。某姓失首饰,延若辈占卜,竟失而复得,乃争谓其术有料事如神之妙云。

五月初六日(6月2日)

《汇报》

续北方陆军考

一、原记宋庆军谓在芦台地方。按宋军即毅军,今之武卫左军也。代统者为马军门玉昆,分统者为宋军门得胜,驻扎山海关内外,非芦台也,共计二十五营。由此知原记郑军更为得胜军,实乃宋军之误,宋军乃聂军之误。惟聂军云云,则实无从考知,必系他军误指。一、原记开平马队营。按此营即前记练军马队也,开平其所驻扎之一处耳。一、原记董军,谓有甘肃兵一万名。按董军因所招系甘肃人,故名甘军,其实不尽甘肃人也。今改武卫后军,全军共计一万二千人,分二十五营。而所用之枪不一,其式且有长矛刀叉,错杂其间。前年奉调至京后,因滋事将大队开至永平府。一、原记北京军谓精兵一万人,所用器械枪炮莫不合式,似乎指武卫中军。按此军系荣中堂亲兵。原记谓亲王所统,则知指虎神营无疑矣。虎神营端王所统,自前年八月间招募成军,循名核实殆逊于中军。然全营皆一万人,不为之辨别,则原记所指恐不易明也。此外北京之军犹有未记者,如步军统领所统之步军共五大营:中营管辖官,副将一员、参将一[员]、游击一员、都司一员;兵三千名,分五汛:一驻阳春,二驻畅春园,三驻静宜园,四驻海甸西宿村,五驻圆明园。左营管辖官参将一员、游击一员、都司一员、兵一千六百名;分四汛:一驻东便门,二驻齐化门,三驻左安门,四驻彰仪门。右营管辖官参将一员、游击一员、都司一员、兵一千四百名;分四汛:一驻永定门,二驻右安门,三驻沙窝门,四驻西便门。南营管辖官参将一员、游击一员、都司一员、兵二千五百名;分六汛:一驻东珠市口,二驻西珠市口,三驻东河沿,四驻铁厂花市,五驻花市三条,六驻中街。北营管辖官参将一员、游击一员、都司一员、兵一千五百名;分四汛:一驻安定门,二驻德胜门,三驻东直门,四驻朝阳门。又神机营,此营系昔年醇贤亲王所建,计全营二十四队,每队一千名,分左右两翼,今统此营者为庆王。一、原记袁军未详。按袁军先名新建陆军,今之武卫右军也,驻扎小站,共计七大营。今开往山东者四营,每营兵一千零八名、护勇九十六名、号兵二十四名,共一千一百二十八名;每营分四队,每队分三哨,领官四员、哨官十二员、哨长二十八名。一、原记依克唐阿军,似指奉军,然谓散布于东三省等处,意者靖边军乎。按靖边军分五路:中路、前路驻珲春,右路驻烟集岗,左路驻宁古塔之乜河,后路驻三姓之巴彦池口。光绪二年间,兵有万人,岁饷九十万,历年递减,今除松花江水师外,约计共有七千余人。

五月初八日(6 月 4 日)

《新闻报》

论团匪之害在牵涉教案

大刀会匪、粤西匪耗事又载今日本报矣。然事之分晓尚须续闻后论,惟团匪之牵涉教案,是则为害之大也。本报昨得京函,附有拳匪揭帖,署名曰“深山道人”,其文曰《增福财神谕旨》:“因耶稣、天主二教欺灭神圣,不信佛法,妄去天伦,上天动怒。降下神兵八百万,扫去洋人,邪教除尽,不留祸根。现今新出神门义和拳并非邪教,因此大怒,特为护国教民,因即预传信单。传一张免去本身灾苦,传十张免去合家之灾,如见信不传,恐遭器械之灾”云云。此其凭空结撰,妄造谣言,其不伦不类,无文无理,本匪徒之贯技,固知其乌合之众不能成事也。独其牵涉洋教之处,西人偏信之不疑,而遂各调本国之兵,以保护为名,从而干预之。有谓俄国之兵舰已驶至大沽矣,有谓德国之炮船一艘已停泊烟台矣,更有谓大沽口外各国之兵舰:俄则有九艘,英有二艘,法有二艘,德有三艘,日有三艘,美有二艘,意有二艘。尤有谓已派兵晋京者,种种之言,不无过甚。然闻之美政府电致英廷,请协同逼令中国加意保护教民。倘不如所请,则以兵力从事。西报尤言之凿凿。又天津租界因团匪焚烧车站,均有戒心,每至晚间,有义勇兵驻守要路,只准华人出,不准华人入。是二说则确有可信,而大沽兵舰日集,若德、若英、若美、若法,亦多不可辨。然则各国派兵入京之说虽不可尽信,而兵舰纷至塘沽已为人所共见矣。嗟乎!各处土匪之诡计,往往藉闹教为名。彼等明知中国国家最畏洋人,因为是仇杀教民以逞其抢掠之计,而卒至大事不成,亦旋起而旋灭,原不足酿大害也。然而西人问罪之师相继而来矣,国家吃土匪之亏小,而吃西人之亏大。中国因教案起衅割地赔款,书不胜书,四川、江西、浙江往事可为殷鉴。今以义和团仇杀教民,致各国有纷调兵轮之举,观于匪徒揭帖,明指杀灭洋教等语,此正授西人干预之口实也。夫各省皆有教堂,假使西人处处派兵保护,遍地皆有洋兵,则陆路之害不可胜言。又使各口岸皆系洋舰往来停泊,则水路之害不可胜言。又使神京皆系洋兵驻扎,则京师震动,首善之区已入人之掌握矣。又使总署时有各国照会缠绕赔偿等语,则政府权柄已为人所管辖矣。从前西人挟制中国不过索地索款,近来则每有派兵派捕之说,于挟制之外而加以干预,而皆藉教案为名。是故义和团之害,害在地方小,而害在牵涉教案则甚大也。盖牵涉教案,而西人挟制干预将以牵动全国也。况其兵舰近在天津,其至京城也,朝发夕至。设一旦不测,将何以抵制耶?将何以收拾耶?政府诸公忧思及此,当无有安枕者。何以图之?某愿觇其后也。

《中外日报》

［论说］ 爱国说

合政府、人民、土地而成一国。政府者，所以保守其土地，以养其人民；人民者，所以耕治其土地，以听于政府。故政府、人民二者，皆凭籍土地以成其国。有是则立，无是则废；有是则成，无是则败；有是则存，无是则亡。虽然，五洲广矣，万国并争疆埸之事、山川之险，此盛则彼衰，此益则彼损，此盈则彼耗，抵力过大则爱力生焉。惟其取之也愈易，则其守之也愈固，夺之也愈甚，则其获之也愈力，物竞之世理则然欤。故欧、美、日本诸邦无论为专制、为共和、为立宪，政既不同，俗亦非一。独至尊主、广地、强兵，则人人发奋，莫肯自贰。其上之人，务治内亲外以保其利权；其下之人，务勤力广学以进于文化。故百余年来，而诸国隆隆并盛，其殆以此。及其取人地与亡人国也，则又一切务歧视之。其待属邦也，往往民则异等，教则异学，刑则异律，税则异则，至乃行不齐肩，食不共席，入不同室，出不并乘，其不以平等待之如此。故有其国则随处可以自尊，无其国则无往而不受侮。印度之种非不善也，然至今无贵仕矣。非洲之族非不悍也，然通境为人奴矣。波兰之国非不强也，然瓜分之后再被杀戮矣。犹太之人非不富也，然寄居各处屡被欺辱矣。是皆以无国之故，而横被压制遭播迁，没世不振，至于如是。前鉴具在，可为寒心者也。中国自古有亡统无亡国，又不读外史熟近事，故五六十年之间丧师割地，亦既屡屡瞑然罔觉，不识大祸。至甲午战后，而胶澳、旅大、威海、广湾连被分割，于是海内骚然，乃始知惧。夫苦于无知犹或恕之，知而不为则尤可怪叹。其官若吏公言于廷，辄摇首而道曰："不可为矣，吾及今为计，犹不失为富家翁。"其士若民私议于室，每居恒窃叹曰："殆不国矣，吾善自为谋，犹不失为自了汉。"曾不知覆巢之下断无完卵，倾舟之后宁存片檝？不葺其巢与修其舟，而方飞跄于牖户之间，偃息于蓬窗之下，睢睢然自以为得计。其受摧折与被汩没，固其所也。未及呼号而已见澌灭矣，岂不哀哉？于是含血负气之伦，深识远虑之士，乃始发为大声疾呼，家到户说，而强有力者疾之若雠，弱而怯者避之若浼。嗟乎！支那以四万万之众，而知有国者其人有几？而固贸贸然与谋变法、论进化，其遇大变遭中折固其宜也。顾尝以为风气开之自上也顺而易，开之自下也逆而难，惟其易故速则无功，惟其难故久乃可恃。及今而谋救中国挽大局，不必攻守旧议时政，诚能多译新书、广劝游学，使民智日开、民德日和，人人知有国并人人知爱国，然后举而措之易如反掌，亦安在不可为乎？

京津匪警详述

京津团匪滋事焚毁铁路等情，已照西报、西电详登。兹得京中访友初二日来函，述之较详，用登于后，以供众览。据云：保定铁轨及教士洋房确于上月廿九日被团匪焚毁，惟并未伤人。翌日芦沟桥至丰台一带得此消息后，西人教士及站长等逃避一空，以致本地土匪乘间而起，抢去什物，然后将洋房、卖票房、电机房一律焚毁，铁轨尚未大损。午前天津车至丰台后，站长即返天津，所有丰台至马家堡客商无从抵京，后经马家堡站长至丰台，始将火车开抵马家堡，此初一日十二点钟实在情形也。马家堡车本拟午后直放天津，奈丰台一带站长均避往天津，无从接开，所以京津一路只开早车一次后遂停止，人心愈形惶惑。旋由马家堡站长电禀各处，至初二日晨派来武卫军、神机营数队驻铁路旁。督办许竹筠尚书亦坐兵车抵马家堡，带来站长数人，即谕令开车直抵天津。沿途蔡村、黄村等处各驻兵一队，此初二日十二点钟实在情形也。所有电气车初一日始终未停，初二日晨开过二次，忽有武卫军率领多人至卖票房、机器房滋扰，声言擒捉洋人。于是电气车立即停开，旋经营官知悉，即捉一兵插耳箭示儆，后颇安静，惟电车依然未开。此次丰台票房、洋房毁坏，咎在站长先逃。马家堡站长未逃，故卖票房亦均无恙。现经督办将站长发天津县严办，并捉抢物者八人讯办，刻下情形渐觉安静矣。

五月初九日(6 月 5 日)

《中外日报》

涞水教案始末记

涞水教案，本馆早已详登报端，至其始末根由，容有未详，因再补记如左：按涞水、定兴交界处村民奉教者众，有武举人某，遇必怒色向之，而教民亦不之惧，两不相下，积嫌成仇。一日该举人与教民某讼于官，不得直，罚令该举人出制钱四百千、酒菜二十席。该举人引以为耻，欲报之而苦无良策。会山东义和团方起事，闻有异术，于是破家倾产，聘数人至该村，教平日附从于己而能为出力者。此数人俨然以大教师、二教师、三教师等自名，诵咒弄鬼，焚香播神，几无虚日。教民知祸将及，已报于官。县令祝大令据报详禀上台，皆以为若辈徒自扰，何足为大患？旋各教士亦恳请豫为保护，姑令马队营分统杨云峰副戎率其部下往，仅仅七十余人，合计一哨半耳。是时，由保定调至之王统领部下马队尚未至。团匪得信语人曰：本期术成而后发，今事急且试之。号召大众连日来非焚教堂即杀教士，红光四起，横尸遍街，巨祸已成，警信叠至。当道于此，方悔初时之失算，然犹未拒官也。无何杨副戎督队至，十九日遇团匪，知难理谕，与之战，不及装弹，几覆军，下令速退。匪击其后，未数步转身发枪，皆应声倒，杀匪甚多，次早尸可检者得十八人。所谓二教师神通广大，能赤手抵当枪炮者亦与焉。余匪逃时，回顾誓曰：必得杨某而后甘心。二十日副戎出，复杀十数人。及至二十三日，匪众之装束大非昔比，巾带皆红色，衣紫衣。副戎领兵直前，大股匪复退去，盖诱兵计也。副戎不悟，追过村落深处。伏发，马惊窜。副戎先中枪刺伤胸部，急以刀抵格，而第二枪已中喉，不可救矣，从员二名亦被刺死。查办团匪之某观察即以马队覆没、杨副将亦死飞报直督裕寿帅，即日拨马队一营，次日复拨耿君凤鸣所带之练军二营相继往。二十七日，更添派马队二营、步队一营，其由保定而至者则有张西园协戎、王统领占魁部下之兵。

密议加税续述

鄂友来函云：闻盛京卿到鄂，奉有皇太后面谕，与张制军会商加税章程，必使斟酌妥善，然后政府再与各国开议。据闻章程草底中条目极细，其大端则照欧洲时价合磅，仍然值百抽五，子口半税统归洋关征收，洋人服用各物向免征税者一概不免，烟酒两项照值倍征。如照原议，每年约可增入二千三四百万。至各省所免洋货厘金岁约六百万之谱，即由洋关按省拨补，以备外销之用。

《申报》

答客问义和拳事

有客问于本馆执笔人曰：匪人之学习义和拳也，创于山东，流入直隶，煽惑乡愚，扰害地方，已数阅月矣。前阅贵报，知现在匪势日炽，以仇教为名。四月十九日拆毁琉璃桥铁道，铁路局中西人于本月初一日陆续逃至天津。先是直督裕寿帅闻警，檄马队统带杨云峰协戎督勇弹压。协戎带队前往，遇匪于涞，水县境，毙匪十数名，匪衔之诈败而遁，协戎狂追不舍，中途伏发遂遇害。甲乙二差弁亦殉焉，马队生还者寥寥无几。匪势如此猖獗，不知何日始得荡平？曰：拳匪为白莲教之遗，白莲教邪术横行，较盛于今之拳匪万万，而天戈所指，尚不难一鼓歼除，况此区区者乎？意此次马队之失机，实因兵士久不见仗，不能奋勇争先，兼之所带不多，彼众我寡，一与接战，匪皆奋不顾身，兵士又惑于邪术之能杀人，心先惧怯，以故全军尽墨，几于无一生还耳。今直督裕寿帅迭派练军驰往，直隶提督聂功亭军门又派武毅军两营协同剿洗。小丑跳梁，不日当膏斧钺而委沟壑，殊不必代为杞忧也。客又曰：匪苟无邪术足以愚人胁从，断无如此之众，此种邪术果不难立破乎？曰：术既曰邪，无论其精与不精，终不能久远，此不待智者而知。古有撒豆成兵、剪纸为人，种种妖法，在创之者，固足以惑人，然不久自败。现在义和拳匪虽托邪术以愚人，吾知其并邪术而亦虚假，客不见前报所纪习拳贾祸一事乎？北通州访事人来函云，自义和拳匪阑入通州境内，散布流言，无业流民争先附和，跳刀拍张，无地无之。有李姓童：年甫一十有二，父母爱之如掌珠。上月某日忽被邪魔附体，一连三昼夜弄拳舞棍，禁之不听，解之无法，卒至筋疲力尽而亡。其母痛子情切，以致双目失明。观此可知，若辈并无邪术，意者将猛烈之药诱令服之，以显其神通，遂致肇此惨祸乎。闻若辈自称习拳入会之后，可令水火不伤、刀枪不入，是以愚民趋之若鹜。如果水火不伤、刀枪不入，则杨协戎初次接仗，何以能毙十数人？此又不待智者而知其伪矣。现虽匪势猖狂，然仆以为不啻萤火之光，移时自灭。所虑者各处游民太多，苟不能设法以清其源，则盗贼成群，难保不附入其党耳。清其源奈何？曰：中国工作不如泰西之盛，而户口十倍于泰西，欲使国无游民，原非易易。鄙意惟垦荒、开矿二事用人最多，求利亦最易。各省矿产既多，若恒河之沙，未垦之田亦连阡接陌，急宜通饬各省地方官，清查无业之民，尽数派令垦荒开矿。若是，则不特中国内忧可靖，即利源亦自此而开。否则，匪类之起伏无常，虽动众劳师，终亦无济于事也。区区义和拳，何足介意哉？

五月初十日(6 月 6 日)

《新闻报》

续志义和团匪窜扰京畿确情

义和团匪在京畿肇事情形,叠经详志本报。昨又接到续函,较为详细,爰将前报所未及者删节录之。先是俄使在总署屡陈团匪之害,于旅居洋人大为不利。庆邸许以严禁团匪,保护洋人。嗣告之徐中堂,中堂以义和团发于忠义,何得目之为匪?庆、徐二公至于互相赌誓,直至初一晨团匪在长辛店烧毁车站,适太后在万(车)[寿]山亲见浓烟直冒,查询近侍始知团匪肇事,大为震怒。严谕切责崇大金吾派兵弹压,立刻调兵二营保卫颐和园。初二晨,总署调兵百余名保护东交民巷各使馆。午刻,荣中堂力疾乘轿至马家堡,换坐火车至丰台,随带亲兵百余名,崇大金吾亦亲往长辛店,均巡阅一周而回。事后查明丰台车站被毁,实因站长金某先行逃避之故。现经洋工师估计,丰台一处毁失约值二十万金,并有预备御用花车一辆亦遭烧毁。至长辛店肇事之前,先有匪徒在附近之三合庄劫夺民居。此处形势颇好,闻现仍为匪徒盘踞。京中前数日谣言四起,即东洋车亦因车名有一"洋"字,不敢行驶。现在马家堡铁路之北扎有神机营兵,铁路之南扎有武卫后军,高牌店扎有武卫前军三营,保定西关扎有马队,唐山扎有武卫左军。京城内自天桥起至永定门止,派有武卫军千余名,露刃持枪来往梭巡,夜间即在该处搭帐住宿甚为戒严云云。此京友五月初三日信函也。

《中外日报》

[论说] 多难说

古人有言曰:"或多难以兴其国,或无难以丧其国。"又曰:"殷忧启圣。"又曰:"惟圣人能内外无患,自非圣人,外宁必有内忧。"孟子曰:"入则无法家弼士,出则无敌国外患者,国恒亡。"由是言之,是惟圣王御宇,海波不扬,民气大和,戢干戈而不用,安国家于磐石。上也,其君若臣早作夜思,兢兢业业,以宴安鸩毒为戒,以绸缪牖户为急,外则怀柔远人,内则拊循黎庶,惟民嵒之是畏,惧狡焉之思启。次也,若使一人焦劳于上,群臣袖手于下,邻有责言而不顾,下有伏莽而不知,坐待大祸之及身,徒供后人之殷鉴,斯则有不忍言者矣。呜呼!今日之中国果何若乎?朝廷高掌远蹠,既于京师设立武卫军,妙选迭著战功、夙负威望之大员以为之帅,又别置武卫先锋左右军于江北遥供声援,又迭敕各行省筹饷练兵以备不虞,策非不善也。顾吾闻之古人之治国也,必安内而后攘外,非徒曰远近异势即缓急异用也,实亦恐以内政之不修或致戎心之骤起。其在于今,则欧美强邻寄迹中土者,已不可以数计。中国虽大,已成公共之局。强则诸国同受其益,弱则中国先承其祸,故为急则治标之计,力杜反客为主之忧,实以靖内为至计。内靖则外人既无所容其喙,而国家亦得于其间讲求内政外交之策，以冀挽回既往之深累，徐图将来之自振，此正危急存亡之秋、千钧一线之危局也。迩者义和团匪既已滋事，西人报章无日不言匪乱，无日不归咎政府，无日不力言宜调兵入京以资保护。夫调兵保护之议，创于我国则为思患预防，创于外人则固有不可明言之隐。以数国之客兵群聚于辇毂之下，是否能永远相安，盖不可知，其可患者一也。俄人在东三省，其虎视眈眈之意已路人所共见。今日又闻有在复州之俄人被匪徒戕害一事。推原祸始，实由其平日剽掠奸淫结怨太甚所致。然此等事以为俄人习惯如此，则是蔑视我中国、奴视我人民也。如以为俄人有意如此，则是挑衅之计也。近时立约，诸邦与中国最敦睦谊者不乏其人，而其来华官民遇有不测之祸，则藉端要索已无所不至，况于日月以冀伺衅而动之俄人哉？其可患者二也。呜呼！使当轴诸公鉴于事势之日亟，内忧外患接踵而至，因之博采舆论、旁求俊乂以图挽救之，方使危者得以复安，乱者得以复治，此则草野下士所祷祀以求者也。否则，吾未知所底止也。

京津匪警续述

昨又得京中访友来函云：丰台车站被焚一节业已探报，顷有友自该处来者目睹情形，述之较详。据云上月二十九日，自保定至丰台之火车至晚未到，继得停售保定车票之电，站长等已惊惶万分。迨初一日晨，探悉芦沟桥亦遭团匪焚毁，于是西人、站长电报，学生一律避至天津，除银钱要物收拾带去外，其余什物悉行抛留，反扃其门而去，时当九句钟也。附近乡民及购票客商见卖票房、机器房、电报房一律扃门，且无人迹，遂深讶异。于是黠者破门而入，乘间抢物，当时无人阻止，声势汹汹，终则付之一炬。除烧各洋房外，且有龙车一座，系戊戌预备阅兵者，价值六万金，亦遭土民烧毁，所幸铁轨、电杆未遭毁坏耳，此十点钟等至三点钟之情形也。时适雷雨交作，乡人各散，夜间安静无事。初二日晨，唐会办自天津坐火车至丰台，察得沿途铁轨并未损坏，即饬练兵于蔡村、杨村、丰台等处各驻一队，并捉获抢物者八名，带至马家堡候究。所有丰台站长、车头已发天津县收禁讯究矣。最可恨者，十二点钟时天津直放北京之火车抵丰台后，听信谣言，火车头即返天津。客商大有进退维谷之势，后央烧煤火夫代开，汔机始抵马家堡埠，顷闻该车头亦将严惩矣。以上悉系确实情形，因再登列，以供阅报者考究。

私函照录

京津匪警一节，沪上诸绅商闻信后颇切关怀，故本馆有闻即录，冀藉以餍阅者之心。昨日本埠某君接到其京中友人来函，虽所闻异辞，本报亦一律登载，以备阅者参观。据述当已经阵亡之杨福同分统赴涞水时，所有北洋开往之军均归节制，然只准弹压，不准妄动。开往之兵日行五里或十里，故迩时仍在近处住扎，分统即于上月念三日，被团匪伏兵杀害。廿九日，该匪乃烧毁北京至保定之铁路一百五十里。初一日，自天津往京之车行至中途，闻丰台信息甚恶，仍折回津。是晚，丰台车站遂被焚，且有明日烧杨村至天津车站之说。是以天津各处戒严，人心异常惊惶。各国兵亦有到者，特为数甚少。车站上亦有西兵防守，惟中国兵不闻有何举动云。

俄人被戕骇闻

昨得营口访事来函云:复州界东北之瓦房店,距城五十里系俄人开矿之所,亦俄国铁路巨站,故俄人居于该处者极多,而辎重之贮于该地者亦巨。惟俄人性极凶顽,不时游行乡间,肆其骚扰,而尤喜乘妇女出入强行奸占,至于剽掠财物、夺取饮食犹其末也。以故土人既望之惊心,又衔之(次)[刺]骨。四月下旬夜间,俄人甫就寝,忽有匪人数十名各执枪械斩关而入,直达内室,翻箱倒箧争取金银。俄人惊起,即操枪轰击。匪人群起而拒,势甚勇猛。俄人虽整队相向,竟不能取胜,一时枪弹如雹,人马腾沸,俄人相继受枪而仆。余众见势不敌,遂奔溃不止。匪人一面搜捕俄人,无分男女概行毙之枪下;一面抢取财物,所有站中存放之公款私财尽被席卷而去。翌日检验人数,除受伤不计外,俄人毙三名,俄妇毙二名,以后因伤毙命者不知凡几,查点资财什物所失甚巨。当即报官,亲诣该处验明,一面飞禀上游,一面饬派干役,严紧捕拿,务期赃贼俱获。俄人受此巨创,亦即驰禀旅顺口驻扎大吏飞电驻京钦使,察夺情形办理。

天津:纪团匪猖獗详情

天津访事发来专函云:义和拳匪业已明目彰胆起事,此皆由内廷不早剿办,故意酿成所致。前礼拜三,团匪在涞水村将杨参戎诱入埋伏致毙,并将其尸支解。该参戎系保定府大吏派令查办高立教案而往者,前至磁州与州官酌议,带兵三十余人前往涞水义和团驻扎营寨之内。至时团匪等相请入营,各兵颇怀疑虑,相劝弗往。该参戎以团匪决不敢将其如何,执不听众,竟毅然驰马而入,团匪即将参戎诱至山顶以枪刺毙。至华人谣传该参戎为团匪剁成七十二块一说,不知是否真实。其随从各兵有谓亦遭杀毙等语,恐不可信,想已早经脱逃矣。参戎忠勇廉洁,向为上峰器重,此次竟遭团匪戕害,莫不为之恻然。复深恨团匪等明知其为朝廷命官,而竟敢肆行戕杀,殊属不应。保定府大吏闻信后,立即派兵万人前往涞水剿办。当为团匪侦知,乘各兵未到以前,除即将柳里河铁路车站纵火焚烧外,长辛店、芦沟桥等处车站亦遭焚毁。诺纳加君深以在丰台铁路上之比国各工程师为忧,特亲自乘坐火车开往长辛店探访,于途连吹号叫,并未见有比人踪迹。至可惊可愕之谣言更不一而足,有谓比国工程师及其妻孥辈均为团匪殴伤者,有谓有比国人五六名及其妻子为团匪等围于山上无从脱逃者。目下究竟如何,亦并无得有确信。诺纳加君正当访探之际,忽车站火起,又见团匪多人,各执枪刀上前意欲阻其去路。诺君见势不妙,即忙开足机器而回。团匪等复于昨日追踪至丰台地方,将该处所有大栈房、机器局、车站等悉行纵火焚烧。丰台距京师相隔只有八英里,京中一闻信息,立即多派兵士前往马家铺保护车站,故该处车站幸免被焚。天津与北京,昨日竟至消息不通,因此各居民悉皆惶惑异常。今日闻聂军门从芦台饬派兵士,乘坐火车经过铁路已复通行。迩又闻诸人言,团匪等已入通州一路。驻京各国使臣均电致水师提督,命即派兵进京保护,约共派兵士百人。其时,美水师提督适在大沽,遂立即派兵登岸。日本亦有一船在大沽停泊,因亦派兵二十五人至。英、德、俄三国之兵,于此三十六点钟之内亦可行抵此间。北京各西人以目下无人为之保护,均甚惊惧。俄国使馆现更令其妇稚等回至天津暂避。驻津各国领事及工部局因知事势危急,着意严备,特派团练、西兵百人、水兵二十五人,以便实力防堵。故此间已可无虞,所虑者惟京中而已，闻因华兵等均系团匪党羽故也。直隶总督现亦竭力设法认真办理，想天津总可无碍也。

《汇报》

天下不患无治法而患无治人论

淞南由吉子稿于琴东竹梧书屋

环顾皆敌国也，举足皆棘地也。强邻耽其虎视，包藏祸心；剧匪毒其蜂芒，潜蓄异志。居者不敢贴席以高眠，行者不敢载宝而驻足。圣明愁于上，临朝痛哭；黎庶困于下，遍野疮痍。安得有奇材异能之士，抱己饥己溺之怀出而担荷宇宙转旋乾坤，以一发千(金)[钧]之危局，变而为天长地久之雄邦。然而谈何容易？墨守者，暮气浸淫，苟图身便；纷更者，孤行无忌，罔顾舆情，甚至党同伐异，倾轧成风。何怪群疑满腹，众难塞胸？内讧由此而蜂起，外衅由此而藉口。国土浸削，不啻有累卵之危。民气凋残，随在形倒悬之苦。有心人能不效贾长沙之痛哭流涕哉？夫九洲非铁铸，岂容一错而再错？兴念及此，不禁奋袂以起，为前席者借箸筹之。尝见舟师之驾舟也，帆樯橹篙，位置攸宜，进退疾徐，坐镇指麾，中心有主，益形整暇。所以能沼视溟渤，杯视江湖，虽遇吞天浴日之惊涛、排山倒海之飓风，而布帆击楫，云飞鸟逝，一息千里，如履平地。舟中人心旷神怡，几疑星汉可乘槎而上，赖良舟师之有术以操纵也。假令舟师而非其人，虽有帆樯橹篙，亦等诸虚悬之器。行乎平澜浅濑，水波不兴，尚能游刃有余。一旦经蛟龙之窟宅，值波涛之震惊，鲜有不胆落神沮、堕桨失舵者。于是灾罹覆亡，人咸鱼鳖。至此时而顿足椎胸，向海若以悲号，亦已晚矣。所可怜者，舟中人何罪？而性命悬诸不识不知、罔识利害之舟师也。呜呼，惨已！然而国家之安危，亦犹夫是也。溯自我朝龙兴辽阳，德威所至，四夷宾服，兀峙亚东，迄今垂二百余年。人民之众、幅员之广、物产之富甲于寰区，诚非俄、英、法、德所可同日而语，固天下之雄国也。近数十年来，外侮迭乘，殆无宁岁。伊犁之役北辱于俄，闽江之败南挫于法，台湾隶于日，胶州委于德，英扼长江，意索三门，悉皆登我堂奥，击我肘腋。旅大之天险已失，广湾之门户已开，而犹有相时而动者，如美、班、比、葡等之不一国也。且内地伏莽太盛，如哥老、大刀、小刀、点红灯、义和拳等，各会匪皆足以祸国殃民。历观各报所载劫夺之事、闹教之案，几于罄南山竹，书不胜书。而上官以司空见惯，绝不为异。方且日事弥缝，粉饰邀赏，虽奴辱以求匪首，婢颜以议和戎，亦所不恤，甚且率奏请奖，滥予朝廷名器。故匪胆益张，匪势益炽，声援潜树，各布要害，川涌必溃，实操左券。语云："姑恤养奸，养痈贻患。"观于发捻之肇乱，洵为前车之足鉴也。且有乘机窃发者，如盐枭、流氓、土豪、地痞之不一匪也。若是，则内忧外患交困于一时。夫固如何而可？曰是不难，当求治法而已。劝农桑以苏民困，平狱讼以重民命，兴商务以裕民财，端士习以正民德。力行保甲以弭盗，慎守公法以睦邻，择将才以训练士卒，裁汰老弱务成劲旅，聘艺士以制造师船，杜绝侵吞。力整海军兵制，悉仿泰西水陆按时勤操，务使一将得一将之用，一卒得一卒之力。以之削平内寇，犹如秋风之振撼败叶；以之抵御外侮，不等弩末之莫穿鲁缟。人民庆瓜瓞以绵国家，乐苞桑以固都俞。吁！咈之休风，何难再见于今日？或有难之者谓：朝廷孜孜求治，疆臣汲汲为理，培养人材则有同文、储材、师范、武备等学堂；加惠农商则有农务、商务、矿务、机器制造等局，名目繁多，指不胜屈，何必局外人代为殷忧？予曰：虽有治法而祸患频仍，诚以未得治人也。夫一县得人则一县治,一郡得人则一郡治,一省得人则一省治,天下得人则天下治。所谓治人者,尤在于临大事,决大议,垂绅正笏,不动声色。措天下于泰山之安,所谓社稷之臣是也。不禁为国家祷祀以求之,馨香以祝之。

五月十一日(6月7日)

《中外日报》

[论说] 救急策

国家多故,天不吊灾。团匪滋事,一发莫御。曲突徙薪,谁识先几?临渴掘井,吾知其难。堂堂帝京,万邦具瞻。乃至烽火达于宫禁,流言闻于帝阍。衮衮诸公,与国同休。主忧臣辱,宜有远谋。草茅下士,茫无知识。顾念覆巢之下必无完卵,榱栋既折惧被覆压,辄敢贡其所知,以救危急。刍荛之献或见询于先民,葑菲之采实深冀夫有位矣。条举其目,详列如下:

一曰宜简选得力之兵,保护各使馆也。近日据报知,西国各钦使已纷纷调兵入京,以资保护。其已到者计有英兵、法兵、俄兵各七十五人,美兵五十二人,意大利兵三十人,日本兵二十五人,闻尚欲续调多兵入京。窃谓各国钦使之在京城,客也;而我,则主人也。古者,诸侯宾至,车马有所,宾从有代,宾至如归,不畏寇盗。今以匪徒公行之故,乃至各国使馆咸有戒心,盛陈兵卫,似于居停之谊有所欠缺。设令团匪蜂拥而至,以亡命之匪徒攻寄居之西兵,互斗必有伤亡,交涉之案更多棘手。又无论人心不同有如其面,设令借保卫之名行意外之事,久留不去为国大患,又如之何?故窃谓宜简选得力之兵,派谋勇兼优之将,率以驻扎使馆左近。无事则为之巡逻,有事则为之御侮,俾外人知我于保护之道确已竭情尽致,仍严束所部不得与西兵龃龉,以防衅自我启藉人口实,此固急则治标之策也。

二曰急宜多派官兵,实力剿办也。前日据报京城于初八日,派出官兵二三百人剿办团匪。讵官兵半系团匪同党,见仗时已逃出大半,即未逃者亦大半受伤,仅毙匪一二十人。按本馆前已屡闻人言,京城营兵半被义和团匪诱煽入会。又有人言某营统领实即团匪之头目,彼时即虑缓急之时,非特无可驱遣,抑且倒戈为患。今既然矣,若再迁延时日,以有限之兵攻方张之寇,而又本系同类,见仗即逃,有同儿戏,逆计后来,实为可惧。夫燎原之火始于星星,千里长堤溃于一穴。彼嘉庆初年三省教匪之乱,道光之季粤东发匪之乱,非殷鉴乎?故窃谓御团匪如御洪水,贵急速不贵迟巧,必宜广召练兵,择其确未入会者分路剿办,必使官兵之力能歼除匪徒而后已。而必不可轻为尝试,将则无谋,兵则不足,以致一败再败。匪徒之焰,挫官兵之气,日后声势愈张,裹胁愈多,虽有名将无以善其后,此又防患于微之策也。

《清议报》第四十七册

续论义和团事

伤心人稿

义和团起于山东，延及直隶，势日猖獗，遂焚毁京津之铁路，轰然暴动，而通商诸国遂纷纷请兵至北京。伤心人曰：有是哉！中国之危殆也。夫义和团之哄然扰乱，仇杀西人，其为莠民召乱，无足道矣。虽然，吾不能不深痛我民之愚，而贸然以此亡我国也。义和团之举事也，以“扶清灭洋”为主义，岂不谓外人之割我土地，夺我利权，干我内政，陵迫侮辱，使我国势窘蹙而不能自立，人民穷屈而不能自伸，故积怨发愤，遂出此下策以求一泄其恨哉？然而外有见侮之事者，实由内有可乘之隙。书不云乎，兼弱攻昧，取乱侮亡。我必弱昧，乃招外人之兼攻；我必灭亡，乃致外人之取侮。物先自腐，然后虫生。日痛外人之陵侮，而不思卖此土地，鬻此利权。弃此内政、召此外侮者，其罪魁首恶固在于权奸乱贼。不除其害，则虽外人不来，而祸乱正未有艾也，且彼日云扶清矣。然亦思今之握大宝、临天下者，其为太祖太宗之子孙乎？今日之柄大政、执国权者，其为爱新觉罗氏之统胄乎？女后擅权，奸臣窃国，而传祖位承国统之皇上，乃受幽闭于瀛台铁屋之中，则虽尽绝外人，尽拒诸国，要不过敛精神以安奸贼之身，出死力以张奸贼之焰，于扶清固无与也。且前年皇上变法，外人敛手，三月不闻要索之事。政变而后，奸贼篡国，于是鬻权卖地，日有所闻。由斯而谭，则外人固不足以危亡我中国，而奸贼真能覆我宗祀而奴我种族者也。不此之愤，顾彼之仇，则是愤其干预者，复自取其干预，适足速列强之瓜分，而自取覆亡之惨。其于国事究何益矣？此吾所以不能不深痛吾民之愚，而知哄乱之无裨于事者也。

且夫古之所谓英雄者，其主义不一端，其成败不一辙，而要必以君国为心，其业成志遂者无论矣；即其事败身丧，而所谓破坏主义者，亦必有裨于君国，有益于国民者也。秦嬴残虐，民不聊生，而威力积压，无人能脱其轭缚。于是胜、广突起，首发难以婴其锋。王莽篡逆，倾覆汉室，而威力积压，无人败犯其凶焰，于是翟义发愤，首举义以挫其威。武氏擅纵，将移唐祚，而威力积压，无人敢逆其雌威，于是敬业勃兴，首勤王以讨其罪。之数人者，志业不遂，旋即败灭。后之论者，遂笑其草泽扰攘，适为真主之驱除，诬其建义称兵，实由失职之怨望。然当民气既敝、人心尽死之时，而独以一人奋起于积威之下，不惜以此身为国家之牺牲，提倡大义，振国民之精神，奋臂大呼，导豪杰之先路，卒之豪俊继起，遂以光复国祚，殄除凶奸。虽其功业不终，而其举义之心，固欲有裨君国，有益民生，而非欲徒为扰乱者也。今中国事变急矣，权臣僭窃，不后王莽圣主幽废，有甚卢陵。而莽莽二千万里，芸芸四万万人，类皆偷忍相安，熟视无睹。曾不闻一人一士奋发忠义，为翟义、敬业之英谋。而惟此暴徒窃发，莠民煽动，相率而为黄巾、赤眉盗贼之事，依附奸贼，庇逆党之余威，仇视外人，为野蛮之举动，徒以招外人之笑骂，速列强之瓜分。中国虽大，宁得尚谓有人耶？此吾之所不能不深痛吾民之愚，而知哄乱至无裨于事者也。

故要而言之，中国之祸在外侮，而其祸本则在内患。除中国之祸在御外侮，而除其祸本则在先平内患。夫中国自古之乱于外人者，固未有甚于晋之五胡者也。然亦由永康之间南风肆虐，贾充窃政，内治秕紊，故五胡得乘隙以肆其凶锋。然五胡野俗，犬羊奔突，犹可以兵力制之。今日诸国之以文明相竞，以政治相逼，绝非五胡之比，无论我无兵力以制之也。且通商互市,地球公例,自非野蛮土番,必无闭关独立之事。既不能绝其交涉,又岂能禁其窥伺?故我国民自求振拔,欲御外侮而杜敌谋,必先除内患以兴政治。譬之人也,心腹腐败而毒疠发见,遂至手足溃烂,外邪交侵。为之医者,必亟治其心腹之病,然后加以培养,固其元气,则手足外邪不待药而自愈。若但敷治其手足,攻伐其外邪,则下药未终,而生命已绝矣。今之中国,势亦类是。外国之侵割,手足之溃烂也。奸贼之纵横,心腹之腐败也。若不锄权奸以去国蠹,扶皇上以复新政,则元气凋瘵,虽日付千金之药,必无救于死亡。况涂以砒毒,激而速其溃烂哉?且独不见日本之维新乎?庆应之间,诸国劫盟,恫喝要胁,国势屈辱,于是民心愤涌,仇视外人,日焚夷馆,日言锁港。既乃知夷之终不可攘,而谋国之本又不在于攘夷也,于是藉攘夷以尊王,藉尊王以覆幕府。举国之士皆以覆幕为专图。迨乎锦旗东指,幕臣乞降,大政既归,而敌患亦息;内患既除,外侮自靖,是固其明效大验矣。我国民诚愤国势之屈辱,奈何舍日本维新之大业而不为,而徒如黄巾赤眉,日为此野蛮之举动,而自速其亡灭也。

故日愤外人之干预,而外人且议派兵平乱矣;日愤外人之陵逼,而外人固且调兵入京矣。倘有损失,更索赔偿。而彼奸贼者,仍惟是鬻我利权,卖我土地,以求息事,而取媚于外人。夫奸贼惟知篡窃国权以恣其欲,仇压汉人以绝其患。虽尽神州沦为异域,于我国家无所顾惜也,于我人民无所顾惜也。彼视我民本如草芥,于我国本如秦越,其卖国鬻民,亦何足责?独彼西后者,国家本其自有,利害亦所身受,使其退老颐和,归政皇上,则百政具举,国势日强。外无侵陵,内无扰乱,其安富尊荣,固自百倍于今日。而必委任权奸,幽废皇上,事变日起,危殆日甚,岌岌不可以终日;乃至托暴徒为党援,结莠民为羽翼,愚亦甚矣。以此之故,且至强邻责言,敌人诘胁,遂仓皇狼狈,始下禁散之谕。而究无以自解于邻敌,彼纵无惜于我国民,有憾于我皇上,其自谋无亦太左耶?然吾民方忧外国之逼迫,乃反开衅以导之来;方愤奸贼之制压,乃反联结而扇为乱,则吾民之愚为更不可及也。于西后又何责焉?于奸贼更何责焉?

五月十二日(6 月 8 日)

《新闻报》

政府、义和团关系论

读五月初十日上谕六百余字,反覆寻译,然后知政府之见,在不肯剿办团匪也。近有谓王公大臣深信团匪者,有谓虎神营之勇半为团匪者,有谓宫中内侍习拳附和团匪者,有谓某王曾捐经费以助团匪者。在政府只认为团不认为匪,故今即明明为匪而犹极力为之斡旋曰团。窃谓政府当不致为团匪愚惑如此。或曰政府中亦有义和团其人在焉,是言也不为无因,观于政府初十日所拟之上谕,而可一一取证矣。其曰义和拳会近因其练艺保身、守护乡里,并未滋生事端,着令地方官弹压云云。是谓拳匪为良民,何其嘉许奖誉之甚也?曰拳民以仇教为名,倡立团会,再有奸民会匪附入其中,藉端滋扰云云。是谓拳匪并非匪，何其左袒护卫之甚也？曰已派赵舒翘宣布晓谕，如再执迷不悟即系乱民，仍负不忠不义之名云云。是谓拳匪不至为乱，何其客气怜爱之甚也？曰如不悛改即派董福祥等剿捕，仍以分别首从为要云云。是谓拳匪不可轻杀，何其悯恤体贴之甚也？凡此皆不肯剿办团匪之明证也。揣政府之意，其深恨教民自在言外，况匪徒藉入教为名，欺压平民、武断乡里等语；更有数弊：一助团匪之焰，曰朝廷既谓匪徒藉入教为名，吾辈正好代朝廷剿办，藉此起事矣。二挑外国之衅，曰中国政府不以团匪为匪，而以我教民为匪，是明与我各国为难，我各国亟当与政府计议矣。又近闻所派之军，不但未能保护弹压，且有骚扰地方情事。倘有不营肖哨，各官不能严束勇丁，即以军法从事等语，亦有数弊：一懈各军之心，曰政府之意在不办团匪，我等开战剿捕，政府反谓不能严束勇丁，不如不开战也。一长团匪之志，曰政府不许官兵轻于开战，我等正为政府信许之人，任如何抢掠不妨也。嗟嗟，政府之意，吾于此次六百余字上谕之中而详细玩味，已得其大半矣。团匪立会之始，曰扶清灭洋、曰义和。今政府牵涉教民等语，即扶清灭洋之注脚也。而嘉奖团匪守护乡里等语，即义和二字之注脚也。于教民则痛诋，于团匪则偏护。于剿办之军则曰不能严束勇丁，是不肯剿办团匪之注脚也。近日团匪猖獗如此，西人则兵舰纷来，枪炮并至，辇毂之下，摇动不安。一有违言，将生不测，而政府犹为是挑剔之词。铁路焚毁，教士戕杀，京畿一带已无宁宇。再事蔓延，首善棘危，而政府犹为是怠缓之语。卧于厝火积薪之上，宴于栋折榱崩之下，虎狼在门，盗贼在室，而不思所以驱虎狼御盗贼也。何其梦梦若斯乎？夫团匪闻已积有二十万，此即董福祥等立时出兵剿灭且未必果胜，而曰如仍不悛改即着云云。仍以云云，是不啻明酿匪势以助其成。迨其既成，而后西人大兵齐至。一面无以抵制团匪，一面又无以抵制西兵，国事如何，岂所忍言耶？而谓言之过甚也，观于今日本报所纪匪耗各新闻而可知矣。

《中外日报》

［论说］ 救急策 续昨稿

一曰急宜严缉匪首，散遣胁从也。迭观近日各报所载，似拳匪之党羽业已日盛一日，此呼彼应，东出西没，为数已不可胜计。然从古用兵之道不厌其诈，况在匪徒尤善虚张声势。约计匪徒魁要无多人，其余则固有甘心从逆为之出死力者，有妄冀其能成大事听其指使者，亦有毫无所知随声附和最易遣散者。故剿办之策宜得要领，必宜择匪首所在痛加惩创，则余党闻风知惧，此等乌合之众自必遣散，乃易收聚而歼之之效。否则零星剿办，一股既灭，一股复起，如水之横流漫无归宿，如火之燎原随处蔓延，必致迁延日久师老无功，虚费军饷枉害生灵，则为祸益大。故擒贼王之策，断乎其不可或缓也。

一曰外人派兵帮助之说，断不可轻允也。前日传闻，俄国已派兵二千名由旅顺入京，俄公使亦已将遣兵代剿之意明告总署。本馆按从古无借他国之兵力剿治己国之土匪而能善其后者。唐肃宗借回纥之兵收复西京，许以土地、士庶归唐，金帛、子女归回纥，而其后尚怨望不已，屡次入寇。史策昭然，可为殷鉴。以近事言之，同治初年东南诸省沦陷之时，亦曾借西国之兵攻击苏州、宁波诸郡县；然彼时湘乡相国议奏，即有不得已之说，不可专恃客兵之说。老臣谋国瞻言百里，其用意至为深远。况今日事势又非昔比，既无素著威望之大臣足以钳制客将,又无晓畅戎机之武臣足以驾御客兵。即令俄人果无他意,不致有引狼入室之患,而要之事急既引之使来,事缓即难驱之使去,必至蹂躏要地,牵动大局,地方元气阴为所损。利尚未见,害已随之,故曰借兵代剿之策必不可行也。

以上刍议四则,速调大兵严剿匪首,治匪之本计也。保护使馆谢绝外援,所以防后患也。窃意匪焰虽炽,然综计北方兵力,以御外侮或不足,以治内匪要未尝不有余。且朝廷整军经武,于旧有神机营而外,复添练武卫军及虎神营,固将以备非常也。若区区土匪一旦窃发,尚猝为所窘束手无策,毋亦非整饬武备之本意而益为外人所藐视乎?所冀当局诸公速定政策,一意主剿,毋惑于扶清灭洋之谬说,杂以招抚之意,致使将卒观望无所适从,阃帅游移不肯尽力,坐长匪焰,酿成大患,则拳匪虽横要不足平也。

《申报》

义和拳匪亟宜剿办说

义和拳匪之初起于山左也,不过无赖之徒借练习拳棒为由,到处敛取赀财,自肥囊橐,而又知平庸之艺不足以惑众,于是托于附神降鬼之说,以遂其煽诱之私。北方风气刚强,民情又极愚蠢,平居跃马试剑,顾盼自雄,一旦倡率有人,飞扬跋扈之心不觉油然自动。桀黠者又窥见民教不和之隐,昌言但仇洋教、不害平民。一时无识之徒遂不顾是非,同声附和,谣言四起,匪焰益张。然当是之时,苟得明达果毅之有司显揭邪谋,晓以大义,诛锄其魁桀,解散其胁从,则一转移间不难戢狡谋而杜隐患,乃愚昧者以其逆迹未露而姑置之,懦怯者又以大患尚远而姑忍之,贻患养痈,酿成聚众抗官之案。为大吏者犹不肯痛加剿洗,立绝根株,任其四出蔓延,扰及畿辅。今者其焰愈炽,铁路则被毁矣,车站则被焚矣,电杆则被摧残矣。洋人之旅居中国者、传教中国者、办理中国工程者,或被杀伤,或被劫掠,甚至中国领兵之武职大员亦竟捐躯赴难,痛抱舆尸于此,而犹谓星星之火不致燎原,其谁信之哉?夫西人之在中国也,地方官随处保护之说,久已载在约章。乃匪徒竟敢妄肆邪言,起而为难。当事机甫兆,西人早曾告之地方官,请为严杜乱谋,藉弭无形之患。无如当事者竟如充耳,并不能防患于未然。洎乎祸乱既形,各国使臣犹商之总署,请即派兵剿办,俾匪徒不致鸱张。在西人兵力之强,非不能自调大军为扫荡驱除之计,亦以顾全大局,苟事可得已,决不肯贸然越俎,致挠中国自主之权。乃邻邦之诘责频来,政府之委蛇如故,迁延观望,不过示文一纸,托诸空言。西人知中国保护之说既不可恃,不得不电达本国,调集雄师,以资自卫。迩者,大沽口外各国兵舰既已雾聚云屯,西兵之陆续入都者相属于途,声势之雄,望而生畏。然犹持重不发者,亦以剿匪为中国内政,不肯轻于发端也。中国苟不于此时广集貔貅,设法剿灭,则西人之在中国者,势必以损赀财、伤性命为词,请本国使臣自筹保卫之策。使臣虽欲顾瞻交谊,亦岂能过拂舆情?吾恐各国同心,纷纷然出而干预。彼幺麽小丑固不难指日荡平,而中国土崩瓦裂之机必将因之以起,即不然而代为中国平此乱党,事后岂能无所索偿?既不能亡羊补牢,势必至引虎入室。往事可鉴,后悔难追,衮衮诸公,其亦尝念及之否?或曰:义和拳之起事也,不过与教民为仇,而未见扰及良善,倘竟犁庭扫穴、玉石不分,未免近于残忍。执笔人曰:噫!是何言哉?夫自来寇盗揭竿倡乱,或昌言法令之苛,或托言官吏之暴,必有所假借以煽惑愚民。今扶清灭洋之谣,亦若辈相传之故智。不然，当嘉庆时，内地各州县未尝建设教堂，而义和拳匪之披猖且遍于齐豫各省，是非蓄心谋叛之明证哉？语曰：“涓涓不息，流为江河；炎炎不灭，燎原奈何？”倘再惑于谰言，因循自误，则不旋踵而非常之祸将有不可收拾者矣。北望神京，杞忧曷极，恤纬之议，尚其鉴诸！

五月十三日(6 月 9 日)

《新闻报》

论关心国事者惟商人

连日义和团匪乱耗警报络绎，纷至沓来，一日数惊，骇人闻听。或载西报，或载中报，或载专电，或载传单。译不胜译，纪不胜纪，书不胜书，阅不胜阅。加以客有自京津来者，详述匪势各情，口指手画，历历如绘。而各行号、信函、私电又复加意纪叙，言之綦详。昨日又有六百余字之上谕，大旨在袒护团匪，有不肯痛剿之意，于是群情惊讶，而沪上商人为之震动矣。夫上海为商务总枢，而北方首善，尤商务之归宿。故近以日闻警耗匪势披猖，于是咸有戒心，货物不敢畅运，银两不敢划兑，过客不敢启行。有耽搁客栈探听消息者，有时来报馆求示近情者。甚有时甫黎明，行号学徒纷来购报，午后及夜深时亦偶来探询焉。然后叹关心国事者，惟商人也。有某巨商因北方匪乱猖獗，昕夕惶惶，因走谒于某当道，叩其匪耗如何及究竟之法。乃商方言之气喘，而某当道则怡然、蔼然拈须以对之，若闻若不闻焉者。久之方一言曰：“国运已如斯，非我等所能图谋治乱，亦听之而已，惶惶焉何为?”商诧其言，又遇一当道而告之。而斯当道者则又曰：“某等为外官，京事本无关，且国运亦非人力所能挽回。”言未已，而商已呆坐如僵，久之方曰：“公等皆同委之于国运，而卒不肯为国家出力，某等商人遑敢望公等保护耶？某愿自为谋。”出而遍告人，有识者曰：“子何不智之甚也！子以子之贸易资财系于北方，故为是忧心不已。彼官之为官，其资财不以贸易而得者，无论南方之乱、北方之乱，彼要惟一官利一官而已。即所谓闻警戒严，征兵调饷，亦不过详咨移札，此往彼来，而其心之闲闲如故也。夫商者国之挣钱子，而官者国之用钱子。商以财输于国，而官以商之财三者公于国，七者私于己。国之财因商而得，又因官而分。总之，官之财即商之财，彼惟取之自下，故于国事不必相关也。譬之君为店主，商为伙计，而官则为店主子弟，其挥霍用度非特不肯为其父兄经理，即其店中亏折倒闭，彼亦掉头不顾也。官之恒情亦犹是，何足怪焉！”商曰：“某闻言恍大悟，因述其颠末于纪载主人。”主人俟商去，退而太息曰：凡事不切于己者，听之若无闻；凡言不合于己者，听之反生厌。团匪之事与商有关，与官无关。以其事告之当道，其不经意焉宜也。更以如何剿办、如何防维，琐聒之宜其不耐多言，惟以“国运”二字弹塞。嗟乎！此官之所以为官，此中国之所以为中国也。若夫商者，一国之元气，一国之柱石。人无元气则亡，室无柱石则倾。无官有商可以为国，盖商可助理国用也。无商有官不可以为国，盖官惟坐费国用也。是故各处土匪起衅，无论成事与否，留心探问者惟商人，争先阅报者惟商人。盖以商务所关，江海相联络,南北相维系,口岸内地相牵扯,一动百动,一摇百摇。南方之货不运于北方则南方穷,北方之货不运于南方则北方亦穷,南方无北方之货则不适用,北方无南方之货亦不适用。货物不通,银两不通,来往行人不通,事事阻滞,处处隔塞,而商务市面因以衰敝,因以消耗。犹之人也,京师为首,上海为心腹,而东南数省为四肢百体。今四肢百体系于心腹,而首已腐烂,则腹心亦疼痛欲死矣。彼众商货物资财以及交易往来,京师、上海皆互相关切者,无怪其忧心不已也。噫!国家资财悉受之于商,国家固当为商忧。今国家必不忧商,而商实不肯不忧国家。故曰关心国家者,惟商人也。

《中外日报》

[论说] 论近日致祸之由

甚矣,危哉!今日之中国也。燎原之祸已中于腹心,择肉之场且进于肘腋。盖遍考旧史,参以外乘,而叹内忧外患之若故相乘,穷奇极变之未始有极,自古及今未有甚于斯时者也。然原其致变之由、速祸之渐,则数十年来之互为是非一再反覆,而亘古不易之游谈、一线相传之谬解,虽再百年犹一日也。夫中国外交之起,出于不得已而成互市,其间丧师辱国、赔款割地,盖几乎无约不损、无战不败。故其时通国臣民上下,以复仇为雪耻,以积愤思报怨,以下令逐客为最快人意,以闭关绝市为复见太平。其处势应变虽曰非宜,其抗志负气殆非无取。果使主持有人,转移得间,俟国势一强,而民气可用,谅其本意未可厚非者也。然不究己之所以弱而恶人之强,不求人之所以胜而讳己之败,则已过矣。况于举世浮嚣,重以诬罔。力有未逮,则务为大言以快之。愤无所泄,则多作丑词以诋之。又亲见争战之事,利钝立见,耻相师法,则颇冀神怪,积非成是,一唱百和,而所谓清议者实起于斯时矣。其势一成,莫之能改。同是,谓之君子;反是,谓之小人。恶直丑正者,以为公评;矫情动众者,坐致时誉。虽以疆吏达识,辅臣运谟,无益救败,适足招谤。故知丁、郭诸人之见非于当时,李、曾二公之丛讥于近世,固其所也。至戊戌首夏,天子决群议,定国是。海内之人忻忻望治,以为数年之内,变法而图自强,改约以进平等。远轶彼得,容尚未遑;近比日本,庶几或过。持之过急乃遇奇变,于是风气一致,人才一概,趋向一律,议论一口。故时会所忌,则其言也如以水投石,莫之受也。风旨所在,则其言也如以珀引芥,莫之逆也。其感召所积,蕴酿所致,臭味所触,气类所引,如磁铁之相吸、胶漆之不化,势所必至,理有固然,不足怪也。彼义和团者,盖百年之余孽而近畿之乱民耳。其数虽众,不必其敢于为祸也。其来虽久,不必其即至勃发也。然自经岁以来,乘国家多故之秋,为羽党潜萌之计,而群公既心醉于朝,万众复欢呶于市。奖借愈至,则其起发也愈速。故未及旬日,而创大难者以十数,盖可知也,盖可知也。呜呼!是可慨矣!

五月十四日(6 月 10 日)

《新闻报》

剿抚利害说

有绝大之货栈，主人存储之货十之八，各客寄存之货十之二。栈伙收藏不慎，以致所存各货时有渗漏损坏情事，而各客之藉端索偿常过其值。栈主恨之，合栈之人恨之。然既无法以禁各客之存货，又无法以保存货之不渗漏、不损坏，更无法以阻各客之索偿过值，而惟痛心疾首以恨各客，以恨各客所存之货。一日适有遗星火于客货者，各栈伙奔走纷扰，或持绠汲水将以灌救，或阻挠救火之人任其蔓延。主人出则曰："客货之存于栈者吾恨之久矣，一旦尽毁于火，使客不敢存货于我之栈，岂不畅快，岂不清净?"而孰知火势之奔窜莫知其所止，客货未尽毁而蔓延所及已焚主人之货。各栈司焦头烂额奔告于主人，或请汲水以救火，或请鼓风以熄火。主人曰："汲水灌救则未燃之货将有水渍，不若先鼓以风，如仍不熄再灌以水。"不知星星之火，鼓之以风而可熄；燎原之火，得风而其势益狂。转辗迁延，全栈乌有。客之所失者十之二，而主人所失者十之八也。而况当此之时，凡客之存货于栈者，既见栈主之坐视不救，复见栈主之助以风势，乃呼朋引类，招集勇夫，或汲水以灌救，或争取其未焚之货。及至火灭烟销，全栈乌有，则争剖其栈基。是借端索偿常过其值，向之所失犹小，而全栈乌有、栈基剖分，今之所失更大也。呜呼！其初不过欲泄平时之积恨，畅一日之快心，其终至于成九州之大错，流千载之遗悲。如中国政府之处义和团匪，其失计何以竟同于此哉？团匪之始事，曰"灭洋人，杀教士，焚教堂。"洋人、教士、教堂之在于中国，犹客货之存栈。栈主不能以星火之遗于客货，而留此火种。留此火种，则必蔓延于栈主之货。戕杀武员、拆毁铁路、砍断电杆、焚劫村落，是蔓延于栈主之货矣。焦头烂额之执政诸公，乃拟宣抚解散之上谕，乃有前往宣布晓谕之大臣。是何异火已燎原而鼓之以风，不足以熄其焰，而反以助其势。于是昨日本报载有北通州教堂被毁之警电，今日本报载有涿州失守、知州被戕之警电，又载有京畿教堂被毁之警电，又载有保定府被焚之警电。是匪势之猖獗愈有不可收拾之势，盖几乎宾国之所失十之二而主国所失十之八矣。不特此也，匪势盛于北，而商务败于南。北方之货则道路梗塞而不能来，南方之货则风鹤惊心而不敢去。疾首蹙额、束手待命以望北方之太平者，比比皆是，是所失有在于栈货之外者也。而况各国政府见中国不肯剿匪，已调进京之洋兵六百余名，已泊津沽之洋兵舰三十艘。俄国请代为剿匪，日本请代为剿匪，英使奉其外部之命便宜征兵，历载报章。而昨报又载俄、法、日三国水军杀败团匪之电，又载俄、英二国调兵甚多预备战务之电，今日报载俄兵五千登岸之电。窃恐自此以后，各国之兵或扑救中国已乱之地方，或保守中国未乱之地方。甚至于团匪充斥，洋兵充斥，犹之存栈之货，被焚者亦归于乌有，未焚而取出者亦归于乌有，甚至栈基亦归乌有，虽欲追悔亦无及矣。然而及今之时，苟一意主剿，则大兵所向，岂不能歼此妖孽？虽使事定之后，各国索调舰征兵之费，索重建教堂之费，索抚恤死亡之费。向所谓索偿过值之失,究小于全栈乌有之失也。若犹一意主抚,如今日本报载有聂军获胜,传旨申斥之异,将有不忍言者矣。

《中外日报》

[论说] 责难篇

团匪之滋事,盖不自今日始矣。自去冬以来,中西报章始盛言团匪之事,或言其以仇教为名专与西人教士为难,或言其纠集徒党教演拳法,或言其散播邪说诱惑愚民,或言其遍贴匿名揭帖约期起事。其跃跃欲试之意,已不啻明目张胆明告路人。乃地方官知之,而莫敢谁何。封疆大吏若知之、若不知之,不为曲突徙薪之谋,坐致养痈贻患之祸。政府诸公则更若不之知,于是疑议蜂起,毁谤丛集。或曰是喜,其能与西人为难,故有意纵容之;或曰是信其为忠义之人,故有意庇护之;或且从而甚之曰,所谓秉政之巨公、统率大兵之重臣,皆即团匪之头目。噫!过矣。记者乃敢正告天下曰:团匪之乱,政府固不得辞其责也。古语有之曰:“主忧臣辱,主辱臣死。”《礼记》有之曰:“四郊多垒,此卿大夫之辱也。”政府诸公平时既不能防患未然,以致祸机一发,沛然莫御。其焚烧铁路,举国家无数经费、无数精力仅而得成之大功,举手而尽毁之,则祸在路工也。戕害教士,焚毁教堂,以致西人受惊仓皇奔避,生命财物所失不赀,事平之后势必索偿赔款割地殆在意中,则祸在国家也。使团匪而能速即平定,幸矣。设或不能,以致匪氛四布,膏腴被其蹂躏,赤子遭其涂毒,元气为之大伤,国家于焉敝靡,则为祸已不可胜言。又或海外邻邦因之生心,进代斵之策,为越俎之谋,以节制之师御乌合之众,一鼓成禽,原非难事。正恐强宾夺主,其势已成,舐糠及米,其欲无厌。言念及之,实足寒心,则祸在大局也。是故谓政府无庇护之意、指使之心可也,谓政府无坐视之咎,则不可也。使政府能乘其羽翼未丰、祸机未动之时,先为扫除以弭患无形,则固宗庙社稷之福也。惟其视为不急之务、癣疥之疾,不为鹰鹯之逐,坐招糜烂之忧。因之封疆大吏仰承风旨,专务掩覆,信为义民。而团匪遂得凭藉宽政,肆其煽惑,匪胆愈张,匪焰愈炽。谁秉国钧,谓得辞其咎欤?汉世,国有大故则策免三公,盖谓三公鼎足承天辅君临政,有与国同休戚之谊,故不得置身事外也。若平时则作太平宰相,优游自得,酿成大祸。有事则视为固然,诿诸气数,不知引咎,毋亦不足餍天下之仰望者欤?

《申报》

恭读本月初十日上谕敬书其后

义和拳教匪也,乱民也,萌芽于乾隆中叶。当时首倡此教者,为河南商邱县人郜文生,故凡入其教者,皆称为南方离宫头殿真人郜老爷门下。郜于乾隆三十六年伏诛,其焰稍熄。至嘉庆时,河南、山东、江南诸省复有不法之辈扬其余波,传习此教。迨将郜文生之孙郜坦炤及其余党拘获正法,而后闾阎始靖,逆焰以消,迄今将及百年,几不复知有义和拳名目。不意去年山左匪人复张其帜,诡称神术,勾结棍徒。愚民无知,多为煽惑。知朝廷有创设乡团各卫桑梓之谕,于是曰:义和团练习拳棒自保身家。而官长遂不之顾。问知民教时有龃龉之事,于是曰:义和团扶清灭洋。而百姓遂同声附和,官为所愚而不之禁,民为所煽而信之众，此义和拳匪之焰所以蔓延日广愈积愈炽也。今者戕害平民，拆毁铁路，猖獗益甚，凶逆昭彰。朝廷屡降谕旨，亦既知其不法矣，则宜如何使统兵大员设法剿灭，俾邪教之根株尽绝，国家之疆宇以宁？乃恭读本月初十日上谕而不禁，深有异焉。海陬下士尝伏绎旨意，以为义和拳练艺保身，守护乡里，并未滋生事端，而以拆毁铁路、焚烧教堂，为附入其中之奸民会匪等所为，宽义和拳之罪而归重于奸民会匪。不知义和拳果仅以练艺保身、守护乡里为事，即不容有奸民会匪附入其中。即或误被附入，而既当肇事之后，自当立献魁桀，解散诸从，方足以告无罪。乃举不出此，则是义和拳与奸民、会匪固连合一气，同为乱匪，无彼此之可分也。上谕且复归咎于不肖教民，平日藉教欺人，武断乡曲，以致民教积怨，拳民遂以仇教为名，倡立团会。一若其衅，实自教民开之。夫教民之中多有不肖，诚如圣谕所云。然教民虽有不肖，尚未至于拆毁铁路，与国家为难。若拳民，则拆毁国家所造之铁路，彼其目中尚复知有君上乎？是教民虽不免有莠，尚不失为中国之子民。而拳民则伪托于扶清，已成为中国之匪党。厥罪之孰轻孰重，不烦言而可知。乃教民、拳民相提并论，一若视教民无异于拳民，毋乃于顺逆之情有所倒置乎？是不将贻外人以口实乎？总之，义和拳教匪也，乱民也。朝廷当认定此四字，则六师之张，自当不崇朝而定议；且朝廷亦既知嘉庆年间曾申禁令，则不必俟其拆毁铁路、骚扰地方，而既仍义和拳之名，即当如部文生、部坦熠之明正其罪。否则，上无以对我祖宗也。国家方与外洋各国通商辑睦，遣使往还，即传教中华，亦先朝之所许，载之约章，则不必俟其焚烧教堂，戕及西士，而一闻扶清灭洋之语，即当严饬疆吏，治以违背国法之辜。否则，下无以怀我远人也。乃误以义和拳为良善之民，多方回护，不肯立加剿洗，尚欲冀其悛改前非，微特养痈有贻患之忧。恐各国有出而干与之患，是此谕之所关者甚大也。虽然圣上即甚睿明，而宫禁以外之事岂能洞烛？所赖者，诸臣工之奏报耳、翼赞耳。今京外大小诸臣欲强以义和拳为良善之辈，以饰其从前不加禁止之非。而内廷奉直诸王大臣又复如醉如梦，昧于见闻，误信奏报之言，陈之于当■，致使我皇上亦误以义和拳为良善，而不知其为教匪、为乱民，而不忍不教而诛，迁延以待，是皆内外大小诸臣工之误我皇上也。嗟乎！国势之孱弱若此，内讧外患之迭乘若此，而内外大小诸臣工之昏庸谬妄又若此，虽有圣君亦何以治此？中国四百兆人民所以欷歔太息，怨愤愁怒，而恨不能为我皇上一告者也。

五月十五日（6 月 11 日）

《中外日报》

［论说］ 靖谣篇

近日，南京、湖北有两种谣言，皆理所必无，事所必不有，而实足以惑愚人之听闻、贻封疆之忧、酿交涉之祸者，是不可以不辨。而所以解散之、消弭之，则在地方官长与夫封疆大吏之弭患无形、防患未然，而非执笔者所敢置词矣。一则南京日前忽谣传有义和团匪数千人潜来宁省，将图不逞。本馆按：团匪踪迹率在北省，其巢穴大约在京津之间，而蔓延于山东、河南诸省。自袁慰庭中丞到东抚任后极力布置，团匪无隙可乘，乃汇聚于直隶乘机滋扰，似无散遣党羽分扰南省之事。使团匪果能广招徒党，分往各要地刻期举事，则其智计殊不可及，必不致有焚教堂、杀教士，专与西人为难之下策，必更有深谋秘计足以扰乱中国之大局。今乃铤而走险，所作所为无一足取，即知其无大过人之本领。故团匪潜来南京计图不逞之事，必系谣言无疑。第谣言之起亦必有因，按长江一带半多哥老会之党羽。此等党会亦最喜闹教，曩年长江一带迭出教案，是其明证。今为日已久，难保不故智复萌，乘北方有事之时布散谣言，随后即冒团匪之名以图乘机一逞，是则不可不预为防范者也。一则汉口忽谣传芦汉铁路建造铁桥，须杀童男女五百人以为镇压。按此等谣言荒诞不经，不值识者一笑。第造谣者匪徒，而信谣者愚民，岂能家喻户晓使之解释？然不能解释则怀疑必深，怀疑既深则酿祸愈巨。同治年间，天津教案几开边衅，何尝不由拐孩而起？所当严惩拐匪，以杜其源，出示晓谕以解其惑，或不致有意外之事也。否则京津既已俶扰不休，而江鄂两大省又突出非常巨案，国步之艰难因之愈剧，宵旰之忧勤无时或已，(亮)[谅]亦非与国同休戚之大臣所愿出此也。间尝谓谣言最不足信，然谣言之与实事往往互相因应，有如将风而月先晕，将雨而础先润，是亦不可不察也。当团匪未起事之前，种种谣言不可枚举。或言将烧某处教堂，或言将驱逐西人，或且捏造歌词、托称乩语，有“挑铁路，把线砍，旋再毁坏火轮船”之语。人犹以为谣言不之省也，今竟何如矣？使乘谣言初起之时，即速为防范，勿使蔓延，亦奚至有今日耶？噫！

《知新报》

记刘制军

北京访事友人来函云：刘庄岘制军入都后，深居简出，朝贵私第，除初至一谒之外，无再到者。荣、刚两招赴饮，皆以疾辞。其出京之际，亦各飞名片辞行而已。君子曰：若刘制军者，可谓不磷不淄也已。风闻刘帅陛见太后时，奏对甚久。皇上位次太后之下，默不一言，惟两目直注刘氏而已。既而太后顾皇上曰：“汝亦宜询刘坤一数语。”上微笑云：“我连日体倦，不见舒服，颇厌说话，亦没有甚话好说。”刘顿首奏云：“陛下圣躬久不适，廑念庶事，臣之罪也。”上似点首，乃笑云：“数年不见刘坤一，人言刘坤一老耄，朕观刘坤一还不很老。”太后不意上之骤用俳谐也，亦为破颜而笑，刘乃趋出。呜呼！明良际会，于斯为盛。上之待刘，亦诚有家人父子之意在乎。太后尝以逮捕党人之事问刘，颇切谏有党祸牵连恐妨政体之语。太后不觉动容，移晷复曰：“李鸿章几次电奏，劝予勿过苛求，反生外国交涉。朕岂不知？特维新党皆非效顺于予之人，故予不能释然也。”录《天南新报》。

英报论威海事

威海卫之事，我英国如不切实办理，恐乱事尚不止于此。盖此次作乱之故，实系前次接管该地时，办理不甚妥善，而华官又不将英国管理之事剀切晓谕，居民疑虑丛生，遂尔启此衅端。所以威海卫一地直可比诸无人约束之小孩，而我英国政府又似非定要此地，是以驻华英使亦不向华政府逼请，将现在交与英国之详情晓谕百姓也。据来信谓，前月二号，威海英官邀请各村董聚会，到者虽实繁有徒，而据上等华人意见，则谓此等作为不甚体面。

于是英官于所到各人，谕以此后不准团练，所有地方各事亦悉归英官管理，人民如各安分，自当竭力保护云云。各村董遂声请将前礼拜内为英国武员所拘之村人三名释放，当时英官亦未允许。至次日，英官乃将所获三人传讯，旋即取保释放，并戒以此后不得为非作歹。未几李道台与林守备乘坐中国海琛巡船至威，当即会同驻扎威海之严道台作划界华员。李道台抵威后，即在城中驻扎。渠之作为，颇有趣味。当三村人由英官释放，渠复传讯，并谓伊等所为并无不合，即在乡间演习团练亦属保卫地方，为向来固有之事，不应禁止云云。据其所言观之，其命意处，实似不应将团练禁止也。尚有一事，亦颇奇异。凡英官所传与该道之电音，电中所言，该道无不知晓。英官又议定如该道与绅董等会议，必须有一英官在旁同议。乃不数日，该道又致函英官，谓无须再与绅董集议，因绅董等业已迭次来见，所有一切应言之事，已乘各绅士来见时逐一晓谕明白矣。溯李道抵威之日，所有地方上绅董暨各乡民等前往迎迓者，其人数较诸前次英官邀请聚会时尤众。次日即经众人在城隍庙集议，李道旋亦至庙。当众声言英人不应擅自收税，租界内所有各事，英人亦无权治理，并将条约一纸与众观览，以实其言。时有某绅士在场，渠于三年前曾怂恿党羽殴打首先在城内租屋之洋人，忽言目下既将地土让与英人，则收取税项亦属英人应为之事。众人咸怒其妄言，立行将其斥退，并共讥笑之。英官又以急欲划界，日向华官催促定期。华员迭次推诿，后经英官自定日期，谓如再(愆)[衍]期不来，断难再待。届时即由英官参将保华君、都司彭罗斯君，前往会同华员清划界址。乃甫及其半，华员忽为界外某村居民扣留，初尚认该居民等聚众，欲与英官为难，是以英官复由威海调派勃罗斯都戎带领头队华兵营兵一百七十人，连夜驰往。嗣见无甚举动，即于次日大半回转威海。至华人扣留华官缘由，其故有二：一谓华官不忠，并不奏知朝廷，私将土地、百姓卖与英人，因县官近已收过税项，曾谓并非与英人代收，乃此时忽与英人划界，须询明是否再要给付，是以将华员留难，不肯放出也。目下大约已在北京商议，欲将所定界址重为改订，否则土人势力甚大，深恐不能允洽。况又多住于租界之内，界之东偏有一强悍之族，如不改动，必照邻村所为，亦将起而滋扰矣。本月四号，保华参戎扎在朝庙之营寨移至东面十里地方，而华胜守戎统带华兵一队，仍在朝庙屯扎。讵至次日下午，土民忽聚二三百人，悉皆携带耜头铁耙等物，群向彭罗斯都戎攻击。彭都戎手下仅带华兵六人，当由华兵开枪抵御。其时保参戎所驻地方相距不过半里，枪声响处，参戎所闻，知必有异，因即率带兵驰往救援。比及行近，早见都戎枪弹已罄，业被土人以巨石击倒于地，痛加殴打，并以枪尖向其身上乱刺。时毕勒拉守戎亦被击倒，颈项已为土人用叉刺伤。华兵遂亦以枪上利刃将凶手刺毙，并将各土人奋勇驱散。土人见不能敌，即带同受伤者逃遁，惟已死之十六人则仍遗弃在地。至六号，土人聚集更多，约有二千余人，复往击华胜守备之营垒。幸华兵猛勇异常，始将土人击散，并又击毙其多名。至各华员则已为土人拘留于界外某村庄内，至今业已多日，尚未释放。以上均系来函所述。至各华员是否故意自令土人留住，则访事函中未述及。惟闻威海卫各处工程现俱停歇，各工人亦俱纷纷回家矣。并知南洋各岛英抚宝星玛登汉君业于礼拜六日抵沪，即须前往威海，查其详细情形禀报英廷。所愿从速办理妥洽，则幸甚矣。录四月二十三日《中外新报》。

五月十六日(6月12日)

《中外日报》

[论说]《责难篇》申议

呜呼!观于今日事势,尚忍言哉,尚忍言哉?团匪麇聚京津,蓄而必发,众人皆知。自政府信为忠义,不顾其后,封疆大吏遂仰承风旨,一味宽容,遂致祸机一发不可复御。中西人士已有繁言,然犹未敢议及朝廷也。自初十之谕一下,而繁言遂愈甚。夫皇上端拱深宫,所以疑承而辅弼之者,实维政府。使政府实能先事预防,严饬各疆吏及统兵大员速为扫除,则何致有今日直至逆迹昭著,始谋补救,业已无及。然使翻然改图,一变其向日之政策,则虽已无济于事,而犹足以厌天下之望,关外人之口。何意又一误再误,怙其一偏之见,误国家之大事,以贻人口实如此也?本馆前者作《责难篇》,谓秉政大臣实不得辞其咎。而前日得京函,述及某御史专折奏参某大臣,亦有非立赐罢斥不足以谢天下等语。惜原折留中,不知其详,然其意则大约可想矣。以列祖列宗辛苦艰难创业守成垂二百余年之天下,坐丧于怙偏见、逞私意之庸臣之手,则获罪祖宗。以万万人所翊戴、六七强国所引为友邦之皇上,忽焉而怨诽之言侵及乘舆,辇毂之下几无宁宇。试问谁为为之,孰令致之,则获罪朝廷?顷年强邻狎处,大局已危,然人心一日不散,则国家可百年无恙。今则团匪既骚扰于畿内,西兵又接踵而至,危险之象不可思议。众志虽曰成城,一木岂能支大厦?则获罪天下,以宇宙之大、人民之众,使操公论者评量其间,未知以为何如也?我朝礼待大臣至优极渥,然如乾隆初年金川之役,立诛中堂讷亲;咸丰年间发匪之役,立斥中堂赛尚阿。彼其时国势全盛,二臣之罪状不过曰丧师辱国,坐误戎机。论其关系,亦止一隅之地、中国之内,而明罚敕法犹且如此,况于今日哉,况于今日哉!

津函照录

昨日得津中友人来函,述比国工程师之翻译郑君由保定避祸至天津情事极为详尽,兹特照录如下。函云:

> 保定铁路公司比人阿松、翻译郑忠甫到津告人云,伊初与诸西人、华人坐船逃避至距保定百余里之句角村,被匪迫令登岸。西人登西岸,伊等登东岸,旋驱入村中。众多祈免,自云皆平民。问郑,则曰是在省候补者。有一人曰:“不然,吾识汝为西人翻译,是亦西人而已矣。”郑曰:“我赏识西文,被上游委我为此,实出不得已。”众驱入一大屋中,悬大红幔,其中置大香炉,焚香甚旺,又点大蜡烛一对,入内有童子二三十人持刀而舞,咸曰:“汝入教否,此刀能辨之。若入教者,刀便砍汝,否则不砍。”驱郑使前,居然不砍。又请所谓公公者出示。公公者或云是内监,或云颇有须,疑非是公公。出视,命释之。郑等因将行李与诸人雇船急行,中途船户欲谋其财物,询以箱中何物,曰衣服耳。开示之,尽被取去,其洋币等及绘图具咸投之河,仅得至津。

津报汇录

河间府卧佛堂地方,聚有团匪数千人,虽无杀害教民之事,而该处教堂业已被焚,居民不堪其扰。

又探悉,初五有西人自保定乘船至津者,行甫百余里,与团匪相遇。计有六七百人潮湧而至,幸西人携有护身枪弹,竭力抵拒,尚不致遭毒手,然闻已失落九人,生死不知。初六日有数十人到津,间有妇人幼孩不少。据云弃舟登陆,且拒且走至一日夜,精神疲乏,衣帽不全,惟一人夺得团匪旗帜一面,红色白边,中嵌白圆心,大书“保甲义和团练”字样。

闻团匪在涿州、涞水各山内,几于无处不有。官兵既按兵不动,匪亦效死自守。

北京:京电联译

北京访事六月九号发来专电云:义和拳匪乱事甚亟,政府中已无人可胜派往办理团匪之任。今晨军机处各大臣会议时,荣相谓急宜赶调李傅相接任直督,盖因裕制军禄业于昨日上折乞休。并据裕制军声称,目下告退实出万不得已,缘前者所有筹划办理义和团之一切计谋,均为现任顺天府尹王京尹培佑所阻故也。查王系拳匪中著名头目,向日官居御史,新由皇太后升为顺天府尹,以便收伏若辈为内廷后日之用者。荣相请调李傅相移任直督一节,竟为刚相力阻,盖刚相欲令李鉴堂星使接抵此任,以致彼此相争甚久。故目下军机中已将此节作为罢论,亦不准裕制军乞休矣。至附近京畿一带地方,莫不人心惶惶,几有草木皆兵之象。乱事若此鸱张,恐非一时所能平靖也。深州、涿州现已为拳匪占据,此外尚有近京城垣数处,闻亦被占据。该匪等又密派间谍分赴各处,纵火滋闹,故大乱已在目前矣。中国所有兵士亦系拳匪同党,此皆为政府酿成。倘政府果能决计早办团匪,亦何至有今日之乱哉?

又六月九号发来专电云:本月六号之上谕责备直隶兵士不应攻打百姓,聂军门部下兵士于本月四号击败拳匪一事,亦为六号上谕所斥。是役拳匪损失四百八十人,内有多名俱系山东到来之拳匪头目。该拳匪等当即具禀刚相,刚相即据实奏知太后,深责聂军门不应擅自攻打。太后闻奏亦怒,故将聂军门严加申斥,并命其即速退回相近开平煤矿之芦台驻扎。办法如是,实壮该匪之胆,故兵士亦均有不服之心。各将弁等现俱畏葸,不敢攻打乱匪,因恐一经攻打即不免身受处分。刻闻有聂军门管下之武弁三人,因力攻拳匪已被捉将官里去,恐不免斩首矣。董军门福祥于今日呈请效力,愿亲自率带所属甘肃各兵往阻西兵进京。董军约共有二万五千人,大半俱有极好机器快枪并机器快炮以及刀枪等类。荣相见事已如此,深为不然,并因迭向庆王、端王、刚相、赵尚书等劝谏,均不听从,故已呈请病假,不愿与闻现在之事矣。目下皇太后已为庆王等钳制,嗣君大阿哥现由义和拳教师二人教以各种幻术以及拳棒等项,复有少年亲王四人为大阿哥之伴,一体学习拳棒。赵尚书前奉本月六号上谕派往宣抚会匪,令各解散回家,已于昨日回京。报称因未见拳匪中之总头目,故实不能为力,只得将上谕缮抄数纸向顺天府属各城镇粘贴,俾众周知。闻李鉴堂钦使于今日电致军机处,呈请准其进京攻打洋人。此举想亦系刚相之所为也。至拳匪总头目闻系韩姓,惟实在首领即某亲王也。目下京中各事均在某亲王掌握之中。

《申报》

拳匪作乱有关上海市景说

有客来自七十二沽间，谒执笔人于尊闻阁，颦蹙而言曰："呜呼！义和拳匪之祸，何若此其甚哉？仆牵车服贾人也，久客津城，熟习津城市道。向者，春冰既泮，轮声帆影相■于烟波浩淼之间，货物之来高如山积，操奇计赢之子，夜以继日，握算持筹，各矜其长袖善舞之能，以有易无获利，可操左券。今岁新春时节，已拳匪潜伏萌蘖，渐滋阛阓中人预为之地，以致开河之后，来货寥落若晨星。至目前通叛象显呈，毁电竿、断车轨、戕西士、焚教堂，斩木揭竿，萑苻啸聚，商贾遂不复敢放瞻营运，六街三市，几绝人踪。然则，人皆谓拳匪扰害国家，仆则以为商务亦悉被拳匪所扰害矣。我子以为何如?"执笔人曰："子言诚然，然子仅为津城市景言之耳，不佞则谓上海市景亦何独不然？上海为华洋交涉总汇之区，北达燕齐，南至闽粤，西更溯江而上，由鄂以抵川中，百货云屯，转输甚便。自义和拳匪事起，凡天津估客之寄居沪上者，咸将货物暂停转运，以免途中意外之虞。每届轮舶开行，舱中惟搭客数人，无复有累万盈千之货。于是揃客则仰屋而叹，挑夫则辍业以嬉。驳船既闲泊，浦滨税行亦门堪罗雀。传闻招商局所收水脚不及平时十之四五，怡和、太古更可想而知矣。顾此虽于市有关，犹未至十分败坏也。所最不堪者，货物因停运而壅积，商人遂日贬其价，不复计及本赀。火油为津货之大宗，去年几较前昂至一倍，兹则忽然减价，每箱只售银二两有奇。叩以故，曰：为津市不通也。津人食米大都取给于申江，米业中人佥谓端节后必稍昂贵，兹则每石仍售洋银四元五六角。叩以故，曰：为津市不通也。此外，如洋纱、如洋布、如洋药，凡向洋行购定者，咸袖手不敢往提。目前虽不闻有龃龉之声，日后必纠葛不清，群向公庭涉讼，岂非拳匪职为厉阶乎？闻之老于经商者，谓北方自吉林、黑龙江以迄京师、牛庄、张家口、北通州各处生涯，皆以天津为枢纽，以故百货之赴津海关报税者，其数不亚于江海新关。今者天津路阻不通，则百货之行销于吉林、黑龙江以迄京师、牛庄、张家口、北通州者，概皆扞隔而不能达。各处既扞隔而不能达，则上海一埠自日积月累，愈见其多。虽欲折阅求沽且不可得，有不使商途窒滞、懋迁有无之辈，皆束手咨嗟者哉！且不特此也，商人赀本类多取给于钱庄，获利则钱庄得有盈余，失利则钱庄因以亏耗。昔岁中东之役，日兵尚未扰及津沽而风鹤惊心，商人已类多裹足，致沪上钱庄之因而倒闭者时有所闻。此次事起云津，津市既陡形颓敝，我恐商途一经窒滞，钱庄即不能免于岌岌可危。今国家方效法泰西，简派大臣设局以兴商务，而坐视拳匪之横行无忌，扰及商人，自北而南，市情以次衰败。即不为震惊神京虑，不为挑动西人虑，独不虑及商务一蹶不振，无术以使之挽回耶？爰作此说，以告在廷衮衮群公，倘不以鄙人之言为非，则尚其未雨绸缪，亟亟焉改抚为剿，苟亡羊而始议补牢之策，则已晚矣。"

五月十七日(6月13日)

《新闻报》

匪徒邪术惑人汇志

昨日天津访事人函告云:津郡团匪近来猖獗日甚,城中暂罢贸易,谣言亦因是蜂起。河东及城厢一带人家门上,每有似血非血之猩红手印,谣称系天主教遣人所绘,将祸津人。于是各团匪令每家各画白圈一个并插柳枝于上,据云可资镇压。其实此种红印,即系匪党诪张为幻,有意惑人,欲使津人仇视教民所致。尤可怪者,讹传穆庄一带,近有幼女、孀妇皆练红灯照邪术,所以每至夜分,必有红灯密若繁星,高悬天半。好事之徒登高远眺,历历可睹。不知此灯乃用排水秸梗或麦粳以细竹丝扎成球式,上糊亮纸,中用油纸包裹松香樟脑引火之物,一经燃点,球受热气,以手抛耸,乘气上升,即粤地所谓孔明灯、浙地所谓洋灯者是。而乃随声附和之人,偏谓灯光所照之处,某处鬼哭,某处神号,是地必被火烧等语。有心煽焰,不知是何肺肝?甚有捏称某神降言:“五月二十三日天津将有刀兵之灾”者。此等谣言,实皆团匪散布。所愿有识者之力破其愚,勿为惶惑也。

《中外日报》

[论说] 论谣言为致乱之阶

国家将兴,必有祯祥;国家将亡,必有妖孽,此言天象之有朕兆也。息谣言以制乱于未觉,靖人心以保邦于未危,此言人事之有先机也。历来幺麽小丑揭竿作乱,痞棍土匪闹教横行,其端皆起于谣言。或谓鬼神入梦,或谓天象示征,黠而猾者倡始于前,愚而鲁者附合于后。无非附会其说,肆其笼络,耸人听闻,更或诬蔑教堂,谤毁教士,造成各种莫须有之事。而愚民不察,辄信为真,于是一传十,十传百,杯弓蛇影,远近喧传。匪徒复遍派腹心从中挑衅,藉以激成众怒,彼乃于中取利,起而肆其劫掠之计,遂致祸乱顷刻而成。呜呼!此谣言所以为乱之阶,而不可不措意也。近日京津一带,义和拳匪藉练拳仇教为名起而作乱,焚烧教堂车站,拆毁铁路桥梁,戕害统带武员,截断电线木杆,纷纭扰攘,如入无人之境,计所毁坏不下数百万金。甚且扬言,凡遇西人及穿带西衣西帽或高领窄袖者,必欲得而甘心,并将拆毁同文馆大学堂,师徒均不宽放。流言四播,人心惶惶,各国遂以保护使馆为名,纷纷召西兵入京。若不急行设法敉平祸乱,正不知伊于胡底,此则不能不归咎于政府之失计也。何以言之?当夫乱事未成,早已谣言纷起,故观其谣言之炽,即可知为致乱之萌,而不可不预防其变。当时有谓练拳之法能避枪炮而不为所伤者,有谓拳党为神默佑而不妨与教堂为难者,有谓其具大神通烧屋而不用火,但以刀插壁则壁焚,插路则路毁,指车则车焚,以旗前导则火即随之而行者。种种不经之谈,无非煽惑人心,此即图乱之明证,尚得谓其为保身乎?尚得谓其为守乡计乎?谣言之禁,定例甚严。律载凶恶之徒捏造悖谬言词、投贴匿名揭帖者,将投贴之人绞立决。又载妄布邪言,书写张贴,煽惑人心,为首者斩立决,为从者斩监候。定例何等申严,使有守土之责者苟能烛其先几,勇于任事。一闻谣言之煽动,立即严密查拿,照例治罪,并派兵弹压铁路,保护教堂。一面出示以定民心,悚之以利害,晓之以大义,缉其首犯,散其胁从,则又何致酿成巨案?今乃计不出此,任听流言之四布,漫不经心。而复惑于扶清灭洋之言,遂致因循玩愒,一发而不可收拾。殊不知此皆若辈之托词,藉以假公济私,为笼络人心、掩饰人目之计,非果有爱于国家也。不然铁路乃国家建造,何以拆而毁之乎?统带乃朝廷命官,何以戕而杀之乎?则其为民为匪,不辨自明矣。方今各省乱民时有蠢动之势,南京近又谣言四起,谓拳匪结党南来,若不预为之防,严为之备,则一波未平一波又起,势不至牵动大局而不止。然则有守土之责者,尚其以前车之覆引为后车之鉴焉可。

宜昌:宜事汇志

宜昌访事六月六号来信云,英国炮舰两艘现由重庆遄返,已于前礼拜六安抵宜昌。当由重庆回转宜昌时,仅须二十四点钟即可到宜,因途中小有延搁,故至第四日始至宜昌。此间人见该两炮舰赴川河而回,途次安善,均甚欣喜;且以川河行驶轮船之事,议论虽已有多年,迄未成就。此时该两舰居然往来安善,将来商轮来去,定能亦如该两炮艇之妥稳而回也。

现在宜昌雨泽稀少,乡人及各农夫等盼望云霓深为恳切。田畴间更因水不足用,致均难以插秧,果即沛然下雨,秧之已种者尚可挽回,而未种者则已绝无所用矣。目下城人均在虔求雨泽,各家门外悉皆置一水缸,内贮以杨枝,缸前则焚香表虔,一面由地方官禁止屠宰,故肉亦无处购买。不知苍苍者天,肯即大雨时行否?

山东:近事纪要

山东潍县访事来信云:德国矿师近在此间城南一带查勘煤苗,沿途均有。于十日之前,始寻见大煤矿一处,层次颇厚,煤质亦极佳,至其能否开挖,现亦难以言定也。德国铁路工程现已重行开办,工程毫无间断。高密人民亦已不再作乱,只所标之铁路插竿失去者仍然不少,此约因柴薪价目昂贵,至被窃去作薪耳,并非别有歹意也。前礼拜铁路工程师稀德勃兰君在此间城内招雇工人,承办白狼河石桥工程。该河河面虽阔而不深,所幸两边堤岸颇高,前于一千八百八十八年时,水忽涨至十八尺之高,仅潍县一城曾被淹毙一百五十人。现欲防患未然,故特造此桥梁也。

《申报》

简重臣巡阅长江以免枭匪蠢动论

近年以来,江、浙两省盐枭充斥民间,皆以“光蛋”呼之。其实皆旧时营勇,遣撤无归,为商为农均非素习,谋生无计,相率贩私。此虽有犯王章,而实亦有不得已之苦。顾盐课关系国库,私盐盛则官盐必至滞销,而盐课即因之短折,此又贩私之不得不禁,而不能姑予宽容者也。惟是缉私之令严,而若辈不能以私盐为生计,于是散处各乡镇,藉赌博以为生。

赢则虽可相安，而小民已受荡产倾家之祸；负则无可为计，而若辈必肆掳人劫物之为。刑部尚书赵展如大司寇昔年开府吴中，深知盐枭之为害闾里，严饬将弁实力擒拿，且有格杀弗论之谕，枭匪遂得以潜踪戢影。后之继其任者，皆不以此事有为关民生休戚，漠然置之。于是盐枭之风复大炽，横行不法，更甚于前。朝闻掳掠某人，暮闻抢劫某姓。目前，昆山县乡度场附近各村聚，突遭枭匪蹂躏。居民仓皇奔避，几至十室九空。而南汇之周浦镇、嘉定之南翔镇，先皆有枭匪拒捕之事。此皆因案情较大，故纪之于各日报，传之于各省会，人人皆得知其凶横之情。其实则小有掳劫为采访所不及者，尚复书不胜书也。今者北省拳匪揭竿起事，滥觞于山左，沿流于京畿，阳托仇教之名，阴肆作乱之实。近且拆断国家所造之铁路，毁坏国家所立之电杆，不徒戕害西士、焚烧教堂，而平民之遭其荼毒者已不可胜计。是其叛逆之象已若是昭彰，而国家尚未立遣熊罴，痛加剿洗。微特养痈贻患，恐江南一带盐枭皆有蠢动之忧。是非急饬疆吏先事绸缪，则枭匪必致乘隙蹈瑕，猖獗益甚。倘竟为拳匪所勾结，与之联络一气，互相啸聚为非，则遍地干戈，将蹈明季流贼之覆辙。及此而始谋剿殄，恐南征北讨兵饷有不给之虞，是则防剿盐枭实为当今之急务。窃谓目下枭匪未动，办理尚不为难。朝廷苟能简一威望卓著之大臣巡视长江，如昔年彭刚直公故事，则枭匪之患必能消弭于无形。盖缉枭本水师专职，而若辈又每每与不肖弁勇相通，故得无法无天，肆行悖逆也。忆同治十一年，刚直公初膺巡阅长江整顿水师之命，即扁舟一叶，东下洞庭，经武汉绕鄱湖而至狼山海口，统计五省之中上下五千余里，周历二十四营，考核官弁七百数十员，一一认真查办。即有身经百战汗马勋高者，苟或不称厥职，亦未能免白简之登。兵弁股栗，积弊一清。自是，朝命公每岁巡江一次，而公以往返长途太形促迫，爰定一年自本籍出巡，至下游江苏差竣，即在江浙客籍度岁；次年即由江浙下游起程，逆江溯流巡至上游湖南差竣，即在衡州本籍度岁。自此岁以为例，而营伍肃然，群盗慑伏。迄公之薨，萑苻安靖，未始非整顿水师之功也。今则巡江之事虽依旧有人，而不能如刚直公之实事实心，整齐严肃，以致枭匪窃发，扰害闾阎。矧今北地拳匪势焰方炽，苟无清严如刚直公者震慑其间，恐南省枭匪亦必有非常之患，是不可不虑及也。或曰长江固宜简知兵重臣以资巡视，然目下北省拳匪其势正盛，先其所急，自应早使敉平。不知拳匪虽横，究系乌合之徒，苟朝廷一意主剿，则山东巡抚袁中丞、直隶提督聂军门所练之军颇有纪律，以之削平小丑，似尚非难。不可轻视长江，致贻后患。惟目今熟悉水师者已不可多得，只求能知兵有威望者，畀以是任，俾之实力整顿，则枭匪当亦不敢鸱张。间尝默察诸臣工之材略，此事似当属之前四川总督李鉴帅秉衡。盖鉴帅虽不以水师见称，而尚系中兴后之名将，且其持躬刚正，驭下威严，犹得似刚直公之一二。倘如刚直公例，专其责成，使之年年巡视，则水师必不至于废弛，而枭匪亦断不敢横行。特未识九重明达之知，亦有所见及否？草茅私议，盖犹是野人之献曝之意而已。

五月十八日(6月14日)

《新闻报》

各省防匪刍议

各省有各省之土匪,即各省当重各省之兵事。吾闻之,乱世流贼,其大患在牵连、在摇动、在聚合。今京津有义和拳会,猖獗之势已成矣。而哥老会、袍哥会、大刀会、小刀会、三点会、三合会、兴中会,名目繁多,亦布满天下。其大者则奉天之马贼,广东之海盗,广西、云贵之土匪,川蜀之余党,涡阳、江浙之盐枭、光蛋,温台之亡命。其小者则天津之混混、营口之红胡子、上海之流氓、苏松之光棍、南北京之青皮、杭州之刨黄瓜、宁波之空手帮。总而言之曰皆匪徒也,或南或北或东或西。天下不大乱,各自为匪,各不联络。天下大乱,先各自为乱,继则各为联络。此匪徒分合之理,大抵真正为匪者十之二,而附和者八。附和之中有信从者,有好事者,有投归者,有为匪逼从者,有为匪招致者,有为匪煽惑引诱者,有为匪恫吓掳掠者,此匪徒成势之由。夫其起势也,先造谣言、布邪术以摇惑人心,令各谋迁徙而扰乱市面,继则杀人放火,劫监戕官,抢掠粮台,攘夺军械,占据城池,而地方以次失守,此惯技也。至于今日,则遇教堂焚教堂,遇教士杀教士,遇铁路毁铁路,遇电线拆电线。焚教堂、杀教士者,使西人与国家为难,国家日忧西人大兵之来,反以匪徒为无大患,而彼得任意为乱。毁铁路者,使国家无路可调兵,无路可运饷,无路可行商旅;纵可调、可运、可行,而土路之迟缓已不济急。拆电线者,使国家来往资讯不通,无救援、无预备,因疑成讹,因讹成乱,因乱一处而乱各处,此又其诡技也。凡此,皆今日团匪已然之势,又必然之势也。然而以一处之匪,牵连全国之匪,摇动全国之匪。及其究竟,又聚合全国之匪,其将何术以抵制哉?有识者曰:"今日之谈兵也,在各自为守而训练加紧,各自为顾而防范綦严。"各省有各省之土匪,即各省有各省之兵事。各为守,则各处之匪不能起势,不致殃及邻省之同反。各为顾,则各处之兵不敢懈弛,不致累及邻省之吃紧。训练之法不惟讲求操阵,尤当察其举止动静,防其为奸细间谍,尤防其造言生事,或逃脱或溃乱,以一人摇众人之心,以一军摇众军之势。防范之法,不惟整军经武,要在密防宵小,严缉土棍,惩办地痞,务使各自寒心不敢尝试,各自畏缩不能聚众。凡此,皆各为守、各为顾之注脚也。然而人之言曰:勇有匪附入者,以勇剿匪,其剿者半,其附者亦半。匪有勇逃出者,以勇灭匪,所灭一匪,所添不止一匪,可虑一也。又有言曰:勇势弱则勇从匪以自保,匪势强则匪招勇以同乱,可虑二也。应之曰:是在将帅之得人,中兴名将如刘铭传、鲍超、李兆寿、陈国瑞,其能招纳亡命、抚率捻匪者,是在归之而已矣。为今之计,各省督抚亟宜慎选统带,整饬营伍,训练勇使不为匪,防范使匪不诱勇。要而言之,仍不外各自守、各自顾之办法也。夫各省会匪名目已详言之矣,而大患在牵连、在摇动、在聚合,已直言之矣。使果能以各省之兵制各省之匪,则尚不至于以一处之乱而乱及全国。连日云南、武昌、南京、苏州、浙江等处不免略有匪徒谣言,而又有调南洋大兵北上及岘帅、香帅入京等语。某则谓南洋吃紧,尤重使分其力于北。恐北方之事未济，而南方之衅随起矣。使重臣大帅一去，而兵变、民变继其后矣。然则各省有各省之土匪，仍当各省重各省之兵事也。

静海匪耗述闻

津友来简云：十二日得有确实消息，系府属静海县城外十余里马厂地方到有团匪头目三十余人，装束迥异平民，腰系红带，诱令土人入会，一时附从之人甚众。天津镇台罗耀廷军门闻信，即派原籍静海之某弁前往探视，被匪所留，几难脱身。幸以巧言得免，归述情形，镇台拟即派兵前往弹压解散云。

《中外日报》

［论说］ 论瓜分中国为地球首祸

今天下有一言而可祸全球者，瓜分中国之说是也。考地球近百余年为瓜分者二事，一波兰，二斐州，天下之人所共知之。然波兰虽号名邦，幅帽褊小，通国仅八万方里，中国乃四百万方里，非波兰也。波兰僻处俄、德、(澳)[奥]之间，非四出必争之地，中国则沃野万里，辐辏四达，以一大国处于列强，非波兰也。波兰与三国种族既同，户口又寡，压制之后易以亲狎，中国则情志迥异，繁殖第一，化之不易，杀之不尽，非波兰也。斐洲壤地之阔三倍全欧，除北境外，从古荆榛自为酋长，中国则神州■壤，专制一统，非斐洲也。斐洲人种之劣，天时之恶，生而最下不可改变，惟彼上苍若有恒罚；中国则人民地位，黄种温带，非斐洲也。是其情别势异迥殊，二者昭昭然矣。夫以土耳其之昏暴、高勾丽之暗弱，以其为欧西之关键、亚东之锁钥，尚复为之争战，相扶盟誓相救，况于泱泱大国，滔滔人众，榱栋一折，震动土地，堤防一决，横溢四海者乎？夫欧洲战祸之烈自古记之，纪元以来凡千余年，大以十数，小乃千百，无一不起于互相吞噬、互相掳夺，夺土地以杀人民，始兼并而终破败，计无愚于此者。近百年中，民智大开，公理渐出，于是二三文明大国起而提倡，相与维持，始于伐迭鲁之役各返侵地，继以巴黎之会、伯林之盟，皆以去小利全大局，舍近功计远虑。故以普鲁斯之战胜城下，而法犹获全；意大里、希腊亡千余年，乃至二千年重又立国，是其明效可睹者矣。且瓜分之局一成，尤而效之，最不利于大国。疆域既广，属地又多，平时已忧其不制，危急将如之何？一日失势，而群体蠕动，众口腾沸，指某地属某国，某地归某邦，是瓦解过于土崩，元首累于枝指也。必举古例以明后患，则求之中国旧史又可证焉。昔周贞定王时，晋智伯与韩魏共围赵，晋阳引水灌之，城不侵者三版。智伯行水而韩魏骖乘，智伯曰："吾乃今知水可亡人国也。"韩魏闻之大惧，以汾水可灌魏都安邑，绛水可灌韩都平阳故也。乃与赵反，决水灌智伯，而歼其军。故首创大难而身受其祸者，是智伯也，明于大害而国被其福者，是韩魏也。征之近事既如彼，证之古史又如此，则中国之所以图存，与列邦之所以善处，盖可知矣。故必不得已而代平乱、逼变法、立条约、易政府、索兵费，皆在可行。而必不容坏全局，为戎首、昧将来、酿奇祸，废四百州自主之邦，堕二十周太平之局。嗟乎！巨石等体负之则伤，蹊田之牛夺之已甚，是所望于明远害、执公法者矣。

京信照录

昨日友人来函,述都中近事颇详,兹特照录如下。函云:

近日团匪之乱愈闹愈大,颇觉不可收拾。自初一日以来,丰台、长辛店、芦沟桥车站接续被焚,谣言更觉离奇。其实此等祸端皆土匪所为,与团匪毫无干涉。而神其说者,反谓团匪有呼风纵火之本领,煽惑几于上达天听。故初二日上谕,亦以此为团匪所为之事,而按诸当日实情实毫无影响。朝中诸人无日不称述团匪之神奇,均信其能抵御西人,故不再加阻止。某大臣至向众明言:此等义和团皆是天生奇材,有无穷法术可以包打西人,故西兵如欲进京,我等亦不必阻止,听其与义和团打仗,俾知团民之利害云云。闻之令人愤笑。又未滋事之前,有某御史封章入告,大旨谓义和团志在保卫国家,其志可嘉,其技可用,请为酌给口粮,编成制兵等语。枢垣诸公已拟旨,令直督据实覆奏,候旨施行。不数日,团匪即已滋事,始作罢论。当西兵入京之时,皇太后急召枢臣入见,商议处置之法。某大臣倡言宜与西兵开仗,不患不胜,可令西兵片甲不存。荣中堂竭力阻止,谓俄与满洲乃唇齿之邦,不宜开罪于彼,致将来无可依赖云云。太后深以为然,故现在朝意与俄使甚为亲密。

津报汇录

前由保定来津中途遇匪之西人,兹悉共三十六人,失去六人,到津只有三十人。离保定时本有官兵护送,不知何故半途自行退去。

安平县有团匪继起,当经何大令拿获四名。甫押解到署,团众已有数百人直入县署索人。大令见势不佳,即赴省请兵,被团匪聚集数千人将城围住,此上月念九日信也。

闻津芦铁路某站,西人电达铁路公司总办云:团匪如此横行,所派之兵数寡难恃,不另为设法,情愿辞职。有谓此电乃杨村所发,因官兵到后,数处掉旗房,仍被匪徒抢劫之故。

前日午刻有团匪聚众,将(费)[黄]村车站焚毁并桥一座。经该处驻扎之武卫前军前往弹压,该匪即与营兵接仗,伤兵二十余名。刻下裕制台已派练军左营二哨,特开兵车往援。又闻站长之弟被杀,发电报者亦受伤云。

有俄国哥萨克兵二十三名,护前次由保定来津中途失落之西人。前日至杨柳青地方,与匪相遇,人众势盛,哥萨克兵力不能支,负伤三名,退回天津。然闻俄兵接仗时曾伤团匪数十人。

法租界于某晚六点半钟召集界内各洋行内壮丁,携械自卫。英界则自定夜行禁例,外备有速射炮以当要路,夜间则有兵员巡卫。德租界亦有兵员于夜间巡备云。

聂功亭军门所部武卫前军中路右营步队一营、亲军马队一营及后路右营步队一营,于初九日由芦台拔队起程前往芦沟桥等处驻防。

顺天府属永清县教堂,有牧师三人,二遭惨死,一为匪首刘某掳去。

日本兵舰笠置舰于前日到沽,登岸之兵计六十六名,分三十八名驻津警备,其二十八名则于日内入京。

京师内外各城门,每门防守之神机、虎神各营兵二百名,各按本城本旗分防,如(厢)[镶]黄、正黄两旗,即就安定、德胜二门,各旗以次而分。又庆王府、户部街、南御河桥等各驻兵二百名,统计防守官兵四千余名。其两营未经调遣者,每日赴各城兵厂内,以备点名调遣。

西国兵队,如奥、如德,于初七日由崇受之大金吾迎护入城,计德兵五十名,奥兵三十名,现在各国使馆皆有兵保护,惟和兰、西班牙、比利时三国之兵尚未调至。

芦保铁路所毁之处,趁官兵驻守之时,已在赶紧修理,大约至速须一月后方能复旧。

刻下义和团势,以涿州、雄县最为猖獗。各城门均让义和团匪把守,稽查出入,惟不驱逐官长。

初八日,跑马场左边烧村庄三处。闻被烧之由,因该处教民曾迎导前次搜寻遇难商人之哥萨克兵故也。

闻庄儿头义和团聚居已久,居然成为大巢穴。前之西商遇难,即该处团匪所为。

聂功亭军门前日率队来津,上辕谒帅献痛剿义和团之策。寿帅以该匪距京津逼近,未敢肩此巨责,乃令与荣相商之,是以军门整队直指芦沟桥进发,传闻军门在途中逐散团匪不少。初九日又由芦台开来武卫前军中路步队一营,甫下车随复改坐京车北上。

本埠:电请保护

本埠[上海]维新党人昨日传电至欧美等国,其出面者为某词臣,略谓前翰林院学士某谨为我国大皇帝电告诸君。目下中国时事至此,殊可浩叹。各国现既有兵在京,即乘此机会保我皇上出宫,迁往南京或武昌或上海,于三处中选择一处建作新都。在各国亦应彼此会同布告天下,以目下悉已合力保护中国,请光绪皇上临御治理万几等语。京中所有六部衙门则悉予裁撤,另由新党中简选能员以充执政大臣,并于新都内设立客卿,其余各处则概简良吏以治理之,总以振兴新政为务。京中大军亦须尽行遣撤,另再招募精壮,由西人教习洋操,练成劲旅,并添派炮艇以保各处水路。其海关、邮政、电报等局,则请西人暂为管理,以华人之妥当者襄理其事,并设立通行银钱及更改税则等章程。各处则均仿照日本开作商埠,至中西交涉之事,则须另设专部办理,其管理专部则亦须派有洋员。所有各国人之来中国者,无论何处,悉准任意居住,游行亦听其便,传教则无论中西教士一概予以保护,并由我光绪皇上以其命维新等语昭告宇内,则众民自必允洽,目下之乱可不剿而自平,中兴之象亦可计日以待矣。况我光绪皇上力虽微薄,而办理新政之心则甚深切,即通中国民人亦均有维新之意,故此时中国正应易为臻于郅治之时。至若民心思乱,实由旧党中人固执偏见所酿成,并非故欲为之也。各国欲瓜分中国,但中国此时人民数百万中,有学问者虽少,从事戎行亦无所用,而其心则最为固执。一是而忽由西人管理,其心必不服,阻挠之事亦必层出不已。至欲以兵力瓜分固非难事,只须有兵万人即可成就。然仅得中国而欲服中国人民之心,则非历数百年工夫断难有成,祸难之事更将不知凡几矣。故现在不如保我光绪皇上,以治理人民。众民见皇上复辟,自必踊跃欣喜,心生感激也。为特电致欧美、日本诸君,请弗再生异念。即有此心,目下亦断不可行,总宜先任我光绪皇上复权。倘能治民妥善,则各西国应须相助为理,俾人民共享人类之福。中国民人见各国力保我光绪皇上,并无鲸吞中国之心,则从服之心有不期然而善者矣,于太平何有哉?

五月十九日(6 月 15 日)

《中外日报》

[论说] 论拳匪不平将牵动大局

中国比年以来,外侮环生,强邻交逼。政府中痛定思痛,为保邦未危之计,于是起而议和、议战、议守、议攻、议联合外交、议操练兵法,汲汲若有不可终日之势,而于肘腋之患、腹心之忧,转任其滋蔓难图,视为无足轻重。呜呼!诚不知其是何用心也?是在政府诸公,必自谓别有深意,而外人不解其故,遂致互相揣测,骇人听闻。有谓某亲王某大臣为拳民之头目,故不愿剿办者;有谓聂军门击毙拳匪,拳匪遂具禀某相,奏参其不应攻打者;有谓著名头目已升为显职,以便收伏若辈为日后内廷之用者。此虽西报揣测之词,未可深信,然四郊多垒,卿大夫之耻,虎兕出于柙,龟玉毁于椟,中果谁之过欤?况拳匪皆乌合之众,未尝有快枪利炮以助其声威也,未尝习虎略龙韬以资其运用也。纵中国兵力素弱,御强敌而不足者,平流寇固自有余。苟能剿抚兼施,何至小丑跳梁,蔓延日广?乃自月初起事,始而巢穴涞水,继而掳掠涿州,由是而后,若保定、若丰台、若长辛店、若三合庄、若黄村、若通州、若静海,先后遭其蹂躏,已有不可收拾之象。若复养痈贻患,则其党羽愈众,势焰愈横。铜山西倾则洛钟东应,长堤口决则洪水横流。势不至引外侮之起点,牵各省之乱机而不止。何以言引外侮之起点也?自拳匪肇乱,各国纷纷调兵。除初次所调外,近又有西兵八百及水兵千余乘火车冲突入京。俄国则独调兵五千,他国续调之兵数亦非少。兵船之泊大沽口者,共计三十三艘,是各国已不肯袖手旁观。况闻路透电音,谓俄已决计以兵力平靖仇恨洋人之乱事,而驻京各国公使则又联名照会华廷速将拳匪剿除,否则将自行办理。呜呼!外侮之萌芽已肇,使政府不速靖乱,则彼方有所藉口。吾恐胶州、旅大之故事将复见于今日而又有甚焉者,此以知团匪不平必将引外侮之起点也。何以言牵各省之乱机也?方今各省皆有乱民,长江毗连数省,尤为会匪之巢穴。今闻拳匪起衅,遂亦播散谣言,扰乱人心,思有蠢动之势。其在南京者,则谣传拳匪已派来余党,行将滋扰地方。其在山东者,则谣传拳匪选派五百人约期攻烟台租界。甚至淮扬来电言,山东、江苏交界及桃源、宿迁一带亦蜂起滋事。此皆以拳匪势盛,故思起而扬其波也。若不亟设法敉平,则必牵动各省乱民皆思乘机肇衅。明季之流寇,粤西之赭匪,可为殷鉴,此以知团匪不平,必将牵各省之乱机也。呜呼!时已危矣,势已迫矣,政府诸公即不为吾民计,独不为地方计乎?即不为地方计,独不为宗社计乎?厝火积薪,坐视燎原,是可异矣!

中国:纪新党联请协助事

寓居上海以及中国十八行省内之十四省中之著名新党中人,近日联名禀请英、美、日三国首相,恳其合力同心协助中朝,以御他国之居心叵测者,并乞速筹妙法以救光绪皇上出险。至目前乱祸酿成者固自有人,现惟有请各国相助我皇上,另设新都,力行新政。则此一法也，庶可救中国之急，平目下之乱。若朝政仍由旧党把持，则郅治之降断难冀望。况自戊戌年光绪皇上颁发新政上谕后，人民忠义之心更莫不倍加奋发，深冀皇上复辟，以便将新政从新办理，庶中国不难日臻兴旺等语。

五月二十日(6 月 16 日)

《中外日报》

［论说］ 论敉乱宜剿抚兼施

噫吁嘻，危乎殆哉！拳匪之羽翼众盛，势焰披猖，何其如水之溃堤、火之燎原而未有已哉？当其初，假练拳之名，托卫身之计，号召于齐东、冀北一带，官吏不知其行踪诡秘而误认为良民乡愚，不察其法术离奇而群奉为义党，而一切匪徒、痞棍则又引为同志，相与扬其波而助其澜，于是其党羽愈盛，其志气愈张。未几而铁路拆矣，未几而电线断矣，未几而车站焚、车头毁矣，未几而教堂火、教民戕矣，甚至不听朝命，不遵国法，竟敢倒戈相向，聚众戕官。呜呼！是直叛逆之乱民也。王章具在，国宪犹存，讵得稍事姑容，徒长匪徒之气焰，此敉乱之策所以不可缓也。然今日敉乱之策不外二端：曰抚、曰剿。其为抚之说者，则曰天灾流行，地利未辟。民之颠沛流离者，寒不得衣，饥不得食，而不肖官吏复纵令胥役任情科派，肆意诛求。民穷而流为匪类，第恃兵威诛戮，已伤天地之和，况乎不教而诛，岂圣朝宽大之政所忍出？与其聚而歼之，诚不若化而导之，此则抚之说也。其主剿之策者，则曰不论其为首为从，但论其为民为匪。苟其为匪，则阴谋显露，逆迹昭彰。若不严行搜捕而徒一意招抚，则非特无感恩之意，反益其藐视之心，非徒无受抚之思，更益其鸱张之势，势必至旁出横溢。后日之蹂躏为患，更有甚于今日者。则与其优容而养痈贻患，何如痛剿以除暴安良？此则剿之说也。由前之说，盖即政府之成见也。由后之说，乃今天下之公论也。斯固各有所见，然欲持平办理，其必剿抚兼施乎。何以言之？伊古敉乱之道，盖必能剿而后能抚，亦必能堵而后能剿，其道相反，而实相因，其用可合而不可分，此大较也。若不能剿而专言抚，则无论平日上下隔膜，恐无素著威望之大臣足以开诚布公，使若辈就我范围，即使能就范围，而犬狼之性反复无常，猿兔之心游移靡定，安知其不旋服旋叛？盖知畏威而不知怀德，自古流寇皆然，此所以先剿而后始能抚也。然不能堵而专言剿，则又徒劳无益。盖拳匪皆乌合之众，无都邑以为根本之地，随所掳掠以为家，此攻则彼窜，东缉则西逃，势不难抵隙蹈瑕四处滋扰，而大军反疲于奔命，久之则窜扰邻省，其害曷可胜言？此所以先堵而后能剿也。然则为今之计，堵为上，剿次之，抚又次之，则必先于保定府、张家湾、黄村、杨村及近畿一带各要隘分兵防堵，截其去路。乃探得要穴，严行痛剿，斯不啻鱼处釜中，无可逃遁，然后拿获首犯，招抚胁从，俾其怀德畏威自不敢复萌异志，此盖宽猛兼施之法也。若不是之务，而徒以招抚为能，庸有济乎？庸有济乎？

津报汇录

探悉前夜聂军门统其部下至落垡附近处，与团匪相遇，即加痛剿，一时无暇细分良莠，枪炮交轰，毁村庄五，杀人六百余名。有谓不止此数者，然聂军亦死哨官一人、兵数名。至该处车站早为匪徒所烧，以致十一日京津火车忽又停止。闻大城县属凤凰店团匪刻下聚于李公葆庄，不知将来作何举动？

日前郭村之焚，天主教民左锡庆一家俱遭惨死，甚有分尸祭坛之事，所有房屋霎时已为平地。

赵家庄团匪曾误杀古佛庄团匪二人，该匪并同道中人而不能辨，识者笑之。

防守各城门之兵内有神机、虎神两营兵合守者。本月初八早，端王谕撤虎神营兵归入各厂，听候调遣，复选营中所用名为神威炮者十尊，运至北流内设防。近日东华、西华两门安设栅栏，只容一人出入。

闻黄村滋事后已有重兵守驻，系本月初九日开往。

京中风传团匪于初九日将烧北堂，此言为樊主教所闻，于是向法、德、意、奥各公使处借兵四十名，往西安门保护该堂。

比商五人从保定入京，途间失去四人，查无下落。

近畿各村庄教民避祸至京者几数百人，扶老携幼，殊属可悯。自本月初七日后，京城广渠门外练拳之人日有百余，观者密如堵墙。

昨日经保甲捉获妇人一名，系提血汁在各家门外画圈者，然讯之坚不肯认。

现下团匪鸠集北仓地方，亦不旁窜。聂功亭军门派有前军前路右营布扎北仓一带，并派马队梭巡南北以备应援。有云，十三日聂军门在北仓复杀团匪甚多。

铁路总工程师告急于天津公司长云：团匪将兜袭唐山，现有大众已在离唐山五十里之大梯地方，扬言为烧唐山制造厂而来，应请预为设法防护。

团匪不畏枪炮不过自神其说，每至迎敌之时，其所称为师兄者，头顶神马，托仙附体，名曰上法。自落垡与官军接仗，匪死五六百名，大师兄者亦与焉。该匪等遂以有犯地名故致败衄，巧为掩饰。

聂军门刻下督武卫前军十余营均退至杨村驻守，每日昼夜巡查。闻该处共有匪三千余名，现已由两路进发，未知何向。

聂军门曾于十一日生擒匪首两名，派哨弁两名亲送至匪围，令其招抚。旋由匪首覆称，团众已死数百名，区区放回二人为诱和之计，决意不允。

铁路总办唐太守绍仪十三日又赴杨村探看，并随带工人赴杨村一带修补道路。

京函照录

昨得寓京友人来函，兹特照录如下。函云：

团匪在京师并不惧人。西河沿客栈，某典史之仆，山东人，自言初入团，师教以咒语十八字，如能如法，然后再教以百余字之长咒。所为如法者，师诵咒，弟子向南揖，旋昏晕仆地，起即言某人在此，如张飞、关公、孙悟空、猪八戒之类，居然拳法不差，百日之后可为良师。自言只须十八人便可纵横外洋，前为兵击死者皆学而未成者也。

舞拳毕，向东南方三揖，云老师傅请去云云。某仆言此术，伊学十八字咒迄未成，而转传之人竟返，合法智过于己，亦大奇已。一月以来，京师胡同城关竟遍贴该匪百十字之咒，劝人行道，满人崇信颇笃。顷友人过西河沿一带，值日西斜，见十余龄小孩什伍成群，明目张胆皆习拳势，城内兵勇多是其党，似叛非叛，莫得其详。外间讹传皇太后袒庇，不欲剿办该匪，其实亦思剿灭，而苦无能办事之人，为可叹耳。

有人传说该匪又有红灯会法，用十许岁之女孩立水池之旁，师诵咒喃喃数周后，孩即步行水上，鞋底不濡，手执一灯，腾身渐高，灯亦渐多，至腾数丈外，灯影可至数十。据云，习此艺术可以远赴东洋索还让地，并偿二万万之款，可谓愚矣。

今年顺直一带雨水极少，麦苗尽槁，民气颇为不靖。而山西自去年冬初迄今更涓滴无之，抚心时事，曷胜杞忧？并闻该匪起衅，亦由饥民附从所致。

拳匪诱人之技艺有四，曰诵咒，曰红灯，又能以细索坠百斤之石，更能以飞刀放丈外之火，故愚民信之。殆张角之流亚耶？技止于此，亦可笑已。

近日谣言甚多，其怪诞处令人喷饭。如谓义和团之神奇实天使之歼厥洋人，因某亲王不之信，天帝已三示梦兆于王。近来天时亢旱，亦因洋教上干天怒所致，甚至匿名揭帖遍贴通衢，有“满街红灯照，那时才算苦”之语。

南京：札谕防匪

两江总督刘制军近日札谕，所属各衙门命加意严防大刀会匪滋事。该匪等溷迹江阴、镇江、清江浦等处为最多，其巢穴则在徐州府境内。如果查有形迹可疑之人，应即拘获。查明确系刀匪，着即就地正法，毋用禀请等语。按义和团即系刀匪别名，惟山东北省等处则以义和团著名，实则即系刀匪，均乱民也。团匪本名义和会，嗣因会字有干例禁，经内廷命将会字除去改用团字。

直隶：聂军门毙匪详情

直隶提督聂军门于芦发与拳匪接战一节已登前报，兹据本月五号天津华友发来函牍云：聂军门率其所部于本月五号之晨乘坐火车前赴芦发，见有一队手执军械之人将铁路占住不任前进。军门谕令速退不听，因令各兵一冲上前。一面又谕之曰：“铁路乃国家产业，岂可作践？”该乱民等即破口詈骂，谓尔等得有洋人贿赂，故将我等虐待，实与仇人无异。詈骂时并将砖石抛掷，又复开放枪弹，甚至骂各兵为洋人，当被击毙兵士二人。军门以若辈无知，仍约束各兵不得鲁莽动手，一面令一哨官前去解散，不料复为匪目枪伤。军门知不可以理喻，即命开放洋枪毙其十余人。该匪等即四散，开放洋枪向兵士轰击，致又被击毙兵士六七人。军门乃令机器快炮兵上前攻打，连珠开放炮弹迅疾如风。其时兵士又被击毙三人，致各兵等悉皆怒不可遏，舍命追击。一路追至村中，当将房屋什物等项概行焚毁，所有乱民亦悉行击毙。计共焚去村庄四处，毙匪四百八十人，兵士则损失十二人并守备一人，由是始得安静。至四十八点钟后上谕到来，将军门申斥，不应擅自攻打，着饬退往芦台。团匪之势遂因此愈盛，亦无人再敢过问矣。以上译《字林西报》。

五月廿一日(6月17日)

《新闻报》

[论说] 论南人忧虑北事

北京为首善之区,天子在焉。天津为北京之钥,总督驻焉。文臣武将雨集云腾,神机旗士夙著战功,武卫大军又经新练。然而义和团匪公然扰乱于市廛,毫无忌惮,京城内外焚烧教堂、跑马厅、各国总会,洗掠村庄,蹂躏市肆,梗阻京津之通途,毁坏公家之路线。天津城外各村半遭劫毁,而前日警电谣传敢于城内放火遍烧,直到昨晨来电火犹未熄,由津至泊头之电线亦于昨晨八点钟拆断,是团匪之心中目中无复有官兵矣。使非恃有护符,何至如此相护之者,以为扶清灭洋乎?洋人被杀二三十人,而华人之惨遭焚毙及流离颠沛、丧妻失子、弃产破家者,不计其数。是灭洋者能杀洋人二三十人,而征调之洋兵数千数万人不能杀;扶清者驱华人于火于刃,而逃难者守候京津催商轮之速往救援,何其相反耶?且各国保护中国之说若成,则中国几于不国,华民将为奴隶。各国公共保护中国之说不成,则中国竟为战场,华民将为灰烬。呜呼!华人何辜?洋人何幸?而出此扶清灭洋之团匪。彼袒护团匪之大臣生此厉阶,岂非为千古之罪人者哉?而况北方之人有及身之痛,南方之人则有切己之忧。盖至尊所在,为通国四万万人所有目同注、有心同系者。今虽京津之间大兵云集,拱卫森严,然而各国之兵其心中、目中早已无中国之兵,现在团匪之心中目中亦无复有中国之兵。试问通国之人,最惨者何事?大清二百余年之百姓,其忧心当无过于今日者也。又有父兄子弟为官为商于北方者,忧骨肉之能否无恙;设行号于京津者,忧资本之能否完全。放贷账于北商者,忧欠款之能否有着;业油豆饼麦北货者,忧货物之不能南来。业花纱布匹五金洋货者,忧货物之不能出售。丝行尚未开盘,银行不敢放账,商业大坏,是故官商士庶无不忧心如焚,望北方之早靖。呜呼!袒护团匪之大臣,其肉尚足食哉?犹幸南洋一带,有明白事理镇压地方之刘宫保、李傅相、张制军总督其间;否则各处土匪见团匪之若此得志,见政府之若此无用,不几如明末之流贼四起,其终遂至不可收拾乎?是故南方之人现在所默祝者,在于各省之贤督抚皆能制伏土匪,使无继起之乱,则南方之人固如天之福,而北方之流离颠沛者亦有所归着。至于北方之事,不去此袒护团匪之大臣,则无复有希冀之望。谁秉国钧,使民受外人之种种凌压,而团匪遂得以灭洋之说煽惑人心,助成团匪之羽翼,是为一误。团匪既起,不加剿捕,公然猖獗于京津城市之间,养成团匪之声势,是为再误。洋兵虽纷纷进京,而公共保护之约未定,则犹各有猜疑,莫肯先发,趁此削平内乱尚能守我治内之权,不此之务,是为三误。今时迫势亟,不为抵制团匪之策,而犹有抵制洋兵之心,是为四误。不幸而五误、六误,国事尚可问乎?故不去此袒护团匪之大臣,则南方之人亦只能默祝南方之平安而已。

《中外日报》

北京:新党问评

本埠[上海]维新党人昨接北省来电云:庆王及礼部尚书廖寿恒等,皇太后以其胆怯,故现已革出总署,并于本月十号降旨,着派嗣君生父端王为总署领袖,以接庆王之任。端王力辞,太后亦不允准,并又派有那彦图、启秀、溥兴等共入总署以辅之。此说果确,则内廷命意所在已可不言而喻。至端王为人,昨报曾已言过,兹亦不必赘述。那彦图亦系蒙古亲王一意守旧之人,最为庆王及旧党中人所器重,故近又新升为御前大臣,以便将志同道合者悉行聚集一处也。启秀及溥兴二人亦系宗室,与刚相最为莫逆,伊等守旧及忿恨洋人,均系新近著名者。启秀向为礼部尚书,溥兴则系某部侍郎,曾于去年奉派赴山东查办张汝梅贿赂李傅相之事。未几张即革职,惟傅相无事。译《字林西报》。

《清议报》第四十八册

义和团滋事汇志

五月十一日京友密函云:义和团事,政府竭力袒护,决无剿办之理。端邸的是团匪中头目,而太后信团匪最深,屡次称为义民。宫女多学拳勇,大阿哥亦兴高采烈,日夕相随练习。除虎神、神机各营均与团匪联结外,即荣中堂所部之各军,亦均甘与团匪暗合,决不肯出力剿办。现在所派各军保护各使署,实为危险。恐各军即与西人为难,则为祸更烈,殊深杞忧也。

初九日函云:驻京俄公使遣派可萨克俄兵一队,前往芦汉铁路工程处保护俄人回京,途中被团匪截击。该匪愈聚愈众,卒为俄兵击毙十五人,始行星散。俄兵二人受伤,英国教士二人在京城附近被杀害。又电云:可萨克俄兵四名被匪杀害。俄人已派马队五营计二千,前往北京,即日当可到京。

同日天津信云:直隶万全火车栈又被团匪焚烧。天津至京轨道又遭拆毁。距津约八里,有一乡为该匪所屠。铁路工程师比人两名遇害于某处,该处离津约五里。匪党声言定于今夜来攻天津,各西人严备以待。

各国驻京公使电请各该国提督各派卫队一百名晋京,共计七百名。美国水师提督适在大沽,业已派兵登岸,以便入京。日本亦由其大沽兵舰派兵二十五名至京。德、俄各国之兵,当在三十六点钟以内可以毕集也。

九日匪党又至丰台焚烧车栈,拆毁轨道。该处为芦汉干路之重镇,约距京师八英里。地方官闻信,即派营兵驰往马家堡保护车栈。因该处乃由京至津之第一栈,幸得保全无恙。京津消息不通,因火车弗能照常来往,以故人心惶惶。

初一日太后在颐和园闻信大惊,特调兵二营专保颐和园。闻团匪在长辛店纵火,漫烟直达。太后在万寿山内瞭见,立命大臣带兵往查。故荣禄亦亲自出京,将中军、神机等营分布妥当。每城门扎二营,惟永定门五营、马家堡三营、丰台五营。又长辛店地方,当团匪纵火横行时,各西人均避匿近处一小山内得免。又有人从琉璃河来,据云团匪俱系红布系腰,其中以二十岁内外之人居多。所持者皆木棍、长枪、铁刀之类。当其纵火毁车时,此股团匪不过数百人。裕禄以丰台铁路情形危急,已于初一日派何统领永盛挑拨练军右营前往丰台驻扎,以资防护。丰台警信传入京城,总署即于初二日檄调兵百余名保护东交民巷一带各国使馆。步军统领崇受之,初二早亲往长辛店。荣禄亦率兵队数百名到马家堡,再至丰台,将全村逐家搜检,如抄有车站物件,即行斩决。闻抄得八家,获犯八名。其余因天色已昏,初三早再抄。刻下丰台甚形纷扰。丰台一处被村民抢物焚站后,计所毁约值银十五万两。又接丰台信,知丰台站汽机房、电报房、票房焚毁殆尽时,死华人四名,一法人受伤,踉跄赴京。琉璃河铁桥已毁坏。初刚毅等说义和团均是义民,国家一切当为保护。后庆王知事将不了,西人将以兵来京,大惧。与刚力争,始有前数日令剿之上谕云。

初九日北京电云:皇太后于昨夕同各亲王等在便殿会议良久,终曰义和团匪诚属忠君爱国,设俾之以器械,便成有用之师,且可借以御侮,自应未便议剿云。荣禄并礼亲王独以此议为不然,无如为庆、端及刚毅、赵舒翘等所抑耳。王文韶则默口不言,而皇太后遂决议不剿。目下团匪日聚日众,都中遍处皆是。附之者日以百计,亦且公然无忌。满人多半皆其党羽,腰间各束红带,以为识别。现危机紧迫,殆有朝不保暮之势。一旦变生仓猝,则寥寥数千之洋人,仅足以供二十万众团匪之一饱,而神机营各旗兵尚不在二十万众之列也。

初三日北通州信云:初一日下午三点钟丰台火车栈被毁,估值约失十万元。该栈所各洋员均于是早黎明赴津,是日遂无火车由该处来往天津矣。芦汉车栈并桥梁木料,以及长辛店栈所,均于同日焚毁。该栈所多系存储器具,左近房屋皆洋员寓所,各洋员见势不佳,幸已足备火器,是以开枪轰毙匪孩一口,击伤匪党三人,匪等始行星散。然各洋员终不敢外出也。

初八九之时,各国派兵到京者已共有九百六十五名,计英国三百零八名,美国一百五十六名,法国一百四十一名,俄国一百零五名,日本九十五名,德国八十名,意国八十名云。又上月杪义和拳起事之时,俄政府已遣俄兵二千名及所需军粮军火等,前驶中国。目下再有调往运船六艘,满装俄兵往华之说。又闻俄廷业已力请中国政府,愿代剿办团匪并北方各处乱党云。又闻驻北京各国使臣决议请总署带领觐见皇上。十一日天津电云:京津车路仍阻不通。团匪沿路阻截,华兵无能击退。总理衙门许洋兵雇船由水路入京,不准附火车前往。电信照常往来,现在用华人快马驿递,盖防团匪割断电线也。续到洋兵并炮火等业已登岸,提督聂军门所带之兵,昨在杨村与团匪接战,未见胜负云。又电云:昨夜距天津约二十五英里之卢发车站,又被拳匪烧毁。官兵拟分兵入京,适遇此事中止,遂与团匪鏖战,匪徒死者六百人。又北京电云:政府已令聂军门带兵三千驰赴京津铁路沿途驻扎。英兵本日续到天津一百八十名,内七十五名随带械器炮一尊入京。倘铁路无阻,即附火车前往。又电云:附近北京电线桥道一座,已被团匪拆毁。

十二日天津电云:本月十日团匪在天津城外与俄、法、日三国洋兵见仗,匪党被洋兵击毙二十余人,随即败退。并云是日大沽口外已有俄、法各国兵舰十七艘。又闻德兵已到大沽,但未至津门。刻下华民谣传芦汉铁路比国工程师数人于前礼拜日由该处避难来津,路经保定,遇匪攻击,当被杀死四人,其余三十六人半系妇女孩提,均各有受伤。并云保定府英教士一人,亦遭该匪杀害。

初十日天津电云:今日在津门华官允西官之请,欲发火车载西兵往北京。奈京津铁道大半损坏，车不能行。卢发车站已被焚毁。初九至今，京津信息不通。津门有西兵六百名，快炮六尊，尚可无虑。华人情形则甚为惊惶云。

英政府得上海电悉天津、北京团匪乱情，当饬派驻华海英水师提督，畀以全权之责。令其便宜行事，相机进止，以保商务，勿许他国捷足先登。而俄人现在北京一切齐备，传得坐收渔人之利。故英国昨复增派水师兵舰数艘由威海卫开往大沽，又在其各兵舰抽选水兵不下六百五十名，带炮五尊登岸。益以前日已派入京保护使馆之水师官兵二百五员。合计目下在京英兵当有九百名，并炮八尊，其数较诸他国在京之洋兵当四倍有奇也。

十五日北京电云：附近北京外国人之避暑场、跑马场、墓地等各物被匪烧毁。又天津信云：俄兵千二百名已到塘沽，更有可萨克兵五百、马七十七匹陆续到津之说。十七日天津电云：日本军舰须磨十一日午前到大沽，水雷驱逐舰阳炎本日到着。又丰桥舰载海兵三百名于二日间到着。又俄兵千八百名昨夜上陆。十八日天津电云：俄兵千二三百名于大沽上陆。又云日本公使馆之书记生杉山彬氏，十四日被中国骑兵所误杀，或云董福祥部下所杀。十九日上海电云：庆王已出总署，端王代之。又云西山英公使之别庄为团匪烧毁，及杀害英官吏。又云文廷式致电伦顿某报馆，欲解释今日中国之难，莫妙于奉皇上迁都南方；若徒为瓜分，恐增将来无涯之患。又刘坤一、张之洞、王之春、李鸿章四人上书皇上，请即镇压匪类，不可延误，致使滋蔓云。

五月廿二日（6 月 18 日）

《新闻报》

南方止乱刍议

处今日谈国事，不可不统筹全局矣。北方酿长匪势，大局已坏，则存我中国者，其惟南方乎？其一两江，其次两湖，其次两广，此三重臣南方之柱石，而我人民之父母也。夫匪徒布满天下，常则伏处，变则图事。三江之民注目而视刘坤一，两湖之民注目而视张之洞，两广之民注目而视李鸿章，故三重臣者假使去南方而之北方，则南方大乱继其后矣。时至今日，社稷存亡只在旦夕。廷臣能亡北方，而疆臣能存南方，生可以对我人民，死可以对列祖列宗。吾读刘坤一、张之洞、盛宣怀之电奏，不禁为我南方人民颂再生之福矣。夫中国大误，误于内外臣工之封章入奏不敢言事，又误于少年新进放言高论而失之意气。权奸在朝，蛊惑圣听，天下大局，孰敢入告？所谓“无端毁坏谋国者，不能辞其责”二语揭之于重臣，则即为南方无事之左券乎？大抵今日时势，北方一办法，南(北)[方]一办法。北方以不剿匪为宗旨，南(北)[方]必以防匪办匪为宗旨。而防匪办匪之法，其总纲一在督抚之坐镇，一在营伍之整饬。而细目则一宜严防会匪，一宜搜除土棍，一宜拿办造言生事，一宜出示禁止谣言，一宜长江轮船加意防卫，一宜码头客栈加意查察。而上海租界之外，一城门多设巡役，一街巷添派巡役，一查小客栈，一查烟馆，一查茶肆，此城以内之办法也；一防卫制造局，一防卫火药局，一保护教堂，一巡防四乡，此城以外办法也。然而其秘诀在从容办理,不在急切办理。告示忌其多,多反乱人之心;议论忌其多,多反启人之疑。要而言之曰严、曰秘,毋张皇,毋紊乱,成诵在心,借书于手,如是而已矣。当团匪之起也,其势亦何至猖獗如此,乃造谣言以乱人心,布邪术以招党羽。地方官既不能先事预防,又不能临事严办,于是作乱之人归附,无业之氓来从,不必团匪而亦冒团匪之名,本无团匪而亦造团匪之事。即如近日他处,或匿名揭帖,或布散谣言,以捕风捉影之谈,作蛇影杯弓之想。其间恐有一二无赖之徒,希图借端生事,然不预为防范,焉知星星之火不可燎原乎?是故地方官之责任舍防匪、办匪之严秘,无他策也。不如是则南方危,如是则南方安。我江督、我楚督、我粤督,皆我南方之柱石,我人民之父母。当此存亡危急之秋,其能去南方而之北方乎?抑吾人民亦当士安其士,农安其农,工安其工,商安其商。依我慈父母,爱我慈父母,而不可为人言浮动也。不轻信人言而不使地方官为难,而后地方官可一意保护。轻信人言而使地方官为难,则地方官不惟寒心,终亦无术以弥缝,无计以弹压,其大局何堪设想乎?今既有重臣镇抚南方矣,吾不虑在上者之坐视,独虑在下者之浮动。设各事其事,各安其生,而处变若常,则南方即为中国之完土,乃所谓存我列祖列宗之社稷也。时迫事危,哀我生民皆各有身家性命者,慎勿事势未乱而心思先乱,则祷甚、叩甚!

《中外日报》

津函照录

昨得津门友人本月十二日来函,叙述各车站被焚之时日,极为详尽。故虽为日已久,而仍行照登,以便阅者知此事之颠末。函云:

琉璃河车站于上月二十九日被团匪焚毁,其烧长辛车站则在五月初一日。闻该匪先以洋油浇于垫木,始行纵火,故被毁有数里之遥,并延及桥梁数座。

至丰台车站及制造厂、电报房之焚劫,实非团匪所为,盖附近庄民平日与教民积忤已久,又有莠民煽诱,因此藉端而起,将教堂焚烧,教士杀死,并毙比国工程师四人。其时站长已先闻风而逃,各工匠见势不佳,遂纷纷继逃。以上各车站皆属芦保铁路。

初六日,有人由保定回津,途遇被团匪伤害之男女教士二十余人,类皆蓬首垢面,衣服碎裂。谓尚有同伴六人被围未脱,嗣经各西人携带枪械往救得释。当纷争时,闻毙该匪数人。

黄村车站被毁,系初八上午四点钟之事。站长之戚某粤人一时不及走避,被匪支解而死。以下各车站皆属京津铁路。

初九、初十日两日,廊坊、安定车站又为匪徒先后焚毁。

十一日又将落垡之车站、桥梁悉行毁坏,沿途电杆砍倒者亦有数里之遥。

目下官府尚以该匪为义民,任其所为,绝不过问,以致匪胆愈炽,愚民又从而神奇之,视该匪若天神,人心因之益形惶惑。刻下移家迁徙者络续于道,官府至此亦为束手。

现在各领事以官府不为办理,而又恐租界地方或有匪徒溷迹其间,派出兵士甚多,每以四五人为一队分往各处梭巡。一至日暮,即在各要处安置快炮,并于路口及城上各派兵队巡守,戒备极形严密。晚上八点钟后,非持有灯火,概不准入租界。当张燕谋学士、聂功亭军门、唐少川观察带军往落垡勘路时，车站犹未焚烧。但见沿途团匪手持刀械往来者甚多，因即开枪轰击，以相距既远，车行又疾，致未命中。旋见车站被焚，聂军门怒以保护铁路是其专责，不暇电告荣中堂，即下车亲率所部二百余人为一队，又命某统领带兵二百余人为一队，分头剿杀，一面电致荣中堂详述一切。计自四点钟至七点钟，杀死团匪约五百余人。现在军门意在痛剿，已将驻扎杨村之马炮各队调往助战矣。正在肃函，闻军门于今日又与该匪接仗，杀死团匪二十余名，官军死者二名、哨弁一名云。

五月廿三日(6月 19日)

《新闻报》

京中匪耗及禁城防卫确函

京师匪耗日盛，前已屡据电音译登本报。昨接十四日京友来函，缕述各事较详，足补电传所不及，合再汇录如右：

十三日午后，京师右安门外玉泉营西管头村彰仪门外菜户营一带地方，团匪聚众放火，烧毁房屋、戕杀教民甚多。因玉泉营村民张姓、菜户营村民董姓多系教民，家资甚富，各匪故有此举。又莲花池之洋楼同日亦被拆毁，右安门千总立命闭城，直至翌晨始启。又云十三日之前，各街巷团匪往来甚众，身穿小褂，腰系红布，手带刀械，以此京中防备益严。十三日端王调虎神营抬枪、洋枪各队兵二千名，分扎正阳、崇文、宣武各城门之两旁，更俱安放炮位计十三尊，各城门均于下午四点钟时即闭。又云皇太后由颐和园返跸后，各城门除护军统领每日照旧值班外，每禁门另派八旗营兵二百人常川驻防。遇有进朝值差之人，认真盘查，须有腰牌方准入内，否则严拿治罪。

津郡匪耗及华洋防卫确函

昨得天津十八日来信云：津郡于十四五等日起，时有无赖之徒俱效团匪装束，游行街市。十六日又有二十余人红布缠腰，红布裹腿，行经洋货街，绕道海关道署，又至督署等处，经巡街营勇婉词阻拒，始渡河扬长而去。十七日有团匪聚众渡铁桥，自北而南，桥夫赶即将桥放开，已过大半，不知何往。惟陈家沟子、王家场河中截水之闸及栈屋等，俱于是日被匪拆毁。德国租界梁园门内外，向有武卫军营务处袁太守世廉率兵梭巡，地方得以安靖。现在德兵已盛集界上，当由德领事函请直督将兵撤去。涞水县祝少棠大令芾因团匪滋闹撤任所遗之缺，藩宪廷方伯以不可一日无官，故经禀请以高诚斋大令维敬署理，不日即当到任。运宪杨艺芳都转为防守运库起见，募兵六十名。津道方勉夫观察亦募兵保护道库。德国租界围墙一带，已于十六日由领事秦君出示晓谕：居民每至夜间，华人如因有事出入界内，均须执有外国凭据，并须在大路行走，不准扒越围墙；否则定由洋兵喊阻，不听当即用枪击毙，以防奸宄。按以上函中所述，皆十八以前之事。故十九日匪徒纵火拆毁电线,一切均未详及,然则十九以后之情形当又不同,须俟续函再志矣。

《中外日报》

[论说] 书使臣逼发护照事后

自古名臣治国,危盛忧明,安内攘外,防患于未觉,制乱于无形。虽有小丑跳梁,而统全局以筹画,要不至以癣疥之疾酿成心腹之忧。反是则泄沓成风,游移无主,养痈而成溃烂之患,玩寇而招轻侮之阶,鲜有不成祸乱者。何则?物腐而后虫生,本拨而后枝坏。波兰之无内乱,必不致三国之瓜分也。朝鲜之无内讧,必不动两国之兵衅也。自京津拳匪滋事,识微见远之君子早知内乱即外侮之阶,内乱一日不平即外侮一日可虑。至今日乱势日炽,西人之身家性命无不岌岌可危,遂致四邻啧有烦言,纷纷责备政府。昨报载天津访事六月十四号发来专电云:驻京各国使臣现已不认有中国政府。此则译自西报,确否尚未可知。至纪使臣逼发护照一节,实已确无疑义。略云:兹闻确信,驻京各国使臣严词照会华廷,现已不能再与总署办事,并逼请华廷发给护照,保护各该使臣以及各国人民云云。呜呼!观乎此而不能不叹庸臣误国,其为害正有不可设想者矣。夫自主之国不同半主之国,半主者权力不足,兵弁无多,一日事起仓皇,不能立时敉定,必借他国之兵力而后可,原不能尽责政府之无能。今中国则不然,金瓯虽缺而玉步无更,固堂堂独立之国也;虎神成营而洋操有队,固赫赫有用之兵也。平日招募兵马、购办军械几何?糜费粮饷几何?一旦流寇为患尚不能平,其不至贻笑万国而益其藐视之心也几希?然此以不能平而言也。若能平而不欲平,则其有伤国体而损邦交,更有为公法所不容、各国所共愤,而为祸将有不可收拾者。何以言之?自来自主之国皆以能施其权力为荣,即以不能施其权力为辱。荣则人皆从而荣之,辱则人遂从而辱之。故遇地方不靖,必当按照公法,一面扫除匪党,一面保护外人,勿使外人之性命有伤,致与我国体有损。曩者,李傅相奉使东瀛,突为奸民枪伤,日廷亟抱不安而恐各国之议其后。然则当两国用兵之际尚不忍外人之损伤,岂当各国和睦之时反可任匪徒之戕害乎?揆诸公法,固宜设法维持;按诸条约,尤宜切实保护。盖各国所订约章皆有保护明文,比年又叠奉谕旨饬下各省保护教堂。然则当拳匪起事焚毁教堂、铁轨之后,苟能多派兵弁弹压他处铁轨,防卫他处教堂,则又何至一波未平一波又起,致令日后赔偿之费将无所底止,甚至各国严行照会群以责备为词?呜呼!观乎此而不能不叹庸臣误国,其危害正有不堪设想者矣。设再因循玩愒,则匪焰愈炽,势必酿成交涉巨案。波兰瓜分之覆辙、朝鲜启衅之缘由,可不鉴哉,可不鉴哉!

详志枭匪

皖南长江下游有枭匪大队意欲滋事,已见专电。兹复得盐务中人来函云:本月十七、十八两日,和尚港缉私水师两次驰禀大通督销总局,称有枭匪大股万余人散布埋伏在采石矶上下,声言将与兵轮开仗,随后有私盐船一百零二艘预备且战且进,特请添兵助防云云。和尚港口外曰江心洲,前有龙骧兵轮停镇于此,兹易一小兵轮殊不足以壮声威。刻闻督销总办拟禀请南洋再派一轮,缉私总巡许君先赴大通面禀机宜,尚未回港,又传言枭酋徐老虎急追回私盐船只,毋许冒昧起事。而枭党迫不及待,已先开私盐七艘,余船且俟徐之后命云。

中俄武员互戕巨案

俄人现在黑龙江省城之南修造铁路，拟北通海山崴，南与哈尔滨南之铁轨相联络，以便搬运眷属，故在该处购买地基，意颇急急。然发价极廉，每亩仅给一二金，其意盖欲以势力压制强行占用，使小民惟命是听，庶几易于从事。故凡该铁路应用之地及附近腴壤，不问其愿售与否，咸据为己有，而土人忿不能平，群起抗阻。俄监工某武弁即嗾兵鞭箠，继以刀矛相向。土人与之哄闹数日，受创极重。因又鸣钟聚众，拟与为难，事为驻防某统带所闻，飞禀黑龙江将军酌夺。将军恐肇大衅，亦即札派该统带驰往弹压，相机办理。该统带遂即带兵前往，先谕土人无许滋扰，静候核办，一面往谒俄弁，谓乡愚无知，恐失地之后必至冻馁，起而为难，总祈按照公平价值发给，即少为从廉亦无不可，勿令小民失所，致失贵国一视同仁之望，语极委婉。乃俄弁以其不助己罪民，尚劝令出价，遽以恶颜相向，驳辩良久，互相龃龉，该俄弁即出手枪相示。该统带恐遭意外，方拟兴辞，而枪弹已洞胸而过，登时毙命。所带兵弁见主将已亡，亦四散奔溃，而俄弁复饬左右兵役放枪轰击，兵弁受伤者亦复不少。尔时该统带之弟亦奉檄同往，因驰至省城将其兄被戕各情向将军哭诉，并欲督同所部前往复仇。当经将军喝阻，即时派人往邀俄弁来辕质讯，以备转咨核办。该俄弁立即驰马而来，见将军高坐堂皇，即有忿色。及将军诘其何故强占民地，又擅枪毙统兵大员，该俄弁命舌人略辩数语，竟挺身而起，麾使仆从舌人等趋出，欲回寓所。将军令人阻之不得。时该统带之弟愤懑已极，遽尔向前揪其右袂，一手出手枪击之，砰然一声，应枪而殒。将军见已成巨案，立将凶手拘住，飞咨吉林将军转咨奉天总督，不识将来如何办理也。

西人综论近事

日下北京之事更形危急，至津电线已断，电局亦不收报。天津电局闻亦被焚，报生亦多逃散。团匪之在京者势更猖獗，华廷颇有与各国开衅之意，是必有劲旅，可知欲平团匪之乱当亦非难。惟华人既有与西人开战之心，我西人极应早为设法，不准华人由上海装载军火前赴大沽，其驻沪各国领事更须禁止各该国人民，当此时事孔亟之秋，不得将军装擅自售与华人。近日因见各华报载有告白，有出售毛瑟枪及一切军械等语，此则不可不一为细查也。

顷闻我英国现已由香港调兵北上，不能早为布置，直待事急始行动作。此皆我英人大意之处，况兴山轮船所装兵士为数又不甚多，更可知我英人实无预备矣。香港兵数既少，自必向印度征调。然英廷向印度调兵及派将督带至华之信，则亦未尝有闻。幸俄人现已允与英人联合同在北京办事，日本亦调派大军前赴大沽以增日军兵力，并又调派大巡舰两艘、炮舰两艘，此外则又派有兵士一营即速起程北上。待此四舰行抵大沽后，日本计已有巡舰六艘、炮舰三艘、鱼雷船一艘矣。日本派此多船前去，本属意中之事，无足为奇，况近来日使馆书记生杉山久政又为华兵戕毙。想日本当不甘将就了事，必更另派大队陆军至华，是则与内廷实大有关碍矣。

至英水师提督西摩君督兵进京后，所有派往接济之粮车，以团匪均在杨村至廊坊中间一带聚集，难以前进，业已折回天津，则又不能不代为担忧。惟昨据此间华人接到消息，谓进京西兵业与华兵开战。此说如果确凿，则西兵想已行抵北京城外矣。又闻有俄兵七千人亦已进京保护西人，惟西人及各西兵在京目下实有一切不便之处。不独团匪与之为难，即华兵亦将与以兵戎相见。然此尚易于击退，不足为惧，所虑者乃艰于购买食物及食水等项耳。倘各西人所用仆人再或一经走散，则未免更觉不便矣。昨闻由伦敦来电，谓驻扎北京德国使臣被害，使馆亦已遭焚。此信谅非确实，至今本馆亦仍未接到实信，恐此种谣言即系本月十五号所登电报，遂致以讹传讹耳。况目下京电已断，即有新闻亦均由西伯利亚传来。惟昨日巴黎来电，亦并无甚紧要之事，所有者亦只沪上传往之事而已。

本报叠记，江都刘岘帅、鄂督张香帅现在竭力设法安静长江一路，不使稍有蠢动。而据本馆汉口访事人来信，则谓张香帅大为鄂抚于中丞牵制，因于中丞乃最为守旧者，故英国现已由吴淞派一黑米安尼炮艇前赴汉口，以助两制军之力。其英兵舰恩唐脱持本已奉命回国遄赴香港，近因见长江事势亦急，故已回转，大约当赴南京驻泊矣。

又宁波来信：谓该处华人因见北边乱事蜂起，目下亦甚震动，如其祸早息，则宁波尚不致亦有变更。设再迁延，所恐亦有难免。各种谣言亦不一而足，均谓此两月内洋人必有不堪设想之处。惟“洋鬼子”三字，宁波向无此称。兹则此三字，时有所闻。目下宁波虽无团匪踪迹，然私会亦不少，并闻华官现已广派兵士前赴镇海驻守，有不准西国兵舰阑入之说。

目下上海想不致亦有乱事，盖有保卫租界之责者业已未雨绸缪，早经设法筹备一切矣。本埠美商总会近日接到电音：谓驻京美使及美国水师提督已奉美廷之命，如遇事势紧急，准其便宜行事。昨日又闻招商局督办议欲将该局所有轮船悉归局外之国代为管理，以免不虞。

湖北：纪鄂督奏请剿匪事

武昌访事六月十六号发来专电云：鄂督张香帅因见政府中一味袒护拳匪，实属不成事体，深为忧闷，叠于五月三十一号、六月二号及三号剀切具奏内廷，备陈利害；同时又电致内廷顾问各大臣，谓义和拳实系乱匪，与长江一带匪徒尽系同党，并谆劝目下须得赶紧痛剿，万不可再为迁延观望等语。至本月六号又会同两江总督、直隶总督暨安徽、江西、山东三省巡抚联名奏请朝廷，谓如荣相所带之武卫军、庆王所带之神机营、端王所带之神虎营及各旗兵等不能将团匪剿办，请准各自督兵进京痛剿以靖地方云云。目下香帅恐鄂省亦有乱事，饬员严密巡查，极形忙碌，如闻地方上或有不靖消息，立即派员前往弹压。以上译《字林西报》。

五月廿四日(6月20日)

《新闻报》

论袁军无入京之事

义和团缘始于山东，传习于直隶。今直隶骚然，而山东之会匪未起事，袁慰帅之坐镇其间也。山东自李鉴帅、毓佐帅先后巡抚地方，会匪起灭无定。慰帅来东，威名卓然，而军纪森严，有谋有断。自奉旨饬令就各营仿照武卫各军营制，择要驻扎，加意操防，名为武卫右军先锋队。袁帅乃将登州府属东字中军登乐高嵩武等营抽调七营，济南、东昌、莱州各府属东字正军亲军济原副中佐字前锋等九营全行拨调，两共步队十六营，易其名曰武卫右军先中步队。又调河防济字精健两前营及另募炮队左右两营，共计四营，易其名曰武卫右军中路炮队。此武卫右军先锋队之二十营也。此外，尚有沿海防军五营左右、翼防军八营均为节制之师。东省之有袁帅，匪徒以韩范目之，故直隶骚然而山东之会匪未起事。乃昨日电闻，廷旨电调袁帅拨带二十营入都，不禁讶然失惊；继而又得电，以此举罢论，又不禁欣然而喜。夫今日者各省有各省之土匪，即各省当重各省之兵事。大乱之时最忌迁调纷纭，济人未及而已先自害。是故调山东二十营于直隶，不待袁营至京，恐山东之乱继其后，一不可调。直隶大乱使山东又一大乱，北方无完土，二不可调。尽京师之各军制乌合之团匪，绰绰乎其有余，三不必调。以剿匪兵权畀之各军，听其便宜行事，匪可剿一半散一半而大乱即平，四不必调。不以兵权畀将，虽袁帅兵众亦不敢擅夺，五调之亦无益。一面调军，一面仍主抚，袁军徒虚此一行，六调之亦无益。且征调袁军之意亦令人无从揣测也，将以剿灭团匪欤？则聂军已足制胜。既不许聂军剿匪，则调袁军将何用？未必调一。将以抵制西兵欤？恐二十营能胜团匪，尚不能胜西兵。敌一国之西兵或有胜负，敌各国之西兵无可胜之术矣，则调袁军将何用？未必调二。将以保卫京师欤？吾恐不剿而抚，团匪日胜一日，西兵日重一日，京都日危一日，则调袁军将何用？未必调三。总之，团匪之伎俩无他奇，不过以乌合之众胡乱焚烧而已。今虽猖獗日甚也，而其杀教士、害居民不过十之二三，其焚烧各处则十之七八。既不闻其与官兵接仗，又不闻其与西兵接仗。不过与官兵遇两不相持，小有杀伤，非战斗也。与西人遇徒逞小勇，虽有戕害，亦非战斗也。匪之势虽号称二十万，究其忽东忽西或聚或散，不过数十人一聚，数百人一聚，散漫各府县，本亦无甚节制。官兵果能认真剿杀，杀只及半而余匪已寒胆，本非不可收拾。乃朝廷长其妖焰，助其乱锋，嘉其名曰“保甲义和团练”，一再派重臣宣抚，亦若官兵万万不可剿灭团匪者，故聂军以剿匪而被斥，亦若西兵不可不防备者，故董军无礼而杀日员。既以抚团匪、防西兵为心，则袁军之奉调无怪始有此意而终罢论也。朝廷之意必曰：今日大患不在团匪而在西兵，然此意朝野上下人人相同也。顾今日之西兵入京正有无足怪者，彼之教堂被焚、教士被杀，安有不速往保护之理？既保护，安有不派兵之理？一国既派兵，各国安有不随同派兵之理？故今日西国之派兵，虽不能谓其不藉口，然尚名正而言顺也。彼既以保护而来，即当令其放心而去。我一日不剿团匪，彼一日不撤西兵。团匪愈多，人民之死亡可惨。西兵愈多，中国之毁坏更可悲。统筹北事，一言以蔽之曰：剿团匪而后可以止西兵，尽京师之各军足以为之，此据理而知袁军入京之无是事也。统筹南事，亦一言以蔽之曰：防土匪以绝其联络团匪，各省任各省之兵事不可轻动，此据势而知袁军入京无是事也。

津城未火以前情形述函

昨接津友十八日所发专函云：日来团匪游行城市，公然无忌。年均在三十以内，尤以十余龄之童子为多，往各鞋铺购买快靴绝不论价。间有装束独异，头戴红色、黄色斗篷者，想即所为师兄。又有女子红衣、红裳，手持红灯招摇过市。其设坛聚众之处，如小关、如陈家沟子、如西窑洼、如郭家阁、如南门外某处、如狮子林，各有头目。近日互相拜会，甚形忙碌。今午有匪百余名自窑洼而来，道经铁桥，有五十余名直奔城根而去，余五十名则伏地叩送，不解何意，或曰此即互相拜会。陈家沟子匪目亦于今日聚匪四百人，声言老龙头车站装运各国兵士,即当前往烧毁,然后乘势直扑法租界。嗣闻该处商人贿以巨金,遂作罢议。其在市游行,专一布散谣言。愚民信之,门插红旗、竿悬红灯、身藏红布者几于十之七八,以为可禁枪炮,可免焚烧。被惑者如此之多,深为可惧。且城内各教堂教士本为避祸起见,将教堂屋产交地方官标封收管,以免损失。乃匪徒所布谣言,则谓所封各教堂均由教士遍埋炸药,若不拆毁,邻右必遭殃及。此种无稽之言,缙绅大族中乃亦有深信不疑迭向官府饶舌者,殊可怪也。按津城教堂及民居于十九日被匪焚烧,本馆叠接警电登之二十、廿一日本报。此函虽系未烧以前情形,然观于缙绅士庶之轻信谣诼,宜其有十九日之祸矣。

《中外日报》

[论说] 论瓜分中国适成俄人一统之局

呜呼!俄之蓄谋吞并全球也,二百年于兹矣。自大彼得即世以来,后嗣奉其遗略,西攻土耳其,东营锡伯利,南取中亚细亚。惟中亚细亚最得手,辟地数千里,■阻于波斯、阿富汗,不得前。西凡三战土耳其,英、法阻之,不能出黑海一步。东则锡伯利,其地广漠,举境荒寒,南阻中国,终乏腴壤。举天下形格势禁,俄无如何,而固不料天长丧乱屡祸中国,使俄终得逞其志也。一千八百六十年中国有英、法之役,俄得吉林省边地,始有海参崴。一千八百九十四年中国有日本之役,俄得满洲筑路权,继又得旅顺口。往往中国多一次变故,则俄人增一次权力,盖俄与各国情形迥不相同。各国得地于中国不过增一外府利源,俄则非得中国不足以吞全亚,非得全亚不足以并全球也。今者中国不幸而又有匪乱起于京师,当事者处置不善,致令旬月之间酿大祸者以十数而不止。各国不得已为自卫之计,起问罪之师,方谋所以调停而扶助之,而俄固首先创议瓜分,便一已兼并之谋破各国保全之策,则其所处心积虑而情见乎词者,盖可知矣。各国而误信其言也,则无论中国地土之大、人民之众、种族之殊、性情之异、语言之隔、文字之阻,非数十百年不足以安。姑就近日所谓各国之势力范围言之,则俄所欲得者满、蒙、燕、晋、秦、陇也,英所欲得者长江一带暨浙江也,法所欲得者桂、粤、黔、滇也,德所欲得者山东全省也,日本所欲得者福建全省也。以地势论之,惟法国尚与属地相连,余皆孤悬。俄则处处与本境接壤,则形势便也。以民气论之,则湘淮剽疾,两粤强悍,北省除山东外皆愚骙易制,则服从易也。故中国而不瓜分,则各国共享利权于平日,而俄独向隅中国而瓜分,则俄将因利乘便,居高临下,以并全华。亚东既失而欧西随之,此则不堪设想者也。故各国于此而谋所以待中国者,须知中国皇帝自戊戌政变以后,久已不任事权。今日种种荒谬皆出于顽固政府之手,于皇帝无与,于通国无与。惟有扶皇帝率国民复新政、图自立,十年之后可致富强。即用中国以摈强俄,计无便于此者,二十周太平之局庶有望乎!

津报汇录

永清县被团匪所杀英教士二名,一为孙先生,一为孟先生,其教会名安立甘,乃京城宣武门绒线胡同总会所分设,其地离京一百五十里。当时闻教民遭劫者甚多,现在政府已派前顺天府尹、新任副都御史何润夫于十一日起程查办此案,或至天津、至保定,尚在未定。

永定门外马家堡迤西南八里许之东管村居民入教者居多。十二日辰团匪即率众烧村，戕杀教民老少男女数百名，闻火焰直至午后四点钟始息。

定兴十二日有教民与团匪开仗之说，计伤团匪百余人。

闻京城内日前常有团匪执械游行，刻已经匪首调至长辛店，不知将作何举动。

十五日有团匪百余名，额裹红布，腰系红带，背有钢刀，不知由何处来津，行经河东小关，约数百人。有妇女不及逃避，以为冲神，当用刀砍伤二人。传言此匪将赴杨村，旋由武卫军闻而尾追，后不知其究竟。

十六日得西友传说，通州所有各教堂已被团匪尽数烧毁，并毙教士十余名。

闻聂军门驻扎杨村，见各国兵整队过境，不愿待匪老师，自请回芦驻防。

荣中堂因团匪滋扰与粤督李傅相电商，傅相劝从速痛剿，顾全大局。

十六日早有团匪行至北仓之耗，号称数千，附近村民纷纷扰扰，不知所措。该管文武据情禀报，督帅立派差弁四名前往侦探。旋据回报，该团匪虽至此地，当不复直至天津，拟先赴文、霸两属进发云。

闻武清县属马家场、范庄、洪家坟、牛房、龙庄、韩村各处所有教堂、教民住家，均为团匪所毁。

闻杨柳青于前日又遭火劫，或云团匪所为，或云村民失慎。

十三日午后都中纷纷传说，右安门外玉泉营西管头村彰仪门外菜户营一带地方，团匪聚众放火烧屋，戕杀教民甚多，并将莲花池洋楼均行拆毁。次早探得莲花池洋楼实已被烧，并探悉玉泉营张姓、菜户营董姓俱是乡间富户，惟皆奉教，故团匪突有此举。是日右安门千总闻信，即将城门紧闭，至次早始启云。

又闻各国兵队行至廊坊，遇团匪迎头而至，当即开枪毙匪五十余人，并获伤匪数名、驴七八头。

闻十六日夜德界中有卖蒸食者，不知新定章程，在泥城门内无灯而行，一为兵枪毙，一则负伤未死。又闻先一日有一女人亦此夜行，为枪头戮死法界中。因是枪毙者，亦时有所闻。

此次怡和行景星轮船南下时不准搭客，有不知者不免往返徒劳。据云接到上海行中电报，是以格外小心耳。

津埠因谣言惶惑，有团匪将烧学堂之信，某学堂中学生竟有惧而请假者。堂长先尚不允，后不知何故猝然放假，学生咸为疑讶。

牛庄:严查团匪

牛庄访事来信云:此间现尚安静，民心亦颇镇定，并无乱机。惟设有事端亦甚可危，盖因保护者只有炮船一艘而已，且又泊于俄国租界，离此间河畔尚距三英里之地故也。并闻团匪之在此间操演拳棒者，近亦实繁有徒，惟其中均系小孩，且又并无军械，谅来尚可无虞。各国领事业将此事照会道台，请为查访。即经道台派令文武委员带领人役改装密查，如查有形迹可疑，即行拘拿。天庄台某豆粉厂昨忽大火，闻其火系偶然失慎所致。

五月廿五日(6月21日)

《中国旬报》第十四期

视听录:拳党始末记上

拳党肇祸已数月矣。五月中旬,易州属来水县界,忽有拳党多人煽惑乡民,与高楼村教堂为难。经堂中教士报明,来水县官协同汛弁驰往弹压。邑属各绅面禀县令,谓各教民如能立一凭据,此后不复入教,方能设法保护。县令略与诘辩,各绅以为有意袒教,忿语相侵,势甚汹汹。县令知不可理喻,率同营汛在彼处弹压。经四昼夜至第五日,以公事暂回城中。拳党忽乘间焚毁教堂,杀毙教民三十余名,其匿于堂中之男妇七十余名口皆被烧毙。附近定兴县某村教民闻难赴救,亦被格杀九人。提督梅东益奉旨驻扎冀州弹压义和拳党,比闻来水县境酿成巨祸,立札某统领督率练军四营驰往镇慑。既而总署王大臣将来水一案上达朝廷,即面谕步军统领崇受之,实力保护寓京各国官商以顾大局。京城东交民巷一带已添派左右翼兵士,分段驻扎,昼夜梭巡。由前门大街至永定门来往要冲,时有洋人车辙马迹,爰饬绿营武弁若干员,督率精壮兵丁昼宵巡逻,更在天桥左右高揭黄旗,大书"禁止拳会,捉拿党人"等字样。由永定门外至马家堡火车站,亦沿路添兵巡缉。二十二日钦命巡视五城察院齐赴宣武门外炸子桥松筠庵会议。随于二十六日出示晓谕严禁,而是时拳党蔓延乎盐山、南皮两县及交河县属泊头镇之间。各县令纷纷请兵。来水教民之入京避难者,男妇老幼相属于途,亦有由教士雇车送入西华门外西什库总教堂者,以致奸民谣诼繁兴,益复支离诡诞,人心浮动,益可危矣。四月二十九日,琉璃河铁路被毁,欲与法人为难。二十九日来往火车均中道折回,铁路局中西人士均已先后逃遁,六月初一日陆续回津。先是马队统带杨福同奉直督裕檄饬前往弹压,遇拳党于来水县境,时杨所带马队一哨有半,共计七十五名。初次接仗,毙党人七名。二次阵毙及俘获约又十数名,党人衔之刺骨。至第三次交锋,甫经觌面,党即逃奔。杨不知诱敌之计,率骑狂追,中途伏发。党人亦转身格斗,勇猛异常,杨遂遇害,差弁两员殉焉。所部马队七十名,生还者寥寥无几。直督裕闻报,于四月二十四五日迭派练军驰往剿抚,直(毅)隶提督聂士成亦派武军两营协同办理,然党焰则自此益炽矣。

初一八点钟天津得电,前夕忽有义和拳党在京津之间某村庄起事。是晚,该党大队将途中火车铁路毁损数处,以断天津追兵之路。各国兵舰均派水师登岸镇守。是日,芦沟桥至丰台一带得焚毁铁轨、洋房消息后,西人教士及站长等逃避一空,以致本地土人乘间而起,抢去什物,然后将洋房、卖票房、电机房一律焚毁。是日午前,天津车至丰台后,站长即返天津,所有丰台至马家堡客商无从抵京,惟时人心愈形惶惑。后经马家堡站长至丰台,始将火车开抵马家堡。法国驻津领事闻警,即日往谒直隶总督裕禄,称有法人若干名尚无下落,请饬查访。裕禄许之。初二日查明所失者,除法国人两名外,复有比国人一名。未几,三岔河口浮一西尸,未悉籍隶何国。先是初一日午后,丰台车站之火似系土民所纵,意图乘机行劫，与长辛店等处团会并非同党。缘是处车站上接京都、下通保定，货财山积，在站各人已先时逃避。若辈遂为此狡计，将站房、票房、货厂付之一炬，货财亦被劫一空。年前，西太后拟幸天津，局中人敬备花车，封存此站，至此亦化劫灰，约共值银二十万两以上。当团党鸱张豕突之时，有见者，谓其人均年约十六七龄，腰间各系红绳，手持木棍及锈坏之刀，与儿戏无异。乃所至之处，势如破竹，莫敢撄锋，殊可异也。

当初一日之夜，荣禄饬差飞骑出城，传檄南苑保令武卫中军全军马步二十营，立刻开赴京西，相机剿抚，许以便宜行事。荣禄虽未销假，仍于初二日清晨乘轿赴马家堡、丰台巡阅，午后始返。端邸亦传谕虎神营将校，督率兵丁分赴永定门内外，严加弹压。驻门内者，与武卫军马队并列道左；驻城外者，西至马家堡，与武卫中军队伍相间列营，联络一气。初二日晨，派来武卫军、神机营数队驻铁路旁。督办许景澄尚书亦坐兵车抵马家堡，带来站长数人，即谕令开车直抵天津。沿途蔡村、黄村等处，各驻兵一队，惟电汽车初一日始终未停。初二日晨开二次，忽有武卫军率领多人至卖票房、机器房滋扰，声言擒捉洋人，于是电汽车立即停开。旋经营官知悉，即捉一兵插耳箭示儆。后颇安静，惟电车依然未开。此次丰台票房、洋房毁坏，咎在站长先逃。马家堡站长未逃，故卖票房亦均无恙。现经督办将站长发天津县严办。是时津京铁路已坏，不能行驶。比国公使随带护兵百名入觐，驻京各国公使亦定调兵入京护卫使馆。已调者为英、美、法、日、德、俄、义七国，俄人更在旅顺秣马厉兵以备。初三日各国兵船陆续抵大沽，计美国一艘、意国一艘、日本一艘、英国二艘、法国二艘，俄国独多至五艘。盖是日大沽口外已有兵船十二艘矣，继而俄兵二千人由旅顺口调入京城。俄国公使告总署曰：义和拳党猖獗太甚，恐贵国权力不能压制，故不得不出为帮助。威海卫派来英兵舰四号、陆兵千人，亦于初三日午前由火车抵京。初八日，拳党乱势更甚，黄村之铁路车站已被纵火焚烧，津京铁路复多拆毁。相距天津八英里之某村，竟被抢劫一空，该村房屋亦均遭纵火焚毁，并扬言已定是晚侵犯天津。离京十余里之铁路旁所扎华兵，与团党于初八日午刻见仗，官兵二百人大半望风先逃。初九日，各国使臣以火车不可暂停，特派洋兵保护铁路。无如车上中西人役尽已辞差，故京、津、保三处人心又复浮动。市廛中均发电至各处，停止运货到北。是日，驻京俄使派有可萨克兵士往寻芦汉铁路上之工程师及各办事西人，寻获后即行护送进京。不料，途遇拳党为数甚众，尽力上前围攻。俄兵开炮还击，毙其十五名，始行退去，俄兵受伤者四人。时天津团练、西人亦部署一切，所有在津之西国男子均随时携带军械以备抵御，谣言更不一而足。芦汉铁路上办事各华人已纷纷请假，挟眷避难，法租界亦彻夜巡警。是时，大沽口已有各国兵舰二十四艘：内俄国九艘、英国三艘、法国二艘、德国三艘、日本三艘、美国二艘、意国二艘。而俄舰九艘由旅顺载俄兵一万，驶往大沽停泊，以观动静矣。

初有高楼村者，在直隶易州来水县之南，与保定府定兴县毗连。村民奉教者众，某武举嫉之久已，积愤成仇。近与某教民讼于官不得直，罚出钱四百千文，酒肴二十席。武举引以为耻，欲报复之而苦无良策。适山东义和拳党起事，闻有异术，于是倾其家产聘数拳师至村教练。平日之附己者俨然呼为大教师、二教师、三教师，诵咒焚香，几无虚日。教民知祸将及己，报诸县署。县主祝令据实申详上台。上台笑谓：若辈徒自扰耳，何足患哉？既而各教士坚恳派兵保护，上台乃令马队营分统杨福同副将，率其部曲七十余人前往。是时，由保定所调之王统领部下马队尚未至来，拳党语人曰：本期术成而后发，今事急矣，且一试之。爰号召其党杀教士,焚教堂。巨祸已成,警报叠至。当道方悔初时之失算,然若辈犹未称戈拒官也。无何副将督率所部,至四月十九日与拳党战不胜,下令速退。拳党袭其后。未数武,转身发枪,拳党皆应声而倒,杀伤甚多,二教师亦歼焉。二十日,杨复挥兵出杀,毙党人十数人。二十三日,党众大举,杨跃马直前,党众忽却退,盖诱兵计也。杨不悟,追过村落,伏马惊窜。杨被枪伤胸部,急格以刀,而第二枪又至,中其喉,不可救矣。次日直督裕禄闻报,急拨马队一营往剿,旋复拨耿凤鸣所带之练军二营继之。二十七日,更添调向驻保定之马队二营、步队一营,统以张西园、王占魁。先是团党在来水村将杨诱入埋伏致毙,并将其尸支解,此一说也。又闻杨系保定府大吏派令查办高立教案而往者,前至磁州与州官酌议带兵七十余人,前往来水义和团所扎营寨之内。至时,团党等相请入营,各兵颇怀疑虑,相劝弗往。杨以团党决不敢将其如何,执不听,毅然驰马而入。团党即将杨诱至山顶以枪刺毙。至外人谣传杨为团党剁成七十二块一说,不知是否。杨忠勇廉洁,向为上游器重,此次竟遭团党戕害,闻者惜之。

谨按:拳事以来,车电梗塞,谣言益甚,人心浮动,谬论益多,加以拉杂陵乱,复杳舛讹,令阅者如黑夜游行乎大泽之间,暗中摸索,苦矣。用特刊落荒谬,芟薙蕃芜,编集排比,以成斯记。阅者并将后开每日电报参观而互考之,斯得之矣。记中首来水县事,断限也;次扰乱景象,次华官情形,记实也;次各国筹防兵舰纪数,寄隐忧也。以肇祸缘起终焉。盖将推究乎首事之所由。然而,在事诸人不得辞其咎也。编中讹漏,当所不免,而联属去留之间,颇自矜慎,阅者谅焉。编者附志。

五月廿六日(6 月 22 日)

《新闻报》

预筹篇

自大沽炮台被各国公占,于是北方锁钥全入他人之手。各国兵舰横梗沽口四十艘左右,雄师迸至,气吞北海,张其爪牙,卷北方而一空,已成之局也。中国兵舰自南而北者,各国大言以阻之曰:"毋许入。"不听则从公占之炮台发炮攻击。军火枪炮装运至津者,搜查不遗余力,尽供其公占炮台之用。有南方救援之兵征调而来者,枪炮并施,不令越公占炮台一步。据此以观,北方之门户为外人把持,则登堂入室只好任其所为,虽哀求而不可免也。于是自南而北者不能出公占炮台之范围,自北而来者亦不能出公占炮台之范围。南北不通,大好江山已成两橛。北方一政府,南方亦一政府也。揣各国公占炮台之手段,已伏公共中国之险心,其要挟之诡计,诚有不可思议而实在人人意中者。难保各国大兵齐到不围住都门,令困陷其中以为囚禁之所也。当斯时也,不议迁都,则坐以待亡,而荆棘在前,豺狼当道,又苦无安乐土之可迁。且拱手让人,而另谋迁徙,颠沛流离,安有宁靖之日耶?"亡国"二字谁敢明言,亦谁敢忍言?顾今日时局可危已如此,即目前团匪可平,已不知有何妙术抵挡外人,况任纵团匪日炽一日,动怒外人日甚一日。推其究竟,一在各国以都城为公共战场，一在各国以都城为公共总会。然明眼人以为既曰公共，则不至为战场，或者谓之总会，则中国结局最善者也。夫俄图东三省，英图长江，法图滇粤，德图山东，日图闽浙，闻此言已数年。人皆谓之瓜分，各国亦皆认为瓜分。然瓜分一意，公共亦一意，皆今日已成之时局，任中国自决而自取之。假使中国厚一国以薄各国，则瓜分矣；假使中国待各国一体，则公共矣。亲俄则各国起而图其南，亲各国则俄起而图其北。惟能去其偏信之心，成其牵制之局，接待各国厚薄无分，虽已成公共之时局，尚可有数分之自主。苟其翻然自新，未必长此束缚，否则一有偏厚而瓜分之局即起，一分之后复合为难。是故为中国计，当此时局，与其任瓜分，不如任公共也。然为各国计之，亦以公共之时局为上策。向使当此之时，不专注其兵力于团匪，而有觊觎土地之心，各择利便之处以成瓜分之局。窃恐俄图东三省、英图长江、法图滇粤、德图山东、日图闽浙之说，未必按图分占而各无异言，是公共之局万一不成，则五大洲之战争即从此起点。逐鹿中原，死于何手，当亦各国所急宜自省者也。如今日报载大沽军队领袖提督宣示之言，或者竟成公共之局，不致起瓜分之祸乎？然而一念乎中国之自为计，未免为中国悲也。

《中外日报》

［论说］ 刍议一

团匪之乱一发而不可复遏，其故有三：一因政府信为义民，不速加剿除。二因疆吏及地方官听其滋蔓，养成羽翼。三因播散谣言，上自士大夫下至乡民率为所簧鼓，群相附和。君子观于北方之所以乱，即可知南方之所以保，抑且北方之覆辙，即是南方之殷鉴，盖不可以不察也。夫中国地大物博，号称十八行省，其实财富之区率在黄河以南，而不在黄河以北。故北方诸省，其公中之廪给、民间之衣食，率皆仰给南方。而大江南北诸都会，尤为人材所聚、物产所荟萃之地，尤为立国者所必争。是故居今日而急急言剿匪，急急言宜速平北方之匪乱，是焦头烂额之说也。急急言防匪，急急言防南方之匪，以保邦于未乱，弭患于无形，则曲突徙薪之说也。今武昌有张制军，南京有刘制军，皆素著威望，官民所信服。而江南提督李军门，长江提督黄军门，皆因武功起家，夙娴韬略。皖抚王中丞亦素以知兵名，莅任以后即日以选将练兵为事，用意所在较然可知。故窃谓长江上下游有此诸巨公分镇其间，当足以遏乱萌，净匪焰，为无形之保障，奠斯民于衽席。惟长江一带素为哥老会之巢穴，其他若枭匪、若安庆道友、若散勇、若土匪，星罗棋布，不可枚举，皆有幸灾乐祸之思、观衅而动之意。近者安庆、芜湖一带既屡有张贴匿名揭帖声言闹教之事，汉口一处又有拐匪横行、奸民造谣惑众之事。而今日友人自南京来，亦言彼处颇有谣言繁兴、自相惊扰之象，诚恐北方乱信传至南方，若辈蠢蠢思动、乘机而起，大局之糜烂既属可虞，多方之牵制尤为可惧。故窃谓诸省督抚必宜齐心并力，专以靖内为务，布置兵备以防其变，严缉匪类以杜其源，示禁谣言以杀其焰。庶变则无内顾之忧，可以投袂而起率兵勤王；常则境内肃然，民不知有兵戈之惨、涂炭之苦，乃可以保境息兵，徐图善后之策。而决不宜听其自然、坐观时变，以致措手不及，蹈北方之覆辙，此则草莽下士所仰天叩祝者矣。

《申报》

阅本报所纪炮台被占事感而书此

危乎哉,中国也!夫天下大患,曰内乱,曰外侮。纪纲废弛,奸民蜂起,为内乱;强敌在境,乘间要胁,为外侮。有一于此,即足溃败决裂而不可收拾。若二者交迫,则大局阽危而其祸更可翘足以待。中国自粤匪倡乱,捻逆、回逆继之,骚扰十余行省,当是时内乱极矣。幸曾、左诸公崛起衡湘,号召俊杰,以次削平大难,重庆中兴,天下骎骎乎有承平之望。而东西洋诸国又挟其船坚炮利,占我要隘,迫令辟埠通商。识微之士,咸以他族实逼处此,为中国危虑。幸数十年来耦居无猜,其间虽英、法两国因琐事起衅,而彼此皆以交谊为重,旋以玉帛易干戈,于是中朝大官以为我之兵力尚足自守,益不复锐意振兴。迨甲午一役败于日本,失地丧师,一蹶不可复振。各国知中国无望自强,于是各肆狡谋,藉图蚕食。呜呼!国弱矣,民穷矣。然及是时而扫除积弊,改弦更张,或犹可补救于万一。乃执政之昏庸如故,有司之疲懦如故,欲图新而格致制造之术并未专力讲求,欲守旧而典章文物之端亦未专心研究,疲玩因循,不复自省,迄于今日遂酿成义和拳匪之变。拳匪者,乱民也。窥民教不和之隐,纠集凶党,声称与洋人为难,愚民惑之,一倡百和,到处戕教士,毁教堂,群称之曰"扶清灭洋"。呜呼!何其妄哉?夫传教之说载于约章,朝廷既已准行,草野何能相抗?则不可灭西国,武备雄厚,尽人皆知。一国且难抗衡,众怒何可轻犯?则不能灭流传谬说,小民不度情势,偶为其愚,犹可言也。乃内而政府,外而疆帅,亦或如醉如梦,以为此系良民,任其四出蔓延,不知剿灭。西人既受其创,不得不自筹保护;欲筹保护,不得不调重兵。中国既不能使乱民之不扰,又何能使西兵之不来?盱衡时局者,早知拳匪日炽一日,外交必日难一日。今也,各国兵舰果已云集响应矣,大沽炮台亦已树帜据守矣。警信传来,大局震动。内乱未弭,外患又来。向尝论及此事,西人不俟政府之允许,各驾兵船,扬帆径进,未免与公法有违。惟拳匪揭竿起事已逾两旬,教士之被戕,教堂之被毁,西人资财性命已将化为劫灰。中国既未能力遏乱萌,西人岂能坐视本国人民之危亡而不之救护?此中曲折谅亦易明,所异者罗镇戎既有镇守炮台之责,则当各国指名要索,亟宜坚持公法与之相争。能阻其进固为上策,否则相机应变,或缓之以时日,或限之以舰数,总宜委曲商酌,断不可卤莽从事,以致发难收。盖来者而系一国,或犹可以力拒。今既势成连鸡,虽至强极盛之国,尚不敢轻于发难,况颓然不振如中国者乎?故镇戎此次之毅然奋击,不可不谓之忠勇,而卤莽之咎,实已百喙难辞。嗟乎!拳匪起事,至今已及一载。当事者苟稍明时势,当时即行剿洗,何至养痈贻患,竟尔扰及畿疆?迨乎聚众抗官,叛迹昭著,犹不肯大加挞伐立遏乱源,是拳匪之日张,政府酿成之也。西人之寓居中国者,若是其众,随地保护之条款既已载在约章,乃故纵乱民,任其焚掠,致各国群怀公忿,起而环攻,是外侮之来,尤政府逼成之也。一误再误,悔何可追?非常之变,将在眉睫。天乎!人乎!吾不解彼苍何以尽生此昏庸谬戾之人,而使之危我邦家,害我黎庶也。北望燕云,不禁为之掷笔三叹!

五月廿七日(6月23日)

《新闻报》

袒护团匪述闻

有津友来述,此次肇祸之义和团匪多系河间府人,而宫中太监亦全是河间人,故日在太后前陈说义和团之忠义可以抵制外人,太后信之。军机中除荣中堂外,亦皆信之。故各省督抚纷纷请剿,词语危悚。裕制军亦痛陈利害,三次奏请剿匪,均未得旨允准。至袒护团匪最为竭力者,群指为董军门。董兵击毙日员后,裕制军曾劝以约束兵丁,毋滋事端。董答称:“日员即为我所杀,如欲抵命,我亦不惧。”盖其不受节制,虽荣中堂无如之何也。至天津道黄花农观察处,友人曾于二十日前往禀辞,可见风传避地之说全系伪造也。

《中外日报》

[论说] 刍议二

天祸中国,既生执政诸公,又生团匪,于是方以类聚,物以群分,倏忽之间,遽构奇祸,崇朝之内,坐兆大衅。呜呼痛哉!当同治初年,我皇太后垂帘听政,内任亲贤,外倚湘乡,相国总军务,剿发匪,一时群材汇进,言听计从。虽所用者未必皆君子,而当创巨痛深之后,任事诸臣皆明于家国之大势。故发一谋、陈一策,皆洞中机宜、瞻言百里,遂以收削平之效,建中兴之绩,则用当其人之明效也。自前年以后,当轴诸公务以力反新政为事,于是必不可用之人,必毅然用之;必不可为之事,亦毅然为之。乃至万不可轻信之妄人、万不可深恃之谬说、万不可希冀之功效,亦复轻信之、深恃之、希冀之,今则已矣。教堂焚矣,教士杀矣,铁路毁矣,电线断矣。以此内乱,遂召外侮,六七国之雄兵麇集于都下,大沽口之炮台拱手而让诸人,彼执政者之罪可胜言哉,可胜言哉?

事势至此,而欲求挽回之法、补救之方,盖亦难言之矣。略陈其策:窃谓当立下哀痛之诏,明斥误国之臣以谢天下。次当立召重臣入京,商议善后事宜。三当禁约统兵诸臣,不得妄与西兵启衅。四当与各国使臣商议和平办法。五当立派大兵,严剿团匪。六当力戒言者,不得妄称团匪为义民,并晓谕民间不得妄相夸议,随声附和。此固救急之下策,无聊之极思,而舍此要亦无他法矣。

终而言之,今日之事势,实较咸丰季年为倍难,盖彼时南有发匪,北有西兵,然发匪自发匪,西兵自西兵,不相牵涉也。南有诸将帅以剿匪为己任,北有诸亲贤支援危局,与诸国重敦睦谊,订立和约,遂得旋乾转坤,拨乱反正。今则团匪方以杀教士、杀西人相号召,西人以保护身命之故不得不调兵以自卫,而当局诸公尚以团匪为忠义之士,统兵诸将又逞一时之血气专与西人为难,隐为团匪增羽翼。由是官兵与团匪几于并为一谈,牢不可破,虽有智者,无以善其后,自非去其祸本,殆未易言办法也。

津函照录

昨得天津友人十八日来函，兹特照录如下。函云：

十三日京中各国公使发警电至津，语气极紧。而西摩尔所带之兵于十四日九点钟发轫，闻十八日尚未达京，一路护卫工人勘修铁轨，行程甚觉濡迟。后知十四日公使复有电音，(属)[嘱]其从缓前进，盖因都下见兵共有六万余人。恐此千余英兵不足济事，反启衅端，故不如赶修铁道以为后来继进根本。日本使馆参赞某君因出永定门接兵，途遇董军军人，被其寸磔而死。日使当即照会译署，(属)[嘱]政府自行裁夺，并无要挟之语。现译署纷纷易人，各国使臣日来尚无愤争之事，京中士夫咸谓各国有畏惧之意。

各国日内以调集兵力为第一义，通治道途次之。俄国闻欲调二万人，日本闻欲调二万五千人，英、德诸国未闻其数。

铁道自廊坊至马家铺闻已被毁不堪，修治尚需时日。

西兵曾与团民在廊坊接仗，死者仅六十余人，而一师父与焉。其兵官名庄士顿者，归后顿足曰："此非打仗，直草菅生命、浪杀愚幼而已，吾甚不愿再逢此役。"盖团民多十数岁儿童，手持刀枪，遇敌作法，贸然向前，弹发立死，故西兵甚为悯叹如此。

荣中堂闻已(风)[疯]狂，一日见客，茶半忽高唱二簧。董军门福祥有劝太后尽杀西人，以其军西迁陕西之事。刻董军游行都市中，偶逢西人，即不杀害亦必慢骂，气焰甚张。

十八日，有廷旨寄北洋大臣，禁阻西兵再入京城，有再入者即惟直督是问。裕帅焦灼至极，召集司道会议，拟上折请勿轻开兵衅。

日内颇闻西人有逼令中朝归政今上之意。

聂功亭军门杀毙团民二千余人，被屠者数村。京津人士大哗，指为浪杀义民。避炮一事风影全无，而官场犹津津道之。有某员当禀见直督时，竟于广坐中极陈团民神通，裕制军亦弗之斥也。

义和团大为人心所归向，京中士夫每百人中殆有七八十人极口称许。涿州为匪所婴守，某侍御尚奏言城中道不拾遗，有古烈士之风。

湖北：鄂省教案

汉口访事六月十八号来信云：鄂属曹市地方本月十四号忽有匪徒作乱，将该处伦敦会教堂抢劫一空，房屋亦被拆毁。该处民情向日本非良善，于教士尤为仇恨，凡有西人经过街道，必有愚民随后抛掷砖石，破口詈骂。迩来风气稍开，俗尚亦已大变。前者所有匪徒，悉已匿迹销声。去年由伦敦会在该处建一洋房并购买民房，暂作医院暨学堂及讲经堂之用，并有西教士两人住居该处，人民等亦颇与浃洽，故一向相安无异，医院及学堂亦甚兴旺。直至本月十四号之晨尚无见有乱机，故突然有此乱事，断非意料所及也。是日为叶师诞辰，乱民等预先声言教堂中燃放外国烟火，由是届期来观者众，均拥挤于教堂门外，定欲入内观看。教士告以并无烟火，不准入内。众人遂以砖石接连向内抛掷，人数亦愈聚愈众。至下午一点钟左右，花园门已被击开，即行一拥而入。其时一教士适因有事他出，并不在内，其一教士见势不佳，即行遁至邻屋暂避。各乱民遂赴各处寻找，嗣因恐被寻获，只得躲入藤篓以避其锋。约有两时许，乱民等已周围寻遍，将至所匿之处，幸时已昏暮，始得未被寻见。候至黑夜潜自遁至河边，急即雇乘船只，于十七号安抵汉口，所幸尚未受伤。至此事究竟因何起见，则又无人知悉。制台闻信之下，业已认真严究并力筹保卫地方善策，务使太平无事云。

五月廿八日(6 月 24 日)

《新闻报》

论北方外衅

古之人曰："凡事有三分把握便可去做，有一分把握便不可去做。"独至今日中国，一着错满盘输，存亡只在呼吸。虽以三分把握之华民敌七分把握之西兵，已不能胜；若以一分把握之华兵敌九分把握之西兵，终无胜理矣。胜负本兵家之常，独此番中外兵衅，中国之存亡关系其间，岂可以一分把握冒为尝试乎？吾请言中国兵事把握远不如西国之处：中东役后，各国战舰分数表日进日加，中国则无分数之可纪。各国练兵筹款裕如，中国则搜括殆尽，终形拮据，不及其把握一。各国民团、商团足助兵力之不及，中国则团练虚名，地方且难保护。各国兵勇皆久经训练，中国则招散无常，不知战法，不及其把握二。各国器械求精，中国则精少朽多，临敌每误大事。各国将能用命，中国则临敌辄逃，军械反供敌人用之，不及其把握三。各国将帅有便宜之权，中国则层层节制，不能相机行事。各国用兵专讲后劲救援，中国则一蹶不振，随后接应甚难，不及其把握四。各国早备战事，中国则临渴掘井，军械杂凑，士卒乌合。各国居安思危，中国则文恬武嬉，通同敷衍，上下鬼混，不及其把握五。凡此皆不及其把握之处也。夫各国兵舰未到大沽之先，中国何以不多调兵舰拦阻？兵舰不多，平时何以不预备？集西舰三十余艘，岂炮火所能全轰？轰之全尽，彼岂不能调全国之师拼死前来？然则何可鲁莽开炮？大沽炮台已为占去，天津、京城存亡在其掌握。彼欲开炮轰我，极便之事，我何以反先挑衅、轰焚租界以犯众怒，岂不虑彼之雄师报复置我死地？古人曰："知己知彼，百战百胜。"今已明明弱不可敌强，寡不可敌众，何以冒险轰炮，岂不虑彼来报复南洋？若南北洋俱失要隘，国何以存？以天津、京城俱困重围之中，危亡只在旦夕，为此不度德不量力之举，逼其群起而攻，将二百余年之大好江山作此孤注一掷，至于作成瓜分之局而后止，是诚不解其何心也。揣大沽炮台及天津租界开炮轰击之意，必以为我不击彼，彼必击我，同一死亡，先下手为快，激成此举有之。又以为我不开炮而让台，朝廷以我为卫汝贵，杀我于菜市口，死谓之奸。我但开炮轰，夺台与否姑不问，死谓之忠。又以为水路炮台已为彼占住，军士不能救援，军火不能接济，横直一死，不如冒险在租界轰击，成则开出一条生路，不成亦可泄发怨恨。又以为大沽炮台虽为占去，而租界之西兵无多，轰击之尚有余，趁此一击或可渐入佳境。又以为团匪究是家人，西兵究是外人，不打外人而打家人谓之无耻，兼用家人并打外人谓之有勇。又以为岂真华兵不能开仗,甘心束手将国家送人,请开炮以看手段,凡此皆开炮轰击应有之义也。论无数军火、无数兵勇、无数饷项备之于常日,及临大敌并不能一战,军火可惜,兵勇可惜,饷项更可惜。今有此开炮轰击之一举,原属差强人意,华兵而敢开炮亦属难得,且亦两国启衅时分内应为之事,且亦兵困不得已时急而无法之事。然而,瓜分亡国即在此儿戏之为,吾为决胜负之术,定存亡之局。一言以蔽之曰:“小胜必大败,大败必全亡;挑衅则对战,对战则全亡。”请西兵以剿团匪,谓之主宾结局,或成为中外公共之国,中国不致全亡;若合兵匪而攻西兵,谓之仇敌结局,必至各国瓜分中国。有谓一弱国能抵御数强国者,我亦壮其志。有谓以北方有限之兵能抵御随后群雄全国之师者,我更请其谋。有谓轰击津界之后,各国均可无异言者,我益五首投地服其人之神勇矣。有种种必不能胜之理,而作此种种儿戏之为,真不知所结局也。吾揭其底蕴曰:此番中外战事,中国之存亡关系其间。又核实理论曰:一分把握不能敌九分把握。更为之昌言无忌曰:一着错满盘输,存亡只在呼吸。知我罪我,所不计焉。

《中外日报》

[论说] 刍议三

天下无事势危迫之秋用妄人行邪术而能(徼)[侥]幸万一者。稽诸古史,推秦末陈胜、吴广,初起时托为狐言“大楚兴陈胜王”;汉末黄巾贼作乱时扬言“苍天已死,黄天当立,岁在甲子,天下大吉”。然此皆草窃之所为,徒足扰愚民之观听。若堂堂公卿大臣,则固不为所惑,以致误国家大事也。惟北宋季年有信用妄人郭京一事,则殊与近日国事颇有相似之处。今仅据《御批通鉴辑览》缀录于后,殆亦所谓古今人何遽不相及者耶?噫!

靖康元年十一月,以郭京为成忠郎,选六甲以御金。是时尚书右丞孙传于龙卫中访得郭京,好事者言京能施六甲法,可以生擒金二将而扫荡无余,其法用七千七百七十七人。朝廷深信不疑,命以官,赐金帛数万,使自募兵,无问技艺,但择年命合六甲者。所得皆市井游惰,旬日而足,时敌攻益急,京谈笑自如,云:“择日出兵三百可致太平,直袭击至阴山乃止。”又有刘孝竭等募众,或称六丁力士,或称北斗神兵,或称天阙大将。大率效京所为,识者危之。

闰月,郭京出御金军,败走,京城破。金人攻通津宣化门益急。开封府尹何㮚数趣郭京出师,京徙期再三。至是,京尽令守御人下城,无得窃窥,因大启宣化门,出攻金师。京与张叔夜坐城楼上。金兵分四翼,噪而前。京所遣兵败走,堕死于护龙河,填尸皆满,城门急闭。京白叔夜曰:“须自下作法。”因下城引余众南遁,金兵遂登城。

记者曰:郭京等之六甲六丁,即今日义和团匪招徒党练神拳之先声也。孙传等信之,以宗社之重败坏于匪人之手,与今日当局诸公又何以异?宋钦宗不之察,遽授以官,给金帛使自募兵,其昏庸之情态,盖以旷古所无,宜其及祸。然当时金兵围城急,宋君臣无所为计,乃迫而出此,愚者笑之,智者哀之矣。若夫以堂堂之中国,忽倾信妄人之邪说,遂至激强邻之怒,动天下之兵,毋亦较之有宋君臣抑又甚者欤?噫嘻!

五月廿九日(6 月 25 日)

《新闻报》

息争篇

言世界之竞争者,莫不曰智力相角。窃谓开辟之初,但知用力而不知用智,故力强者为酋长,力弱者为服属。及其渐进文明,则智力兼用。人君以智役其民,使与他国之民以力相角。自是以后,文明之至理愈显,则残忍之力争愈少。十九周世纪之终,其必为以智相争之世,而无文明之国与文明之国力争之事矣。不幸而因此团匪发祸于中国,于是全球之人无不动瓜分之脑筋。然以各国政府之智,当不致遽启全球竞争之祸也。世人所称划分中国之方罫,无不曰俄则黄河以北,英则长江一带,法则滇粤,德则山东,日则闽浙。然俄人之雄图实有囊括全亚之意,岂愿以黄河为天生之界?揣其意实欲兼印度、日本而有之,则其不容他人之涉足于中国,情之必然者也。英、俄皆崛然大国,然英之所以制俄者,在使俄人无不冻之海口。苟划黄河以北归之于俄,不啻纵巨鱼于大壑。一旦连樯而下,既不能得其未得之长江,尤难保其已有之印度,而滇接缅甸、粤联香港,亦英人所必争,断不肯揖让而归之于法人者也。法之图云贵,其志在四川;图两广,其志在两湖。德之图山东,其志在江南。江南、两湖、四川,英人皆视为长江权力之所及。是法、德二国必与英人争长江片席之地,其不能尽长江而归于英,必然之势也。而况法人觊觎福建之心,观于树其根蒂于船厂固已自认,然则其不容日人之于闽浙必也。日本以同种之谊,其志愿必欲为亚洲之领袖,深不愿黄种之人分隶于他种,以自失其奥援。而况黄河以北既归于虎狼之俄,不特朝鲜小国非复日人之外府,即其岛屿根本之地,恐亦成三面受敌之势,此其必不愿博欢于俄人者也。日、英虽曰同盟,然日谋闽浙之议论则曰:“吾以台湾为基础,以厦门为发轫,横断闽浙,插入江西。”夫曰“插入江西”,是亦分长江片席之地,此其不能永好于英人者也。而况之数国者,固按方罫而争为割据,美人未必坐视。美人之言曰:“我国滨临太平洋,则太平洋之商务为吾人所必争;中国滨临太平洋之里数与吾相等,气候之和平与吾相等,中国瓜分,乃美国之大不利。”故美国外部创洞辟重门之约者,为中国计亦自为计也。由是言之,当兹时局,苟有一国存觊觎土地之心,则全球为竞争之场,非徒中国之人消灭于炮火之间也。窃谓以各国政府之智,未必出于此也。语曰:“两虎相斗,必有一伤。”使聚众虎而争此困虎,固谁生谁死乎?且此困虎犹有一息之尚存,则难保众虎之中无脱此困虎于他虎之口中,以与他虎斗者也。中国今日虽为困虎,然政府既与各国失和,而南方之官之民不肯揣摩政府之意旨,忍耻蒙羞,与各国官商周旋于樽俎之间,较之平时尤为亲睦,知中国之未尝无人,知中国之一息尚存也。故全球竞争之时,难保无困虎犹斗之事。窃以各国政府之智,未必竟出于角力也。以力相角,乃纪元以前之世界。十九世纪末尾之百年,必无文明之国与文明之国而从事于力争也欤。

《中外日报》

[论说] 论南方宜预弭衅端

北方团匪事起,国家失于制驭,数月以来遂致猖獗,甚至国家特派之将帅反助匪徒启衅外人,致使外人视中国为无政府之国。祸变之来,未有终极。所幸各国顾全大局,深虑乱源大启,黩武穷兵将无已时。故现在进兵大沽,但为助国家剿匪,并不与我国失和。各埠商务及各口船只进出一皆如故,所愿我东南各省督抚速乘此时内弭变乱,外固邦交。南方得以无事,斯北省易就肃清。内匪既不能作,斯外人无从启口。兹特就管见所及言之:

一曰宜谨筹各要隘防务,以备内匪窃发也。义和团虽在北省,然南方各省土匪借端寻衅,此亦意计所及之事。惟有责成所在文武员弁严密防守,预为布置,不矜张,不懈怠,一遇匪乱即为扑灭,则匪类(目)[自]无从蔓延矣。

一曰宜严查保甲,使匪踪无从潜藏也。查各省匪徒虽与义和团不相干涉,然彼此互相勾结,希冀乘机抢掠,在所难免。惟有责成保甲局严密梭巡,遇有异言异服之人,即行驱逐。租界则责成巡捕,庶乱萌易遏矣。

一曰宜禁遏谣言,使不得煽动人心也。近日各处谣言蜂起,希图煽惑。须知义和团只在山东、河南、直隶等省,断不得远至江南。南方虽有私设党会,而人少势散,必不能举事。乃近日时有义和团已至南京之谣言,时有欲抢银行之谣。明系捏造,希图煽惑,宜令探捕遇有此等谣言,必须根究来历,或竟行查拿,庶人心不致浮动矣。

一曰宜令兵船营垒慎重举动,以免人心惊疑也。近闻租界各国领事向中国泊在下海浦各兵船,商酌移泊口外,以免西人惊疑。此自为安靖人心起见,然于足使华人惊疑者,亦不可不格外慎重。大约西人举动果止于保护租界,华人自无可置辩,倘一过此界限,即难免惊扰之虞。所望中西各官,凡遇有足使华人惊扰者格外慎重,庶中西得相安辑矣。

一曰宜由中西各官向教士商酌,暂将各善举分别停办,免滋猜疑也。查此次团匪之起,大半由于民教不和,然则现在教士举动自宜谨之又谨。向来民间于教堂善举最多谣言,如收养婴孩谓为折割,妇女出入疑其奸淫。近宜将此等事暂仍旧贯,勿急扩充,以免生谣。

凡此五者,果能实力奉行,庶不致受外人保护之名。而南方之权犹在我国掌握之中,二三魁硕犹可同心筹措,以定大难。则各省幸甚!宗社幸甚!

宁函照录

昨得南方友人来函云:近日城厢内外忽(偏)[遍]贴匿名揭帖,摇惑人心,居民见之,无不惊惶异常。兹将匪人揭帖抄录,以供众览:

“本帅所统神兵,不日由京到宁,先将教堂烧去,次将电杆毁尽,邮政、报房、学堂,自当一律扫净。兵到南京之后,平民不要虚惊,神兵逐尽洋人,从此天下安宁。兵丁一切食用,买卖亦须公平。衙署洋关不毁,依然缴税征金。平民不遵约束,立时明正典刑。”

又云:江都刘宫保闻有拳匪溷迹省会煽惑愚民,因特出示诰诫。兹将告示录下:

“北地拳匪,妖术惑人,一经枪炮,立殒其身。此等邪说,断不可听,安分守己,乃吾良民。造谣闹教,即作匪论,严行查拿,立正典刑。”

又云：住居南京之各国教士，自闻拳匪倡乱京津，专与西人为难，即相率谒见江督，恳请保护。刘宫保准请，昨已派兵分驻各教堂及英领事公馆暨金陵邮政局等处，以免意外之虞。

又云：迩有某国兵轮两艘，欲驶至金山卫下碇。江督刘宫保坚不允许，立即电饬驻扎江阴之自强军，立时移扎该处以阻其来，并檄驻省之衡字全军，星夜出省填扎江阴。

又云：由北京以至天津电杆、电线均被义和拳匪拆毁，幸自天津南下电信往来依然，连日匪势日张，警电纷至督署。深夜之际时有急电传来，官电报房执事诸人终夜不能安寝。

又云：江督刘宫保以省垣兵力太单，不足以资防守，饬由亲军营统领刘光才军门在下关江口树旗，招募十营，以厚兵力。

大沽：西兵占夺炮台详情

有某西妇，近赴天津察访乱事，昨已返沪，当将天津一切详情告于本馆，兹特照登如下：

据云，因据电音，谓天津团匪乱事甚亟，故予于本月十二号特乘新丰轮船由沪起程，赴津查访一切。比行抵大沽时，见口外泊有各国兵舰三十一艘，桅樯林立，甚属可观。至十五号五点行抵塘沽，适铁路火车尚未开行，因即登车，于七点半钟至津车站之旁。见有各国水兵擎枪而立，为数甚众，其中尤以俄兵为多，并有数人乘有新由旅顺口运来之骏马。予即下车，沿途均见有各国水兵暨水手等防守，皆在预备抵御乱匪。比至寓处，又见有奥国兵五十人于间壁栈房中驻扎，保护地方，并有武弁两人与予同住一寓。晚餐后当偕同伴数人，由一水师武官保护外出，略为行走。所见西人防备均甚妥善，每数码之地必有西兵一队驻守。华人踪迹则一无所见，各处均寂静无声，与平时天津景象大不相同。回寓后忽连闻炮响七声，因见有多人保护，故亦不惧，从容安睡。至夜半时，忽由一武官将予唤醒，谓城中火发，全城均已延及，团匪将来攻犯天津，并云该匪等已蜂拥至铁路车站，欲图纵火，逼予赶紧穿衣起床，以备紧急时赴大洋房躲避。其时果见火焰冲天，势甚利害，并闻同时起火者，竟有十四处之多。幸其时风尚不大，否则恐天津全城亦将同遭焚毁矣。当经予等将衣穿好共至花园中候信，又有西兵十人到来保护，其余西兵则均带有炮火，由各官督率出而迎敌。俟至天明三点钟时，西兵始各回转，告予等曰："团匪已悉经驱散，刻下已可无碍矣。"予等旋又闻有团匪六七十人遭西兵击毙。自是晚十一点钟起至三点钟时，枪炮之声络绎不绝，曾未稍停止，加以犬吠之声，更觉惊心不定，难以安睡，只得暂为倚床假寐。至天明四点钟时，武弁忽又坌息而至，慌促而言曰："团匪又从屋后来犯，将次相近，快赴大洋房暂避，庶可无虞。"予等闻言，不觉惊慌失措，各小孩等尤为可怜，当即赶紧裹以厚衣，襁负至大洋房内。早见该处妇女、小孩等至者业已实繁有徒，情状均甚可悯。各小孩等又以受惊故面色转青，至向日所雇之中国佣妇等人，则已尽行逃去，一无所见。直候至七点半钟，外间乱事如何亦无从知之，各种谣言亦由是蜂起。未几，西兵又来相告，业已平安无事，可各归去。惟团匪现虽暂退，闻夜间必然再来，定有一场大战，妇女、小孩等均赶紧他离，始可无虞云。但铁路既毁，火车亦已不行，照此情形，予等如何可行？幸铁路之毁坏者尚不甚多，当即赶为修复。至下午两点钟时，即共乘坐火车前赴塘沽。俄焉，又有火车一辆满装妇女、小孩到来，遂各分别至各兵舰躲避。惟予等至兵舰后吃惊甚，因闻各国兵舰业已议定于是晚往取大沽炮台。

日间先由各兵舰统带偕一熟悉华文之人名章森者作为翻译,往见镇守炮台武员,逼令将炮台让与各国,如至是晚十二点钟不让,即当于两点时开炮轰击。西人此举因日间见炮台上有兵千数,在彼安放地雷火炮欲图谋害西人,因此在大沽之各西人均于六点钟时接到号令,限于一点钟内均赴停泊于铁路码头旁之美兵舰莫诺开赛中躲避。至一点钟时,炮台上忽然开炮,见第一炮击于英兵舰阿尔求灵之旁,未遭击伤,各兵舰亦还炮轰击。至清晨六点半钟未几,炮台上即无声响,其极北第一座炮台为日人最先占据,即先将该国旗号悬于台上。俄而北边外面炮台亦为英军所据,各兵舰即驶至河口。又未几,见德、俄两国旗帜悬于南面炮台。至天明后,又见有中国鱼雷船四艘,为英舰豁鼎及斐姆拖于船尾,船上已均悬有英国旗帜。当轰击炮台时,炮子药弹在空中飞舞而过者不知凡几,心甚惊惧,其莫诺开赛兵舰则已被击中一炮。其时连升商轮适亦泊于轮船码头,当炮台开炮之际突有华人一伙至船抢夺货物,该商轮亦即开炮,始得赶散。有一药弹堕于相近铁路车站之塘沽某客栈中,其时适有三人在内,竟遭轰毙,至十点钟左右始各安静。兵舰上各派武弁登岸查察,见炮台上已均成为焦土,无头折足之尸体遍地皆是,血流亦几成河。各西人因即将所有尸骸拾置一处用火焚化,大沽所有中国房屋数处亦均遭毁坏。

当天明时,予等见远远有华人一队由炮台上及周围村庄中而出,慌急逃遁,大约系往天津,附入团匪会中。予等行经大沽中国船坞时,见其中亦悬有俄国旗帜,船坞中有一捉鱼雷船亦悬俄旗。至华人共毙者若干则均未知,只于铁路车站见有尸骸甚多,惨目情形虽至永远亦不能忘。至西兵伤折者,计英兵舰阿尔求灵上武弁死者一人,受重伤者一人,又兵士死者三人;德国兵舰一尔的斯统带官受伤甚重,又因船上汽锅爆裂,以致爆毙数人;俄兵舰名仆勃尔者尚无损伤,其高丽支兵舰则有武弁两人受伤,兵士死者八人,受伤者十二人;英兵舰芝腊克亦一武弁受伤,又因火药房爆裂,致又焚毙七十人;法兵舰雷安上武官死伤各一。当予等经过大沽口外时,见各兵舰上均悬半旗,忆及隔晚受惊情形,尚觉战栗不已。又念及津地未经避出之西人,则又为之深忧。伊等实亦难于逃出,因船与铁路均不能行故也。有一火车,专带军械于夜间巡逻保护铁路者,是日起行时未见到来,故塘沽各人均心怀不安。天津吃食之物颇为缺乏,鲜肉已无处购买,所有出售食物店铺均已关闭,所购得者只罐头食物而已。

按:此则中一段,前报已节登,兹仍全录如右。

五月三十日(6月26日)

《新闻报》

论上海为安居之地

世之乱也,半乱于流贼,亦半乱于人心。人心之乱,乱于谣言之讹,乱于传言无据,乱于误听不真。其始不过一二人之言,听者附和,又从而增益变易之,转而告人。辗转相告,于原来之言已异其大半。且即与原来之言相符，安知原来之言不亦误耶？人情皆以身家性命求自保之计，未有甘心坐蹈于危者。然本欲出危而反入危，此亦人之自误也。自团匪北起，北方之人徙居而南者，或水或陆，不可胜纪。然曰北事已危，不可不出水火，犹之智也。若南事尚安而舍衽席而不登，反投水火之地，是则其愚也。武昌、汉口、芜湖、南京、宁波等处皆有匿名揭帖之事，语言悖逆，词句之间皆含攻打洋人之意，地方因而群惊群疑。及至地方官严加查察，亦卒无影响，绝无动静。推其故，大抵好事者戏为之，或一二地棍为之者，或藉以戏弄，或假以恫吓，其实皆非有心作乱之人，亦绝无作乱之实。各省之匿名揭帖大率如此，然而人言凿凿，不独愚者深信，即智者亦有时信之。何也？凡事可以逆料，兵事不能逆料。即逆料其无是理、无是事，然究之身家性命之念时刻不忘，因虚生疑，因疑生信，此亦人情之常无足怪也。惟是南方各省与北方情形悬殊。北方之衅，以政府不愿剿灭团匪，故与西国启事耳；南方虽不免各处亦有匪徒，然究之有督抚将帅以防卫之，又各以严办不贷为心，尚不至酿成大患。且近来各省亦甚安靖，并无匪乱之耗，与常时无异也。乃各省相率误信谣言，多有谋迁徙者，即西人亦不免纷纷来沪。因之群相附和曰：洋人已纷纷逃避，必有乱事。又或因此长土棍、土匪之志，以为既无洋人，我辈正无所畏惧，可趁此抢劫之，于是被盗被贼之家叠见。又或偶然火患，误传有人放火，在相近教堂之处，则更造言生事曰烧教堂，其实匪徒不过得机乘势耳。此因谋迁徙，故酿出是乱也。

然在各省寻觅桃源，犹可说也。若上海为十四国公共之地，以十四国财货悉萃于上海，安有不自相保护之理？近闻由上海迁苏、迁杭、迁宁波、迁长江者，不一而足。窃叹人之自误，实由于自愚也。夫今日者，租界以外皆险地，租界以内皆乐土，此必然之理。西人商团皆甚精悍，其足以拒流氓地棍，虽童子亦知之信之，不意愚者反迁移至上海以外。吾试即其愚而抉择之。夫使上海不安，则长江一带更无安理。以上海为不安者，盖以西人不保我也。不知西人不保我于上海，岂肯保我于他处？今舍上海而之他处，是明明入不保之地，其愚一也。一家迁移，十家随之，百家随之，不乱亦乱。盗贼拦阻抢劫，将不受匪危于本处，而反受危于中途，其害又一也。由他处移来上海之人愈多，则西人之保护愈严。保护人者，保护其财货也，其必保可知。西人欲保上海，必先保吴淞，能保吴淞则上海可保，长江亦藉以可保。各处可保，则各处相安，不必移此居彼，又移彼居他，既召不乱而乱之祸，又启中途被劫之祸也。大抵防患未然，人心所同。然是非有无，须衡情酌断，不可为人所愚。今上海为极安极妥之地，为十四国公共财货之地。他处遇乱移入上海则可，至由上海而移至他处，真舍安而就危也。现在南方安靖，尚无乱耗，愿人心勿相惊惶，各安生业，此即身家性命自保之计。若谣言之讹及传言无据，与夫误听不真者，请为之再三审察，勿为所愚而自害，以牵动大局焉。

《中外日报》

[论说] 上海防务有备无患说

拳匪起事以来，盖已匝月矣。观其法术之离奇，势焰之猖獗，虽四川余蛮子之变，安徽牛世修之乱，要不至如是猖狂。是无他，政府误认为义民而不加以剿办，任其养痈贻患，遂致滋蔓难图，非拳匪之果有神通足以扰乱天下也。乃不谓上海近亦谣言纷起，人心惶惶，市虎喧传,道听途说。一若恐拳匪之前来,混迹土匪之乘机窃发,而不免风鹤惊心也者。实则上海之地必定安然无恙,上海之民必可安枕无忧,绝不致稍有乱萌。而人心乃如是张皇者,推原其故,一由于消息之惶惑,一由于谣诼之纷腾。盖近日北方消息传来,忽而塘沽之货物被劫矣,忽而大沽之台舰相轰矣,忽而天津之租界被攻矣,忽而牛庄之蜚言又起矣。究之,电线已断,邮政未通,毕竟不知实在情形,遂致蛇影杯弓互相揣测,而不免有惊惶之态,此由于消息之惶惑者一也。南北两市流氓呼群结党,向皆遇事生风,今当匪警频传,遂各播散谣言,扰乱人心,为观衅而动之计。而居民不察,辄信为真,遂不免惶恐其心,惊疑其态,此由于谣诼纷腾者二也。虽然,租界则有西官保护,内地则有华官防维,无论拳匪之扰乱北方,不能分其党羽南来侵犯,即流氓痞棍之思乘机作乱者,一见中西官同心合力严密设防,无隙可图,无懈可击,自必销声匿迹,不敢轻蹈危机。此上海之地所以必定安然无恙,上海之民所以必可安枕无忧,正不必作杞人忧天也。

今以内地而论,城厢内外,经余晋珊观察通盘筹画,先后札委戴子迈明府、朱森庭明府无分昼夜实力巡查。南马路巡捕营管带翁子文太守,则奉饬添募巡捕百名并发给枪械,藉资防堵。提右营廖参戎则派兵弁及炮艇二只保护董家渡教堂及浦东陆家嘴至洋泾一带,洋房亦由余观察拟添巡捕保守。其余各处要隘,则督标奇兵营管带罗游戎、抚标沪军营管带龙游戎、炮队营管带张游戎,各择紧要地段,筹商防堵事宜。似此护卫森严,岂匪徒所敢窃发?是内地已有备无患矣。更就租界论,自月初拳匪滋事,各国领事官,英、美、法工部局早已防微杜渐,严密设防,为未雨绸缪之计。其各国旅居商民,则又举办团练,兼有兵船驻守,以资弹压而壮声威。似此如火如荼,匪徒早已心战胆寒,不敢稍萌异志,是租界又有备无患矣。况乎浦江一带,中国复有巡舰数艘。现恐惊扰居民,暂退泊吴淞口外,若有事故,则水师兵弁皆可登岸相助中西官员办理,藉以保护地方。然则上海一隅,经中西官先事防维,大可安如磐石,斯诚居民之福也。寄语居斯土者,幸勿轻信谣言自相扰乱焉可。

六月初一日(6 月 27 日)

《新闻报》

鄂中柱石

北省团匪肇祸各处,洋商颇不自安。汉口各国领事于上月二十六日午刻同谒张香帅,请准其调舰运兵保护长江一带洋商。香帅婉言却之,且慰之曰:鄂中现操有洋操精兵数万,足资筹御;且江都刘岘帅所统数十营亦系劲旅,长江一带可以安然无事。如各国兵舰一来,恐反摇动人心,激成祸乱。于是各领事兴辞而退。噫!如香帅者老谋远识,调度从容,真不愧为鄂中柱石也。

《知新报》

沪上绅商电达各国文

京中祸变亟亟，西兵大至，议瓜分中国。上海绅商大震，连夜集议，为文电止各国政府，请求皇上复政。主议者翰林学士文廷式云。今从西报译出，其略如左。

前翰林院学士文廷式谨为我国大皇帝电告诸君。目下中国时事至此，殊可浩叹。各国现既有兵在京，即乘此机会保我皇上出宫，迁往南京或武昌或上海，于三中选择一处建作新都。在各国亦应彼此会同，布告天下，以目下悉已合力保护中国，请光绪皇帝临御，治理万机等语。京中所有六部衙门则悉予裁撤，另由新党中简选能员，以充执政大臣；并于新都内设客卿，其余各处则概简良吏以治理之，总以振兴新政为务。京中大军亦须尽行遣撤，另再招募精壮，由西人教习洋操，练成劲旅，或添派炮艇以保各处水路。其海关、邮政、电报等局，则请西人暂为管理，以华人之妥当者襄理其事，并设立通行银钱及更改税则等章程。各处则均仿照日本开作商埠。至中西交涉之事，则须另设专部办理，其管理专部则亦须派有洋员。所有各国人之来中国者，无论何处悉准任意居住，游行亦听其便。传教则无论中西教士一概予以保护，并由我光绪皇帝以其命维新等语昭告宇内，则众民必心治，目下之乱可不动而自平，中兴之象亦可计日以待矣。况我光绪皇上力虽微薄，而办理新政之心则甚深切，即通中国民人，亦均有维新之意。故此时中国正应易为臻于郅治之时，至若民心思乱，实由旧党中人固执偏见所酿成，并非故欲为之也。各国欲瓜分中国，但中国此时人民数百万中，有学问者虽少从事戎行，亦无所用，而其心则最为固执。一旦而忽有西人管理，其心定必不服，阻挠之事亦必层出不已。至欲以兵力瓜分，固非难事，只须有兵万人，即可成就。仅得中国，而欲伏中国人民之心，则非历数百年工夫，断难有成。祸难之事，更将不知凡几矣。故现在不如保我光绪皇上，以治理人民。众民见皇上复辟，自必踊跃欣喜，心生感激也。特电致欧美、日本诸君，请弗再生异念。即有此心，目下亦断不可行，总宜先任我光绪皇上复权，倘能治民妥善，则各西国应须相助为理，俾人民共享人类之福。中国民人见各国力保我光绪皇上，并无鲸吞中国之心，则从服之心有不期然而然者矣，于太平何有哉？

废立余闻汇录

日前安徽藩司移文皖南道，略谓迭次奉到皇上脉案，恭悉圣躬尚未复元，内外臣工深切隐忧，各宜祷祀山川，以祈神灵默佑云云。

皖藩又移会各道云：去腊钦奉立储之谕后，现奉部文，诚恐各处军民或未能尽知，应札饬各州县，恭录谕旨，晓谕军民人等一体知悉。录《中外日报》。

昨得京师友人来函，谨述皇上近来龙体日臻安健，惟太后似乎爱惜皇上，国家行政一切不令其与闻，以免劳圣心。而政府诸公泄泄沓沓一如其旧，某中堂则刚愎日甚，皇太后慈眷，殊不及前此之隆云。录《采风报》。

日前大阿哥在上书房读书时，有某太监捧茶一碗，内置有毒，谓系皇太后所赐。大阿哥循例向太后谢恩,然后就饮。于是计破,云茶系蓝色,其正犯太监二名俱已正法,其余形迹可疑之太监,现仍询问也。录《同文沪报》。

团匪要闻汇纪

北京访事于本月二十一号发来专函云:义和团匪目下势甚汹汹,较前更炽。北京城乡内外几于随处皆有,其中童稚尤多,往往成群结队,在各处演习武技。昨经官役等在城之西北天主教堂畔,拘获团匪六人,经已收禁在监。而乡间更有杀戮教民情事,涿州境内某村有天主教民五人亦遭团匪殴打,二人竟为所毙,三人则受伤甚重。虽经地方官亲往勘验,然亦无能为力。天主教民之居住于涞水村者甚夥,日前正在礼拜之际,忽有团匪等蜂拥而至,竟将房屋围住,开放枪弹,纵火焚烧。内中教民共七十三人,大半为所焚毙,有欲脱逃者,亦被截杀毙命。又固安县境内某村伦顿会教堂中,有一华教士周某,并一教民,至被团匪寸磔而死,抛掷河中。该教士等素性忠厚,平日均甚安分,并无干犯团匪之处,故当临死时,有一匪拟欲相救,谓该华教士系循良之辈,不得置之死地。余匪闻言,即指该匪为教中同党,竟将该匪痛殴受伤。是以目下各村民无论教内教外,莫不欲设法逃遁,以免共罹此祸。各处人心既甚惶惶,而乱事亦层见叠出。倘不早为妥筹善法,严行禁止,恐流血之祸不远矣。昨日下午五点钟左右,各国使臣均赴某使馆集议调兵进京之事,所望迅为设法严办,庶可无虞。至各教民之逃避北京者,现已实繁有徒,盖见团匪作为,其意似专以除灭教民为事故也。京中市上所售枪刀等物,即出重价亦难购,盖已为团匪收买一空矣。团匪自言遍体枪弹不入,故不购备洋枪炮火。察其举动,似又并非仅与洋人及西教作对者,想伊等腹中定必另有意见。其最可笑者,则匪等自言每人各有一星照命,或猴、或狐、或虎等类。其为猴星■命者,则能于高大房廊一跃而过;狐星则目光闪闪,虽远亦见。若辈又均崇信鬼神,每遇神庙必入内焚香膜拜始行,甚有额间因叩头至坟起者。焚香亦多多益善,故香亦几被购尽。其所穿服饰,背上有一红边花帕,腰间则系以红带,袜带亦全以黄色为之。某日有西教士二人行经某村之某庙,见团匪十八人在内演习,两教士驻足观看时,该匪等即破口詈骂,状若发狂,甚欲出而殴打,当为年岁稍大者所阻。两教士以随身有洋枪,区区十余人即持刀械上前,亦无所惧。该团匪等均怙恶不悛之辈,凡妇女暨老年及诚实者,均遭若辈鱼肉。但此时如此作为,将来如何结局,固难臆断。只伊等起事日期,深恐即在目前。现惟有各国自行调兵进京剿痛,或者尚可挽回,否则正不知伊于胡底耳。录《中外日报》。

昨晨八点钟接到天津访事友来电云:昨晚忽有义和拳在京津之间某村庄起事。据云是晚该匪大队向北京进发,并将途中火车铁道毁坏数处,以断天津追兵之路。天津则尚见安稳,因各国兵舰均派水师上岸镇守故也。后又来电云:初一晚拳匪起事,将京津电线割断,以绝来往通信;并将往北京路之某车站焚毁及各处铁轨拆损,至今京津火车不能驶行。惟天津电报局闻电线割断,即遣工程司带领各伙前往修理,是以今晨京津电线已通,传递资讯如常。录《苏报》。

又北京访事五月二十八号下午七点五十五分钟时发来专电云:义和拳匪现已将芦沟桥之铁路车站纵火焚烧,所有该处电线均被割断,铁路亦遭拆毁殆尽。法国工程师某君,亦因是身受重伤。至保定府之火车,目下亦已停止。又云拳匪蔓延至京者,经已实繁有徒,情形颇为危急,故美国经已调派炮艇一艘驶往大沽口矣。闻有天主教民七十二人,尽遭拳匪所戮,是以各国现拟调兵保护使署。录《中外日报》。

又分统练军左翼杨云峰副戎福同,在涞水县高楼村解散拳匪阵亡。据柳营中人云:副戎年五十一岁,素性廉介。自拳匪事炽,自告奋勇。廿三晚张莲芬观察往涞水县讯提,连日拘获犯徒。是夜五更后,距城不远之高楼村,拳匪聚数百人。副戎闻信,即带勇丁二十余名,驰往理论,意在劝释。乃该匪愈聚愈多,顷刻至二千余人。突有匪徒手枪直刺,副戎遂遇害。从者且战且走,死三人,伤四人,内差孙、卢两弁皆殉难,事后由该县祝大令收葬。所遣差使,兹已由督帅札委郝子龄参戎接补矣。录《同文沪报》。

本馆接到确实消息,谓目下义和拳之势更形危急,西人性命深为可虑,华教士之被杀者为数经已不少。天津至北京之铁路,近日已被毁坏不堪,地方上亦遭蹂躏。除(凤)[丰]台之铁路车站及机器局均被纵火焚烧外,铁路上暨以外各人被杀者,亦已难以数计。芦沟桥之铁路桥梁亦经若辈毁去,情形已十分可危。所有铁路上之比国工程师及其眷属等人,闻于长新店地方已为所围,欲遁无从,盖因离(凤)[丰]台七英里地方,经为拳匪截断故也。目下各西人赴山顶避匿,危险已极,深恐性命难保;并闻在保定府之教士亦有数人被围,是以各国驻华使臣复于昨晚会议此事,谓定须各调兵士进京以护使馆,盖因目下事势已至十分危急也。录《中外日报》。

又访事人于本月二十五号来信云:义和团势甚凶狠,派往剿抚之兵竟为所败,且又公然于墙边不时悬有揭帖。而廿四号之一帖,尤为可骇。内有"大皇帝已经失政,凡我人民当听四大员之令,同为复仇"等语。至天主教民,多往北京避难。固安县内有二教民被杀至死,又有拳匪某甲之友曾亲见耶稣教士二人并华教士刘某,于孔镇地方受害。又四月十四日,有五十人因过约离孔镇一英里之某河,俱为所杀。其时有华教士林清源亦渡是河,匪等知其为教中人,拔刀刺伤,并由小船拖出系于岸边树上;后遂群至孔镇之礼拜堂内,又将周教士搜出,缚其四肢,与林教士同系一树。先将林之两手割去,破腹取肠,然后再断其头,抛置水滨;又将周教士碎割,同弃河内。各匪继至该处堂中,竟将所有什物搜掠一空而去。按此事据访事人之见,谓因驻扎营台之法领事曾到是处,意欲料理一切,以致匪徒纠聚更多,滋事更甚。而拳匪所杀者,以天主教人为最。计为匪侵击者凡十九镇,共有教民九百家,分居二百四十三村。被扰之后,共失各物约值价银四十万两之外。然未信教之受害者,亦有一百二十五家,失物约价一万五千之数。方今成安一带地方,虽然无甚乱耗,然北京大员初时并不在意,以致养痈成患,至于斯极,可怪殊甚。逮至今早得接专电,悉有英国兵舰二艘由威海卫开往大沽,以便保护。而美国亦派有炮艇一艘往天津,以卫美人,殊令人同深欣慰也。译《文汇报》。

按:义和团匪以闹教杀人为事,论者已惜其愚,谓其肯拼命出来做事,而不解堂堂正正高树勤王之旗也。今闻其二十四号之揭帖,竟有"大皇帝失政,凡我人民当为救之"等语。岂义和团中人,亦有痛心于操莽之篡夺者乎?余谓其实无是心,不过偶然言及耳。何也?勤王之师,一以救皇上为事,断不害及外人者也,团匪不知如此,所以愚也。

又得电云:中国政府经各公使恫吓,谓天津各国卫队弗能来京,各国则当增足兵力,由陆路入京云云。总理衙门即行谕令天津管路委员预备车辆,由大沽运送各国卫队入京。兹英、美、日、俄四国,各派水兵三百名,经已乘坐火车到京,保护各该使馆。又电云:天津至北京铁路已坏,不能行驶。又比国公使入觐,随带护兵约有一百名。又云:各国公使已定调兵入京护卫各使馆。定议者英、美、法、日、俄、义等七国,其余因未有水师舰队在华也。惟闻俄人已在旅顺厉兵秣马,以备顷刻征调,前往中国北方各省,以保护芦汉铁路为藉口。录《新闻报》。

又接威海访事友来电云:天津英国领事因此乱事已电威海卫英国水师提督,请调兵往津保护。故英提督即日遣兵舰两艘,并另派陆兵一百名、快炮一尊,前往天津等处保护英商。

本月三十号早九点三十分钟北京来电云:天津至京铁路轨道经已修好。又法国工程师二人经已安抵京师矣。以上二则录《同文沪报》。

京中顺直门外南下地方,时有拳匪教童子习拳,日凡数起。或向诘问,则称为扶清灭洋之大会,并云京中大员某某、京外大员某某皆入会为头目,吾辈奉命教练童子万人云。是真可谓弁髦禁令者矣。录《新闻报》。

相近保定府之定兴县境内官兵与义和团人交锋,统带官某并官兵七十人,闻俱被杀毙。现在此间经已派出大队援兵前往相机攻剿。在芦台地方,近日拘获下毒于井之人不少。现在各处居民纷纷逃避,挤拥于北墉地方。录《中外日报》。

又本馆接北友人来信云:清国各会之名目,近日屡出屡奇。如山东之义和团现已延蔓于直隶;近日北京又有一种凶徒互相联盟,自称孝义会,想即义和团之变相也。或云义和团系端王载漪为头目,孝义会系贝子溥伦为头目,不知是否。录《台■报》。

北方来信云:近有某大员封章入告,称义和团中人忠义足恃、奋勇堪加,惜无统率之者,以致散居各处,时有小争斗,外间遂目之为匪,殊为可惜。宜另简大员招至而统驭之,可练成劲旅,效法洋操,尤为可恃云云。以折留中风传,正不知确有其事否也。又得确信,言现在满洲王公大员子弟已在义和拳会内签名,愿为会友。又言有某亲王公爵皆允许为之保护,以至会众更无忌惮,抢劫之事比前更多。若以北京城内外,近来所贴禁止会匪抢劫告示之言为真,则此等入会满员,知法犯法,厥罪更重矣。录《沪报》。

按:中国今日危弱至此,正各国欲多取利益而苦于无藉口之时。今该团乃仇杀洋人,是惟恐洋兵之不来,瓜分之不早,急煽乱以招之也。亲王贝子某大员等宜如何速议扑灭以安外人,乃反称该团为忠义而保护之,是明明政府亦有意仇杀外人也。但不知西兵大至时,政府将何以御之?

本月三号上午北京来信云:芦汉铁路比、法两国工程师三十余人,由保定逃难赴津,被团众冲散,不知下落者数人,其余到津各有受伤。此外,另有法人一名,亦在芦沟桥附近失落。又保定府各西人逃难赴津,沿途且斗且奔,以故至津各有受伤,其所带物件皆失落无遗,仅一身幸免而已。至该西人等,非尽比国民,因该处路工本有意大利国人十数名,及欧洲各国民籍亦各有之。又总理衙门徇比国公使之请,惟其遣派考萨克兵前往保护芦汉各比国工程师逃难云。录《同文沪报》。

《字林西报》接京中采访人消息,言义和团因举动已成,从之者众,决意夺城扼守,以抗朝廷。最后消息言义和团已杀毙涿州州官,拨党羽防守,聂士成兵队多已从乱。又天津电云:刻有为匪所杀尸骸四具顺流而下,捞获视之,则所毙者系瑞典国人二名,奥地利国人二名,大约即已备棺收殓矣。录《中外日报》。

又天津来信云：前日所云杨云峰副将奉饬前往高楼村查办该处教民遇害情事，兹闻上台以杨副将办此案不遵章，且遇事操切，应予参革云云。但杨副将此次遭难，究属没于王事，例应优恤其家属，或并加恩予谥，以慰其死事之勤。乃既无一得，反以不遵章办理而加之罪。举此一端，足见朝中大吏偏袒于义和团也。

按：团匪始则云"扶清灭洋"，乃党羽既众，辈势既大，忽而杀官攻城，此又扶谁灭谁乎？西后党之，意以为借团匪之力可以灭尽洋人，乘此收成守旧之大功，故任意纵之。虽杨福同之阵亡，不加优恤并予追究，以买团匪之心。是岂知养痈为患，固为自毙之端？而各国追寻祸源洞若观火，一旦迁怒政府，团匪虽无倒戈之事，而瓜分之局已成矣。闻西报倡论，已有废■太后之议。呜呼！自作自受，夫亦何怨？然遂令我四百兆人从此永为奴隶，岂不可恨哉？

顷得密友来信云：义和团事，政府竭力袒护，决无剿办之理。端邸的是团中头目，而太后信团众最深，屡称为义民。宫女多学拳勇。大阿哥兴高采烈，日夕相随练习。除虎神、神机各营各与团众联结外，即荣禄所部之各军保护各使署，实为危险。恐各军即与西人为难，则为祸更烈，殊深杞忧也云云。又京中驻扎列国公使，决议请总署带领觐见中国皇上云。又云保护使馆之各西兵现仍陆续多来，各系乘坐小船暨驳船而至，并无有乘坐火车来者。目下所至之兵约共有五百五十人左右：计美国一百零八人，英国一百七十人，日本三百人，俄国一百五十人，内有西伯利亚可萨克兵士数人，法国七十五人，意大利国五十人，德兵则尚未到；并闻俄、法、日、英等国尚须调兵士前来，想不久可到。录《同文沪报》。

又得来电云：各国派兵来京，目下已到者共有九百六十五名：计英国三百零八名，美国一百五十六名，法国一百四十一名，俄国一百零五名，日本九十五名，德国八十名，义国八十名云。华官初尚不准西兵上岸，后因闻西兵不问准与不准，总须上岸。华官无法，只得言每国只准三十兵上岸。但言虽如此，而西兵之上岸者三十、五十仍不等，华官无奈之何也。又闻各国照会华廷，请其将养成拳匪之各官，永远革职。录《华字报》。

西报称俄人再由兵船添调俄兵四千名，昨由塘沽登岸，向京前进。前日英水师提督西摩带领各等水师八百三十四名，其中由大沽英兵轮至者四百名，携备大炮，夺路进京。各国公使不再与中国政府商议，视政府为无用之物。各国兵现在保护工程师，修复铁路。恐瓜分中国之事，此其始事之时矣。又英公使将子女载往烟台，其夫人则仍驻署内。录《中国日报》。

按：直隶裕禄初下令不准西兵进京，后知难阻，又言每国只准三十。卒之西官并不理会他，三百、三千，只管任意进去，而华官迄无如何。其鼯鼠伎俩不值西人一笑如此，亦可哀矣。至西国保护商民，何等奋勇，伪政府亦曾就此一想否？

又初一日，太后在颐和园闻团匪之信大惊，特调兵二营专保颐和园。又闻拳匪在长辛店纵火，浓烟直达。太后在万寿山内瞭见，立命大臣带兵往查。故荣禄亦亲自出京，将军中神机等营分布妥当。每城门扎二营，惟永定门五营、马家堡三营、丰台五营。又俄京圣彼德堡之《罗思耶日报》力劝各大国将中国皇太后废去，宜以兵力从事。惟现经调往之小队未能敷用，当另拨大军，以使欧洲人为北京之主。录《中国日报》。

按：宗社危在岌岌，西后仍单保一颐和园，岂中国亡而颐和园可独存哉？西人今既倡废太后之说，吾不知一经废去，颐和园尚得宴乐如故否也。觍然自以为训政，致使欧人欲入为北京之主,以一人而亡国,天何为而此醉哉?观其登万寿山了望火焰,直与明庄烈帝登万寿山了望寇烽相似。国事至此,夫复何言?但不知我皇上听闻警信,宸衷之焦急痛恨为何如耳?

十四日午京电云:京畿村市,无论民教概被拳匪抢掠焚毁,村民扶老挈幼争先逃难,哭声遍野,城内人心大乱,金价大涨。因京中官商纷纷各顾身家,预备逃走,将银款汇去,故汇费大涨,金价亦涨云。

按:中国人无爱国性质,于此可见。国亡几在旦夕,但顾汇金出京,红头黑脚脚色平日只管剥民,遇国家有变又只管顾住荷包。老幼虽争逃而彼无所见,哭声虽满野而彼无所闻。此与明末流寇破京时某大官独去寻猪差不远,岂做官头一件要顾身家,古今来固传为衣钵耶?

又京城内人心极惶乱,有私与团匪通气者,有预备器械自行保卫者,市面亦暂停贸易。此十一日以前之信。又十一日,聂功亭军门与拳匪开仗,聂军大获胜,毙匪六百余名。乃政府因此大为震怒,反将聂军传旨申斥,立饬其率队回扎卢台,不许擅动。聂军以既受节制,只好收队而退。十五日接天津电云:太后、皇上均于十三日由颐和园回宫。又十三[日]夜,西人跑马厅及总会均被焚毁,现在满街均有拳匪踪迹。又电云:赵舒翘奉旨前往保定各处宣抚拳匪,无一应者,旋即怅怅而返。又《字林西报》载,十七日中国官场接到北省来函,谓俄兵五千名屯扎北带河,预备入京,并带有大炮二十尊,一俟驻京俄使征调,即可由铁路至天津北上,故又仍令聂军门带同直隶兵队,与宋庆所领四川兵六队会同分守,由北带河至天津铁路中要道云。又电传涿州失陷,知州被杀,该州乃近北京最要之城也。又天津访事八号发来专电,谓保定府已遭拳匪焚掠。又闻通北京之铁路俱不通行,乱警更甚。以上皆录上海各报。

二十一日香港《德臣西报》接上海电云:北京西人教堂屋宇洋关之无炮在此保护者,皆火焚之,惟使署犹存。教民、西人及随从者被杀数百名。天津情形亦极危急。十九日夜间,华界及城外四处纵火,教堂三间已成灰烬,闻各使臣亦请护照离京而去。又闻英海军在铁路与华军战,毙华军多名。是夜,津京电杆毁。又《孖喇西报》接上海电云:北京西山外教堂与英国使署均被焚。俄国教堂亦被毁。

二十一日,广东督署接电谕,着李鸿章迅速来京,办理各国交涉事务。总督缺,命巡抚德寿兼署。现粤督已定于廿六日附广利轮船北上。

按:李鸿章颇谙公法,老于交涉,为各国所独认识。又为直督廿余年,团匪皆其旧治部民,故此次不得不要寻到他。虽然中日之役、马关讲和,日本必要他到乃肯开议。遂令其大负众谤,几于不与共国。今轮到卖货经纪之事,又要寻到他。何这顶榄豉帽偏要此公戴也?京中军机、总署俨然肉食者数十人,昏庸守旧,惟知欺主弄权,至于国家危难,藉以解纷者仅得一外任之李鸿章,亦可痛矣。欲求不亡,乌可得哉?

西人远虑

本馆前得山西太原府来信,言巡抚毓贤抵任以来各事未办,先将前任巡抚胡中丞所设之武备格致各学堂以及纺纱厂、机器厂等类一律裁去;且与西人十分为难,阻止福公司开办路矿各务,与前在山东巡抚任内举动无异。渠在山东被各国驻华公使力请总理衙门将其撤退，两月前改放山西巡抚。其时英公使即照会总理衙门，言及将来必有与西人龃龉之事，交涉大事恐因此而起。若预知其必与福公司为难者，前在该省西人无论行至何处，土人皆以礼相待，帮助作工。现因巡抚与西人不合，以致上行下效。且各西人之有识者，尤虑将来山东省义和团匪必将传遍山西省，则公司事益不可为矣。译《字林西报》。

《清议报》第四十九册

义和团滋事续志

五月十二日北京电云：涿州附近有义和团匪六百名为官兵所杀。又云昨日京津铁道再被匪党破坏。又云北京附近耶教士二十名被匪党杀害。又云美国派兵于通州，以保护其传教师。又云近天津五十里之地，官兵与团匪战，杀害甚众。同日伦敦电云：英国新造一等战斗舰哥利亚士（一万二千九百五十吨，一万三千五百马力，十八里，千八百九十九年新造）向中国出发。同日华盛顿电云：美国报告列国，使驻京各国公使要求西后镇压团匪，若中国不为则列国代为剿办。又北京电云：匪党在通州焚烧耶稣教堂二间，杀害教士四十名。又云匪党日日杀害良民，而政府绝不加保护。又云是日俄国出旅顺派陆兵百二十余名至天津上陆。又云团匪已袭芝罘通商租界地，但未知其详细。又云聂士成之兵以杀戮团匪过多，被西后谴责。又云北京市上团匪白日横行无惮，而官兵又不禁捕，且城外有数千匪徒，树旗相集。北京目下甚危险。又天津电云：京津电信今犹不通。又云初十日各国兵之由津入京者，第一次英、美、意三国，附午前九点半钟车进发；第二次法、俄、奥、日四国，附十点半钟车进发；其第二次车闻在杨村停车。又云外国水兵六百名，由大沽到着天津，以资防卫。又云各国兵昨夜至落（伐）[垡]附近，遇见铁道线路破坏数处，不能前进，现犹滞留此地。又云俄兵二百名、法兵六十名，于本日正午附货车进发。同日柴棍电云：外国兵千五百名，将向北京进发。又云有四千俄兵由天津上陆。

十五日天津电云：洋兵已至罗发。又云现在修理桥道，甚为迟缓。又云本日有美国水兵由京回津备携五天粮食，复行入京。又云俄、法两国兵二百七十五名于本日午刻由津入京。又云巡阅长江水师李秉衡业已简授为直隶总督。又上海电云：传闻北京各使署已被焚毁，惟何国使署及确否，尚未周知。又云俄人因中国之事，现在俄京圣彼德堡与各国订立条约。并云俄已定拟代中国剿办乱党，目下已有俄兵在旅顺听候调遣。又云罗发车路修理尚未竣事，惟各洋兵于前礼拜六日附火车前往罗发者，乃俄、法两国之兵约共三百余人，兹当行抵北京矣。至英、日、美、德各国之兵，则在该处修路。又云俄兵六千名已到秦皇岛，听候调遣。又云各国入京洋兵，统归英国水师提督西茂调度，惟俄兵则不归其节制。又南京电云：两江总督刘制台已奉北京电谕，饬令严兵密布，以防英国水师战舰拦入长江。盖恐英人一闻俄人助华之举，英即谋踞长江。并令刘制台即饬洋操练军一万人，由旱道入京以备调遣。至湖北张制台亦得电谕略同。是以刘、张二制台会同筹办江防云。又云各国兵舰现在大沽口者计有二十艘，各舰似不续派水兵登岸，因天津租界现有之兵数足资保护也。又云满洲俄官近派可萨克兵看守旅顺至牛庄、吉林各处铁路，并闻俄兵一万五千名并运船多艘在旅顺候令，一俟命下即行登舟开赴天津。又香港电云：法国外部大臣宣言中国乱匪蔓延，各国业已谆谆诰诫，劝其速行剿办。但中国政府并未寔见施行。目下各国必须别筹良策以应之也。又云香港已于前礼拜五整备军队听候调遣。

十六日天津电云:十四日早晨,各国兵共计一千七百名向北京进发。因须修筑铁路而进,故运行不能迅速。又俄兵一千七百名,带同大炮十五尊,当于今晚晋京。又云京津铁路中间,外兵与团匪开仗,匪徒毙者六十名。又云各外兵大集议瓜分中国,并将不利于西后。又函云:军机大臣赵舒翘刻下虽出而镇抚京津间之团匪,刚毅又晓谕在芦保间之团匪,形势日以急迫,妖氛黯惨,朝不谋夕。又云聂士成所部之洋操练军,以聂受朝廷申饬之故,一齐愤愤而回芦台,殆有作乱之势。又电云:洋兵已过芦发,昨夜与团匪见仗,击毙匪党五十余人,伤数人,被获四人。洋兵则并无伤亡。该匪党尽力拆毁沿途铁路。又云俄兵一万五千名将由北方到津。又云英、德、日本各国兵随带大炮业已续到天津。又云前礼拜三四两日,天津传述聂提督又在廊坊与拳匪接战,击毙匪党约六百余人。又上海函云:近两日上海各轮船开往大沽者,所载尽系米麦并各项粮食,以供京中各军并大沽口各水师兵舰之用,寻常货物则竟无一件。

十七日天津电云:驻京英、美、日各公使以近日京师情形岌岌,迭次会议,定欲呈请觐见皇上,恳请复行新政。而俄、法两国公使则以为难得机缘,岂容错过,不如趁此瓜分之为愈也。又函云:各国兵至廊坊,见其地铁路损坏甚多,于是日夜赶速修缮。至何日方到北京,尚未详知。而廊坊附近之人民尽皆逃避,廊坊之地尽变荒废。又函云:义和团日加猖獗,各国联合剿讨之意日坚。而朝内大臣有唱讨匪者,有非讨匪者。其唱讨匪者皆是汉人,而唱非讨匪者皆是满人,但奈满人甚有力量,唱讨匪者多皆辞职,如总理衙门大臣廖寿恒,于十七日已辞职。现时端亲王、徐桐、溥兴、启秀、那彦图,均新任总理衙门大臣,此等皆非讨匪之领袖也。

十八日天津电云:各国联合兵向北京进军,于途中至落垡,已讨伐团匪。又云扬子江北方一带之一切商业事务尽为团匪扰乱,今全休止。又香港电云:香港炮队印兵六百名附某轮于今夜开往大沽。又云香港某营英兵三百名当于本礼拜六日附宅力卜鲁英兵舰开往大沽。又上海函云:目下长辛店火车站有华兵二千名驻扎该处。又云北京内外各城门每门防守之神机、虎神各营兵二百名;庆王府、户部街、南御河桥等处,各驻兵二百名;统计防守官兵有四千余名。又天津函云:刻下义和团之势,以涿州、雄县二处最为猖獗。二处各城门均让义和团匪把守,稽查出入。一若官应为之事皆其事,然亦不驱逐官长,是占城之别开生面也。又云聂士成前日率队来津,谒见裕禄,献痛剿团匪之策。裕禄以该匪距京津逼近,未敢肩此巨责,乃令与荣禄相商。是以聂士成督队直指卢沟桥进发。传闻在途中逐散团匪不少。又上海函云:西后因总理衙门与驻京各公使交涉正多,已于十三日由颐和园回宫,以便指授机宜。又云俄兵五千名带炮二十尊拟往北京,现在北带河,一俟北京俄公使来信,当即取用火车载往天津。并闻聂、董两提督所统之兵,现已奉饬前往北带河至天津铁路之间,驻扎沿途各要隘。

十九日上海函云:日昨美国、俄国各兵舰一艘,由上海开驶北上。又云本日广济轮船在沪为北京华官并义和团匪装载炮械军装甚多,以便开驶大沽。但上海各国公共之地,此项军火前赴北京,即系杀戮各外国人之具,何得应听该轮装往置诸不闻也?又云侨寓上海中国新党各首领业已邀集十四省志士签名,禀恳英、美、日三国政府出场阻拒他国瓜分中国之举,并请扶助皇上亲政,俾得别建新都,另选贤员,以资治理。其意以目下权臣乱政,祸乱不已，中国永无肃清之日，不图中国臣民自一千八百九十八年政变之后，忠勇勃发，日增月盛，兹则尤为切望于皇上亲政也。又云各国洋兵所以迟迟入京救援者，因粮食艰难得水不易之故。兹悉实因英提督西茂君恐洋兵续至而为数无多，适为华兵所拒，既弗能长驱直入，则城内各西人势必尽遭杀害。不观现在华兵各炮均已尽向各使馆，则其意可知也。又云北京总税务司赫德电达各省督抚，极言政府若不力行剿办团匪，则中国存亡即在瞬息之间。请其速图为要。又天津函云：俄、法两国业已议定密约，至所约何事，外间无从悬揣。又伦敦电云：英国外务副大臣布得力君，昨日在下议院宣言目下中国北地肇乱，各国政府皆拟合力襄办斯事，并无一国独立意见，擅行己事；至长江等处，须由英政府设法保护商务等事。其实本政府早已留意预备，当必专遣水师前往云。又上海电云：西后因董福祥部下杀害日本书记生，恐致生大祸端，故劝谕匪党解散。惟只以舌上之慰劝，并不出以实力，故匪党益肆，全不恤之。又上海电云：英国东洋舰队司令官赊摩亚，率引各国联合兵千四百名由津入京，途中前为官兵所控，后被团匪所击，孤军立于其中，粮食缺乏，饮水不良，夜无可宿之处云。又云中国今日之小铳，比与日本交战时所用者远胜。又云美国有七千兵由孟尼拿向大沽北航。又云十三日扬子江之芜湖口，其(上)土民袭击日本田中商会，幸为本地之道台保护，得不至变生大事。

二十日天津电云：西后简派端王管理总理衙门事务，盖欲以一事权，俾办理交涉，较有把握。目下西后已将所有庶政，悉行付托端王，令其自行裁夺也。又云驻京各国公使公同照会北京政府，力拒简派端王管理总理衙门事务。又云董军杀害日本书记生，各公使俱受惊。各国兵皆欲入京，董军阻之，势必决裂，以后将必与北京政府为难。又云至本月十八日止，俄兵调往天津、北京两处者，共计有六千三百名。又上海函云：两江总督刘制台近已札饬各属地方官，严密查拿所属大刀会匪。该匪多在江阴、镇江及清江浦、徐州府一带聚啸。如经拿获讯实确系匪党，立即就地正法，勿庸详请候示云云。又天津电云：俄人前日载到大炮四尊、马一百匹及各项军械等件。本日又到俄兵数百人，日内当即拔队入京。

二十一日上海电云：芜湖、九江、南京各地随处标贴仇敌外人之檄文，目下虽不见暴动，而人心甚不安静。又云广西省碣石县有五千反徒作乱，现官兵正在镇压。又云闻俄国更遣七千军队、十六门机关炮、十门野炮、八百军马上陆，直向北京进军。又云外国兵占夺大沽诸炮台。又云董福祥部下兵与外国护卫兵开仗。又云德国由胶州湾调千五百兵往大沽。又云上海各国领事当本礼拜日开会相议，本地警察官防有放火之虞，竭力守护诸教堂。又云安徽省内各处暴徒蜂起。又芝罘公电云：今日午前两点钟，列国联合舰队向大沽炮台开炮。因先是中国于白河口沉设水雷，以拒各国水兵上陆。各国限中国以某日即行将水雷撤去，若于期限内不撤去，则即开炮轰击。中国官兵不允从，致有此事。又云廿一朝一点钟，外国联合舰队方碇泊大沽口外，无甚动静。而中国兵士不知因何警告，即由炮台放炮轰击。时列国军舰中，有英兵舰名鸦路遮连(千五十吨，千四百马力，十三海里)、德国炮舰名衣路知士(八百九十五吨，千三百马力，十三海里)、日本炮舰名爱宕(六百十五吨，七百马力，十二海里)、美国炮舰名育克他换(千七百十吨，三千三百九十二马力，十六海里)、俄国炮舰名孟招路(千四十六吨，千四百马力，十四海里)。第一发之炮不中，及后炮弹乱发。英、德二国兵舰受伤，列国舰队施放巨炮应之，将诸炮台轰击粉碎，且有俄国陆兵在陆上协同夹攻。及至天晓，诸联合舰队挥铳上陆，追逐中国官兵及杀毙数百人。中国兵均向北方退走。英、德二炮舰受击,其兵员死伤不少。又云英兵舰鸦路遮连虽不至沉没,而所伤甚重。又上海电云:英国由印度派遣两联队往香港。又云保定之电线仍不通。又云西太后有崩逝之风说,但不知皇上之消息如何。又云风闻李鸿章在澳门购买七百人之军器。又天津电云:团匪于天津破坏教堂,毁断电柱,种种横暴,无所不至。此地商业悉已停绝。又云闻列国军舰当大沽战斗之时,有两舰被击沉。又云今次大沽炮战,意、奥两国不与其列。

二十二日天津电云:目下北京、天津间之各国上陆兵约五千名。又芝罘公电云:昨日大沽炮战,自午前两点钟起,至午前八点钟方止。其炮声连续不断。又云昨日之战,列国军队甚属联络。又云俄国由旅顺发调陆兵四千往大沽。又云日本丰桥舰载水兵三百三十名上陆。又传谓英舰二艘被击沉。又云至本十八日,北京各国公使及商民均属无事。至十八夜,其已逃进北京城内之耶稣教士为匪徒所虐杀。又上海电云:当日上海各国领事会议防御上海。上海道台发遣军队若干,以保护徐家汇之法教堂。又云北京大学堂风闻十八日已被团匪烧毁,并拉去某道台。又云风闻西后已赴热河避难。又云北京有旨命李鸿章、刘坤一、张之洞三人急速来京。又云津沪电线今尚不通。又芝罘电云:俄国陆兵队三千名及可萨克兵若干、英国一千名、德国千三百名,本日已到大沽。又上海电云:闻北京各国公使被袭击,日本公使馆已被烧毁。又云芜湖日本人之店铺悉被焚烧。人口有无死伤,尚未详知。又云昨日天津内外商人会议,所有各货物之交易延期三个月。火灾保险公司之契约已尽退回。上海中国银行停止出揭,且借出之银已陆续收回。又云扬子江出口之货物渐渐减少。又伦敦电云:法国政府接到云南法领事被暴徒捕虏之报,即将驻法京中国公使裕庚捕捉,以为担保法领事之质。又日本常备舰队司令官海军少将有马氏,统率高砂舰(钢装二等巡洋舰,排水量四千二百二十二吨,马力一万五千九百六十七,速力二十三海里)、秋津洲舰(钢装三等巡洋舰,排水量三千百十七吨,马力八千五百十六吨,速力十九海里)及曩日派遣于北清之吉野舰,前后由佐世保(日本船澳)向大沽进发。又八重山舰(报知舰,排水量一千六百九吨,速力二十海里)昨日午前过马关海峡,向西方急行。又千岁舰(二等巡洋舰,排水量四千八百三十六吨,速力二十三海里)亦已受命将派往中国。

二十三日上海电云:李鸿章受命北上,昨日由香港出发。又云天津直隶总督衙门被拳匪所烧。又云大沽炮台为俄、德、英、日四国占领。又云廿一日大沽之役,各国官兵受损害者,俄国将校四名、兵士十六名战死,兵士十五名负伤,或云因舰内火药库爆发所致。又一报云:英国战死一名,负伤四名;法国战死一名,负伤一名;德国战死三名,负伤七名;俄国战死十六名,负伤四十五名;日本兵之死伤未接确报。又云列国联合舰队将中国水雷艇数只捕去,占领白河两岸各炮台。又云直隶总督裕禄革职,发交刑部。又云甘军将军董福祥以杀害日本书记生革职。又柴棍电云:法国更增遣军舰来中国。又云据芝罘之报,北京诸公使馆既被匪徒所夺云。又芝罘电云:外国联合队约千二百名,内日本兵约三百七十名,共集于铁道之车站,以攻击大沽炮台。又云大沽北方内面最优势之炮台,为日本兵占领,升树日本国旗。日本海军中佐服部雄吉氏及兵卒九名战死,一名重伤,多名轻伤。俄兵损害最多,死伤者约有七十余名。然据是日正午日本笠置舰长公电,则云日本兵战死者不过四名,负伤者五名而已。又云所有负伤兵士,俱由日兵舰肥后丸载往佐世保调治。内日本负伤兵五名,俄兵七十名,其余负伤者未详。又上海电云:四川省匪徒暴起,成都府已被烧去。又云驻英中国公使罗丰禄在伦敦被捕。又云牛庄之周围甚危,有两村落已被烧去,但芝罘目下尚平静。又云大沽之战,日、英两国兵占领北岸炮台,俄、法、德三国兵占领南岸炮台。又汉口公电云:英国二等巡洋舰名哈密安(四千三百六十吨,九千马力,十九海里)不日来着。又云距汉口百里之天门县地方,本月十八日暴徒蜂起,将英教堂破坏。各教士之物件尽行窃取。内有教士一名系医师,于廿一日遁来汉口。又云张之洞既由武昌派兵往该地弹压。

二十四日上海电云:据确实消息,谓驻京有十国公使同被杀害。又云政府命山东巡抚袁世凯率兵入京。又云京津间之外国联合兵队已入北京。又云李鸿章受请和之任。又云芝罘道台被英国捕虏。午后复接上海电云:北京诸公使馆无恙。目下联合队司令官赊摩亚中将在北京云。又据德国东洋舰队司令官由秦皇岛经朝鲜发来电云:德国水师提督已由胶州遣水兵二百四十名、马其深炮九门、野炮四门,往援大沽之战。又云津沽闻有七千拳匪及中国兵,到处放火杀戮居民。又云大沽之战,德国海军中尉娇礼氏战死,海军大佐蒟时氏负伤。二氏皆德国衣路訾士炮舰之统带员也。又俄国衣路约炮舰(九百六十三吨,一千马力,速力十二海里)被炮弹破裂,舰内火药爆发。受损害者甚夥,死者八名,负伤者多名。英国甲装巡洋舰安顿德(五千六百吨,八千五百马力,速力十二海里)昨夜到沪,泊近吴淞炮台。因中国欲开战端,故作准备。但目下中国南洋舰队所属之兵舰二艘,与安顿德舰相距二里,在扬子江碇泊无事。又云前电言公使被杀之事,颇属可疑,不甚真确。又云李鸿章将附英国轮船,应召北上。又伦敦电云:英国水雷驱逐艇二艘,在附近大沽之河中捕获中国驱逐艇四艘。日本石见电云:由石见派遣二十一联队往中国。又伦敦电云:法国派遣军舰三只往中国,及海兵一大队、炮兵二大队。又上海电云:芜湖暴徒甚猖獗,焚烧人家七十间,已即被镇压。又芝罘公电云:各国联队方由塘沽向天津进发。又云天津租界十八晚被烧,然未得其详。又云旅顺口检察日本人之电信甚严,不知何故?日本人中之店户有被搜索者。又云天津日本领事馆及日本商店等,已被焚烧。又上海公电云:英国海军将军赊摩亚得无事直达北京。各国公使馆之能安全否,犹未得确报。又重庆电云:四川目下虽稍靖,然不能保其一旦无窃发之虞。故其地之英国领事电请英国东洋舰队司令长官,派遣军舰一艘,为防虞之计云。

二十五上海电云:皇上住居之宫殿被烧,皇上被杀,西后自杀,此事不知确否?上海各国领事均严禁各报馆登载。又云德国蒟时中佐于大沽之战受伤过重,遂死去。又云李鸿章转念有不上京之意。又云政府欲迁都山西省太原府,与外国决战。又云义和团首谋者谒见西后。又云上海各国领事于本日集议防虞之计,决定电请在大沽列国舰队司令长官,求增遣军舰保护。又香港电云:李鸿章听命北上,廿七日由香港附轮前往上海。又芝罘公电云:目下外国有七千军队在大沽。又英国兵二百名在香港,二百名(召募之中国兵)由威海卫到着大沽。俄国再增遣兵员于大沽云。又云天津杀害外人百五十名。又云昨日各国联合兵队因排除中国兵之凶暴,方在开炮向天津弹击。又日本肥后丸已入佐世保,只载日本负伤兵五名,不见有七十名负伤之俄兵云。

二十六日上海电云:唐山煤坑落匪徒之手,坑内水浸,诸器械被破坏。又云上海法领事接到天津法领事之电,谓天津为中国官兵炮击,目下形势甚危。又云英国一等巡洋舰英支密安(七千三百五十吨,一万二千马力,速力二十海里)由大沽来上海,本日十点钟入口,购买弹药、粮食、医料、靴、军服等。又英国准备陆上进兵,但其方向未能详知。又英国士凹形舰打富礼(千百四十吨,二千马力,速力十四海里)本日由香港到上海,为保护上海商旅,输进四百人份之小铳及弹药等。又云依目下形势,英、俄两国在中国势力互相对峙。俄国则于天津占最优之势,英国则于扬子江占最优之势。又云当天津租界焚烧时,中国兵以四十斤炮之弹丸向市街爆发,杀害百五十人,破坏美国领事馆。又云北京城内官兵日加凶暴,外人常被攻击。而外国联合陆队又未到,故城内之外人未有保护,日有财产性命之虞云。又云诸公使之被杀,上海人多信以为实。又云驻南京英领事于廿一日午前十时面两江总督刘坤一,谓英国自保扬子江,不许他国军舰拦人,刘坤一许之。又俄国公使函照湖广总督张之洞,谓俄国因要保护芦汉铁道,宜自发遣军队于汉口。今汉口有俄国军舰二艘。又芝罘公电云:天津市内被官兵与团匪围困。自廿一日以来,连受烈炮轰击。在大沽各国联合军队,有一部现方进行往救。又上海电云:天津连被炮击不断,故租界已被焚烧殆尽。虽铁道车站有俄兵据守,然甚危迫,必要援兵救护方可,目下死伤甚众云。又云由塘沽至军粮城现下开通铁道。又云据十八日所发之报,除英、奥、比三国之外,所有驻北京各公使馆悉被焚烧。列国之保护兵屡与官兵交战。又云俄国由浦潮斯德调兵一万名至大沽上陆,又有四千名方在途中,而其本国尚陆续调来不绝。又云英国以运送船嗟兰加载海兵八百名,于四十八点钟内行抵上海。又云中国有巡洋舰及炮舰五艘,由芝罘来着上海,即海琛(巡洋舰,二千九百五十吨,八千马力,速力二十海里)、海容(巡洋舰,四千三百吨,一万七千马力,速力二十四海里)、飞鹰(炮舰,八百五十吨,四千五百马力)、海天(巡洋舰,二千一百吨,二千四百马力,速力十六海里)、海地也(与海天同)。又云吴淞炮台已设战备,有新式炮八门,兵员一千五百人。又云天津租界虽被尽烧,而死伤者尚未详。又芝罘刻下有被匪徒攻击甚急之风说。廿七日芝罘电云:俄国可萨克兵占领山海关及白戴河(又名白泰河),芝罘无事。又云芝罘、天津及牛庄间之电信尚不通。又北京之安危不知。又云聂士成部下之兵数约有八千五六十名,其一部由芦台行抵天津,廿二日与外兵三千交战。又云北京目下团匪极狂乱,虐杀盛行。又上海电云:俄国义勇舰柯里翳路,载有可萨克兵欲入汉口上陆。张之洞拒之,以部下军队能保护外人生命财产云。又云英国打富礼舰舰长烟固林,任防御上海之事,弹药已运上陆,藏置于英领事署内。又云据俄领事所言,目下有俄兵四千由津进京。又云李鸿章因各国领事之要求,故仍留广东。又云目下上海碇泊之外国军舰:日本一艘,美国一艘,英国三艘。又云上海今虽无事,而人心甚恟恟。又云天津中国街中心高塔以东尽被烧去,官兵从城壁上施放大炮,以轰击外国租界。俄国援军大队廿三日由大沽上陆,又美国兵百五十名、德国兵二百名,陆续上岸云。又云天津之外兵望援甚切,因弹药早已用尽云。又云中国兵防御江阴、吴淞、银岛(皆扬子江口)颇严,大抵是防外兵进入。满洲将军由苏州发兵助之。又云英国似以威海卫为陆兵发军之策源云。又伦敦电云:英国再命一千水兵及海兵队向中国出发。又芝罘公电云:据本日入口之英舰柯兰之报,虽联合军(由大沽向天津之外国兵)一时被击退,而昨夜再开仗。英国士官战死一名,负伤一名,水兵负伤二名。其各国兵或有被捕者,或有被杀者,而俄兵死伤最多。又上海电云:芝罘西部要塞有大炮四门、军队一千人,更有由宁海州兵士若干到着。昨日闻有外兵三千,由大沽向天津进发。廿八日厦门公电云:政府命闽浙总督即醵集银四十万两,速运送入京,不可延滞云。又上海电云:据上海捷报接芝罘来电,言德国二等巡洋舰忌飞安(四千二百七吨,九千马力,速力二十海里)于今朝十点钟由大沽至芝罘,确言外国联合军被击退事,及俄兵战死一百八十名,拳匪仍将大沽炮台夺还云。又云欧洲各国及美国求日本增发军队往中国,以救护欧洲旅居之人。该电于廿四夜已达日本东京云。又二日以内日本军队二千人,为乘船之准备。又云天津至牛庄之铁道破坏数处,诸外人多逃入牛庄。牛庄之英国领事电请英国发遣炮舰救护,不然定落俄人保护。俄国将陆续由旅顺及北部地方遣军队来矣,幸目下此地之居民尚无恙云。又西贡电云:中国兵一万五千名连日在天津炮击外国租界地,外人之财产虽受非常损害,幸死伤者不众。又云北京各国公使馆确无恙。又上海公电云:中国政府求各国公使速退去,然未限以时日。又据由保定府电报局所发之电云:在天津轰击外国人所用之大炮,乃义和团匪向其地之总督衙门借取者云。又芝罘公电云:日本输送第二次陆军,乘威海丸及廿七日行抵大沽。又有水雷驱逐艇丛云,亦于是日午前九点钟到着大沽。又云北洋水师旗舰海容,在大沽口被外国联合舰队拘禁。其余尚有四只由上海遁入扬子江上流之江阴,隐伏于炮塞之下。同日又接上海友人函云:现北京势日危殆,在职大吏之有实权者均心摇摇如悬旌,不能自主。而大司马大将军荣中堂之后军提督袁世凯手握五千重兵,以枭桀之性,怀狡险之心。近目击各国于北京政府情形,知今日非复逢迎上意安然做官之日,故其举动多与政府背驰,见者咸骇其怀抱异志,纷传其将欲谋反云。又云此次西后之袒护团匪,不惜犯天下之不韪,以与各国开衅者,实缘其嘉团匪忠君爱国、扶清灭洋,与彼所谓保国会之保中国不保大清之宗旨反对云。又张之洞电达东京留学生之监督张瑛绪,谓会同刘坤一、李鸿章、王文韶、鹿传霖、袁世凯,合力剿办团匪云。

六月初二日(6 月 28 日)

《新闻报》

望有转机感言

团匪之猖獗,由于朝廷之不剿办;朝廷之不剿办,由于臣下之蒙蔽,夫人而知之矣。然而凡事可蒙蔽于一时,不能蒙蔽于日久;可蒙蔽于耳目所不及,不可蒙蔽于耳目之前。自团匪窜扰京畿以来,匪势日炽,大臣一意袒匪,讳为拳民,宦(监)[竖]尽行串通,日夕摇惑慈聪。故虽十三日以后团匪扰及京城之内,而十五日上谕犹称拳民业已具结,焚杀之案为奸匪所为,为之分别。则盖蒙蔽于刚、赵勒令匪徒所具之结也。既已具结,地方应可平靖,而乃京城之内朝廷耳目能及之处,骚扰日甚。至十八之夜,各处焚烧如旧,明目张胆沿途喊杀,持械寻仇,间有杀害。官兵任其猖獗,城门由其出入,匪势日甚。若此为日之久,若此耳目之近,若此而谓朝廷圣聪犹可以蒙蔽乎?此十九日上谕所以实指为拳匪,而不能复称为拳民也。恭读十九日上谕,知向时之蒙蔽如云雾之已散,故既饬步军统领督率兵队勒限拿犯,一有拿获立即正法。又恐队伍缉捕不力,派护军统领四员随时稽查参办。又恐城门由其出入,派副都统九员监查出入,城外则派五城御史认真查办。犹恐各员疏懈坐误,派庆亲王等二王、一贝勒、一宰相，总其大成。似此云雾尽散，皎日当空，蒙蔽扫除，圣聪独断，则团匪当即日可平，而宫闱可安，社稷可保，外衅可弭，岂非中国之大转机哉？然窃以为事机之转，不过略有端倪。昔白莲教起事之先，贿通内监，蒙蔽睿庙，与团匪无异。一旦起事于宫墙，睿庙震骇，几致于不可收拾。幸而成庙时在潜邸，亲执火枪，身先卫士，乱匪奸竖，立刻歼除，然后各省之匪以次剿平。应变之方，原贵神速，祖宗伟烈，史策昭然。今京城之内，明目张胆持械喊杀，官兵任其猖獗，城门任其出入，较之白莲教之起事尤为可骇，岂弹压梭巡严拿解散即能平乱？盖非亲藩重臣率先剿办，则不足以平匪乱、安宫闱、保社稷、弭外衅也。未能大转机者，此其一也。朝廷于十七日犹以为拳民业已具结，京城焚杀之案系奸匪所为。至十九日则已明知为拳匪，此因京城为耳目所能及，故蒙蔽之术不能久售。至于京外各县、京津道路匪踪密布，朝廷耳目未易即及，即难保大臣宦竖不仍以别种奸匪蒙蔽圣聪。故派出各军，仍旧揣摩权要，不能实力剿捕。至于京津道路依然不通，天津复有肆行焚掠督署被毁之事，因之无以谢各国，无以却外兵。未能大转机者，此其二也。十七日派员剿办不用董军，而用宋、马，十九日上谕不提刚、赵，而任荣相。似朝廷已知刚、赵、董诸人袒护匪徒，蒙蔽圣聪，为逼召外衅图危社稷之祸根乎？然非将蒙蔽之各大臣、各奸竖立即治罪，则匪乱终不能平。匪乱不平，则不敢以谢各国却外兵，而宫闱难安，社稷难保。未能大转机者，此其三也。有此三者，故曰事机之转，不过略有端倪。然而先入为主，拳民忠义之说既已先入，欲一旦而大有转机，本非易易。诚能因十九日之圣聪推而广之，京外大小臣工均能实力剿匪，则中国之转机其以此乎？

《申报》

论沪上门禁

有客语执笔人曰：自义和拳匪窜扰京津一带，狼奔豕突，凶焰日张，沪上人心皇皇，一闻鹤唳风声，即有八公山草木皆兵之概。苏松太兵备道余晋珊观察绸缪未雨，深恐土匪乘间窃发，扰害地方，除檄委各员督率勇丁分投巡缉外，复发饬各域弁勇，每夜以九点钟为度，一律下钥，非紧要公事执有对牌者，概不准轻启。犹恐各城弁勇不免有阳奉阴违情事，派员四出查察防范，亦可谓严矣。凡典守城门者，弁有俸，勇有粮。当此时势艰难，宜如何黾勉从公，稍体上宪安良除暴之心，一洗从前舞弊营私之习。乃吾观近日各城员弁，则有大谬不然者。平时每晚闭门后，凡官幕及素有节规之绅富，即开出入，旁人皆可相从于后，略不阻拦。此外，则赂以小银钱一枚，纳之亦惟恐不遑，其随行者之多寡不问也。迨一遇有事之秋，官长查禁愈严，则若辈需索愈甚。当甲午中东构衅之际，凡深夜出入者，每人须献小银钱一枚，甚或增至二三枚，否则概屏诸门外。故当时有不问东洋人，只要东洋照会之谣。怨恨之气积于人心，其不激而生变者几希，殷鉴不远，沪人士皆能道之。今观察以拳匪日炽，思患预防，特于门禁，谆谆加意。而若辈即以此为借口，竟敢故智复萌，尝谓行人曰：朝廷不差饿兵，尔等何得吝此区区之费耶？一若此项陋规竟为其所应得也者。刻下虽经观察随时委员稽察，而委员终不能竟夜驻守，且以委员驻守较久，羁延时刻，无从取盈，故于其去后欲壑益恣，是岂观察所及料哉？说者谓此时沪上幸无土匪作乱耳，使果有匪党欲于月黑宵深之际混迹入城，此等弁兵利令智昏，安在不可以计诱？是所谓防之查之者，依然有名无实。北门管钥，不几同于虚设乎？不独此也，人惟不平则鸣，郁积久则发之必暴。原义和拳匪发难之始，非必深怒积怨于教士也，只以平民偶与教民龃龉，咸疑教士有偏袒之处，忿无可泄，仇之愈深，遂至一发而不可收拾。此次观察下令，各城慎其启闭，果使抱关之吏奉公守法，不稍徇私，彼小民亦自能唯唯遵从，不敢稍生怨望。今竟见利忘害若此，我恐日复一日，倘一经匪人勾煽其间，沪上之忧不在拳匪，而在萧墙之内也。况闻近日当得贿开阖时，旁人或不肯解囊，守者即任意以鞭箠相向，尤足激人忿怒而启其嚣竞之心。予文弱人也，目击情形，只敢怒而不敢言，无计与之争辩。吾子职司记载，其亦有所闻乎？执笔人曰：噫嘻！有如此哉！仆侨居租界之中，秉烛夜行，幸免此累。故虽人言藉藉，亦何暇为此越俎之谋？诚如子所言，是观察保卫商民之善政仁心，竟败于若辈之手，更曷贵多此一举哉？虽然，密访明查，岂无良策？小惩大戒，具有权衡。诚使在上者矢以精心，持以实力，使鬼蜮伎俩无可复施。则有力者不敢恃阿堵而生冀幸之心；无力者亦不至以囊涩而抱向隅之憾。彼图谋不轨者更何从乘隙生心？弭患无形，道在是乎！予其拭目俟之可也。客乃唯唯，称是而退。

六月初三日（6 月 29 日）

《新闻报》

续论上海为安居之地

积十四国货物资财而萃之于上海，未有不自为保护也。托居其宇下者，藉其保护货物资财而得以安居，此上海所以为安乐土也。西国政治以商为重，国家度支悉资于商，故洞辟门户，货财流通口岸者，西人以为通商之地，不以为战场也。上海为五洲荟萃之区，富财甲于他处，通商之地经营数十年，既庶既富，俨为一兴盛之邦，创建颇自不易。彼挟十四国全力以创建之者，亦必挟十四国全力以保存之，未有弃而不顾而肯坐失其产业也。近以北方乱耗波及天津租界，于是南方之人咸相杞忧，以为天津租界既无足恃，上海租界又何足恃乎？纷纷移居，举国若狂，一唱百和，十室九空。乃至轮船开往宁波一日四艘，而苏州河之赴苏、赴杭者河道为塞，是诚愚民之无之知也。吾请言居住上海之安，吾请言移出上海之危。夫上海租界之地址远过于天津租界，商团之训练、工部局之防范，魄力之大如此，曾何畏于土棍流氓，此可靠一也。十四国之经营数千百万，货财之关系彼断不肯不力为保护，此可靠二也。天津之有团匪遍地皆是，上海第流氓耳，情形与天津迥异，此可靠三也。天津租界被炮轰击，因大沽炮台失守，乱民藉以乌合耳，上海租界防维极严，并无乱民，此可靠四也。此事系纵容团匪，南事有江督、楚督专以严拿团匪为任，此可靠五也。上海资财中西并较，西人倍于中人，彼安肯不极力保护？此可靠六也。凡此皆居住上海之可安也。若夫舍此迁徙则反是，一家移之，十家随之，不转瞬而一弄空；前弄空而后弄不能居，楼下空而楼上不能居，盗贼觊覦，此不可靠一也。空屋多则盗贼有藏污之所，有出没之区，见有箱囊丽都行装阔绰者尾而随之，或劫或抢，半途可忧，此不可靠二也。纷纷迁徙，轮船不能容,船中遗失物件意中之事,以辛苦之资财、全家之积蓄,不丧于兵祸而丧于迁徙,此不可靠三也。西人之保护租界者重在商务,今市面败坏,人民迁避,假使激成恼怒,下不准搬动之令,则人亦不敢不遵,此不可靠四也。上海租界内之所以保全而无土匪者,畏西人也。租界以外土匪土棍,当此乱时最易起事,一起事必有兵连祸结之虑,舍租界而之内地不啻蹈于危机,此不可靠五也。由上海迁徙者,以为上海危而他处安,殊不知上海一危则无处可安,天下必大乱,此不可靠六也。总之,居住上海可保其安,移出上海难免其不危。人心之虚,辄以无据之词、影响之语,一传百信,无故惊疑。叩其何故为此?彼亦不自解,但曰人如是为之,吾亦如是为之。叩其乱耗何在?则曰吾但人云亦云,吾亦不自解也。种种虚惊,极愚极拙,殊不知纷纷迁徙,乱耗并毫不相关。久之彼亦知迁徙之愚,而失业者有之,而耗财者有之,而被累受害者有之。自取其咎,夫复谁怨?向使镇静不惊,不煽惑,不摇动,各安其家、各营其业,何至受愚若是哉!天下是非之理、进退之机、安危之途,只须拿出见识详细审察,便有自处之法。若虚惊行事,播摇全局,则大不可。某所为续论上海安居,以殷殷告我同人焉。

六月初五日(7 月 1 日)

《中外日报》

[论说] 书杨副将遇难事

保定杨福同,字云峰,以副将会统天津练军左翼。拳匪之乱萌芽于乾隆中叶,复煽于嘉庆,再张于今日。始鲁继燕,浸淫旁窜窟穴于易州涞水。直隶总督忧之,命福同往定其众。四月下旬,福同率骑士两哨,行比至,而旁县定兴,匪扰教堂,乃以六十余骑驰赴,而独偕二十余骑驻涞水城。二十三日晚,会鞫所执匪累日,其童骏者悉释之。是夕五鼓尽,高楼民以匪警报,已啸聚数百人矣。高楼者,涞水县村也,去城数十里。福同率二十余骑往镇之。匪于茫昧间望见尘上,以为官军大至也,乃益纠集其众,须臾可二千有奇,接踵而至者尚肩背相望。福同乃下骑,为匪众晓譬利害,谕以大义。言未已,枪及于腹,福同以刃格之。左右授福同辔,促上骑。福同叱曰:“以民乱而来,遇乱民而去,何以覆命?且何以对不乱之民?”乃却辔,复为匪剖析。匪连刃之,迄不动。左右挟以行不数武,一人踣于马前,视之则所从骑也。福同愤甚,复下骑大声呼匪语曰:“若知我来此,岂戕若耶?释若惑以活若耳,何仇我为?”匪怒刭其颈,群匪交刃之,遂死焉。时四月二十四日也。其左右卢某跻且捷,夺匪械刺十弹,人皆应手毙。群刃交集,卢亦毙,骑士乃并然。洋枪十余发弹尽,以枪代戈,匪势四合,军败入城,匪寻亦散。是役也,福同之左右七人,死三人,创四人,福同于是能得士之死力矣。夫福同所从士虽寡,然以火器之军当戈戟之众,于悉歼也何有?顾惟激变之是惧,亲入匪穴,下骑晓譬,焦唇敝舌于豺狼之间。意欲解散不逞之徒,为国家弭患于无形,其胆识有足多者。吾闻之某某曰,杨君勤廉忠勇人也。前统卫骑者拥护帅节外,则终日嬉游无所事事。君独踔厉风发,地方有风尘之警,辄投袂请行。驰于大名、保定十余州县之间，无役不与。士卒有休沐者，廪之如在伍时。迹其始终，可不谓良将也哉？予既为国家失一良将惜，而又痛世之知君不悉，反以激变咎君，则军籍中人且以释甲执冰为得计，举犯难勤事以相戒也，故备书之。

记者曰：吾闻杨君死事后，以不慊于政府之故。饰终之典寂然无闻，为之抑郁不欢者累日。以南北相距远，又适在军务倥匆之时，欲探访其事而不可得，遂使忠烈之梗概不得表暴于当世，抑亦执笔者之咎也。兹特据芜湖某君来稿，点定数字著于报端，盖亦为当轴诸公讽也。

《中国旬报》第十五期

官文：札文照录

上海县昨接本府札开，奉署按察使司朱排单，札奉钦差大臣两江总督部堂刘札开："为通饬事：照得本大臣访闻，三江各属教民日多，教案亦日众，皆因各该州县平日于民间词讼往往延不勘断，或审断不公，百姓负屈难伸，辄投教堂祈求教士为之代请。初用私信，继用公文，甚至于州县坐堂审案之时，教士旁坐观听，为教民辩驳。庸儒牧令，因而迁就一二。由是民间以投教可为护符，从风而靡。循此不改，将尽驱平民入教而地方官不能自主矣。是该州县不能治民，各道府不能察吏之过。查各省本设有词讼章程，审断各有期限，事久生玩，遂成具文。应由该司将原设章程，斟酌损益，重行申明，以后由该管道府认真查看。如各州县于民间词讼审断逾期、审断不公，或提道府勘审，或委员往该州县督同审理，以期政平，词讼两造无叹息愁恨之声，不至相率入教。如有民教交涉案件，务须照条约由地方官按中国例持平办理，不得屈抑教民，亦不得袒庇教民，激成仇隙。至教士登堂观审，条约所不准行，峻拒婉辞，是在该州县相机安处。当此时局艰难，朝廷旰食，该地方官职守攸关，以固结民心为第一要义。而教民仍是中国百姓，亦不得稍存畛域之私，酿成事故。除通饬遵办，合行扎饬札司，即便通饬各地方官一体凛遵毋违，特札。"等因奉此。本署司查定例，州县自理户婚田土等项案件，限二十日完结。如违不结，不及一月者罚俸一个月，一月以上者罚俸一年，半年以上者罚俸二年，一年以上者降一级留任。又本省清讼月报章程，则以是否依照例限审结。每月按成数定功过，该管道府直隶州视州县功过之多寡为衡。立法已极周备，损益亦尚得宜，但使各州厅县遵守勿违。该管上司认真稽核，自无流弊。兹奉前因，除申复并分别移行遵办外，合亟排单通饬札府，立即遵照认真稽核转饬云云。教之结局，竟至今日，岂意料所及哉？

视听录：拳事始末记二

京畿村市，无论民教概被团党抢劫焚毁，村民扶老携幼争先逃难，哭声遍野，城内人心大乱。京津电线本有三条，乃前日下午该线三条同时被割。拳党首领韩姓素得众心，前遣人赴董军自陈，愿将戕杀杨副将各党擒送军前，听凭处治。董福祥允之，且谕以遣散胁从，安分自守而遣之。约令次日送党到营。乃待之两日，信息杳然。赵展如府尹奉命宣抚解散，然拳党散漫，绝无归(著)[着]。其为首之人，亦不知主名，以此颇难着手。除将初十日上谕誊黄饬发各州县外，又缮示多张遍贴各邑城乡而已。通州附郭教堂被焚，城内外居民纷纷迁徙。虽经地方官一再谕止,无如互相传告,哄动愈众。且惩于琉璃河车站之焚,皆知团党以仇教为名,又以涿州、深州相继被占。近京各州县莫不惊惶失措,各处所扎防营又皆不敢轻与团党为敌。俄人曾阻各国调兵,然有谓其布置一切已极,周匝者帷灯匣剑,不知有人参透否?团党猝入涿州,并未攻击,唾手而得。初时犹阳奉州官,请其遍籍州民,勒令助饷,其后乃将州官杀害。其党之分扰深州、冀州者,举动皆与涿州无异。通州现被党徒纵火焚烧,京中已派有救兵一队,前往救应。该处教民为拳党所杀者不少。前初二日,德兵由胶州调往北京,旋于初六日得电,知到津后英国出而阻止,坚不许德兵登岸,德兵不从。保定府为直隶省城,闻前日亦为团党纵火焚烧。复闻刚毅业与荣禄同往该处查察情形,拟将拳党设法解散。

天津五月四号来信谓:是日有俄国可萨克斯兵士一队约三十余人,向西侦探团党踪迹,于路遇见团党甚众,皆带足枪炮、刀剑等物。俄兵即与接战,虽将团党击毙不少,但统兵官腹上亦受枪伤。闻有确信谓:有团党一大队,已由山东窜入江苏境。又云:俄使明告总署,谓俄国现在必极力帮助中国,故各国调兵入京,俄必代中国设法阻止。如各国不从,则俄必多调得力之兵入京以相抵制。又云:近日俄使与总署王大臣甚为亲密,故各国公使所有一切议论、举动,俄使辄告诸总署预为之备。十四日,有某国商人代俄人购办灰面一百万磅,运往京津以供军用。十四日,董福祥已在京城左近与各国兵开仗。赵舒翘拜抚辑之命,出都后函致某邸缕述党情,有“此中良莠不齐,剿之玉石俱碎,抚之清浊难分,执两用中,自在睿断”之语。某邸呈之太后,因令寄谕赵暂命回京。董福祥有愿御外侮、不敌内党之请。探得寓沪诸著名士绅于前日联名电致欧、美、日等国备陈利害,请各国断不可各生异心,惟求合力保护光绪帝,迁都复辟,以行新政,则乱事不剿而平云云。

天津来简云:大城县属之凤凰店李公堡庄,刻有大股团党啸众。保定地方团党分两种装束,一种红腰带,一种黄腰带。离京三十五里之长辛店地方现有团党盘踞,号称二万。涿州、雄县二处城门已由团党扼守,稽查出入,惟并未驱逐官长。十五日,获鹿县消息云:承德府属团党亦相率起事,拆毁电线十余里,文安县附郭村庄均被焚掠。县城闻警,颇为惶惑。顺天、保定、河间所属之霸州、新城、雄县、定兴、任邱、河间各邑附近村堡,均有被焚掠者。涿州车站被劫之时,站长全家均被杀戮。拳党扬言将扑保定,省城戒严,各大员均存栗栗危惧之心。京师永定门外马家堡地方,初四日下午由火车运至各国兵队,各持洋枪由马家堡排队而行至永定门首。步军统领崇受之、英溥二总兵俱在永定门内官厅弹压,西国兵丁陆续进城。又有大炮一尊在永定门外停放,旋经崇等勘毕载运入城。因此都中人心甚为惊惶。惟闻此次西兵进京,专为保护驻京公使署及寓京西商、教士起见,非有他意。经崇等一一晓谕,众心始安。(兰)[廊]坊车站亦被轰毁,静海县城已为团党占据。江督刘坤一近接京电,令其预备一切战事。若遇有大队英兵船私进长江,即令各炮台开炮攻击。盖外间传言,若俄国帮助中国,英国必将占夺沿江各处,故有此举。又命刘坤一派洋操营一万人,由旱道前往北京,助剿拳党。并闻两湖总督张之洞是日亦得京电,令其与江督刘坤一会办江防。两江总督刘坤一接电后,以迩来义和团党愈闹愈炽,江省徐属一带地方实与东省接壤,诚恐蔓延,因于前日行文札知徐州镇道并驻防该处各营,赶紧妥筹防务,以固边圉。五月初八日,黄村车站被义和拳党焚毁。事后有过其地者,见票房仅存瓦砾,门外直立电杆一株。轨道则曾不须臾即经修整,刻已照常行驶火车矣。站长之弟某甲业被拳党所戕，电报生亦刃伤其一。驻防是地之武卫前军与之对垒，阵毙拳党一二十人，官兵阵亡者数亦如之。裕禄闻报之余，立派天津练军左营步队两哨，星夜飞驰而往，相机行事，剿抚兼施。

先是初五日之晚，俄国驻津领事闻有警耗，即商之带兵大员，派出马队三十名，督以武弁三员，于初六晨驰往前途迎迓。讵料歧途误入，未能避逅相逢，致有妇孺六人不知去向。当俄兵经行之处，村民一律闭门。时近黄昏，行抵独流县境，遥见不知名之三村落如"品"字形。正拟扎营憩息，突见后两村人众鱼贯而至，与之为难。当此队之行也，奉将令迎护避难西人，不准妄发枪弹。至是，俄弁向之操华语开道。语未毕，已被村民用竹枪猛刺，某什长亦伤及鼻尖。帮办某君知事急难以脱身，拔刃斫取两人首级。村民不知进退，仍复蜂拥而前，追马队奋勇杀毙二三十人，余始纷纷四散。盖村民皆拳党类，故成群结队以抗之也。正互斗时，有散发束铜箍、腰系红腰带、如头陀之五人策马上前，口中喃喃诵咒。俄兵初疑即彼中之祖师，谣传能赤身御枪炮者，及挥以刃，则中有两人头颅皆脆如瓜落，乃取其未发之箍及刀械、旗帜而还。有见者谓旗系红边、白心，大书"保甲义和团练"六字。

自初一日义和团党焚毁长辛店车站后，各国驻京公使照会总署，将调兵入京保护使馆。总署复以中国自当妥为保护，毋庸调兵。各公使以兵舰已到，兵亦登岸，势难中止。往复函商，乃于是日下午四点(下)[钟]允诺。长辛店附近之三合庄房屋，亦于初一日被烧殆尽。拳党即盘踞此处，至今未散。永定门驻扎之武卫中军，于初四下午移营至芦沟桥驻扎。河间府卧佛堂地方聚有团党数千人，虽无杀害教民之事，而该处教堂业已被焚，居民不堪其扰。户部札调神机营保护仓库，共计搭棚帐四十余座。由芦赴津之武卫前军后路队伍，现分拨五处驻防：一教场，二武库，三河东沟子，四南制造局，五闸口。闻拳党在涿州、来水各山内，几于无处不有。又探得上海淮扬商家得电音，言山东、江苏交界之处及桃源、宿迁一带，向本盗贼横行，现竟蜂起滋事。至是否义和团党，则尚无从揣测。本月十号，在大沽各国兵舰共计三十三艘，其中英舰八艘、俄舰七艘、清舰六艘、法舰四艘、日舰二艘、德舰二艘、意舰二艘、美舰一艘、澳舰一艘也。今列记其名称、吨数、兵数如左，其未明者阙之。

英国：名亚尔塞林，一千零六十吨，炮六尊，兵一百零三；名哇尔兰特，五千六百吨，炮十二，兵四百九十四；名威丁，三百六十吨，炮六，兵六十二；名先祝留恩，一万零五百吨，炮十四，兵五百三十；名斐穆，三百六十吨，炮六，兵六十二；名菴狄民，七千七百五十吨，炮十二，兵四百七十五；名阿腊戈里地，一千七百吨，炮十，兵一百零六；名拔腊非里亚，又亨密恩号亦于日昨开赴威海，不日当可驶抵大沽。

俄国：名古里民阿斯其，一千四百吨，炮十，兵一百九十；名其毒密里蒙毒斯可以，六千吨，炮十六，兵四百八十三；名密所以勃力其，九千吨，炮十四，兵五百七十；名轨以达麻可，一百五十吨，炮八，兵五十四；名萨堵尼苦，一百五十吨，炮八，兵五十四；名苦立只，一千三百吨，炮十一，兵五十，炮六，兵一百六十九；名罗斯亚，炮二十二。

清国：名飞霆，四百吨，炮三；名海圻，二百六十六吨；名海龙，二百五十吨，炮六，兵六十六；名海犀，二百五十吨，炮六，兵六十六；名海华，二百五十吨，炮六，兵六十六；名海天，三千四百吨，炮十二，兵四百十五。

法国：名叠斯加司，四千吨，炮十，兵三百六十五；名萨勃雷斯，八百零九吨，炮六，兵一百;名恩特立加斯读苦,炮四十,兵六百三十二;名其排脱,炮十。

日舰:名爱宕,六百四十八吨,炮四,兵一百零二;名笠置,四千九百七十八吨,炮二十三,兵二百零四;此外,巡舰须磨号本月十二日当必抵大沽,雷艇亦不日可抵。

德国:名伊律即士,一千吨,炮十,兵一百二十七;名概人令澳卡司违,六千零五十二吨,炮二十。

意国:名埃律拔,三千二百吨,炮二十八,兵二百九十五;名卡违布利亚。

美国:名马加拉,四千零八十九吨,炮十二,兵四百二十八;又莫拉加士号,已于昨日由沪开赴大沽。

澳国:名省他。

按此计,至西六月十号止。

六月初六日(7 月 2 日)

《新闻报》

严拿会匪

青岛报云:高唐州夏津县地方前有会匪闹教,经东抚袁慰帅派兵弹压。行至临邑县境庞河街,乃会匪百余人竟敢与官兵抗拒。枪伤官兵二名,官兵亦即燃枪轰击,伤匪十余人,生擒数名。并夺获器械若干、黄旗一杆、天禅神像一轴,此像系一鬓发俱白之老翁,名曰天禅。又夺得红梭布一块,上写会匪姓名。现经袁慰帅通饬各州县,一体逐名严拿,想若辈畏惧法网,或不敢再行滋闹矣。

《中外日报》

北京:西人论华廷剿办团匪事

读本月十三号上谕,谓日本书记生被戕一节。据此以观政府之待团匪情形,其将有转机乎?按该书记生即系在北京永定门外铁路车站不远之处为人殴毙者。想政府中此时又得各省消息,加以各督抚联名奏请,以该团匪等诿为义民,实系乱匪,作恶处难以枚举,断断不可袒护,务请严加剿办等语。故此次上谕称义和团为乱匪者,实系首次也。本月十七号,大沽各炮台为西兵所得。如政府早已转机,一心以保护洋人剿办团匪为主,西人亦何致有致炮台以哀的美敦书,逼令华兵退出之事哉?目下八大国兵舰共约三十余艘,屯集大沽口内。华廷畏惧之意,已极效验矣。想政府亦已明晓团匪实系莠民,故上谕内称为拳匪而不称为义民,并言曾派刚毅及赵舒翘至涿州等处宣布朝廷德意,所有安分拳民业已具结悔罪、齐心解散等语。故本月十三号上谕中,虽已称义和团为乱匪,而政府仍坚执旧见也。至本月十五日上谕,始云辇毂之下扰乱至此,着步军统领严饬各地面官兵并着神机、虎神营各派马步队伍,并添派中军兵弁会同弹压,加意梭巡。命遇有持械喊杀之犯立即严拿行正法，并勒限将首要各犯迅即严拿，其附和胁从之犯，饬令分别递解，其城内各处所设坛棚应尽行拆毁云云。是政府中果有剿匪之心矣。盖政府见各国兵舰三十余艘在彼，不免为之寒心；并又接各督抚电奏，细加斟酌，故能删除旧见，改易新章。若是，则北边当不难即日仍归安静矣。在各西兵等，想亦可辅助华廷共定乱祸，扫除团匪，将各西人并华教民等救护矣。太后懿旨本欲袒护团匪，今亦易而为痛恨，意图剿办，只未曾将前次曾派刚毅、赵舒翘宣抚团匪明言耳。此两人袒护团匪，视团匪为义民，其愚亦可谓至极。而内廷特简此两人往为宣抚，真欲索人而无自者也。六月十五号上谕，所有政府中著名大臣悉皆奉命办理匪乱。荣禄本力主剿办之议，兹亦奉有此命，是可知内廷之信从其言矣。即庆邸、端邸及刚毅、赵舒翘等顿易初心，均依荣相之言，以攻剿团匪为是。由此以观，本埠官场接到消息，谓六月二十五号上谕申明政府尽力保卫各国使臣眷属等之说，似甚的确矣。至六月二十八号，烟台英领事塔得门君来电，谓英水师提督西摩尔已回天津，大约该提督与华兵交战甚力，故于二十六号回转天津。总之，即是以观，可知与洋人作难者，皆系背叛华兵相助团匪之所为也。故以本月十五号之上谕寻译之，似亦言明西兵现在所争者，只团匪及助匪抵御西人进京之各华兵耳。至前次太后遣派大臣宣抚团匪者，盖误谓伊等为义民。又因曾有某侍御奏称宜将若辈收入营伍、给发口粮之语。刚毅、赵舒翘并不细思，而竟遽以为是，满人识见，亦于此可见一斑矣。此两人前次前往宣抚时，虽经诱令该匪头目于结上签字，着各解散宁家。其实伊等虽经应诺，实无解散之意，而两人遂回京奏明太后，谓彼等实系义民，现已解散。太后亦深信不疑。迨至团匪至京，到处杀人放火，政府始知其误。故大内不许看新闻纸者，实系自欲蒙蔽也。华兵中又均喜团匪作为，故更乐为之助，况又素性深恨教民，故一见教民村庄，一生忿恨即行放火斩杀，并不略为踌躇，且又性喜抢掠，此所以更喜团匪之举动也。此种华兵甚多，大沽口炮台上兵士轰击洋舰者，即其明证也。上谕至六月廿五号为止，均经发抄，众已周知。据此观之，政府或已听从荣相国及督抚之见，剿办团匪。果尔，则中国事势或有转机乎？

山东:警电联译

青岛六月三十号下午一点一分钟发来专电云：铁路总工师希而得白兰并帮办工师五人，昨晚在附近高密铁路工程处为华人攻击。即与接战，甚为利害，当击毙华人多名，并焚去房屋甚多。西人所有物件尽已失去，惟逃得性命而已，彼等已于今日行抵青岛。当闹事时，华兵亦在内帮仝抢劫，至该处之天主教士等已被华官逐出。所有三年前有教士二人被人杀毙后结案时，由兖州府华人建立之教堂一所，现亦被拆毁。现在济宁华官勒令各教士于七月二号一律离开他往。

青岛六月二十九号下午十二点二十分钟发来专电云：东抚袁中丞照会胶州德抚，谓本部院决不准德兵前往潍县救援美教士。德抚现派华军营兵士会同德国水军一百人，带炮两尊，于二十九号由青岛启行，前赴胶州城内。

六月初七日(7 月 3 日)

《新闻报》

因地制宜说

剿灭团匪，保护西人，此明智者存国办法，南方之机宜也。奖助团匪，抵制西人，此昏庸者亡国办法，南方不宜受北方指授也。问兵饷征调北上者何心，问将帅联翩北上者何意，将以剿灭团匪欤？尽北方之军足以剿灭，不必求助于南方也。将以抵制西人欤？尽倾国之师亦不足以抵制，求助于南方亦无益也。或不必求助，或求助无益，然则将帅联翩北上，兵饷征调北上，非徒无益，而又有害焉。一则土匪肇事，一则外人疑心。盖南方多调一兵即南方少一保护之人，抑南方多调一兵即西人增一疑虑之见。南方之兵力不足，则南方大可虑，而中途迟滞，北方亦无济也。西人不与南方为难者，恃南方有各督抚之保护相约，各不动兵以安靖东南之大局。今乃各省纷纷有调兵北上之信，则西人以为反约，南方又大可虑也。时至今日，南北俨成两政府，非不遵旨、不遵矫诏也；非不遵君命，不遵权臣乱命也。北方之政府以国家为孤注，不度德、不量力，以弱敌强，以寡敌众，且亦不解其何故与西人开衅也。此次团匪兆祸，戕害西士，焚毁教堂，曲在中国，直在西国本一定之议；而北方政府犹谓团匪为得力，欲与西人宣战。蛮野至于此，吾不暇责其蛮野，吾独恨大好江山送于权臣乱命之手，将来寸磔一权臣不足惜，而北方苦无完土之可居也。是故北方有亡国之办法，南方即当筹存国之办法。存国之办法者，两江、两湖、两广各督抚力任保护之责而不可稍事游移也。所谓保护者，宜认定“防范匪徒”四字，必使各处土匪毫无蠢动，各处西人并不迁避，以及居民不谋移动，商民照常贸易，而后尽保护之实，非徒有保护之名也。今就东南之兵力而论，实足以防范匪徒，但使始终以此为宗旨，办理不遗余力，彼西人相安无事，何至妄寻干戈，两无所利哉？如本报今日载有各国政府电复，皆谓战衅开自北方，与南方无涉。自北方起，当自北方结，办理一切，不得牵动南方云云。可见各国亦无亡灭中国之意。夫各国与中国通商，使亡灭我国，残害我民，毁坏我商务，彼亦何商之可通哉？今仅乱在北方，商务疲坏已若此；假使南方亦乱，则中国商务销毁殆尽，西人亦何利之可坐收？故观于今日之大局，东南督抚既以保护为己任。各国政府既谓北方不牵动南方，而后知南方宜照南方办法，不宜受北方权臣乱命办法矣。夫事之是非，理之进退，拿得定则办得稳，办得稳则可取信人，可以取信人则可以保守我。可以取信人者，派兵防土匪，不调兵北上，启西人之疑也。可以保守我者，不启西人之疑，而后东南可以保护也。

《中外日报》

山东来函

青岛地方近闻北省拳匪猖獗，兼有大沽警信，一时众心慌乱，谣诼繁兴。德国总督叶制军闻之，知必有不逞之徒乘机煽惑，故即出示劝谕。其文云："为剀切晓谕事。照得北方直隶省一带拳匪作乱，蹂躏地方。中国国家暂时无兵力歼除，是以各国派兵前往直隶一带，相助征剿，保护官商。此乱象不过直隶一省，而山东省尚属安静，亦知不至再贻后患。唯恐北方兵力不足弹压，尤须添兵前往，所以我兵务必时常竭力练习，以期精益求精。设遇或昼或夜，传令齐集，勿得惊慌，亦不可聚众阻扰队伍行走。每夜间派兵巡查街道，尔等各安生业，勿生疑惑。本大臣至再至三谆谆告诫，万无意外之虞。惟尔等不准身带器械或家藏器械，一经查出，按照禁带器械章程从重惩办。如有闻知何人家有器械，准其首告。再，现在闻得北方难民有意欲逃至此地者。如系安分守己之人，准其在此暂避，照常保护，亦劝尔等收留此等难民，如由外携兵器，不得收留"云云。

六月初八日（7 月 4 日）

《新闻报》

遵旨保护告示全录

昨日鄂垣来电称，张香帅会同于次帅出示一道文曰："为遵旨保卫地方事。照得北方因匪徒滋事，以致各国生衅，人心摇动，大局攸关。本部堂院奉到五月二十九、三十等日寄谕，有现在京城仍极力保护各国使馆，及各省督抚务须相机审势保定疆土等语。自当钦遵此次谕旨，设法办理。已会同两江督部堂刘详加筹画，将东南各省均行一力保全。现与各国领事商定，但使各国水师舰队不入长江，则内地各省所有各国人口产业均归地方官极力保护。业经妥议办法，电奏在案，此乃保卫地方百姓身家性命之至计。诚恐民间未知此次奏明办法，土匪莠民借端骚扰，致害全局。为此亟行出示，晓谕一切军民人等知悉。尔等须知此次北方战事本非朝廷意料所及，此次谕旨现在京城仍保护使馆，与各省现在仍遵照历年颁行约章保护租界教堂，同为保护大局起见。现在各国既愿归我保护，水师舰队不扰长江，则居民商务均可安静如常，土匪不致乘机作乱。其所以保全沿江内地各省百姓之身家性命者，裨益良多，断不宜轻启衅端，庶可仰体朝廷顾全大局之意。绅耆人等尤当剀切开导，如此乃所以保安国家完善之疆土，即所以益彰圣朝如天之至仁。既经此次示谕之后，如有捏造谣言、煽惑人心及聚众扰及租界教堂者，定即严密查拿，按照土匪会匪惩办。其有匪徒藉端骚扰意图蠢动者，各处均已驻有重兵，立行痛剿。各兵[与]差役有滋事扰害者，即照军法惩办，务使商民安业、地方平靖，以仰副谕旨相机审势保全疆土之意。各宜凛遵勿违，切切特示！"

论东南不可分兵

古有以弱敌强者，未有以一弱敌众强者也。古有迭征各国者，未有同时启各国之衅者也。古有迭遭外侮疲于奔命者，未有各国同心同时有事于一国者也。是故中国今日之局为千古未有之局，则其挽救之法亦必为千古未有之法。拘泥古训者必以畿辅震惊，宫闱密迩,亟亟曰统兵勤王。夫今日勤王之法亦必为千古所未有,岂统兵入卫云云哉!试问统兵入卫者,当剿办团匪乎,当抵御外人乎,当剿办团匪而兼抵制外人乎?以言剿匪,如果政府有此意,则北兵已足,无庸南兵。如果政府无此意,则南兵虽多,无异北兵,而且执政之人已甘为匪首,宫闱之内已显布匪踪。故南方督抚愈[言]剿匪,则宫闱愈不能安。今果整旅北行,有匪必剿,恐未及京城而萧墙祸起,宫庭不可复见矣。即使存投鼠忌器之心,为出其不意之策,率军北上。不言剿匪,既觐龙光,哭陈利害,圣心一动,立清君侧之奸,祸首既除,再散乌合之众。然而剿抚之意见,南北早已不同,故纷上封章,盈廷哄胁。某邸既有叵测之意,必防异己之人,断不使南来之兵一近宫阙。而彼则有虎神营为其统属,董福祥为其腹心,非一手足之力所能清除。盖人非禄产,难为平勃之谋,激为莽操,愈速宫闱之祸。故以统兵入卫为勤王者,是外人未必果亡中国,而自速廷臣以亡之也。以言抵制外人,南方各督抚断不如此无识无论。统国之师尚不能敌一日本,遑言各国也?观于各国提督所宣示之用兵宗旨,则其意并非欲攻灭中国,而为攻灭中国之团匪。观于各国领事与各省总督之函电往来,与各关道之冠裳相见,则其意固以大沽一役为被阻剿匪起见,而未以为与中国全国开衅。观于南洋一带,中外兵船参综错伍,相见如常,则其意固以为北事北办,与南方并无衅端,彼未尝显示开衅,而乃以统兵抵制外人之说先开其衅可乎?且不必真有抵制之事,但使统兵北上,即动外人之嫌疑。而衅端将启,兵力空虚,土匪窃发,即予外人以口实,而衅端将启。而况兵非素练,军无纪律,粮饷不足,沿途抢劫,实乱世所必有之事。于是即兵即匪,地方不靖而外人来矣。故以统兵入卫为勤王者,是北方仍难保,而南方更无望也。既不能剿匪,复不能抵制,又何能兼剿匪兼抵制?是则统兵入卫,岂足以言勤王哉?今日勤王之法,惟有不勤王之勤王,以留此各国交情为后日讲和之辞,留此半壁江山为后日归着之地而已。当此谣言蜂起,各处洋商均有可危之道,而南方督抚竭力保护,较之从前益见亲切,是以英相有心感之电。交情如此,将来请存国祚,各国断难推却,而即以此半壁江山为宗庙社稷之所归,岂非不勤王之勤王哉?然欲留各国交情,留半壁江山,必当以严防土匪为主义,而谓可分兵人卫乎?今江督、楚督果以申明保守疆土之旨,不受矫诏矣,而犹为是赘言者,为统兵入卫者告也。

《中外日报》

天津:纪西兵进入租界详情

西兵于六月十七号占据大沽炮台后,即拟派兵前往救援天津。当于二十号调俄、德兵各一队前往,不果。复由英兵舰阿腊克立的统带官克腊独克君督兵一队,由塘沽乘坐火车起行往救天津。所带各兵内,除英国水陆各兵六百人外,美都司华勒君督带美兵一百五十人亦隶焉,此外又有意兵三十五人。至礼拜三之晚,各西兵即在塘沽至天津之中间车站上暂驻一宵。至礼拜四晚,则驻宿于军粮城车站。该处距津计十四半英里,当派武弁两人、英兵四人,于礼拜五之晨乘车向前察探敌情。见有马兵一大队约二千余人,屯扎于铁路车头之处,该车即便回转,将十七磅重之炮安放车前,该炮系由美兵舰上借来者。当由克腊独克君督率各兵尾随于后,一路向前进发,见有华兵,车前即开炮击退。至礼拜五之晚,西兵即于铁路车头处驻宿,俄、德两国兵士均驻扎于车头前面三英里地方,克腊独克君亦可谓督率有方矣。至礼拜六即六月二十三号黎明时，全军起程向津进发。俄、德两国兵士由右面而进，克腊独克君之兵则由左边进发。沿途虽俱有华人阻挡，西兵一路杀向前去，转战无前，甚为得手。英、美两国之洋枪队兵士，华人更难抵御，莫不纷纷逃遁。是日午刻，即已行至天津之对河，当由各英兵跃入杉舨，首先在天津紫竹林登岸后，见租界上所损尚轻，始知前次谣传均系失实之谈，不足信也。在津西人亦并无伤害，即果有之，当亦为数不多。英租界受损更微，所有由透立勃尔兵舰上所运十二磅重之大炮，亦于次日拖赴天津。时适某制造局仍在开放大炮轰击租界，因即开放该炮还击，该局旋即寂无声息。英、俄两国兵士即于二十四号之晚由津起行，往援英水师提督西摩尔君，是队兵士由英兵舰巴福鲁统带官皮的君督率。一面又派一武弁，令之递送天津解围喜信。该弁遂乘马驰赴铁路车头乘坐火车，即于晚间行抵大沽。次日即会同英参将陶华特君及宝华君，督率由香港调来之兵以及头队华军营兵士同坐火车，于翌晚七点钟时抵津。有熟悉北省情形者，谓最妙由印度调马兵一大队到来，较之步兵约可格外得力也。当轰击大沽炮台时，英国捉鱼雷船斐姆及豁升两艘亦各有功，曾夺得中国鱼雷船四艘。所有船上华人亦经驱逐净尽，当将所获四船，以一艘借与日人前往拖带日船，并于船上高悬英国旗号。讵突有一俄国武弁至来，竟将英旗拔下，致与英人互相争论，几难分解。幸英兵舰巴福鲁统带官华伦得君闻信赶至，力为劝解，复将英旗悬上。次日由俄国领袖水师官员前赴巴福鲁船上，声称昨日该弁因误会所获四船中应以一艘归俄，故有此举等语。由是此事遂作罢论。当以一艘与法，一艘与德，余两艘则归英人管理。所有威海卫所招之华军营兵士，起初闻命令往军前接战，甚为欣喜；后忽中止，颇形失望。谓华官性情常多反复，英国何亦如此举动？英官遂复命分兵一半，驰赴军前助战，余则命各预备，一有号令即当拔队起行。其大沽上面十二英里之北河炮台所有守台兵士业均弃台而遁，故即为英兵开放炸弹将台轰去。译《字林西报》。

六月初九日（7 月 5 日）

《新闻报》

江督保护告示全录

昨得南京电，载两江总督刘宫保告示一道，文曰："为出示晓谕事。照得前因北地匪徒肇衅，诚恐各处土匪煽惑愚民借端滋闹，业经一再严切示禁并电饬各属，凡教堂商务务须会同地方绅董协力保护。谆切告诫，不啻三令五申。此次北方战事由于匪乱，非朝廷意料所及，两国商民诚当保卫。非特彼此互有商民客居其地，亦天理人情教化应尔。现故由上海道与各国领事议定，在内地及长江等处，各国商教人民财产均由地方官力任保护，以期彼此相安。以后无论如何，必当一力照办，为此再行晓谕，尔诸色军民人等一体知悉。自示之后，务各安分守法，须知各国商教人等仍应照约一律严密保护。如有造谣滋事匪徒，定即查拿正法，决不宽贷。其各凛遵毋违，特示。六月初七日示。"

六月初十日(7 月 6 日)

《新闻报》

论逆谋宜声告天下

端邸以近支郡王阴怀异心,荧惑圣明,遂蒙信任。不念乎其子入嗣之厚恩,愈启乎窥窃神器之逆志。于是蓄养著匪忍背祖宗之厉禁,招纳亡命预树操莽之声威。内监尽属腹心,兵权已归掌握,布置既定,先借扶清灭洋之说,上使太后以不疑,下使人心之归(巳)[己];继拆铁路以阻外来之兵,继毁电杆以阻京外之信。其谋逆之心谓必如此,而后可以一肆其毒手。生灵之因此涂炭,各国之因此共怒,中国之因此危亡,实未尝一动其心。盖其昏庸之见以为事而竟成,则九五之尊不必俟孺子之异日;事而不成,则祖宗之业非我故物,弃之不足悲也。及至内外既隔,消息既阻,逆胆遂以愈张。显置亲信悍匪于宫闱,威逼王公贝勒以从逆,使皇太后、皇上前后左右皆是团匪,不敢稍违其意。于是挟天子以令诸侯,伪造诏书通行各省,征饷征兵号召天下,而太后、皇上之真正诏书仅得一达,有"祸生肘腋,现仍极力保护使馆,各疆臣相机审势保守疆土"等语。夫曰"祸生肘腋",则是太后、皇上已悬于端邸之手掌矣。夫曰"现仍极力保护使馆",则杀害德使、围攻使馆,皆端邸之所为,实为故叛圣意。夫曰"各疆臣相机审势保守疆土",则已明诏以征兵征饷及荒谬不经之言,皆端邸之矫制,令各疆臣相机审势不可误信伪诏也。夫太后、皇上悬其手掌,而且故叛圣意迭颁伪诏,篡逆之迹实已昭张。幸而东南各督抚晓畅事机,辨明真伪,遵真旨,斥伪诏,仍照约章与各国和衷商办,辑安民教,保东南半壁江山。不然大清二十二行省、四万万生灵,不尽丧于逆贼之手哉?然窃谓各省督抚尤宜将端邸逆迹宣示中外,则更可以谢各国而保宗社,一民心而保地方。各国宣示用兵宗旨均曰剿团匪,及阻止剿匪之人,阻止救援各使之人。然其意中未尝不以为太后庇护团匪,不能尽力保护使臣。今屈指津沽洋兵抵京尚需时日,而京城兵匪十数万,届时各使署断难瓦全。夫杀害使臣最为无理,则洋兵到京之后,其祸必有不忍言者。今诚将端邸逆迹宣示中外,使知孰为真旨,孰为伪诏,则罪有攸归,可以端邸抵偿,而宗社冀可以保全矣。又且伪诏虽斥而不认,秘而不宣,然无知之徒转相口述,甚有形诸笔墨者。小民愚智不一,难保无借为口实煽惑愚民之人,人心一动,收拾为难。曷若预先将端邸逆迹宣示中外,使小民晓然于是非顺逆,深明诏书之伪,则难于被煽而民心可一。民心既一,共遵保护之旨,贤愚上下无不以辑睦中外为义,未有不能永保地方者也。故端邸之逆谋既声告于天下,则交涉当较为好办,民心当较为明白,实与宗社大有裨,与地方大有裨也。

盛大臣金陵会议要闻

两江总督刘宫保以东南大局,全在"相机审势,保守疆土"八个字。而洞悉中外情形,晓畅军国重务,惟督办铁路大臣盛京卿暨江海关道余晋珊观察操纵机宜,中西允协。故北事猖獗，宫保会同香帅往反电商，日必数次。迩日宫廷内乱已在肘腋，宫保商办东南全局，以电音太简未能全行阐发，且事关秘要，宜加详商，爰于昨晨电请京卿速驾南京，同筹全局。京卿以国事重大，存亡俄顷，接电后即于上午十二点钟乘海宴轮船开行，指日今午抵宁。想老谋深算两大臣必能通盘筹划，以保我疆土人民长安磐石也。

六月十一日（7月7日）

《清议报》第五十册

义和团滋事三志

五月二十九日上海电云：刘坤一命碇泊上海之北洋舰队往江阴，以预防当地云。又云刘坤一送其家眷归湖南，在南京之人民知之，皆抱不安之念。又云据芝罘廿八日电云：于礼拜日（即廿八日）夕间，有亨巴火船到着，搭载避难者三十名，乃由北戴河经大沽而来芝罘者也。其避难者之中，坚打氏（中国铁道所雇英国技师）、猎结朱氏、把逊大佐同夫人等亦在焉。又云守备队既去北戴河，故现时此地并无保护兵留存云。又云英国由印度发遣兵队往中国，骑兵五百名，步兵八千一百四十名，炮兵九百六十名，筑垒兵四百九十五名。又云英国罗渣利柯舰行抵本港，据其所报称云：军机大臣刚毅为钦差大臣，已行抵南京云云。但此报不知确否。又云有上谕责命聂士成恢复大沽诸炮台。又云据上海之日本领事小田切所说，谓来南京之钦差大臣，非刚毅，乃李秉衡也。又芝罘电云：俄兵一千向天津进发。又云第二次之日本陆军，乃军舰秋津洲，驱逐艇丛云、隼，已行抵大沽。又云距天津三里之地，当俄兵激战之中，忽有日本陆战队前进，略取一炮台云。又汉口公电云：张之洞告驻汉口之英、日、美各国领事云，北方之骚扰益剧，将来南方不能保其不生意外之变。虽然，吾等总督及巡抚当严守前时各督抚联为一气保全疆土之诏语也。张氏今后之宗旨，当竭力保护外人，不拘北方之纷乱局势变动如何，唯于其管地内勉力镇定云。又伦敦电报云：英国再增加陆兵往中国。共有师团二个，骑兵一联队，道路工兵一队，筑垒工兵三中队，野炮一队，另有步兵二大队，以保护交通铁道线。

三十日上海电报云：列国联合救援军救援天津之后，于二十八日已向天津进发。又云目下在大沽天津附近之联合军约有一万人，以日本为最多。又云天津之战，外国救援军之死伤者，俄国战死四名，伤三十名，其余死伤者极少。又云湖广总督张之洞及两江总督刘坤一二氏，共派遣委员往上海与外国领事会商上海及扬子江之形势。

六月初一日上海电云：天津大沽间之飞脚邮便已开通云。又云英国赊摩将军报告云：本官达自天津以内八里之地，兵众损害甚多，计战死者六十二名，负伤者二百名，及今后仅可支持二日而已云。至于驻京各国公使之凶吉，全未论及。又云天津之役，其实在死伤多少人，不甚明白。又云昨日各国领事已与盛宣怀等会见。盛宣怀等为张之洞、刘坤一代陈，不与外国对敌之意思，只自保护扬子江而已。各国领事又告之曰，今之战争只在北方，而南方当仍守平和也。又云驻京各国公使，因五月二十三日总理衙门命其于二十四点钟内退去，故二十四日各国公使齐由北京出发云。又福州公电云：五月三十日北京政府电命闽浙总督许应骙，即发送三千名兵队及巨额军费云。

初二日上海电报云：五月十七日有上谕二道。其一云，速逮捕杀害日本书记生之人处罚。其二命宋庆、马玉昆逮捕拳匪之巨魁，其以下者则使之退散。又云据威海卫来电，现在之铁道终点只不过在自天津八里之地，以外则尽被破坏云。又云潍县之外国教堂被烧毁，其地之外国人逃来上海。又云据接芝罘电云，由北戴河来芝罘之中国铁道所雇技师长坚打氏，引率技师若干名，今朝由芝罘出发往大沽，以修缮彼地之铁道。又云自本日止，自大沽上陆军队，共一万六千二百人。又云本日英国领事馆接电报云，英国赊摩将军已归天津。其死伤之数，计战死者六十二名，负伤者三百十三名。前天津所报之死伤数，实过于夸大。又外国公使尚在北京云。又云据接芝罘来电，大沽、天津经已交通，塘沽铁道尚在运转。又天津之役死伤甚少，日本人之死亡者仅一人，负伤者亦不过一人而已，其他无事。又潍县现有匪徒蜂起之说。又云五月二十五日，窝拉少佐率海兵一百三十名、俄国陆兵四百四十名，由铁道向天津北上。将至其地八里之处，其地之铁道经已破坏。遂步行五里许，忽有中国之伏兵四出，被围困于中，后勉战方脱。海兵战死者四名，负伤者七名，失加纳炮一门及小铳若干。俄兵亦大受损害，后得援兵二千三百人、炮六门及军粮等相助，故再向前进击。又云中国兵与联合军铳战之间，俄国炮兵直占领天津武库云。又云大沽前进之德国兵，于天津之南二里筑垒，占领敌之阵营。又云山东巡抚袁世凯附同列国之护卫兵，护保内地之外国传教师，以保存与列国之友谊云。又云据上海日本领事小田切所接之报云，驻京各国公使皆无事云。又伦敦电报云：英国命发往中国之印度临时兵，总数约一万七千人。

初三日上海电云：据接初一日芝罘来电，言列国公使受退去北京之命，已取道退去矣。又云五月三十日列国公使退出北京，经保定府往天津，各有族(券)[眷]，中国兵护卫其退去云。又云曩被云南匪徒所劫之法国领事，经已释放，中国兵护送出境。又云招商局之轮船，尽变更其船籍，改树英、美、德等国之旗。又云芝罘上海间之电信，于初一晚六点钟不通，后即回复。又云虽芝罘之电线复通，然不免甚迟缓。又云海军大尉墨间氏管下之俄兵九百，及马匹、货车等，于去月廿九日乘火车向天津往大沽出发。又云据欧洲新闻之通信员芬顿之报，美国水兵由天津着大沽，联合攻击队于五月二十七日午后一点钟入天津租界。当时英、美二国之兵先登，包围天津。外兵损害之数虽不甚明，然求援队之损害者，美国战死三名，负伤二名；英国战死二名，负伤一名；德国战死十五名，内有一名是将校，负伤二十七名；俄国战死十名，负伤三十六名。天津之妇人、小儿，殆无一人被杀害云。又云美国战斗舰柯力旱(排水一万二百八十八吨，一万一千一百十一马力，速力十六海里七)方进航大沽时，不期于初二日午后两点钟时分，在芝罘附近灯台之南三里误碰礁石，全被破损，死伤等未详。幸其时天时甚佳云。又西贡电报云：法国更增遣兵队往中国，现在朱伦编成山炮兵二中队。又云各国公使有中国兵护卫其出北京往山海关云。又云现有一万外国兵由天津进北京，方在进行中。又日本佐世保电云：天津日本守备陆战队中大尉一名战死，少尉一名、士卒五名负伤。此死伤者不日由台东丸载归佐世保云。

初四日上海电报云：昨日有日本兵一千人，本日又有日本兵二千人，由芝罘上陆。又云接颠卑氏之报，谓山东潍县已无事，然美国教堂已全被烧毁。及此地南方之德国矿夫等，现延望德国骑兵来援。又云祁州（在直隶省保定府之南）之传教师等，现脱逃走来芝罘，今尚在途中。又云山东青州府匪徒掠夺甚肆。又云山东巡抚袁世凯告知济南府之传教者曰“吾无力能保护尔等”云云。又云芝罘杀害传教师四名。又云在山东平度之拳匪，现渐来芝罘。又云此地之妇人、小儿多避往日本，俄国守护兵及日本义勇兵护卫之云。又云各国公使拒辞其退京之命云。又云四川省之情形甚危急。又云赊摩中将已归天津。其兵队之受损害者，死亡六十二名，负伤三百十三名。又云辽阳、奉天诸教堂已被烧毁。当地目下甚危急，市场贸易悉皆有停止之形势。

初五日伦敦电报云：英国命由澳洲发遣海陆战队及陆兵二三千名往中国。又云驻京德国公使已被杀害。芝罘电云：据由北京达于德国舰队旗舰之通信云，只余英、德、法三国公使馆未烧毁，其余各国之公使馆悉付之一炬。故各国公使恳求英、法、德三国公使之援助甚切。又云据在天津岛村大佐之报告，初一日午前七点钟时分，俄兵占据天津东郊外机器局。两军对垒攻击甚剧，自开战来最大之战争云。战至午后两点钟遂被俄兵占领。又云据在天津鸠村大佐之报告，当地之各国领事各打电回本国政府，谓中国倘有加害各国公使之事，则列国尽将满洲之皇陵发掘以为酬报，由各国政府先通知于中国政府云。又云赊摩路之部队，于去月二十日在郎坊击退董福祥来袭击之军，退至杨村，舍火车退往天津，于途次屡与直隶总督及聂士成之军战。三十日得援军护卫入天津，军队死伤者约三百名。其中英兵之死伤者一百二十三名，德兵之死伤者七十名，俄兵之死伤者三十七名，美兵之死伤者二十八名，法兵之死伤者十一名，日本兵之死伤者五名，奥兵之死伤者二名。又云据初四日午前德国海军司令长官之报告云，约一礼拜前德国公使于北京赴政府，当在途中，被中国兵击之，负重伤遂卒。率中国兵者，乃中国之将官二名，所率约有兵三万名。又云据初三日天津接到由北京赫德氏所发之报，驻京列国公使除英、德、法三国公使馆之外，其余皆被破坏。列国公使皆逃在英公使馆避难，列国外交官及传教师等受猛烈之铳所击，目下事势甚急。

初六日上海电报云：各总督多认端郡王为正式有实权之皇帝，现光绪帝及西后并被端郡王所幽囚。又云天津已平复无事，有外国之联合兵驻在当地，中国兵皆退去。其外国之联合兵将附近之村落尽烧毁。又云中国中部及南部诸省之总督，约同通告于上海之领事曰：“不拘北京形势如何，吾等当于省内保护各外人条约上之权利不怠。”列国亦以为今之战斗只在北方，而南部一方则算居局外云。又云中国南部有联邦之风说，以南京为首府云。（此与各总督奉端郡王为皇帝之说，似不相合。姑存其说，以俟后报）又云希路布兰德（俄国舰队之司令官，亦有同名希路布兰德者，此人大抵是铁道技师）及其同伴四名，在山东高密县之铁道工场，于初三夕被匪徒袭击。欧人之受损害不少，俱遁往青岛。兖州府之教堂亦被破坏。济南之地方官求各传教师退去，以本月初六日为止。又云湖广总督张之洞极热心于联邦云。又云上海各领事馆及碇泊申江之各国军舰与市内诸商馆，于本初六日皆举半旗吊故德国公使。又云据初二日芝罘所发电报，中国兵再包围天津，重开炮击外国之租界地云。又云英国一等炮舰披古味（七百五十吨，千二百马力，速力十三海里）昨日行抵上海。又云奉天之教堂及病院已烧毁，土人虐杀其地之基督教徒，传教师等遁来牛庄。又云美国之柯力干舰，前报其坐礁者，大概于日中赴旅顺修缮。又云中国之总税务司英人赫德于五月廿九日，尚安然无事（前上海报有谓赫德往上海，然据此报则似仍在北京)。芝罘电报云:李鸿章于六月初一日由香港起程,至吴淞乘招商局火船"广利"北上入京。又云北京德国公使当往总理衙门时,途次遇杀害。列国公使馆尽被烧毁,公使及馆员避难于英国公使馆内。中国兵及义和团匪围绕之,欲总将外人尽杀戮。又云各国领事皆在英国公使馆避难,唯德、法二国公使在自己公使馆内。

初七日上海电报云:今由芝罘发之电报曰,自初四日列国联合军向天津城之中国兵进击。又云据德国人所得之报云:山东铁道公司理事消灭脱氏,于潍县近傍某地被匪徒围困。各欧人受宋庆之保护,经安邱向天津,于初三日退去云。又云山东内地虽据乱,而青岛之德国租界尚全然安静。又云据中国加捷脱所接之芝罘电报云:总税务司英人赫德达天津书,谓英国公使馆被围甚急,请速来援云。又云据英人之报,谓英国公使馆被大炮及猛烈小铳轰击。又云德国公使海靖(编者:应是克林德)男爵被总理衙门诱以有要件来会商,在途被乱铳所击,身中四铳殒命。列国公使亦同被诱,但不出,故幸免。又云有五百法国兵昨日由大沽上陆。一万二千外国兵今在天津。三万中国兵在北京以西。又云威海卫施发戒严之令,无论何人皆不准由威海卫上陆。又云山东巡抚袁世凯之兵,闻在胶州与德国兵相冲突。然此事真否未定,尚俟确报。又云依最近之报,初一日以前,共计英、俄、德、法、美、意、奥、日之海陆兵由大沽上陆者,总数既有一万五千名。又北京、天津、大沽间之俄国兵,海陆共计约六千名,英国约三千名。又汉口通信云:五月十八日,湖北省天门县有暴徒二万人蜂起,烧毁教堂,杀害牧师。又廿二日芜湖暴徒起乱,烧民居七十间,即时镇止。同日南昌附近暴徒忽起,杀害外人七八名。芝罘电云:初四日,天津城始被列国共同攻击。又云北京中国兵围绕英国公使馆,以大炮相向,但未燃烧轰击。又云芝罘尚平稳无事。又云中国兵将铁桥破坏,天津、大沽之间不能交通。又云中国兵撤去白河闸门,排疏其河水,使其水深不过四尺,故吃水三尺半以上之船舶皆不能通航。又云目下在北京中国兵五千人,别有三千人向天津来袭,以后天津必有再续战斗。上海电云:据芝罘来电,谓在北京之德国兵将德公使之尸骸夺回,并趁势将总理衙门烧了。又云浙江巡抚受端郡王之书,使其排斥外国人云。又云据由北京某君达济南府之报云,有十五万兵士及义和团匪徒现围绕两国公使馆袭击。方吾出北京时,其公使馆犹未失。又皇帝及西太后之近臣,悉是义和团之党人。又皇帝及西太后所住居之皇宫,其城门中只有一处可出入,然每日间只开半日耳。又皇族中有爱仰义和团者,日在宫中设祭坛拜。芝罘电云:列国联合军于初三日午前七点钟进击天津城,至午后两点钟此城陷落。

初八日日本陆军省公报云:德国公使被杀害。除英、法、德三国公使馆之外,其余已尽被烧毁。又云机器局昨日已被列国联合兵占领。上海电报云:大沽、天津间之铁道再被破坏。又云据山东济南府初七日之报,言目下兵与贼所同协力围绕之两国公使馆,势虽危,幸尚未陷落。又云据加捷脱所得之芝罘电报,谓初四日朝七八点钟时候,联合军已攻陷天津城。又云有德国巡洋舰结飞安(四千二百七吨)抵上海,告谓五月廿八日有三万中国兵队由北京发往天津。又同舰所告云,英公使馆内之弹丸药火于五月廿八日已用尽。又云据加捷脱最近之报,谓征诸由北京、天津所至各消息,觉近日之事比诸往日倍加危险,然其实事则目下未详。又云北京发往天津之中国兵目下已至落(伐)[垡]。又据加捷脱所接芝罘特报云,中国兵既由大沽街道筑垒,约有数百码地(一码二尺四寸),天津形势甚危急云。又同报云,赊摩将军方在家屋下坐,忽被流弹所伤。又云据北京初四日所发之报云,在北京之外国人等专哀求助力，日渴望援兵之至。然久候不来，多以为绝望。故及后外人等自思，与其被人所辱，何如自死之为愈？因多有自持铳将妻子家孥杀毙，徐自伏刃死者云。又云在上海之德国人等，于德国商业会议所致电本国政府，谓今回之形势，切莫轻视，求德国与他国多发遣军队往中国。又云初四日列国联合队占领天津市街时，见有中国兵士死体六名。又其当日先登天津城者，是日、俄二国云。

六月十二日(7 月 8 日)

《新闻报》

戒妄言、戒妄听说

居安思危，以前鉴后，人之常情也。是故中国东南之人闻北方之事，既鉴其今日锋镝之可惨，复思其他日奴隶之可怜，当无不冥思力索，求东南之何以太平而以免及身之祸，固非徒各督抚之有是心也。今江督、粤督、楚督、川督、闽督及所属各巡抚皆以保东南太平为义，不受矫诏，仍守约章，与各国互商保护之法，而各领事亦能仰体各国政府之意。北事北结，与南方无涉，风声所播，东抚袁中丞亦愿仿照沪约一体保护。而滇督、甘督、黔抚、陕抚、豫抚亦必能接踵而起，与各督抚联络一气共保岩疆。夫各省督抚不顾一己之成败，不计一时之毁誉，毅然决然拯救斯民于水火，其用心可谓苦矣。然而力持定见为各督抚之责，而家喻户晓则士大夫之责。士大夫所以报各督抚之保全者在此，所以自保其身家性命者亦即在此，其一言一动，可不慎哉？今北方之糜烂尽人在意计之中，东南人心所系者实在东南之安危。即就上海而论，上月下旬本月初，居民迁避之故，其发端之人实不在北方之警信，而在刚毅至宁之说。于是一唱百和，纷纷扰乱。一二日后，虽已知刚毅至宁之说为好事者附会之辞，而移家者仍日有所见。乃前日又复传说纷纷，有东抚奉端王命率兵一万八千赴金陵之说。此种骇人之语最为可恨。东南之人无不冀东南之可安，即无不防东南之可危。一旦蜚语纷传，人心必动，虽次日即恍然于此说之不确，而搬家者又已纷纷矣。士大夫偶闻骇人之语，必先审其情由以定虚实，事而可疑，当置而不言；事而可信，而后可出诸口，形诸笔墨。盖人心摇惑之时，群以一言为重，不若平时之可以姑听姑言也。北方政府惟荣主剿，荣、袁乃同志之人，此为人所共知。端王虽昏，断不使异己之人，此事之不可信者一也。山东全省可用之兵不过二三十营，统计一万数千人，顷全省之师以南下，置山东防务于不顾，有是理乎？此事之不可信者二也。袁中丞自任山东巡抚后，大反乎前任东抚之政，每以竭力保护外人严谕属吏，固早已中外翕然，而况天津虽已开衅，烟台仍旧相安。未闻袁中丞承认伪诏与外人为难，是其宗旨与江督刘宫保实有同心，故亦愿仿照沪约一体保护。若谓不遵矫诏宜先自问，岂有同心于前而无端自残者乎？此事之不可信者三也。上月二十日东抚曾奉旨调兵二十营北上，然东抚以保全疆土为重，至今未闻调兵北上。是奉旨之事尚需相机审势，不能遽尔遵行，而谓端王能命之乎，而谓东抚能忘保守疆土之旨乎？此事之不可信者四也。既有此四端，以决此事之必无。奈何妄言者妄言，妄听者妄听,且更有形之笔墨者,其果是何居心乎?岂为是言者固非托足于东南,故东南之安危不足以动其心乎?然而无知之人本其居安思危、以前鉴后之心,不察其事之必无,一闻谣诼其心即动,遽尔纷纷移家,其亦太无把握矣。故当此忧疑之际,一曰戒妄言,一曰戒妄听。

六月十三日(7月9日)

《中外日报》

[论说] 论沪上兴办商团之有益

今日中国之大局,只有国民、国贼两途。何谓之国民?能讨贼睦邻保民全境是也。何谓国贼?逞党乱以误国殃民者是也。端逆窃柄,刚、崇、徐、赵诸贼附逆,将北清全土灰飞瓦裂,此固为国民者均当枕戈敌仇者也。东南半壁虽伸互保之约得安于目前,然西人、东人大兵全萃于北京。南方兵力单弱,虽有成约,尚未能悉力包举也。中国疆臣虽有竭力保护之约,而党人思伸权于下,伏莽通伪旨于隐,不识时势、心怀叵测之疆镇,遥应北贼,坐兵于肘腋以观变。事变未起,吾固不欲明指其人,而形迹已露,吾恐将有其事,此诚不可不思患预防者也。防之奈何?亦惟有官兵一心为公、协力互保而已。互保之策,惟有官兵、民兵、西兵犄角相倚,节节控扼,化党收戎,以为我用,划界除异己者,以靖后患而已。故互保之实际首在励兵,而收效之捷则不在广招官兵,而在创练民兵。以东南大势论之,两粤、闽、浙新党多才而伏戎尚少,两湖、两江则伏戎甚多而新党亦出入其间。夫新党者,非欲为乱亡国之人也。然平时已属人望,即大变方来,人心所归,故欲创民,天下可不赖其力,以为号召而收其用。伏戎者,力强势众,不明顺逆是非之徒也。北方匪徒之勾结,南方怀异疆镇之部勒,均足以贻后患而生戎心。非先时有豪杰之才与之要约节制,则后患方长而将不可收拾。如一旦创办民练,罗新才以帅之,化戎莽以训练之,则多兵之设正可为弭兵之计,此团练之设首利于内防之固也。东南虽立互保约,而疆臣坐镇,不能与西兵同时北上讨贼靖难,已失自立之机矣。如再因循坐误,贻患南服,则竭力保护之责何以克尽?内顾亿兆之民命,外顾列强之责言,首此约者能任咎乎?呜呼!戮之与辱,虏之与奴,其去几何?此吾不能不为东南官民有志自立而设法自全望也。如一旦东南官民皆有正兵,则外可以连邻服,内可以扼匪窜、除反侧,此团练之设可以坚外约者此也。北方虽乱,然只二三满贼主之而已。虽在拳匪,亦只胁从而已。余如罗荣光之扼炮台、聂士成之拒西兵,谓其不明大计也则可,谓其不为兵尽力也不可。苟能训之以方,董之以正,安在非劲旅而干城乎?若北地之良民,则波及无辜,俱化沙虫,民也何辜?尤为可恻!至于东南连疆,则一闻事起,上下咸惊,结之以约章而图苟安,谕之以文告而莫定民,听北顾之计,更未臆及满朝既倾,行将相及。凡此仓皇补苴,皆兵备未足所致也。如官民俱有正兵,则北方小丑贻害大局,尽可不俟中旨而伸天讨也;南方重镇安若堵墙,尽可自立如故而市邑无改也。今虽团练之设未及拯焚,而吊民之举、安土之保尚为未晚,此团练之设利于靖国难而图自立者此也。今者寓沪维新志士某君倡说商民举行团练，众情鼓舞，一日闻已集资三万余元，可教兵五百人。夫沪上虽一隅也，五百人只一旅也，然而维新志士之有用即此可见，斯民忠勇之存心即此可见。所望中西各官，亟宜赞助而成之，则上海为通商大埠，风声所布，吾知内地民兵之设亦将仿行不日矣。余因为之畅论民兵之有用，上以动当局之失虑，下以晓士民之观听，以为创练民兵之发端，绪言云尔。

［译报］ 中国各督抚姓字

兹将查得各省督抚之姓字开列备查：

直隶总督裕禄汉籍，两江总督刘坤一汉籍，湖广总督张之洞汉籍，四川总督奎俊满籍。以上五总督俱新党，素以友视洋人者。［编者按：原文仅列出四位］

闽浙总督许应骙汉籍，陕甘总督魏光焘汉籍，云贵总督崧蕃满籍。以上三总督俱旧党，素不喜洋人者。

山东巡抚袁世凯汉籍，安徽巡抚王之春汉籍，湖南巡抚俞廉三汉籍，湖北巡抚于荫霖汉籍，浙江巡抚刘树棠汉籍，广东巡抚德寿满籍，贵州巡抚邓华熙汉籍，陕西巡抚端方满籍。以上八巡抚俱新党，而素喜洋务者。

（霖）［山］西巡抚毓贤满籍，河南巡抚裕长满籍，江苏巡抚鹿传霖汉籍，广西巡抚黄槐森汉籍，云南巡抚丁振铎汉籍，新疆巡抚饶应祺汉籍。以上七巡抚系旧党而仇视洋人者［编者按：原文仅列出六位］。

六月十四日（7 月 10 日）

《新闻报》

论各省督抚之联络办理

中国幸有江督刘宫保、鄂督张制军、粤督李傅相，明中外之大势，识是非之公理，持卓越之定见，与各国政府竭力周旋，仍守昔日之约章，不奉乱时之伪诏，遏除匪孽，怀柔远人，以挽将危之社稷，以拯将死之生灵。于是各省督抚闻风而起，已愿仿照沪约一律保护者，刻计有江苏、安徽、江西、湖南、湖北、四川、广东、广西、福建、浙江、山东十一省。其他各省除东北三省为直隶所隔，与十一省本难连续外，其与十一省犬牙相错者若河南、陕西、甘肃、新疆、云南、贵州、山西七省固当与十一省联络一气者也。七省督抚惟山西毓中丞顽固难化，其余督抚终必能豁然感悟，陆续与十一省联络一气。然以日前观之，彼七省尚无与十一省联络之的据。十一省之生灵何幸而有保全之望，七省之生灵何不幸而尚未有保全之望也。虽然与十一省壤地相接者，苟尚未与十一省联络，则十一省之督抚不能无事，而十一省之生灵有不能不深其盼望者。计七省之中以河南为最，河南古称中州，盖当各省之中，是以河南之安危与各省大有关系。其次为贵州、陕西，又其次为云南、甘肃、新疆，若山西，固已难望矣。彼六省督抚或昧于大势、淆于公理，游移而无定见，加之消息不灵，误以乱时之矫诏为朝廷之意，则必中原糜烂，流毒四方，将使十一省督抚有左支右绌、瞻前失后之患，而十一省之生灵亦不能不为之深忧也。虽然，六省督抚既不若毓中丞之顽固不化，则虽有见机迟速之不同，终必能与十一省督抚联络一气，是在十一省督抚顾唇齿之谊竭力以联络之。窃谓十一省督抚苟能开诚布公，不厌烦数，一而再、再而三以危言达其忠告，人非木石，当必有怦然动者。夫嘘符念咒之匪徒究能成事与否，一国之人究能同时抵制各国与否，即能抵制已来之外人，究能抵制各国倾国之师与否，成功之后究能酬报匪徒之奢愿与否，一一诘之，未有不豁然感悟者。抑且处处欺待外人，致各国起倾国之师，则处处之生灵皆不能保，而社稷安赖处处表扬团匪，使匪踪布满于通国，则处处之生灵皆不能保。而社稷安赖一一动以社稷之安危，未有不涕泣悔悟仿行恐后者也。使于此而犹不悟，则犹可以直隶裕制军为鉴。彼七省督抚虽不以社稷生灵为念，当必有一身一家之念。试问直隶总督衙门何为而被毁？裕制军之烟火伤心，眷属惊乱，皆团匪害之也。津地何为而成焦土，何为而成战场？裕制军之仓皇奔走，委顿道途，暂避芦台，皆团匪害之也。大沽炮台何为而终不能复？裕制军之日夜焦劳难免处分，皆团匪害之也。进退两难，身家莫保，裕制军之可悲，诚为各督抚之殷鉴。即顽固如毓中丞一念及此，当亦能一改其嘉许团匪之意，而况其余六省之督抚，谓肯招致匪徒以害人自害哉？而况初三日之电旨，各省督抚均已奉到。彼未与十一省联络者，当益服十一省督抚之办法，已深合于(期)[朝]廷之意，谁复敢略有违背？虽东三省，亦且将与此间联络一气，而况壤地相接之七省哉？故曰各省必能联络一气，而一律保护之沪约，自坚固可恃矣。

六月十五日(7月11日)

《新闻报》

据理势以决大局

自团匪之衅起，牵动外役，震惊京师，海上骚然，警报络绎，皇皇然不知所之，叩门求策者日必数起，投函问讯纷至沓来。悠悠之口，摇摇之心，卒无所当。其始误于人之轻信谣言，其继乃自误无故而移居，无故而止货，而市面之掉转不灵，牵掣不活，在银拆飞涨之一大关系也。当此大乱，有银者不肯外放，智者应然。然一人居奇而累坏大局，智者亦何尝不愚？推原其故，盖皆虑北事不平，蔓延南省，则全局瓦解之故也。为此虑者，一由于不得北京实在消息，一由于以讹传讹，一由于伪诏之嘉奖团匪，于是人人以为西人不足恃，而以上海为危境矣。自昨日本报恭录谕旨七百数十字，其中有所谓中国即不自量，亦何至与各国同时开衅，并何至恃乱民以与各国开衅。乃知前所传与西人开战之说，非朝廷治命也。圣明在上，远瞩高瞻，知中国之兵力断不能敌各国，虽目前团匪以乌合之格斗小胜，终必大败也。又知各国之大势，断不肯为一国倾压，虽目前兵力尚单，其后挟全军全力而来，终必大胜也。为国之道无他，在度德而量力，以中国之创造经营，焉肯为孤注之一掷，丧于团匪之手乎？然后知前之伪诏欲为侥幸之举者，非朝廷之治命也。自有六月初三日之治命，于是前之叩门求策及投函问讯者，皆一一有以答之。一曰请银根放松。北事既不甚猖獗，南事即不至牵摇，贸易照常交接，仍旧人人谋生，各赖衣食，银根松则周转流通，而活泼泼地生机不已矣。一曰请安居勿移。西人之势未衰，租界之地便稳，彼保其产业，我赖以保身家，至巧至妥之法莫逾于此矣。一曰请谣言勿信。或曰烧教堂，或曰埋地雷，教堂有兵保护固不至被匪徒窃焚。至于埋地雷之说，盖误于埋德律风地线耳。凡此等谣传不通之论，屏绝不信，安然无事矣。总之，论今日大局，朝廷治命决意不肯与西人开战，决意不肯失和，决意不认焚教堂、杀教士、害钦使为朝廷之意。此将来议和之章本也。至于目前保护使馆，仍复不遗余力。使馆无恙，则团匪之事渐平，西兵之来不涌。此将来议和之易于就绪也。东南一意保护西人商教，与各国讲信修睦，我不使土匪起事，彼不派兵舰南来，彼此相安而南方之疆土稳固。北方虽縻烂，有南方之把握，北方尚不至分剖，此大局之无碍，商民所同恃安乐也。且今日之事，中外皆成骑虎，使馆既赖朝廷保护，则各国正不必多派兵北上。盖此日使馆悬于乱匪之手，而皇太后、皇上把持之，若西兵不审轻重纷纷而来，一则激动乱匪，恐反而加害使馆矣。迨至使馆不保，则西兵大队长驱直入，其堪设想乎？故皇太后、皇上既一意保护，则西国亦必体会此旨而不至加兵前来，盖彼亦恐激怒于团匪而使馆不保也。皇太后、皇上既知使馆不保西兵大队必来，亦必设法保护使馆，而于是团匪之计穷，北事可挽回，南事更安稳如常矣。凡此皆据理据势而以决大局也，而悠悠之口可以息，摇摇之心可以安。幸叩门求策及投函问讯之人一垂听焉。

《知新报》

论各省亟宜勤王讨贼以造中国

呜呼！勤王之说，至今日乃始有提及之耶。伪诏之颁，至今日乃始有不受之耶。西后犹在，胡不再诵以圣明？政府未倾，胡不再承乎意旨？乃亦有知误国误民耶。呜呼！前年八月，本囚君也，而以为训政。去岁腊底，本废上也，而以为立储。在朝者心肝全无，在野者人心尽死。无君二年，上下缄默，支那之亡，固其宜矣。然以五百兆一姓神明之子孙，二万里一块锦绣之山河，二百余年一家私囊之统绪，竟被一妇人与数贼臣搅乱之，断送之。虑其瓜分之不速，先授之以刀。恐其操刀之未工，故示之以柄。虽脔那拉之肉，其足食乎？虽漆端、刚之头，其足溺乎？而一孔之儒，处裈之辈，方且谓拳匪之乱，仇教焚杀实出意料之外，非政府之本心。甚且以西人在京津大受戕害，沿江口岸莫不各有戒心，诩为中国自立之基础。哀哉！此等瞎说其受贼臣瞒欺者害犹小，其退沮天下勤王讨贼之志者害实大也，且亦知此次拳匪所以猖獗之由哉。肇祸已逾一月，从逆不乏其人。伪诏所云自王公府第以至兵民无处不是，则会匪之蔓延已可想见。而试问拳匪头目，果伊谁姓氏？所谓王公府第，又果指何人？盖拳匪之头目，非他人也，即端贼也，刚毅也，荣禄也，庆王也，赵舒翘也。不然，四川闹教，而余蛮子之电，穿于地球；粤西戕官，而李立亭之名，播于朝野。岂拳民创祸，密迩畿辅，震动全球，而渠魁是问，更不能按图以索哉？是诸贼为该匪之领袖，特内地讳其名，西人又不得其实，所以疑为谣传耳。更不然，而武卫五军荣实节制之，神机各营庆实统带之，端则禁军是掌，又有新召虎神之营，刚、赵则军机独专，又与那拉有鲍鱼之合。苟官匪异气，文武一心，以数十万拱护京师之重兵，即使驭方张之发逆，尚觉有余，彼区区牛鬼蛇神乌合之拳民,直如以汤沃雪,以石压卵耳。乃明明匪也,始终从而民之,民之不已,复从而义民之,近且传旨嘉奖之,银物给赏之。非以头目之待部下,能如是抚循体恤乎?吾诛诸贼之用心,亦可谓极狡而极拙矣。其与匪而混为一气也,非爱其扶清之忠义也,非信其灭洋之谬说也,一言以蔽之曰,实为篡弑之地耳。欲行篡弑,非先示威于外人,则必多干涉,非先联络乎百姓,则必不乐从。然无故与外人开仗,又恐不敌,突然与百姓下交,又苦无因,适有与大清冤业之拳匪,篝火狐鸣,揭竿斩木,伪言以血肉之躯可当枪炮之利,于是诸贼适中其怀,如获异宝,隐助其势,以仇外人,深信其术,以鼓大众。几谓自今以往,籐牌也,大刀也,九子连环之阵也,三人共抬之枪也,虽不能穷兵澳美,耀武欧洲,然驱逐洋人,闭关自守,窃据帝位,满洲永肥,则固在指顾间事矣。呜呼!痛哉!蠢至如此,笨至如此,戆至如此,犹复有皇帝瘾、天子癖,自绝生路,自取亡机。是殆久饫汉人脂膏,或嫌其腥膻无味而思分外人以一杯羹也;是殆久占中国幅帧,或厌其鞭长莫及而思量辽阳旧家乡也。自非然者,民间创一学会即犯捕诛,而况邪术?山东杀一教士即去胶州,而况公使?甲午敌日即割台湾,而况八国?乃匪党而编入八旗矣,德使而连饱四枪矣,大沽而先轰各船矣,而且租界几无完居,使馆仅只二所。圣主謦传毒弑,西后讹言出奔,风声鹤唳,蛇影杯弓,急电皇皇,欧风莽莽,火星雷艇越地中海以飞扬,弹雨炮烟望大沽口而丛的。非俱焚玉石,不足以对政府之野蛮;非实力瓜分,不足以答满彝之厚谊。

闻德皇之誓师,观各国之调兵,以一服八,以弱敌强,北方之必糜烂,政府之必推翻,那拉之必逃迁,京师之必沦陷,于斯可决,无待蓍龟。吾不知老悖蠢顽之政府所练拳术,能有九层铁板之厚否也?吾又不知东南各省之疆臣坐观时变,果能有一时自立之基否也?噫嗟!中国历朝亡国,非亡国也,亡一家耳。今日国亡,则教将随之,种亦随之。孔教绵绝之秋,黄种存亡之会,所关非小。各疆臣既不受伪诏,复不解京饷,与沪上各领事签字立约,力保西人财产性命。乘此,人心镇静,远俗慰安。三洲之战舰未来,各国之大兵未集。驰檄各省,奔问京华,布讨贼之文,率勤王之旅。平团匪之乱,以谢远人;枭贼臣之头,以快天下。然后重扶圣主,复行新政,开通口岸,酌赔兵费。英、日、美三国素主平和办理中国之策,苟见吾国忠臣义士云集雷奔,未必不乐于听从。调和各国,是转危为安、化弱为强,策之上者也。否则,任满清之灭亡,固东南之半壁,讲求自立,力进文明。除独夫民贼之政,以苏民气;杀贪残污酷之吏,以洽民心;招开新之人才,以振起国民之精神;行立宪之政体,以示君民之共治;设警察之署,以卫民生;练水陆之师,以保民命。夫然后立学堂以储材,请顾问以敷治,布告各国,辟口通商,既尽去野蛮之旧习,必认为平等之新邦。策之次者也。若夫知有王而不勤,知有贼而不讨,惟是以坐镇为能事,以压力为经济。贼臣得志,则借口于各保疆土而据以为功;故国既亡,则竟欲自居于藩镇而因之为利。此固似巧实拙,似智实愚,不惟禄位不久,身家可危,即性命将不保也。盖今日伪诏既逆,京饷既留,是伪朝之大逆不道也。他日遣使代位,缇骑随之,其能逃逆命之诛乎?普天之下,莫非王土。率土之滨,莫非王臣。食君之禄,守君之土,君有难而不救,贼有罪而不讨,而曰吾守局外之例,试问万国公法有是理乎?

方今攘夷之说,全国汹汹。西兵未厚,我众彼寡,聚而歼之,在在可危,势不能不暂求保护,况与之立券署约,有不快然从之而感激不尽欤。独不识贼党既亡,北方既靖,彼之政府果认为我自主之邦,抑认为彼权限之券欤?此时进退失据,身败名裂,战则不敌,退则为奴，事势所至有必然者。所以近日各西报，皆言北方乱事与东南无涉，不曰平和办理，即曰传教民不善。于各督抚之保护西人严弥乱衅者，莫不感谢不遑，赞叹勿绝，此无他，实感吾之代其守土也。如之何勿谢？所难堪者，他日交割时耳。且不但此也，政府既不能久立，则满汉益复相仇。试问各省驻防之旗满各军能各相安无事乎，抑有火并之势乎？大局一乱，祸机四起。专阃之威，其足恃哉？是则勤王也，讨贼也，诚再造中国之第一要策也。然在囚之皇上已阅两年，曾无一人过问。今日而望各疆臣勤王，是真望梅止渴也。拳匪之首领实为端王，擒贼擒王，而欲各督抚之声罪致讨，是又谈虎色变也。不宁惟是，望诸豪杰，期我国民，提独立之性质，振自主之精神，以鸦君阿度为归，以吐兰士哗为法。宁裹马革之尸，毋作砧上之肉；宁为特立之难鬼，毋为双料之奴才。地图二万里，得一吐兰士哗之地，而可兴同胞五百兆，得十阿君鸦度而谁敌？呜呼！瓜分在指日，奴隶在目前，我国民其尚思勤王讨贼，以再造中国哉！

拳匪汇闻

北京访事六月九号发来专电云：义和拳匪乱事甚亟，政府中亦无人可胜派往办理团匪之任。今晨军机处各大臣会议时，荣禄谓急宜赶调李鸿章接任直督。盖因裕制军业于昨日上折乞休，并据裕制军声称，目下告退实出万不得已，缘前者所有筹划办理义和团一切计谋，均为现任顺天府尹王培佑所阻故也。查王系拳匪中著名头目，向日官居御史，新由皇太后升为顺天府尹，以便收伏若辈，为内廷后日之用者。荣禄请调李傅相移任直督一节，竟为刚毅力阻。盖刚毅欲令李鉴堂接此任，以致彼此相争甚久。故目下军机中已将此节作为罢论，亦不准裕禄乞休矣。至附近京畿一带地方莫不人心惶惶，几有草木皆兵之象。乱事若此鸱张，恐非一时所能平靖也。深州、涿州现已为拳匪占据，尚有近京城垣数处，闻亦被占据。该匪等又密派间谍分赴各处纵火滋闹，故大乱已在目前矣。中国所有兵士亦系拳匪同党，此皆为政府酿成。倘政府果能决计早办拳匪，亦何至有今日之乱哉？录《中外日报》。

又六月九号发来专电云：本月六号之上谕，责备直隶兵士不应攻打百姓。聂军门部下兵士于本月四号击败拳匪一事，亦为六号上谕所斥。是役拳匪损失四百八十人，内有多名俱系山东到来之团匪头目。该团匪等当即具禀刚毅，刚毅即据实奏知太后，深责聂军门不应擅自攻打。太后闻奏亦怒，故将聂军门严加申斥，并命其即速退回相近开平煤矿之芦台驻扎。办法如是，实壮该匪等之胆，故兵士亦均有不服之心。各将弁等现俱畏葸不敢攻打乱匪，因恐一经攻打即不免身受处分。刻闻有聂军门管下之武弁三人，因力攻拳匪已被捉将官里去，恐不免斩首矣。董军门福祥于今日呈请效力，愿亲自率带所属甘肃各兵往阻西兵进京。董军约共有二万五千人，大半俱有极好机器快枪并机器快炮以及刀枪等类。荣禄见事已如此，自己请病假不出，目下太后已为端王等钳制。嗣君大阿哥现由义和拳教师二人教以各种幻术以及拳棒等项，复有少年亲王四人为大阿哥之伴，一体学习拳棒。赵舒翘前奉本月六号上谕派往宣抚会匪，令各解散回家，已于昨日回京。报称因未见彼中之总头目，故实不能为力，只得将上谕缮抄数纸向顺天府属各城镇黏贴，俾众周知。闻李秉衡于今日电致军机处，呈请准其进京攻打洋人。此举想亦系刚毅之所为也。至团匪总头目闻系韩姓，又闻系陕西李来中，惟实在首领即是端王也。李秉衡接奉谕旨，授为北洋大臣兼直隶总督办理军务之命,叠次奏请病假,希图规避。至裕禄闻有团匪数十人经过门首,急令将督署大门关闭,置之不问。团匪多持铁刀,铁工赶代打造,彻夜不停。京畿各营与团匪通气者极众,虽武卫军亦不能免。如果剿办,京营万不足恃。以上录《中外日报》。

初八日本馆接上海来电云:大队团匪约十余万人围攻英署,而门尚未破,已危亟万分。京师内城日间只开半闸,仅容一人出入。内廷左右皆是匪党,王公贝勒设坛奉义和团和教者甚众。

本馆昨初二日早接到津门特电,据称团党既众,而华兵复助之,故其势甚凶,将天津围困。各西人以势无两立,爰于五月二十七日调兵往救。计共二千余人,直透重围奋力接战,而团匪亦纷纷哄斗,致伤俄兵三十名,死者四名。盖俄兵适当其冲也,其余各国则死伤甚少。厥后团匪不敌,因而解围。各匪人即将军装局之大小炮捣毁,免资其用。此解津围之初电也。后又来电云:英国水师提督西军门于率兵进京时,行至距京十英里之处,猝遇团匪及华兵大队,合泷而来,将军门围困,部下士卒多有受伤及染病者,故军门屯兵待战,次俟赴援,嗣于廿八日救兵始至。是日香港又接到上海来电云:现时天津租界已被日本兵解围。盖因俄国及德国不能进兵救援,故日提督亲自带兵一队前往施救,遂得解围。刻下日提督已进兵前往都门接济英提督西门,惟闻西门提督已回天津。据言目下不能救护各钦使,然闻各钦使已由华兵携带而去云。团匪头目名李来中,系陕西人,闻未滋事之前曾由董军门引至内廷,经召见两次。又董军杀害日本使馆文案杉山久政君,当时即与西兵格斗,计董军被杀五六百人。又天津访事人来信云,北京大权尽归端郡王掌握,业将义和团中人仿照满洲兵营制分为八旗。自五月廿二日起,所有一切上谕悉皆出于端郡王,并经派有虎神营兵一大队严守各处,宫门非其手下之人,俱不准擅行出入。故皇上、皇太后业已不测之说,津沪纷传。又(唐)[塘]沽来信云:前月十八日,该处铁路官员接到芦台消息,谕令赶即预备火车,以便载兵七千,大炮六十门,前往天津。德国兵船一尔的斯统带官出为阻止,不准火车载兵前往,铁路官员即回禀芦台,复电令其不必乘坐火车,着即拔队由陆起程,行至天津。此队官军乃聂军门之部下,想轰毁天津租界之事,此军士亦必在其中也。又云:五月廿七日普济船上有人登陆,述及中国兵尸首堆积岸滨,其中弹亡命者甚多,至身得半截者亦有。又北炮台濠沟处积尸亦不少,以目视之,心惊胆裂。吁!惨矣哉。客又言:大沽炮台各将弁之家属皆在离炮台数里村庄居住,而大沽口弯曲极多,当各兵船攻炮台时,船偶转弯移向,则某村适当攻炮台之要冲,遂致全村尽毁,各将弁家室亦同归于尽。又驻沪领袖总领事华德师君接到确电,大沽口一役日本海军守备哈多利及西国武弁五员、水兵四十人俱被炮台轰毙,尚有水兵三十五人受伤,亦颇沉重,当由日轮名海哥麦鲁者将各国受伤兵士装载送往日本萨西波医院医治。昨又接北省电音,谓直督裕禄衙署亦于西兵占据大沽炮台之日同遭团匪纵火焚烧。裕禄不知下落,遍寻不得。

《德臣西报》接上海电云:十三号德使被戕,因往总理衙门商酌事款,途次被华军所戕。是日各使皆前往,惟德使为先导,有英弁及英水军上前救之,亦被伤及。迨见德使被戕,各使中止。德国守使署之护军怒甚,乃奋呼向前,将总署焚毁为平地。

按德使被戕,十余日前已喧传,惟京津隔绝,故或以为讹,今已详确无疑。德皇亦誓师复仇,从此各国不复以平和办理矣。夫两国交兵,使在其间。万国公法:两国开衅,公使必给护照下旗而去。今无故戕杀,且出自华军之手,惟三等野蛮乃有此事。各国必以治野蛮之法治之，吾恐怒师之下玉石俱焚。我中国必将以千百万人之性命偿公使之一身。况顷又传英使馆已被焚，凡西人无一生者。合七国之力而来攻我黄种，岂有遗类哉？彼诸贼臣之肉，真不足食矣。

本馆《德臣西报》接上海特电，载北京紧要消息云：初五日，所有英使馆西人并逃避于此者，概被华军所毙。初该使馆西人屯聚于内，亦极力抵御，惟粮食、军伙皆告罄，为华军大队拥入，用火焚毁，故所有西人并该使馆同归于尽。闻总税务司赫德亦在被焚英署之内。又闻端王篡位，命袁世凯带兵一万八千驰赴南京，以代刘坤一之任。

按端贼谋逆必先通盘打算，见刘坤一平日（崛）[倔]强，知其必不己从，故不得不勒令罢休。惟刘系颇有心肝者，想断不肯垂手而退避也。

详述拳党

闻前月德州、景州、北州等县皆有义和拳中人与教人为难，并不伤害客商。至廿八日，任邱县所属东梁州亦有义和拳与教民开仗。是役焚毁教民房屋五十余家，戕毙教民二百余人，房屋焚毁。最奇者，奉教之屋宇遇火即着，不奉教之屋宇火到即绕道烧去，故不奉教之房屋竟完全无事。此时尚未见义和拳人之面。廿九蔓延至雄县，沿途皆有，或三五人，或十余人，或六七十人不等。皆腰系红带，首帕用红里，亦有束黄带、用黄里者。大旗上写有数字云“义和拳替天行道扶清灭洋”字样。领队之旗坎、乾两字之分，中间皆用刀矛。水行、陆行，皆向北方进发。其中三十岁以上甚稀，二十以下、十二三龄居多。沿途相遇，秋毫无犯。是日到雄县后，庙中有拳厂，乡人皆往观看，云十余龄少童习练七八日，即刀砍不入。访事人固未之信，而本月初一，访事行至庙中，见有拳厂即进视之，见有十三四岁童子，最少不过八岁，神案上设牌位三尊，中立关夫子，左立张桓侯，右立赵子龙。诸幼童拜毕，两傍肃立。忽然如发马脚之状，面红，目直视，口吐白沫，叫呼嘻嘻，飞拳踏足，七八岁者亦一跃数尺。其进退起伏向背，若出一人所教。地方老民见余往视，因问南方有否。余问老民拳为何人所教，答云并无拳师，但有神附体即能练习，谓之神拳，练十八日而功成矣。又行十余里，车辆纷纷自北而南，车中皆有镖局旗号。是日止宿新城，因问新城庶民是否平安，答云不妨。初二日由新城前进，在三家店打尖，见义和团纷纷往北。又行十余里，见道傍电柱均经拆断，火车道上烟火蔽日。询之途人，知马家堡至高保店二百余里铁路自廿日起火，烧犹未息。申刻到涿州，城上皆红巾、黄巾，刀矛林立，屯聚如蚁，城厢内外几二万，见之不免心慌，而涿州牧不食已三日矣。余下车约一刻，有弹压马队二十骑，皆洋装，由保定来，自南门入，驰马往北城。团人见之，谓奸细入城，皆自城隍下，纷纷北道，一时四处市门皆闭。适两仆自署中收鞘回，义和团指为奸细，数十人刀矛齐进，二人跪求乞命，其左右遮拦。各丁团如醉如昏，不由分诉，刀矛不及身者数寸，幸州差望见飞奔保护，亦为之跪求，二人始得逃命。是夜四门戒严，居民由抽丁守城，扰乱之声终夜不息。初三八点钟，城门又闭。涿州牧促余登程，启北门而出。向来饷差到此，需用车马皆需自雇。而居民因乱搬家，车为一空。因苦托店家觅得两车，是日到良乡。初八往辛店，比涿州较为安静。然风声鹤唳，寝食不安，初五到京。现在各国洋兵纷纷进城，城内外营盘林立。前数日官商出京，只许空身，不许携带行李。按右条系解饷某委员在京所发之函，考其发信之期，盖上月十三四以前情形最为详尽，故仍为登录报端。录《中外新报》。

商办团练

北省枢臣顽固,匪凶横野,烽烟不知何日始了。南省幸赖老成持重之疆臣镇慑,得以暂保平安,然官之卫民究不如民之自卫。顷闻六月初二,粤省各宪请四大书院山长共集城内团练局,因时事孔亟,商办团练事宜。然团练之举,曩时徒有其名,皆由筹饷维艰,是以粉饰了事。窃谓不如抽商租项,招募健儿。以省垣十万铺户,每铺租银二两,扯计加一抽取,每月应得银二万,可养勇丁五千,以之分守四关,何患不金汤巩固?国家多难,各人皆有性命身家,谅加区区租银,皆愿乐输而不怨。刍荛之献,以为何如?

《中国旬报》第十六期

纪乱:津沽情形

大沽炮台与西舰开炮相轰之故,因西人先令华兵退出。而统带罗君答以:“万不能退让,即有朝旨亦不能奉诏。”致开炮对轰,相持一日夜之久。华兵虽伤亡相继,终不肯退。直到炮台击毁,罗君死之,始为西兵所占。其时炮台上犹开炮不绝。各国兵船还击者亦纷纷雨集,至七点钟之久,两军皆无懈意。旋见日本兵船两艘驰至炮台之后,燃炮反击,炮台之兵亦能分兵还击。炮台华兵死者无数,而气不稍馁。平明,日本兵舍舟登岸,俯行于炮线中,奋勇直薄炮台下,争跃而上,手刃华兵数人,拔立日本旗。当时华兵各队见第一台已失,用全力来扑,日本所得之第一台冀可克复,乃日兵奋死迎敌冒火前进,复得第二台。当华兵与日兵酣战时,各国兵士亦俱登陆。英兵奋力夺得第三台、第四台,俄兵夺得第五台、第六台、第七台,德兵夺得第八台,法、美夺得第九、第十两台。二十日午,炮台尽失,而炮声亦寂然矣。是役,闻主兵者为新授喀什噶尔提督罗荣光,淮军宿将也。十台俱亡,自将帅以至士卒无一逃者。中东之后,所未曾有也。

纪乱:拳事缘起

初四月望后,党耗日有所闻。二十四五等日,都中遍街巷均有形迹可疑之人,前门外西河沿等处尤多,并有腰束红带者在城门内关帝庙求签。其时观者皆目为拳党,无如防军巡役均不过问。有人谈及曾遇拳党述党首初意,拟乘人不备直入颐和园,并焚各国使馆,后用某军师之计,先断铁路、电线,以阻中外援兵。始闻此信,未敢深信,不料越日遂有琉璃河车站被焚之事。现在政府之意尚在迟疑,而党人则遍放谣言,谓有某亲王监军,又谓奉有密旨,又谓英、俄将同谋袭取中国,故若辈急谋救驾。言不近情,足发一笑。而愚夫盲子转相传述,莫不以忠义推之。及五月初二日,明谕既颁,人言稍息,党势亦似稍敛。不料有党首韩某,诡托于君国之忧,借行其鬼蜮之技,缮写禀词数十通,遣心腹密呈于各大老。烛其奸者虽多,亦竟有信其说者,于是有宣抚之谕。迨聂军受申斥,而党乃益炽。初八日,传冀州失守。十一日,传文安失守。十三日,雄县失守。究之党势蔓延,各属皆是,附城村堡多被占据,出入城邑漫无禁忌,谓为失守,诚非无因。而涿州、深州两处被扰尤甚,州官均已被禁,不能有所展动。又闻涿州州官确已被戕,官场中并无一定办法,惟禁止民间传说此事,讳莫如深,而言者益众。甲午东边之事,京官建言者甚多,今国家有板荡之象,乱势已成，而绝无封奏，惟皆闭户愁叹，思所以藏其货贿，迁其财孥耳。日来又有遍焚东交民巷之谣，谓因有教民藏匿使署及左近民房之内。幸各使署均已严为防之，谅可无碍。其余讶人听闻之语不能殚迹，究其来由皆出拳党口中。所最可恶者，朝廷及政府一切举动用意，彼中无不周知。信之者辄以明神推许，其实不过散派羽党到处探察而已。党中又有假称内监者，谓系钦派，饰忠义以欺上，假朝旨以愚民，狡计黠谋，如此而已。

存疑：拳事轶闻

外间传闻，义和拳首李来忠籍隶山西人。月前由董福祥提督带领觐见西后两次，时该党尚未滋事也。当团党滋事以后，太后曾召见诸大臣商议剿抚所宜。诸臣皆无定见，惟徐桐叩首争谓，团党立意扶清灭洋，实是中国义民，不宜剿办，以挫其气。太后以徐为老臣，所言必不误，故一意主抚。闻天津官场已与团党议定，凡官绅眷属有避乱离津者，无论人口、行李概不得抢劫。团党亦已应允，惟京中官员则不在此例，声言必不许其出奔。有一日，天津地方官召团党头目至署，诘以既称义民，因何有抢劫物件之事？该党首力言，必非团众所为。及出署即率众往查劫物之人，当时杀毙四名，又捉获三名，解至县署，以分皂白。团党在途中遇见官长，亦谬为恭敬之状，惟遇有紧衣窄袖以及平素所称洋务人员，必以刀刃相向。

存疑：人心附和

义和拳大为人心所归向，京中士大夫每百人中殆有七八十人，极口称许。涿州为团党攫守，某御史尚奏言，城中道不拾遗，有古烈士之风。

存疑：风传姑录

传言，太后五月十三日由颐和园回宫，中途遇有拳民一大队，拦舆不使之进。太后大怒，命随从人叱去之。拳民不听，因而动武，有侍卫七人被戕。自兹以后，太后之消息杳然，所以疑其亦为拳民所害者。又有谓已赴热河去。

庆王自拳民闹事后，不容置喙，甚衔端王。端王知之，恐为所算，遂命人刺之。

拳民有首领二人，一姓郑名子丹，一姓单名绍卿，在端王下门行走多年。知端王极恨洋人，因嗾其党，以端王之意发难，逆知政府不之禁止防备也。闻党人之意志不在与外人为难，而在于革中国之旧命。今端王已将其党编为八旗，遍给军器。

上海有志士数人溯流至鄂北，谒见张之洞，劝其谋所以自立，以固南方半壁之江山。张答以且待英兵国阑入长江时，再行商夺。

又有某君到金陵谒见刘坤一，说之如说张。刘闻言大哭谓：北京如有意外，则惟有拼此老命，率三湘子弟北直勤王而已云。

六月十六日(7月12日)

《新闻报》

论中外宜和平办理

中国不幸,不能于团匪肇祸之初痛加剿捕,以致匪势猖獗,失礼于各国。各国乃去除轸域联师问罪,征调雄师日有所增。在各国之意中,岂不以各国既已同心,则必无争割土地之事。中国素称积弱,则必无负嵎难破之虞,固可以一往直前,毫无顾忌。然窃谓各国军队办理此事,实当和平办理,而未可以一往直前。恭读初三日谕旨,一本准洋兵到京保护使馆。二仍饬保护使馆之兵严益加严,以防仓猝。三不认与各国同时开衅,不认恃乱民以与各国开衅。四饬出使大臣各将此旨向各外部切实声明。五著各该大臣遇有交涉事件仍照常办理,不得稍存观望。是中国皇太后、皇上初未尝必欲失礼于各国、开罪于各国。团匪肇事之初力主收抚,不能严加剿灭,未免为不知利害,庇护匪徒,以致教堂任毁,教士任杀,德使臣、日书记任害,酿成千古未有之祸,诚无以对各国耳。若以目前而论,恭读初三日谕旨,则中国朝廷固非始终不知利害、始终庇护匪徒者。特以今日之团匪,确有剿抚两难之势。盖匪势之盛至于兵民,王公府第所在皆有,王公贝勒皆设坛习拳,而且袒匪徒疾外人,如端郡王、董福祥,一则把持朝政,一则统率悍兵。苟朝廷操之太蹙,恐宫闱与使馆皆有朝不保暮之虞,诚所谓祸生肘腋也。昨报载有初九日京中消息,皇太后、皇上仍竭力派兵保护两使馆,匪势亦渐平,故两使馆现仍无恙。是朝廷之不能剿匪,未始不因顾全使馆起见。故以为各国军队亦当有顾全使馆之意,宜和平办理而不宜一往直前也。大沽炮台未占之先,美水师提督于会议时独谓不可轰击炮台,并云如果轰击则天津租界难保,且北事更棘,均无所利。众不之信,故有占台之事,其后天津租界被毁,众始服其先见。然窃谓使馆之被围,亦未始不因大沽炮台被占有以致之。虽然,前车之覆后车之鉴,现在京城之中兵民交愤,异口同声,匪徒横行,肆无忌惮。以皇太后、皇上之尊,仅得保全两使馆,且恐未必能到底保全。假使天津各国军队雄师既集,长驱而入,沿途攻击,玉石不分,则京中兵民皆有前后一死之念;加以团匪之煽惑,必致激成大故,恐各国军队到京之日,即是两使馆及各使臣不保之日。虽事后以华人泄愤,然而死者不能复生,诚不如和平办理,存投鼠忌器之念,而预筹万全之策也。虽然,祸端之发,中国政府诚有难以对各国者。今畿辅重地群起而攻,强弱众寡种种悬殊,结局之惨难以逆料。幸而各国军队留滞津沽,尚未能克日抵京,幸而两使馆现尚保全。各使臣除德使、日员之外,余无凶耗,则何不趁此事机,专派重臣与各国互商办法,以保全宫闱、保全使馆、穷剿匪徒、拯救良善为主。事平之后,徐议善后之策,庶几中外之意见可以全泯,千古之惨祸可以幸免乎!

《中外日报》

［论说］ 固南援北策

拳匪之扰也，互保之立约也。中国不能不南北分疆，而离立乃自然之势，亦必然之理也。惟是欲固南疆，必先外纾党禁，内集民守，公布新政，而后可图自立之有基。然不乘此东西大兵尚未云集之时，提劲旅以北援，而外助邻战，内讨国贼，则亦未能树独立之义声也，此固南亦当以援北为先也。援北之举，首宜备兵，备兵之要，则在东南七省疆臣合力用兵。而东南七省士民合力练兵，兵力既充，则声势自壮，防调自便也。防调之任宜立总统，粤督李公、江督刘公，以湘淮之宿老处南方之雄镇。两粤海疆既远北服，本省士民尤殷爱戴，其于内防固不必注重，而北援之筹饷、招携聂军诸事应由李公主之。北连东抚袁公扼控贼冲，南连诸督抚运兵挽饷诸事应由刘公主之。东抚袁公英明而多大略，山东一省，南防首冲，北援要道，宜由东南诸疆臣公认其有节制师干之权。凡调往北直之兵通归其节制调遣，使其与西兵、东兵为抚背批吭之势，则贼势虽众亦将坐毙，故运饷节师之任应由袁公主之。至于荆樊一镇，则须由两湖督抚专主之。北拒贼党蔓延河洛南窜之路，南靖草莽窃发之源，是皆责任宜专而大事方举也。练兵之制，宜分镇兵、民兵二大枝。镇兵之制不分旗绿勇洋队，诸军通改旧制撤旧防，一律用为新兵而属诸新立之统制，练成之后即开调北上，外助邻师，内除团逆。民兵之制通由自办团练，取为保安内外之用，一经中外各大官公认之后，许其自相团结，相地守助。师团既集，俟有余力，则分助邻师镇兵防剿灭贼，此军制陈设次序之宜定也。北方之祸源始于端逆怀异，而遂使兵与贼合。上动深宫之听，下挟顽政府之助，故匪徒有踞嵎之固，而邻师无臂指之辅，以致旷日相持，尚未大决胜负也。设使北直官兵不听调度，则端逆不过数万之匪党，孤立于上，失援于下，亦岂能杀使焚馆弑逆，自甘如此哉？然安知非满党互结，直督等挟持其下，而致聂士成之宿将练兵亦不得不为之用欤？观于赏兵匪之伪诏，可知从匪有犒，而拒匪则无饷而难立军也明甚。然则北直助匪之兵，除董福祥居心叵测，非种生谋甘于为匪外，其余若宋、冯、聂诸军均属忠正老练之师，决不应无挟持而不能自全之苦，而即甘于助贼也。如其东南援师，专以立国讨贼为名，使天下之人咸知以兵助兵则可，而以兵助匪则不可。然后内可得招携反正之用，外可结邻邦同难之情，此出师布令之宜明定者也。要之，中国今图立国之策，惟有画分南北为界限。国民讨国贼为宗旨，固南援北为下手，援师之出咸以讨贼为本，而以助邻招携为用。如此则永不致兵与匪合，而匪势自孤，匪援自绝，诛贼定难，庶有可图。呜呼！揽辔四顾，澄清谁属，有能采刍荛而主麾节者，吾其挟策从之矣。

《申报》

示保长江

扬州采访友人云：郡城自闻北省拳匪作乱，即声言纷起，一日数惊。顷闻官场中言，日来京津匪乱渐次敉平，三市六街人心为之稍定。既而扬州府沈碧香太守缮发告示，分贴通衢。大旨谓：奉运宪柯札，奉南洋大臣两江总督刘电开，北省匪徒仇教，致酿巨衅，南方若再生事,大局即不堪设想。各国兵舰现欲驶入长江,自卫官商,深恐居民惊恐。业经本部堂会商总督张,议定长江一带洋商教堂由我力任保护。惟省防各营分布要隘,尚恐不敷,断难拨防内地。其长江各埠应由关道会同营汛保护,内地各教堂即责成各府厅州县实力保护,并照会地方绅董添办团防练勇,以资保卫。须知此次保护商教,即以自卫,人命财产,祸福与共。各该地方官如再掉以轻心,酿成巨祸,恐参罚尚不足以蔽辜等因,到司奉此,合亟飞札饬府,立即转饬各属,一体遵照,仍将遵办,情愿先行,其报查考等因。奉此,正在照请各绅筹商保护之方,并饬县遵办。又接奉督办电局盛急电略云:已与各国议定,所有长江以内及闽、粤、苏、浙各省,由中外公共互保,两不相扰。现已照会各国领事,允洽所有华洋各电仍准照常发递,以免猜忌云云。合亟摘录出示,为此示仰诸色人等知悉。现在长江等处,已允互相保护,两不相扰。该居民等务各安分守业,无庸再事惊惶,自取咎戾。此示一出,茅檐蔀屋当咸知中外仍辑睦如常,彼歹人虽散播谣言,可免被其蛊惑矣。

六月十七日(7月13日)

《新闻报》

招抚与安插并行说

世乱之际,四方之豪杰出焉。其英武者,削平大乱功成受赏;其桀骜者,号召徒党谋为叛逆。当其始,皆有不可一世之志,特邪正各出其途。及其究竟,遂有流芳千古、遗臭万年之别,所谓成王败寇,固任人之自为也。自古兵乱之极必有流贼,虽不能成事,而聚数十人以成群,聚数百人以成党,又聚数千、数万、数十万人以占据一方,因之称王称霸。或二三年,或一再传,随其势力为之,亦有取之暴虐、守之仁义者,其后亦居然享国也。故古有戡乱之才,其始杀伐,其继即招抚,其后更藉招抚以杀伐。徒杀伐而不招抚,不胜其杀伐也;徒招抚而不杀伐,亦不胜其招抚也。自汉以来,开国之初皆有豪侠之徒奔来归附,而明主收拾英雄,皆能以假仁假义召之使来,卒亦赖其成勋业定大功。垂之千秋,播之史册,使后之人想见圣王用人之能破除常格焉。世尝有躬耕田间而鸿鹄之志非燕雀所知者,岂不谓失鹿天下逐又谁为真主哉?英雄用事大抵成则华盛顿,不成则拿破仑,断不肯为中立庸材。发逆捻匪之际,其间以流寇而来降者,李兆寿、詹启纶一流人在在皆是。其人要皆不招则有害,招之则有助,以其毒攻人之毒,事半功倍,可不劳而获也。今世之楚、蜀、闽、广、江、浙各省会匪、盐枭、流氓、光蛋、青皮、土棍,名目繁多,指不胜屈。此辈纷纭散布,在承平时只足为害一方,随起随灭。而世乱之际,虑其乘机兆乱,虑其同时起事,虑其聚集合谋。盖分之则势孤,合之则势众,东南之大患在此也。伪邸矫诏,招集安清道友、哥老会、海盗、盐枭,以备联合拳匪抵御外人,此本乱命。使易一说曰,招集安清道友、哥老会、海盗、盐枭,以备攻击拳匪,解散外人,则为治命。夫安清道友、哥老会、海盗、盐枭非不可招,特招之自不易耳。非有声望素著之将才招之则不受,非有恩威并济之督抚招之亦不归。非用羁縻之术则旋招旋散,非用约束之方则旋招旋祸,利害关系不待旋踵。大宪平时所以不轻言招，而总以严密缉拿为事也。镇江徐老虎近为黄芍严宫保招抚，刘宫保准其投效赎罪，此东南除害之一，而亦平靖内乱之一也。收拾一徐老虎，而凡徐老虎一流可以投诚来归，土匪不平而自平，计诚良得。第此类亡命之徒，既不可轻信，亦不可不严防，然亦不可不略假事权以试其举动。总之，能驾驭之，而后招抚之。不能驾驭，而反为其凌轹也，则横行无忌，解散甚难。且此辈反复无常，昔李兆寿、詹启纶，固尝故态复萌矣。当此群雄角逐之秋，草泽英雄未尝无窥伺一切之志，固不独孙文辈为然。彼徐老虎者，收之固宜。独虑收一徐老虎，凡未收之人，亦不可不急为安插也。观于北事，始为拳民，继为拳匪，终则兵民、王公府第皆匪矣。始曰剿，继曰抚，终曰剿抚两难矣。推原其故，皆误于不早安插也。前车覆，后车鉴，能信得过徐老虎而招抚之，则凡此之类尚宜续招。特当认定以毒攻毒之法，使其学英武者之削平大乱，功成受赏，不使其学桀骜者之号召徒党谋为叛逆也。

《中外日报》

［论说］ 论南省联约宜力策万全

自拳匪起事以来，震惊畿辅，迫胁朝廷，犯天下之不韪，动各国之公愤，闯祸之巨，贻患之深，向来所未有。呜呼！君子观于北京政府之欺君罔上，纵匪殃民，盖不禁惄然以忧；观于南省督抚之联络邦交，保全大局，又不禁欣然而喜。何则忧焉者？忧北地之将夷为草莱，北民之将化为虫沙也。喜焉者，喜南人犹得倚半壁长城，南省犹可延一线宗社也。夫以北事而论，一误于刚相，再误于端王，思借数万妖魔，力敌十余强国，其识见直出妇孺之下。荣中堂为安危大计，剿匪之奏七上皆阻格而不行。未几而日本书记遭害矣，未几而德国公使被戕矣。噩耗惊传，五洲震怒，转瞬复仇之师云集，岂彼邪术所能抗？呜呼！北事盖无可望矣。然北事既无可望，而所望以固半壁之长城、延一线之宗社者，在乎东南各省。即可以邦交之向背，而卜国势之存亡。今果幸天不绝我中华，东南各省督抚皆能力撑危局，联络邦交，亟亟焉以安辑商民、防范土匪为宗旨，其在各国领事则又和衷联约，协力设防，力任租界保护之责。观上海城厢内外保护新约，则知中外之和局益亲，决不至有意外之变。观夫长江内地公共保护新章，则知北事虽极糜烂，更不至牵涉于南方。斯南民之福也，然犹不仅南民之福而并为北民之福，然犹不仅人民之福而并为国家之福。何以言之？拳匪之枉杀无辜，各国皆恨之刺骨，一旦大兵麇集，势必以其人之道还治其人之身，吾恐北民将无遗类。不宁惟是，拳匪之所以鸱张者，实由政府之故纵。政府行其恶之实，朝廷受其恶之名。将来若为城下之盟，吾恐欲为越南、欲为印度而不可得。无他，怨毒之于人深也。今幸东南各督抚力顾大局，俾各国知行同野蛮者，仅在北方之拳匪而无涉于南方。南方之西人性命身家依旧安如磐石，则虽仇恨于北，固犹感激于南。观英政府之覆词、各领事之电谢可知也。将来专定议和，留此感激之情，平彼仇恨之意，或者北地不至夷为草莱，北民不至化为虫沙，亦未可知。呜呼！是皆东南各省督抚之力也。虽然，欲策万全之计，吾窃欲进一解焉。各省不联约则已，亦已互相联约，则无论政府之意见如何，总当力守保护约章，始终两不相扰，是为第一要义。然第二要义，尤当于联约之后审时度势，探明北京一切情形，其仍为皇上当阳欤，抑为权奸用事欤？若果为权奸用事，皇上之安危不可知，则非但二十五后之伪旨不当遵，并当合力勤王，声罪致讨。一面削平拳匪，一面扫除权奸，庶几大局可以保全。非然者,南方虽幸无事,北方不堪设想矣,岂为万全之计哉?

各地来函汇录

南京来函云:江督刘公保于本月十三日邀请各国传教西人来辕,请其迁他处居住。一俟北地乱耗肃清仍回居住,各西人皆未允行。

《申报》

慎保使臣以维和局说

使臣之常驻他国,其风非古也。中国三代大一统之时,无论矣。周室既衰,列国竞起。晋、楚、宋、郑狎主齐盟,使臣轺车往来,樽俎折冲,往往化干戈为玉帛。然惟有事时,始行遣使,从未闻远适异国,久驻星轺。即下及六朝五代,以迄辽宋相持之日、金元交骋之年,使节星驰,藉此以坚盟好。然亦不过偶联缟带,得抒彼此之情,并非载之盟书,视为成例。至本朝与泰西各国互市之局成,而遣使之例定,彼来此往,耦居无猜。计各国使臣之在中国京师者,为美利坚、为英吉利、为德意志、为俄罗斯、为法兰西、为义大利、为比利时、为和兰、为奥地利、为日本、为日斯巴尼亚。凡十一国,其随员、参赞、翻译之类约共百人。遇有令节庆典,无不循照公法参预其间,坛坫雍容,可谓盛矣。迩者,北方匪徒揭竿倡乱,辇毂之下势甚蔓延。外人之寓居京华者,惕惕焉颇有戒心。至上月望日,日本书记生被戕之后,德使又遇匪人要击于途,旋即殒命。于是各国群动公忿,运兵载饷,相[瞩]于途。按之公法,凡两国既经失和,彼此所遣之使应即时护送出境。曩岁中日之战亦尝遵此而行,公例所垂,势难违背。乃今者启衅已近匝月,而各使或谓已经受害,或谓仍获安全,虽传信传疑,未衷一是,要之并未出境,则固信而可征。夫中国此次因内乱而开外衅,其局既为向来所未有,至列邦已构交兵之变。而外臣并无离境之文,则尤事出权宜,为中外古今之创格。故愚谓:时至今日,宜布告各国,谓匪人乘机肇乱,中国非不愿及时痛剿,特以患在肘腋,操之过蹙,转恐有激变之虞。今各友邦既愿同心襄助,非特国家之幸,抑亿兆人民之幸。惟须先订立约章,他日各事宜和平办理,不得恃强要索。倘不能如约,则民人一动公忿,各使臣之身家性命,敝国虽欲保卫,恐亦力有难支。窃思各国苟闻此言,未必不因之转圜,仍敦睦谊。迨至事机稍定,然后徐图奋发,改弦更张,则中国或不至遽亡,大局犹可挽救。或曰:各国当此事急之时,深虞投鼠忌器,不得不暂时允从。倘各使一离京师,即时调集雄兵长驱直入,破竹之势其将何以御之?不知今日交邻之道,虽难免互矜谲诈,然信义亦未肯显违。使各国果出此策,则其曲在彼,中国即不幸而危殆,论者亦或原之。若长此相持,既不能送之出疆,又不能实力保护,将来或步德使之覆辙,或别有变端,甚至聚十一国之使臣而竟歼之于一旦。则开古今未有之奇局,成中外非常之祸端,此中关系岂待智■而后知哉?故吾谓将来此事之结束,即以今日驻京各使臣之安危卜之。谓予不信,请俟他日。

六月十八日(7 月 14 日)

《新闻报》

张京卿被拘各情译报

《字林报》云:天津传来实耗,谓张燕谋已被拘禁。当沽台被攻前一日,北平轮船泊大沽外,张欲遣该船运其眷属及同僚等往天津。迨该船驶近沽岸,沽台已失。张至次日前月十八号始率眷等上船。其时有统带波司克适值班,带领团练军队巡守河边。中有一团练名亚加色者谓波司克曰:"适见北平船开行,恐船中藏叛逆,须令驶回岸边。"统带从之,而北平船亦只好复驶近岸。张之眷口等遂逃匿英界商民家。翌日大遭搜寻,搜出各种枪炮军火等甚夥。随将张拘入英领事前审讯,责以谋叛,闭于英领事署内。数日后始弛监禁,仍着人拘守,并另派可靠华人二百名,在张之家中地窖内同为防卫,并责张不应有白鸽升于张之[房]上,飞入津城内暗通消息。当上月十八号,各领事会议行文于总督。谓请待各西妇孺等离沽后即听其开炮。该函由西人达林者传递,达林与张有友谊故告张,而张亦通信与总督。不料张之信途中有阻,不能径递。启张信而视之,不过嘱俟伊之眷属离开是处再开战等语。嗣后有统带杯来传讯达林一切,达林将如何送信等情尽行吐实亦并不讳,故张之底蕴令人不能无疑,而所由被拘禁也。按此事,本报闻系京卿已得洋兵保护,与此拘禁一层略异焉。

厦门防务汇志

北京变起,震动大局。厦门为中外一大海口,杨西园军门特商延道,邀请阖厦绅董至署商议,募招壮丁百名,以郑提调为团练总办,王秋成■■为会办。又军门以胡里山、磐石二炮台为扼要之地,胡里山炮台新筑坚固,而第二关磐石炮台年久塌坍,去岁请款新造石台,迄今未竣。爰特禀诸许筠帅拨款赶修,许筠帅因委成大令来厦监工。又军门以厦地洋行林立,西人不少,恐有棍匪乘间滋事,特严谕总查带同亲兵数十名,往来梭巡,彻夜不断。又许制帅迭接京电,谕令速将闽垣要隘布置。爰电调泉州陆路提督钟紫云军门统带防勇两营,至省城外驻扎以扼险要,并札谕钟镇军重为招募防勇十营,赶紧训练。又延观察邀请厦地各绅至署商议团练,招募兵丁三百余名为一旗,所有军装已由委员至省请领。

《中外日报》

北京近信

自京津电线割断,消息不通后,南省各督抚各委派妥员至上海暨济南府以及他处紧要地方,坐探北省音信。闽督许制军派驻沪两委员于本礼拜三接到本月七号信云:聂军门督兵九千人业已抵京。当拔队起行时,因团匪暨端王之兵,天津至京一路在在皆有,恐与相遇,故绕道东北由遵化府南面经过宝坻向京进发。讵行至离通州一百十二里之某处,忽遇端王之兵前来阻截,不准前进。盖因庆邸、荣相业由团匪围住,端王深恐聂军到时搭救,故特派兵以阻之也。幸聂军俱极精锐,枪炮准头极准,端军虽多亦无所济,当为聂军击败。由是聂军门遂乘胜进京以救庆王,然聂军部下已伤折二千人矣。目下荣相尚被围甚急,聂军门亦往解救矣。

又云:京中只有两使馆尚存,除德使乘骑至总署时在途被戕外,其余各国使臣均未遭害,即在所存之两使馆中躲避。目下聂军既已到京,当可将各使臣等救护矣。军门现拟与庆王及荣相所部各兵会集,合力以驱围攻使馆之团匪。所幸北京之团匪势焰稍衰,十成中已灭其四成,故围困使馆亦较前者大松矣。端王兵士与西直隶及陕西所来之团匪已自相攻打两次。该队匪目李其姓,来中其名,籍隶陕西,为直隶团匪中最著名之头目,即董福祥军门手下之武弁也。董军门现亦自行驻守京津一路。

又云:七月五号,皇太后由颐和园中潜地传出亲笔密谕一道,着荣相与聂宋两军联合先救各使馆后,即攻剿端王暨团匪等。

又云:北京乱势自七月四号以后业已大减,团匪及端王之兵数亦减少矣。

《申报》

劝各乡绅富筹款收布以济民食说

自海禁大开,沪上一隅遂为中国最大通商之埠。北达燕齐,南通闽粤,西则溯江而上,自豫皖楚鄂以及巴蜀之间,凡商贾之贸易往来,无不视沪上为转移。而沪上之市面亦视各省之销场衰旺以为赢绌。故各省货物流通,则沪上之市面日益兴旺;若一有阻滞,则市面即衰。至沪上市面一衰,则各处之市面亦皆因之支绌。近者拳匪扰乱京津,阻隔贸易,不通他处。虽安堵如常,而市虎弓蛇,人心摇动,以故懋迁货物,率皆袖手旁观。推原其故,皆申各处银根日紧,以致市面难于维持。原其银根之所以日紧者,大半由人心不定,欲收藏黄白以备不虞,致市上银钱日形其少,而市面亦因之艰窘非常。然则北事一日不靖,沪上市面必至日益艰难。瞻顾市廛,深为可虑。然可虑者,又不仅沪上也。沪上为商贾荟萃之区,货物一滞,银根一紧,无论远近市面皆为牵动。远者姑勿具论,昨有客自乡间来者,言及彼处乡民皆以木棉为生计,布匹为大宗。自通商以后,洋布畅销,业此者已处强弩之末。然销数虽减,而生计尚不至尽绝。乃自北方扰乱,南货滞销,乡镇各布业或因存货过多,或因资本不继,遂相率停收。向来市面清淡之时、乡民急售之际,无不受市侩抑价之苦。今则欲求其抑价,而亦不可得矣。且乡民常年生计,类皆借布以为易粟之资,至布不售钱,即米无可易。现虽尚有豆麦接济,转瞬秋凉,豆麦亦尽,断炊之患,势所必然。不知有心世道者,将何法以拯此穷黎耶?曰:是不难,惟有劝各乡绅富筹款设庄,以收布耳。不闻沪上之各丝各纱厂乎?资本虽大,尚虞不继,皆有停止工作之意。西人恐工作一停,工人无食,必为地方之害,因劝各厂照常工作。如存货过多,银根不济,许向各银行典押。西人旅居于此,尚能见及,岂桑梓之地而反可漠然视之乎?且富绅苟能慨然解囊,收取布匹,其利有三:在富户埋藏白镪以为神鬼不知,岂知慢藏诲盗理有必然。不如尽收布匹,则宵小反不生心,一利也。乡民急于求售,即不抑价,亦断不致过昂,将来事平销畅,赢余可卜,二利也。乡人布可售钱，乱心自泯，地方即可保无虞，三利也。若悭吝为怀，不顾大局，如秦人视越人之肥瘠，则其害将不旋踵而至矣。所愿各乡富绅毋为守财之虏，一任桑梓人民颠连无告，致己之身家性命亦有不保之忧也。或谓布系重滞之物，而银钱则便于取携，不知藏布而至不保之时，恐藏银钱而亦将不保。寄语坐拥朱提者一再思之，慎毋贪一时之利，而致受无穷之害也！

六月十九日（7 月 15 日）

《申报》

劝租界各房主减收租金以维市面说

沪上自通商开埠以来，土地日辟，人民日多，市面日兴，商务日旺。骎骎乎有云蒸霞蔚之观。于是长袖善舞者，挟其多财，广建屋宇。若者宜开店铺，若者宜作室家，若者为旅人信宿之方，若者为仕宦停骖之所，莫不美轮美奂，视地址之大小以定租价之低昂。执笔人犹记十年前游踪初至，每屋一幢月出租值不过洋银二三元，犹且空闭者多，未必一廛争受。乃未几而商民益复星聚，厦屋更若云连，而租价亦因之愈贵。窃尝见而叹曰："地利人和，于斯为盛矣！"不意本年五月北省拳匪鸱张，激成中外交哄之大变。警信迭至，风鹤频惊，加之电报不通，讹言四起。群不逞者遂乘机鼓煽庸愚无识，争先挈妻孥、携辎重、贾舟归去者，日必数千人，而其中尤以甬人为最夥。甚至舟中已人满为患，而行李尚络绎而来。虽舟资数倍于前亦所弗顾，以致数日之内房屋十空三四。且前者既去，后者益复惊皇，大都整理行装，待时而发。其在服贾经商之辈，惟资本饶裕者尚可勉力撑持，余皆以银钱周转不灵，兼之生涯骤觉萧条，岌岌焉有朝不保暮之虑。狡黠者或且将货减值，冀及早脱售，为急流勇退之图。似此日夜徬徨，百业不敢放手。若复相持数月，恐江河日下，人将益不能支。时局如斯，良堪浩叹。夫天下熙熙皆为利来，天下攘攘皆为利往。原沪市所以振兴之故，因皆视为利源所在而相率趋之也。今设肆者既顾问无人，寄居者亦谋生日拙。加以一厂告停，工匠之失业者凡几辈。一店闭歇，伙友之赋闲者若（而）[干]人。时事艰难，百物昂贵，当此进退维谷，而屋租仍必取盈。欲求奠厥攸居，少安毋躁，其可得乎？闻增收租金之议，实创自已故之某皖人。各房主尤而效之，遂至尺地寸金，人人有居大不易之慨。迄今相沿成习，欲如从前之每屋一幢月只租金二三元者，盖寥寥不可多得矣。然当承平之际，市情兴旺，商民固无异言。今则变起仓皇，市情疲苶。试思彼设肆于此，寄居于此，而尚徘徊不去者，何为乎？夫亦冀事势稍有转机，犹可资以糊口也。惟是北方之糜烂已极，各国兵衅未易遽平，即有旋乾转坤之人，恐非旦夕所能见效。则此一年半载之内旅居斯地者，于日用饮食之外，月输此有增无减之房租，力尽筋疲，何以堪此？传闻日前旅沪各业已出公启，商请中西各房主按照原价减半征收，艰苦情形溢于言表。本馆以启上并无名姓，照章未便录登，然彼夫广厦如云、利权独揽者，急公好义，当不乏人，必能曲体人情，互相维系。工部局董更讲求保护，余力不遗。值此时势艰危，尤当加意体察，倘能出示劝谕，陈明事出权宜,则观感者当必踊跃乐从,俾民困赖以稍舒,商艰得以稍恤,所损有限,所益良多。他日北事敉平,贾舶云屯,尚可为桑榆之补。否则市面既难保全大局,恐有不堪设想者。呜呼!沪市之盛衰,天下安危之所系,亦各国商务得失之一大关键也。所愿与有心维持租界者,借箸筹之。

六月廿一日(7月17日)

《新闻报》

论各国无意瓜分

各国瓜分中国之议著之西报,译之华报,发中西人之议论数年于兹。西人大言不惭,辄以危词恫吓华人,而矜张之气溢于言表;华人震慑其气,信服其言,亦辄相随而附和之曰瓜分、瓜分。有心之人旷怀大局,综览中外大势,知中国日积弱,西国日积强,亦甚信强能并弱。始也割地,继而无地之可割,而瓜分必所不免,此盖必然之理、必然之势也。北匪之起也,中西之人相率而议曰:是速各国之瓜分中国也。一战而大沽之炮台失,中西之人又相率而议曰:是速各国之瓜分中国也。继而租界毁,德钦使、日书记又皆被害,中西之人又相率而议曰:中国之得罪西国如此,势不至为各国瓜分不止。于是见西舰之停泊长江一带而惶惶然,见西国之纷调重兵来华而惶惶然,皆曰中国究竟必为西国瓜分也。乃事有大不然者,西兵之驻津者不能到京,各国重兵之已派调者一时不能到京,各国钦使之在京者一时不能解危,西兵之保护使馆者一时不能得力。竟有在在被困于华人之势,而西兵与乱兵拳匪遇斗又多难获胜,于是西人之威一减,而心气为之稍平矣。又各口岸各国之通商者,近因匪乱以致交易阻滞,往来迟顿,西商之吃亏者尤甚,华商之受窘因而不能与西商交易者亦甚。于是各国默而计之,以为一月如是;设相延日久,至于一年不停战务,则民穷财尽,两无所利。数十年创造经营以扩通商之局者,今忽偃旗息鼓,全功尽弃,岂非失算?于是西人之威又一减,而心志不觉稍慈矣。夫瓜分之局,岂易言哉?分之不匀,此国不能允彼国;分之稍偏,彼国终当夺此国。内地之民情不一,民心之向背难齐,欲将四千余年之黄种悉数倾压,恐天意人心所不能强,而瓜分之局自此有转圜矣。昨日本埠英总领事接有英政府来电,略谓本国但愿中国各疆臣果能安靖地方,非特本国断无瓜分之意,即他国也无此意等语,已由总领事分电各督抚。又今日《字林报》载伦敦十三号电云:德国寄书于各政府,大旨为本政府并不求瓜分中国之地土,亦不敢乘其乱以图利益,不过欲平中国北省祸乱,愿与各政府永守斯约,协同办理。观此,则知各国今日已有不愿瓜分中国之意矣。说者曰:此西国之诡计,所以欺中国之入其牢笼,以懈防务,彼将乘其不备以分中国也。又曰:此西人暂作低首下心之言,彼欲以此诱华人不害其钦使耳。一旦钦使救出,彼之大队齐来,焉肯不报仇?焉肯不争气?焉肯不占便宜?折之者曰:是不然。吾观西国之于中国,盖以为通商之地而非以为战场也。彼以战争商,是其本心。中国今日穷迫殆尽,其仍能禁各国之恶战交加乎?今日即立成和局,华人财利已属亏折不少,即西人交易亦多亏拆。方二月耳，若再拖数月，民之穷迫将垂毙矣。不必其瓜分而中国已亡，不必团匪南来而中国已乱。西人一念贪爱中国，一念又护惜中国，一念又默计中外大局，于是有不愿瓜分中国之意。其果欲不分中国乎？亦未可尽信为然。究之今日，非西国能言瓜分之时，亦非所能创言瓜分之局。其不愿瓜分，姑言姑听，亦一时幸事也。

《申报》

劝各处绅富筹办民团以卫桑梓说

今之民团，即古者守望相助之遗意也。国家当有事之秋，兵额不足，饷糈不济，不能不借其力以为捍御之资。道光季年，发逆肇乱于金田村，蹂躏至十余省，窃据至十余年。绿营之兵，几无一可用。其时，湘乡曾文正公在籍，先以子弟部勒为兵，制械筹饷，逐渐扩充，竟成劲旅，东决西荡，成不世之宏功。其他如浙江湖州之赵忠节、绍兴之包义士，均能毁家纾难，练习民团，各保一方，始终不懈。虽贼势猖獗，仍不免于覆亡。然相持至数年，无论其秉性忠良，心力坚忍，足为世劝。而上可以舒朝廷之兵力，下足以卫桑梓之身家，其功不可谓不伟，固不能以成败论之也。方今北事孔亟，南省皆为之震动，风声鹤唳，几至八公山草木皆兵。疆臣恐匪徒乘机窃发，以扼守长江为宗旨，严饬所属保护教堂教士，巡缉各处不使奸宄潜踪。一月以来，各臻安谧。特是巡查匪类汛兵，责有攸归，乃各处汛兵平日既玩怠性成，际此有事之秋，欲借以捍卫里闾，当不待智者而知其为不可。练军虽较绿营有用，然驻扎紧要之地，势难奉调即行，然则于此而欲使民间安靖，匪类潜形，非举办团练不可。或者谓拳匪固不能南下，南省所虑者枭匪耳。现经大吏招抚枭目徐老虎，授以功名，给以札谕，令其率同羽党来归。羽党虽多，宜无不听其约束。枭匪之害，当可无虞。不知徐老虎虽一世之雄，不能使各项匪徒尽遵其号令，且地痞流氓各处皆有。际此国家多故，难保其不滋生事端。与其既发而剿抚两难，何如预制之使不敢轻发之为愈耶？鄙意举办民团，其利有三：现在各吏虽以保护长江为宗旨，然究非置北事于不问。譬之于人，京师其首也，人安有仅爱惜其手足肢体而不顾首之受伤者？其所以不能尽拨劲旅北上剿匪者，无非恐兵力一分，南方或有骚动耳。若各处设有团练，足以弭内地之匪患，则疆吏奚难多拨精兵入京痛剿？北方之事早一日办妥，则南方人心早一日安静，一利也。近来乱民肇事，每借仇教为名，而教堂大半皆在乡间，地方官虽欲竭力护持，每有鞭长莫及之势；若设有团练，则觉察既易，保护必周，闹教之事可以无虑，二利也。地方扰害皆始于痞棍流氓，若皆练为团丁，即使无益而害可免矣，三利也。若以筹饷为难，则一镇一乡必有绅富。与其埋藏黄白，日夕以盗贼为忧，何如慨解囊金为保卫身家之计？至于办团之法，首在统摄者不存意见，不惜小费，毋仅饰美观，毋视为儿戏，不倦不怠，精益求精，则人心自安，而匪类亦销声匿迹矣。寄语各处有志之士及早筹之，勿以鄙言为河汉也。

《清议报》第五十一册

义和团滋事四志

六月初七日伦敦电云：当德皇令增遣军队出发时，其敕语曰："杀我公使，诚野蛮之极，非礼孰甚,以辱我国旗,轻侮我国,社稷之耻也。寡人羞之,不可以不报,当痛加惩罚焉”云云。又云德皇(班)[颁]旨于海军分舰队,命其准备往中国进发。

初八日伦敦电云:德国军舰数艘,搭载海兵二千三百名向中国出发。德皇亲送出军港,以激发其兵士爱国之心。又云德皇送师时有敕语曰,必要报复仇耻,务使德国国旗及联合国旗树于北京城头,不然决不休止云。上海电云:俄国亚力其赊符将军、派代英将赊摩将军,于初三日已着大沽。又云目下在天津之各国联合军队,总计一万五千人,内俄兵五千八百,英兵三千,日兵三千,其余都属各国者。又宋庆现率兵三万近迫天津。

初九日上海电云:据由德人所得之报,光绪皇帝已服鸦片自杀,西后亦被贼臣迫其自杀,但西后尚未应其所逼云。又云军机处已被烧,其中人员多被铳击毙。庆亲王之身甚危,荣禄于街上被许多匪徒袭击。又云现在北京之外国人,共约有八九百人,总不过千人之数。其中公使馆员及中国所延聘者着四百余名,陆战队军人共约有四百余名,此外,妇人、小儿着百余名。而中国兵围之者数万人,掩然铁桶一般。此千余无罪无辜之生命,恐难保存于旦夕云。又云据初八日所发之电云:德国调遣海兵两个大队之外,更有野炮大队一个、陆兵二千三百人往中国出发。又新式甲装大巡洋舰,名花时脱比斯马克(一万六百五十吨,一万四千马力,速力十九海里)及练习舰摩尔脱其调往中国。又甲装舰四只,巡洋舰一只,共成一战斗舰分队,及约二万陆兵等,连续出发云。

初十日上海电云:在天津之中国兵将水闸决去,使天津近傍之田野为水所侵,其意欲以防阻联合军之进军也。又云在上海之各国领事及上海道台,皆公言北京之外国人终不能救援。又英公使馆于初五罹火灾云。又云袁世凯受端王之命,率兵一万八千往占夺南京云(此报未确,且袁世凯从端王之命一事,实可疑也)。又云据袁世凯之电云,在北京两国公使馆于初四日尚无事云。又谓皇上与西后亦大抵无恙。又云军机处及总理衙门大臣王文韶被拳匪所杀。又云天津再被第三次炮击,日本太田大尉所率之炮兵在铁道车站,太田大尉战死。又云天津张某之邸被搜出毛瑟铳五十八枝及有许多军器,其女之宅亦被搜出三十六枝及小铳弹丸等。现将张某拘住云。西贡电云:法国已发遣海军陆战队一队及炮兵二大队往中国,现在途上。又云据中国《加捷脱报》所接之芝罘特派员来电云,有火船名吴淞自牛庄抵芝罘。据称奉天府之天主教堂及法国女牧师二人同被烧害。又云山东省平度之教堂亦为乱民所毁坏。

十一日上海电云:袁世凯抗拒北京政府而助刘坤一云。芝罘电云:据初九日接天津消息,马玉昆率兵一万人及大炮多门,于昨初八日复夺还前礼拜落外人手之机器局云。十二日上海电云:刘坤一接得袁世凯电云,若逾半月北京形势仍如今日,则山东扰乱不可复救。又德国公使乃为端王部下某营兵所杀害者云。又刘坤一接荣禄来电云,今回匪乱,始有平和结果之望。不料及后形势一变,致生此大事。今急不能为策,且端王之力量甚大,其党与亦甚众。西后尚不能抑制之,况于我哉?独力难支,没如之何,今只万事由天而已。(按此乃荣禄造谣者,彼手拥重兵,五军皆其节制,而云独力难支,其谁信之耶?)又云庆王及王文韶援助各国公使,但奈无力不堪其任。一说庆王尽力欲救公使等,经三次将救出皆被击退云。芝罘电云:荣禄送粮食于各国公使甚殷勤云。又云去月三十日,义和团杀聂士成之妻,聂士成大愤,讨义和团。义和团被天津练兵及聂士成之军所破。又上海电云:皇城内大纷乱,庆王请于西后曰:若果欲杀各国公使,请先割裂臣体云云。又云北京之商人多送粮食往各国公使。又云据德人之报，谓德皇出令，若有人能救出在北京之德国人一名，无论其何等人式，俱赏银一千两云。又云据中国《加捷脱报》之特电云，英国求日本出师救援在北京之外国人，英国担办其军费云。伦敦电云：英国再由印度发遣骑兵二队及炮兵一大队往中国。

十三日上海电云：有上谕命崇亲王载勋及刚毅为义和团之将，又命户部发米二百万石，着刚毅赐与义和团，使其得以聚集不散。又云初七、初八两日，天津苦战，形势甚危急。中国兵三万被日、俄两国兵击退，由天津进于杨村。又天津之东第一车站于初八日被匪徒所烧，铁道破坏。俄国步兵队百二十名几尽死伤，只五名得生全。外国联合军亦损害甚大，附近周围数里之地尽为死尸所掩。是日适有大雨，匪徒纷纷退避，战争得以稍息。又云有俄兵三万，由蒙古向北京进发，方在途中。又云据中国电报局消息，谓奉天府电报局已移在府尹衙内，城门闭锁，被大炮轰击(内不言炮击者何人，大概想是俄兵之所为也)。又云保定府之外国教师多被杀害，其地之电报局被烧毁。又云初十日中国兵再至天津，以炮击其租界地，用十二门炮攻击东方。外国以三门炮应之，后一千联合兵乘英国亚细亚炮兵(威海卫之兵)掩护之下突进。中国兵于午后一时遂退。中国有一破裂弹击中租界地，墨坚治仓库为之烧去。又云有妇人及小儿共二百五十名由塘沽出发，往上海及日本长崎避难。又云初十晚列国联合军开炮袭击天津城。目下在天津之联合军兵数有九千五百人。又云去月廿九日上谕极赞诵拳匪之忠勇，虽儿童亦能为国家之捍卫，社稷是赖，且大赏之，令其尽力防国。

十四日上海电云：除德国公使之外，余各国公使皆无恙。又云据上海英国领事本日得接袁世凯来电云，北京有二国公使馆尚无恙。其围公使馆之匪徒经已散去过半云。又云据上海日本领事小田切之说，则各国公使于本月初九日尚无恙云。福州电云：闽浙总督许应骙，目下在福州命漳州总兵率兵八百人以抗义和团匪，先合湖广总督张之洞之兵，然后由陆路北上云。苏州电云：江苏巡抚鹿传霖于本日自率兵一千人，由陆路进发北京，声言供给军队粮飧。上海电云：初一日西后传谕奖赏神机营、虎神营、义和团及董福祥之军，并各赐金十万两。(此谕之发，乃因端亲王之奏荐者也)

十五日汉口公报云：据由河南省南阳来电云，基督教之传教师为暴徒所袭。华人之进耶教者多负伤，其地目下形势甚危。又湖北省襄阳来电云：其地之基督教堂一切物件俱被暴徒破坏云。西贡电云：法国下院决议豫备派往中国之兵费银一千四百五十万法郎。又云西后于月初七日再握主权，命扬子江一带数省之诸总督保护外人。(按此与前报谓西后赏银与团匪等之说相左，姑载之以备一说)又云天津于本月初六日曾开战二次，中国兵被击退。

十六日上海电云：牛庄之外市为团匪烧毁。其地之儿童妇女退避别处。又其地之银行及税关亦为团匪掳夺。又云芝罘、沙河间之电线于昨夜被切断，至今不通。又云招商局接李鸿章电云："本官受命北上，欲于一两日间起程"云。又云李鸿章欲来上海与各国领事商议，但各领事不欲李之北上。又云去月下旬，皇上下密诏使刘坤一求列国援助。该诏书由密使赍出云。又云纷传鹿传霖欲奉护皇上南下，今已率其陪兵北上云。(按此说不确，前报谓其率千人北上，并未有知会各督抚，安有独以一千人而可奉驾南下乎?)芝罘电云：芝罘目下形势甚危。其地之炮台于数日间增兵千五百人，人民之从团匪者甚多，于四五日前曾捕获暗携带炸药及爆烈弹者三名。西贡电云:是日有日本兵二万二千人由大沽上陆。又云据李鸿章之所公言,北京各国公使馆之围已解,华兵及团匪俱退散云。上海电云:中国军舰复济在浙江省温州,载外国人三十九名来上海。又浙江省宁波有非常暴动之虞云。又云山东省军队及团匪袭击胶州及威海卫,出没于其附近之地。

十七日上海电云:据中国《加捷脱报》云,中国兵及团匪由北仓上流破坏白河及泗河沿岸之堤坊。天津、通州间及北京南部一带之大地皆为洪水所浸没,一望汪洋,掩然如大海一般。其意盖欲以暂止外军进行,而得逞其片时横暴,至于人民生命财产之淹没于水者,盖不之计也。又云西后赏赐神机营、虎神营及团匪银二十万两。汉口公电云:湖南省衡州府之伦敦教堂及基督教堂被其地之暴徒破坏,杀害外国教士三名。又云李鸿章命黑旗军队长刘永福率兵一万,由陆路进北京,其用意之所在,实令人难索。又云外国联合军之指挥官发布告曰,非战员不得由塘沽及天津上陆。又云俄兵占有塘沽、天津铁道。又云十一日中国兵及团匪围牛庄,寓居其地之外人,生命危在旦夕云。又云前避难于宁波之人民,见其地颇有不稳之状,又皆转往上海。又云联合军之总司令官亚力其赊符将军,率俄兵三万由满洲南下北京。

十八日上海电云:据济南府来电,言董福祥军队于初十日袭击各国公使馆,外国士官五名及兵士多名死之。至十一日中国兵及团匪又击公使馆,不能降之。董福祥之军用大炮轰击,各国公使馆甚危殆云。又云据河南开封府来电,言南阳府之教堂被拳匪破坏烧毁。又云宁波之天主教堂被乱民三人所烧。西贡电云:在奉天府之法国教士多名被杀。又云中国兵将牛庄烧毁。

历溯荣禄阴谋

荣禄之为人最狡黠,能造谣言以欺天下。当未入军机时,凡有放官皆军机大臣主之,荣禄本无是权也。乃一切放人,皆引为自己所放,以卖威福。官人为其所愚,于是其门如市,其贿如山矣。即如黄遵宪之拔用,乃翁同和爱其所著《日本国志》而大用之。荣禄乃告人称黄遵宪为其所用。袁世凯亦翁同和所拔,且增其兵。荣禄反告袁世凯自谓其所拔,又欲升袁世凯官而增其兵,翁同和阻之。其他可类推。又如光绪廿四年废立皇上,荣禄于四月时与那拉后定谋,而先逐皇上师傅翁同和。逐翁同和之上谕,乃荣禄门客姓范者之所作,人曾见之。及翁同和罢相日,荣禄执其手而流涕曰:"尔何以得罪皇上至此?"具数千金程仪以送之。于是忽而谓传棺椰,忽而谓殓衣裳,士大夫皆旁皇震动无措。今犹可追考《国闻报》记是年六七月间事,报上迭见皇上重病之事,然皇上每日召见臣工甚多,准百官及天下人上书,章奏如山。皇上览奏,自夜间两点半钟至次日五点钟乃罢。日下变法之上谕,其无病可知。又中国例皇上有病,必有脉案药单发到军机。而当时查考军机,则称无此药单。军机大臣每日必见皇上,前后人问军机大臣王文韶、廖寿丰,皆云皇上甚精神,绝无病。谭嗣同见皇上问"圣躬有病安否"。皇上称:"我无病,汝何所闻而来?"荣禄伏此数月谣言,专为八月毒弑,及今两年称病地也。

荣禄又于六七月大布谣言,谓康有为、张荫桓进丸皇上。至八月时欲杀康有为,则上谕谓康有为进丸毒死皇上,饬就地正法。此谕发到上海道蔡钧转交各国领事,人人共见者也。既不能杀,乃改为围颐和园耳,然皆荣禄预早布置者也。及去年立伪嗣之事,荣禄密谋废弑。诸报上已言那拉后独召见荣禄，密语数点钟，故一切废立之策皆荣禄所为，而刚毅、庆王附之耳。荣禄自称近来朝事皆刚毅所为，太后听信刚毅，将以废弑之事专委于刚毅，且自称叩头力谏，太后不听。当时中西各报咸信之，且称太后怒荣禄已黜革之。乃未几，而正月忽派为内大臣矣，又派为天下总管行营事务矣。大清国例二百年以来，未有军机而兼兵权者，更未有兼管廿一省行营，为天下兵马大元帅者。内大臣乃王公所充侍左右者，亦未有以军机大元帅充之者。荣禄以大学士兼军机大臣督武卫各军，已为中国未有之权矣。乃于废立之后，各报方谓其已革，而荣禄乃转得升官，且升至从古未有至大之兵权，及至亲信之大官。而各报信其自称谏阻废立之言，此不待辩者也。

又荣禄昔为陕西西安将军，沈浮于外十余年，后以贿买通李联英，乃得荐为九门提督，于是升为兵部尚书、大学士、总理衙门大臣、督办军务大臣。深结于那拉后，皆倚通李联英之力为之。其孝敬赠贿于李联英不可名言，与刚毅之以每国金钱一百孝敬李联英而得军机无异。荣、刚同为李联英之门下，故同得那拉后之欢心，而同掌天下之大权，皆赖李联英为之。乃中国各报日日笑刚毅之媚李联英，而谓荣禄打李联英。此盖荣禄扬言于外，自鸣其抗直者。夫安有以门下之媚子而敢打太后枕席之人及所荐之主乎？此又不待辩也。近者义和团匪杀戮西人之变，荣禄寔外统大兵，内总军机，彼不主持，义和团安敢妄动？查中文各报，有荣禄与董福祥屏人密谋之事。而廿一日大沽炮台径开炮打各国战舰，实董福祥阴为之。《字林西报》亦谓董福祥之兵非为弹压拳匪而来，实为抵御西人。而董福祥昔岁在天津久与西人肇衅，试问董福祥管武卫后军，荣禄为武卫总统，董福祥之所为，即荣禄之所主使也。是以荣禄总统武卫军数万人雄据京畿，若其意不欲义和团有乱，则区区散漫之团匪本无枪械，何至今横行于京津哉？此又不待辩而可决之者也。查去年十一月有上谕："近者外洋以强力压中国，各督抚皆心存一'和'字于胸中，殊可痛恨。后此如各国有事，各督抚一面开仗迎拒。"当其时并未有外国侵犯之事，无端忽下此上谕者，实亘古未有之奇闻，即国强兵壮，尚不当如此。故二十日大沽开炮之事及义和团之乱，皆此上谕主持之。当发上谕时，荣禄亲在军机。近者诸变，荣禄实总国权，政权、兵权皆在伊一人之手。军机首座之礼王乃其亲家，端王父子乃其扶立，李联英乃其荐主，太后托以全国大兵。荣禄本有才能，若荣禄不主持，安有纵成义和团之大变，至西人之惨祸乎？推原其故，荣禄向与翁同和大不睦。翁同和为皇上心腹最敬信之人，皇上亦向恶荣禄。从前皇上无权，恭王当国，彼此尚皆比肩。及恭王既死，翁同和以皇上最敬信之人遂总大权。荣禄虑翁同和之逐己也，于是先通西后以逐翁同和，而日以密奏上太后，不上皇上。皇上益恶之，传旨申饬。及皇上之变法而渐收大权也，于是谋废皇上，盖出于保禄位之故，而遂为大逆之谋。庆王本出疏从，为那拉拔用，故甘为那拉效力。刚毅守旧愚人，皆因保位而附和逆谋。然主持者皆荣禄也。八月六日废上之举，荣禄亲自天津带兵入京，主持一切，画谋行事，荣禄实首为废弑之罪魁。而诸报近言其谏阻废立者，或更有望其保全皇上者。此望狮虎以抱哺其子，岂不异哉？

盖荣禄因有废立之事，于是立端王之子，故那拉托以大兵以辅翼之。又畏新党之得民心以救上也、外国之干预也，故取山东、直隶数百万之义和团，以为保护北京之计。其事由于欲废皇上，其祸遂成于寇杀西人，而其本原则出荣禄保位而已，然又恐废立不成，拒外国不成。至于中国大逆不道之怒及西人之恶也，于是阴谋主持之于上，而日布谣言委过于刚毅等,以结欢于中国及外国。事成则居功而可以篡位,事不成则可以免讥而保身,荣禄之阴贼狡黠如此。而不谓中国之人为其所愚,乃至万国有识之人亦为其所愚,荣禄真狡黠之尤者哉!或谓荣禄何以欺天下乎?不知此甚易耳。荣禄位高权重,见奔走之士大夫偶发一二狡诈之言,士大夫乐于辗转传诵,一登报端,辗转登之,遂遍中外。荣禄亦时见各报之信其诈而称之也,益乐日肆其奸以卖天下。去年伪嗣之立,荣禄预托于出东陵。顷义和团之变,荣禄假托称病,又假称欲乞休。狡黠巧谋,同此一术。今即除诸实事不算外,凡大事必问兵权。今试问两年来执中国一国之兵权者为何人?政权兵权并在一人者为何人?则废保皇上为何人?仇杀西人为何人?可断断兮,其他谰言皆可分别而踪迹之矣。

六月廿二日(7月18日)

《新闻报》

论傅相北上

昨日本报载称李傅相已奉廷寄补授直隶总督,不觉初闻而喜,继而忧,终而望也。兵凶战危,古有明训。不幸而大沽一役,遂致各国之战祸一发而难收,旷日持久,两败俱伤。揣各国之心,当亦不愿乎兵连祸结。而恭译皇太后、皇上初三日谕旨,不愿与各国开衅之意溢于言表。前日本报又载有皇太后饬令某大员,请英、俄、日三国政府出场,将此事和平了结。合之此次廷寄,以李傅相为直隶总督兼北洋通商大臣,知朝廷之意亦深有悔祸之心。加以傅相为中外人心所钦仰,此行必能与东西各国和衷商定结局办法,是宗庙社稷可以免倾覆之虑,中国生灵可以免涂炭之惨,全球生灵可以免干戈之祸,可喜者此也。

然而两粤民风素称桀悍,劫盗公行,会匪充斥,自傅相坐阵,渐见绥安。今则时事正艰,人心思动,广西黄中丞既不辨忠奸惑于伪旨,不量强弱昧于外情;署督德制军恐亦难于钳制,则傅相一去,不能不为两粤之人虑伏莽之窃发,可忧者此其一也。发逆之乱,各省人民皆遭奇惨,非特两粤为然。然今不必匪势蔓延所及,始受其害也。即以目前而论,团匪乱于北而商务败于南,若不幸而加以两粤之乱,何堪设想?况乎内忧外患,东响西应,国家更疲于奔命,可忧者此其二也。傅相此行必以敦好各国、严剿团匪为主,端、董诸人岂不知之?必及其未到京师,要而击之。如董军在沧州地方阻止袁军北上,致有互战之事,则傅相此行恐难指日面圣,一日不面圣则此事一日不了,可忧者此其三也。即或傅相亲统大军,扫荡而前,不虑董军之负固,然难保董军等不佯为帖服而阴肆行刺之事。今日中外人心所属望者,断不可有意外之虞,可忧者此其四也。奸雄当道,大臣植党,朝廷之意亦难保无朝令夕改之事,假使傅相到京之日又为奸党得志之时,则圣意犹难妄测,可忧者此其五也。幸而傅相陛见之后,朝廷深知端邸之奸,巨魁伏罪,匪势荡平,与各国言归于好。然而甲午一役,偿金割地供一国已如此矣。祖宗之遗产无多,小民之脂膏已竭,岂堪供十余国之要求?而况于偿金失地之外,或又有改易政府干涉内政之请,其将何以应之?可忧者此其六也。

虽然,各国政府当亦能鉴兵凶战危之训,而况行军万里,粮糈不资,时正炎阳,疾疫相继。操之太促恐使馆之愈危，援军太迟恐使馆之不保，留滞津沽尚难直抵京都，不乘此时与中国和平议结，则虽有快心之日所伤必多，故各国政府此时亦必愿此事之速了。中国朝廷有此意，各国政府亦有此意，中国明白事理之各疆臣亦均有此意，各国人民念其父兄子弟锋镝之险当亦无不有此意，而中国人民虑覆亡之惨、流血之悲尤深有此意。聚全球众人之心意，而谓此事犹不能如愿，未之有也。况乎一召二召，傅相皆未果行，而今则毅然决然离百粤而赴京华，苟非胸有成竹断无此行，然则薄海人民其亦拭目而望太平乎！

六月廿三日(7 月 19 日)

《中外日报》

京事照录

客有自都来者，述于本馆云：渠于五月廿七出都，太后确在颐和园，皇上起居则无的说。

太后出宫之翌日，端王即召董军合团匪围使馆。都中萧条不可言，街市已虚无人。四恒银号因取款不支，已自请发封。米价每斤合制钱八十。京曹官未出都者，除大官外皆迫于无赀，钱票固无可支取，并藏金者亦无从易银，而车价等等则非现银不办。渠出都前一日，曾自外城至内城行数里，途中所见无非团匪，兵丁只有八人。近东交民巷，西人拦以草绳，上标过此一步即行枪毙。遥望使馆墙头屋角皆已颓败，而西人仍防守甚固。对面为肃王府，则团匪踞以对垒。出都之人皆向团匪买护照，上画各符，贮以红袋，其价自数十百金至数金不等。距京四百里之内，所遇团匪络绎不绝，旗上大书“奉旨义和团”字样，询之则皆言进京至端王府挂号云。

闻庆邸奉两宫严旨保护在都使馆，故洋兵虽仅五百名，兵匪亟攻十数次，均由神机、武卫两军却退。至于食物等项，则由庆邸致赠。荣相则不敢出面，深恐触怒端王故也。

都中兵匪现以巨炮径对使馆，然使馆与宫廷密迩，设或轰击，非但使馆可危，即两宫宗社亦如累卵。

董军在都势颇猖獗，虽以端邸之横，莫能制之。

再续津事汇志

初时拳匪与红灯会无不互相赞美，拳匪谓红灯会能行虚空烧敌船，红灯会讲匪勇敢善战。及大沽之役，洋舰之泊海关者以数十计，红灯会既以船少不足当吾焚为辞，而团匪亦以时未至不可动为诿。故向之信其神奇者，今皆转而非笑之矣。闻大沽南炮台之毁实中汉奸指使，刻下各军业已会拿斯人。又闻张燕谋京卿住室初亦无恙，一夜忽宅中人放一枪，西人以为作内应，乃将张拘去，迫令作二函分致政府及直隶总督，略谓各国使臣如有不测之事，则各国定不干休，一面并力攻击京城，一面当往盛京发掘皇陵以泄此忿。后张经西人力保得出。按此条亦与二十一日报所载互异，盖扰乱之际，言人人殊，实无从衷其一是，惟有兼收并载，以待参考而已。

本埠防卫二十九志

南洋大臣刘岘帅因近畿一带拳匪闹教滋事，匪党又复潜出勾煽，现在东路由京至津、济等处，西路由京至保定一带电线皆为匪断，以致南北消息隔绝。所有各省电线亟应严加防范，故特札饬各属切实巡护，如有匪徒截断，立即严拿重办，期保无虞。关道余观察奉札后已移会营汛，将境内电线选派兵役昼夜防护。

沪上新招各营勇类皆未谙纪律，道台余观察恐为民扰，前日出示约束外，昨又移请各营管带务将各勇严加约束。如遇外洋各国人等，不得稍有滋扰情事，如敢不遵即行军法云云。护理苏抚聂中丞前在藩司任内，以北方拳匪倡乱、南省土匪借端造谣辄以仇教为名，迭经出示并通饬各属保护在案。兹特重申禁令，于昨日用五百里排单扎饬各属转饬厅州，如遇洋人教士以及教堂洋人住宅，务饬差勇实力防范，不得视为具文，致干参究。故余观察已饬属一体遵行。

关道余观察饬丁赴沪南制造局，领到快利枪五十杆、来福铅子一千枚、火药四箱，于昨日午后四下钟时派差送往海关，面交税务司安格联君，发吴淞口灯塔上应用，以防不测。

《申报》

论美利坚宜为中国调和战事

北省拳匪借仇教为名与洋人为难，焚教堂，杀教士。朝廷不能一意主剿，以致养痈贻患，竟成中外交哄之祸端。京师各国使馆半被焚烧，驻京德国使臣已遭戕害，而吾之大沽炮台亦已被占，吾之军械制造等局亦已被焚。是中外之战衅已开，恐从此祸结兵连，正非旦夕间所能了事。而吾以为此次之变，非特为中国朝廷所不及料，亦且为各国朝廷所不及知。故今者虽纷调雄军驰至京津助战，要亦以使臣被困宜切救援，实迫于不已之所为，而初非好为是举动。否则，各国熊罴之士已麇集于云津，一旦大举入京亦自易易。即使有华军驻守，断不能直入长驱，然于此数日间当必有数大战事。乃仅传其攻击津郡，聂帅阵亡，此为最猛之战，而余则未闻接一大仗也。岂消息迟滞而未得其详欤，抑各国皆有所顾忌而不忍有已甚之为也？夫所谓顾忌者奈何？曰：一因各国使臣现尚被困京中，未经出险。倘京外之战端日急，则各使皆有不能保全之忧。二因北省壤地近俄，得之于俄为便，故各国争逐中原之鹿，而俄人独为渔利之收。有此二端，故德皇移书欧美诸大国，谓断无瓜分中国土地之心，亦不求乘此机缘得偿大欲，而俄皇之意亦谓决定联合各国，绥靖中国地方，并无瓜分疆土之计。此其是否由衷之语，质之天下，皆不敢预知。而要其所以不愿剖分中国者，大抵因互相猜忌，故衅虽启而犹思言归于好耳。然则为中国计，正宜乘此机会与各国重敦盟好，尽释前嫌。或者此事较易成功，转非若中日一役之割地广而偿款巨。所惜泰西各大国已成连鸡之势，无一局外强国出为代作调人耳。则应之曰：今之调兵赴京者，若英、若法、若德、若俄、若美、若意、若日本，虽各汲汲不遑，争先恐后。而当大沽炮台未占之前，美国水师提督持不可攻[击]之议，并云如果不从，则天津租界必不能保，且北事更不易敉平。众不听，遂轰击炮台。美提督终以为非是，不与其役。后美总统麦金利氏亦宣言于众,谓中国拳匪作乱,我美国虽当与各国联合一气设法救平,然终宜尽力保护不使瓜分,务令各国之经商于华者一体均沾利益,庶彼此泯猜嫌之患而不致互启争端。是美廷固早有居间之意,特无人焉请其从中排解,故美不能作自荐之毛生耳。夫美之可以调停此事者,其道有二:一曰中美和约其第一款云,大清与大合众两国并其民人各皆照前和平友好,毋得或异,更不得互相欺凌,偶因小忿而启争端。若他国有何不公轻藐之事,一经知照,必须相助,从中善为调处,以示友谊关切。是中美和约本有从中调处之条,今之出作调人,乃系恪守约章,并非无端越俎。一曰美处地球之西偏,国富民强。自华盛顿创业以来,久为欧洲各大国所敬服,顾其立国不以拓土开疆为事,而惟以扩充商务为心,故英、法、俄、德、日本诸国各有占据中国要隘之事,而美独无之。各国皆知其用心,而互相猜忌之心自不至起。是则为中国计,固宜邀美廷解劝,庶国尚可以图存;为全球计,亦宜邀美廷解劝,庶中原不致为战场。遵此行之,岂非中国之幸而亦天下之幸乎?吾是以日夜望美廷之出为调处,俾中西各国得早日言和,而天下重睹升平之象也。

六月廿四日(7 月 20 日)

《新闻报》

论俄人狡谋

俄自大彼得以来,君臣上下之思想一以囊刮宇宙为主,既不得逞志于西欧,遂蚕食乎东亚。经营西比利亚之铁道,其用心虽路人知之。幸而中日开衅索还辽东,遂以市恩于中国,永租不冻之海口,连续满洲之铁道,其视中国虽睡梦之中,亦何不以为囊中之物、俎上之肉矣?不幸而团匪起事适在西比利亚铁道未成之时,阴鸷之积谋几不能一逞。一、可刹克之悍兵不能径驱而入,超于各国之前。二、各国公使、商民、教士性命财产皆危不容发,不能止各国之不调兵。三、各国形格势禁,最不肯相让者莫如日本,俄调兵士若干,日亦调兵士若干,彼不能调兵独多。四、各国无瓜分中国之意,俄遂为众论所制,不能一副其鲸吞之愿。盖因此四端,遂使数十年之经营擘画有如泡影。乃不谓昨日本报译《字林西报》,略谓有华民一大队由齐齐哈尔开往黑龙江,攻取俄属之伯拉古弗城,俄人已将附近该处之海兰泡地方焚毁云。此说也,大可疑焉。中国沿边虽云节节设备,然均无大队精兵,断无由齐齐哈尔侵犯俄国伯拉古弗城之军队,可疑一也。京都危急,天津被围,大沽公占,各处防军纷调北上,满洲即有强兵,必南行以拱卫京畿,断无北伐之事,可疑二也。开罪各国朝廷已有悔心,而况大沽被占,谕旨且申明衅非我开,岂有另开衅端于强俄以自掣其肘之理?可疑三也。政府奸党虽恨各国,然俄国外交惯用柔媚之术以售诈骗之谋,中国政府不能洞烛其奸,故与俄独厚;虽此次仇杀外人俄国不能独免,然断无憾俄较深而有侵略边界之事,可疑四也。既有此四可疑,然则此说果何为而来哉?盖于此一说,可以测俄国之阴谋矣。俄既为各国所格禁,不能独逞其壮志于京津,而山海关一路又有英、日兵舰紧随而往,不能脱各国联军之范围自成一旅。回思平时之奢愿,不特黄河以北永不为俄属,即京津满洲东三省亦不能如昔日之畅所欲为矣。于是冥思力索,乃有溯黑龙江由齐齐哈尔、海兰泡等处进兵之策。然不能无端而自外于各国联军,遽由齐齐哈尔、海兰泡等处独启兵端,于是创为中国先用大队侵其疆界之说,乃可以独树一帜,师出有名。各国而中其狡谋,曲为原谅,彼果得计。即使洞烛其奸,群起诘问,彼仍可坚执中国先开衅端之说,以谢各国而乘虚而入,略不停留。其设谋之狡,岂各国联军公同议定轰击大沽之时所及料哉?满洲等处久为俄人囊中之物、俎上之肉,中国之得失迟早之间耳。所可惜者,各国轰击大沽之炮反为俄人掠取满洲之资,深为各国所不取也。是故各国于此当乘中国政府悔祸之心,与中国言归于好,限令中国驱除奸党、剪灭匪徒,而后使臣可保,战祸可平。事定之后和平议结,庶乎俄人之阴谋不能独逞,而各国保全商务不欲瓜分中国之说不至于徒托空言也欤?至于中国政府,尤亟宜大反其道。盖无端而惑于妖言开罪各国,其曲本在于我。十余国之雄师转瞬抵京,宫闱可虑,况乎各国政府虽有保全商务不愿瓜分之说,究不能禁俄人之神出鬼没,狡谋百变而不穷。齐齐哈尔开战之说乃俄人狡谋之一,浸假而别出支托为伊犁华兵侵其疆界。东入满洲,西取新疆,则各国虽欲保全和平之局而不可得,全球之战争从此起点,而亚洲大陆实为流血之场也。可不惧哉,可不悲哉?

六月廿五日(7 月 21 日)

《新闻报》

续论傅相北上

自李傅相简授直督交卸粤篆,兼程来申,预备北上,海内外之人无不拭目而观,跷足而俟。约众人之思虑,厥有三层。一以为傅相夙以联络邦交为宗旨,故傅相一出,战祸可弭。一以为中国虽有悔祸之心,各国恐无中止之意,傅相虽善于调停而索偿条款必难尽遵。一以为傅相之被调,朝廷不怀好意,实夺其封疆重任以畀满人。为此三说者,以末一说为不达事理。其所以有此思想者,盖误以为中国政府但有疯狂之志而无悔祸之心也。故李傅相奉调即有刘宫保奉召之谣,德中丞兼署粤督即有松中丞调署江督之谣。由于揣测朝廷不怀好意之一念,遂生出等等不经之谣言。而不知皇太后、皇上始终不认与各国开衅,业已电饬某大员向英、俄、日三国申明朝廷之意,即请三国出场将此事和平了结;刻又下有电文国书,令出使各星使赍呈六国政府,申明夙好,敦请转圜。是李傅相之调补直督,在朝廷之意实以傅相善于外交之故。故无论和平了结之说能否即行如愿,要而言之,傅相此行实中国之好消息、全球之好消息也。为第二说者,虽曰中国即有悔祸之心,各国未必有中止之意。然万事求其在我者而已,今既有悔祸之心,当为推原祸首。试问大沽炮台何为而被占?必归罪于各国使臣之被困、各国教士之被害。使臣何为而被困?教士何为而被害?必归罪于团匪。团匪何以而得以猖獗?必归罪于政府之奸党,是奸党与团匪皆祸首也。既有悔祸之心,则必先除祸首。以傅相之资位,以傅相之声威,以傅相之慈眷,适当朝廷悔祸之机会,必能驱除奸党,剪灭团匪,而不忧其不能竟功。奸党去,团匪灭,中国有辞以谢各国，而各国汹汹之气可以渐平，然后与议善后之策易就范围，所谓我亦尽其在我者也。而况中国果当有悔祸之心，各国亦当因此而有中止之意。各国以商务为重，战事愈久则商务愈坏，宜乘机中止者一也。各国以保全商务之故，不欲瓜分中国，然其中难免有阳奉阴违者，故已有齐齐哈尔开衅之说。夜长梦多，事机难测，若不乘机中止，恐各国亦难守和平之局，宜乘机中止者二也。各国联军出入于枪林弹雨之中，又益以炎蒸疫疠之酷，岂不可虑？死者已矣，益使生者死于枪炮疫疠。虽事后向中国总算，然无论抚恤若干，死者究不能复生，则宁当适可而止保全兵士之身命，宜乘机中止者三也。自此次肇祸后，各处不逞之徒难免蠢动之虞。河南之南阳、湖南之衡州，不能无疑于地方官之办理不善，山东抚台颇能保护外人，亦不免有潍县之教案，诸暨知县急于安慰教民，操之太促激成民变。凡若此者，皆非地方官之不保护也。故战事一日不了，则地方一日不安，宜乘机中止者四也。然为各国言，宜乘中国悔祸之机，适可而止。为中国言，但尽其在我者以驱除奸党、剪灭团匪为先事，而以政策洞辟门户为善后。以傅相之资位、之声威、之慈眷，又值朝廷之悔祸，必当能如愿以偿，故曰中国之好消息、全球之好消息也。

《中外日报》

［论说］ 镇东策上

自袁军有征南之说而人心为之一惊，自袁军有留东之说而人心为之一定。呜呼，以一省之举动而系各省之治乱者，其惟山东乎！查东省距京八百里，东南界江苏之海州，西北邻直隶之南宫及宁津、元城，实为南北之咽喉。即为东南之保障，苟能有备无患，则足以限拳匪之迹，使不得易辙而南，此其所以关系大也。观目前之大势，拳匪于顺直一带势焰虽极猖狂，然闻德州以南尚无匪徒踪迹，而东抚袁中丞老成持重，则又坐镇青齐捍卫社稷。非特不徇权奸之私见，而并与各省督抚联络一气，内以防范土匪，外以固结邦交，似不至有意外之变也。虽然，前车之覆，后车之鉴也。前事之不忘，后事之师也。彼京津地方官吏泄沓于前、纵容于后，遂致拳匪羽毛丰满，上廑宵旰之忧，则东省正当引为殷鉴。况东省既与南省为邻，则东省之治乱即南省之治乱攸关也，东省之安危即南省之安危所系也。为东省计固不可不防，为南省计尤不可不防。然防外匪之窜扰不外乎严行截堵，防内匪之滋事尤在乎预事绸缪。何言乎严行截堵也？拳匪之结党潜来有水陆二道，然水路必发轫于析津，而经行于吴淞。此则查缉綦严断难飞渡，则不可不防之于陆。故东省欲防外匪窜入，当于直隶交界及德州一带要冲，多设防兵驻守，往来过客务必严密稽查。其有行踪诡秘、形貌狰狞、迹近拳匪者，立即拘获，严行审办。若遇大股拳匪尤必迎头痛剿，则外匪不得潜越矣。何言乎预事绸缪也？拳匪之鸱张豕突，虽仅为乱于冀北，而实发源于齐东，是东省之僻壤穷乡未必无拳匪党羽。故论者谓其一旦发泄，恐将蹈涞水、涿州之覆辙也。然涞水、涿州之变由于地方官漫不加察，任其拜盟结会相煽成风，遂至附和日多，仓卒间酿成巨祸，非果其法术之神也。今若防患于未然，自能制乱于未觉。故东省欲为锄匪计，当用由大吏订定功过章程，通饬各州府县一体严拿匪徒。大旨不外乎编保甲以清其源，密侦探以绝其迹，峻刑罚以锄其奸。有设拳厂者则诛之，有散旗布者则惩之，但使雷厉风行勿枉勿纵，则以一邑之力除一邑之匪，何至于养痈贻患？斯内匪之萌蘖自消矣。然无论内匪外匪，苟其有弃邪之志，当予以归正之门。盖匪首之怙恶不悛,原属法无可宥,而其胁从之众或误于附会,或迫于饥寒,苟能设法招怀编入军籍,赦其既往为匪之罪,勉以将来克敌之功,则必有感激涕零誓愿为国家效力者,斯亦以毒攻毒之法也。如是则拳匪虽众不足平矣,岂徒足以镇东省而已哉?

《中国旬报》第十七期

国是:荣相电信照录

昨承友人以荣禄致各督抚信抄示,兹特照录如下:

直隶藩台转送李钦差、刘制台、张制台、鹿抚台、王抚台、松抚台、余抚台鉴:来电敬悉。以一弱国而抵十数强国,危亡立见。两国相战,不罪使臣,自古皆然。祖宗创业艰难,一旦为邪党所惑,轻于一掷可乎?此均不待智者而后知。上至九重,下至臣庶,均以受外欺凌至于极处。今既出此义和团,皆天之所使。为词区区,力陈利害,竟不能挽回一二。因病不能动转,假内上奏片七次,无已勉力疾出陈,势尤难挽。至诸王、贝勒、群臣内对,皆众口一词,谅亦有所闻,不敢赘述也。且两宫诸邸左右,半系拳会中人,满汉各营卒中,亦皆大半。都中数万,来去如蝗,万难收拾。虽两宫圣明在上,亦难扭众。天实为之,谓之何哉!嗣再竭力设法转圜,以图万一之计。始定在总署会晤,冀可稍有转机,而是日又为神机营兵将德国使臣击毙。从此则事局又变,种种情形,千回万转,至难尽述。庆邸、仁和,尚有同心,然亦无济于事。区区一死不足惜,是为万世罪人。此心惟天可表,恸恸!本朝深恩厚泽,惟有仰列圣在天之灵耳!时局至此,无可如何。沿江沿海,势必戒严,尚希密为布置,各尽全心。禄泣电复。

纪乱:日舰军报

日舰笠置舰长永峰君问本国海军省电禀大沽战争前后情形尤为正确,今将其大略译出如左:上月十五、十六两日,连经大沽驻泊列国海军提督于俄国旗舰罗号会同妥商,以保护陆上官民。其十五日所商订如下:大沽驻泊列国提督曩接紧要消息,据云:支那兵约二千人为占领车站并毁铁路起见,向塘沽前进。现在途中又有用水雷闭锁白河河口一说。本提督等顾念陆上兵员,冀其无事晋京,以守扼该车站,联络声气为要,于是临机妥商事宜开列于左:

一、各提督命驻泊白河部下炮舰管带急修战备;

二、联合军协力防守陆上第一车站及火车,无庸进攻,倘遭支那兵欲占领车站,不防用兵力击退并攻击炮台,至其失战斗力而止;

三、派日本水兵三百乘夜登岸到(于)[达]塘沽,专捍卫第十号车站,待他兵轮番代戍而始撤退;

四、白河驻泊列国炮舰都归领袖管带俄波弗尔号管带特貌路慕尔士基统率,故一切作战节略,自该管带传达各舰。

十六日午前十一点钟时,各提督再会于俄罗号船中妥商事项如左:

我联合列国曩接警闻之下,直经妥商,分派兵员登岸,以为保护,凡官民之地在案。支那政府在其初,阳力剿拳党为安堵之地。讵至顷日,故态毕露,乃如于白河江口埋伏鱼雷。

如派兵扼铁路，其居心既叵测，又有提督聂士成袒护拳党之说。凡此等情形，既足证该国政府背信破约，目无公理矣。本提督等忝任阃寄，若束手任渠所为，与陆上声气一绝，形势所极，何堪设想？于是定计，拟占领大沽炮台，以为担保之地。兹将是意照会直隶总督裕禄、大沽统领某，求其照复以十七日午二时为限。若过该时刻，专用兵力从事。俄提督比尔垤弗兰度、德提督买的曼、法提督克尔惹耳、英提督惹母斯弗尔士、日本署理司令官永峰、美提督伽施罗哥诺必都签字。

各国提督既经定计，即日午后三时十五分，自俄舰亚德密拉尔古尔尼罗布号派兵一百八十名。前此，日本司令官亦命海军中佐服部雄吉以午后二时带率部下到于塘沽。午后四时，英舰水手二百四十名登岸。入夜午前一时，下命舰中各就其位以为战备。又派灭鱼雷舰阳炎号游弋海面，专窥支那军舰海容动静。该号在前日若为将出口之状者，日夜舰中寂然无甚举动，列国军舰举止如平日。但英舰将船窗闭塞，以防灯光外泄外耳。午前二时五十四分，阳炎号返报，再泊旧所。午前三时，命舰中撤战备，以清舰无他意也。午前五时三十分，更派阳炎号溯江视战状，因落潮太急之故，不得意而返。又派丰桥号急赴旅顺口，以开战情形电禀本国。五时四十五分，天色已明，遥望大沽炮台上竖日章旗，而始知我陆上军占领其地也。此时炮声稍衰，我爱宕号前此泊在塘沽，其船舷殆与岸相摩，多装军火辎重类，吃水颇深，不便进退，故专任监视车站，不与此日之战，弹丸多落其侧，幸无一命中者。此日，炮台支那兵善战，联合军兵俄为首，其数二百人，英、德兵次之，其数三百八十人。我在尾，先锋兵迟逗不前，服部急麾兵突进，肉(薄)[搏]炮台，遂死之。我兵进入敌垒，各国兵继之云。

纪乱：西摩军报

现本港接到英水师提督西摩前月二十八号由天津递来消息言：十三号时，因不能由车路进京，拟带兵折回天津。拳党两次攻拒，皆被逐退。拳党丧失甚多，西兵无死者。十四号，拳党大队奋攻廊坊火车，亦被逐退，拳党死约一百人，西兵意国兵死五名。是日下午，拳党攻击留守芦花站之英军，时即调兵回击，将拳党逐退，拳党死百人，西兵伤水手二名。护兵催行前赴安定与拳党开仗，击毙拳党一百七十五人，西兵亦无伤亡。前途火车毁坏甚多，不能由此而往。遂决意于十六号转回杨村，拟由河道而进，由廊坊起行，后有火车二队随之而行。十八号，被由北京来之拳党及华军攻打，华人死者四五百人，西兵死六人，伤四十六人。是晚，该火车在杨村与英军会。杨村车路全被毁，火车不能动，西兵粮食短少，军士受伤，迫得折回天津。时与天津隔绝消息者六日，粮道亦被截断，又无医药调理受伤兵士，故十九号由艇沿河而下。沿河均有阻拒，因拳党被击之后，退入民村，择要以守，邀截西兵，幸略被逐退，然仍难以驻扎。二十三号，乘夜而行，侵晨即到天津上游之军器局而阵。拳党重击之，英军开枪以拒。游击赞臣带领水师兵一队冲突而进，扼据险要，将拳党逐退，夺炮一尊，德人在下游击坏两炮夺之，于是各国联兵夺军器局。连日有拳党屡到攻夺，但西兵仍能坚守。各国遂择其枪之新式者，安置数炮以为保卫，用以攻下游之华炮台。于是粮械敷给，可以持久，但因受伤者多，因而暂止，遂往天津请救。翌晨，救兵始到。西兵遂出军器局以回天津，濒行时将军器局焚毁。计至是日，英兵阵亡者二十七人，美兵四人，法兵一人，德兵十二人，意兵五人，日兵两人，奥兵一人，俄兵十人，共六十二人。受伤者,英兵九十七人,美兵二十五人,法兵十人,德兵六十二人,意兵三人,日兵三人,奥兵一人,俄兵二十七人,共二百二十八人。

国是:保护长江

昨承友人以中西官议定保护长江内地通共章程见示,兹特照录如下:

一、上海道台余现奉南洋大臣刘、两湖督宪张电示,与各国驻沪领事官会商办法。上海租界归各国公同保护,长江及苏杭内地均归各督抚保护,两不相扰,以保全中外商民人命、产业为主。二、上海租界公同保护,其章程另开专款,已录前册。三、长江及苏杭内地各国商民、教士产业均归南洋大臣刘、两湖督宪张允认切实保护,并移各省督抚及严饬各该文武官员一体认真保护。现已出示,禁止谣言,严拿匪徒。四、长江、内地中国兵力已足使地方安静,各口岸已有各国兵轮者仍照常停泊,惟须约束水手人等不可登岸。五、各国以后如不待中国督抚商允,竟自多派兵轮驶入长江等处,以致百姓怀疑借端启衅,毁坏洋商、教士人命、产业,事后中国不认赔偿。六、吴淞及长江各炮台,各国兵轮切不可近台停泊及紧对炮台之处,兵轮水手亦不可在炮台附近地方操练,彼此免致误犯。七、上海制造局、火药局一带,各兵轮勿往游弋、驻泊及派洋兵、巡捕前往,以期各国不相扰。此局军火专为防剿长江、内地土匪,保护商民之用,设有督抚提用,各国毋庸惊疑。八、内地如有各国洋教士及游历各洋人,遇偏僻未经设防地方,切勿冒险前往。九、凡租界内一切设法防护之事,均须安静办理,切勿张惶,以摇人心。

国是:大臣互商保护述电

刘坤一于廿八日(至)[致]盛宣怀电云:沁电保护中外人民产业,已电张之洞得复即办,顷罗丰禄复电遵告沙侯。据云:英政府注重保全民命产业,绝无侵占意,水师只在口外,不致分兵喧扰,承示竭力保护心感等语云。坤勘又张之洞同日致刘坤一、盛宣怀电云:勘电均悉,请即刻飞饬上海道与各领事订约,上海租界归各国保护,长江、内地均归督抚保护,两不相扰,保全中外商民人命、产业为主,并请声明敝处意见相同。杏翁思虑周密,敢恳帮同与议指授,沪道必更妥速尤感;但恐各领事必须敝处派员,拟即派陶道森甲迅速赴沪与议,惟请告上海道及盛京堂先与速议,不必候陶洞俭。

国是:电禀照录

昨承友人以某省坐探军情委员五月二十八日详报军务电禀见示,兹特照录如下:

虽为时已迟,然与西报有互异处,亦可备参考。津城于十八九廿等日,拳党焚城内外教堂,拆榆芦路,毁关、县两署,释监押犯,运道署均设拳场,库尚无恙。拳与洋哄,劫军械府而去。廿一接法领事照会,以各国将踞大沽炮台,不让则力取。直督见事急,遂于廿二集拳数万,以谭道文焕领之,合练军三营,与洋人四五千战两昼夜。是时,三叉口东岸洋人窜入,弹如雨下。西岸人到关署前,势甚危。院署(挂)[拖]炮以待,我奋而敌却。适聂十二营来,援军于东,练军陈于西岸,夹击之,水师营亦开炮接应,于是紫竹林洋房殆尽。廿三未见停战。现洋兵存者仅数百名,其在陈家沟者数十人，杨村之数百人，亦以饥困掠舟而下，被炮台拦击，复有马步各一营夹击。方事之殷，大沽同时交绥，击敌船三。嗣南岸台药库房焚不守，北亦陷。闻北塘亦毁其师船。现援军续到者，马玉昆七营，宋庆到唐山率九营，为芦台后路声援云云。

纪乱：京友缕述

上海某巨绅见示所得京友于上月三十日出京后，由济南府寄来一信云：余离京时，京中拳党、华兵合计有十余万人，其直隶、山东、山西、河南各省续至者，且弗论矣。顾其宗旨，仅在劫掠并杀害洋人而已。故城门因而大开，以便外来拳党得入都城。在京之党并华兵等围攻各使馆已十日于兹，未尝间断。然每次必为洋兵所败。毗连各使馆之房屋均被放火焚烧，余出京时已有洋房一二处业经被毁矣。拳党见有行人过使馆左近者，必指为洋人，故无或敢至彼处。京中良民无辜遇害者已逾四千余人，至教民被戕二三千人，尚不在此数之列也。禁城以内，满兵、拳党遍处皆是，以致王公、贝子以及各宗室等均为之震动。盖恐压制不住，亦被殃及。近已设法将该拳党驱出禁城之外，紧闭城门，并派重兵驻守，以防该党混入。迩者，禁地各门日间仅开数点钟，俾得出外购物，旋复关闭。目下拳党势力之大，甚至各王公宫府之前即该党练拳之所，足见其与满人莫逆处也。当上月二十三日，荣禄得南省各督抚恳剿拳党电奏，随即持往军机处将该电呈示各军机大臣，端王、刚毅率诸大臣等群起而攻之，且以奸逆面斥荣禄。嗣西太后亦力持剿拳党，和各国之议。端王并刚毅竟大声疾呼曰："与各国开战，我等当肩其任。"言讫悻悻而出军机处，君臣体制亦所不顾。西太后亦不悦，因即回銮。然自是以后，不复闻有西太后及光绪之消息也。

六月廿七日（7月23日）

《新闻报》

时局感言

天子畀国书于六大国，将以议和成例授老臣，老臣将以议和成例商之六大国，所以救存中国不即灭亡。和之一策，今日之上策也。然而和焉者，百姓之福、国家之耻、先王先公之辱也。自北匪肇乱，牵动南方商务，摇惑南方人心，举国若狂，莫知底止。若再战争数月，则生灵涂炭，全局瓦崩，何堪设想？故曰和为百姓之福也。祖宗创造经营，乃数十年中地不胜割，款不胜赔，堂堂中国惯于求和。旅大、威海、台湾、胶州、广州、九龙频年赠送，视为固然，疆宇以内日削日小。康雍乾嘉之天威行将丧尽，(艾姓)[爱新]觉罗之氏族渐即式微，孱弱不振，万国所嗤，故曰和为国家之耻、先王先公之辱也。独是和有数难。从前法、日之役，割地畀一国，赔款输一国，已至民穷财尽。今聚数大国纷来要索，按照三百兆之数加数倍算之，按照台湾、旅大、威海加数倍算之，不将全国之地之财尽数与人亦交贷不下，如此将何以和之？将搜括民财已无可搜，将息借商款已无可借，将重到江南、广东加赋增厘苛责报效，已并无可加增，无可报效，又将何以和之？将停战言和而外国大兵仍纷纷前来，将剿匪言和而端、刚跋扈仍愤愤未已，将以保护西人言和而各处教堂被焚、教民被杀日报叠见。一面无以调停端、刚，一面无以安置兵匪，一面无以保护西人，一面无以摒挡外兵，又将何以和之？兴言及此，令人气愤填胸矣。恨端、刚只有匹夫之勇，既力量不能战胜西兵，何苦助匪？恨团匪只有抢掠之长，既战法不能攻退西兵，何必倡乱？尤有恨者，疆臣之庸懦无骨，委曲求全，于新党兴则一味附和之，于旧党复又一味附和之，于皇嗣立又一味附和之。当新党兴不能指其弊，当旧党复不能抉其奸，当皇嗣立不敢预言内廷之衅。年景衰迈，暮气已深，皆有保全富贵功名之私念，苟且含混，犹自诩曰老谋深算。窃谓端、刚以昏瞶误国系毒症，死亡甚速；诸臣以敷衍误国系痨症，虽不即死亡，元气暗消暗耗矣。于今日固不能不言和，独其可耻之处，在既和之后必文恬武嬉依然如故也。曰招练新军，曰严剿防务，曰勤王，曰讨贼，官话满纸，电语飞腾，大言以欺华人，卑词以悦西国。使华人无国之可依，失其体面，丧其廉耻，向为人之奴隶者此后又将为人之犬马，哀何如也，痛何如也？团匪伏莽之先，不闻各疆臣预陈其害，端权方炽之际，不闻各疆臣预指其奸，粉饰太平皆公事之照例，歌颂功德无气节之可伸。天下之富贵官自居之，而以天下之贫贱轻视吾民，其大可痛恨之处。窃谓此次言和既出自两宫之意、大臣之谋，则两宫当颁发内帑，各大臣当倡捐宦囊。谁倡议和之首，即谁为创捐之首，如赔偿之款能悉数取之各大臣，而不取之于吾民，则吾不议其私也。今日之大臣皆数十年之老臣，彼固议新进少年之少不更事[者]，然则彼之老而更事亦不过言和，于数十年将地割尽、将款赔尽；彼少年者为政九十日，便责其无功效，而为政数十年者亦不过做到一国破家亡而后止。迟过十年，此辈皆全已就木，国家亦随之灭亡，留此少年为人奴隶犬马，岂不伤心也耶？然此一副眼泪只好向别处哭去，又谁其怜惜也？顾今日之事舍和而外，要亦别无他策可以挽持商务，镇定人心，保全人命。故和虽国家之耻、先王先公之辱，但既为百姓之福，亦只好听其和。任其和，究胜于不度德、不量力而与各大国蛮野战争，将生民性命一并断送也。则天子之畀国书于六大国，老臣之循议和成例以商之于六大国，要亦不得已之为也。

《申报》

论多设民团可以弭闹教之祸

自北方义和拳匪扰乱津京，已将两月。南地人心为之摇动，虽经各疆臣议定保护长江一带，不使内忧再起、外衅连开，于是人心为之稍静。不谓各疆臣用意如此周详，保护如此严密，而各处闹教之案仍层见叠出，可见各处乱民皆有蠢蠢欲动之势。就昨报所纪者，四川则成都府天主堂被旗民拆毁，湖南湘潭县则于上月二十四日乡人将福音堂焚毁并延烧民房数家，江西景德镇亦于本月十五夜匪徒将某教堂焚毁。虽访事者亦得之传闻，未能详尽，然既有闹事之处及闹事之期，想断非子虚乌有。若浙江绍兴府属诸暨县之闹教，则事更凿凿。无论倪大令将拿获之人贸然枷责，诚不免卤莽从事，而土匪竟聚至二千余人，焚毁教堂，闯入县署，岂尚目有法纪哉？自通商以来，西人来华传教日益推广，自城镇以及穷乡僻壤几无处无教堂。既有教堂，即有教士，而华人之信教者亦遂日繁有徒。民教现在虽未尽有龃龉之事，而要未尝泯彼我之见也。彼我之见未融，则一有未洽，如铁击石，其火立发，小则口舌纷争，大则聚众滋事。大吏即有保护之心，亦不过责成地方文武。地方官即有保护之责，亦不过多方告诫。远或数百余里，近或百数十里，安能事事躬亲？且祸变之起，其势必骤，事难逆料，故为地方官者亦殊有鞭长莫及之虑。余前劝各乡绅富筹款练团以卫桑梓，诚以北方扰事，南省内地伏莽甚多恐为牵动，练团尚仅为保卫身家起见。乃观于今日各处闹教之事，则知各乡练团愈不可缓矣。大抵一乡一镇之间究属良民多而莠民少，苟能各乡各镇皆设民团，民教或有不和，亦易于弹压劝解。若待报县请示，即地方官从速下乡，而道路遄征，致延时日，衅端已成，弥缝不易。民团皆系土著，未事则防范易固，既事则解围亦速。非但一设民团，教堂即可保护，且闹教之事，皆地方之莠民为之，无非借闹教之名以图抢劫。招之入团，若辈既有所事，歹念自消。教堂可不保而自保。或虑筹款不易，安能尽地方之莠民尽招入团？则当为擒贼擒王之计。一方莠民之中亦必有为众人所推服者，招之使来，则其余自不敢为患矣。如两江总督刘岘帅虑长江一带枭匪为患，招抚其目徐老虎，予以奖札，即此意也。至于筹款，现值民穷财尽之时，搜括固非易事，官中亦支绌异常，难于津贴。不知筹办民团究属有限，额数之多少，可视乡镇肥瘠而为之，多则二三十，少则十余名。若以三十名而论，每人口粮每日三百文，统计不过九千文。一镇一乡之间岂无富户可以捐输？况尚有铺户可以月捐，亦足为土壤细流之助哉。若富户吝于解囊，士绅怠于办事，目之为无用之举，因循坐视。使一旦滋事，非但有碍大局，而同处一隅，必先受其惊皇。且莠民之闹教不过借端，惟抢劫是其本意。吝此区区之费，而贻家室之忧，甚为智者所不取也。涉笔及此，其能不以鄙言为河汉乎？

六月廿九日(7 月 24 日)

《中外日报》

傅相问答详志

探得目前有天津西报馆访事某君进谒李傅相，畅谈良久，兹将其问答诸词录后。

某君问："中国政府、外国诸统兵官及天津打仗之土匪三者，孰为不是？"答曰："此次中国政府误听人言，轻率举动，以致酿此大祸，自有不是之处。惟西人遽占大沽炮台，因此开衅，亦嫌稍急。"

又问："各国如欲出而瓜分，则中国人民是否全国之人皆出而力阻？"答曰："中国人向未为他国所属，骤闻此事，必全国出而阻止。"

又问："各国之兵如均归中堂节制，剿匪可否？"答曰："各国将帅未必受我节制，我亦无节制之才。"

又问："中国此番事了之后，能否力图变法自强？"答曰："此难预言，须视朝廷用何种人当国。"

又问："中堂剿匪须用若干人？"答曰："如果定见，(止)只须几百人足矣。"

又问："中堂何日北行？"答曰："尚未定。"

又日前法领事问中堂以三事：一、能否弹压天津兵匪？二、能否将各国使臣保出？三、能否将端王及刚相交出？中堂当答云："剿匪之事，我如入京必能办到。各国使臣自必设法竭力保护。至交出端王、刚相之事，则我无此权柄，不能应承。"

福建来函

本月十八日九点钟，闽督许制军、将军善军帅偕仝藩臬与驻扎福州各国领事官，在南台泛船浦广东会馆订立约章。大略与江督刘岘帅、鄂督张香帅与各领事所议相同。所有在地西人之性命财产，地方官自当派兵保护，西人不必派拨兵舰入口。各领事皆欣然许诺，互相画押矣。

《新闻报》

续时局感言

尝读史至高士逸民诸传，心窃以为士生斯世不能为天地立心、为吾民立命，徒于高山流水间自寻耕凿，与村夫牧竖为伍，何其鄙也？又以为读书不能见用，徒以高言放论垂之空谈，所谓经猷者何在？所谓酬知者何在？果于忘世末之难矣。居恒读书，抗怀古人，于经济之臣辄心向往之，于隐逸之臣以为是不过藏拙之人，于世无补者也。少年文字峥嵘不能自抑，每论世事辄为昌言，不知所谓忌讳。又自负将小用小效，大用大效，议论之高不免激为意气。然清白不阿，血性甚直，气象亦甚豪，精采亦甚足。向学之念骎骎乎过人，讨世之论凿凿乎可据。人许以不羁，已亦自命有用，世之需我，我之需世，皆有相待也。乃世衰道微，国运浸薄，朝野上下，习为恬嬉，政事乖违，积为祸乱。垂暮者溺于身家，贪污者溺于富贵，拖青纡紫高坐黄堂者皆国中之蠹、民中之贼也。于是士有真气惊户牖者，振聩发聋，击暮鼓，撞晨钟，冀唤醒其睡梦。叩九重之门而呼吁之，曳同种之人而涕泣之，天地为悲，人心为动。稍稍出昏暮而入清晨，拨云雾而见青天，天下之气为之清明。无何阴霾四起，尘沙飞腾，怪风上扬，栋梁摧折，流血满河，横尸满市，诗书一焚，文章同死。士之挟策上书者，望阙而返，哀歌号哭，山河为摇，自是元气消耗，外感频侵。国无良医，况生二竖，附骨之疽、丧心之疾交加而至，而真气已绝、实心已忘矣。此辈庸医乱下虎狼之药，杂投温凉之剂，而病已深入膏肓。当斯时也，内症外症，救此害彼，救彼害此，至于无可救药。一任其死亡，一任其气绝，一任其苟延残喘，一任其丧气待毙。若辈熙熙皞皞故态依然，谓人曰："是病之不可治，非我之不能治也。"惟士有心闻言愤愤曰："我生不辰，值此国运奈何为？若辈颠倒错乱，亡我国并亡我人民，置我于奴隶之役，弃我于犬马之列，夫亦何颜立于天地，与此辈寡廉鲜耻者，为同种同类之人哉？"弃书不读，将悉数焚之，悲之不能自已，哭之不能成声。既而曰："有我如此不如无我，世之负我非我负世。"彼古之伤心人，亦何怪其登山临水逍遥乎无人之野，徜徉乎无为之乡？世事付之达观，人情委之隔绝，夫盖有所悲愤托于其中也。茫茫世宙，人生几何？草草劳形，欢乐几何？有酒胡为不饮，有诗胡为不吟，好花四时，高朋满座。呜呼！破涕为笑，殆别有怀抱乎？孔子曰："道不行，乘桴浮海。"然则驾一叶扁舟，招招卬须，此中有人，亦何不随波逐流长此远逝也？顾父母之邦，君子所恋；人伦之道，儒者不忘。我衣衣天，我食食地。天地生我，何处而非天地，亦何处不可有我耶？勿隐勿遁，长为天地间清白之人而已矣。

图书在版编目(CIP)数据

义和团运动文献资料汇编. 中文卷. 上/路遥主编. —济南:山东大学出版社,2012.2
ISBN 978-7-5607-4206-9

Ⅰ. ①义…
Ⅱ. ①路…
Ⅲ. ①义和团运动—史料
Ⅳ. ①K256.706

中国版本图书馆 CIP 数据核字(2010)第 187775 号

责任编辑 马银川
美术编辑 张 荔

出版发行 山东大学出版社
地　　址 山东省济南市山大南路 27 号(250100)
印　　刷 山东新华印刷厂
规　　格 787×1092 毫米
印　　张 237.5
字　　数 5475 千字
版　　次 2012 年 2 月第 1 版　2012 年 2 月第 1 次印刷
定价(全八册) 1380.00 元

凡购本书,如有缺页、倒页、脱页,由本社营销部负责调换